智慧绿色
集装箱码头

张德文　主编

清华大学出版社

北　京

内 容 简 介

　　本书属于"十三五"国家重点图书出版规划项目、交通运输科技丛书。全书共分 7 章 48 节,首次全面系统地介绍了自动化集装箱码头工艺及装备技术,详细介绍了国内外港口传统集装箱码头和自动化集装箱码头节能减排新技术、新工艺、新产品、新装置、新材料等,同时全书注重理论研究与示范应用相结合,对我国港口集装箱码头的智能化、绿色化、专业化、大型化、高效化、标准化可持续发展和实现港口转型升级具有重要意义。

　　本书可供科研院所、高等院校、港口企业、港机制造企业等单位的科研人员、技术人员、管理决策者、教师和学生学习参考。通过本书能够对港口集装箱码头智能化、工艺装备节能减排技术有比较全面、深入、系统的了解,推进我国智慧绿色港口建设和运营工作落到实处。

图书在版编目(CIP)数据

　智慧绿色集装箱码头/张德文主编.—北京:清华大学出版社,2020.11
　ISBN 978-7-302-56729-5

　Ⅰ.①智…　Ⅱ.①张…　Ⅲ.①集装箱码头－管理　Ⅳ.①U656.106

　中国版本图书馆 CIP 数据核字(2020)第 210742 号

责任编辑:张占奎
封面设计:陈国熙
责任校对:刘玉霞
责任印制:沈　露

出版发行:清华大学出版社
　　　　网　　　址:http://www.tup.com.cn,http://www.wqbook.com
　　　　地　　　址:北京清华大学学研大厦 A 座　　　　　邮　　编:100084
　　　　社 总 机:010-62770175　　　　　　　　　　　邮　　购:010-62786544
　　　　投稿与读者服务:010-62776969,c-service@tup.tsinghua.edu.cn
　　　　质量反馈:010-62772015,zhiliang@tup.tsinghua.edu.cn
印 装 者:三河市龙大印装有限公司
经　　销:全国新华书店
开　　本:185mm×260mm　　印　张:36.75　　　　　　字　　数:888 千字
版　　次:2020 年 12 月第 1 版　　　　　　　　　　　印　　次:2020 年 12 月第 1 次印刷
定　　价:288.00 元

产品编号:090561-01

"交通运输科技丛书"编审委员会

（委员排名不分先后）

《智慧绿色集装箱码头》编写委员会

主　任：陶德馨　管彤贤

副主任：陆大明　严云福　罗勋杰　张连钢　张德文

委　员（按姓氏笔画排序）：

丁　莉	万　尧	王克明	亓　伟	文　豪	左金福
叶小松	田东风	朱连义	朱昌彪	孙吉泽	李　钟
李勇智	杨　仲	杨光奎	杨晓光	肖汉斌	何　钢
沈　沨	张　蕾	张明海	张建国	张振雄	张维友
张维健	陈福香	周　强	郑楼先	宓为建	屈福政
赵春晖	胡吉全	胡桂军	侯贵兵	闻　君	费海波
聂道静	顾　群	徐林业	徐格宁	徐章一	殷　键
栾宝波	商伟军	彭传圣	董达善	董志平	董明望
程文明	富茂华	谢　岗	魏辽生	魏勇超	

《智慧绿色集装和码头》作者名单

主编：张德文

主审：严云福

编者（排名不分先后）：

交通运输部水运科学研究院：张德文、李海波、丁敏、谢岗、费海波、邹云飞、谢琛、张攀攀、宁伟婷、李益琴、赵澍、温皓白

上海振华重工（集团）股份有限公司：严云福、朱昌彪、徐坤、何钢、富茂华、桂军、柴佳祺、张雨婷、张清波、王宝海、阎旭文、王元理、胡军、吴治礼、袁峰、李凯、江华、张海炜、胡文辉、马云飞

青岛港（集团）有限公司：张连钢、王书章、季妍、田绪业、吕向东、修方强、周兆军、邹春刚、陈树程、王天杰、鲁彦汝

上海国际港务（集团）股份有限公司：毛立宏、沈沨、顾连锋、严俊、陈振宇、陈迪茂、周维峰、刘广红、张晓龙、金琪、金毅

武汉理工大学：胡吉全、周强、张利分、徐章一

上海海事大学：王悦民、沈莹、童民慧、陈自强、余智雄

太原科技大学：文豪、王全伟

北京起重运输机械设计研究院：孙吉泽

中国港口协会：丁莉、陈羽

天津港（集团）有限公司：罗勋杰、朱连义、孙立、王超

宁波舟山港股份有限公司：朱泓、张斌、洪伟梁

盐田港集团有限公司：周韶军

武汉港迪电气集团有限公司：徐林业、范沛、周家智

湖南中铁五新重工有限公司：张维友、任军辉、韦乃详、罗红亮

珠海港控股集团有限公司：张少杰

三一海洋重工有限公司：廖荣华、李江涛

华电重工股份有限公司：郭树旺、赵迎九

科技是国家强盛之基,创新是民族进步之魂。中华民族正处在全面建成小康社会的决胜阶段,比以往任何时候都更加需要强大的科技创新力量。党的十八大以来,以习近平同志为核心的党中央做出了实施创新驱动发展战略的重大部署。党的十八届五中全会提出必须牢固树立并切实贯彻创新、协调、绿色、开放、共享的发展理念,进一步发挥科技创新在全面创新中的引领作用。在最近召开的全国科技创新大会上,习近平总书记指出要在我国发展新的历史起点上,把科技创新摆在更加重要的位置,吹响了建设世界科技强国的号角。大会强调,实现"两个一百年"奋斗目标,实现中华民族伟大复兴的中国梦,必须坚持走中国特色自主创新道路,面向世界科技前沿、面向经济主战场、面向国家重大需求。这是党中央综合分析国内外大势、立足我国发展全局提出的重大战略目标和战略部署,为加快推进我国科技创新指明了战略方向。

科技创新为我国交通运输事业发展提供了不竭的动力。交通运输部党组坚决贯彻落实中央战略部署,将科技创新摆在交通运输现代化建设全局的突出位置,坚持面向需求、面向世界、面向未来,把智慧交通建设作为主战场,深入实施创新驱动发展战略,以科技创新引领交通运输的全面创新。通过全行业广大科研工作者长期不懈的努力,交通运输科技创新取得了重大进展与突出成效,在黄金水道能力提升、跨海集群工程建设、沥青路面新材料、智能化水面溢油处置、饱和潜水成套技术等方面取得了一系列具有国际领先水平的重大成果,培养了一批高素质的科技创新人才,支撑了行业持续快速发展。同时,通过科技示范工程、科技成果推广计划、专项行动计划、科技成果推广目录等,推广应用了千余项科研成果,有力促进了科研向现实生产力转化。组织出版"交通运输建设科技丛书",是推进科技成果公开、加强科技成果推广应用的一项重要举措。"十二五"期间,该丛书共出版 72 册,全部列入"十二五"国家重点图书出版规划项目,其中 12 册获得国家出版基金支持,6 册获中华优秀出版物奖图书提名奖,行业影响力和社会知名度不断扩大,逐渐成为交通运输高端学术交流和科技成果公开的重要平台。

"十三五"时期,交通运输改革发展任务更加艰巨繁重,政策制定、基础设施建设、运输管理等领域更加迫切需要科技创新提供有力支撑。为适应形势变化的需要,在以往工作的基础上,我们将组织出版"交通运输科技丛书",其覆盖内容由建设技术扩展到交通运输科学技术各领域,汇集交通运输行业高水平的学术专著,及时集中展示交通运输重大科技成果,将对提升交通运输决策管理水平、促进高层次学术交流、技术传播和专业人才培养发挥积极作用。

　　当前,全党全国各族人民正在为全面建成小康社会、实现中华民族伟大复兴的中国梦而团结奋斗。交通运输肩负着经济社会发展先行官的政治使命和重大任务,并力争在第二个百年目标实现之前建成世界交通强国,我们迫切需要以科技创新推动转型升级。创新的事业呼唤创新的人才。希望广大科技工作者牢牢抓住科技创新的重要历史机遇,紧密结合交通运输发展的中心任务,锐意进取、锐意创新,以科技创新的丰硕成果为建设综合交通、智慧交通、绿色交通、平安交通贡献新的更大的力量!

杨传堂

2016 年 6 月 24 日

我国拥有世界最大、最多的港口,自 2012 年以来全世界前 10 大港口中,我国一直拥有 7～8 个席位;2018 年我国亿吨大港已达到 41 个。同时,我国也是世界最大的港口机械制造国、使用国和出口国。

近 10 年来,国内外自动化集装箱码头建设及装备研发进入快速发展阶段,以上海振华重工(集团)股份有限公司为代表的一批中国港口机械制造企业成功研发了集装箱自动导引车、自动化轨道式集装箱门式起重机、自动化岸边集装箱起重机、无人驾驶集卡、无人驾驶集装箱跨运车等自动化装备,同时具备了自动化集装箱码头系统总承包能力。目前,我国自动化集装箱码头建设迎来“大潮”,各港口因地制宜,已先后建成厦门远海、青岛新前湾、上海洋山四期三个全自动化集装箱码头和多个半自动化码头,规划和在建自动化集装箱码头近 10 个,同时很多传统集装箱码头开始实施半自动化、自动化、智能化改造。

港口是能源消耗和污染排放大户,港口工艺装备能耗占港口总能耗的 80% 以上。我国系统开展港口工艺与装备领域节能减排技术的研究工作始于 10 多年前,近几年港口节能减排工作得到政府有关部门和企业的高度重视,目前港口节能减排工作已经成为港口企业建设与转型发展的重要抓手,给企业带来良好的经济、社会和环境效益。

本书以港口集装箱码头工艺与装备的智能化和节能减排技术为研究对象,全书分为 7 章。第 1 章为概论,在分析国内外港口集装箱码头发展现状的基础上,重点介绍国内外港口集装箱码头智能化和节能减排技术现状、政策法规和标准化等基本情况;第 2 章介绍集装箱码头装卸工艺智能化、节能减排技术,包括自动化集装箱码头、传统集装箱码头前沿无人化工艺技术、集装箱码头工艺流程节能优化技术、集装箱解锁、倒箱门、工艺流程仿真技术;第 3 章介绍集装箱码头前沿装卸设备大型化、智能化和节能减排技术,重点介绍了广受国内外认可的 3E 岸边集装箱起重机,以及穿越式双小车岸边集装箱起重机和集装箱专用门座起重机相关技术;第 4 章介绍集装箱码头堆场设备的智能化与节能环保技术,包括轮胎式集装箱门式起重机、轨道式集装箱门式起重机、集装箱正面吊运起重机、集装箱堆高机等机型,这也是我国港口节能环保技术最成功的推广应用;第 5 章介绍集装箱码头水平运输设备的智能化与节能环保技术,重点介绍集装箱自动导引车、集装箱跨运车、集装箱拖挂车等机型;第 6 章介绍集装箱吊具的节能减排新技术、新产品;第 7 章总结和展望智慧绿色集装箱码头关键技术,对上述各种智能化、绿色化新技术的推广应用给出合理化建议。

本书具有以下特色:①首次较为系统介绍自动化集装箱码头工艺与装备关键技术;②全面系统介绍集装箱码头各种工艺与装备节能减排技术;③除对已成熟的节能减排新技术、新工艺、新装置、新产品进行介绍外,也尽量收录一些具有推广价值的、正处在研究和示范应用阶段的新技术；④为便于读者阅读理解，各章节既强调关联性，同时又具有相对独立性；⑤基于作者在港口装备与工艺、起重机械标准化方面的优势，全书力求采用最规范的港口工艺与装备术语；⑥全书将理论研究与应用示范有机结合，尤其侧重于港口实际应用，图文并茂，希望成为一本"接地气"的参考书、指导书和手册，为我国建设世界一流的智慧港口、绿色港口、安全港口和标准港口做出贡献。

本书由交通运输部水运科学研究院研究员张德文主编并统稿，上海振华重工(集团)股份有限公司教授级高级工程师严云福主审。具体分工为：第1章：1.1节张德文、陈羽、丁莉；1.2节张德文、费海波、徐章一；1.3节张德文、罗勋杰、邹云飞；1.4节张德文、文豪、孙吉泽、宁伟婷、王全伟；1.5节张德文、谢岗；1.6节张德文、李益琴、赵漖、温皓白。第2章：2.1节张德文；2.2节柴佳祺、张雨婷、张清波、何钢、桂军、严云福；2.3节罗勋杰、陈迪茂、周维峰、刘广红、张晓龙、金琪、金毅；2.4节田绪业、王书章；2.5节邹春刚；2.6节张德文、谢琛、张攀攀、季妍；2.7节鲁彦汝、张德文；2.8节张利分、周强。第3章：3.1节张德文；3.2节王宝海、阎旭文、严云福、富茂华、王元理；3.3节王悦民、沈莹、童民慧、陈自强、余智雄、郭树旺、赵迎九；3.4节胡吉全、张少杰。第4章：4.1节张德文；4.2节李海波；4.3节陈树程、王天杰；4.4节胡军、袁峰、李凯；4.5节李海波；4.6节张德文；4.7节丁敏；4.8节吕向东、修方强、周兆军、张连钢；4.9节范沛、周家智、徐林业；4.10节任军辉、韦乃祥、罗红亮、张志国、张维友；4.11节朱泓、张斌、洪伟梁、张德文；4.12节廖荣华、李江涛；4.13节严俊、陈振宇、沈沨。第5章：5.1节张德文；5.2节江华、张海炜、胡文辉；5.3节吴治礼、袁峰、严云福；5.4节孙立、王超、朱连义；5.5节周韶军、张德文；5.6节毛立宏、沈沨。第6章：6.1节张德文、徐坤；6.2节徐坤、马云飞、朱昌彪；6.3节顾连锋、陈振宇、沈沨。第7章：张德文。参考文献：张德文。附录：张德文。

本书是由交通运输部立项的"十三五"国家重点图书出版规划项目、"交通运输重点科技丛书"，在立项之初即经过交通运输部组织的专家评审；本书编写工作凝聚了行业智慧结晶，在编写过程中每项技术力求邀请我国最权威单位、最权威专家执笔，深深体会到来自一线技术人员的热情，同时也感受到大家对新技术的渴望；本书初稿完成后再次组织了专家审稿会，与会专家提出了很多建设性的意见和建议。

本书编写过程中得到了国内许多单位和专家学者的大力支持，同时还参考引用了许多国内外同行的研究成果，部分资料和图片来源于网络公开资料，如"港口圈""中国港口""港口装卸机械""港口科技""水运科技""中国水运报""上海振华重工""吊装机械工程"等公众号或微信群，还有部分参考资料和图片来自国内外学者的会议交流报告，但难以一一注明来源，在此一并向原作者表示衷心感谢。

随着集装箱码头大型化、专业化、高效化、智能化、绿色化和标准化的发展，许多新技术、新产品、新工艺、新装置不断涌现，尤其智能化技术日新月异，笔者力求全面反映最新的技术创新、技术发展，但由于笔者精力和能力有限，很难一一穷尽，难免挂一漏万，希望读者和相关单位对使用过程中发现的问题和建议给予反馈，以期再版时予以补充完善。

由于作者水平所限，加之平时工作紧张，全部书稿历时4年多，基本都是利用业余时间断断续续完成的，工作量大，时间仓促，涉及人员众多，尤其书中介绍的很多技术与装备尚属于科研阶段或示范应用阶段，实践时间较短，难免有不当甚至错误之处，敬请广大读者批评指正。

张德文

2020年7月8日于北京

目 录

CONTENTS

概　　论

1.1　我国港口集装箱码头发展现状

1.1.1　我国港口发展现状

我国改革开放 40 多年来,尤其进入 21 世纪以来,国民经济取得了举世瞩目的发展成就。我国港口也实现了跨越式发展,自 2002 年以来,我国港口货物吞吐量和集装箱吞吐量已连续 18 年位居世界第一。港口作为我国"一带一路"建设的重要战略节点,在促进我国经济又好又快发展中正扮演着越来越重要的角色。

2012—2014 年世界排名前 10 位的港口中,我国各占有 8 席;2015—2018 年世界排名前 10 位的港口中,我国各占有 7 席。表 1.1-1 为 2012—2018 年间全球前 10 大港口货物吞吐量排名榜。

根据交通运输部 2019 年 4 月 12 日发布的统计数据,2018 年末全国港口拥有生产用码头泊位 23919 个,比上年减少 3659 个。其中,沿海港口生产用码头泊位 5734 个,减少 96 个;内河港口生产用码头泊位 18185 个,减少 3563 个。2018 年末全国港口拥有万吨级及以上泊位 2444 个,比上年增加 78 个,占港口泊位总数的 10.22%。其中,沿海港口万吨级及以上泊位 2007 个,增加 59 个;内河港口万吨级及以上泊位 437 个,增加 19 个(见表 1.1-2)。港口大型化、专业化、现代化水平进一步提升。沿海港口吞吐量、集装箱吞吐量继续稳居世界首位,有效服务和支撑了我国作为世界第一货物贸易大国的地位。

全国万吨级及以上泊位中,专业化泊位 1297 个,比上年增加 43 个;通用散货泊位 531 个,增加 18 个;通用件杂货泊位 396 个,增加 8 个,见表 1.1-3。

根据交通运输部公布数据,2018 年末全国拥有水上运输船舶 13.70 万艘,比上年下降 5.5%;净载重量 25115.29 万 t,下降 2.1%;载客量 96.33 万客位,下降 0.4%;集装箱箱位 196.78 万标准箱,下降 9.0%。

2018 年全国港口完成货物吞吐量 143.51 亿 t,比上年增长 2.5%。其中,沿海港口完成 94.63 亿 t,增长 4.5%;内河港口完成 48.88 亿 t,下降 1.3%,如图 1.1-1 所示。

表 1.1-1 2012—2018 年全球前 10 大港口货物吞吐量排行榜

排名	2012 年		2013 年		2014 年		2015 年		2016 年		2017 年		2018 年	
	港口	吞吐量/亿t	港口	吞吐量/亿t	港口	吞吐量/亿t	港口	吞吐量/亿t	港口	吞吐量/亿t	港口	吞吐量/亿t	港口	吞吐量/亿t
1	宁波舟山港	7.44	宁波舟山港	8.10	宁波舟山港	8.73	宁波舟山港	8.89	宁波舟山港	9.22	宁波舟山港	10.07	宁波舟山港	10.84
2	上海港	7.36	上海港	7.76	上海港	7.55	上海港	7.17	上海港	7.01	上海港	7.51	上海港	7.30
3	新加坡港	5.38	新加坡港	5.58	新加坡港	5.76	新加坡港	5.76	新加坡港	5.93	新加坡港	6.26	唐山港	6.37
4	天津港	4.76	天津港	5.01	天津港	5.40	天津港	5.41	苏州港	5.74	苏州港	6.08	新加坡港	6.30
5	鹿特丹港	4.42	广州港	4.55	唐山港	5.01	苏州港	5.40	天津港	5.50	广州港	5.90	广州港	6.13
6	广州港	4.34	苏州港	4.54	广州港	4.99	广州港	5.01	广州港	5.22	唐山港	5.73	青岛港	5.40
7	苏州港	4.28	青岛港	4.50	苏州港	4.79	唐山港	4.93	唐山港	5.16	青岛港	5.08	苏州港	5.32
8	青岛港	4.02	唐山港	4.46	青岛港	4.65	青岛港	4.97	青岛港	5.01	黑德兰港	5.05	德黑兰港	5.18
9	大连港	3.74	鹿特丹港	4.41	鹿特丹港	4.45	鹿特丹港	4.67	黑德兰港	4.84	天津港	5.01	天津港	5.08
10	唐山港	3.64	大连港	3.33	大连港	4.28	黑德兰港	4.47	鹿特丹港	4.61	鹿特丹港	4.61	鹿特丹港	4.69
前10大港口吞吐量之和/亿t	49.38		52.24		55.61		56.68		58.24		61.30		62.61	
比上年增长率/%	—		5.79		6.45		1.92		2.75		5.25		2.14	
全球前10大港口中中国港口吞吐量占比/%	80.15		80.88		81.64		79.71		73.59		74.03		74.17	
全球前10大港口中中国港口数量	8		8		8		7		7		7		7	

数据来源：中国港口协会。

表 1.1-2 全国港口万吨级及以上泊位数量 个

泊位吨级	全国港口	比上年增加	沿海港口	比上年增加	内河港口	比上年增加
合计	2444	78	2007	59	437	19
1 万～3 万 t 级(不含 3 万 t)	845	11	656	5	189	6
3 万～5 万 t 级(不含 5 万 t)	416	17	294	9	122	8
5 万～10 万 t 级(不含 10 万 t)	786	24	672	19	114	5
10 万 t 级及以上	397	26	385	26	12	—

表 1.1-3 全国万吨级及以上泊位构成(按主要用途分) 个

泊位用途	2018 年泊位数	2017 年泊位数	比上年增加
专业化泊位	1297	1254	43
其中：集装箱泊位	338	328	10
煤炭泊位	252	246	6
金属矿石泊位	85	84	1
原油泊位	82	77	5
成品油泊位	140	140	0
液体化工泊位	217	205	12
散装粮食泊位	41	41	0
通用散货泊位	531	513	18
通用件杂货泊位	396	388	8

图 1.1-1 2014—2018 年全国港口货物吞吐量

2018 年全国规模以上港口完成货物吞吐量 133.45 亿 t,比上年增长 2.9%。其中,完成煤炭及制品吞吐量 24.50 亿 t,增长 3.4%;石油、天然气及制品吞吐量 10.66 亿 t,增长 3.8%;金属矿石吞吐量 21.22 亿 t,增长 3.1%。图 1.1-2 为近十几年我国规模以上港口吞吐量。

近几年,我国港口通过能力显著提升,货物吞吐量、集装箱吞吐量年均增长约 5 个百分点,实现了稳定快速发展。就 2017 年而言,全国港口的货物吞吐量达到 126.84 亿 t,比上年度增长 17 个百分点;外贸货物吞吐量达到 40.26 亿 t,增长 6.5%;集装箱吞吐量约 2.368

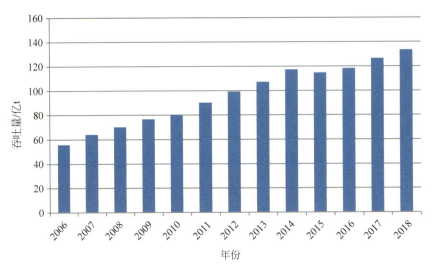

图 1.1-2 近十几年我国规模以上港口吞吐量变化趋势

亿标准箱(twenty-feet equivatent,TEU),增长 8.3%。港口货物吞吐量从 1949 年的 1000 万 t
增长至 2018 年的 143.51 亿 t,增长高达 1434 倍(如表 1.1-4 所示)。

表 1.1-4 2013—2018 年全国港口吞吐量情况

吞吐量	2013 年	2014 年	2015 年	2016 年	2017 年	2018 年
货物吞吐量/亿 t	107.4667	111.8806	114.5585	108.3510	126.8429	143.51
外贸货物吞吐量/亿 t	33.6826	35.3890	36.1109	37.8083	40.2594	41.89
集装箱吞吐量/亿 TEU	1.9093	2.0266	2.1178	2.1865	2.3680	2.51
旅客吞吐量/万人	8942	8586	8477	8532	8730	

根据具体港口数据,2018 年我国 41 个亿吨大港数据见表 1.1-5。其中,沿海港口占据
25 个席位;内河港口占据 16 个席位。41 个亿吨大港完成货物吞吐量 1135766 万 t,占全国
港口货物吞吐量的 85%。

表 1.1-5 2018 年我国 41 个亿吨大港货物吞吐量排名榜

港口排名	港口名称	2018 年吞吐量/万 t	比上年增速/%
1	宁波舟山港	108439	7.4
2	上海港	68392	−3.0
3	唐山港	63710	11.1
4	广州港	59396	4.2
5	青岛港	54250	6.1
6	苏州港(内河)	53227	−12.0
7	天津港	50774	1.4
8	大连港	46784	2.8
9	烟台港	44308	10.6
10	日照港	43763	8.9
11	营口港	37001	2.0

续表

港口排名	港口名称	2018年吞吐量/万t	比上年增速/%
12	湛江港	30185	7.0
13	黄骅港	28771	6.4
14	南通港(内河)	26702	13.3
15	南京港(内河)	25199	6.6
16	深圳港	25127	4.1
17	泰州港(内河)	24509	22.9
18	北部湾港	23986	9.7
19	秦皇岛港	23119	−5.7
20	厦门港	21720	2.9
21	连云港港	21443	4.1
22	重庆港(内河)	20444	3.7
23	福州港	17876	20.5
24	江阴港(内河)	17560	10.0
25	东莞港	15580	8.5
26	镇江港(内河)	15331	7.9
27	珠海港	13799	1.6
28	泉州港	12832	−1.2
29	芜湖港(内河)	12016	−6.2
30	海口港	11883	5.2
31	杭州港(内河)	11812	10.2
32	九江港(内河)	11689	−0.2
33	岳阳港(内河)	11121	−6.8
34	锦州港	10960	4.3
35	嘉兴内河港	10696	13.4
36	湖州港(内河)	10486	−0.5
37	马鞍山港(内河)	10355	−6.1
38	武汉港(内河)	10318	3.0
39	扬州港(内河)	10129	7.5
40	丹东港	10066	−29.2
41	铜陵港(内河)	10008	−9.8

注：根据交通运输部总体港口规划要求，未将"上海内河"数据纳入上海港；未将"扬州内河"数据纳入扬州港；未将"镇江内河"数据纳入镇江港。

根据表1.1-5,2018年中国港口前10位分别是：宁波舟山港、上海港、唐山港、广州港、青岛港、苏州港、天津港、大连港、烟台港和日照港。

中国前10大港口全部超过4亿t大关，其中宁波舟山港2017年首度破10亿t大关，2018年仍然保持强劲的增速，且以绝对优势稳居中国乃至全球第一大港口宝座；烟台港和日照港吞吐量也涨势不俗，山东省三大港口"结伴"进入前10位。

近几年来，青岛港40万t矿石码头、宁波舟山港45万t原油码头，世界最大规模的上海洋山深水港四期全自动化集装箱码头连续开港运行，展示了我国港口强劲的发展势头。

1.1.2　我国集装箱码头发展现状

集装箱运输是一种现代化的先进运输方式,发展极为迅速。近年来,美国、英国、日本等国进出口的杂货有 $70\%\sim90\%$ 使用集装箱运输。近几年,全球 10 大集装箱港口中,我国连续包揽 7 席,而且在前 10 大集装箱港口中吞吐量占比很高。

我国是世界上最主要的集装箱生产、使用大国。我国 1980 年诞生集装箱制造业,1993年实现集装箱产销世界第一,并一直保持,还创造了 3 个世界第一,即集装箱生产能力世界第一、集装箱种类规格世界第一、集装箱产销量世界第一。2007 年年生产能力约为 580 万TEU,占世界集装箱生产能力的 95% 以上;2018 年我国制造的集装箱累计产量达 10710.6万 m^3,更是占到了全球产量的 97.6%。

我国同时又是集装箱运输大国,集装箱船舶建造、集装箱码头建设、集装箱起重设备制造均居世界领先地位。以 2016 年的数据为例,我国规模以上港口完成集装箱吞吐量 21798万 TEU,其后依次是美国、新加坡、韩国、阿联酋、马来西亚、日本、中国(台湾)、德国等。其中我国集装箱吞吐量是位于第二位的美国的 5 倍之多,遥遥领先,如图 1.1-3 所示。

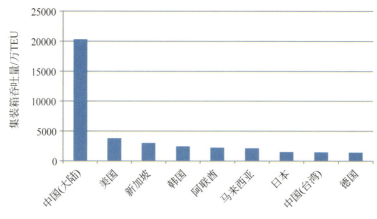

图 1.1-3　2016 年全球集装箱吞吐量排名

2018 年,受全球贸易疲软影响,全球前 20 大集装箱港口吞吐量增速普遍放缓。根据资料显示,2018 年全球前 20 大集装箱港口完成集装箱吞吐量 3.4 亿 TEU,同比增长 3.8%,低于上一年的 5.6%。

从 1970—2018 年全球 20 大集装箱港口排名及吞吐量(表 1.1-6)可以看出,前 20 大集装箱港口主要分布在世界经济发达地区和经济发展较快的地区,即亚太地区、欧洲和美国,且世界集装箱港口的重心已经从欧美地区向亚太地区转移。

2018 年,在全球港口集装箱吞吐量前 20 大港中,亚洲港口表现出色,入围 16 个席位,优势明显;欧洲占据 3 个名额;美洲 1 个名额;非洲和大洋洲无缘上榜。在传统世界发达国家中,美国只有洛杉矶港入围 20 强,德国也只有汉堡港 1 个,日本港口更是无缘 20 强。

亚洲港口中,中国港口继续强势表现,有 10 大集装箱港口入围,占全球前 20 大集装箱港口的半壁江山,分别是上海港、宁波舟山港、深圳港、广州港、香港港、青岛港、天津港、厦门港、高雄港和大连港。

表 1.1-6 1970—2018 年全球 20 大集装箱港口排名及吞吐量

万 TEU

排名	1970 年 港口	吞吐量	1990 年 港口	吞吐量	2000 年 港口	吞吐量	2010 年 港口	吞吐量	2018 年 港口	吞吐量
1	纽约/新泽西港	93	新加坡港	522	香港港	1810	上海港	2907	上海港	4201
2	奥克兰港	34	香港港	510	新加坡港	1704	新加坡港	2843	新加坡港	3660
3	鹿特丹港	24	鹿特丹港	367	釜山港	754	香港港	2353	宁波舟山港	2635
4	西雅图港	22	高雄港	349	高雄港	743	深圳港	2251	深圳港	2574
5	安特卫普港	22	神户港	260	鹿特丹港	628	釜山港	1416	广州港	2187
6	贝尔法斯特港	21	洛杉矶港	259	上海港	561	宁波港	1314	釜山港	2166
7	不莱梅港	19	釜山港	235	洛杉矶港	488	广州港	1255	香港港	1960
8	洛杉矶港	17	汉堡港	196	长滩港	460	青岛港	1201	青岛港	1932
9	墨尔本港	16	纽约/新泽西港	187	汉堡港	425	迪拜港	1160	洛杉矶/长滩港	1755
10	提耳堡港	16	基隆港	183	安特卫普港	408	鹿特丹港	1115	天津港	1601
11	拉恩港	15	横滨港	165	深圳港	399	天津港	1008	迪拜港	1495
12	弗吉尼亚港	14	长滩港	160	巴生港	321	高雄港	887	鹿特丹港	1451
13	利物浦港	14	东京港	156	迪拜港	306	巴生港	887	巴生港	1323
14	科德角港	14	安特卫普港	155	纽约/新泽西港	290	安特卫普港	847	安特卫普港	1110
15	哥德堡港	13	费利克斯港	142	东京港	287	汉堡港	790	厦门港	1070
16	费城港	12	圣胡安港	138	马尼拉港	280	洛杉矶港	783	高雄港	1045
17	悉尼港	12	不莱梅港	120	费利克斯港	265	丹戎帕斯港	653	大连港	977
18	勒阿弗尔港	11	西雅图港	117	不莱梅港	248	长滩港	626	丹戎帕斯港	896
19	安亚奇港	10	奥克兰港	112	热亚陶罗港	232	厦门港	582	汉堡港	877
20	费利克斯港	9	马尼拉港	104	丹戈帕斯港	227	纽约/新泽西港	529	林查班港	807

根据交通运输部统计数据,2018 年我国港口完成集装箱吞吐量 2.51 亿 TEU,比上年增长 5.3%。其中,沿海港口完成 22203 万 TEU,增长 5.2%;内河港口完成 2909 万 TEU,增长 6.2%。全国规模以上港口完成集装箱铁水联运量 450 万 TEU,增长 29.4%,占规模以上港口集装箱吞吐量 1.80%。图 1.1-4 为 2014—2018 年全国港口集装箱吞吐量。

图 1.1-4　2014—2018 年全国港口集装箱吞吐量

2017 年,上海港以 4018 万 TEU 成为全球第一个也是唯一一个超过 4000 万 TEU 的港口,2018 年、2019 年上海港继续以 4201 万 TEU、4330 万 TEU 的集装箱吞吐量稳居全球第一,上海港已连续 10 年稳居全球第一(见图 1.1-5)。2017 年 12 月,全球最大的单体全自动化集装箱码头——上海洋山港四期开港,这将显著提升上海港的集装箱装卸效率,并在一定程度上缓解上海港的拥堵问题。

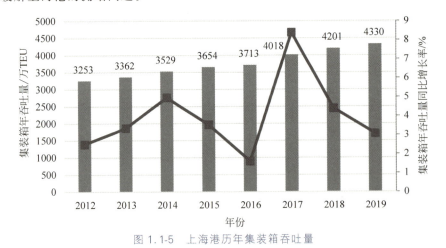

图 1.1-5　上海港历年集装箱吞吐量

1.2　港口集装箱码头装备发展现状

1956 年 4 月 26 日,在美国新泽西州的纽华克港,一台起重机把 58 个铝制卡车车厢吊装到一艘停泊在港内的老油轮上,5 天后这艘油轮驶入休斯敦港,在那里有 58 辆卡车正等着装上这些金属货柜,把它们运往目的地。一场集装箱带来的运输革命就这样开始了。

短短的 60 年间,集装箱及集装箱运输从无到有,从有到强,经历了起步、发展到壮大的飞跃。目前全球有 1000 多座集装箱码头,形成了传统集装箱码头与自动化集装箱码头、沿海集装箱码头与内河集装箱码头、直立式集装箱码头与斜坡式集装箱码头、专业集装箱码头与多用途码头等各式各样的集装箱码头并存的格局。

1.2.1　集装箱装卸与搬运机械分类

2017 年 9 月由清华大学出版社出版发行的《工程机械手册·港口机械》大型工具书,是目前国内外最全面最权威的详尽介绍各种港口机械的选型类大型工具书,其中详细介绍了各种集装箱装卸、搬运机械的国内外发展现状、应用范围、工作原理、主要零部件技术分析、主要技术性能参数、选型注意事项和相关技术标准规范等。

目前,针对各类港口集装箱码头使用的集装箱装卸与搬运机械主要有两种分类方式。

(1)根据集装箱码头作业区域不同,将集装箱装卸与搬运机械分为前沿装卸船舶设备、后方堆场设备、水平运输设备和集装箱吊属具,如图 1.2-1 所示。

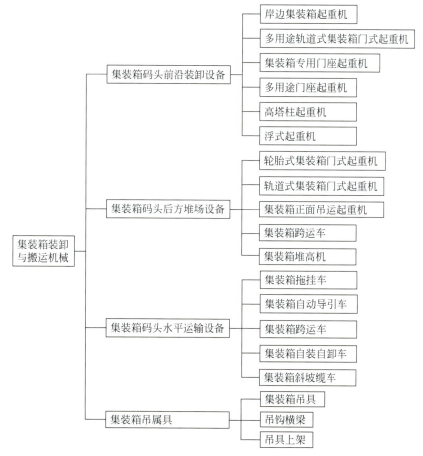

图 1.2-1　集装箱机械按码头不同作业区域分类

（2）按照集装箱装卸与搬运机械工作原理不同，将集装箱装卸与搬运机械分为集装箱起重机械、集装箱装卸搬运车辆和集装箱吊属具三大类，如图1.2-2所示。

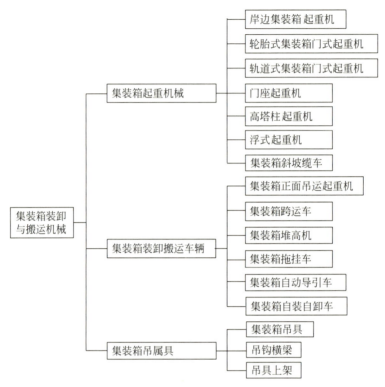

图 1.2-2 集装箱机械按工作原理分类

1.2.2 集装箱机械简称

在港口，集装箱装卸与搬运机械大多采用简称。为叙述简洁、清晰，在本书后续各部分也将经常使用简称。集装箱机械中英文全称及简称对照如表1.2-1所示。

表 1.2-1 集装箱机械英文及简称

序号	集装箱机械全称	英文名称	简 称
1	岸边集装箱起重机	quayside container crane	岸桥、桥吊、QC
2	自动化岸边集装箱起重机	automated quayside container crane	自动化岸桥
3	轮胎式集装箱门式起重机	rubber tiyed container gantry crane	轮胎吊、RTG
4	自动化轮胎式集装箱门式起重机	automated rubber tiyed container gantry crane	自动化轮胎吊、ARTG
5	电动轮胎式集装箱门式起重机	electric rubber tiyed container gantry crane	电动轮胎吊、ERTG
6	轨道式集装箱门式起重机	rail mounted container gantry crane	轨道吊、RMG
7	自动化轨道式集装箱门式起重机	automated rail mounted container gantry crane	自动化轨道吊、ARMG

序号	集装箱机械全称	英文名称	简　称
8	轮胎式集装箱门式起重机、轨道式集装箱门式起重机	rubber-tire container gantry crane, rail mounted gantry container crane	集装箱门式起重机、场桥
9	集装箱自动导引车	automatic guided vehicles for container	自动导引车、AGV
10	升降式集装箱自动导引车	lift automatic guided vehicles for container	L-AGV
11	集装箱跨运车	container straddle carrier	跨运车、SC
12	自动化无人驾驶集装箱跨运车	automated container straddle carrier	自动化跨运车、ASC
13	集装箱正面吊运起重机	front-handling mobile crane	正面吊
14	集装箱堆高机	container stacker	堆高机
15	集装箱拖挂车	container trailer	集卡、拖挂车
16	无人驾驶集装箱拖挂车	intelligent guided vehicle	无人集卡、集装箱智能引导车、IGV
17	集装箱斜坡缆车	container haulage carriage	斜坡缆车
18	集装箱吊具	container spreader	

1.2.3　集装箱码头装备发展现状

我国是世界上最大的港口装备制造国、使用国和出口国,以上海振华重工(集团)股份有限公司(简称振华重工或 ZPMC)为代表的中国港口装备制造企业,可以制造各种港口装备,以满足国内自用和出口。

作为集装箱码头最具代表性的岸边集装箱起重机诞生于 20 世纪 60 年代。我国自1973—1979 年,由交通运输部水运科学研究院(简称水运院)和原上海港口机械制造厂组成的联合科研团队,历经多年攻关,终于研发成功我国第一台岸边集装箱起重机(见图 1.2-3),应用于天津港,开启了我国大型港口机械自主研发的新篇章。

图 1.2-3　我国自主研发的第一台岸边集装箱起重机

进入 21 世纪第 2 个十年,随着船舶大型化的不断发展,为满足 18000TEU 大型集装箱船舶的装卸要求,具有三超能力(超长外伸距、超大起升高度、超高作业速度)的 3E 级岸桥进一步升级,超大型岸桥"3E+"岸桥应运而生,3E+超大型岸桥双吊具下起重量可达120t、钢丝绳下起重量160t,前伸距80m,后伸距29m,大车轨距50m,轨上起升高度54m,各项参数均创世界之最。图1.2-4为早期集装箱岸桥与最新集装箱岸桥的外形比对图。

图 1.2-4　早期集装箱岸桥与最新集装箱岸桥的外形比对图

图1.2-5为2017年振华重工为马士基摩洛哥项目制造的首批3台3E级双小车岸桥发运,其前伸距达72m,后伸距达41.5m,轨上起升高度由常规3E级岸桥的52.5m提升至56m,相当于额外增加了一个集装箱箱位。

图 1.2-5　3E+超大型岸边集装箱起重机

经过几代人的努力,截至2018年底,全世界港口约有6400台岸桥,其中振华重工供货3800台,占比60%。中国大陆港口拥有约1700台,其中约85%是由振华重工生产供货的。

据英国权威杂志 *World Cargo News* 统计,2015年6月—2016年6月间,全球共有271台岸桥订单,其中222台订单来自振华重工,占比82%(在欧美市场的占有率更是高达90%以上)。这是自1999年开始,振华重工在港口机械市场连续18年位居世界第一,也是自其1992年成立以来的最高峰值,标志着振华重工的港机(岸桥)产品全球市场份额由70%以上正式跨入 80％ 以上的时代。图 1.2-6 为振华重工长兴岛制造基地部分岸线。

图 1.2-6　振华重工长兴岛制造基地

除岸边集装箱起重机外,用于集装箱船舶装卸的起重机还有集装箱门座起重机、港口台架式起重机、港口固定式起重机和港口高塔柱起重机等,用于集装箱堆场和水平运输的港机设备包括轨道式集装箱门式起重机、轮胎式集装箱门式起重机、集装箱正面吊运起重机、集装箱堆高机、集装箱跨运车、集装箱拖挂车、集装箱自动导引车等,我国都是重要的制造国和使用国。自 20 世纪 80 年代,我国港口机械各机型研发工作全面起步和发展;进入 21 世纪,随着节能环保要求的提高和智能化技术的快速发展,港口机械更是呈现出大型化、高效化、绿色化、智能化的发展趋势。

目前,我国港口机械行业数十家主要的整机和配套件制造企业,形成了涵盖机型门类极为齐全并融于智能制造与绿色制造的局面,振华重工更是建造了自动化的大型港口机械钢结构智能制造车间,涌现出了振华重工、华锐重工、华东重机、三一重工、海西重机、青岛港机、南京港机、中铁五新等一大批中型港机制造企业。

我国港口机械发展的另一特点是,港口机械从零部件制造、整机制造,到整机运输、安装调试,形成了完整的产业链条。除极个别新机型外,其他所有机型都有若干家甚至 10 家以上制造企业,形成了良好的质量保证体系和有序的市场竞争格局。

1.3　自动化集装箱码头发展现状

1.3.1　传统集装箱码头发展现状

国外港口集装箱运输始于 1956 年的美国,我国港口集装箱运输始于 1978 年,经过 40 余年的发展,我国港口集装箱运输大致经历了酝酿、起步、快速发展和全面发展 4 个阶段。

第一阶段:改革开放前是酝酿阶段。1978 年 9 月,上海港至澳大利亚的集装箱班轮航线正式开通,结束了我国没有海上国际集装箱运输航线的历史,我国集装箱运输业崭露头角。

第二阶段:1979—1988 年是起步阶段。1981 年 12 月,我国第一个集装箱专业化码头在天津建成,开启了我国专业化集装箱港口发展的序幕。在这一阶段,我国从事集装箱运输的港口,由上海、天津、青岛、广州 4 个增加到近 20 个。我国港口年吞吐量从 1979 年的 3.29 万 TEU 增加到 1988 年的 97.24 万 TEU,年均增长 52.6%。1988 年吞吐量最大的是上海港,为 31.29 万 TEU。

第三阶段:1989—2001 年是快速发展阶段。这一时期,我国港口集装箱吞吐量从 1989 年的 117.03 万 TEU 增长到 2001 年的 2665.5 万 TEU。上海、深圳、天津、广州、青岛、大连、宁波、厦门 8 大沿海港口先后进入年吞吐量百万 TEU 行列,其中上海港和深圳港 2001 年吞吐量都超过 500 万 TEU。此阶段,我国专业化集装箱码头逐渐发展起来。

第四阶段:2002 年至今步入全面发展阶段。这一阶段,我国集装箱码头不断向专业化、大型化、高效化方向发展,适应了船舶大型化要求,极大地提高了装卸效率。到 2019 年年底,我国港口拥有生产用码头泊位 22893 个,其中万吨级及以上码头泊位 2520 个,万吨级及以上集装箱码头泊位 352 个;全国港口完成货物吞吐量 139.51 亿 t、集装箱吞吐量 2.61 亿 TEU。

此外,进入 20 世纪,我国特大型集装箱码头进入建设高峰,此阶段建成投产的上海港洋山三期集装箱码头和青岛港前湾四期集装箱码头,单期工程设计吞吐量均超过 600 万 TEU。同时,我国长江水系、珠江水系、京杭运河与淮河水系三大内河水系港口建设快速发展,港口码头星罗棋布,涌现出苏州、南京、武汉、重庆等 10 余个内河亿吨大型港口。

对于我国港口而言,借助"一带一路"契机,通过结合物联网、大数据、云计算等高新科技手段,优化提升港口的基础设施和管理模式,实现港口的功能创新、技术创新和服务创新,使其真正具备"智慧"能力,已经成为各港口提高自身竞争力、抓住发展机遇的重要途径,也是提升我国港口国际竞争力、满足未来国际经济交流与合作的必然要求。

1.3.2　国内外自动化集装箱码头发展概况

随着经济的快速发展,我国人口红利正在消失,企业的用工成本越来越高;港口企业的工作环境恶劣,一线工人的招聘难度越来越大。这些因素严重制约了港口企业的发展。

自动化集装箱码头作为未来港口重点的发展方向之一,必将引起港口建设新的变革。在发展初期,只有不断总结和借鉴传统集装箱码头的建设和运行管理经验,才能建设成为工艺先进化、投入最小化、产出最大化的自动化集装箱码头。

自动化集装箱码头早期出现在国外,20 世纪 80 年代中后期,自动化技术的发展使得英国泰晤士港、日本川崎港和荷兰鹿特丹港率先规划尝试建设自动化集装箱码头,运营效果达到了预期目标,但受经济波动和财政政策的影响,自动化集装箱码头的发展一度陷入了停滞状态。世界上第一个自动化集装箱码头于 1993 年在荷兰鹿特丹港 ECT(Europe Combined Termianls)码头投入运行,接着是英国伦敦港、日本川崎港、新加坡港、德国汉堡港等相继建成全自动化或堆场自动化(即半自动化集装箱码头)。随后经过 20 多年的发展和创新改进,目前自动化码头技术已经逐渐成熟和完善。

早期自动化集装箱码头基本的工艺都是采用"双小车岸桥＋AGV＋ARMG"作业,水平运输采用 AGV 小车,堆场作业采用 ARMG 进行场地装卸。为了适应节能环保绿色发展要求,建设较早的自动化码头都开始对老的工艺进行改造,如早期 AGV 使用的都是内燃机驱动,现在都在向电力驱动改进等。

　　自动化集装箱码头的发展过程基本可分为以下几代：第一代以 1993 年投入运营的荷兰鹿特丹港 ECT 码头为代表；第二代以 2002 年投入运营的德国汉堡港 CTA（Container Terminal Altenwerder）码头为代表；第三代以 2008 年投入运营的荷兰鹿特丹港 Euromax 码头为代表。2015 年中国刚刚建成投入运营的厦门远海自动化码头，是中国第一个全自动化码头，装卸工艺采用"双小车岸桥＋AGV＋ARMG"作业模式，是中国第一个现代意义上的自动化码头，也是采用众多创新技术的第四代自动化集装箱码头。

1.3.3 自动化集装箱码头装卸工艺系统

1. 装卸工艺方案及其设备选型特点

　　从目前世界上已投产或在建自动化码头的装卸工艺来看，全自动化集装箱码头的装卸工艺系统主要有以下 4 种方案：

　　（1）QC＋AGV＋ARMG；

　　（2）QC＋L-AGV＋ARMG；

　　（3）QC＋ASC＋ARMG；

　　（4）QC＋IGV＋ARMG。

　　总体来看，堆场自动化设备比较统一的采用自动化轨道吊（ARMG）方案，ARMG 技术成熟，安全可靠，环保低碳，作业效率高。岸桥（QC）有单小车岸桥和双小车岸桥之分，关键取决于设计效率要求及水平运输方式。目前水平运输采用 AGV 的码头大多采用双小车岸桥，而采用跨运车的码头则多采用单小车岸桥。同时岸桥的操作模式也决定了双小车的合理性和适用性，其最大的不同仍然在于水平运输方式的选择上。水平运输采用 AGV 是目前全自动化集装箱码头的首选，但是无人集卡（IGV）和无人驾驶跨运车（ASC）的研发工作非常活跃，相信在 2～4 年内将会有非常成功的应用案例，尤其 IGV 以其技术储备好、投资省、对土建要求低等优势，将很快成为今后传统集装箱码头升级改造的首选。

2. 国内外自动化集装箱码头基本情况

　　根据码头自身需求和当地特点，全球不同地区的自动化集装箱码头配置不同设备设施和装卸工艺，表 1.3-1 梳理了国内外部分自动化集装箱码头的建设规模和工艺装备配置情况。

表 1.3-1　国内外部分自动化集装箱码头

序号	码头名称	自动化程度	岸线长度/m	设计能力/万 TEU	建成时间	工艺设备	生产效率
欧洲自动化码头							
1	荷兰鹿特丹港 ECT 码头	全自动	3600	350	1993	QC＋AGV＋ARMG	
2	英国伦敦 Thamesport 码头	半自动	655	190	1996	QC＋集卡＋ARMG	

续表

序号	码头名称	自动化程度	岸线长度/m	设计能力/万TEU	建成时间	工艺设备	生产效率
欧洲自动化码头							
3	德国汉堡 HHLA-CTA 码头	全自动	1400	300	2002	QC＋AGV＋ARMG	
4	荷兰鹿特丹港 Euromax 码头	全自动	1500	255	2010	QC＋AGV＋ARMG	30 箱/h
5	荷兰鹿特丹港 DPW-RWG 码头	全自动	1900	400	2014	QC＋L-AGV＋ARMG	
6	马士基鹿特丹 MV2 码头	全自动	1000	270	2014	QC＋L-AGV＋ARMG	
7	韩进西班牙 TTI 码头	半自动	1400	180	2010	QC＋SC＋ARMG	
8	西班牙巴塞罗那港巴塞南欧码头	半自动	2100	445	一期 2013	QC＋SC＋ARMG	34 箱/h
9	英国伦敦 DP World Gateway 码头	半自动	1200	160	2013	QC＋SC＋ARMG	
10	比利时 DPW 安特卫普码头	半自动	1860	100	2010	QC＋SC＋ARMG	
11	法国 LE HAVRE 港 SETO-MSC 码头	半自动	1400	—		QC＋SC＋ARMG	
亚洲自动化码头							
12	日本川崎码头	半自动	431	—	1996	QC＋集卡＋ARMG	
13	日本东京港万海码头	半自动	330	—	2003	QC＋集卡＋ARMG	
14	日本名古屋港 Tobishima TCB 码头	全自动	750	49.2	2008	QC＋AGV＋ARTG	33 箱/h
15	印度第三港务局码头	半自动	—	77.7		QC＋SC＋ARMG	
16	阿联酋阿布扎比哈利法集装箱码头	半自动	2400	130	2012	QC＋SC＋ARMG	
17	中国香港 HIT 码头	半自动	—	—	1999	QC＋集卡＋ARMG	
18	中国台北港码头	半自动	2367	400	2009	QC＋集卡＋ARMG	
19	中国高雄高明码头	半自动	1500	280	2013	QC＋集卡＋ARMG	
20	新加坡 PSA 班让码头	半自动	2500	390	1998	QC＋集卡＋高架桥式起重机	
21	韩国釜山港韩进码头	半自动	1100	160	2008	QC＋集卡＋ARMG	
22	韩国釜山港 PNC 码头	半自动	2000	273	2009	QC＋集卡＋ARMG	29 箱/h
23	韩国釜山港 BNCT	半自动	1400	—	2010	QC＋SC＋ARMG	38 箱/h
24	DPW 迪拜 JebelAli Terminal 3 码头	半自动	1800	400	—	QC＋集卡＋ARMG	
25	印尼泗水港拉蒙湾码头	半自动	—	—	2016	QC＋集卡＋ARMG	
26	中国厦门远海码头	全自动	447	90	2015	QC＋AGV＋ARMG	28 箱/h
27	中国青岛新前湾码头	全自动	2088	520	一期 2017	QC＋L-AGV＋ARMG	44.6 箱/h

续表

序号	码头名称	自动化程度	岸线长度/m	设计能力/万 TEU	建成时间	工艺设备	生产效率
亚洲自动化码头							
28	中国上海洋山四期码头	全自动	2350	630	一期 2017	QC+L-AGV+ARMG	
29	DPW 迪拜 JebelAli Terminal 4	—	—	—	在建	QC+ARMG	
30	印尼 Pelindo Ⅲ	半自动		50	在建	QC+集卡+ARTG	
31	泰国 Hutchison Ports Thailand's Terminal D	全自动		350	在建	QC+IGV+ARMG	
32	中国日照港集装箱码头	半自动			一期 2019	QC+集卡+ARMG	
33	中国唐山港京唐港区集装箱码头	半自动	945	120	在建	QC+集卡+ARMG	
34	中国广州港南沙四期集装箱码头	全自动		480	在建	QC+IGV+ARMG	
35	中国苏州港太仓港区四期集装箱码头	全自动	1292	200	在建	QC+IGV+ARMG	
36	中国天津港北疆港区 C 段集装箱码头	全自动	1100	300	在建	QC+IGV+ARMG	
北美洲自动化码头							
37	美国弗吉尼亚 APMT 码头	半自动	922	100	2007	QC+SC+ARMG	32 箱/h
38	美国纽约 Global 码头	半自动	823	—	2014	QC+SC+ARMG	
39	美国洛杉矶 TraPac 码头	全自动	1052		2016	QC+ASC+ARMG	
40	美国长滩中港	全自动	1300	330	2016	QC+AGV+ARMG	
澳洲自动化码头							
41	澳大利亚墨尔本 VICT 码头	全自动			2017	QC+ASC+ARMG	
42	澳大利亚布里斯班港 Patrick 集装箱码头	全自动	930	120	—	QC+ASC	

1.3.4 国外经典自动化集装箱码头及其特点

1. 荷兰鹿特丹港 Euromax 码头

荷兰鹿特丹港是欧洲第一大集装箱港口,2018 年集装箱吞吐量 1451 万 TEU,全球排名第 12 位。鹿特丹港与全世界 1000 多个港口之间都有航线,同时通过极佳的多式联运网络,码头直接连通北海,同时接入欧洲铁路、内河航运和公路网络,能够将集装箱运往欧洲境内的所有目的地。

荷兰鹿特丹港 Euromax 集装箱码头实景见图 1.3-1。该码头岸线长 1500m,码头前沿水深 16.8m,陆域面积 84 万 m²,设计年通过能力 255 万 TEU,是一座全自动化集装箱码头。

图 1.3-1 鹿特丹 Euromax 码头实景图

该码头布置采用满堂式,堆场垂直于岸线布置 29 个箱区,堆场后方布置铁路装卸区。全自动化工艺系统采用"双小车岸桥＋AGV＋ARMG"。码头配备 12 台海轮双小车岸桥和 4 台驳船双小车岸桥,每块箱区配置 2 台 ARMG 分别对海侧和陆侧作业,堆场共配置 58 台 ARMG,码头海侧水平运输配备 96 辆 AGV,每条装卸船作业线三者配机比例基本在 1：1.8：6。

双小车岸桥起重能力 61t,起升高度 43m,外伸距 70m,后伸臂下设 4 条 AGV 作业车道;AGV 可运输 1 个 40ft 或 2 个 20ft 集装箱[①];ARMG 起重能力 40t,跨距内可堆放 10 排箱,堆五过六;陆侧采用集卡提送箱工艺;码头采用智能化闸口。

Euromax 码头投产后,随着生产作业系统的不断优化,作业效率逐年增高,目前岸桥平均作业效率达 30 自然箱/h,峰值达到 33 自然箱/h。

类似的全自动化集装箱码头还有鹿特丹 APM Terminal MV2 集装箱码头、德国汉堡港 HHLA CTA 码头等。

2. 英国伦敦 DP World Gateway 集装箱码头

英国伦敦 DP World Gateway 集装箱码头实景见图 1.3-2。该码头岸线长 1200m,码头前沿水深 17.0m,设计年通过能力为 160 万 TEU,是一座按照全自动化设计的集装箱码头。

该码头布置采用满堂式,堆场垂直于岸线布置 20 个箱区,最长箱区设 36 个标准箱位,堆场侧后方布置铁路装卸区。该码头集装箱业务中 40ft 与 20ft 集装箱比例 3：1。设计的全自动化工艺系统采用"单小车岸桥＋自动化跨运车＋ARMG"。码头配置 12 台双 40ft 岸桥、40 台 ARMG、28 辆跨运车,每条装卸船作业线三者配机比例基本在 1：1.6：2.3。

单小车岸桥起重能力 80t,起升高度 49m,外伸距 70m,后伸臂下设 6 条 4.1m 宽的跨运车作业车道;每块堆场配置 2 台起重能力 40t 的 ARMG,可同时分别进行海侧和陆侧作业,跨距内可堆放 10 排箱,堆五过六;堆场海侧水平运输设计采用堆一过二跨运车,起重能力 50t;堆场陆侧水平运输采用集卡倒车提送箱工艺方式;码头大门采用智能化闸口。

---

① 行业内习惯用英尺(ft)或英寸(in),1ft＝0.3048m,1in＝0.0254m,本书中沿用此习惯。

图 1.3-2 伦敦 DP World Gateway 码头实景图

类似"单小车岸桥＋自动化跨运车＋ARMG"工艺系统的码头还有美国洛杉矶 TraPac 集装箱码头。

3. 澳大利亚布里斯班港 Patrick 集装箱码头

澳大利亚布里斯班港 Patrick 集装箱码头见图 1.3-3。该码头岸线长 930m,水深 14.0m,占地面积 39.27 万 m^2,设计年通过能力 120 万 TEU,是一座全自动化集装箱码头。

图 1.3-3 澳大利亚布里斯班港 Patrick 集装箱码头

该码头布置采用满堂式,堆场垂直于岸线布置。全自动化工艺系统采用"单小车岸桥＋自动化跨运车"。空、重箱和冷藏箱均进自动化堆场;码头前沿配置单小车岸桥 4 台,堆场和堆场海侧水平运输采用自动化跨运车进行作业,跨运车采用堆二过三,共配置 27 台。跨运车在岸桥的后伸臂范围内作业,集卡在封闭区域内进行装卸作业。

4. 日本名古屋港 Tobishima TCB 码头

日本名古屋港 Tobishima TCB 码头建成于 2008 年,见图 1.3-4。码头岸线长 750m,前沿水深 16.0m,2 个集装箱泊位,是一座全自动化集装箱码头。

该码头是世界上第一个采用全自动轮胎式集装箱门式起重机(ARTG)作为堆场设备的自动化集装箱码头。日本名古屋为地震多发带,ARTG 可以减少地震对设备的影响。码头布置采用满堂式,堆箱区 23 个,堆场平行于岸线布置。全自动装卸工艺系统采用"单小车岸桥＋AGV＋ARTG",岸桥配备 6 台,ARTG 配置 24 台,AGV 配置 33 台,每条装卸船作业线三者配机比例基本在 1∶3.8∶5.5。

图 1.3-4 名古屋港 Tobishima TCB 码头

单小车岸桥轨距 30.5m,起重量 65t,外伸臂 59m;AGV 载重 30.5t,速度 20km/h;堆场采用堆四过五的 ARTG,下跨 6 列箱。所采用的 ARTG 具有精度高、对位准、稳定性好、自动纠偏、光电控制、液压缸防摇等功能。AGV 带箱进堆场以缩短 ARTG 行走距离,提高自动化程度的同时大大降低能耗。

码头智能道口系统采用光学字符识别(optical character recognition,OCR)技术和无线射频识别(radio frequency identification,RFID)技术,可实现集卡车号及集装箱箱号的自动采集。TCB 码头的岸桥平均作业效率为 33 自然箱/h,集卡在码头提卸箱的平均等待时间基本不超过 10min。

日本名古屋码头的总体布局和工艺模式可为国内一些采用 RTG 堆场的传统集装箱码头的自动化升级改造提供有益借鉴。

5. 西班牙巴塞罗那港巴塞南欧码头

西班牙巴塞罗那港巴塞南欧码头(见图 1.3-5)。规划岸线总长 2100m,码头前沿水深 16～18m,总占地面积 132 万 m^2,设计年集装箱吞吐量 445 万 TEU,工程分两个阶段建设,是一座典型的半自动化集装箱码头。

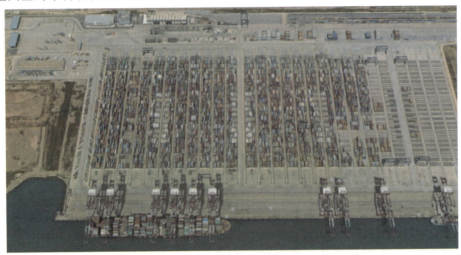

图 1.3-5 西班牙巴塞罗那港巴塞南欧码头

该码头布置采用满堂式,堆场垂直于岸线布置。半自动化工艺系统采用"单 40ft 岸桥+人工跨运车+ARMG",预留远期改造全自动化的空间。

巴塞南欧集装箱码头目前岸桥平均作业效率稳定在 34 自然箱/h。岸桥采用单 40ft 岸桥,岸桥起重能力 61t,起升高度 41m,外伸距 66m,轨距 35m,为跨运车与岸桥作业交接区,陆侧轨道距离集装箱堆场边约 93m,其中,陆侧轨道后布置舱盖板堆放区,其后布置 2 条跨运车高速车道;人工跨运车起重能力 50t,堆一过二作业;每块堆场配置 2 台起重能力为 40t 的 ARMG,采用全自动化作业方式,堆场有效长度约 325m,布置集装箱位 50TEU,ARMG 跨距内可堆放 9 排集装箱,堆高为堆五过六。陆侧堆场采用集卡工艺方式,每个箱区设有 5 个集卡箱位,陆侧堆场边至 ARMG 车挡距离约 2 倍集卡的长度。堆场内和后方均布置有冷藏箱区,堆场侧面布置特种箱区,采用跨运车进行水平运输和堆垛,堆高 1 层。

类似的半自动化集装箱码头还有釜山新集装箱码头、美国弗吉尼亚集装箱码头、阿联酋阿布扎比 ADPC 集装箱码头等。

1.3.5 我国自动化集装箱码头及其特点

1. 上海外高桥自动化集装箱空箱堆场系统

2005 年,由上海振华重工和上海港共同研发的上海外高桥全自动化集装箱空箱堆场系统投产,初步形成了我国自主研发、制造集装箱自动化装备及系统的能力(见图 1.3-6)。

该集装箱堆场装卸工艺采用了新型全自动化高低架轨道吊接力式装卸系统,可将集装箱堆场的堆高从当时普遍采用的堆四过五提高到堆八过九(标准箱高)。设计的整个堆场共由 5 个堆区组成,每个堆区配备 1 台高架自动化轨道式集装箱门式起重机(DRMG),堆场两端各配置 3 台低架自动化轨道式集装箱门式起重机(CRMG),组成 5 条装卸作业线。轨道吊龙门架主结构为桁架结构形式。用于自动化堆场建设的场地为 263.85m×245.24m,堆存能力为 15360TEU。

图 1.3-6　上海外高桥自动化集装箱空箱堆场系统

2. 厦门远海全自动化集装箱码头

2015年4月投入使用的厦门远海全自动化集装箱码头,位于厦门港海沧港区14♯～17♯泊位,拥有一个12万t级集装箱自动化泊位。这是我国第一个全智能、安全、环保的全自动化集装箱码头,其平面布置图见图1.3-7。

图1.3-7 厦门远海全自动化集装箱码头

该码头对现有采用RTG堆场的平行布置的传统集装箱码头进行全自动化升级改造,采用当今世界应用最为成熟、普遍的"双小车岸桥＋AGV＋ARMG"系统组合,对今后我国采用RTG堆场的传统集装箱码头升级改造为全自动化集装箱码头具有非常重要的借鉴和指导意义。

该码头于2013年开工,2015年3月进行实船作业测试,2016年3月23日正式开始试生产。码头岸线长度447m,占地面积约16.66万 m^2,年设计能力为70万～95万 TEU,整个岸线采用3台半自动化双小车岸桥,配置18台AGV和16台ARMG。

其特点是:

(1)堆场与码头前沿平行布局,为RTG堆场改造而成的ARMG堆场,所以ARMG与原RTG轨距相等;

(2)AGV采用机会充电和固定充电站相结合,ARMG作业区配AGV伴侣(活动支架),解决AGV与ARMG的耦合问题;

(3)岸桥为半自动化桥吊,可同时对AGV和人工驾驶集卡进行装卸作业。

3. 青岛前湾全自动化集装箱码头

青岛新前湾集装箱码头有限责任公司负责建设和营运的青岛前湾全自动化集装箱码头位于青岛前湾港区南岸,规划建设6个泊位,岸线总长2088m,工程分三期开发,其中一期、二期工程岸线长度均为660m,各为2个泊位,纵深784m,码头前沿水深−20m,年通过能力520万 TEU,可停靠24000TEU及以上集装箱船舶,为亚洲首个全自动化集装箱码头,如图1.3-8所示。

码头一期工程配备7台单起升双吊具双小车远程操控岸桥(QC)、38台纯电动带举升自动导引车(L-AGV)、38台全自动高速自动化轨道吊(ARMG)和2台人工控制RMG。其

图 1.3-8　青岛港前湾全自动化集装箱码头

特点是：

（1）堆场采用垂直码头前沿布置，ARMG 全部为 10 列宽堆五过六无悬臂 RMG，海测交换区设置 L-AGV 固定支架；

（2）L-AGV 采用全锂电电池，机会充电的循环快充模式；

（3）一次设计规划，分期建设与运行。

青岛港自动化集装箱码头一期工程于 2017 年 5 月 11 日投产运营，二期工程于 2019 年 11 月 28 日投产运营，三期工程将择时建设。自一期工程 2 个泊位投产运营以来，青岛港当年投产、当年达产、当年盈利。

青岛港自开港运营之初，单机装卸平均作业效率达 26.1 自然箱/h；2017 年 12 月 3 日，在"以星芝加哥"轮集装箱船作业中单机平均作业效率达到 39.6 自然箱/h，创出当时全球自动化码头单机平均作业效率最高纪录；2018 年 4 月 21 日，随着"中远希腊"号最后一个集装箱卸船完成，单机平均作业效率达到 42.9 自然箱/h，船时效率达到 218.1 自然箱/h；2018 年 12 月 31 日，在"桑托斯快航"作业中，单机平均效率更是达到了 43.23 自然箱/h，再次刷新世界纪录；2019 年 9 月 9 日，在"以星上海"轮的作业中，创出岸桥单机作业 43.8 自然箱/h 的世界纪录；2020 年 4 月 15 日，青岛港自动化码头再创佳绩，在"德翔佛森堡"轮作业中岸桥单机作业效率达到 44.6 自然箱/h，超过全球同类码头 50％以上，再次刷新由他们自己创造的自动化码头装卸效率的世界纪录，作业效率全面超越传统集装箱码头，同时船舶准班率 100％。

4. 上海洋山四期全自动化集装箱码头

上海洋山深水港四期工程项目 2014 年 12 月开工，总用地面积达到 2.23km²（223 万 m²），拥有岸线长度 2350m，一次性建成 7 个泊位，形成 400 万 TEU/年的吞吐能力。后期继续扩大规模，年吞吐量将达到 630 万 TEU，装卸工艺采用"双小车岸桥＋L－AGV＋ARMG"，堆场垂直于岸线布置。该码头是目前世界上单体规模最大、自动化程度最高、拥有完全自主知识产权的全自动化集装箱码头，见图 1.3-9。

首批 16 台单起升双小车远程操控岸桥 QC、80 台各种形式的 ARMG、80 台可换电锂电池带举升自动导引车（L-AGV）已投入试生产。根据规划，洋山四期最终将配置 26 台岸桥、

图 1.3-9　上海洋山四期自动化集装箱码头

120 台轨道吊、130 台 AGV。其特点为：①堆场为垂直码头布局形式；②堆场内 ARMG 采用 3 种形式混合布局，即无悬臂 RMG、单悬臂 RMG 和双悬臂 RMG 混合使用，以满足洋山港中转箱比例高、海陆侧作业量不平衡的矛盾，为世界首创；③堆场 ARMG 采用堆六过七配置；海侧 ARMG 具备双箱吊功能，起重量为 60t，为世界首创；④AGV 是可换电形式，配有两个全自动化智能换电站。

　　该自动化码头全部采用世界一流的全自动化技术设备与控制系统，软硬件系统首次全部实现国产化，颠覆了传统集装箱码头的作业模式、管理模式，实现了工艺流程化、决策智能化、执行自动化、现场无人化、能源绿色化。

　　该自动化码头一期工程于 2017 年 12 月 10 日开港运行（如图 1.3-10 所示）。在全自动化码头目前两个泊位作业中，后方生产控制中心 9 个远程操控员承担了传统码头前沿 60 个人的工作，减少人工约 85％，提升作业效率约 30％，堆场利用率提升 10％，是目前自动化程度最高、装卸效率最快的集装箱码头，标志着我国港口集装箱码头技术达到世界领先水平。

图 1.3-10　上海洋山四期自动化集装箱码头开港运行

5.日照港自动化集装箱堆场

日照港自动化集装箱堆场(一期工程)于 2018 年 3 月开工建设,2019 年 5 月 15 日正式投产运营(见图 1.3-11)。作为世界范围内建设周期最短、平行岸线布置的双悬臂 ARMG 堆场,日照港一期工程克服散杂货泊位改造建设难度大、无现成经验可循等不利条件,探索出可复制、可推广、可商业化运营的"日照港新模式"。

图 1.3-11　日照港自动化集装箱码头一期工程

日照港自主研发的新型装卸工艺解决了与传统堆场融合的难题,内外集卡分离可直接进入堆场,提高了资源统筹利用率;创新应用 TPS、CPS、LPS 等先进定位系统,与 TOS 系统无缝对接,突破性升级内集卡全自动落箱技术,作业效率进一步提升 15%;结合人工智能、大数据处理、5G 技术应用等,不断提高集装箱码头的信息化、自动化、智能化水平,为打造一流的智慧绿色港口夯实了基础。

投产运营一年多来,日照港自动化堆场不断刷新作业纪录,单机作业效率最高达 35 自然箱/h;外集卡在场平均停时压缩至 7.61min,不到传统堆场的 1/3;单人单班次操作量最高达 763 自然箱,是传统堆场单人平均作业量的 5 倍,凸显了一期工程项目投资运行成本低、智能化水平高、单机效率高、操作员准入门槛低、绿色环保等特点。2020 年 5 月 29 日,日照港自动化集装箱堆场一期项目作业量突破 100 万 TEU。

目前,二期工程预计 2020 年 6 月底正式投产;三期工程拟规划 860m 岸线、8 台远程控制岸桥、32 万 m^2 堆场、27 台 ARMG,致力于打造以 ARMG、无人集卡、远程控制岸桥为基本布局的全自动化集装箱码头。

6.唐山港京唐港区自动化集装箱码头

唐山港是位于渤海湾深处的一个新兴港口,自 2018 年 1 月开工建设京津冀地区的第一个半自动化集装箱码头。唐山港京唐港区自动化集装箱码头岸线长 945m,堆场面积 50 万 m^2,主要建设 2 个 7 万 t 级和 1 个 3 万 t 级泊位,设计通过能力 120 万 TEU。

在堆场设计方面,采用平行工艺布局,预留两条集卡车道。在设备及工艺系统上,岸桥采用远程操控单小车岸桥;堆场是国内外首次大比例(1/3)采用全自动双箱 ARMG,效率比单箱 ARMG 提升 50% 以上;水平运输方面,与振华重工、陕汽合作,创新性实现了无人驾驶电动集卡(IGV)一次倒运,节能效果和运营效率将优于国内现有港口。2019年1月,唐山港京唐港区自动化集装箱码头首批5台岸桥开始安装,如图1.3-12所示。

图1.3-12 唐山港自动化集装箱码头装卸岸桥开始安装

7. 广州港南沙四期全自动化集装箱码头

2018年9月30日,广州港正式开工建设南沙四期全自动化集装箱码头。该项目是广东省重点建设项目,也是粤港澳大湾区首个新建的集装箱自动化码头项目,是广州港集团、上海振华重工、联通广州分公司、华为公司携手共建的全国首个5G智慧港应用示范工程。项目位于南沙港区龙穴岛作业区中部的挖入式港池内,如图1.3-13所示,工程设计为2个10万吨级、2个5万吨级集装箱泊位(码头结构按靠泊10万吨级集装箱船设计)及配套集装箱驳船泊位,工程设计年吞吐量480万TEU,工程计划建设年限为2018—2021年,预计2021年投产。

图1.3-13 广州港南沙四期自动化集装箱码头

南沙四期工程是一个具有广州特色的全自动化集装箱码头,造就南沙港区江海联运模式,定位为集装箱中转港。不同于国内外绝大多数全自动化码头的垂直布置方案,该码头堆场为平行于码头前沿布置,装卸工艺采用"单小车岸桥+IGV+ARMG"方案,降低了码头建设和运营成本,提高了装卸作业效率,将建设成为全球第一个水平运输采用 IGV 的全自动化集装箱码头。

传统自动化码头水平运输的 AGV 均采用磁钉定位方式,虽然定位准确,但是成本较高,包括 AGV 的制造成本以及堆场的基建成本等。而该项目水平运输方案创新性地采用无人集卡 IGV 方式。IGV 采用北斗卫星导航无人驾驶技术,再配合多传感器的融合定位技术,满足无人集卡的精准定位要求,同时可使设备及地面基础投资大大降低。2018 年 12 月 17 日,首台无人驾驶集装箱拖车(又称智能港口运输车,见图 1.3-14(a))运抵南沙三期码头,开始现场测试。2020 年 10 月,50 台 IGV 完成总装,在振华长兴岛基地进行现场调试(见图 13-14(b))。

(a) 首台IGV运抵现场　　　　　　　　　(b) 振华长兴岛基地IGV调试现场

图 1.3-14　广州港南沙四期自动化集装箱码头无人集卡

南沙四期全自动化码头的"中枢神经"采用的是具有自主知识产权的码头生产操作系统(TOS)和设备管理调度系统(ECS)。TOS 系统覆盖了自动化码头全部业务环节,可衔接广州港现有大数据信息平台,提供智能的系统管理、作业准备与管理、智能计划与控制、智能闸口和智能统计分析等模块,实现生产管理系统的自动化。码头前沿岸桥操控、堆场轨道吊作业和水平运输都不需要人工现场操作,装卸设备采用全电驱动,绿色节能。ECS 系统取代了传统人工调配设备,给港口设备赋予了智能化。ECS 系统可以根据 TOS 的装卸任务,自主灵活调配岸桥、轨道吊、IGV 等设备,以达到最短的行程、最优的路径和最低的能耗。

8. 苏州港太仓港区四期全自动化集装箱码头

江苏省苏州港太仓港区水路距吴淞口约 38km,陆路距上海市中心约 50km,距苏州市区约 75km。太仓港区是国家定位的上海国际航运中心的重要组成部分、集装箱干线港、江海联运中转枢纽港,目前已拥有一、二、三期工程集装箱专用泊位 10 个,设计通过能力 435 万 TEU,2017 年完成集装箱吞吐量 451 万 TEU,居长江沿线港口第 1 位,进入全球前 35 位。

2019 年 4 月 28 日,苏州港太仓港区四期全自动化集装箱码头开工建设(如图 1.3-15 所示)。该工程位于太仓港浮桥作业区浪港口至七丫口岸段,紧邻上游三期工程 13、14 号泊位。项目共建设 4 个 5 万吨级泊位(水工结构按靠泊 10 万吨级集装箱船设计),设计年通过能力 200 万 TEU。码头采用高桩梁板结构,码头总长度 1292m,宽 36m,后平台总长 1292m,宽 14～22m。设引桥 5 座,长度分别为 167.38m、167.89m、167.82m、167.79m、

168.11m,宽度分别为 16m 和 24m。工程用地面积 120.6031 万 m²,总投资 38 亿元,计划 2021 年完成项目建设,力争 2021 年 12 月正式试投产。

图 1.3-15 苏州港太仓港区四期全自动化集装箱码头规划图

四期工程建成后,太仓四期工程项目将成为江苏和沿江港口首个实现堆场全自动化的集装箱码头。装卸工艺采用"岸桥+自动化内集卡+自动化轨道吊"(QC+IGV+ARMG)方案,同时还将积极探索使用自动化内集卡,切实落实"油改气"、风光发电、码头岸电、压舱水处理等环保节能项目。

9. 天津港北疆港区 C 段自动化集装箱码头

2019 年 12 月 28 日,天津港北疆港区 C 段智能化集装箱码头开工建设,标志着天津港集团公司开启了建设世界一流绿色智慧枢纽港口的新篇章,为新一代自动化集装箱码头建设提供了可推广、可复制的"天津方案"。该码头预计 2020 年底可建成投产 1 个泊位,2021 年 6 月完成主体施工,全面建成 3 个泊位并投产使用。

天津港北疆港区 C 段智能化集装箱码头项目位于天津港北港池西侧,堆场平行布置,码头岸线总长 1100m,陆域纵深 748.5m,顺岸式布局 3 个智能化集装箱泊位,可满足世界最大集装箱船舶全天候靠泊作业。码头初始设计年通过能力为 250 万 TEU,未来可达 300 万 TEU。

在设计上,该码头采用单小车岸桥装卸船舶、双悬臂 ARMG 边装卸、无人驾驶电动集卡水平运输等多项全球首创的技术和工艺,集智能、效率、安全、绿色、环保等功能于一体,码头集成了自主研发的智能调度、智能操作、智慧交通、智能闸口、智能理货、智慧能源、智能监控、智能安防等领先系统,同时将依托 5G、大数据、云计算、物联网、人工智能等现代信息技术,打造以人为本、安全健康、环境友好的新一代智慧绿色集装箱码头。

由振华重工制造的天津港北疆港区 C 段智能化码头 6 台单小车自动化岸桥的海侧门框颜色分别涂成红橙黄绿青蓝(见图 1.3-16),铸成一道特殊的"彩虹",每台岸桥均配有集卡定位系统、船型扫描系统、电子防摇系统和起重小车全行程磁感精准定位系统等。2020年11月13日,其中的首批两台自动化岸桥搭载"振华31"轮开始发运。

图 1.3-16 天津港北疆港区 C 段智能化集装箱码头岸桥

1.3.6 集装箱码头远程控制技术

港口集装箱码头的远程控制包括岸桥的远程控制和堆场 RTG、RMG 的远程控制。

目前我国很多港口实现了传统集装箱码头的堆场 RTG、RMG 远程控制技术的示范改造与推广应用,如深圳妈湾港、天津港、青岛港、宁波港、厦门港、重庆果园港、日照港等,这也是未来传统集装箱码头升级改造的一个重要方向。

1. 深圳妈湾港集装箱码头 RTG 远程控制技术改造

由港迪电气公司实施改造的深圳妈湾港传统集装箱码头,对其 36 台 RTG 进行升级改造,27 块堆场也进行了配合改造,新建的远程控制中心设置 12 个远控操作台。司机在远程控制中心操作全部 RTG,在港区内进行自动化远程作业。从 2017 年完成第 1 个作业开始,远程作业量已超过 85 万作业箱。图 1.3-17 为深圳妈湾港集装箱码头及其远程控制中心。

采用远程控制技术后,36 台 RTG 只要 12 个人就能全部实现作业。每个作业循环,人工参与时间少于 1/3;而且堆场实现全封闭无人化,配合完善的防撞保护措施,大大提高安全性。

集装箱龙门起重机远控系统创新性地把司机操作位置由起重机上后撤到远程中控室,实现司机在远程中控室内同时操作多台起重机,进行集装箱远程装卸作业。这种作业模式可充分利用人力资源,由人机"一对一"配置改为"多对多"配置,降低司机的无动作等待时间比例,提高作业效率,节省人力成本。

2. 天津五洲国际集装箱码头 RMG 堆场自动化升级改造

天津五洲国际集装箱码头是 2005 年 11 月成立的专门从事集装箱装卸作业的大型专业

图 1.3-17　深圳妈湾港集装箱码头及其远程操控中心

化码头,是国内较早采用大规模 RMG 进行集装箱堆场作业的码头。

2019 年 6 月 18 日,振华重工智慧集团顺利完成天津五洲国际集装箱码头堆场的自动化升级改造。该项目在振华重工与合作伙伴 NAVIS、ABB 的共同努力下,顺利通过竣工验收,设备整体运行平稳,如图 1.3-18 所示。

图 1.3-18　天津五洲国际集装箱码头 RMG 堆场自动化升级改造

该项目采取"边生产、边改造"的方式进行堆场内全部设备自动化升级,改造范围包括 25 块堆场、31 台 RMG 电气自动化、内外集卡实时定位及识别系统、自动化堆场门禁、独立双向网络语音系统、中控室智能监控和设备 3D 模型位置实时显示等。

五洲国际集装箱码头是国内最早进行大规模 RMG 堆场自动化升级改造的专业化集装箱码头。改造完成后,码头采用 NAVIS 的 N4 软件作为起重机操作的大脑,优化工作顺序,实现了 ARMG 对内集卡装卸箱和箱区内集装箱翻倒的全自动作业、对外集卡的人工远程干预作业。其中,ARMG 作业效率 35.2 箱/h,RFID 扫描成功率 99%,流程外人工介入率为 2%,司机人数减少到原来的 1/3,使码头吞吐量增加 10% 以上。

1.4　集装箱码头节能减排技术发展现状

1.4.1　引言

1. 水运运输的经济性和环保性

目前大宗货物运输主要有铁路、公路、水路 3 种运输方式。与其他几种运输方式相比，水路运输具有运量大、成本低、效率高、能耗少、投资省的优点，但同时也存在速度慢、环节多、自然条件影响大、机动灵活性差等缺点。

表 1.4-1 显示了同样条件下，水路运输方式与铁路、公路相比具有更好的经济环保特性。

表 1.4-1　内河航道、铁路、公路三种运输方式经济环保性对比

运输方式	100t·km 费用比	噪声指数	环境污染指数	同等能源行驶里程/km
公路运输	5.01	1.78	0.87	100
铁路运输	1.15	0.12	0.7	300
内河运输	0.35	0.10	0.01	370

尽管水路运输方式是最经济的运输方式，但是由于水路运输体量巨大，仍成为非常耗能的一个领域。进行水路运输节能环保技术的研究和推广应用，是实现水运领域优质发展的重要抓手。

2. 节能减排技术科研现状

2011 年 7 月，交通运输部下达了交通运输重大科技专项"西部港口物流枢纽建设和运营技术开发与示范研究"，本专项共包括 6 个项目。其中项目六为"西部港口物流枢纽节能减排技术研究及示范应用"，由水运院牵头承担。该项目设置 5 个专题，开展了集装箱码头和大宗散货码头工艺装备选型配置优化技术、船舶靠港使用岸电技术、带式输送机减电机节能技术、带式输送机全变频调速技术和大宗散货码头干雾抑尘技术等研究，制定完成了《绿色港口等级评价标准》(JTS/T 105—4—2013)和《码头船舶岸电设施建设技术规范》(JTS 155—2012)等一系列国家和行业标准。

2011 年科技部下达了"十二五"国家科技支撑计划"绿色制造关键技术与装备"项目。本项目设有 10 个课题，其中课题二为"通用型桥式起重机轻量化设计技术及应用"，由北京起重运输机械设计研究院(简称北起院)等单位承担。2015 年在顺利完成"通用型桥式起重机械轻量化设计技术及应用"课题的基础上，科技部再次下达国家科技支撑计划项目"桥式起重机械轻量化关键技术研究与应用"。该项目设 4 个研究方向，7 个课题，系统开展了桥式起重机整机轻量化、减速器等关键零部件、永磁驱动等新型传达装置的研究工作，许多研究成果同时在港口机械上得到推广应用。

同时，水运院等科研开发机构和企业还承担了国家和交通运输部下达的轻型电动轮胎式集装箱门式起重机关键技术研发及产业化、RMG 推广应用及参数标准化、RTG"油改电"节能技术、RTG 超级电容混合动力技术、港口机械能耗评价标准研究等一系列科研与开发

任务,取得了大量科研成果,并得到了很好的推广应用。

3. 绿色港口评价

由交通运输部组织水运院等单位主持编制的《绿色港口等级评价标准》(JTS/T 105—4—2013)于 2013 年 4 月 9 日发布,2013 年 6 月 1 日实施。2020 年 5 月 7 日发布新修订的《绿色港口等级评价指南》(JTS/T 105—4—2020)。

为贯彻落实国家绿色交通发展战略,推动港口节能减排,促进港口绿色发展,中国港口协会依据部颁《绿色港口等级评价标准》,按照交通运输部水运局的要求,遵循科学、公开、公平和公正的原则,于 2015 年 5 月在港口行业内启动了绿色港口等级评价试点工作,经过了申报单位自评价、第三方评价、专家组评审和评审委员会评审,于 2016 年 5 月 30 日授予天津港太平洋国际集装箱码头、秦皇岛港股份有限公司第六港务分公司煤三期码头、秦皇岛股份有限公司第七港务分公司煤四期及扩容码头、宁波港股份有限公司北仑第二集装箱码头、日照港股份有限公司第一港务分公司煤炭码头、南京港龙潭集装箱码头(一期)、大连港矿石码头、蛇口集装箱码头等 8 家单位四星级"中国绿色港口"称号。

1.4.2 港口机械"油改电"技术

港口"油改电"节能技术或油电混合动力节能技术是国内推广最为成功的节能减排技术之一。

1. RTG"油改电"节能技术

RTG 是集装箱码头应用最多的堆场起重设备。传统 RTG 采用柴油发电机组作动力,由于柴油价格越来越高,运营成本高企,且柴油机作动力具有尾气排放、噪声污染等问题。

2005 年前后,国内外对电动 RTG 研制工作倍受关注。能够转场作业是传统柴油机驱动 RTG 的一大优势,但是采用电力驱动后,无论采用哪种供电方式,RTG 都将出现转场困难。当时解决办法主要有 3 种:

(1)取消转场,即 RTG 在固定场地作业,类似 RMG;

(2)对现有 RTG 进行电动改造,其原有柴油发电机组不拆除,转场时改用柴油发电机组驱动;

(3)研制新的 RTG,配备一套专门用于转场的小型柴油发电机组。

2000 年前后,Konecranes 公司便已经开始供应全电动 RTG 并取得成功。日本三井公司和 Kalmar 公司也开发出自己的全电动 RTG,代替液压动力,较传统 RTG 可节省能源 20%~30%。此外,电动系统比液压系统更能控制微细动作。

振华重工致力于研发市电、锂电、混合电力等节能型 RTG,于 2002 年推出第一代超级电容配柴油机组的节能 RTG,随后陆续推出第二代市电 RTG、第三代大功率锂电池配小柴油机机组的新型节能 RTG 以及第四代升级改良版。该系列节能产品将柴油发电机组的功率配备从传统的 400kW 以上大幅降低到 50kW 甚至更低,大大减少了环境污染,同时确保了作业效率。2006 年 5 月,由振华重工研制的两台电动 RTG 在深圳招商港务有限公司投入运营,该机采用电缆卷筒供电,据用户测算节能效果达到 60%,而且没有柴油机驱动所带来的环境污染问题。振华重工为上海明东集装箱码头提供的 10 台锂电池 RTG 在 2013 年共作业 1476094TEU,总计油耗 552245L,平均油耗仅为 0.374L/TEU,节油率达到 60% 以上,减少 CO_2 排放约 2500t,真正实现了绿色节能,成为名副其实的绿色"钢铁巨人",深受码头用户的青睐。

青岛港前湾集装箱码头(QQCT)是国内最早探索 RTG"油改电"的码头之一,第一批改造完成 10 余台电动 RTG,采用低架滑触线供电。试验表明,"油改电"解决了大容量滑触线供电的安全性问题,使用效果良好。到 2010 年,青岛港已有 183 台 RTG 实现直接用市电作业,累计减少 CO_2 排放量达 4.7 万 t,节约能源成本 8100 万元。

水运院于 2006 年研制完成的两台电动轻型 RTG,用于广州鱼珠集装箱码头。两台电动 RTG 均采用电缆卷筒供电,其中一台采用全电动方式,无转向机构,不需要转场作业;另一台所有工作机构全部采用电动方式,保留转向机构,采用一台功率只有约 45kW 的小型柴油发电机组驱动转向机构。当需要转场时,人工拔掉地面供电插头,改由柴油发电机组驱动转场作业。

其后,国内各港口企业陆续推广应用 RTG"油改电"节能环保新技术,取得了非常好的效果。以天津港为例,2012 年底,天津港投资近 3 亿元进行的 RTG"油改电"项目顺利完成,132 台 RTG 和近 160 块集装箱场地全部实现了"油改电"工作。改造后,RTG 直接以市电为动力,在节能减排、降噪的同时,还大大降低了企业运营成本。改造之前码头每装卸一个集装箱所需费用近 6 元,改造后降为不到 2 元。RTG"油改电"项目的实施使天津港每年节省 1 万 t 标准煤,减排 CO_2 2 万 t。另外,RTG"油改电"之后,RTG 在每个集装箱堆场内可以全部实现电力驱动运行,但在转场时仍要依靠柴油发电机组发电。自 2013 年开始,天津港又开始了"油改电"之后的 RTG 再节能降耗,就是在每台 RTG 上配置一组蓄电池,在堆场内 RTG 由供电装置供电,而在转场时就靠蓄电池释放电能提供动力,实现 RTG 全程真正零排放,同时 RTG 具有能量回馈再利用功能。

2015 年 12 月,4 台装配有微宏 LpTO 电池系统(配置电量 48.5kW·h)的油电混合 RTG 在宁波舟山港投入使用。RTG 混合动力系统是基于变速柴油发电机组、动力电池以及控制单元的一套节能系统,微宏动力电池在集装箱提升时放电,下降时回收能量,起到功率调节作用,在保证设备高效运行的同时,大大降低了排放量;在等候作业时,关闭发动机,有效降低了燃油消耗。

截至 2015 年底,集装箱堆场 RTG"油改电"项目进展情况良好,大部分主要集装箱码头堆场都已经完成了 RTG"油改电"节能改造工作。据不完全统计,国内主要集装箱堆场 RTG"油改电"方案主要分为 3 种:第一种是低架滑线式,改造 RTG 数量约 750 台,代表港口为青岛港、天津港、深圳港和广州港等;第二种是高架滑线式,改造 RTG 数量约 300 台,代表港口为上海港、宁波舟山港等;第三种是电缆卷筒式,改造 RTG 数量约 50 台,代表港口为大连港等。

2. 港口轮胎起重机"油改电"技术

港口件杂货码头广泛应用的港口轮胎起重机普遍采用柴油机作动力,柴油机工作时产生的废气、噪声以及油、水等泄漏,使港口环境受到了较大的污染。轮胎起重机柴油发电机组的发电成本比直接使用市电高约 4 倍以上。自 2010 年开始,青岛港(集团)有限公司大港分公司率先在国内开展轮胎起重机"油改电"节能减排技术改造,陆续对所属的 21 台轮胎起重机进行了"油改电"技术改造。改造后,设备运转正常,节能效果显著,经济效益良好。

3. 其他流动机械"油改电"技术

AGV、集装箱正面吊运起重机、集装箱拖挂车、集装箱堆高机的"油改电"技术或油电混合动力技术也得到广泛关注。其中纯电动 AGV 已广泛应用,电动集装箱拖挂车已在青岛港等多个港口推广应用,电动集装箱正面吊运起重机和混合动力集装箱堆高机已示范应用。

1.4.3　轨道式集装箱门式起重机的快速推广应用

在集装箱码头堆场,RTG 的推广应用从时间上远远早于 RMG,从使用范围上远远广于 RMG。但由于早期 RTG 全部采用柴油发电机组作动力,运营成本高,加之 RTG 柴油机尾气排放和噪声污染严重、维修复杂、自动化程度较低等一系列不足,推动了集装箱堆场方式和堆场设备的转变。广义上讲,RMG 是 RTG"油改电"技术的延伸应用。

国外 RMG 的应用较早,我国 RMG 的推广应用主要始于 2000 年以后。2001 年水运院在其所属的大兴试验基地规划建设了港口集装箱装卸试验系统,其中包括 1∶1 的 RMG,以后又陆续增加新的功能,可以开展集装箱装卸与堆场相关的各种实验研究。

集装箱运输的快速发展,带动了一批中小港口、内河港口和民间投资港口的发展。对于这些港口,由于受地域条件、资金、技术和管理水平等的限制,希望采用一种投资省、能耗低、维护方便、环保的多用途设备,因此大跨距 RMG 得到迅速发展。2003 年 9 月,原上海港口机械制造厂(SPMP)为厦门港生产两台 RMG,起重量 40t,跨距 50m,双悬臂各 7.5m。1999年和 2001 年无锡华东重型机械公司分别为广州两个集装箱公司各提供一台 50t、跨距 60m的 RMG,双悬臂均为 13m。

欧洲莱茵河畔曼海姆集装箱码头使用两台特大跨距的 RMG,吊具下起重量 35t,跨距 65m,外伸距达到 13m 以上。Gottwald 公司也于 2003 年底首次向瑞士巴塞尔 COBI 集装箱码头提供一台 52t/63m 堆五过六 RMG;另外还于 2004 年春季向莱茵河畔路德维希港集装箱码头提供 3 台大跨距 RMG,其中两台为 57t/50m,并有 37.5m 的前伸距用来完成船-船换装作业。

大跨距 RMG 可配有吊钩横梁,满足用户进行长大件、件杂货的吊装作业。有的 RMG除进行集装箱堆场外,还可利用悬臂进行装卸船作业,或者起重机跨越港池进行装卸船作业,实现一机多用。

21 世纪之初的几年,对于集装箱堆场设备究竟选用 RTG,还是选用 RMG,一直存在较大争议,堆场设备选型成为集装箱码头建设规划的最重要内容之一。但这期间随着青岛港前湾四期集装箱码头、天津港五洲集装箱码头、大连港大窑湾三期集装箱码头等一批大型港口集装箱码头选用 RMG 的引领作用,以及大量内河港口集装箱码头广泛选用 RMG 作为堆场设备,尤其近几年自动化集装箱码头的快速发展,目前 RMG 已成为新建集装箱码头堆场设备的首选。而 RTG 更多的是用于传统集装箱码头原堆场 RTG 的更新换代。

目前国内新建大型集装箱码头大多选用 RMG,且跨距一般不超过 40m,通过技术参数的优化,作业效率更高、能耗更低。但也不乏一些作业效率要求不高的小型港口继续选用大跨距 RMG。2018 年 10 月 1 日,上海振华重工向俄罗斯远东海岸的海参崴港 VSCP(符拉迪沃斯托克海商业港)集装箱码头供货两台新的 RMG,如图 1.4-1 所示。该批超大跨距 RMG

起重量为 45t,轨距 63m,主梁长度 108m,整机自重 750t,可装卸 28 排 5 层高的集装箱堆场,这也是振华重工南通基地历史上制作的最大 RMG。主梁拉杆系统的安装一改过去现场配镗的做法,采用主梁和拉杆互相独立机加工的方式,大大减少了高空作业,缩短制作周期的同时也降低了作业风险。

图 1.4-1　振华重工制造的超大跨距 RMG

为进一步提高起重机的运行速度,进而提高作业效率,新加坡港采用了高架式集装箱桥式起重机,这是全球唯一采用桥式起重机进行集装箱堆场作业的港口。起重机在 15m 高的桥柱支撑的轨道梁上行走(如图 1.4-2 所示),在起重机跨中下方留有集卡通道,起重机控制方式采用无人驾驶的全自动化控制。由于起重机无须门腿支撑,重心很低,整机稳定性、防风抗滑性、结构刚度等性能比 RTG 和 RMG 要好得多;同时由于结构自重较轻,所以加速时间缩短,大车运行速度更快,可以达到 250m/min,甚至超过 300m/min。另外供电方式不再采用电缆卷筒,而改用滑触线方式。当然,由于要增加足够坚固的支撑轨道的桥梁结构,所以尽管起重机省掉了门腿,整个工程的成本还是有所增加。

图 1.4-2　新加坡港高架式集装箱桥式起重机

1.4.4 港口机械"油改气"技术

港口机械"油改气"节能环保技术是仅次于"油改电"技术的又一项非常好的节能环保技术,目前已获得成功应用。理论上讲,采用柴油机作动力的港口机械不一定能够进行"油改电"的节能改造,但应该都可以进行"油改气"改造,以达到节能环保的要求,如集装箱拖挂车、集装箱堆高机、RTG、集装箱跨运车、正面吊、装载机等。

1. 港口机械"油改气"应用现状

2009 年,深圳港盐田国际集装箱码头有限公司成为国内第一家改造使用 LNG 集装箱拖挂车的集装箱码头(如图 1.4-3 所示)。LNG 集卡在动力上与燃油集卡几乎没有差别,但用 LNG 集卡比传统柴油集卡成本减少 15%以上(与油价、气价定价有关)。在排放上,LNG 发动机跟柴油发动机比较,排放一氧化碳减少 98.87%,碳氢化合物减少 83.3%,氮氧化合物减少 30.95%,颗粒排放物减少 85%以上,同时不含铅尘、硫化物和苯类有害物质。盐田国际集装箱码头港区 500 辆内集卡全部更换为 LNG 集卡后,节能环保效果明显。另外,深圳还将"油改气"范围进一步扩大到盐田、蛇口两大国际集装箱码头的龙门吊、叉车等燃油流动机械上。

图 1.4-3 深圳盐田港 LNG 集装箱拖挂车

宁波港作为世界第一大港,为建设"绿色港口",节约成本,提高经济效益,采取了一系列措施,如船舶接岸电、龙门吊"油改电"、集卡"油改气"等。2012 年宁波市政府就推出《关于推进市区公交车、出租车、港区集装箱卡车改用天然气实施方案》。截至 2014 年底,宁波港集卡"油改气"规模已跃居全国港口首位,拥有 LNG 集卡 368 辆,占港区集卡总量的 36.74%;LNG 加气站增至 6 座,日均加气能力达到 12 万 m³,每天可满足 1200 辆 LNG 集卡的加气需求。根据宁波港港区当时 LNG 集卡数量推算,每年可减排固体污染物颗粒物和 CO_2 近 8000t,节约成本 2000 多万元。其中 2013 年宁波港全年节煤 1.4 万 t、节支 1 亿元,主营业务万元产值综合能源单耗同比下降 5.8%。港区集卡"油改气"项目实施成果显著。

2014 年,宁波港还开展了集装箱空箱堆高机的"油改气"节能环保技术改造,对现有一台已到发动机大修周期的老旧集装箱空箱堆高机开展技术改造,取得了良好的效果。

青岛港积极推广应用新能源、清洁能源,大力推进"油改气"项目,2010 年以来,不断加大 LNG 等清洁、高效能源在装卸作业过程中的推广应用力度,先后购置 28 台新型 LNG 拖车和客车,对 7 台老旧沃尔沃拖车实施"油改气"自主技术改造,在新老港区建设了两座 LNG 加气站,储气总能力为 110 水立方,日加气总能力 2.7 万 m^3。

2. 集装箱码头 LNG 加气站技术现状

LNG 加气站的建站方式可分为站房式、橇装式和移动加液车 3 种。

(1) 站房式 LNG 加气站把站内设备平铺安装在地面,LNG 储罐容积大(一般在 $50m^3$ 以上),可配置多台加气机,能满足多台 LNG 设备同时加气。站房式 LNG 加气站日加气规模可达 $10000m^3$ 以上,能满足大规模 LNG 设备的用气需求。

(2) 橇装式 LNG 加气站将 LNG 储罐、LNG 低温泵、LNG 调压气化器和 LNG 加气机等设备安装在橇块上,储罐总容积一般不大于 $50m^3$,与站房式加气站相比,建设更灵活。其可分为地面式和移动式橇装 LNG 加气站。地面式橇装 LNG 加气站将储存系统、管路系统和加气机系统安装在橇体内,站控系统安装在橇体外的值班室内;移动式橇装 LNG 加气站将以上各系统集中安装在橇体内,可整站移动。橇装式 LNG 加气站日加气规模一般为 $3000 \sim 8000m^3$。

(3) LNG 移动加液车可以满足小规模、临时性、试验性的加气需求。LNG 移动加液车也可以看成简化的移动橇装站,它将储罐、低温泵、调压气化器、加气机和控制系统等工作部位整合在一个橇体内,将橇体安置在车辆底盘大梁之上。LNG 移动加液车一般储量为 $15 \sim 25m^3$,日加气规模一般为 $800 \sim 2000m^3$。因其储量较小,需要定期回 LNG 供应站补气,为了保证 LNG 供应,通常需要配合安捷通来使用。安捷通是一种小型的 LNG 加气装置,一般储量为 $1 \sim 3m^3$,在移动加液车回站加气时,安捷通可以提供一定量的 LNG 储备来保证企业设备正常运行。

1.4.5　港口机械氢能动力技术

传统内燃机通常采用柴油或汽油等化石类燃料。1965 年国外科学家研发出了能在马路上行驶的氢能汽车,我国科学家也在 1980 年成功地造出了第一辆氢能汽车,可乘坐 12 人,储存氢材料 90kg。氢能汽车行车路远,使用寿命长,最大优点是不污染环境。

氢能汽车改用气体氢代替石油燃料,把氢输入燃料电池中,驱动电动机,推动汽车行驶。用氢气作燃料有许多优点:氢气燃烧后的产物是水,不会污染环境;氢气在燃烧时比汽油的发热量高,而且不需要对汽车发动机进行大的改装;氢能相比其他能源,具有资源丰富、来源多样、可储存、可再生等优点。因此氢能汽车具有广阔的应用前景。

与目前备受推崇的纯电动汽车相比,氢能汽车同样具有一定优势。表 1.4-2 对比了氢能汽车与纯电动汽车、燃油汽车的优缺点。

表 1.4-2　氢能汽车与纯电动汽车、燃油汽车优缺点对比

新能源类型	氢能汽车	纯电动汽车	燃油汽车
优点	加氢时间短,续航里程长,环保无污染	充电设施较多,建设成本低,环保	加油站很多,续航里程基本无限制
缺点	储氢和运输要求高,加氢站建设成本很高	续航里程较短,充电时间长	燃油经济性较差,环保性差,尾气、噪声排放污染严重

山东是我国最大的工业副氢大省,各种工业企业伴生的废氢利用率不高,以往大多只能白白浪费。2019年10月21日,青岛港率先推出3台氢能源集卡在青岛前湾集装箱码头进行实景测试运营。

2019年11月28日,伴随青岛港全自动化集装箱码头二期项目的投产运营,青岛港同时将自主研发、集成创新的全球首创氢动力 ARMG 样机在二期自动化码头项目中投入使用,配以5G通信技术,以中国"智"造、中国创造向全球港航业奉献了"中国方案"。

2020年3月25日,由上海航天技术研究院811所提供的60kW氢燃料电池产品运输到青岛港自动化码头二期工程现场,顺利完成了传统市电驱动 ARMG 的装机调试,试运行成功后,将批量应用于 ARMG 进行技术验证。传统 ARMG 采用直径6m、重达3t的10kV高压电缆卷筒供电。电缆卷筒缠绕500m昂贵的软电缆供电,既不安全,也不方便。相比之下,氢燃料电池系统不仅减轻了设备自重,降低了设备机构的复杂度、维保量,而且发电效率高、无噪声,安全性好,并可实现零排放。

2020年1月,天津市正式印发《天津市氢能产业发展行动方案(2020—2022年)》,天津港保税区深度参与了前期方案论证起草工作,同时按照全市的整体部署,结合区域特色,于2020年5月17日发布了《天津港保税区氢能产业发展行动方案(2020—2022年)》,规划到2022年建成加氢母站1座、加氢站6座,运营氢能燃料电池车辆(含叉车、物流车、公交大巴)不少于800辆,氢能产业链年产值达到120亿元;初步建成天津氢能产业示范园,成为全国氢能产业一流园区。同时天津港保税区还制定了《天津市氢能示范产业园》《天津港保税区关于扶持氢能产业发展若干政策》等,着力将保税区打造成为天津市发展氢能产业的先行区和聚集区。

在国外,目前韩国现代、日本丰田等著名汽车企业都已推出各自的氢能源汽车。为了强化全球氢燃料企业的领导地位,现代集团还发布了以中长期氢气及氢燃料电池汽车(FCEV)发展路线为内容的"FCEV蓝图2030",扩大轿车及商用车氢燃料电池汽车的产品线,到2030年将实现年产50万辆氢燃料电池汽车的商用车体系,确保氢燃料电池汽车市场的领先地位。与此同时,在2019中国国际进出口博览会上,现代商用车首款氢燃料专用重卡概念车 HDC-6 NEPTUNE 亮相,向世界展示了其环保商用车的领导地位和未来蓝图。

2020年6月,德国联邦内阁通过了《国家氢能战略》,对德国未来氢能源的生产、运输、使用和再利用以及相应的技术创新和投资建立一个统一、连贯的政策框架。通过该战略,德国联邦政府提出了有助于实现国家气候目标,为德国经济创建新的价值链以及进一步发展国际能源政策合作所必需的步骤和措施,保障在可再生能源比例不断提高情况下德国能源供应系统的安全性、经济性和气候友好性。

1.4.6 港口机械轻量化技术

港口机械轻量化是港口机械节能减排技术的重要研究方向之一,成为国内外港口机械研发制造企业共同关注的焦点,并取得了很多成功的推广应用。其中最为典型的是轻型 RTG 和轻型 RMG 的研发,国内水运院、振华重工和国外 Kone 等单位均推出了自己的轻量化产品。

另外,由江西工埠等单位研发的起重机械起升机构永磁驱动技术也成功地在港口机械上得到了示范应用,可大大降低起重机的自重,达到节能降耗的效果。

1.4.7　"散改集"与"集改散"技术

长期以来普通散粮、煤炭、矿石等散货装卸及运输效率低、周转时间长、货损货差较为严重,影响货运质量,货运手续繁杂,影响工作效率。近几年随着节能环保要求的提高,许多港口开始研究和尝试散货集装化运输,即将散货装进集装箱运输(简称"散改集"),采用集装箱进行"门到门"的散货快速运输,集装箱装卸机械专业化程度高,装卸效率高,不受天气影响,提高了船舶和港口的装卸效率,从而提高了效益。

尽管"散改集"运输尝试的单位很多,工艺方式五花八门,但是由于都是基于标准集装箱的端部开门工艺,散货进出集装箱的装卸效率较低,工艺过程复杂,场地利用率低,"散改集""集改散"过程中扬尘污染较为严重,所以"散改集"货运量所占比重仍然极低。如果能有效利用我国与国外的贸易差异,解决集装箱回程中空箱率高的问题,也不失为一种有益探索,对节能减排具有重要意义。

1. 各种"散改集"装箱工艺与装备现状

目前,国内各港口、场站和粮库的散货装箱工艺,主要为将集装箱翻转一定角度,然后通过带式输送机、缓冲仓自流、漏斗、装载机、叉车等方式进行装箱作业,如图1.4-4～图1.4-6所示。

图1.4-4　大倾角输送机装箱工艺

图1.4-5　集装箱正面吊＋漏斗装箱工艺

图1.4-6　缓冲仓自流装箱方式

根据不同的散货装卸工艺,人们开发出了多种集装箱散装设备。

1)固定式集装箱翻转平台

如图 1.4-7 和图 1.4-8 所示,有起升 20ft 和 40ft 固定式集装箱翻转平台。20ft 集装箱翻转角度一般设计为 70°～90°,而从安全角度和集装箱受力考虑,40ft 集装箱大多设计在 50°以下。

图 1.4-7　固定式 20ft 集装箱翻转平台

图 1.4-8　固定式 40ft 集装箱翻转平台

2)拖行式集装箱翻转平台

如图 1.4-9 和图 1.4-10 所示,拖行式集装箱翻转平台可以用通用牵引车进行拖行,因运输和作业模式较固定而具有更好的灵活性。

图 1.4-9　拖行式翻转平台(发动机动力)

图 1.4-10　拖行式翻转平台(外接电源动力)

集装箱翻转平台的优点是:不需要占用固定场地,可灵活安排作业地点;可配置发动机或外接市电两种动力方式,既适合于内陆小货主和临时作业的需要,也适合于需要频繁进行近距离运输的港口作业。集装箱翻转平台的缺点是:装卸作业需要集装箱起重设备配合作业,而且集装箱立起后高度超过 6m,需要提高散货来料的输送高度。

3)集装箱放置坑方案

10 多年前,国内环渤海湾多个煤炭出口大港,开展煤炭破碎筛分、散装集装箱业务。其一般是在地面上设置集装箱地坑,利用安装在固定式门式起重机主梁轨道上的起重小车的 4 台电动葫芦起重机,实现集装箱的卸车、起吊、横移、入坑,装载机装箱后,再起吊、平移、装车,如图 1.4-11 所示。

采用地坑装箱方式进行"散改集"作业,一次性投入成本相对较少,但其作业场地和设备

图 1.4-11   煤炭"散改集"地坑装箱作业

固定,灵活性较差。另外,露天作业集装箱地坑的防雨和排水问题较多,扬尘污染较为严重,目前已基本不再使用。

2. 大连港研发散粮集装箱门式倾转机

大连港集团有限公司是国内较早探索散粮装箱运输的港口企业,其研制的集装箱门式倾转机专门用于散粮的装箱作业,是集起重、倾转装箱于一体的一种流动式起重设备,如图 1.4-12 所示。

图 1.4-12   集装箱门式倾转机

该设备可完成装箱、卸箱多种功能,将集装箱置于集装箱支撑平台并锁定后,即可操作完成集装箱俯仰、打开集装箱门、物料自动流出、关闭集装箱门、集装箱放平、空箱移走等一系列动作,如图 1.4-13 所示。

图 1.4-13   起重与倾转功能

该设备采用四升降立柱龙门式结构,可拆卸设计方式,主要由支腿起升机构、起升翻转机构、吊具机构及配套液压电控系统组成。设备采用电力驱动,绿色环保,节能减排效果明显;结构紧凑,尺寸较小,便于港内公路运输。

3. 劲海公司研发散粮集装箱跨运车

2018年初,劲海(宁波)起重机械有限公司研发的适用于集装箱装卸、搬运、堆垛和翻转(立箱和倒箱)的多功能起重跨运车(如图1.4-14所示),具有用途广、自重轻、成本低、效率高、灵活、可拆装、轮压小、无线遥控器操作简单等特点,可用于物流配送、货场运输、仓库储存、车间场地转运等场所,尤其适用于散粮的集装箱化运输装卸作业。

图 1.4-14 多功能散装集装箱跨运车

该跨运车可适用于20ft集装箱和40ft集装箱的装箱作业,每小时可达10箱次,散粮集装箱装卸作业效率平均约为250t/h。

总之,散货集装化运输的关键与难点,仍是如何减少散货装卸集装箱过程中的扬尘污染,以及如何提升散货集装箱的装卸效率。

4. 天津港"散改集"快速装箱系统

天津港一直注重大宗散货的"散改集"运输,近几年研发了多种煤炭、矿石等大宗散货"散改集"装箱系统,为港口"散改集""公转铁""水铁联运"做出了示范。

1) 天津港"散改集"装火车系统

经过技术攻坚,作为天津港"公转铁""散改集"先锋的天津港远航矿石/散货码头有限公司开启了一场全新模式的矿石装火车作业模式。远航公司船车直装作业模式以30s的最快单箱装车速度,成为全国首家通过连续输运系统实现卸船直装火车敞顶箱作业的矿石码头公司,实现了历史新突破。

2020年4月27日,"联合惠风"轮停靠在天津港南疆26段专业化码头上。天津港一改过去矿石进堆场等候"摆渡"车的作业模式,而是矿石通过"卸船—带式输送机",直接到装车楼,然后经过"喷淋—卸货装车—移车"(如图1.4-15所示),最后由敞顶箱火车以最快的时间运送到目的地河北武安地区。

天津港本着"做散不见散"的原则,全力推进"散改集"船车直装业务。与传统作业模式相比,船车直装作业模式减少了中间作业环节、货物损耗,兼顾了安全与效益、效率与质量,

图 1.4-15 天津港矿石"散改集"快速装火车系统

具有不可比拟的优势,是当前散货码头践行"绿色港口"发展理念的有益探索,创新拓展了散货码头的服务功能。

2)天津港智能化散货装箱系统

2020 年 6 月,由天津港煤码头公司联合上海海事大学研发的"散改集"智能化散货装箱系统——"智能大漏斗"成功投入使用(如图 1.4-16 所示)。"智能大漏斗"具有精准计量、安全防护、智能操控、环保抑尘、预警提醒、可视化防护、全景视频和制动稳固等特点,为天津港智慧绿色、安全高效港口建设增添利器。

图 1.4-16 天津港智能化散货装箱系统

"智能大漏斗"配合抓斗门座起重机卸船、散货直装集装箱作业。35t 的敞顶集装箱由集卡拖带,仅用 48s 即可完成精准装箱,门机作业效率最高可达 980t/h。通关后即可实现卸船直装火车敞顶箱作业,实现了大宗散货"散改集""公转铁"的高效环保作业新模式。

该智能化散货装箱系统计量精准,误差控制在 0.5％以内;抑尘环保,作业时自动开启洒水抑尘系统;可适用于直径 200mm 以下的锰、铬、铁矿等多种散货;而且无人值守,实现智能化均衡无偏载装箱作业。

5. 青岛港"散改集"工艺装备系统

2020 年上半年,青岛港大港公司积极响应国家"公转铁"号召,发挥件杂货综合物流优势,推进"件杂货＋铁路＋集装箱"模式创新,以"散改集"作为撬动海铁联运增量的发力点。1—6 月,海铁联运到发集装箱箱量 163874TEU,同比增长 20％,面对全球严重疫情,实现了海铁联运的逆势增长。

大港公司采用抓斗门座起重机将玉米、大豆等散粮卸船至防风料斗,然后料斗左右侧双溜槽出料散装集装箱,液压集装箱翻转平台将集装箱竖起或放平,最后由集装箱正面吊运起重机起吊集装箱装卸集卡和火车。图 1.4-17 为青岛港大港公司散粮"散改集"的作业现场。

(a) 门座起重机卸船-散装集装箱工艺装备

(b) 集装箱正面吊装火车

图 1.4-17 青岛港"散改集"装箱现场

为解决腹地空箱资源不均衡带来的作业效率低、资源浪费等问题,大港公司借助进口粮食内陆流向优势,推出大豆"散改集"套箱业务,与腹地出口货物形成"重进重出",降低了中间损耗和运输成本,同时解决了腹地箱源紧张问题。

青岛港大港公司还搭建了"大数据散改集可视化分析平台",积极推进客户信息分析、业务线上办理、单证电子化等项目,加快开发"互联网＋大数据＋铁路"全线服务模式,拓展更加智慧、高效、低成本的服务新通道,积极打造"零损耗、绿色环保、装卸高效"的"散改集"特色品牌,推动海铁联运业务实现跨越式发展。

6. "集改散"工艺与设备

目前"集改散"只有两种工艺方案:一是基于常规集装箱端部开关门的"集改散"工艺方案;二是基于专用集装箱底部开关门的"集改散"工艺方案。但不论何种"集改散"方案,由于吊具是悬挂在岸桥或场桥等起重机下方卸料,或由装载机操作卸料,考虑到起重机和装载机的卸载载荷和稳定性影响,卸载速度都不宜太高,因此"集改散"的作业效率会有一定限制。

1) 连云港新云台码头公司铁矿石"集改散"运输工艺

2019 年 5 月 13 日,随着 30 个外贸集装箱陆续进港,标志着连云港新云台码头有限公司铁矿石"集改散"业务正式启动。图 1.4-18 为装载机对散货集装箱进行卸载作业。

图 1.4-18 连云港新云台装载机对散货集装箱进行卸载作业

配装铁矿石的集装箱由外贸进口,在海港卸船后汽运至新云台公司拆箱、落场,然后再转水发往内地工厂。为防止卸载时的扬尘污染,采用了喷淋降尘技术。

2) 太仓苏州现代完成全国首台"集改散"倾转吊具

2020 年 3 月初,为拓展"集改散"业务(包含石英砂、铁精矿、玉米、菜粕、饲料等),苏州现代货箱码头有限公司根据自身作业要求,协助生产厂家定制了国内首台专用倾转吊具(如图 1.4-19 所示),并完成了吊具的功能性试车和重载试验,效果良好。

截至 2020 年 6 月 18 日,借助"集改散"倾转吊具,苏州现代货箱码头已完成"集改散"作业量超 2000 自然箱。该新型吊具完成一个 20ft 集装箱货物从拆箱到装船,整个过程仅需 4min,较传统作业模式效率提升近 3 倍。同时,有效解决了人机交叉、临水临边作业等带来的安全隐患,减少作业现场扬尘,提高了安全性和环保性。

图 1.4-19 苏州现代"集改散"专用集装箱吊具

3）连云港港"集改散"铁水联运新工艺与装备

2020年9月21日,在连云港新东方集装箱码头公司24♯泊位,20ft集装箱被吊至船舱上方后,箱子同时翻转、钾肥倾倒入舱,拆箱装船整个过程"一气呵成"。这批来自乌兹别克斯坦的钾肥运抵连云港中哈物流基地后,直接卸载分流至集装箱码头,实现了中哈物流基地与海港码头间的无缝衔接。连云港海关采取"船站直取"的监管模式,实现了过境钾肥从火车转海轮的"零等待",1天内就完成了所有工作,不仅提升了通关效率,"不落地"的联运方式也进一步降低了成本。

在装船环节上,首次采用集装箱翻转吊具(见图1.4-20),可将箱装钾肥直接打散入舱,货物全程不落地,并实现"零等待""零损耗""零污染"的"三零"作业。这是继2020年7月首列"集改散"钾肥成功过境后的装船工艺再次创新,相比原来拆箱抓料装船的作业方式,节省了拆箱环节。原先至少需要两三天才能完成装船,采用新工艺后仅用时约7h即可完成装船。

图 1.4-20 连云港港"集改散"工艺装备

7. 新型顶开门半高箱"散改集"专用集装箱运输

2018年2月,营口港务股份有限公司集装箱码头分公司"半高箱"业务投入运营,依托营口港融大数据股份有限公司"港港网"旗下的共享集装箱平台,打破了以船定箱的局面,实现以箱定船,使"半高箱"的流动更加便捷,客户在确定运输船舶前就可以用箱装货,从而实现货物快捷、高效、低成本运输。

何谓半高箱?顾名思义,这种新型集装箱的高度只有传统集装箱的一半左右,集装箱可用双 20ft 吊具的 40ft 半高硬开顶重载集装箱,简称半高箱(见图 1.4-21)。同时集装箱符合《系列 1 集装箱 分类、尺寸和额定质量》(GB/T 1413—2008)(等同采用 ISO 668:1995 及其修正案)中规定的国际标准集装箱的尺寸要求。

半高箱扩大了集装箱运输的货物种类,货种拓展到螺纹钢、方钢、高线、卷钢、镀锌管、圆钢、切板、液袋等,钢材产品几乎全覆盖。传统运输模式中,钢材采用散货运输,装卸慢,货损率高,采用半高箱运输后,货损率降至几乎为零。

图 1.4-21　半高箱"散改集"专用集装箱

新型半高箱于 2016 年完成开发研制,并已申请国家专利。相较于传统集装箱,它不仅保留了原有的两端对开门,还创新设计了可灵活开启和关闭的上开门,这种灵活的开顶方式方便散杂货物自上部装卸,装卸简便,减少了人力、机械使用环节。同时,它的八角柱设计和新的高度尺寸,实现了承重大、强度高、箱体不变形,适用各种散杂货装箱运输。半高箱箱内长 12.0～12.06m,最大载重 37t,特别适合型材、螺纹、高线等货物装箱,而且装卸箱和运输成本有较大降低,1.717m 的高度设计还实现了双箱堆叠铁路运输,使海铁、海陆、江海等联运门到门全程运输,将有力推进我国内贸散杂货"散改集"进程,提高物流整体运行效率和现代化水平,实现了真正意义上的多式联运。

截至 2019 年 12 月中旬,我国半高箱运营数量已达到 4500 多个,业务辐射覆盖东北地区、长三角和珠三角地区港口,使南北物流运输更加畅通。

1.4.8　船舶岸电技术

广义来讲,船舶岸电技术是"油改电"节能环保技术在船舶上的推广应用。

1. 国内外船舶岸电技术现状

1)瑞典船舶岸电技术

2000 年瑞典哥德堡港首先在渡船码头设计安装了高压岸电系统。此项技术使得船舶靠港期间污染物排放减少了 94%～97%。随后欧盟的主要港口,如荷兰鹿特丹港、比利时安特卫普港等集装箱码头以及泽布勒赫港、哥德堡港等客滚或渡船码头也陆续应用了岸电技术。接入岸电后环境质量有明显改善。

2)美国船舶岸电技术

美国西海岸的加州是美国经济贸易发达地区,繁忙的经济贸易促进了港口的发展。加州地区沿海岸线分布着多个港口,包括长滩港、洛杉矶港、奥克兰港等多个国际集装箱港口。

为推进港口的绿色发展,美国联邦政府、加州地区制定了多层次的绿色港口法律法规体系,《国际防止船舶污染海洋公约》(MARPOL 公约)也对北美地区有严格的排放控制要求。另外,各港务局也制定了绿色发展规划和行动方案。

如果说法律法规及规划体系的完善为绿色港口的建设明确了目标,那么各类先进技术的应用则为绿色港口的实现提供了可能。借助于科技进步,加州港口绿色发展取得重要的阶段性成果。

2001 年美国朱诺港首次将岸电技术应用在豪华邮轮码头,2004 年美国洛杉矶港将其应用在集装箱码头 100 号集装箱泊位上。按照加州法律的要求,各港务局通过与船公司签订协议来规定其船舶靠港期间使用岸电的次数占其在该港口总挂靠次数的比例:2014—2016 年,达到 50%;2017—2019 年,达到 70%;2020 年之后,达到 80%。如果不能满足上述要求,每次停靠将根据情况罚款 1000~75000 美元。从各港务局实际情况来看,洛杉矶港、长滩港、奥克兰港靠港船舶均具备岸上供电系统,而奥克兰港投资 6000 万美元建设岸电系统,所有 5 个码头(25 个泊位)均有岸电设施。目前,洛杉矶港和长滩港岸电使用比例已经达到 80%。目前岸电的应用已从最初的滚装、集装箱及邮轮码头,扩展到了油码头与天然气码头等。

美国港口也注重电力来源的清洁。目前,加州地区主要的电力来源是水电及太阳能等清洁能源,火电比例极低,而港口岸电的重要来源之一就是太阳能发电,可以从根本上降低碳排放。

3)德国船舶岸电技术

德国汉堡作为德国第一大港,正致力于进一步改善其港口码头的空气质量。2018 年 8 月,德国贝克尔船舶系统、赫伯罗特和汉堡港口物流集团在汉堡港试验推行给靠港集装箱船舶提高新能源岸电解决方案,能让大型乃至最大的集装箱船在其停靠港口码头期间,关停传统的柴油辅机发电设备,通过使用一种新颖的移动发电设备,给船上相关机器设备提供电力,如图 1.4-22 所示。

图 1.4-22 德国汉堡港移动发电设备

贝克尔船舶系统向来以科技创新出名,也是此项移动发电设备科技的研发方。而赫伯罗特和汉堡港口物流集团则是此项科技探索验证过程中两位最得力的合作伙伴。新研发的贝克尔 LNG 发电柜停靠在汉堡港 Burchardkai 集装箱码头(CTB),为集装箱船提供使用清洁能源的环保岸电,并多次成功地给赫伯罗特 20000 TEU 级大型集装箱船供电,改善汉堡市的空气质量。

贝克尔 LNG 发电柜把整体系统设计组装在两个 40ft 集装箱内(如图 1.4-23 所示)。该供电装置集成一个燃气机和一个 LNG 储气罐,给燃气机提供燃料。在集装箱船靠港停泊后,通过码头的岸桥,把这个功率为 1.5MW 的移动发电设备从码头吊装到集装箱船上靠船尾的位置,在跟船上的岸电接口连接成功后,就能给在靠港停泊期间的集装箱船上主要设备供电。基于此项科技创新,可以让通常用柴油辅机供电的集装箱船实现零排放,或显著减少二氧化硫、颗粒物和一氧化氮的排放。

图 1.4-23　贝克尔 LNG 发电柜

4)我国船舶岸电技术

国外港口船舶较早地推广使用岸电,我国从 2007 年开始将使用岸电的国际经验引入国内,经过政府和相关企业的大力推广,已取得了一定成效,但目前相关工作仍有很大提升空间。

我国对港口环境保护工作极为重视,相关的法律法规、政策规范陆续发布。新修订的于 2016 年 1 月 1 日实施的《中华人民共和国大气污染防治法》规定:"新建码头应当规划、设计和建设岸基供电设施;已建成的码头应当逐步实施岸基供电设施改造。船舶靠港后应当优先使用岸电。"

交通运输部发布的《交通运输节能环保"十三五"发展规划》《船舶与港口污染防治专项行动实施方案(2015—2020 年)》《交通运输行业"十三五"控制温室气体排放工作实施方案》《推进交通运输生态文明建设实施方案》等一系列政策文件,均提出要大力推动靠港船舶使用岸电,加快港口岸电设备设施建设。

2017 年 7 月 24 日,交通运输部又印发了《港口岸电布局方案》(以下简称《方案》)。《方案》提出"到 2020 年实现全国沿海和内河主要港口以及船舶排放控制区内港口 50% 以上已建的集装箱、客滚、邮轮、3 千吨级以上客运和 5 万吨级以上干散货专业化泊位具备向船舶提供岸电的能力。到 2020 年底前,在全国主要港口和排放控制区共布局 493 个具备向船舶供应岸电能力的专业化泊位"。同时,《方案》还提出"对岸电需求较大、基础条件较好的港口,鼓励其加快岸电设施建设,争取实现 100% 的泊位岸电覆盖率,加大靠港船舶使用岸电的力度"的岸电设施建设推动政策。

2010 年上海港开始使用"港口移动式岸基船用供电系统",该系统由港口岸基供电取代传统船舶油料的发电方式,有效地减轻了港口的空气污染,真正实现绿色航运。据统计预测,如果该项科技成果推广到全国各个港口,以 1000t 级以上的各类船舶在我国港口靠泊、装卸物期间消耗的燃油统计,每年减少二氧化碳排放量 917 万 t,减少二氧化硫排放量 12.6 万 t,减少氮氧化物排放量 19.5 万 t,节能效果十分显著。

目前我国各沿海和内河港口岸电推广速度极快,尤其在长江流域——水系发达、港口码头密布,是全球运量最大、最为繁忙的内河航道。2016 年 6 月,国家电网公司会同交通运输部、财政部、国家能源局、湖北省人民政府、三峡集团等建立政企合力的协同工作机制,重点建设三峡坝区岸电实验区,打造技术标准创新应用高地,引领带动长江全流域岸电设施建设工作。预计到 2020 年基本完成长江沿线港口岸电全覆盖建设任务。

但目前我国港口岸电的发展总体并不理想。根据统计数据显示,截至 2018 年 6 月底,全国已建成岸电设备 2400 余套,覆盖泊位 3200 多个,主要港口以及排放控制区内港口岸电设施覆盖率达 40%。而相较之下,具有受电设施的船舶较少,航运企业已完成 358 套(3000t 级及以上)船舶受电设施改造,占在运船只数量的比例不足 1%。按照这个建设进度,基本可以实现《港口岸电布局方案》中规定的到 2020 年 50% 的岸电覆盖目标。但相较之下,船舶受电设施数量较少,并且进展缓慢,目前也没有专门针对船舶受电设施改造的目标和计划。所以目前港口岸电设施使用率并不高,即便在发展相对较好的深圳,使用岸电的船舶占比也不到 10%。

2. 岸电电缆提送系统

目前,国内外设计、制造岸电电缆提送系统的企业有十几家,国外企业主要是以瑞士 CAVOTEC 公司为代表,国内从事研究、设计、制造的单位主要包括水运院、江苏镇安电力设备有限公司、武汉理工大学、湖北杜德起重机械有限公司、常熟市中源电力设备有限公司、上海艾临科智能科技有限公司等。

港口船舶岸电电缆提送系统方式很多,根据其提升设备主结构特点,大体可以分为两大类,即臂架式提送系统(如图 1.4-24 所示)和直立式提送系统(如图 1.4-25 所示)。

(a)

图 1.4-24　船舶岸电电缆臂架式提送系统

(a) CAVOTEC 岸电电缆臂架式提送系统;(b) 江苏镇安电力公司研发的用于镇江海纳川危化品码头的港口岸电电缆臂架式提送系统;(c) 武汉理工大学研发的用于武汉阳逻港集装箱码头的港口岸电电缆臂架式提送系统

(b)   (c)

图 1.4-24   （续）

(a)

(b)   (c)

图 1.4-25   船舶岸电电缆直立式提送系统

（a）CAVOTEC 岸电电缆直立式提送系统；（b）江苏镇安电力公司研发的用于华润集团镇江电厂码头的港口岸电电缆直立式提送系统；（c）国外某港口岸电提送系统

目前,港口岸电电缆提送系统几乎都是固定安装在码头前沿海侧轨道外侧,为不影响船舶装卸设备作业,一般都采用可以收缩或折叠的方式,不工作时尽可能缩小外形尺寸。但是这种固定式安装的电缆提送装置,每个泊位必须配备一套,设备投资较高;而且码头前沿空间狭小,对于特大型船舶,提送装置收缩后尺寸仍然较大,安装困难。为此,在上述臂架式和直立式电缆提送系统的基础上,江苏镇安电力公司又研发成功了移动式港口岸电电缆臂架式提送系统(如图1.4-26所示)。设备安装在可移动底盘上,采用锂电池作动力,可以沿码头前沿海陆侧轨道之间行走,以满足不同泊位的岸电电缆提送要求。设备除行走功能外,还具有臂架伸缩、臂架俯仰、上车回转等机构,以及岸电电缆收放管理系统等。各机构均采用液压驱动方式。

图 1.4-26 移动式岸电电缆臂架式提送系统

港口岸电电缆提送系统对电缆进行提升、输送、控制,克服了以往岸电电缆连接靠汽车吊和人工方式进行提升输送的不足,节省人力和机械,消除临时提送设备对电缆可能造成的损伤和安全隐患,同时可实时调节电缆长度和张力大小,避免电缆过度拉伸和松弛。

另外,对于使用在危化品码头的岸电设备必须满足防爆安全技术要求。

3.岸电技术政策与标准化

因其具有很好的节能环保效果,所以船舶岸电成为少有的技术研发和标准制定同步进行的一项实用技术,甚至标准起到了很好的引领作用。其中,水运院在船舶岸电技术标准化方面为行业做出了重大贡献。目前岸电已发布的相关标准有国家标准、交通运输行业标准、船舶行业标准,具体如下:

GB/T 25316—2010 《静止式岸电装置》

GB/T 30845.1—2014 《高压岸电连接系统(HVSC系统)用插头、插座和船用耦合器 第1部分:通用要求》

GB/T 30845.2—2014 《高压岸电连接系统(HVSC系统)用插头、插座和船用耦合器 第2部分:不同类型的船舶用附件的尺寸兼容性和互换性要求》

GB/T 36028.1—2018　《靠港船舶岸电系统技术条件　第1部分：高压供电》

GB/T 36028.2—2018　《靠港船舶岸电系统技术条件　第2部分：低压供电》

GB/T 51305—2018　《码头船舶岸电设施工程技术标准》

JTS 155—2019　《码头岸电设施建设技术规范》

JTS 155—1—2019　《码头岸电设施检测技术规范》

JT/T 347—1995　《钢质船舶接岸电技术要求》

JT/T 814.1—2012　《港口船舶岸基供电系统技术条件　第1部分：高压上船》

JT/T 814.2—2012　《港口船舶岸基供电系统技术条件　第2部分：低压上船》

JT/T 815.1—2012　《港口船舶岸基供电系统操作技术规程　第1部分：高压上船》

JT/T 815.2—2012　《港口船舶岸基供电系统操作技术规程　第2部分：低压上船》

JT/T 1071—2016　《港口岸基供电变频变压电源装置技术要求》

CB 875—1978　《接岸电缆卷车》

CB/T 3578—1994　《船舶修理期间接岸电技术要求》

CB/T 4372—2014　《小艇岸电系统》

CB/T 4406—2014　《岸电箱》

另外，2020年水运院与江苏镇安电力设备有限公司等单位合作制定了两项岸电电缆提送系统的中国港口协会团体标准，并已发布实施：

T/CPHA3—2020　《港口岸电电缆臂架式提送机》

T/CPHA4—2020　《港口岸电电缆直立式提送机》

尽管船舶岸电技术推广工作轰轰烈烈，但是使用效果仍不够理想：一是码头泊位安装岸电设备比例有待继续提升；二是即使安装了岸电设备，使用率也有待提高。究其原因是政策、标准等方面还有很大的提升空间，许多工作还需要进一步完善。一方面使供电、港口、船东都得到经济效益，各方才有自觉性、主动性去推广应用；另一方面，供电制式、插头差异很大，电缆提升方式与装备有待研发与推广，岸电检测方法尚不完善，有待进行标准化改进和提升。

1.4.9　船舶LNG动力技术

广义来讲，船舶LNG动力技术是"油改气"节能环保技术在船舶上的推广应用。由于LNG是所有化石燃料中最清洁的能源，因此LNG将成为船舶优先选择的燃料。

欧美是发展LNG动力船的先行者，自2000年挪威开始运营首艘LNG动力船"Glutra"号以来，已投入运营或建造的LNG动力船的数量越来越多。亚洲的一些国家也紧紧跟上，韩国、新加坡、日本都积极致力于LNG加注枢纽建设。

2014年希腊Capital Ship Management、大宇造船（DSME）与劳氏船级社（LR）联合设计了一款以LNG为燃料的超大型集装箱船。这一合作项目主要研究将LNG用作1.4万TEU集装箱船的燃料时，其技术规格、所需成本、性能表现如何以及会否对安全造成潜在影响。为解决可持续发展问题，Capital一直都在研究如何开发及落实必要的工艺与系统，而该项目正是其中的举措之一。此外，它的发展战略还包括探究如何利用以LNG为主的替代性燃料，降低船舶经营所需的能源消耗。该卡尔萨姆型（Kamsarmax）船设计为双燃料运作，可采用LNG为主机、发电机和锅炉提供能源。收到AiP证书的LNG处理系统由三菱重工提供支持。大岛造船最新的巴拿马型/卡尔萨姆型船体设计提供了该型船舶形状的基础。该型设计已被证实是非常成功的,具备良好的燃料性能,为专家提供了将设计转化为LNG营运的重要营运数据。

2015年6月5日,DNV GL为日本大岛船厂的一艘卡尔萨姆型LNG燃料散货船设计颁发了原则性批准证书。船舶有害物(如硫)排放的法规变得更为严苛,因此船东和营运者们日益把目光投向了可替代燃料,以确保船队在当下和未来符合法规要求。

目前,全球LNG动力船船队数量正在快速增长,全球正在运营的LNG动力船队数量已从2017年的118艘增长至2018年底的143艘,其中超过2/3的船舶航行在欧洲水域;此外还有135艘LNG动力船正在建造,以及135艘采用LNG-ready设计船舶正在运营或在建。

我国作为后进者,在LNG燃料船及加注方面,虽然起步晚,但发展非常快。我国LNG动力船舶的研究始于2008年,自2010年我国第一艘LNG-柴油双燃料动力船舶"苏宿货1260"建成在内河运营以来,我国不断推进LNG在水运行业的应用,也相继出台了经济鼓励政策,推进了LNG燃料动力船舶的发展。2015年底发布《珠三角、长三角、环渤海(京津冀)水域船舶排放控制区实施方案》,极大地推动了LNG动力船和加注行业的发展。目前,国内LNG动力船、加注趸船、加注船的法规和规范均已出台,基本涵盖了LNG水上应用价值链。

2020年6月12日,我国第一艘油气电混合动力内河船舶"新长江26007"轮(见图1.4-27)从重庆东风船厂码头缓缓驶出,开启前往上海的新航程。"新长江26007"轮总长110m、型深5.6m、型宽19.2m、载重量7000t,是长航集团践行"共抓大保护,不搞大开发"长江经济带发展国家战略和"生态优先、绿色发展"理念,助力长江航运绿色高质量发展的一项重大创新举措。该轮采用双壳体、低温LNG燃料罐,安全性能获得中国船级社产品证书认证,可安全通过三峡船闸。同时,燃气、燃油两套动力系统分隔为两个独立机舱,独立运行、独立控制,可智能切换。同传统柴油发动机相比,LNG环保优势突出,在相同能量功率输出下,天然气的氮氧化物减排90%,硫氧化物和PM2.5排放几乎减少100%,船舶污染物排放可大

图1.4-27   我国首艘油气电混合动力内河船舶"新长江26007"轮

幅减少,彻底消除"冒黑烟"现象。同时 LNG 价格比柴油更具优势,成本可下降 25%～30%,经济效益显著。另外,该轮还是第一艘使用直流组网电力推进技术的散货船,开创了直流电推技术在长江大型散货船应用的先河,为后续锂电池、氢燃料电池等清洁能源在船舶上的应用提供了参考和借鉴。

1.4.10　集装箱多式联运技术

综合运输体系,亦称综合交通运输体系,是指铁路、公路、水运、航空和管道等各种运输方式在社会化运输范围内和统一运输过程中,按其技术经济特点组成的分工协作、有机结合、连接贯通、布局合理的交通运输综合体。每种运输方式有其特定的运输线路和运输工具,形成各自的技术运营特点、经济性能和合理使用范围。由两种及其以上的交通工具相互衔接、转运而共同完成的运输过程统称为复合运输,我国习惯上称之为多式联运。

与汽车运输相比,铁路运输具有更低的物流成本,更好的节能环保优势,尤其适合于长途运输。因此,如何提高大宗货物和长距离运输的铁路货运比例,特别是打通海铁联运"最后一公里",大幅提高集装箱海铁联运比例成为当务之急。2018 年 9 月 17 日,国务院办公厅正式印发《推进运输结构调整三年行动计划(2018—2020 年)》。

目前我国综合运输体系结构尚不合理。2017 年,我国全社会完成货运总量 472 亿 t,货物周转量 19.3 万亿 t·km,有效支撑了经济社会的发展。但公路货运量在全社会货运中占比过高,对比 2008 年和 2017 年,公路货运量占比由 74.1% 上升到 78%,铁路货运量虽然有所增加,但是占比却由 13.2% 下降到 7.8%。10 年来铁路货运量 11% 的增幅远远低于公路货运量 91% 的增幅。京津冀地区铁矿石的疏港运输 90% 以上是通过公路完成的。

国外发达国家运输结构值得我们借鉴。对比美国、日本、欧盟等发达国家和地区,其产业结构、运输结构相对稳定。以美国为例,目前美国铁、公、水、管的货物周转量比例约为 30∶40∶10∶20,而我国 2017 年的比例是 14∶34∶50∶2,铁路所占比例远远低于美国,运输结构调整确有提升空间。

从技术经济方面看,在长距离运输方面,铁路对比公路有着突出的能耗和排放优势。研究表明,铁路单位货物周转量的能耗和污染物排放仅为公路的 14.3% 和 7.7%。《中国机动车环境管理年报(2018)》显示,2017 年柴油货车保有量仅占全国汽车保有量的 7.8%,但其 NO_x 的排放占 57.3%,颗粒物的排放占 77.8%,若把这部分柴油货车长距离运输的货物转移到铁路和水运,对大气污染防治贡献巨大。

在国外,美国加州西部各港口都积极转变集装箱集疏港方式,从集卡转向铁路运输,推动集装箱铁水联运发展。例如,洛杉矶市政府投资 24 亿美元,历时 5 年于 2002 年建成连接港区和洛杉矶市中心区附近的铁路中心站的 32 km 快速货运火车通道,提高了港区及城市的空气质量。长滩港在中部港区改造工程中,将现有码头总计只有约 3.05km 长的码头内火车装卸线扩展到约 20.2km 长,从而将每天进港陆路集疏运卡车减少了 1000 辆。奥克兰港则投资 1 亿美元建设港外铁路及站场,该工程于 2016 年底建成,长度为 11.9 km,每天运输 4 列火车(单列 200 节)。

发达的铁水联运网络还有助于提高美国西部港口的竞争力。据了解,在新巴拿马运河开通后,船舶经巴拿马运河到达美国东海岸的时间约为 25 天,而到达西海岸的时间实际为 13 天,借助发达的海铁联运网络 5 天之内可以到达美国东海岸及广阔的内陆腹地。因此,新巴拿马运河开通后并没有对美西港口造成很明显的货源分流,美西港口在时间及成本方面仍具有优势。

在国内港口,煤炭、矿石等大宗散货和杂货码头的水路、铁路、公路运输具有很好的先天优势,开展以"门到港""港到门"为特色的集装箱多式联运服务,成为目前港口集装箱业务发展的重点、难点之一。

我国港口集装箱多式联运体系还很不完善,港口企业作为各种运输方式的枢纽,其优势远未得到发挥,应以港口集装箱为重点加快推进多式联运,积极发展铁水联运、海河联运、水水中转、甩挂运输等业务。

以集装箱铁水联运为例,港口是集装箱多式联运最重要的枢纽节点,而铁路是综合运输体系中大运量、长距离地面运输的主要手段之一,随着我国港口集装箱货源地向中西部地区延伸,更应充分发挥铁路的作用,加快发展集装箱铁水联运,优化港口集疏运结构,促进我国港口物流的可持续发展。

我国港口企业重视开展为客户提供以"门到港""港到门"为特色的港口物流服务。如近年来大连港与铁道部门合作,在已开通大连至沈阳、长春、哈尔滨等集装箱干线班列的基础上,推出"点对点"大列内贸集装箱循环车组,开通了五棵树、吉林西、长春东、沈阳等路局管内大列循环车组,目前的内贸集装箱班列已逾50班/周。在内贸集装箱班轮方面,大连港共开辟了至广州、上海、宁波、青岛、漳州、泉州等9条航线。

大连港在国内沿海港口中率先将粮食散装船运输改为集装箱运输,其码头企业自行设计的自动化散粮装箱设备的装箱能力达到400 TEU/天。并且大连港在沈阳东站、长春、吉林等"无水港"也建设了"散改集"设施,将物流服务开展到客户家门口,为东北地区玉米、大豆、水稻等大宗散粮运输提供了高效优质的全程物流服务。大连港的物流运作实践,突破了港口企业只能在港区码头为客户提供物流服务的局限,而且把物流作业和服务做到了生产集聚地和消费地,根据客户的供应链需求,大力开展"门到港""港到门"的集装箱内陆段物流服务,逐步使港口码头业务、港口物流业务与客户的供应链融为一体。

1.5　我国港口智慧绿色发展政策与法规

为提升港口自动化、智能化、信息化水平,提高港口作业效率,缓解资源环境约束,应对全球气候变化,促进经济发展方式转变,建设资源节约型、环境友好型社会,增强可持续发展能力,进入21世纪以来,国家和交通运输部等各部委、地方政府陆续发布了大量交通水运工艺装备智能化、节能减排相关的法律法规、政策规范等,为我国交通运输行业智慧绿色发展起到了积极的推进作用。

以下仅梳理近十几年来,尤其"十三五"以来,国家和交通运输部等部门出台的各种自动化、智能化、节能减排政策法规。

1.5.1　国家法律法规与政策

(1)《中华人民共和国港口法》。

(2)《中华人民共和国节约能源法》。

(3)《中华人民共和国环境保护法》。

(4)《中华人民共和国大气污染防治法》。

(5)《中华人民共和国循环经济促进法》。

(6)2006年8月6日,国务院发布《国务院关于加强节能工作的决定》。

(7)2006年2月9日,国务院发布《国家中长期科学和技术发展规划纲要(2006—2020年)》。

(8)2011年3月14日,《中华人民共和国国民经济和社会发展第十二个五年规划纲要》。

(9)2012年8月6日,国务院发布《节能减排"十二五"规划》。

(10)2014年5月15日,国务院办公厅印发《2014—2015年节能减排低碳发展行动方案》。

(11)2014年9月25日,国务院发布《关于依托黄金水道推动长江经济带发展的指导意见》。

(12)2015年4月4日,国务院办公厅印发《关于加强节能标准化工作的意见》。

(13)2015年5月8日,国务院印发《中国制造2025》。

(14)2015年12月17日,国务院办公厅印发《国家标准化体系建设发展规划(2016—2020年)》。

(15)2016年3月17日,《中华人民共和国国民经济和社会发展第十三个五年规划纲要》。

(16)2016年9月,《长江经济带发展规划纲要》。

(17)2016年7月28日,国务院印发《"十三五"国家科技创新规划》。

(18)2016年10月27日,国务院印发《"十三五"控制温室气体排放工作方案》。

(19)2016年11月24日,国务院印发《"十三五"生态环境保护规划》。

(20)2016年12月20日,国务院印发《"十三五"节能减排综合工作方案》。

(21)2017年2月3日,国务院印发《"十三五"现代综合交通运输体系发展规划》。

(22)2017年7月8日,国务院印发《新一代人工智能发展规划》。

(23)2018年6月16日,中共中央、国务院印发《关于全面加强生态环境保护坚决打好污染防治攻坚战的意见》。

(24)2018年9月17日,国务院办公厅印发《推进运输结构调整三年行动计划(2018—2020年)》。

(25)2019年9月19日,中共中央、国务院印发《交通强国建设纲要》。

(26)2020年10月20日,国务院办公厅印发《新能源汽车产业发展规划(2021—2035年)》。

1.5.2 交通运输等部门政策法规

为促进港口发展转型升级,建设智慧、低碳、绿色港口,交通运输部等部门陆续发布了一系列政策法规和指导意见。现将涉及节能环保的政策法规,按发布的先后顺序,整理如下:

(1)2005年9月21日,交通运输部印发《公路水路交通中长期科技发展规划纲要(2006—2020年)》。

(2)2007年12月20日,交通运输部印发《关于港口节能减排工作的指导意见》

(3)2007年12月29日,交通运输部印发《关于加快发展现代交通业的若干意见》。

(4)2008年9月1日,交通运输部发布施行《公路、水路交通实施〈中华人民共和国节约能源法〉办法》。

(5)2008年9月23日,交通运输部印发《公路水路交通节能中长期规划纲要》。

(6) 2009 年 2 月 26 日,交通运输部印发《资源节约型　环境友好型公路水路交通发展政策》

(7) 2011 年 2 月 21 日,交通运输部印发《建设低碳交通运输体系指导意见》和《建设低碳交通运输体系试点工作方案》。

(8) 2011 年 4 月 13 日,交通运输部印发《交通运输"十二五"发展规划》。

(9) 2011 年 6 月 7 日,交通运输部印发《公路水路交通运输"十二五"科技发展规划》。

(10) 2011 年 6 月 20 日,财政部、交通运输部印发《交通运输节能减排专项资金管理暂行办法》。

(11) 2011 年 6 月 27 日,交通运输部印发《公路水路交通运输节能减排"十二五"规划》。

(12) 2011 年 8 月 31 日,交通运输部印发《"十二五"水运节能减排总体推进实施方案》。

(13) 2012 年 10 月 26 日,交通运输部办公厅印发《交通运输部关于港口节能减排工作的指导意见》。

(14) 2013 年 5 月 22 日,交通运输部印发《加快推进绿色循环低碳交通运输发展指导意见》。

(15) 2013 年 9 月 7 日,交通运输部印发《关于科技创新推动交通运输转型升级的指导意见》。

(16) 2013 年 10 月 23 日,交通运输部印发《关于推进水运行业应用液化天然气的指导意见》。

(17) 2014 年 6 月 3 日,交通运输部印发《交通运输部关于推进港口转型升级的指导意见》。

(18) 2014 年 6 月 5 日,交通运输部印发《交通运输行业贯彻落实〈2014—2015 年节能减排低碳发展行动方案〉的实施意见》。

(19) 2014 年 8 月 11 日,交通运输部发布《公路水路交通运输主要技术政策》,这是继1985 年 1 月、1997 年 6 月两次发布《公路、水运交通主要技术政策》之后,再次发布。

(20) 2014 年 8 月 13 日,交通运输部印发《交通运输部关于加强和改进交通运输标准化工作的意见》。

(21) 2015 年 8 月 27 日,交通运输部印发《船舶与港口污染防治专项行动实施方案(2015—2020 年)》。

(22) 2015 年 12 月 2 日,交通运输部印发《珠三角、长三角、环渤海(京津冀)水域船舶排放控制区实施方案》。

(23) 2016 年 1 月 30 日,交通运输部印发《交通运输标准化"十三五"发展规划》。

(24) 2016 年 3 月 16 日,交通运输部印发《交通运输科技"十三五"发展规划》。

(25) 2016 年 5 月 31 日,交通运输部印发《水运"十三五"发展规划》。

(26) 2016 年 5 月 31 日,交通运输部印发《交通运输节能环保"十三五"发展规划》。

(27) 2016 年 7 月 27 日,交通运输部印发《综合运输服务"十三五"发展规划》。

(28) 2016 年 7 月 30 日,交通运输部发布《交通运输部关于推进珠江水运科学发展的若干意见》。

(29) 2016 年 12 月 7 日,交通运输部、国家发展改革委联合发布《推进物流大通道建设行动计划(2016—2020 年)》。

(30) 2016 年 12 月 8 日,工业和信息化部、财政部联合印发《智能制造发展规划(2016—2020 年)》。

（31）2016 年 12 月 28 日，交通运输部、外交部、国家发展改革委、科技部、工业和信息化部、公安部、财政部、国土资源部、住房城乡建设部、商务部、人民银行、海关总署、税务总局、工商总局、质检总局、国家统计局、保监会、铁路总公司 18 个部门联合发布《关于进一步鼓励开展多式联运工作的通知》。

（32）2016 年 12 月 30 日，交通运输部办公厅印发《绿色交通标准体系（2016 年）》。

（33）2017 年 2 月，交通运输部、国家铁路局、中国铁路总公司联合印发《"十三五"港口集疏运系统建设方案》。

（34）2017 年 4 月 1 日，交通运输部印发《推进交通运输生态文明建设实施方案》。

（35）2017 年 4 月 19 日，国家发改委、交通运输部、中国铁路总公司联合印发《"十三五"铁路集装箱多式联运发展规划》。

（36）2017 年 5 月 16 日，交通运输部印发《珠江水运发展规划纲要》。

（37）2017 年 6 月 12 日，国家发展改革委办公厅关于印发《"十三五"控制温室气体排放工作方案部门分工》的通知。

（38）2017 年 7 月 20 日，交通运输部办公厅印发《港口岸电布局方案》。

（39）2017 年 8 月 4 日，交通运输部印发《交通运输部关于推进长江经济带绿色航运发展的指导意见》。

（40）2017 年 11 月 27 日，交通运输部印发《交通运输部关于全面深入推进绿色交通发展的意见》。

（41）2017 年 12 月 13 日，工业和信息化部印发《促进新一代人工智能产业发展三年行动计划（2018—2020 年）》。

（42）2018 年 4 月 3 日，工业和信息化部、公安部、交通运输部联合印发《智能网联汽车道路测试管理规范（试行）》。

（43）2018 年 6 月 26 日，交通运输部印发《交通运输部关于全面加强生态环境保护坚决打好污染防治攻坚战的实施意见》。

（44）2018 年 8 月 13 日，交通运输部办公厅印发《深入推进长江经济带多式联运发展三年行动计划》。

（45）2018 年 9 月 10 日，交通运输部办公厅印发《交通运输部办公厅关于加快长江干线推进靠港船舶使用岸电和推广液化天然气船舶应用的指导意见》。

（46）2018 年 11 月 30 日，交通运输部印发《船舶大气污染物排放控制区实施方案》。

（47）2018 年 12 月 27 日，工业和信息化部、交通运输部、国防科工局联合发布《智能船舶发展行动计划（2019—2021 年）》。

（48）2019 年 1 月 28 日，交通运输部、财政部、国家发展改革委、国家能源局、国家电网公司、南方电网公司 6 个部门联合发布《关于进一步共同推进船舶靠港使用岸电工作的通知》。

（49）2019 年 5 月 9 日，交通运输部、中央网信办、国家发展改革委、教育部、科技部、工业和信息化部、财政部 7 个部门联合印发《智能航运发展指导意见》。

（50）2019 年 7 月 1 日，交通运输部发布《交通运输部关于推进长江航运高质量发展的意见》。

（51）2019 年 7 月 25 日，交通运输部发布《数字交通发展规划纲要》。

（52）2019 年 11 月 6 日，交通运输部、发展改革委、财政部、自然资源部、生态环境部、应急部、海关总署、市场监管总局、国家铁路集团9个部门联合印发《关于建设世界一流港口的指导意见》。

（53）2019年12月9日，交通运输部印发《港口和船舶岸电管理办法》。

（54）2019年12月9日，交通运输部印发《推进综合交通运输大数据发展行动纲要（2020—2025年）》。

（55）2020年1月17日，交通运输部、发展改革委、生态环境部、住房城乡建设部联合印发《长江经济带船舶和港口污染突出问题整治方案》。

（56）2020年2月3日，交通运输部、发展改革委、工业和信息化部、财政部、商务部、海关总署、税务总局联合发布《关于大力推进海运业高质量发展的指导意见》。

（57）2020年2月10日，国家发展改革委、中央网信办、科技部、工业和信息化部、公安部、财政部、自然资源部、住房城乡建设部、交通运输部、商务部、市场监管总局11个部门联合印发《智能汽车创新发展战略》。

（58）2020年2月25日，交通运输部办公厅印发《交通运输部办公厅关于建立整治长江经济带船舶和港口污染突出问题月度调度机制的通知》。

（59）2020年4月2日，国家发展改革委、交通运输部联合印发《长江三角洲地区交通运输更高质量一体化发展规划》。

（60）2020年4月30日，工业和信息化部印发《智能船舶标准体系建设指南》（征求意见稿）。

（61）2020年5月29日，交通运输部印发《内河航运发展纲要》。

1.5.3　智慧绿色港口技术与措施

梳理国家和交通运输部等部门发布的相关政策，可以看到在"十二五"之前和"十二五"初期发布的有关智慧、绿色港口的政策相对比较宏观，更多的是提出目标和任务，很少谈到具体技术和实施方案；而到"十二五"中后期及以后的政策则相对更微观、更具体、操作性更强，许多具体的节能减排技术和节能减排产品得到推广应用。尤其进入"十三五"以来，密集发布了大量的专项政策法规，而且跨部门政策的发布越来越多，如多式联运、船舶岸电、智能航运、智能船舶、智能汽车等，有力推动了跨部门、跨领域新技术的快速发展。

按照目前相关政策尤其最新发布政策中的出现频度及重要性，基本可以将港口政策归纳为"智慧、绿色、安全、标准"，其中与本书相关的智慧、绿色、标准政策主要归纳如下。

1. 提升港口工艺与装备智能化水平

支持港口企业加强科技创新，提高码头前沿装卸设备、水平运输车辆、堆场装卸机械等关键设备的专业化、自动化、智能化水平，提升货物在港口的装卸作业效率。鼓励港口企业推进自动化码头装卸设备、智能化流程优化与控制、管控一体化等的应用，开发应用专业化码头生产智能调度系统，开展全自动化码头建设与应用。

支持集装箱码头向智能化方向发展，鼓励应用集装箱码头自动化装卸与搬运工艺，鼓励集装箱物流全程实时在线监控。鼓励大宗干散货码头装卸作业的全流程专业化、自动化，鼓励开发环保型装卸工艺与装备技术。鼓励液体散货码头推广应用自动化装卸工艺。推广应用港口装卸输送设备变频驱动技术和港口机械在线健康监测技术，建设港口智慧绿色安全综合管理平台。

2. 研究和推广铁水多式联运技术

发展集装箱和大宗散货专业化运输和多式联运等现代综合运输组织方式,提高铁路在运载单元、装备设施等方面标准化程度,大力发展 20ft、40ft 国际标准集装箱,加快铁路驼背运输专用平车、公铁两用挂车、公铁滚装运输设备;减少铁水中间转运环节,打通综合运输"最后一公里",实现综合运输无缝衔接,降低运输能耗和成本,提高物流效率。

3. 推进码头船舶岸电技术应用

岸电技术是近几年最受重视的节能环保技术,几乎每个政策文件都会涉及,甚至被写入了 2016 年 1 月 1 日起施行的《大气污染防治法》,制定并发布了大量工程建设规范和技术标准,其重要性不言而喻,同时另一方面也说明了其推广的难度和复杂性。

在邮轮、集装箱、散货等主要客、货运码头应配套建设码头船舶岸电设施或预留建设岸电设施的空间和容量,鼓励各类码头应用码头船舶岸电技术。严格落实新建码头按标准同步规划、设计、建设岸电设施,加快推动航运企业对现有船舶加装受电设施,着力推动船舶靠港后优先使用岸电。

要求到 2020 年,主要港口 90% 的港作船舶、公务船舶靠泊使用岸电,50% 的集装箱、客滚和邮轮专业化码头具备向船舶供应岸电的能力。

4. 推广港口装卸机械"油改电"技术

加快发展高能效电力驱动港口装卸设备。推进现有 RTG"油改电"和部分具备条件的杂货码头使用的轮胎起重机的"油改电"改造工作。新建、改扩建集装箱码头使用电动 RTG（ERTG）或 RMG;杂货码头鼓励使用电动轮胎式起重机。鼓励使用全电力驱动的装卸机械和水平运输工具。研发和推广港口起重机械电能回馈、储能回用等新工艺新技术。

5. 推进 LNG 等清洁能源利用

优化港口能源利用。鼓励港口企业发展和利用 LNG、太阳能、风能等清洁能源和可再生能源船舶,提高港口使用清洁能源、可再生能源比例。引导港口企业开展能源管理体系认证,实行能效管理。

加快港口技术改造,加快淘汰高耗能、高排放、低效率的老旧设备。鼓励利用太阳能、风能等清洁能源为港口提供照明、生产、生活用能等服务。鼓励采用地热能、海洋能等可再生能源为港口提供制冷、供暖等服务。

支持长江干线、西江干线、京杭运河沿岸加气站等配套设施规划与建设。

鼓励港作船舶、港区车辆及其他流动机械使用 LNG 等清洁燃料、电力驱动和油电混合动力技术,鼓励进出港及靠(锚)泊船舶使用低硫油、超低硫油燃料,鼓励靠泊船舶使用岸电。

支持港口向船舶供应 LNG、低硫油和超低硫油燃料、电力的能力。鼓励应用内燃动力船舶尾气硫氧化物、氮氧化物后处理及预处理技术、船舶噪声控制技术。

研究和推广停靠 LNG 动力船舶的码头布点方案、码头平面布置方案等相关技术。

6. 提高港口装卸作业效率

积极组织开展码头装卸生产组织优化研究,新码头建设和老港区的功能调整,逐步实现管控一体化。优化港区布局和码头设计时应充分利用信息技术、物联网技术,使生产调度、运输组织更为合理,使工艺流程更为先进,提高设备运行效率。推广港口智能调度系统和办公无纸化作业。

7. 推广港口起重机械节能减排技术

推广和提高港口起重机械节能和用能效率及管理水平。推广应用港口大型起重机的能量回馈技术、储能回用技术、变频调速技术、自动化控制技术、动态无功补偿与动态谐波治理技术、RTG"油改电"技术、轮胎起重机"油改电"技术和流动起重机的混合动力节能技术。鼓励应用港口装卸设备实时在线能耗监测和管理技术。

8. 加大研发大宗散货码头及连续机械节能环保技术

加强港口大气污染综合防治,从而达到节水、减少扬尘的目的,提高港口空气质量。主要港口的大型煤炭、矿石码头堆场建设防风抑尘设施或实现封闭储存。鼓励应用散货码头堆场、装卸料环节的粉尘综合防治技术,以及粉尘(PM2.5、PM10、总悬浮颗粒物)污染智能监控技术。

鼓励新建大宗干散货码头应用带式输送机减电机节能运行技术、全变频调速节能技术、"一带双机"等节能新技术、新设备、该工艺。

在煤炭码头开展底开门车技术应用,在煤炭、矿石码头研究和推广高效散货连续卸船机和散货连续装船机。

9. 加强供电系统节能减排技术

发展港口用电优化和港口微电网节能技术。大型专业化码头应选用节能型变压器以减少电能在传输过程中的消耗,充分利用港口装卸过程中产生的回馈能,减少能源浪费。新建港区或在老港区电网改造时,应与供电部门协调,积极采用先进技术治理高次谐波,减少高次谐波产生的附加损耗,提高港区电网供电质量。

10. 推广港区绿色照明技术

积极推广低碳绿色照明工程,科学、合理控制照明照度。使用 LED(发光二极管)等节能灯具,采用分段、分时控制照明亮度、调整功率、无功补偿、高精度稳压等方式降低电能消耗、延长灯具使用寿命。

11. 推广油气回收技术

鼓励和推进原油、成品油等液体散货码头和码头流动机械加油站点采用先进的油气回收技术和装置,提高液体散货码头挥发气体回收水平。

12. 鼓励采用节水创新技术

开展港口水资源循环利用关键技术的创新研发。鼓励中水、海水淡化水、微咸水、雨水处理回用等有关技术的应用。

新港区建设和老港区改造中,继续推进雨污水收集与处理,并回用于绿化、洗车、道路喷洒、工业冷却、生活杂用水及港区特有的散杂货码头喷淋、洗舱等;在港口推广使用节水、环保器具,节约水资源、减少污染物排放。

13. 加快相关法规、标准、规范制修订

加强开展港口智能化与节能环保新技术、新装备、新工艺、新材料、新能源等的相关法规、政策研究,以及标准制修订工作,推进新技术与装备的智能化与节能减排效果的检测方法、评价体系及标准的研究、制定和完善。

1.6 集装箱装卸与搬运机械标准化

1.6.1 引言

1. 我国标准化工作概况

"十三五"是我国标准化工作改革的重要阶段。2015 年 3 月 11 日,《国务院关于印发深化标准化工作改革方案的通知》拉开了我国标准化改革的序幕。

2017 年 11 月 4 日,发布新修订的《标准化法》,并于 2018 年 1 月 1 日施行。与 1988 年《标准化法》相比,新的《标准化法》有以下突出变化:①明确了团体标准的法律地位;②只允许制定强制性国家标准,取消了强制性行业标准和地方标准;③标准复审周期一般不超过 5 年;④明确了强制性标准文本免费公开,推动免费公开推荐性标准文本;⑤删除"即行废止"的规定。

我国标准分为技术标准和工程建设标准两大类。根据新修订的《标准化法》第 2 条规定,"标准包括国家标准、行业标准、地方标准和团体标准、企业标准。国家标准分为强制性标准、推荐性标准,行业标准、地方标准是推荐性标准。强制性标准必须执行。国家鼓励采用推荐性标准。"其中国家标准、行业标准和地方标准为政府标准;团体标准和企业标准为市场标准。

2017 年 10 月 30 日,国家质检总局发布《全国专业标准化技术委员会管理办法》。

2020 年 1 月 6 日,国家市场监督管理总局发布《强制性国家标准管理办法》。

2020 年 1 月 16 日,国家市场监督管理总局发布《地方标准管理办法》。

2020 年 4 月 10 日,国家标准化管理委员会印发《关于进一步加强行业标准管理的指导意见》。

2. 交通运输标准化工作概况

在交通运输部的领导下,近几年交通运输标准化工作受到空前重视,标准化工作顶层设

计更加科学合理,交通运输标准化体系得到补充整合,同时颁布了一系列标准化工作规章制度,有力推动了交通运输标准化工作的发展。

2016年1月30日,交通运输部发布《交通运输标准化"十三五"发展规划》。

2017年4月5日,交通运输部和国家标准化管理委员会联合印发了《交通运输标准化体系》,包括交通运输领域标准6489项,实现了铁路、公路、水运、民航、邮政等五大领域交通运输标准化工作全覆盖。其中现行有效标准3475项,需求计划3014项。水运标准2026项,其中现行有效的国家标准158项,行业标准479项。港口机械标准是水运标准的重要组成部分。

2019年5月13日,交通运输部发布《交通运输标准化管理办法》。

2019年12月31日,交通运输部办公厅印发《交通运输标准审查管理规定》。

2020年2月19日,交通运输部办公厅印发《交通运输行业专业标准化技术委员会管理办法》。

3. 团体标准发展概况

近几年,我国标准化改革有两个最突出的特点:一是政府标准进一步"瘦身健体";二是有效激发市场主体活力,强化团体标准化工作。团体标准成为近几年我国标准化建设的最重要成果。

2016年2月29日,质检总局和国家标准化管理委员会联合印发《关于培育和发展团体标准的指导意见》。

2017年12月15日,质检总局、国家标准化管理委员会和民政部联合印发《团体标准管理规定(试行)》,2019年1月9日,国家标准化管理委员会和民政部再次印发新修订的《团体标准管理规定》。

根据新修订《标准化法》和《团体标准管理规定》的要求,最近两年中国港口协会、中国水运工程建设行业协会、中国工程机械学会等行业学会、协会积极组织制定港口及相关领域的团体标准,补充国家标准和行业标准的供应不足。水运院、振华重工、上海港、秦皇岛港、厦门港、唐山港、广州港等国内一些科研机构和骨干企业等积极响应,踊跃申报团体标准制定计划,其中港口机械团体标准占有较大比例。

1.6.2　我国港口机械标准化

我国港口机械标准化工作始于20世纪80年代。经过几代科技人员的不懈努力,已经形成了较为完善的标准体系,主要港机产品基本都有相应的标准规范。尤其近十几年来,我国港口机械标准化工作取得了前所未有的成绩。港口机械标准体系更加完善、科学、合理,基础通用标准和各个机型标准逐步补全。

与ISO国际标准体系不同,我国港口机械标准的显著特点是以单个产品机型为主体制定技术标准,重要港机产品一般每个机型包括3个标准,即:

(1)《×××》技术条件,由20世纪90年代的《×××基本参数》《×××技术条件》和《×××试验方法》3个标准合并而成,其中×××为产品名称,技术条件标准名称也即为产品名称;

(2)《×××安全规程》;

（3）《×××修理技术规范》。

如岸边集装箱起重机，目前有《岸边集装箱起重机》(GB/T 15361—2009)、《岸边集装箱起重机安全规程》(GB/T 21920—2008)、《岸边集装箱起重机修理技术规范》(JT/T 295—2008)3 个技术标准。

除以产品机型为主体制定港口机械标准外，标准体系表中还辅以港口机械基础通用标准、零部件标准、电气控制系统标准和 ISO 采标标准等。近几年，随着节能环保要求的提高，能耗标准也成为港口机械标准体系的重要补充。

另外，一些省市制定了少量港口机械地方标准；部分学会、协会开始征集和制定了一些港口机械团体标准；部分大型骨干企业还制定了一批重要的企业标准，如振华重工制定的《×××制造技术规范》系列标准等，都成为港口机械标准体系的有益补充。

上述不同层次、不同归口的港口机械标准，是港口机械标准体系表的重要组成部分。

综上，按标准内容，将港口机械标准分为基础通用标准、技术条件、安全规程、制造规范、能耗标准、维保规范、检测规范、报废条件等。其中，技术条件、安全规程、制造规范、修保规范和能耗标准是以单个产品机型来制定的，其余为某一类机型的共性通用性标准。

1.6.3　集装箱装卸与搬运机械标准化

港口集装箱装卸与搬运机械（见图 1.2-1）是我国港口机械的重要组成部分，其标准化工作受到高度重视，标准体系更加完善。

1. 集装箱装卸机械标准汇总

在所有港口业务板块中，港口集装箱装卸业务是最受重视的，所以其标准化工作自然也最受关注，标准数量最庞大。截至 2020 年 8 月底，我国现行有效和已经正式立项在研的集装箱装卸与搬运机械相关的所有国家标准、行业标准、地方标准、团体标准和重要企业标准共计 75 项，其中国家标准 21 项，行业标准 30 项，地方标准 7 项，团体标准 10 项，企业标准 7 项；待制定标准 15 项，共计 90 项，按总体和机型分类统计，如表 1.6-1 所示。

表 1.6-1　我国集装箱装卸与搬运机械标准汇总表

序号	产品名称	相关标准
1	集装箱码头总体要求	1.1　JTS 165—2013　《海港总体设计规范》 1.2　JTS 166—2020　《河港总体设计规范》 1.3　JTS/T 174—2019　《自动化集装箱码头设计规范》 1.4　JT/T 1213—2018　《陆港设施设备配置与运营技术规范》 1.5　JTS 169—2017　《码头附属设施技术规范》 1.6　JTS 217—2018　《港口设备安装工程技术规范》 1.7　JTS 257—2008　《水运工程质量检验标准》 1.8　GB 11602—2007　《集装箱港口装卸作业安全规程》 1.9　T/CPHA　《自动化集装箱码头安全作业规程》（中国港口协会团体标准，在研） 1.10　T/CPHA　《港口集装箱智能理货技术规范》（中国港口协会团体标准，在研）

序号	产品名称	相关标准
2	岸边集装箱起重机	2.1 GB/T 15361—2009 《岸边集装箱起重机》 2.2 GB/T 21920—2008 《岸边集装箱起重机安全规程》 2.3 JT/T 295—2008 《岸边集装箱起重机修理技术规范》 2.4 GB/T 36410.1—2018 《港口设备能源消耗评价方法 第1部分：岸边集装箱起重机》 2.5 DB31/781—2013 《岸边集装箱起重机能源消耗指标限额和计算方法》(上海市地方标准) 2.6 DB44/T 1657—2015 《岸边桥式起重机金属结构安全评估技术规程》(广东省地方标准) 2.7 T/CPHA 001—2018 《岸边集装箱起重机远程控制系统技术条件》(中国港口协会团体标准) 2.8 T/CPHA 《岸边集装箱起重机状态在线监测技术要求》(中国港口协会团体标准,在研) 2.9 T/CPHA 《远程控制的岸边集装箱起重机安全操作规程》(中国港口协会团体标准,在研) 2.10 T/CPHA 《岸边集装箱起重机自动识别技术要求》(中国港口协会团体标准,在研) 2.11 Q/CCCC ZB 004—2020 《岸边集装箱起重机制造技术规程》(中交企业标准) 2.12 QZ GL241 25—2017 《3E岸边集装箱起重机》(振华重工企业标准) 2.13 QW/CXZJ—01—2014 《岸边集装箱起重机制造全过程质量检验》(振华重工企业标准) 2.14 QW/GSZA—03—2012 《岸边集装箱起重机安装验收规范》(振华重工企业标准)
3	集装箱门座起重机、港口台架式起重机、港口固定式起重机、高塔柱起重机	3.1 GB/T 29560—2013 《门座起重机》 3.2 GB/T 17495—2009 《港口门座起重机》 3.3 JT/T 400—2016 《港口门座起重机安全规程》 3.4 GB/T 17496—1998 《港口门座起重机修理技术规范》 3.5 JT/T 1323.1—2020 《集装箱码头装卸设备能效等级及评定方法 第1部分：集装箱门座起重机》 3.6 DB31T 782—2014 《门座式起重机能源消耗标限额和计算方法》(上海市地方标准) 3.7 DB43T 962—2014 《门座起重机维护保养规则》(湖南省地方标准) 3.8 DB44/T 1656—2015 《门座式起重机金属结构安全评估技术规程》(广东省地方标准) 3.9 T/CPHA 《港口门座起重机健康监测与诊断预测》(中国港口协会团体标准,在研) 3.10 JT/T 1298—2019 《港口台架式起重机》 3.11 JT/T 561—2020 《港口台架式起重机安全规程》 3.12 GB/T 29561—2013 《港口固定式起重机》 3.13 JT/T 421—2020 《港口固定起重机安全规程》 3.14 GB/T 16562—1996 《港口高塔柱式轨道起重机技术条件》

序号	产品名称	相关标准
4	轮胎式集装箱门式起重机	4.1　GB/T 14783—2009　《轮胎式集装箱门式起重机》 4.2　JT/T 806.1—2011　《电动轮胎式集装箱门式起重机　第1部分：总则》 4.3　JT/T 806.2—2011　《电动轮胎式集装箱门式起重机　第2部分：刚性滑触线式》 4.4　JT/T 806.3—2011　《电动轮胎式集装箱门式起重机　第3部分：高架滑触线式》 4.5　JT/T 806.4—2011　《电动轮胎式集装箱门式起重机　第4部分：电缆卷筒式》 4.6　GB/T 19912—2005　《轮胎式集装箱门式起重机安全规程》 4.7　《轮胎式集装箱门式起重机修理技术规范》(待制定) 4.8　JT/T 1323.2—2020　《集装箱码头装卸设备能效等级及评定方法　第2部分：轮胎式集装箱门式起重机》 4.9　DB31/639—2012　《电动轮胎式集装箱门式起重机-高架滑触线式能源消耗指标标准限额和计算方法》(上海市地方标准) 4.10　SZDB/Z 302—2018　《集装箱门式起重机远程自动化控制系统检验规范》(深圳市地方标准) 4.11　T/CPHA 002—2018　《集装箱门式起重机远程控制系统技术条件》(中国港口协会团体标准) 4.12　T/CPHA　《集装箱门式起重机状态在线监测技术要求》(中国港口协会团体标准,在研) 4.13　Q/CCCC ZB002—2016　《轮胎式集装箱门式起重机制造技术规程》(中交企业标准)
5	轨道式集装箱门式起重机	5.1　GB/T 19683—2005　《轨道式集装箱门式起重机》 5.2　JT/T 566—2004　《轨道式集装箱门式起重机安全规程》 5.3　《轨道式集装箱门式起重机修理技术规范》(待制定) 5.4　GB/T 36410.2—2018　《港口设备能源消耗评价方法　第2部分：轨道式集装箱门式起重机》 4.10　SZDB/Z 302—2018　《集装箱门式起重机远程自动化控制系统检验规范》(深圳市地方标准) 4.11　T/CPHA 002—2018　《集装箱门式起重机远程控制系统技术条件》(中国港口协会团体标准) 4.12　T/CPHA　《集装箱门式起重机状态在线监测技术要求》(中国港口协会团体标准,在研) 5.5　QW/NTZJ—01—2016　《轨道式集装箱起重机制造全过程质量检验》(振华重工企业标准)
6	集装箱正面吊运起重机	6.1　GB/T 26474—2011　《集装箱正面吊运起重机技术条件》 6.2　GB/T 16905—1997　《集装箱正面吊运起重机试验方法》 6.3　GB/T 17992—2008　《集装箱正面吊运起重机安全规程》 6.4　《集装箱正面吊运起重机修理技术规范》(待制定)

续表

序号	产品名称	相关标准
7	集装箱空箱堆高机	7.1 GB/T 26945—2011 《集装箱空箱堆高机》 7.2 《集装箱空箱堆高机安全规程》(待制定) 7.3 《集装箱空箱堆高机修理技术规范》(待制定) 7.4 GB/T 22419—2008 《工业车辆 集装箱吊具和抓臂操作用指示灯技术要求》
8	集装箱自动导引车	8.1 JT/T ××××—2020 《集装箱自动导引车》(已报批) 8.2 《集装箱自动导引车安全规程》(待制定) 8.3 《集装箱自动导引车修理技术规范》(待制定) 8.4 T/CPHA 《集装箱自动导引车循环充电系统技术要求》(中国港口协会团体标准,在研)
9	集装箱跨运车	9.1 《集装箱跨运车》(待制定) 9.2 《集装箱跨运车安全规程》(待制定) 9.3 《集装箱跨运车修理技术规范》(待制定)
10	集装箱拖挂车	10.1 《集装箱拖挂车》(待制定) 10.2 《集装箱拖挂车安全规程》(待制定) 10.3 《集装箱拖挂车修理技术规范》(待制定)
11	集装箱斜坡缆车	11.1 JT/T 567—2004 《港口货运斜坡缆车》 11.2 JT/T 568—2004 《港口货运斜坡缆车安全规程》
12	集装箱吊属具(集装箱吊具、吊具上架、吊钩横梁)	12.1 JT/T 392—2013 《港口装卸工属具术语》 12.2 GB/T 3220—2011 《集装箱吊具》 12.3 JT/T 623—2005 《集装箱吊具》 12.4 JT/T 727—2008 《集装箱吊具全回转装置》 12.5 Q/CCCC ZB001—2016 《集装箱吊具制造技术规程》(中交企业标准) 12.6 《集装箱吊具上架》(待制定) 12.7 《吊钩横梁》(待制定)
13	其他	13.1 GB/T 8487—2010 《港口装卸术语》 13.2 JT/T 90—2020 《港口装卸机械风载荷计算及防风安全要求》 13.3 JT/T 79—2008 《港口集装箱大型起重机检测技术规范》 13.4 JT/T 1262—2019 《臂架起重机检测技术规范》 13.5 JT/T 314—2009 《港口电动式起重机能源利用效率检测方法》 13.6 JT/T 1322—2020 《港口内燃机驱动起重机能源利用效率检测方法》 13.7 GB 31823—2015 《集装箱码头单位产品能源消耗限额》

通过表1.6-1可以看出:我国港口集装箱码头工艺装备相关的标准以产品类、安全类标准为主,节能环保类标准近几年增加较多,而自动化码头新产品、新技术、新装置及安全方面相关的标准几乎为空白,更谈不上标准引领。

2. 自动化集装箱码头工艺装备标准化现状

(1)采用全电力驱动的自动化集装箱码头以其节能、环保、高效等特点而赢得赞誉,但针对自动化集装箱码头工艺与装备、起重机远程控制技术、无人驾驶技术、定位导航技术、箱号扫描识别技术,以及磁钉、磁尺等新技术、新产品的国家标准和行业标准极少,急需制定,以利于新工艺、新技术、新产品、新装置在港口和铁路集装箱货场等相关场站的推广应用。

（2）我国港口机械标准复审、修订工作严重滞后，标龄普遍过长，应用于自动化集装箱码头的岸边集装箱起重机、轨道式集装箱门式起重机、轮胎式集装箱门式起重机等产品，其标准需要尽快整合、修订，补充与自动化码头相关的技术要求。

（3）集装箱跨运车、集装箱拖挂车（集卡）、吊钩横梁、吊具上架等重要产品或关键装置应用很多，尤其无人集卡和集装箱跨运车广受研发机构和港口企业关注，在不久的将来肯定会成为港口自动化集装箱码头的重要水平运输设备，但目前尚没有任何技术标准，急需制定。

（4）集装箱自动导引车（AGV）作为一个技术含量极高的产品，在国内外全自动化集装箱码头应用很多，国内正在运营的 3 个全自动化码头全部采用 AGV，尽管目前已报批了《集装箱自动导引车》（JT/T ××××—2020）交通运输行业标准，但是需要尽快补充安全规程和维修规范等使用与维保标准。

（5）自动化集装箱码头作为新生事物，广受关注，新技术、新产品不断涌现，尤其是水平运输设备，但缺乏规范统一的术语和技术要求，急需制定自动化码头基础性、通用性标准。

（6）自动化集装箱码头安全方面尚没有任何专门标准，急需制定。

3. 集装箱码头节能减排技术标准化现状

我国集装箱码头节能减排技术标准主要分为两大类。

（1）节能减排产品类标准，如针对 RTG"油改电"技术、电动 RTG 产品的 JT/T 806《电动轮胎式集装箱门式起重机》系列标准。

（2）节能减排检测评价限额类标准，如《港口设备能源消耗评价方法》（GB/T 36410）系列标准、《港口内燃机驱动起重机能源利用效率检测方法》（JT/T 1322—2020）、《集装箱码头装卸设备能效等级及评定方法》（JT/T 1323）系列标准、《集装箱码头单位产品能源消耗限额》（GB 31823—2015）和《港口电动式起重机能源利用效率检测方法》（JT/T 314—2009）等。

港口节能减排新技术、新装置、新工艺、新材料不断涌现，如能量回馈、"油改电"、锂电池、超级电容、混合动力、LNG、氢能源等，但是尚没有这方面的任何标准；另外，港口机械能耗、排放检测与评价方法类标准尚待进一步规范。

4. 集装箱装卸机械标准化其他主要问题

某些机型产品的标准内容交叉重复现象较为严重，需要梳理、整合。

（1）《轮胎式集装箱门式起重机》（GB/T 14783—2009）、《电动轮胎式集装箱门式起重机　第 1 部分：总则》（JT/T 806.1—2011）、《电动轮胎式集装箱门式起重机　第 2 部分：刚性滑触线式》（JT/T 806.2—2011）、《电动轮胎式集装箱门式起重机　第 3 部分：高架滑触线式》（JT/T 806.3—2011）和《电动轮胎式集装箱门式起重机　第 4 部分：电缆卷筒式》（JT/T 806.4—2011）应合并修订为新的《轮胎式集装箱门式起重机》（GB/T 14783）。

（2）《集装箱正面吊运起重机技术条件》（GB/T 26474—2011）和《集装箱正面吊运起重机试验方法》（GB/T 16905—1997）分属于不同的标委会归口管理，应合并修订为新的《集装箱正面吊运起重机》（GB/T 26474）。

（3）《集装箱吊具》（GB/T 3220—2011）和《集装箱吊具》（JT/T 623—2005）分属于不同的标委会归口管理，应合并修订为新的《集装箱吊具》（GB/T 3220）。

第 2 章

集装箱码头平面布局与工艺技术

2.1 概　　述

2.1.1　集装箱码头平面布置分区

不论何种集装箱码头,根据平面工艺布置不同,码头平面一般都可以分为 3 个作业区,即码头前沿作业区、堆场作业区和水平运输作业区,如图 2.1-1 所示。各个作业区所采用的设备也大不相同。

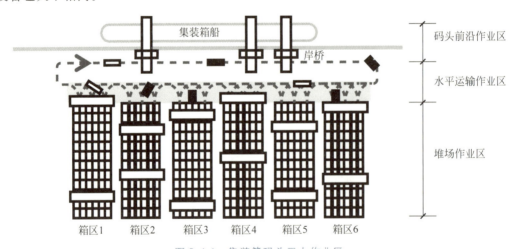

图 2.1-1　集装箱码头三大作业区

1. 集装箱码头前沿作业区

码头前沿作业区主要进行集装箱船舶的装卸作业,沿海和内河大中型集装箱码头大多采用岸边集装箱起重机,内河小型直立式集装箱码头也有采用大悬臂轨道式集装箱门式起重机、门座起重机或高塔柱起重机进行集装箱装卸船作业的;内河大水位差斜坡码头则采用浮式回转起重机或浮式桥式起重机进行装卸船舶作业,采用集装箱斜坡缆车沿斜坡轨道进行集装箱运输。

2. 集装箱码头堆场作业区

堆场位于码头后方区域,用于堆存集装箱。重箱堆场一般采用轮胎吊或轨道吊进行装卸车辆和集装箱堆码。小型集装箱码头堆场作业或大中型集装箱码头辅助作业也有采用集装箱正面吊运起重机进行堆场作业的,但能耗较高,使用越来越少。集装箱空箱堆码大多采用集装箱空箱堆高机,近几年也有采用空箱轨道吊或空箱轮胎吊进行堆码的。

集装箱根据工艺要求采用分区布置,分区可以平行于码头岸线或垂直于码头岸线。集装箱堆场分区应合理设置,主干道路设置尽可能与码头前沿泊位对应,减少集卡的拐弯、加减速等,同时减少集卡的行驶距离以降低能耗。

3. 集装箱码头水平运输作业区

集装箱码头前沿装卸船舶设备和后方堆场设备之间,一般采用流动车辆进行集装箱的水平运输,该区域为水平运输作业区。流动机械可使用集卡、AGV、跨运车或轨道式梭动小车等。

2.1.2 集装箱码头分类与定义

近几年,自动化集装箱码头成为全球建设热点,广受关注。按照集装箱码头是否采用自动化技术,将集装箱码头分为传统集装箱码头和自动化集装箱码头两大类。

两种码头在节能环保方面也有很多不同的新技术、新产品、新装置推广应用。

1. 传统集装箱码头

传统集装箱码头是相对于自动化集装箱码头而言的,是指采用常规的人工现场操控的设备完成集装箱的装卸船舶、水平运输和堆场作业等。

2. 自动化集装箱码头

自动化集装箱码头是指码头的部分或全部区域采用自动化设备或半自动化设备进行集装箱装卸船舶、水平运输和堆场作业的集装箱码头。

根据集装箱码头三大作业区域的自动化程度,又可分为全自动化集装箱码头和半自动化集装箱码头,图 2.1-2 为集装箱码头分类图。

码头前沿、水平运输和堆场三大区域集装箱装卸搬运设备全部采用自动化设备的集装箱码头称为全自动化集装箱码头。目前全世界范围内,全自动化集装箱码头数量很少,只有10 家左右。

码头前沿装卸船舶采用非自动化设备,码头堆场采用自动化设备,水平运输采用非自动化设备,或码头堆场与水平运输均采用自动化设备的集装箱码头称为半自动化集装箱码头。目前全世界大部分自动化集装箱码头只是实现了堆场自动化,少量码头堆场和水平运输实现了自动化。

近几年,国内大量传统集装箱码头开展堆场门式起重机(含 RMG 和 RTG)和岸桥的远

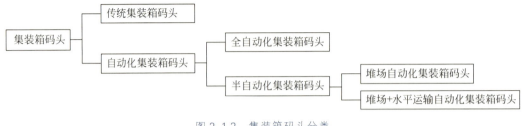

图 2.1-2 集装箱码头分类

程控制技术改造,是传统集装箱码头实现升级改造的重要途径,但是与自动化码头尚有较大区别。

2.1.3 集装箱码头典型装卸工艺流程简介

集装箱码头的工艺方式很多,但不论传统集装箱码头还是自动化集装箱码头,其最典型的装卸工艺流程都可以简化,如图 2.1-3 所示。

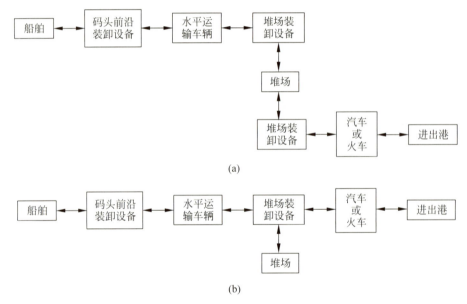

图 2.1-3 港口集装箱码头装卸工艺流程

图 2.1-3(a)适用于垂直布置的集装箱码头,尤其适用于自动化集装箱码头。堆场每一跨采用两台集装箱门式起重机(RMG 或 RTG),分别用于海侧装卸水平运输区车辆和集装箱堆码作业,以及陆侧外集卡的装卸与堆码作业。

图 2.1-3(b)适用于平行布置的集装箱码头,堆场每跨一台或两台集装箱门式起重机(RMG 或 RTG),既可用于内集卡的装卸与堆码作业,也可用于外集卡的装卸与堆码作业。

2.1.4 传统集装箱码头装卸工艺

传统集装箱码头是相对于自动化集装箱码头而言的。目前传统集装箱码头仍是国内外集装箱码头的主要模式。

根据集装箱码头所在区位(沿海、内河)、地形地貌、吞吐量、设计船型、自动化要求、装卸设备、集疏运方式和投资等因素的不同,传统集装箱码头装卸工艺方式也有很大不同。

1. 岸桥—集卡—轮胎吊工艺方式

岸边集装箱起重机—集装箱拖挂车—轮胎式集装箱门式起重机的装卸工艺方式,是国内外现有集装箱码头最为典型、应用最多的一种工艺方式。我国早期建设的沿海大型集装箱码头大部分采用这种工艺方式。

该方案集装箱堆场采用轮胎吊作业,堆场一般与岸线平行布置,少量采用垂直布置方案,甚至45°倾斜布置方案。轮胎吊参数标准化程度高,尤其跨距一般都是23.47m(77ft),跨距内可以堆放6列集装箱,同时设置1个集装箱拖挂车通道,场地利用率高(如图2.1-4所示)。

(a) 轮胎吊堆场平行布置集装箱码头

(b) 轮胎吊堆场45°倾斜布置集装箱码头

图2.1-4 轮胎吊堆场集装箱码头

轮胎吊机动性比较好,可以实现转场作业。早期轮胎吊多采用柴油发电机组作动力,因尾气和噪声污染排放严重,能耗高,目前大多已改为市电驱动方式,或采用市电-柴油机混合动力方式等。

2. 岸桥—集卡—轨道吊工艺方式

最近十几年,我国新建的沿海大型集装箱码头和内河中小型集装箱码头基本全部采用轨道吊堆场工艺方案。其工艺布置方式一般与轮胎吊堆场工艺方式类似,即大多采用平行布置方式,如图 2.1-5 所示。

图 2.1-5　轨道吊堆场平行布置集装箱码头

轨道吊结构形式和跨距的多样化是其最大特点。轨道吊结构形式按其主梁是否带有悬臂可分为 3 种,即无悬臂、单悬臂和双悬臂,因此堆场布置形式较多,集装箱拖挂车车道既可以设置在轨道吊跨内中间下方、跨内两侧下方,也可以设置在悬臂下方。

该方式下轨道吊的轨距非常灵活,从 20m 到 60m,最大甚至超过 70m。但一般建议不宜超过 40m,否则起重机主梁截面高度增加,起重机自重随之增加;另外小车运行距离过长,作业效率降低,起重机能耗增加。

轨道吊场地利用率高,采用市电作动力,节能性、环保性好,且维护工作量较少。另外,轨道吊沿地面固定轨道行走,不会跑偏,定位精度高,易于实现自动化控制。

3. 岸桥—跨运车工艺方式

岸桥—跨运车装卸工艺方式在欧美和澳洲等土地资源相对丰富国家的集装箱码头应用较多。图 2.1-6 为澳大利亚 Patrick 集团下属某集装箱码头的集装箱跨运车工艺方案。

在该工艺方案中,"船—场"作业是由岸桥将集装箱从船上直接卸到码头前沿地面上,然后由跨运车再把集装箱搬运到后方集装箱堆场的指定箱位上。其中,"场—场""场—集卡""场—货运站"等作业,均可以由同一台跨运车完成。

图 2.1-6 澳大利亚某集装箱码头跨运车工艺方案

该方案中,岸桥和跨运车之间不需要相互等待,可节省时间,使作业效率提高;跨运车机动灵活,当港口各种作业在时间上出现不平衡时,可以通过增减跨运车数量进行调节;跨运车可以完成自取、水平搬运、堆垛和装车等多种作业,实现一机多用。

但是跨运车堆场高度一般较低,只有 2~3 层,两列集装箱之间必须留出跨运车行驶通道,场地利用率较低,而且跨运车多采用柴油机作动力,能耗高,污染排放严重,维护成本高。所以,目前利用跨运车进行堆场的越来越少,堆场一般改用集装箱门式起重机,跨运车只是用来承担水平运输任务。

我国某些大港在 2000 年前自国外引进了一批跨运车,在 20 世纪 90 年代中期我国还专门设立了集装箱跨运车国家重点研发项目。2000 年前后国内很多港口仍有跨运车在使用,但是跨运车极低的场地利用率对我国寸土寸金的港口极不适用,所以目前已基本淘汰,即使有几台仍然在用的跨运车也只是用作装卸车设备。

4. 多用途大伸距轨道吊—集卡—轨道吊工艺方式

近几年,该工艺方式在我国内河中小型集装箱码头具有一定的代表性。

码头岸边的大伸距轨道吊水侧外伸距较大,一般为 15m 左右,甚至更大,跨距 30~40m,稳定性好,因此既可以装卸船舶、集卡,还可以进行堆场作业,轨道吊也可以更换吊钩横梁或抓斗,进行件杂货或散货的装卸作业,实现一机多用。目前国内长沙港、株洲港、湖州港等很多港口采用这个工艺方案(如图 2.1-7 所示)。

码头堆场亦采用轨道吊,水平运输采用集卡。岸边轨道吊和堆场轨道吊采用全电力驱动,尽可能采用相同的零部件配置,如电动机、制动器、减速器、行走车轮、电缆卷筒和电气元件等,互换性好,故障率低,维护方便,能耗低,节能环保。

另外,轨道吊造价远低于岸桥,制造起点低,轮压低,设备和码头土建投资省,因此得到一些内河中小型集装箱码头和物流公司的青睐,近些年其推广应用有很大增加。

图 2.1-7   湖州港德清港区大伸距轨道吊集装箱码头

5. 门座起重机—集卡—门式起重机工艺方式

该工艺方案多用于沿海和内河中小型集装箱码头,集装箱船舶的装卸作业采用集装箱专用门座起重机、多用途门座起重机或高塔柱起重机,水平运输采用集卡,而后方堆场则采用门式起重机,门式起重机可以是轮胎吊或轨道吊。

该工艺方案类似"岸桥—集卡—轮胎吊工艺方式"和"岸桥—集卡—轨道吊工艺方式",只是将岸桥更换为门座起重机(含集装箱专用门座起重机、多用途门座起重机或高塔柱起重机),水平运输和后方堆场设备一致。

但由于门座起重机回转需要较大水平空间,所以无法像岸桥或大伸距轨道吊一样,采用多台起重机近距离布置同时作业;另外门座起重机的集装箱吊具近似单吊点升降,加上内河水位变化大,起重机臂架上吊点至集装箱吊具之间垂直高度较大,水位较低时司机操作可视性不好,吊具对位难度大,吊具摇动较大,严重影响作业效率。几年来部分研究机构和企业研发和采用了自动跟踪定向回转技术和吊具自动调平技术,作业效率有较大提升。

该方案的推广应用早于上述介绍的"多用途大伸距轨道吊—集卡—轨道吊工艺方式",在内河集装箱码头和部分沿海集装箱码头都有应用。但同大伸距轨道吊相比,门座起重机回转半径更大,一般在 20～30m 甚至更大,所以适应船型更大一些。

6. 内河大水位差斜坡式集装箱码头工艺方式

我国长江中上游和西江流域沿岸码头的水位落差很大,一般达 20～30m,最大达到 40m。早在 20 世纪 60 年代,我国在川江、西江就提出了大水位差码头结构形式和装卸工艺研究问题。对于这些大水位差港口,考虑到其港区地区构造与地形条件、水文条件、投资条件等,大多采用斜坡式码头。经过多年的实践和改进,斜坡式码头已经成为成熟、适应西部地区特点的一种码头结构形式。1997 年下半年,我国第一个斜坡式集装箱码头——重庆港九龙坡集装箱码头动工兴建,设计吞吐量为 5 万 TEU/年。集装箱装卸作业工艺为:通用船舶←→回转式浮式起重机←→集装箱斜坡缆车←→轨道式集装箱门式起重机←→集装箱拖挂车←→集装箱堆场,如图 2.1-8 所示。

图 2.1-8 重庆九龙坡斜坡式集装箱码头

斜坡式集装箱码头装卸船舶一般采用非自航的回转式浮式起重机(见图 2.1-9),斜坡运输采用集装箱斜坡缆车,堆场采用轨道吊或轮胎吊。斜坡式码头与直立式码头相比,其集装箱的中间运输增加了一个上下坡的特殊作业环节,装卸作业效率较低,平均装卸效率只有10~12 箱/h。

图 2.1-9 回转式浮式起重机

由于这种斜坡式码头的集装箱装卸船舶和斜坡缆车运输效率很低,所以这种码头的吞吐量很低,目前已很少使用。

2.1.5 自动化集装箱码头装卸工艺

自动化集装箱码头是一种投资巨大的集装箱码头,目前一般只适用于资金充裕的大港投资建设。

自动化集装箱码头前沿都采用岸桥进行集装箱船舶的装卸作业,堆场大多采用轨道吊进行集装箱车辆的装卸和堆场作业,目前只有日本名古屋采用自动化轮胎吊进行堆场作业,而水平运输则可有 AGV、跨运车和无人集卡等几种不同的方式。图 2.1-10 为青岛港前湾自动化集装箱码头。

图 2.1-10 青岛港前湾自动化集装箱码头

根据水平运输和堆场方式的不同,自动化集装箱码头主要有以下几种不同的典型装卸工艺方式。

1. 岸桥—AGV—自动化轨道吊工艺方式

这是自动化集装箱码头最典型的装卸工艺方案,目前德国汉堡 CTA 自动化集装箱码头以及我国新建成的厦门港远海、青岛港前湾、上海港洋山四期等大部分自动化码头均采用这种工艺方案。图 2.1-11 为上海港洋山四期自动化集装箱码头。

图 2.1-11 上海港洋山四期自动化集装箱码头

该工艺方案中,集装箱装卸船舶采用双小车岸桥,可以采用无人自动驾驶或有人驾驶两种方式,起升采用单起升双吊具方式,一次可以起吊 2 个 40ft 集装箱,或 4 个 20ft 集装箱,或 1 个 40ft 集装箱加 2 个 20ft 集装箱,装卸效率较高。当然也可以采用单小车单吊具岸桥、单小车双吊具岸桥,或双小车单吊具岸桥等多种形式。

该工艺方案中集装箱堆场一般采用与码头岸线垂直的布置方案,水平运输采用无人驾驶的纯电动 AGV,采用地面预埋磁钉方式进行导航和定位;后方堆场采用无人驾驶的自动化轨道吊,振华重工新研制的自动化轨道吊可以同时起吊 2 个 20ft 集装箱,大大提高了作业效率。轨道吊可以采用无悬臂、单悬臂或双悬臂结构形式,但大多采用无悬臂轨道吊。

集装箱堆场一般每跨在同轨道上设置两台自动化轨道吊,每台轨道吊上机电缆可覆盖整个堆场长度,确保一台轨道吊发生故障时,另一台轨道吊可以全长范围内作业。

在运转模式方面,德国汉堡 CTA 自动化码头集装箱堆场每跨也同样设置两台自动化轨道吊,不同的是两台无悬臂轨道吊轨距和外形尺寸大小不同,分别设置在内外侧不同轨道上,可互相穿越运行,避免作业时相互干扰,装卸效率和装卸灵活性大幅提高,如图 2.1-12 所示。

(a) CTA 码头集装箱堆场　　　　　　(b) CTA 码头整机穿越式 ARMG

图 2.1-12　德国汉堡 CTA 码头两台穿越布置的轨道吊

由于该自动化集装箱码头工艺方案中,岸桥、AGV、轨道吊全部采用市电或锂电池等纯电动驱动方式,且对装卸工艺路径进行了最优化计算,所以整个码头的节能环保效果最佳。

2. 岸桥—跨运车—自动化轨道吊工艺方式

这是自动化集装箱码头的另一种典型工艺方案,其工艺布置方式与采用 AGV 方案类似。该方案的最大特点是水平运输采用集装箱跨运车(SC)。在欧美国家这种方案应用较多,甚至多于 AGV 水平运输方案。

与 AGV 相比,目前跨运车采用无人驾驶和纯电动方案的不多,尤其跨运车的自动驾驶技术这几年刚刚开始被关注。但是由于跨运车与前沿岸桥和后方堆场起重机之间不需要相互等待,所以作业效率更高,能耗相对更低。相信随着跨运车无人驾驶技术的突破和纯电动技术的推广应用,无人驾驶电动跨运车在自动化集装箱码头的应用将更广泛。

3. 岸桥—无人集卡—自动化轨道吊工艺方式

近几年,纯电动集卡技术、无人驾驶集卡技术得到国内外研发机构的高度关注,国内外大型骨干企业竞相投入研发,并已取得示范应用。

无人集卡不再使用磁钉进行定位和导航,而改用卫星和激光技术进行导航和定位,对地面基础的要求也大大降低,因此其成本将较大幅度降低。在不久的将来,自动化集装箱码头水平运输将很快出现无人电动集卡运输方案,该方案将比 AGV 方案和跨运车方案的设备投资和基础投资更低,更具市场竞争力。

4. 岸桥—无人集卡—自动化轮胎吊工艺方式

不同于轨道吊,由于轮胎吊没有固定的运行轨道,所以其自动化性能尤其定位、防跑偏等性能远低于轨道吊。

最早自动化轮胎吊只在地震多发的日本名古屋集装箱码头得到应用,但近几年随着大量采用 RTG 堆场的传统集装箱码头的自动化升级改造需求增加,越来越多的 RTG 进行了自动化或远程控制技术改造,原来采用人工操控的 RTG 达到报废年限后直接被淘汰,新的自动化 RTG 得到应用,同时无人集卡替代了原来的人工驾驶集卡,以最低的成本完成了传统集装箱码头的自动化升级改造。

这是一种最为经济的自动化码头升级改造方案,但是目前无人集卡技术尚未完全成熟,将来技术成熟后设备价格也有进一步降低的空间。

5. 岸桥—跨运车工艺方式

该方案不同于上述第 2 种"岸桥—跨运车—自动化轨道吊"自动化码头工艺方案,这里自动化跨运车(ASC)承担了水平运输、堆场和装卸车等多项工作,因此只适用于场地富裕的集装箱码头,国内很难适用。

2.2　港口自动化集装箱码头

2.2.1　引言

世界货物贸易约有 70% 是通过集装箱海上运输的,且过去近 40 年来一直处在增长时期。1981 年至今,全球集装箱海运量除 2009 年外均为正增长,其中 1980—1990、1990—2000、2000—2010、2010—2018 年集装箱运输年均增长率分别为 9.2%、9.8%、7.8%、5.1%,直到 2018 年中美贸易争端逐渐升级集装箱运输增速开始高位回落,但仍处在正增长。世界贸易的大发展促进了集装箱运输业的快速发展。图 2.2-1 所示为 2010—2019 年间的增长情况。

近 10 年,全世界前十大集装箱港口中有 7 座在中国。但我国港口集装箱码头普遍存在大而不强的问题,面临的主要挑战是运输船舶的大型化、装卸搬运作业的高效化、节能环保绿色化、管理信息化、控制自动化智能化,使得港口间的竞争愈加激烈,推动着港口企业千方百计不断提高集装箱码头装卸作业的稳定性、作业效率、服务质量和管理水平,降低运营成

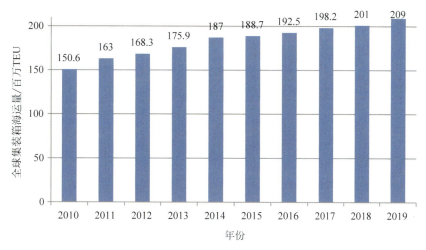

图 2.2-1　2010—2019 年全球集装箱海运量增长趋势

本。鉴于此,码头需要更加先进的装备工艺以及更加完善的系统,以不断适应船舶大型化等新要求带来的挑战。因此研发和建设高效、高可靠、先进的港口自动化集装箱码头迫在眉睫。

建设低碳环保、绿色节能型港口,应对全球气候变化,是港口集装箱码头的一大发展趋势。2008 年 8 月,"世界港口气候宣言"正式通过,全球共有 55 个港口加入该宣言,并就航运、陆运的二氧化碳减排达成了共识,制定了截至 2050 年减少二氧化碳排放量 50％的目标。

为了应对港口节能减排的发展要求,港口有必要通过制定污染气体减排政策以及研发能源节约型设备来建造低能耗、环保型港口,而绿色环保、节约能源也正是自动化集装箱码头的重要特征。新建的自动化码头纷纷在水平运输环节采用 LNG 及锂电池等新能源,不仅降低了能耗,也大大降低了采用内燃机驱动而固有的废气排放、维护保养工作量大和相关成本高等问题。

进入 21 世纪后,中国呈现出劳动力成本增加迅速、劳动力资源逐渐匮乏等越来越明显的趋势,加上科学技术的进步等因素,为自动化集装箱码头的发展带来新的机遇。

自动化集装箱码头综合运用了人工智能、运筹学和系统工程的理论及先进的自动控制技术,能根据集装箱进出港信息,在很少的人工参与下,智能地完成集装箱堆放计划、船舶配载计划和作业调度计划;对各台装卸搬运设备进行高效智能的调度控制和管理;从安全、效率和能耗的角度确定作业最佳路径,确保作业安全、高效和节能;自动地完成集装箱的装卸和搬运实现无人化;泊位和堆场箱位的智能动态管理,能够充分提高泊位和堆场的利用率;货物集装箱、车船和搬运设备、场地空间之间实现物联网,与海关商检等信息互联互通,大幅提升码头的经营管理水平。

自动化集装箱码头可以大幅减少码头用工数量,降低对用工技能的依赖,缓解企业为招收、留住熟练工人的成本压力,以人为本,改善安全生产条件和员工工作环境,降低气候对设备和人员的影响,有助于码头 24h 全天候作业,提高运营效率,并且有效减少工人因机械重复性高技能劳动或高强度连续作业引发的作业差错,通过智能检测满足安全条件,避免设备干涉碰撞等设备事故,提高作业的可靠性和效率的稳定性。因此越来越多的港口营运方意识到集装箱码头的自动化运转是稳定可靠地提高码头通过能力和服务水平、降低营运成本的有效途径。

自动化集装箱码头是指应用自动化作业设备以及配套的管理和控制软件,形成一个完整的集装箱装卸作业工艺系统。该系统可以全部或部分替代通常由人工操作的、复杂的集装箱搬运和装卸作业,使得为码头现场生产配备的人员大量减少。

2.2.2 自动化码头的发展历程及现状

自动化集装箱码头的规划设计与建设发展一般取决于其所在港区的水文条件、港口竞争优势以及投资运营商的规划。它与传统码头存在很多不同之处,如表 2.2-1 所示。

表 2.2-1　自动化集装箱码头与传统集装箱码头的区别

比较内容	传统集装箱码头	自动化集装箱码头
码头布局方式	大多堆场平行于岸线布置	大多堆场垂直于岸线布置
占地面积	较大	较小
码头装卸工艺	RTG—以柴油驱动的水平运输设备—岸桥	RMG—以电驱动的水平运输设备—岸桥
水平运输设备	集装箱拖挂车	AGV、自动搬运车(ALV)等
岸桥	单小车单吊具岸桥	双小车双吊具岸桥
自动化水平	人工操作	自动化操作,设备无人驾驶
集装箱流	相对拥挤	相对流畅
初始投资	初始设备投资小	初始设备投资大
信息交互	相对独立	同步协调
生产能力	相对较小	相对较大
铁路接运灵活度	低	高
能源消耗	较高	较低
对环境的影响	有,包括噪声污染和空气污染	几乎为零

全球自动化集装箱码头发展到现在,经历了漫长的历程,根据其设备自动化和管控系统的技术水平大致可以分为 3 个阶段。

1. 第一阶段

以荷兰鹿特丹港 ECT 码头Ⅰ期和Ⅱ期(见图 2.2-2)为代表,1993 年建成投产。码头岸线长 3600m,泊位水深 16.6m,岸桥 30 台,集装箱自动导引车 265 台,自动化轨道式集装箱门式起重机(ARMG)137 台。码头前沿装卸船设备采用半自动化岸边集装箱起重机,水平运输设备采用 AGV。

此阶段 AGV 的驱动方式仍为内燃机驱动,集装箱在堆场上垂直于码头岸线布置,堆场设备采用 ARMG,AGV 及 ARMG 为无人化自动操控。

此外,新加坡港巴西班让码头和中国香港 HIT 码头也是该阶段的典型代表。

2. 第二阶段

以德国汉堡港 CTA 码头为代表(见图 2.2-3),于 2004 年建成投产。码头岸线长 1400m,泊位 4 个,泊位水深 16.7m。码头前沿装卸设备采用双小车半自动化岸边集装箱起重机,水平运输设备采用 AGV,堆场设备采用 ARMG,AGV 及 ARMG 为无人化自动操控。集装箱堆场也是垂直于码头岸线布置,共有 26 个箱区。每个箱区配有一高一低两台不同轨距的 ARMG,低 ARMG 可以从高 ARMG 下方穿越,二者均能够覆盖整个箱区,极大地提高了堆场的装卸效率和装卸灵活性。

图 2.2-2　荷兰鹿特丹 ECT 码头

图 2.2-3　德国汉堡 CTA 码头

3. 第三阶段

以荷兰鹿特丹港 Euromax 码头为代表（见图 2.2-4），于 2010 年建成投产，岸线长 1500m，年吞吐量可达 230 万 TEU。Euromax 码头前沿装卸船设备与前二期工程类似，水平运输设备采用行驶速度更高的 AGV，堆场设备采用 ARMG，码头管理软件也更先进。岸边集装箱起重机为半自动化操作，AGV 及 ARMG 为无人化自动操控。

图 2.2-4 荷兰鹿特丹港 Euromax 码头

图 2.2-5 给出了各大洲自动化集装箱码头已建和在建数量统计。

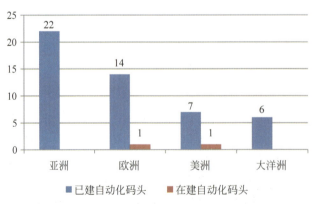

图 2.2-5 全球自动化集装箱码头已建和在建数量统计

截至 2018 年底，世界上已建和在建的自动化集装箱码头共计 51 个，其中以堆场自动化装卸为核心的半自动化码头 36 个，以全过程自动化装卸为核心的全自动化码头 15 个。半自动化集装箱码头仅在堆场环节实现自动化,全场自动化集装箱码头仅在船舶岸边装卸环节保留了人工远程操作和人工拆装集装箱锁具,水平运输和堆场环节均完全实现自动化作业。

特别说明,这里所谓的"全(场)自动化"是一个相对于"半(场)自动化"而言的过渡名称,待岸桥操控和锁具拆装实现无人自动化、取消人工现场理货后,就会正式称为全自动化集装箱码头。

从世界自动化集装箱码头的分布(见图 2.2-6)和自动化进程(见图 2.2-7)来看,有如下特点:

(1)早期自动化集装箱码头集中分布在人力成本较高的发达地区,如欧洲荷兰、德国等。2010 年之后,自动化码头在世界范围内推广建设,已形成一波全新自动化码头建设和老码头自动化改造的热潮。

(2)在经历半自动化码头快速发展的过渡期后,全自动化已成为码头建设发展的新趋势,其技术的先进性、稳定性、安全性等优势正在不断显现。

图 2.2-6 已建成的全球自动化码头地域分布图

图 2.2-7 截至 2015 年底全球自动化码头数量统计

2.2.3 自动化码头的平面布局及相关技术

自动化集装箱码头平面总体布局如图 2.2-8 所示,一般可划分为 5 个工作区,分别是码头前沿作业区、水平运输区、堆场海侧交换区(或称海侧缓冲区)、堆场堆存区以及堆场陆侧交换区。目前大多学者也将水平运输区与堆场海侧交换区合并成水平运输区,将堆场堆存区与堆场陆侧交换区合并成堆场作业区,这样就变成3个主要工作区域,分别是:码头前沿作业区域、水平运输区域和堆场作业区域。

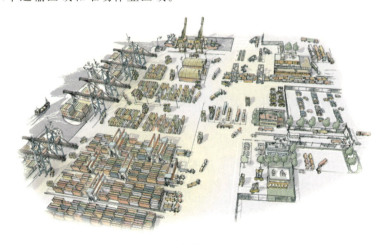

图 2.2-8   自动化集装箱码头平面总体布局图

根据总体布局,可将自动化集装箱码头的相关技术进行如下划分:码头前沿作业区相关技术、水平运输区相关技术、堆场作业区相关技术、设备控制系统及地面辅助设施。

1. 码头前沿作业区

在码头前沿作业区域,由岸桥负责集装箱在船舶与水平运输设备之间的转运,如图 2.2-9 所示。岸桥通常分为单小车单起升岸桥、单小车双起升岸桥、双小车岸桥和双起升双小车岸桥,吊具下起重量一般在 65～80t,大者甚至达到了 130t。随着自动化远程控制技术的发展,岸桥主小车从传统的在移动司机室里人工操作转为中控室远程操控。

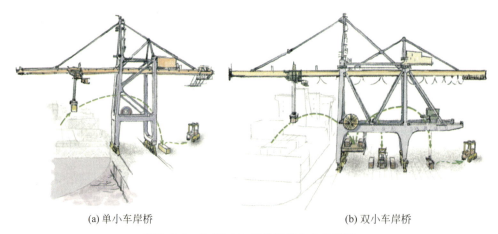

(a) 单小车岸桥   (b) 双小车岸桥

图 2.2-9   单/双小车岸桥卸箱作业示意图

码头前沿作业区的相关技术主要有:船型扫描技术,岸桥大车防碰撞技术,岸桥节能技术,电子防摇、防扭技术,岸桥自动着箱技术,底盘定位技术,拖挂车识别技术,箱号识别以及远程操作技术等。

(1) 船型扫描技术：采用高可靠多激光器对小车经过的下方进行自动扫描，能够精确实时检测船上箱形轮廓，实现小车防撞、起升软着陆功能。它也是半自动最优路径实现的基础。

(2) 岸桥大车防碰撞技术：岸桥大车设有红外线和机械限位的防碰撞限位装置，防止相邻起重机相互碰撞和防止起重机大车与行走轨道终端车挡碰撞。

(3) 岸桥节能技术：通过主机构速度优化、旋转机构低惯量设计、提高传动机构效率、功率因数动态补偿、智能控制、绿色照明等核心技术，可实现桥吊起升、小车行走、下降在规定动作内节电 15% 左右，大梁俯仰节电 10% 左右，大车行走节电 20% 左右。

(4) 电子防摇、防扭技术：在小车架和吊具上架上安装一套吊具姿态检测装置，通过调节小车及后大梁液压缸的速度实现吊具防摇和防扭功能。

(5) 岸桥自动着箱技术：对于双小车岸桥，在门架小车上安装吊具位置检测系统(SDS)以及目标位置检测系统(TDS)，通过控制门架小车上的微调机构，可实现门架小车对门架平台及地面 AGV 的自动着箱。

(6) 底盘定位技术：采用转动机构和二维激光器实现多个集装箱拖挂车车道的三维激光扫描，并配备多功能 LED 引导，通过拖挂车位置显示牌实时显示拖挂车位置与正确停靠位置在岸桥大车方向上的距离偏差值，引导拖挂车司机向前、向后移动拖挂车，确保快速、准确地停靠到正确位置。引导定位精度可达 8cm，有利于提高岸桥和拖挂车的工作效率。

(7) 拖挂车识别技术：通过安装在拖挂车上的 RFID 无线射频识别装置来实现拖挂车识别。

(8) 箱号识别技术：通过在门架联系横梁、门架中转平台、门架小车后伸臂上安装光学识别(OCR)装置，可实现拖挂车上、中转平台上、AGV 上的箱号自动识别。

(9) 岸桥远程操控技术：可以通俗理解为把本来移动的司机室搬到固定的中控室里，由中控操作员通过操作台远程操控装卸和搬运设备，替代原来的司机完成作业任务。其功能包括：一般远程操作、维修远程操作、操作台自由切换、操作台任务分配、数据管理监控、CCTV 监视以及任务管理等。

2. 水平运输作业区

自动化集装箱码头根据水平运输设备的不同分为 4 类：采用 AGV 的全场自动化码头、采用集装箱跨运车或集装箱拖挂车的半自动化码头，以及立体分配系统(THS)的全场自动化码头。

1) AGV 型自动化集装箱码头

AGV 型自动化码头(见图 2.2-10)的主要优点是：①布局比较灵活；②适用于各种大小及形状的码头；③AGV 行驶路径灵活，不受作业路线约束，可在任何无障碍物的地方转弯行驶。

图 2.2-11 给出了 AGV 型自动化码头作业流程。

AGV 型自动化码头水平运输作业区的相关技术主要有：全电动力系统、滑触线周期式自动取电技术、AGV 激光停泊技术、AGV 防碰撞技术及 AGV 伴侣等。

图 2.2-10　AGV 型自动化集装箱码头

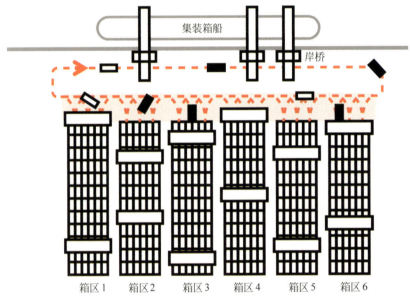

(a) AGV型自动化码头平面流程示意图

(b) AGV型自动化码头立面布置示意图

图 2.2-11　AGV 型自动化码头作业流程示意图

（1）全电动力系统。传统 AGV 由内燃机驱动,能量转换效率低、能耗大、用油成本高、烟气排放大。而振华重工现有开发并投产的 AGV(如图 2.2-12 所示)采用全电动力系统实现了"零排放",比内燃机驱动节能环保,消除了废气排放和噪声污染,并降低了设备的使用成本、提高了经济性。图 2.2-13 展示了全电动 AGV 的系统构架。

图 2.2-12　振华重工自主研发的 AGV

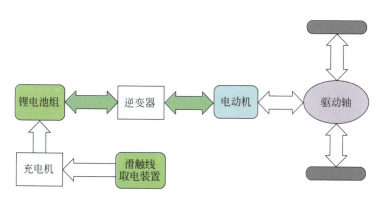

图 2.2-13　全电动 AGV 系统构架

（2）滑触线周期式自动取电技术。在 AGV 每次进入 AGV 交换区时,可借由地面滑触线装置(如图 2.2-14 所示)补电。滑触线装置是将地面上的市电引入到 AGV 的一个输电装置(如图 2.2-15 所示),它通过伸缩机构,快速推动集电器电刷与装在 AGV 上的碳刷紧密接触,实现滑触线得电,进而通过充电机对其进行快速补电(如图 2.2-16 所示)。AGV 每次设计补电时间在 90s,理论上可补入电 2.5kW·h,与 AGV 的一个作业循环耗电量基本持平。

（3）AGV 激光停泊技术。在岸桥上安装了车辆定位系统(chassis position system, CPS),它通过 3D 激光扫描器的检测,能够及时地修正 AGV 与小车吊具停留等待位置之间的距离偏差值,引导 AGV 向前、向后移动,使 AGV 快速、准确地微调至岸桥门架小车能装卸集装箱的精确位置,从而减少对箱时间,提高岸桥和 AGV 的工作效率。

图 2.2-14 安装在地面上的滑触线装置

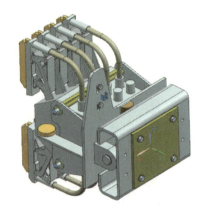

图 2.2-15 安装在 AGV 上的取电装置

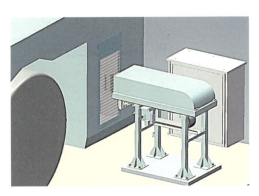

图 2.2-16 AGV 电池组自动充电示意图

（4）AGV 防碰撞技术。AGV 装有激光检测装置，可探测周围障碍物或其他 AGV 等，实现提前减速和停止运行功能。在 AGV 前后端部安装有可回弹的保护装置，以使得车辆在前进方向与其他障碍物触碰时可立即停止行走。

（5）AGV 伴侣。振华重工自主研发设计的 AGV 活动支架（又称 AGV 伴侣），安装于堆场海测端部的作业区域（如图 2.2-17 所示）。卸船作业时，待 AGV 把集装箱从岸桥后伸距下方运到堆场海测交换区指定位置后，通过支架自动的俯仰和升降，将集装箱抬起离开 AGV，让 AGV 回去搬运下一个集装箱，同时等待 ARMG 把支架上面的集装箱卸到堆场上指定位置。这就将 AGV 的运输和存放过程分离开了，不仅解决了 ARMG 和 AGV 之间的作业时间耦合问题，提高了工作效率和生产率，而且降低了需要配置的水平运输 AGV 的数量（约减少 30% 的 AGV），从而降低了码头的建设和运营成本。

另外，振华重工还研发了常规 AGV、Lift-AGV（动力形式可以是柴油机驱动、混合动力驱动以及全锂电池驱动），有效节约生产作业能耗，减少了环境污染。

2）跨运车型自动化集装箱码头

集装箱跨运车具有自装卸功能，可单独实现集装箱在不同区域间的转运；其行驶路径灵活，适用于不同大小及形状的码头，布局适应性强。该类型码头的堆场一般垂直于岸线方向布置，每个堆区配置两台 ARMG，分别负责对箱区海、陆侧两端的跨运车与外集卡作业，如图 2.2-18、图 2.2-19 所示。

图 2.2-17 振华重工研制的 AGV 及 AGV 自装卸支架

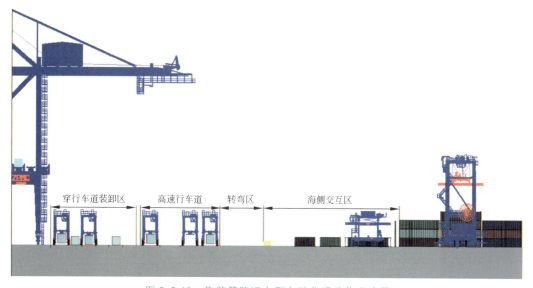

图 2.2-18 集装箱跨运车型自动化码头作业流程

图 2.2-19 集装箱跨运车型自动化码头的三维虚拟仿真模拟图

油电混合动力的跨运车有两种驱动形式:一种是柴油机动力;另一种是油电混合动力(如图 2.2-20 所示)。使用混合动力后,可以降低柴油消耗,降低范围 25%~50%若按照 1 年消耗 22L/h×14h/d×300d＝92400L 柴油计算,混合动力形式相当于每年节约柴油 23100~46200L,大大降低了碳排放量,实现了对环境的有效保护。

图 2.2-20　振华重工研制的混合动力集装箱跨运车

3) 拖挂车型自动化集装箱码头

图 2.2-21 显示的是集装箱拖挂车(简称集卡)型自动化码头作业流程。

现有部分码头堆场设备采用远程操控的 RMG,但水平运输依然采用集装箱拖挂车。这些码头主要集中在韩国和中国台湾地区,如韩国韩进码头(如图 2.2-22 所示)和釜山新

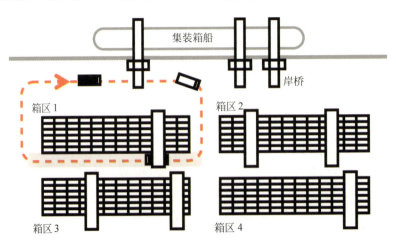

(a) 拖挂车型自动化码头平面流程示意图

图 2.2-21　集装箱拖挂车型自动化码头作业流程示意图

(b) 拖挂车型自动化码头立面布置示意图

图 2.2-21 （续）

港、中国台湾台北港和高雄阳明港、新加坡 PSA 等。该类码头仅堆场区域实现了自动化，自动化程度较低，通常称为半自动化码头。

图 2.2-22 振华重工参与建设的韩国韩进釜山码头

4）THS 型自动化集装箱码头

THS 型自动化码头是由振华重工自行研制、世界首创的新概念、新方案和示范作业线，具有完全自主知识产权的码头装卸系统（如图 2.2-23 所示）。

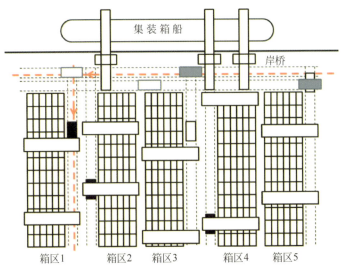

(a) THS型自动化码头平面流程示意图

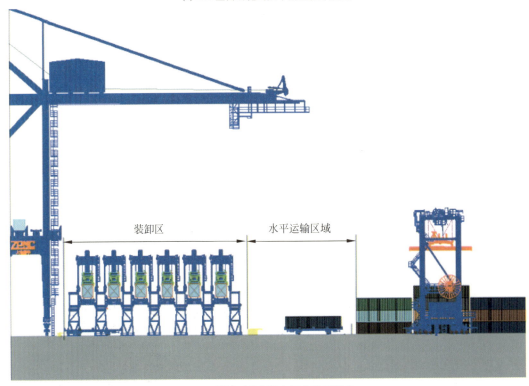

(b) THS型自动化码头立面布置示意图

图 2.2-23　THS 型自动化码头作业流程示意图

　　该系统由低架桥结构件、起重小车、低架桥平板车和地面平板车等组成，如图 2.2-24 所示。

　　振华重工于 2006 年在长兴基地建立了立体分配试验系统，并对系统进行了成功试验（如图 2.2-25 所示）。

　　该类型自动化码头主要有以下特点：

　　(1) 适用于 1～2 个泊位、形状比较规则的中小型码头；

图 2.2-24　立体分配系统组成示意图

图 2.2-25　振华重工长兴基地立体装卸自动化集装箱码头试验示范线

（2）水平运输设备采用全电力驱动，节能环保零排放；

（3）水平运输设备在立体轨道上运行，调度控制系统简单，可靠性高，可减少平面运输产生的交通堵塞；

（4）定位精度高（5mm），同时可实现有效避障以及紧急情况下的紧停操作。

3.堆场作业区

在堆场作业区域，由堆场起重机负责集装箱在堆场内的流转、与堆场海侧水平运输设备之间的转运以及与堆场陆侧外来拖挂车之间的交换。一般采用的是 ARMG，有带双悬臂、单悬臂和不带悬臂之分。ARMG 在堆场内为自动操作，但对于外来集卡，由于有集卡司机，为了保证人员安全，目前自动装卸后仍需司机和系统双确认。

堆场作业区的相关技术主要有 ARMG 定位技术、ARMG 防碰撞技术、ARMG 自动着箱技术、ARMG 远程操控技术、RTG 远程操控技术及 RTG 节能技术等。

1) ARMG 定位技术

ARMG 定位技术包括大车位置检测技术、小车位置检测技术、起升机构的位置检测技术、提箱与落箱定位技术以及 ARMG 对 AGV 的定位技术等。

(1) ARMG 大车位置检测技术：在 ARMG 的两侧大车轨道旁预埋间断布置的磁钉和旗标，在大车驱动机构上安装有绝对位置编码器，用于对大车的绝对位置进行检测和相互校验。

(2) ARMG 小车位置检测技术：小车的位置检测采用线性编码器或其他认可的检测手段，在沿着小车轨道方向的大梁上安装一组连续的磁尺或其他位置连续标记，在小车架的适当位置安装用于连续读取小车磁尺等位置信号的接收天线，通过接收天线反馈的数据来确定小车的当前位置。

(3) ARMG 起升机构的位置检测技术：在起升卷筒旁的起升运动传动链上安装一个绝对位置编码器，对起升高度进行定位；在起升卷筒轴传动链的末端另设有凸轮限位，用于起升高度安全保护及对起升位置进行校验。

(4) ARMG 提箱与落箱定位技术：在集装箱装卸过程中的提箱与落箱定位，是基于 3D 激光扫描的目标检测系统(target detection system，TDS)和基于 CCD 摄像头的吊具检测系统(spreader detection system，SDS)，运用图像处理技术，来实现集装箱装卸的精确定位装卸过程的安全。TDS 系统安装在 ARMG 的小车上，CCD 摄像头安装在吊具的 4 条边上。有的采用长导板辅助的机械定位技术。

(5) ARMG 对 AGV 的定位技术：ARMG 对 AGV 的定位综合了 3D 激光扫描仪、CCD 摄像头的图像采集、图像处理技术和吊具的微调技术。ARMG 上安装有指示 AGV 定位的各种信号，包括 AGV 位置实时视频图像显示、AGV 位置误差动态指示和运行指令实时显示。AGV 到达 ARMG 下方的装卸车道后，通过安装在 ARMG 小车上的 3D 激光扫描仪和 CCD 摄像头，判断出车型、轮廓、集装箱的大小和位置，通过 TOS 码头操作系统，指示 AGV 慢速行驶进行粗定位。

2) ARMG 防碰撞技术

ARMG 防碰撞技术包括 ARMG 在堆场作业时的防碰撞技术、ARMG 与 AGV 间的防碰撞技术、相邻两台 ARMG 之间的防碰撞技术及 ARMG 作业区域粗定位及抓/放箱防撞检测技术等。

(1) ARMG 在堆场作业时的防碰撞技术：ARMG 大车、小车、起升机构在堆场内运行时，堆放在箱区内固定的集装箱与移动中的吊具下带着的活动集装箱间存在物理空间位置的交叉，可根据不同情况采用不同方法进行防碰撞处理。当 ARMG 在一个贝位上进行长距离运行、越过不同排位上的集装箱时，起升高度必须上升到最高工作点，可直接越过下方的障碍物，大车、小车才能运行；当 ARMG 在一排位上越过不同列和层的集装箱进行装卸时，ARMG 根据堆场的障碍信息，即集装箱顶部组成的轮廓，来决定起升机构、小车运行机构和吊具等动作运行轨迹。

(2) ARMG 与 AGV 间的防碰撞技术：ARMG 的小车在进入 AGV 的装卸区时，空吊具情况下吊具底部或吊具带箱时集装箱的底部必须运行到 AGV 正上方时，方可进行装卸集装箱的动作,确保 AGV 运行的安全。

（3）相邻两台 ARMG 之间的防碰撞技术:同一堆区内相邻两台 ARMG 在相互靠近时,将根据不同的操作模式采用不同的防碰撞方法。在正常作业期间,ARMG 处于自动作业模式或远程中控操作模式,起重机间的防碰撞主要通过两台起重机间的数据通信,告知对方各自的大车位置;在维修状态,起重机处于手动操作模式,起重机间的防碰撞主要通过安装在该起重机上面对相邻起重机的起重机间防撞探头进行检测。当相互间的大车位置小于安全距离时,起重机通过本机的 PLC 系统自动控制大车减速、停车。

（4）ARMG 作业区域粗定位及抓/放箱防撞检测技术:自动化堆场内 ARMG 在自动抓箱、放箱过程中,当大、小车到位后,PLC 通知 TDS 对目标位置进行粗定位和防撞检测;TDS 确保 ARMG 大、小车位置停靠在下方所要抓取或者释放的集装箱附近,且能被吊具调整范围所覆盖。并且,ARMG 能获得目标位置周围箱况信息,以实现作业位置粗定位及抓/放箱的防撞检测功能。

3）ARMG 自动着箱技术

ARMG 自动着箱技术是通过光机电结合,利用现代信息技术实现堆场起重机的自动运行、自动定位、自动识别、自动纠偏以及自动着箱。它的实现主要依赖于 TDS 和 SDS。

TDS 主要用于自动化起重机(包括 ARMG 和岸桥)的自动定位,保证了自动化起重机快速、准确地进行自动抓箱/放箱作业,可提高起重机作业的效率和安全性。它的主要功能是确认吊具下目标位置信息,测量堆场的箱顶轮廓线,以及将测量出来的各种间隙值反馈回可编程逻辑控制器(programmable logic controller,PLC)去做调整控制。

TDS 利用 3D 扫描设备对堆场内的集装箱进行激光定位,采集集装箱高度和相对于下层集装箱的偏移位置。当发现误差超过一定范围时,通知吊具进行纠偏,从而减少了堆箱过程中的误差累计,实现准确堆箱,避免事故发生,如图 2.2-26 所示。

图 2.2-26　TDS 系统工作示意图

吊具在大多数情况下都是通过钢丝绳与小车柔性连接的,因此在作业过程中由于惯性等因素,会发生不同程度的晃动和偏移,给操控人员带来不便。特别是自动化码头,这种晃动和偏移将直接影响自动抓放箱的正确率。SDS 可以实时计算出吊具偏移基准位置的偏差,并将这些信息反馈给电气控制系统,控制吊具进行相应的调整动作,以实现吊具的安全可靠控制(如图 2.2-27 所示)。

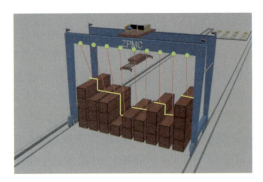

图 2.2-27　TDS 系统工作示意图

4）ARMG 远程操控技术

ARMG 单机上有一个电控模块叫 ACCS，它主要负责单个任务的执行和反馈，并分别与码头运营管理系统（TOS）或者远程操作控制系统（ROCS）、传感器以及 PLC 进行通信交互，把任务解析成 PLC 指令发送到 PLC 中，由此来控制 ARMG 的大小车移动以及吊具的抓放箱操作。主要功能有主逻辑控制、大车运动控制、小车运动防摇、起升控制、着箱检测及系统接口，其中系统接口又包含任务接口、传感器接口和 PLC 接口。

5）RTG 远程操控技术

振华重工致力于 RTG 远程自动化操控系统的开发，目前已经完成了和黄泰国蓝菜帮等几个码头堆场轮胎吊设备的自动化改造。自动化轮胎吊的主要技术包括大车自动纠偏、直线行走、实时无线通信、（可选择）轮廓扫描、（可选择）最佳路径、吊具检测以及操作站等。

6）RTG 节能技术

使用节能技术的 RTG 主要有四大类：优化型柴油发电机供电节能 RTG、市电节能 RTG、LNG 燃气机组 RTG 和锂电池节能 RTG。

（1）优化型柴油发电机供电节能 RTG，又分为 3 种：

第一种是怠速柴油机组技术。柴油机怠速时，由变频器向控制系统和辅助系统供电，与传统柴油机 RTG 相比可节能 20％左右。

第二种是变速柴油机组技术。对应不同的负荷采用不同的柴油机转速，使得柴油机变速对应的输出扭矩与负载需要相一致。该技术可节能 40％左右。

第三种是变速柴油机组加超级电容技术。变速柴油机组配合超级电容储能装置将吊具和集装箱下降或者机构制动时能量储存在超级电容中，用于反馈补偿起动、加速等需要的峰值能量。这样，可降低排放、减小噪声、延长柴油机使用寿命，与传统柴油机 RTG 相比节能 50％以上。

（2）市电节能 RTG，又分为两种：

一种就是单纯市电，采用电缆卷筒、高架或低架滑触线等供电方式，带能量反馈功能，与传统柴油机 RTG 相比可节能 65％左右，使用成本可下降 60％～70％。

另一种是市电加超级电容储能技术。自动充满电的超级电容可用于拔下市电插头、RTG 处于市电切断脱线条件下的过街和转场。过街时间由以前的 3min 左右减少到了 1.5min 左右。与传统柴油机 RTG 相比可节能 45％左右。

（3）LNG 燃气机组 RTG，也分为两种：

一种是大功率 LNG 燃气机组加小功率锂电池（或超级电容），即所谓强混合 LNG 动力模式。大功率 LNG 燃气机组为 RTG 的主要动力源,燃气发电机组的功率约为常规柴油机组的 70%,可节能 30% 左右。

另一种是小功率 LNG 燃气机组加大功率锂电池,即所谓的混合动力 LNG 动力模式。大功率锂电池为 RTG 的主要动力源,燃气发电机组的功率降低到 50~60kW,起升载荷下降和机构制动再生释放的能量,由电池全部吸收。与传统柴油机 RTG 相比,可节能 50% 左右。

(4) 锂电池节能 RTG:RTG 的供电采用大功率电池加小功率柴油机组"强混合模式",大功率锂电池作为 RTG 的主要动力源,柴油发电机组的功率配备从传统 400kW 多降低到 50~60kW,起升载荷下降和机构制动再生释放的能量,由电池全部吸收。不启动柴油发电机组,RTG 仍能进行装卸作业和待机,可节能 60% 以上。

4. 设备控制系统

设备控制系统(equipment control system,ECS),即起重机设备自动控制软硬件系统。主要负责整个码头起重机相互协调运作。ECS 系统包括三大子系统软硬件:QC 自动控制系统、AGV 车辆自动控制系统和 ARMG 自动控制系统(见图 2.2-28)。

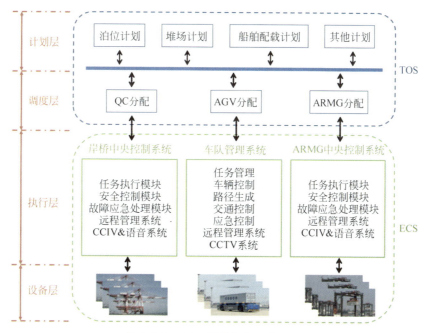

图 2.2-28 ECS 系统框架示意图

现场中央控制室布置如图 2.2-29 所示。

1) QC 自动控制系统

QC 自动控制系统实时控制码头全部岸桥本机。根据 TOS 发送的任务控制半自动岸桥或者远程遥控岸桥自动进行装卸操作,并在每个操作指令完成任务后实时通知 ECS。

2) AGV 车辆自动控制系统

AGV 车辆自动控制系统划分为车辆管理系统(VMS)、导航系统(NS)以及车辆控制系统(VCS)3 个层次。图 2.2-30 给出了从 TOS 到 AGV 本机的控制系统功能图。

图 2.2-29 中央控制室布置图

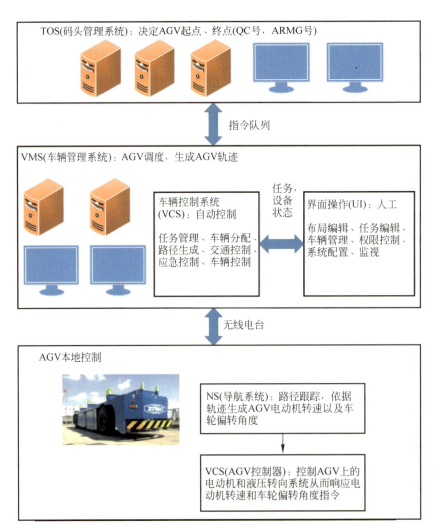

图 2.2-30 AGV 控制系统功能图

3）ARMG 自动控制系统

ARMG 自动控制系统具体包括：

（1）EOS ARMG，即 ARMG 中央控制系统，管理整个堆场所有 ARMG 设备进行各类集装箱操作；

（2）ARMG-ACS 系统，即自动化堆场控制系统，主要负责控制堆场的 ARMG 设备完成作业任务，以及协调每一条生产线的两台 ARMG 之间的安全运作等各类操作；

（3）ROCS 系统，用来远程管理操控 ARMG，也可以辅助某台 ARMG 完成较精细动作或处理应急事件；

（4）ARMG-CCTV 系统，用来配合 ROCS 系统进行远程操作，通过在特定位置安装视频监控设备，监控关键位置信息，保证安全、高效地完成远程作业；

（5）ARMG-RCMS 系统，负责自动化码头上设备的运行状态采集、故障检测、设备维护管理。

5.地面辅助设施

自动化集装箱码头根据需要应配置基本的地面辅助系统，如码头自动化设备地面变电、配电系统，地面冷藏箱区配电、监控系统以及码头自动化设备地面通信网络系统等。其中地面变电、配电系统的作用是给作业设备和各辅助设备进行供电保障，包括各级降压站、配电所等所需的变压器、开关柜设备。

当码头的 TOS 软件与作业设备选定后，自动化码头还需根据操作管理系统和作业设备的特点，选配若干与之配套的地面辅助设备，如智能化道口设备、堆场陆侧地面拖挂车装卸监控设备、堆场海侧地面水平运输监控设备、平面装卸运输设备地面定位元件和其他辅助功能区电气系统（如 AGV 维护区、门禁、拖挂车交换区等），如图 2.2-31 所示。

图 2.2-31　门禁系统示意图

2.2.4　自动化码头国内推行案例

集装箱码头的自动化是实现港口节能减排的重要途径，上海振华重工瞄准行业发展的最前沿，深度探索自动化的发展之路，积极建设并推行自动化集装箱码头装卸系统。典型案例有上海长兴岛自动化集装箱码头立体装卸试验示范系统、上海外高桥半自动化空箱堆场、厦门远海自动化集装箱码头、青岛港一期全场自动化集装箱码头和上海洋山四期自动化集装箱码头。

1. 上海长兴岛自动化集装箱码头立体装卸试验示范系统

上海长兴岛自动化集装箱码头立体装卸试验示范系统（如图 2.2-32 所示）主要由低架桥、轨道式平板车、轨道起重小车、轨道式地面平板车等部分组成。其工艺流程分为卸船和装船两大类。

图 2.2-32　上海长兴岛自动化集装箱码头立体装卸试验示范系统

1）卸船的工艺流程

岸桥同时吊起 2 个 40ft 集装箱或者 4 个 20ft 集装箱放至低架桥平板车上；低架桥平板车在低架桥轨道上沿着码头长度方向自动水平运输至指定位置；低架桥起重小车自动将所载集装箱吊起，低架桥平板车移开去搬运下一个（或组）集装箱，起重小车自动将其放置在正下方的地面平板车上；在地面轨道上的地面平板车顺时针或者逆时针旋转 90°，随后将所载集装箱沿着堆场上的轨道直线驶入堆场指定位置；最后，堆场中的 ARMG 将集装箱吊起，并移动大车和小车，将集装箱放至堆场指定位置。

2）装船的工艺流程

堆场中的 ARMG 将 2 个 40ft 集装箱或者 4 个 20ft 集装箱依次吊起，放至地面平板车上后回去执行下一个任务；地面平板车载着这些集装箱沿直线驶出堆场，到达低架桥正下方；地面平板车顺时针或者逆时针旋转 90°至平行于码头长度方向；低架桥起重小车将地面平板小车上的这些集装箱一次吊起至低架桥平板车上，起重小车离开去执行下一个任务；低架桥平板车载着这些集装箱沿低架桥轨道行驶到指定位置；最后，岸桥将这些集装箱从平板车上一次吊起，放到船上的指定位置。

该装卸工艺的独特之处在于,其利用立体空间两种轨道的垂直交叉,将集装箱装卸过程分解为低架桥平板车的水平运输、低架桥起重小车的垂直运输和地面平板车的水平运输 3 个部分,主要有以下优点:

(1) 所有小车均为全电动,消除了现有内燃机驱动 AGV 或跨运车的废气排放污染,减轻了地面振动与噪声的影响,使码头环境焕然一新。

(2) 电动小车比内燃机驱动的车辆更简单、更可靠,故障率低,维护保养简单。

(3) 电动小车均在轨道上运行,运动精准,且摩擦损耗小,因此可减少燃油消耗,提高能源利用率。

(4) 自动化操作可以最大限度地减少人机接触,降低了安全生产隐患。

(5) 根据"新一代港口集装箱起重机关键技术研发与应用"项目的鉴定证书记载,在使用内燃机驱动的 RTG 中采用了超级电容,用电驱动后能耗降低了 33%,消除黑烟和降低噪声 4dB(A)。

上海长兴岛自动化集装箱码头立体装卸试验示范系统采用全电动的立体传送系统和 RMG,取消了常规码头采用内燃机驱动的拖挂车和 RTG,可以很好地实现节能减排。从一条生产线来讲,至少可降低能源消耗 13%,可降低碳排放 11%,计算详见表 2.2-2。

表 2.2-2　单泊位年度能源消耗和排放量比较

序号	设备名称	每 TEU 耗电量 /(kW·h)	每 TEU 耗油量/L	常规码头(岸桥+拖挂车+RTG)能源消耗	自动化码头(岸桥+立体传送系统+ARMG)能源消耗	结果
1	双起升岸桥	4.9	0	4410000kW·h	4410000kW·h	
2	ARMG	2.8	0		2520000kW·h	
3	立体分配系统	3	0		2700000kW·h	
4	拖挂车	0	1.1	990000L		
5	RTG	0	0.9	810000L		
能源消耗(标准煤)/t				4404	3891	节能 13%
碳排放量/t				8376	7560	节能 11%

说明:

(1) 泊位通过能力按 90 万 TEU/年计,见《海港总体设计规范》(JTS 165—2013);

(2) 每度电产生的碳排放为 0.785kg;

(3) 每升燃油产生的碳排放为 2.73kg;

(4) 标准煤折算系数(电):1kW·h=0.404kg 标准煤;

(5) 标准煤折算系数(燃油):1kg 燃油=1.4571kg 标准煤;

(6) 表中耗电量、耗油量为计算所得及码头反馈数据。

2. 上海外高桥半自动化空箱堆场

近年来,长江三角洲地区的集装箱运输发展极快,上海港的枢纽港地位越来越稳固,集装箱运输的规模效应逐步形成,集装箱吞吐量年均增长率达 30% 左右。

上海港集装箱股份有限公司外高桥码头分公司(以下简称外高桥码头分公司)位于长江口南港南岸的外高桥高桥嘴,由外高桥港区二期与三期工程组建而成,是上海港第一个全集装箱装卸港区。港区陆域总面积 163.43 万 m²,码头总长 1564.98m,可同时停靠 4 艘第四代全集装箱船和 1 艘第一代全集装箱船。港区现有堆场 70.84 万 m²,共有平面箱位 22707 TEU,设计年堆场通过能力约 216.12 万 TEU。投产初年吞吐量为 60 万 TEU,2001 年上升到 145 万 TEU,而 2002 年达到 284 万 TEU,已远远超过设计吞吐能力,当时该港区的堆存率已达 58%,接近 60% 的饱和量,集装箱箱量的快速增长与港区堆场通过能力不足的矛盾十分突出。

另外,我国外贸长期以来处于明显的顺差状态,在航线和码头的空重箱比例严重失调,导致国内出发港大多为重箱,回程空箱率居高不下。但用重箱设备搬运空箱是大材小用、能耗较高,堆场利用率低。为此亟须建设专门的空箱堆场,尤其是选用码头自动化搬运装卸设备。

为了解决这一矛盾,适应上海港集装箱吞吐量快速增长的发展需要,外高桥码头分公司在原外高桥二期港区增加了 2 台高架 RMG、3 台低架 RMG 和 4 台空箱堆高机等装卸机械设备,并启用位于港区纬三路、纬四路与经四路、经五路之间的一块 64700m² 的预留堆场,将其建成国际一流的集装箱自动作业空箱堆场(如图 2.2-33 所示)。

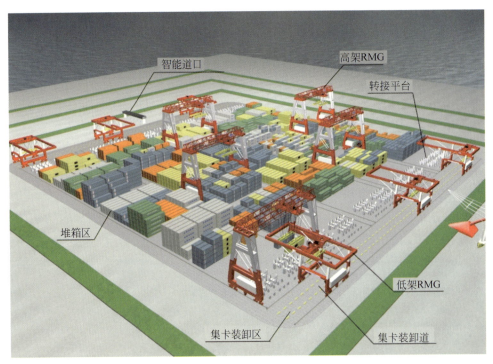

图 2.2-33 上海外高桥半自动化空箱堆场

上海外高桥半自动化空箱堆场主要有以下技术:

(1)吊具防摇和自动纠偏。吊具悬挂采用了八绳防摇系统,在大车和小车两个方向都有良好的防摇功能,提高了悬挂系统的刚性。同时,通过机械运动装置使吊具在大车和小车两个方向可以微动,以便执行吊具自动准确对箱和吊具带箱自动对车的任务。

(2)保证堆码整齐的吊具长导板装置。特殊设计的吊具长导板装置可保证吊具带箱着箱时既快又准,可取代目前集装箱码头采用较多的吊具对位图像处理系统。

(3)声光电集合的拖挂车定位系统。集装箱拖挂车定位是多年来集装箱作业中的难题之一。该堆场采用了图像和激光测量相结合的拖挂车定位系统,同时又通过高清晰度的户外大屏幕将拖挂车的位置通过图像和数字精准显示出来,司机可一目了然地知道自己的位置,从而进行精准定位。

(4) 机电相结合的大、小车定位技术。除了采用目前世界上自动化码头 RMG 普遍采用的图像处理定位技术以外,设计了有两个自由度、双输入的大车减速器,使主电机和伺服电机均可按指令工作。用作试验性质的冗余定位系统通过激光测距仪或磁尺,测出大车的位置,并发出指令,伺服电机可对大车运行误差进行补偿,使车轮达到毫米级的准确定位。配有多层的安全保护、故障检测和显示装置等一系列高可靠的保护和监测系统,确保集装箱无人堆场高可靠地工作。

上海港外高桥集装箱码头全自动化空箱堆场吸取了世界现有各集装箱自动化堆场的优点,采用最新技术成果,去掉繁琐,实现高效率、高技术、高可靠、低成本,是机电结合的典范。它的成功投产,揭开了世界港口发展领域集装箱堆场自动化的新篇章。

3. 厦门远海自动化集装箱码头

在国家“十一五”“两化融合”的战略部署和指导下,振华重工与中远太平洋有限公司和厦门海沧投资集团有限公司于 2012 年 10 月 27 日在北京人民大会堂举行了三方合作签约仪式,中国首个自主设计建造的自动化码头项目落户厦门远海码头。

该项目一期建设一个 15 万 DWT 码头主体结构的集装箱自动化泊位(厦门远海码头 14 # 泊位),泊位长度 447m,码头纵深 345m,水深−17m。装卸设备由 3 台双小车岸桥、18 台 AGV(配 8 套 AGV 伴侣)、16 台 ARMG 组成,年设计吞吐能力为 70~95 万 TEU。2015 年 4 月正式投入商业运营。

厦门远海自动化码头采用的是“双小车岸桥＋AGV＋ARMG”的工艺方案,堆场采用的是顺岸式的布置方案(如图 2.2-34 所示),其优势有以下几点:

(1) 打破现有自动化码头的堆场垂直于码头岸线布置的惯例,开发平行岸线的堆区方案。国外采用 AGV 作业模式的自动化码头,堆场均垂直于岸线布置。为节省投资造价,该项目是在已建的常规码头上改建为自动化装卸系统,其平面布局基本维持原有 RTG 堆场布局不变,即集装箱堆场布置平行于码头岸线方向。该项目将开创现有码头因地制宜改造升级为自动化码头新尝试、新局面,对于我国目前比较普遍的 RTG 堆场码头将来的改造升级具有示范和指导意义。

(2) 研制开发成功 AGV 活动支架(也称 AGV 伴侣)。安装于堆场的缓冲作业区,用于解决 ARMG 和 AGV 之间的作业耦合等待问题,提高作业效率,节省投资成本。若 AGV 和 ARMG 同步到位,可直接跳过 AGV 伴侣直接作业,灵活性大;如 AGV 带箱先到达,则自动把集装箱卸到自活动支架上,等待轨道吊来搬运,AGV 可退出支架区回去执行新的任务。采用 AGV 自装卸支架后,可提高 AGV 利用率,加快 AGV 周转,从而减少 AGV 数量配置,数量大约可以减少 1/3。

(3) 建成具有自主知识产权的自动化集装箱码头设备控制系统(ECS)以及 ECS 与 TOS 接口系统。基于高速无线通信技术、多模光纤技术以及消息队列机制,实现对单机设备的实时控制与跟踪,以及多机作业时的智能调度。

(4) 实现世界首个无内燃机驱动设备作业,真正做到无污染、零排放的绿色环保码头。

图 2.2-34 厦门远海自动化集装箱码头一角

码头内所有集装箱的搬运均采用市电或者蓄电池驱动。尤其是 AGV,首次采用 200A·h 级锂电池动力,取代了传统内燃机,使得大载荷运输车辆采用电池驱动成为现实。由于采用了市电和锂电池等清洁能源驱动,码头本身无污染、零排放;码头前后方之间的水平运输采用锂电池驱动,过程中的富余能量可回收。整个码头年营运总费用和碳排放比常规同等规模码头降 15% 左右。

(5)智能化堆场系统。基于 ARMG 实现集装箱在堆场内的堆放以及交换区与水平运输机械进行集装箱的交接作业。ARMG 基于磁钉、磁尺、激光扫描、图像识别等技术获取大车、小车、吊具、集装箱的位置状态信息,进而实现全智能化自动装卸作业。同一箱区的两台 ARMG 可完成智能接力作业。

(6)智能化作业计划系统。实现出口箱的自动配载和进口箱的自动分配堆场位置。根据船舶计划中岸桥的作业参数设定,岸桥与 ARMG、AGV 的配比,以及堆场堆存状况、船舶稳性计算等因素制定好出口箱最佳的配载方案,实现自动化配载。能对到港船舶配载情况进行智能识别,根据不同船公司、不同箱形、重量、是否特殊箱等因素自动分配进口箱的堆场位置。

(7)研制成功智能远程监控系统。采用全息化传感网络技术实时获取自动化码头各设备运行状态,进而完成对码头系统及设备进行在线实时健康状态监控、信息分析、设备健康状态评估、预测,以及维护方案制定。

此项目由振华重工提供全套装卸系统,包括岸桥、ARMG、AGV、电控系统软硬件等,标志着振华重工成为世界上首个提供整套装卸系统的集成供应商,有效提升了我国集装箱码头自动化技术水平,填补了我国自动化码头的空白,对厦门乃至全国港口转型升级具有重要的实践意义,为中国码头的自动化改造升级提供了范本。

4. 青岛港前湾一期全自动化集装箱码头

青岛港前湾一期自动化码头是继厦门远海自动化码头之后,国内建成的技术更先进、运营更正规的全场自动化专业集装箱码头。一期工程泊位长度 660m,码头纵深 784m,采用的装卸工艺为"双小车岸桥+L-AGV+ARMG"(如图 2.2-35 所示)。青岛港自动化码头项目共有 3 期,二期工程于 2018 年开始建设,2019 年 11 月 28 日投产运营;三期工程将根据集装箱搬运量择时再建。

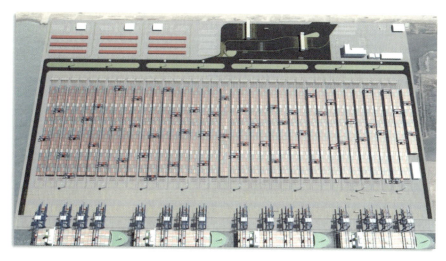

图 2.2-35 青岛港前湾一期、二期全自动化集装箱码头平面布局图

青岛自动化集装箱码头装卸系统主要包括六大子系统:自动化岸桥系统、自动化水平运输系统、自动化堆场系统、调箱门系统、设备调控系统和远程监控系统。

1)自动化岸桥系统

一期工程自动化岸桥系统由 7 台双小车岸桥组成(如图 2.2-36 所示),实现对集装箱船舶的自动装卸作业。

图 2.2-36 青岛港前湾一期全自动化集装箱码头的双小车岸桥

由于主小车的起升高度较高,起升钢丝绳水平分力对集装箱摇摆的固定作用有限,因此单小车岸桥在与 AGV 对位和交互作业时容易摇摆,影响作业效率。而双小车岸桥的门架小车起升高度较低,不需要对船作业,没有挖舱的可能性,因此采用了八绳钢丝绳防摇技术,在大车和小车两个方向均有防摇作用,因此与 AGV 对位、交互作业效率高,稳定性强。另外,双小车岸桥的下横梁上方设置有门架中转平台作为缓冲区,用于主小车与门架小车的作业交接,并且可以为拆装锁销提供安全区域,提高了岸桥的整体作业效率。

2) 自动化水平运输系统

自动化水平运输系统一期由 38 台 AGV 和 57 套 AGV 支架(又称 AGV 伴侣)组成(如图 2.2-37 所示)。本系统可以实现双小车岸桥与全自动 RMG 之间集装箱的转运作业以及不同堆区间集装箱的转运作业。

图 2.2-37　青岛港全自动化集装箱码头的 AGV 与 AGV 支架

AGV 的前后安装磁钉 Transponder 感应天线,通过读取埋设在地面的 Transponder 在感应天线中的位置来确定 AGV 自身在堆场坐标中的位置。

AGV 带自动升降功能,为全电池驱动(即无内燃机驱动)。采用 140A·h 锂电池组,可大大降低码头的碳排放量。考虑到工作连续性,将自主研发的 AGV 自动充电装置安装在堆场的 AGV 缓冲区,创新采用在线机会充电方式解决大载荷全电驱动 AGV 的续航问题。

AGV 支架为固定式。AGV 可以自动把集装箱顶升起来并放到 AGV 支架上,无须等到 ARMG 抓箱后才离开,因此可以解决 ARMG 与 AGV 之间的作业耦合问题,减少 AGV 和 ARMG 之间的等待时间,并且可以减少 AGV 的配比数量,进而减少水平运输的拥堵情况,同时也降低了生产成本。

3) 自动化堆场系统

自动化堆场系统一期工程由 20 台 ARMG 组成,每个堆区配置两台,采用自动接力作业方式。该系统通过光机电结合,利用现代信息技术来实现堆场起重机的自动运行、自动定位、自动识别、自动纠偏、自动着箱,从而实现集装箱在堆垛内的堆放以及在交换区与水平运输设备的交接。

4) 调箱门系统

调箱门系统由一台调箱门固定吊组成。由于运输需要,将两个 20ft 集装箱通过港外集装箱拖挂车运输时,可能需要调转集装箱门方向,实现前后两个并列集装箱的箱门都在内侧面对面用于防盗,或者两个箱门都朝向外侧便于检查、装卸货物。调箱门固定吊位于港区出港闸口附近,采用自动化或远程操作模式,能够使集装箱调转 180°,以满足不同用户的需求。

5)设备调控系统

设备调控系统即智能设备调度与控制系统。该系统主要对双小车岸桥、ARMG、AGV 等进行实时控制与跟踪,通过建立自动作业调度规则,通过计算机的程序对整个自动化码头系统内的作业设备进行协调调度。

6)远程监控系统

远程监控系统由多媒体通信、地理信息系统、实时数据库等模块组成。

该自动化码头装卸系统主要有以下优点:

(1)创新设计的 AGV 固定支架可以很好地解决水平运输设备与堆场 RMG 作业的相互等待问题;双小车岸桥的主小车与门架小车的接力作业模式可以有效缓解水平运输设备与岸桥作业的耦合问题。而耦合作业问题的解决,不仅提高了作业效率,又减少了 AGV 的配置数量,降低了生产成本。

(2)所有装卸搬运设备作业无内燃机驱动,真正做到无污染、零排放、绿色环保。码头内所有集装箱的海侧和堆场装卸搬运均采用市电驱动;AGV 水平运输采用锂电池动力,并实施“机会充电”新技术,使得 140A·h 级大载荷运输车辆采用电池驱动成为现实。由于采用了市电和锂电池等清洁能源驱动,码头可实现无污染、零排放。

(3)自动化提高码头生产安全性,实现全天候作业。整套装卸系统综合运用了人工智能、运筹学决策和系统工程的理论,根据集装箱进出码头的信息,自动完成船舶配载计划、调度计划以及集装箱堆放计划。另外运用智能检测技术对安全条件进行检测,可避免设备干涉碰撞等设备事故,也因无人员在作业现场,可确保人员安全。这样,气候对码头生产的影响大大减弱,因而有助于码头实现全天候作业。

5. 上海洋山四期全自动化集装箱码头

上海洋山四期全自动化集装箱码头共有集装箱生产作业泊位 7 个,岸线全长 2350m,最大纵深 680m。经测算,码头近期年综合通过能力约为 400 万 TEU,单个泊位的年通过能力可达到 108.3 万 TEU,百米码头通过能力为 27.6 万 TEU。洋山四期自动化集装箱码头采用分期建设方式,截至 2018 年底已完成 44 个自动化作业箱区。设备数量情况为:自动化双小车岸桥 16 台,自动导引车 80 辆,自动化轨道吊 88 台,轮胎吊 4 台,固定吊 1 台。

详见 2.3 节介绍。

2.2.5 小结

目前自动化集装箱码头已成为世界主要港口运营商的关注焦点,并逐步形成建设热潮。随着码头自动化观念的深入人心,在未来自动化码头的建设中将更加关注“安全与舒适、便捷与高效、资源节约与可持续发展、生态与环保”等理念。

自动化集装箱码头对于码头作业节能减排的作用明显,主要体现在:

(1)所有装卸和搬运装备纯电动化,无内燃机驱动,在码头上实现了零排放、无污染。

(2)所有装卸搬运设备以额定功率为限配置驱动装置,峰值功率通过储能电池补充供电,不再为克服峰值配备大电动机、驱动器和变频器等,大幅减少了驱动配置的规格和因"大马拉小车"造成的能源和设备浪费。

（3）所有装卸搬运装备自动感知负载大小,根据需要投入能源进行驱动和控制。

（4）吊具及货物下降和自动减速、设备大车和小车行走减速时释放的机械能被转化为电能储存起来,用于下一个作业循环之需。

（5）所有设备装卸和搬运集装箱的运行轨迹是经优化的最佳路径,不走"冤枉路",能耗最低、最经济。

（6）所有货物和设备位置被自动感知,设备从最合适位置调度,减少设备空驶,既提高作业效率,又节约能源和减少排放。

我国多年来一直是世界港口大国。从规模看,我国作为世界集装箱枢纽港的地位比较稳固,但从技术和管理水平看还不是强国,大而不强。为成为世界港口和集装箱码头强国,持续建立和保持世界竞争力,必须顺应自动化、环保化发展趋势,提高我国集装箱码头的自动化技术水平。

我国又是世界港口装备制造大国,也存在大而不强问题。我们应加快港口装备的科技创新,充分发挥我国港口机械装备制造业的优势,打造出自动化设备及系统的世界品牌,逐步建设具有自主知识产权的国际领先的自动化、智能化、节能环保、安全高效的自动化集装箱码头。

2.3 自动化集装箱码头总体布局及装卸工艺系统

2.3.1 引言

自 1993 年世界首座自动化集装箱码头 ETC-Delta 码头诞生以来,历经 20 余年的发展,至今全球已建或在建的自动化集装箱码头已近 60 座。相较于传统集装箱码头,自动化集装箱码头具有装卸作业智能化、无人化操作的突出特点,同时在效率、安全、环保、节能、运营成本等方面也具有一定的优势,已然成为集装箱码头的发展方向。

目前以码头操作过程和主要装备为核心不断推进自动化发展,涉及的主要技术发展主要有如下特征。

1. 船舶作业系统自动化

船舶作业系统自动化,主要有两种类型:单小车自动岸桥和双小车自动岸桥。

自动岸桥目前主要采用除吊具进出舱口、大车行走及吊具起吊箱动作须人工远程操作外,其他中间运行过程全部实现自动化运行。其中包括自动箱号识别、自动舱口及车道定位、小车自动经济轨迹运行、吊具自动安全运行高度判定及设置等。

其中,双小车带有转运平台的自动岸桥、副小车(门架小车)则可以实现全自动化操作,包括在平台上取放箱作业以及对 AGV 取放箱作业等。

2. 水平运输系统自动化

水平运输系统自动化,由于涉及许多随机的路由决策和交通规划等智能化问题,需要高度可靠的自动定位、大容量信息处理和无线通信技术支撑,与堆场自动化相比技术难度较大,是自动化码头作业效率、总投资、营运成本、环境安全及吞吐能力的关键影响因素之一,是目前全自动化集装箱码头工艺系统比选的重点和难点。

目前全自动化集装箱码头水平运输自动化系统主要采用两种方式,即 AGV 和 ASC。

3. 堆场作业系统自动化

目前自动化集装箱码头在堆场作业系统中采用的自动化堆场起重机主要有两种类型:ARMG 和 ARTG。

自动化码头发展初期,基本上是通过堆场作业自动化堆场起重机来实现码头工艺系统的半自动化作业。即堆场箱区内部的取箱、翻倒、放箱及箱区内大小车行走,都由设备自动完成,但对水平运输设备的集装箱交接作业,还需要通过人工采用远程操作模式(remote control system,RCS)。

目前这种自动化堆场起重机作业系统在全球得到广泛应用,其技术、设备、工艺及其控制系统非常成熟。对水平运输设备直接自动化作业的全自动化集装箱堆场系统,也开始出现并得到实际应用。

2.3.2 自动化集装箱码头总平面布局模式与类型

自动化集装箱码头的总体布局主要由所采用的自动化装卸工艺系统所确定,其次诸如陆域条件、交通条件、投资控制、作业成本等也是重要的影响因素。通过对世界现有自动化集装箱码头进行梳理,可总结出大致 10 种典型的总体布局模式,分述如下。

1. "单小车岸桥+AGV+ARMG(单台,垂直码头布置)+跨运车"模式

ECT-Delta 码头是该模式的代表案例,布局特点为:①进、出港闸口集中布置;②码头装卸采用单小车岸桥,AGV 装卸区位于岸桥门框内,受门框的影响,须沿指定路径行驶,效率相对较低;③自动化堆场采用无悬臂 ARMG,垂直于码头岸线布置,每箱区配置 1 台 ARMG,同时承担对海和对陆作业,效能较低;④可形成"高密度"集装箱码垛堆场,场地利用率高,堆存容量大;⑤自动化堆场海、陆侧设置 AGV 交换区及集卡交换区,水平运输设备不进入堆场;⑥集卡交换区采用跨运车作业,可一定程度填补 ARMG 作业能力的不足。

ECT-Delta 码头总体布置见图 2.3-1。

2. "双小车岸桥+AGV+ARMG(2 台套叠式,垂直码头布置)"模式

汉堡港 HHLA-CTA 码头是该模式的代表案例,布局特点为:①进、出港闸口集中布置;②铁路装卸区布置于港区后方,与自动化堆场相对隔离;③码头装卸采用双小车岸桥,AGV 装卸区位于岸桥后伸距下方,不再受岸桥门框的影响,行驶路由得到优化,提高了作业效率;④岸桥在泊位间的调配不受 AGV 行驶路线的影响,有利于提高岸桥的利用率和装卸船效率;⑤堆场采用套叠式双 ARMG 布置,轨道垂直于码头岸线,每台 ARMG 均可对海或对陆作业,作业的灵活性和可靠度高,但投资大,场地利用率相对下降;⑥堆场设置 AGV 交换区及集卡交换区,由 ARMG 直接完成对 AGV 及集卡的装卸作业。

HHLA-CTA 码头总体布置见图 2.3-2。

图 2.3-1 ECT-Delta 码头俯视图

图 2.3-2 汉堡港 HHLA-CTA 码头俯视图

3. "双小车岸桥＋AGV＋ARMG(2 台接力,垂直码头布置)"模式

鹿特丹港 Euromax 码头为该模式的代表案例,布局特点为:①进、出港闸口集中布置;②铁路装卸区位于港区后方,铁路进线与港外道路无交叉;③码头装卸采用双小车岸桥,AGV 装卸区位于岸桥后伸距下方;④堆场采用同轨、双 ARMG 布置,轨道垂直于码头岸线,两台 ARMG 分别承担对海、对陆作业,也可通过接力式作业提高繁忙侧作业效率;⑤因同轨运行,较套叠式布置,作业的灵活性和可靠性有所降低,但场地利用率大为提升,投资大为下降;⑥堆场海侧、陆侧设置 AGV 交换区及集卡交换区,交换区内预留 ARMG 检修机位。

Euromax 码头总体布置见图 2.3-3。

图 2.3-3　鹿特丹港 Euromax 码头俯视图

4."双小车岸桥＋AGV＋ARMG（2 台接力，平行码头布置）"模式

厦门远海全自动化集装箱码头改造示范工程是我国第一个正式投入运营的全自动化集装箱码头，也是一座对已建码头改造后形成的自动化集装箱码头，其建设经验将对我国集装箱港口的技术升级产生积极的推动作用。

该码头所代表的布局模式的特点为：①总体上基本延续了原码头的道路和堆场的布局；②码头装卸采用双小车岸桥，AGV 装卸区位于岸桥后伸距下方；③堆场平行于码头岸线布置，ARMG 轨道基础利用了原有 RTG 跑道，有利于降低工程造价和加快工程进度；④AGV 交换区、集卡交换区位于堆场的东西两端，相对于堆场垂直码头布置的方式，水平运输车辆行驶路径较长；⑤AGV 交换区配备了 AGV 伴侣，可有效释放 AGV 的能力，同时也解决了 AGV 的电池充电问题。

厦门远海全自动化集装箱码头总体布置见图 2.3-4。

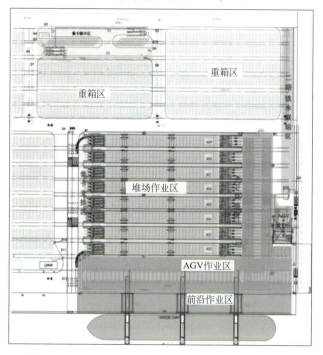

图 2.3-4　厦门远海全自动化集装箱码头平面布置图

5. "单小车岸桥＋AGV＋ARTG（平行码头布置）"模式

名古屋 Tobishima TCB 码头是该布局模式的代表案例,布局特点为:①港区采用进、出港分离的闸口布置,港内道路均为单向道路,交通组织明晰、顺畅;②码头装卸采用单小车岸桥,水平运输采用 AGV,AGV 装卸区位于岸桥后伸距下方;③堆场平行于码头岸线布置,ARTG 跨内设 6 列箱＋1 条集卡作业通道＋1 条 AGV 作业通道;④水平运输采用 AGV,AGV 须带箱进入堆场。

Tobishima TCB 码头总体布置及港内交通流向见图 2.3-5。

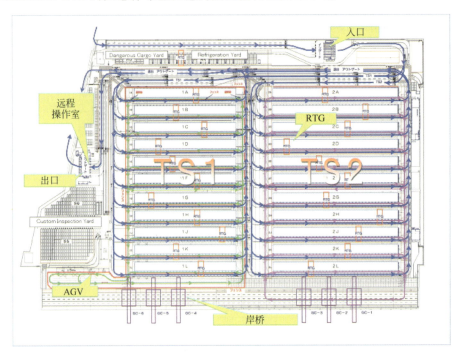

图 2.3-5　Tobishima TCB 码头总体布置及港内交通流向示意图

6."双小车岸桥+立体分配系统+ARMG(垂直码头布置)"模式

该模式亦称为立体分配全自动化码头模式,是由振华重工研发的一种新的布局模式,目前仍处于试验阶段,因其先进性和高效率,不失为一种值得尝试的模式。

立体分配系统由高架式支承结构系统、起重小车、低架桥平板车、地面平板车组成。堆场采用双 ARMG 布置,轨道垂直于码头岸线,轨内布置集装箱和地面平板小车轨道。因地面平板车可深入堆场,故堆场陆侧端无集卡提送箱时,两台 ARMG 可同时进行装卸船作业时的堆、拆垛作业,无须接力。

立体分配全自动化码头前方作业区断面、平面布置见图 2.3-6。

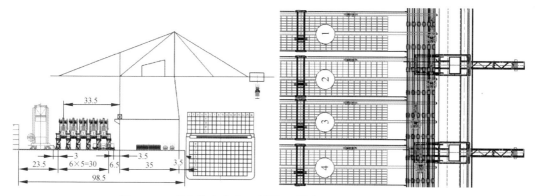

图 2.3-6　码头前方作业区断面、平面布置示意图(单位:m)

7."单小车岸桥+跨运车(垂直码头布置)"模式

布里斯班 Patrick 码头为该模式的代表案例,布局特点为:①采用进、出分离的闸口布置模式,交通组织简单、明晰;②水平运输、堆场装卸均采用无人驾驶跨运车,堆场垂直于码头岸线布置;③工程投资较省;④堆场陆侧端集中设置集卡交换区;⑤因堆高为 1 层,场地利用率低。

Patrick 码头总体布置见图 2.3-7。

8."单小车岸桥+跨运车+ARMG(2台接力,垂直码头布置)"模式

巴塞罗那港 BEST 码头为该模式的代表案例,布局特点为:①进、出港闸口集中布置;②铁路装卸区位于港区陆域后方,相对独立,铁路进线与港外道路进线无交叉;③码头采用单小车岸桥装卸作业,跨运车装卸车道和集卡作业通道位于轨内,后伸距内堆放舱盖板;④堆场采用同轨、双 ARMG 布置,轨道垂直于码头岸线,两台 ARMG 分别承担对海、对陆作业,也可通过接力式作业提高繁忙侧作业效率;⑤跨运车可从场地捡取箱和水平运输,故在码头和堆场装卸环节建立了缓冲区,提高了码头的作业效率;⑥因机动性能好,其作业区域用地面积较小,节约的土地可进一步提升堆场的面积;⑦跨运车可进行自动化改造,该模式可满足分阶段实现全自动化的要求。

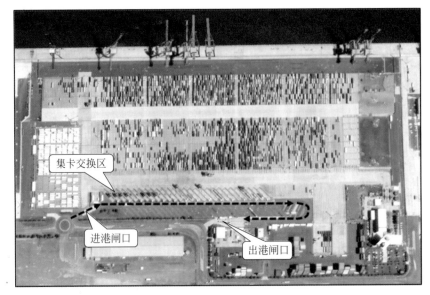

图 2.3-7 布里斯班 Patrick 码头俯视图

BEST 码头总体布置见图 2.3-8。

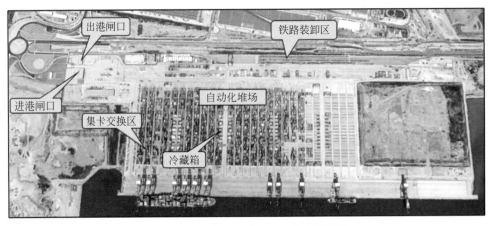

图 2.3-8 巴塞罗那港 BEST 码头俯视图

9. "双小车岸桥＋集卡＋ARMG(平行码头布置)"模式

迪拜 DP World 三期码头是该布局模式的代表案例,布局特点为:①采用进、出港闸口分离布置;②码头采用单小车岸桥装卸作业,轨内布置装卸作业通道,轨道后布置舱盖板堆放区;③堆场平行于码头岸线布置,采用双悬臂 ARMG 装卸作业,箱区由围网封闭,海、陆侧悬臂下分别布置外集卡和内集卡装卸车道,两条车道之间布置一条穿越车道;④港区外集卡、内集卡的交通流向分别为逆时针和顺时针循环方向。

DP World 三期码头总体布置见图 2.3-9。

图 2.3-9 迪拜 DP World 三期码头俯视图

10. "单小车岸桥＋集卡＋高架桥式起重机"模式

新加坡巴西班让码头是该布局模式的代表案例,布局特点为:①码头装卸采用单小车岸桥,水平运输采用集卡,码头前方布置与传统码头相同;②堆场平行于码头岸线布置,采用高架桥式起重机装卸作业,跨距大,堆高高,地面交通与大机行走实现了立体错位,无交叉,交通顺畅;③高架桥式起重机可转场作业,作业的灵活性较强;④堆场的设备基础投资大。

新加坡巴西班让码头总体布置见图 2.3-10。

图 2.3-10 新加坡巴西班让码头俯视图

11. 各类型布局模式对比分析

以上 10 种典型的自动化集装箱码头布局模式,基本包含了世界已建或在建自动化集装箱码头的所有类型,其中又以模式 3、模式 8、模式 9 应用最为普遍,各模式的特点汇总分析如表 2.3-1 所示。

表2.3-1 自动化集装箱码头布局模式汇总分析

序号	项目	模式1	模式2	模式3	模式4	模式5	模式6	模式7	模式8	模式9	模式10
1	代表港口	ECT-Delta	HHLA-CTA	Euromax	厦门远海	Tobishima TCB	振华重工	Patrick	BEST	DP World 三期	巴西班让
2	自动化程度	全自动化	全自动化	全自动化	全自动化	全自动化	全自动化	全自动化	堆场自动化、跨运车人工驾驶	堆场自动化	堆场自动化
3	适用规模	多泊位	多泊位	多泊位	多泊位	多泊位	1~2个泊位	多泊位	多泊位	多泊位	多泊位
4	适应陆域纵深范围	较小	较小	较小	较小	较小	纵深适应范围广	小	较小	纵深适应范围广	纵深适应范围广
5	港区交通条件	堆场全封闭,交通组织简单,不受外集卡影响				外集卡与AGV车流存在交织	堆场全封闭,交通组织简单,不受外集卡影响			外集卡进入堆场,与内集卡车流存在交织	
6	堆箱密度	高	较高	高	高	一般	较高	低	高	一般	一般
7	堆场作业灵活度、可靠度	低	高	较高	较高	高	高	高	较高	高	高
8	工人需求	较少	较少	较少	较少	较少	较少	较少	较多	较多	较多
9	节能环保	跨运车内燃机驱动,有废气排放,能耗大	可采用全电力驱动设备,无废气排放,能耗低					跨运车内燃机驱动,有废气排放,能耗大	跨运车内燃机驱动,有废气排放,能耗大	集卡内燃机驱动,有废气排放,能耗大	集卡内燃机驱动,有废气排放,能耗大
10	投资密度	一般	高	较高	较高	较低	高	低	一般	较低	高

2.3.3　上海洋山四期自动化集装箱码头

1. 基本情况介绍

上海洋山四期自动化码头工程,位于东海大桥以南,地处整个洋山深水港的最西侧,依托颗珠山岛及大、小乌龟岛围海填筑形成,平均陆域纵深约 500m,总用地面积 223.16 万 m²,包括集装箱码头生产作业区、工作船码头基地、港外道路及支持系统等,港区设置 1 个进港闸口,1 个出港闸口。使用泊位岸线总长约 2770m,其中集装箱码头泊位长 2350m、工作船泊位长 350m,共建设 5 个 5 万吨级和 2 个 7 万吨级集装箱泊位(码头结构均按靠泊 15 万吨级集装箱船设计和建设)。设计年通过能力初期为 400 万 TEU,远期为 630 万 TEU,为目前全球最大的全自动化集装箱码头。

图 2.3-11 为上海洋山四期自动化集装箱码头鸟瞰图。

图 2.3-11　上海洋山四期自动化集装箱码头鸟瞰图

该工程涉及工程设计、施工、设备制造、系统研发及作业工艺设计等重点项目,任务艰巨,涉及的问题多而新、协调难度大,是港口建设领域的全新课题。在"无规范、无标准、无经验、无案例、无技术支持"条件下,完成这一举世瞩目的超级工程,实现"高可靠、高效率、绿色环保、世界一流先进水平"目标,体现"智慧港口、绿色港口、科技港口、效率港口"发展理念。项目设计和建设过程中,通过实践探索形成了一整套工作机制:全寿命周期规划,需求引导设计;大型化、标准化、合规化、安全化;立足自主创新,体现中国"智"造;绿色环保、可持续发展,来指导工程实践。

该工程 2013 年 5 月成立项目组并组建工程指挥部,2014 年 12 月 23 日开工建设,并于 2017 年 12 月 10 日建成并投产。

2. 码头总体布局及模式创新

图 2.3-12 是上海洋山四期自动化集装箱码头总平面及功能区布置图。

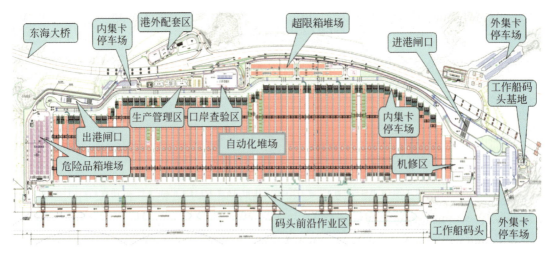

图 2.3-12　上海洋山四期自动化集装箱码头总平面及功能区分布图

1）满堂式堆场布局设计

自动化作业堆场是整个洋山四期工程占地面积最大的区域，宽 2384.5m，纵深 210～446.5m、平均纵深 396.5m，总面积为 94.5 万 m²。受地形扁平化限制，与洋山港一至三期工程平均 900m 的陆域纵深相比，洋山四期工程的堆场面积要小得多。

为了最大限度地提高自动化堆场使用面积，洋山四期工程的总图经过了几十次的优化，得益于全自动化码头方案的采用。核心的自动化堆场采用满堂式布局，轨道吊作业线与码头岸线垂直布置并采用高密度堆垛方式，大幅提高了土地与深水岸线资源的利用率，实现了集装箱在港内运输距离的最短化。通过优化，集装箱年吞吐量由 530 万 TEU 提高到 630 万 TEU。

图 2.3-13 为上海洋山四期自动化集装箱码头投产后堆场及码头前沿作业区鸟瞰图。

图 2.3-13　洋山四期自动化集装箱码头堆场及码头前沿区

港区交通流自东向西，进场闸口位于东端，出场闸口位于西端，集卡进港后为单向行驶，普通集装箱和冷冻集装箱的进提作业均在堆场的陆侧交互区内完成，这种组织方式有效减少了外来集卡的行驶距离,车辆在港时间大幅缩短。因地制宜、效率先行的布局特点,让洋山四期工程的堆场通过能力相比传统码头能获得提升,同时大大提高了土地利用率。

2)3级进港智能闸口及功能一体化出港闸口新型布置

结合传统集装箱码头的闸口功能及布局,基于全自动化集装箱码头作业对外来车辆的信息质量要求高、自动化堆场蓄车能力低的特点,洋山四期工程首创了"预检、分流和放行"3级进港智能闸口布置新方式,如图2.3-14所示。

图2.3-14 洋山四期自动化集装箱码头3级进场道口

进港闸口设置预检、分流和放行闸口,在分流和放行闸口之间设置具有车辆调峰、调箱门、称重及冷藏箱预检等功能的港外集卡缓冲停车场,加强了进港车辆的管理,大大缓解了港内交通压力,提高了港区对外服务质量和作业效率。

首创集出港、口岸查验功能于一体的出港闸口集约化布置新方式,实现了疫区集装箱消毒喷淋全覆盖,港区间互拖进港集卡与港外进港集卡分流,提高了互拖集卡的作业效率。

3)自动化堆场轨道吊多元化形式混合布局新模式

作为一座超大规模的国际集装箱枢纽港,洋山四期工程具有水-水中转比例高、干支线船舶混合作业、港区间互拖箱作业量大等特点。国际上现有的常用自动化堆场布局模式都不能很好地满足洋山四期工程的需求。因此创新性地研发设计了自动化集装箱堆场无悬臂、单悬臂和双悬臂3种自动化轨道吊混合布局模式。

与国外采用的单一轨道吊堆场布局模式不同,该模式可根据水-水中转比例以及港区间互拖箱量,按照效率与箱容量平衡的原则,合理确定3种形式轨道吊的配置比例和混合布置模式,有效解决了堆场海陆侧轨道吊作业量不平衡、船舶大型化趋势下海侧装卸系统效率要求高、互拖箱装卸成本高和交通组织复杂等诸多难题,提高了全自动化集装箱码头的适应性,具有广泛的推广前景。

4)AGV测试区、维修区和机修区设置"交互区"联合布局新模式

针对自动化集装箱码头AGV在自动化运行区、维修区和测试区的运行方式不同以及AGV维修后须在专用场地系统性测试后方可投入自动化区域运行的特点,研发了集AGV测试、维修和传统机修功能于一体的机修区联合布局新方式,提出了自动-非自动区域间设置"交互区"的新理念,解决了人机混合作业的安全问题,更好地满足安全管控要求。

5) 穿越式 AGV 电池更换站布置新模式

针对超大型自动化集装箱码头 AGV 电池更换站交通流量集中的特点,研发了穿越式 AGV 电池更换站布置新模式,大幅减少 AGV 排队的等待时间,提高了 AGV 的电池更换效率,减少了对码头前方作业地带的交通影响。

图 2.3-15 为上海洋山四期自动化集装箱码头 AGV 换电站。

图 2.3-15　上海洋山四期自动化集装箱码头 AGV 换电站

6) 冷藏箱区布置新模式

结合工程特点和全自动化的集装箱装卸工艺方案,按照"自动化程度高,生产安全性高,营运管理效率高"的原则,洋山四期工程采取冷藏箱在自动化堆场内采用相对集中的布置方式,共设 3 块区域、6 个箱区,每个区域 2 个箱区,使各泊位到冷藏箱箱区的距离较均衡,同时也很好地兼顾了作业效率、交通流量、供电设施投资和冷藏箱管理的便利等因素。

结合堆场轨道吊的形式和作业特点,将冷藏箱布置在悬臂轨道吊箱区的陆侧,并与陆侧交换区间留 2 排普通箱位,便于轨道吊在大车行走时小车同步调整到作业位置,提高作业效率,同时也兼顾了人员进出箱区的便利。冷藏箱布置采用轨内 10 列中 7 列堆放冷藏箱、3 列堆放普通箱的方式,使人员进入箱区后轨道吊在冷藏箱区域行走时吊具绕过人员作业区域成为可能,确保了电源插拔人员的安全。

7) 专设支线船泊位

在泊位利用上,结合洋山深水港区已建一期、二期、三期工程及四期工程本身对水-水中转的支线船泊位需求,对洋山四期工程的泊位利用作了多方案的论证,最终采用西侧的一个大型泊位、约 365m 的码头作为支线泊位,满足 2 艘 1 万吨级船舶同时靠岸,配置 3 台小型岸桥,其余码头则实行干、支混靠,在作业的灵活性、大小船的服务水平上取得平衡。

3. 码头装卸工艺系统

上海洋山四期自动化集装箱码头生产作业采用"双小车集装箱岸桥(QC)＋AGV＋ARMG"的装卸工艺方案,主要由码头装卸、水平运输、堆场装卸自动化及全自动化系统构成。其中,岸桥主小车为人工干预的远程操控,副小车为全自动化作业模式;水平运输采用自动导引行驶的运输车 AGV,无须司机操控;自动化堆场装卸采用 ARMG。

4. 主要装备

根据规划,洋山四期最终将配置 26 台 QC、120 台 ARMG、130 台 AGV。放眼全球,自动化水平及规模史无前例。

目前完成联动调试的首批 10 台远程操控 QC、40 台 ARMG、50 台 AGV 已于 2017 年 12 月 10 日投入开港试生产。

1) 远程操控单起升双吊具双小车岸桥

码头装卸设备采用全自动单起升双吊具双小车集装箱岸桥,主小车配置双 40ft 吊具,副小车配置双 20ft 吊具,将常规单小车岸桥作业循环分配给海侧主小车和陆侧副小车分别完成,主、副小车通过两个 40ft 箱位台座的中转平台进行缓冲。岸桥上不设置驾驶室,配备多角度、全覆盖的船型扫描、箱号识别和电子监控设备,主小车作业可实现远程操控,副小车可实现全自动化作业。相比传统集装箱码头,远程操控单起升双吊具双小车岸桥可有效减少设备等待时间,降低设备能源消耗,高台时作业效率。

图 2.3-16 为上海洋山四期自动化集装箱码头岸桥。

图 2.3-16 上海洋山四期自动化集装箱码头岸桥

2) 全锂电换电带顶升式 AGV

AGV 具有无人驾驶、自动导航、定位精确、路径优化以及安全避障等智能化特征,可有效减少营运成本、提高作业效率、降低能源消耗。以绿色环保全锂电池为设备动力相比传统柴油发动机驱动,具有自重轻、能耗较小、能源效率系数高等优势,二氧化碳排放为 0,无主要污染物排放,绿色环保,且维护成本低,可获得良好节能减排效果。带顶升式 AGV,可直接对设置在堆场交接区的固定集装箱支架起、落箱,有效解决了水平运输与堆场作业间的"解耦"问题,同时 AGV 无须被动等待堆场设备赶来装卸,直接放置在固定支架上,大大降低了因相互等待而造成的能源消耗,提高了作业效率。

图 2.3-17 为上海洋山四期自动化集装箱码头 AGV。

图 2.3-17 上海洋山四期自动化集装箱码头 AGV

3）远程操控自动化轨道吊

自动化堆场垂直于码头前沿线布置,装卸设备为具有远程操控功能的自动化轨道吊,每个箱区海陆侧各布置一台轨道吊,采用全电驱动,不设置驾驶室(如图 2.3-18 所示)。大车、小车和起升位置的检测装置,以及控制管理系统可实现轨道吊自动运行、自动定位、自动着箱功能,陆侧轨道吊可实现人工远程操控,海侧可实现完全自动作业模式。

图 2.3-18 上海洋山四期自动化轨道吊

相对传统柴油机驱动、人工操作的 RTG,自动化轨道吊可大大降低设备能源消耗,减少对环境的污染,二氧化碳排放为 0,无主要污染物排放。

5. 节能减排技术措施

洋山四期自动化码头工程主要能耗品种为电、燃料油,港区供电由港区内 110kV/10kV 供电网电压供电,港区燃料油需求由芦潮港经东海大桥陆路运送至港区加油站供给。

1）能耗分析

经计算，码头综合能耗量为 26738tce。按年设计吞吐量 400 万 TEU、每 TEU 重 10t 计算（考虑到洋山深水港区的特殊地位及今后集装箱每箱载货量有所提高的发展趋势），可得单位产量综合能耗为 6.7tec/万 t。装卸生产综合能耗量为 14954t 标准煤，计算得装卸生产设计可比能源综合单耗为 1.6tec/万 t，低于《港口基本建设（技术改造）工程项目设计能源综合单耗评估》（JT/T 491—2003）中的国家一级标准 3.6t 标准煤/万 t 吞吐量，达到国内先进水平。

2）节能措施分析

（1）总平面布置

① 港内根据不同功能分区布置，合理划分，使生产作业各成系统。

② 结合装卸工艺流程和自然条件合理组织各种运输系统，使港区货流和人流分开，优化车流组织，减少相互干扰。

（2）装卸工艺与装备

① 装卸工艺设计中采用效率高、环节少的工艺方案，缩短水平运输的距离。道路、堆场平整，降低水平运输的能耗量，采用电力驱动设备以达到节能的目的。

② 码头主要耗能工序为集装箱装卸与运输，主要耗能设备为装卸机械设备，二者均选用节能效率高的装卸设备。

③ 岸桥采用 10kV 高压供电，同时配置电能回馈装置。岸桥采用先进的辅助手段，如图像捕捉辅助系统和自动对位辅助系统，既提高了作业效率，降低了岸桥司机的作业强度，又能够达到节能的目的。

④ 为达到高效的外集卡水平运输，减少集卡闸口通过时间并降低能耗，港区进出港闸口均采用智能化道口。

⑤ 自动化岸桥和轨道式龙门起重机上设置消除谐波装置。

（3）供电照明系统

① 根据码头用电负荷变化情况，采用集中与分散、固定与自动补偿相结合方式调整功率因数。室外高压钠灯、室内荧光灯等实施单灯就地补偿，使功率因数达到 0.9 以上；变电所内采用低压电容集中补偿措施，使其功率因数提高到 0.95 以上。很大程度上降低了无功功率损耗，取得了明显的节能效果。

② 合理选用变压器容量，选用国家推荐的效率高、节能效果显著的产品。

③ 堆场照明采用升降式高杆灯，安装 1kW 高压钠灯灯具。

④ 室外照明选用节能型钠光源灯具，并采用自动控制技术或分组控制方式来控制灯具启闭，以节省用电。

⑤ 电缆选用铜芯电缆，以减少线路能耗。

（4）暖通

① 通风和空调设备均选用节能高效率、低噪声的产品，以达到节约电能的目的。

② 港区候工楼采用多联式集中冷暖空调系统，利用其具有负荷调节灵活、节能和节省建筑空间等特点，使空调系统在不同负荷时段能自动卸载，节能运转。空调新风系统采用全热交换新风机，新风先与室内排出的空气进行全热交换，大量减少了新风进入产生的冷、热负荷。

③ 港区候工楼、边检楼等空调系统的送风管道和锅炉房供热管道均予以保温,以符合节能要求。

(5)建筑

① 根据《水运工程节能设计规范》(JTS 150—2007)中 5.04～5.05 条规定,码头民用类辅助生产建筑的建筑节能设计及须采暖或空气调节的生产建筑和工业类辅助生产建筑的建筑节能设计均按照国家标准《公共建筑节能设计标准》(GB 50189)的规定执行。

② 建筑物单体平面布置较规整,朝向较好,使房间均能获得良好通风、采光与日照,建筑物周边营造较好的绿化环境。

③ 平屋面采用挤塑聚苯乙烯板隔热保温,压型钢板屋面采用带玻璃丝棉毡复合保温屋面。砌体外墙采用预制复合保温板系统:面层基板为水泥压力板,保温材料为硬质聚氨酯泡沫塑料板,在工厂与面板合成,厂房类压型钢板外墙采用双层压型钢板内衬玻璃丝棉毡保温墙面。门窗采用铝合金断热节能门窗,门窗玻璃采用中空玻璃。

(6)动力工程

① 选用运行效率较高的锅炉,并定期进行热平衡测试。

② 做好锅炉给水的水质处理工作,以防结垢影响锅炉效率和安全。

③ 优先选用新型节能技术和产品。

④ 加油站优先选用计量准确度高、电机功率小、节能效果好的产品。

(7)给排水

① 港区供水利用已有供水管网压力,合理设置增压泵站,从而节约能源。

② 采用生产、生活、船舶给水和消防给水两个供水系统,合理选择供水管管径。

③ 港区各供水点设有计量水表,对各部门用水量进行监控与计量。

④ 港区雨水采用重力流排水方式,以节约能源。

综上所述,洋山四期自动化码头在总体布置、装卸工艺及主要耗能设备选型、供电照明、通风与空调、动力工程、建筑与给排水等方面的设计过程中,充分考虑了节约能源、合理用能等因素,主要的节能措施合理、可行,有利于节能。

从装卸生产设计可比能源综合单耗来看,装卸生产设计可比能源综合单耗为 1.6t 标准煤/万 t 吞吐量,低于已建洋山一期至三期工程能耗水平,达到国内先进水平(一级),符合国家和交通运输部的有关规范要求。

2.3.4 自动化集装箱码头节能减排关键技术

近年来,随着自动化集装箱码头建设的加速,为进一步落实"两型"港口要求,积极主动在港口规划、码头设计、设备选型和港口操作等各个环节采取有效措施促进节能减排成为港口建设重点。从消耗能源使用分配以及耗能设备选型合理性、能效水平先进性、节能措施可行性等方面做出科学谋划和部署,进一步强化自动化集装箱港口环境保护。

1. 高效节能辅助装备能源系统

1)可分离式上架和吊具自动更换平台

结合洋山港区船舶双吊具作业繁忙程度不均衡的实际情况,岸桥主小车吊具系统采用灵活的可分离式上架,并在岸桥联系梁位置设立吊具自动更换平台,用于放置可分离式上架和备用吊具,可随时根据生产作业需求合理使用双吊具,在平台上实现吊具更换全自动操作。平时主小车以单吊具进行作业,备用吊具放置在平台上,可大大降低整体装机容量,降低设备载荷,减少设备能源消耗。相比传统码头,吊具自动更换平台可缩短吊具更换时间,提高作业效率,有效降低吊具拖运安装过程中相关设备能源消耗。

2)海侧轨道吊双 20ft 吊具

为配合 TOS 系统智能化发展,结合海侧交接区支架可放置双 20ft 集装箱的实际特点,堆场海侧交接装卸设备采用双 20ft ARMG 作业模式。该作业模式可提高集装箱堆场装卸效率,提高整个自动化码头系统的运行效率,进一步降低整体作业能耗,降低运营成本。

3)电动 RTG

在危险品堆场、特种箱作业区等区域采用电缆卷盘式全电动 RTG,进一步减少传统柴油 RTG 对环境的污染。全电驱动二氧化碳排放为 0,无主要污染物排放,绿色环保。

4)节能新光源

结合码头照明实际和自动化控制特点,将绿色、节能的新光源充分利用到码头堆场、房建、道路、停车场等部位的照明,改变传统钠灯照明能源消耗大的现象。岸桥投光灯采用陶瓷金卤投光灯,其他照明采用 LED 照明灯;轨道吊投光灯采用 LED 照明;自动化堆场不设置照明;高杆灯采用陶瓷金卤投光灯等。节能新光源的使用可大大降低照明能源消耗,相比普通的高压钠灯在同样照度下功率下降近 70%。

2. 智慧生产过程控制系统

自动化码头生产过程控制系统主要包括:计算机管理系统、桥吊上箱号识别及验残系统、堆场辅助控制系统、智能闸口系统、冷藏集装箱监控系统、中央控制室系统、照明控制系统、码头堆场沉降监测系统、危险品堆场喷水监控系统等。系统运营结合 RFID、OCR、CCTV、LED、EDI 及实时控制等技术,降低货损货差及安全隐患,实现全天候 24h 作业,提高码头资源利用率。相比传统系统方案,码头装卸效率可提高 20% 以上,堆场通过能力提升 25% 以上,码头的综合通过能力得到了显著提升。

3. 其他绿色科技

1)船舶岸基供电

在码头岸边设立船舶岸电系统,专门用于对船舶在港期间冷藏、空调、加热、通信、照明和生活用电需求。据国际环保组织自然资源保护协会发布的《船舶港口空气污染防治白皮书》数据显示,一艘使用 3.5% 含硫量燃油的中大型集装箱船舶,一天排放的 PM2.5 相当于 50 辆使用国Ⅳ柴油货车的排放量。因此,相比传统码头而言,岸电系统能满足船舶在港区航行及靠港期间的用电需求,减少大量重油或柴油的燃烧,最大限度地降低向大气中排放大量污染性气体,净化空气,同时缓解船舶在港期间对当地大气环境的影响,有效改善区域环境,生态效益十分明显。

2)电网高压动态无功补偿技术

针对供电网络常处于高负荷状态的实际情况,使用高压动态无功补偿装置进行动态无功补偿,稳定电网电压,改善供电系统供电的电能质量,保证供电系统运行的安全。高压动态无功补偿技术能提高供电质量,减少送变电过程的线路损耗,节省能源消耗。同时充分考虑无功补偿,减少发、供电设备的设计容量,减少投资。例如当功率因数由 0.8 增加到 0.95 时,装 1kvar 电容器,可节省设备容量 0.52kW。

3) 水网系统远程读数流量计

针对码头用水点分布广、人工抄表不便,以及普通水表计量精度较低造成水损计量偏差较大的实际情况,在给水管网中的进水管路总表和各用水点分表增设远程读数流量计,实现用水情况的实时全监控。当总表与各用水点读数之和不一致时,即可判断管网存在漏损,以便及时采取措施,减少能源无谓消耗,有利于港区的节能。同时实时记录读数,避免了因人工抄表时差导致的结算差,减少统计上的误差,有利于能耗的日常管理。

4) 面向“绿色港口”的办公建筑区域电能监控系统

针对码头候工楼、办公楼和中控塔等生活、工作区域耗能较大的实际情况,引入绿色、智能化建筑理念,设立一套电能管控系统(PMCS),实现对建筑物内的高低压配电设备进行统一监视和智能化管理,同时,结合办公建筑区域人员办公实际和特点,实现对办公系统管理的智能化,以智能化管理促进能源的节约,降低建筑能耗,节约能源。

5) 太阳能辅助供热

充分利用洋山港区光照度,设立太阳能＋空气源热泵热水系统辅助电锅炉对职工浴室用水进行加热,太阳能热水系统基本不消耗电能,空气源热泵机组每天晚上利用谷电工作8h,节约能耗。目前该项目已在许多港区应用,整体效果较好。充分利用太阳能,无环境污染。

2.3.5 未来发展

1. 新材料的应用

1) 节能型机械设备在港口的应用

随着能源供应日趋紧张,能源的价格会急剧攀升,环保要求日益提高,因此对港口设备来说,节能和环保将成为社会越来越关注的问题。节能型机械设备也将会被广泛应用于港口行业,如轮胎吊“油改电”、场内集卡“油改气”、超级电容和纯电动驱动设备将越来越多。对于港口企业而言,以减少排放为目的,未来将场内班车、巡检车、叉车等均采用全电驱动的可能性将越来越大,同时集卡、堆高机也会逐步使用 LNG 等,这些改进都将对港口环境保护具有很大促进作用。

2) 优选电动机经济参数在港口的应用

对于港口装卸机械设备而言,要紧密结合生产实际需要,对设备各类参数进行综合比选,以降低运营成本、降低能源消耗为目的,在岸桥、轨道吊满足作业需求的情况下,合理配比,充分用足电动机能力,优化选择起升、小车、俯仰及大车机构电动机,防止设备“大马拉小车”现象,减少能源的无谓损耗。

3) 船舶动力系统优化比选在航运业的应用

对于港口来讲,船舶靠岸时对整个港口环境的污染仍然占据相当大的比例,因此有效控制和降低船舶靠泊期间的能耗和运行过程中的能耗也会是未来必须关注的一个重要方面。码头岸基供电系统仍然需要不断完善,同时在船舶动力系统上要进行不断优化比选,优先选用节能型产品,降低污染物的排放,减少对空气的污染。

2. 新技术的应用

1）全电网的能量回收、反馈系统

对于港口行业而言，要针对岸桥、轨道吊等大型机械设备耗能较高的情况，有针对性地对设备在下降过程中产生的势能进行有效回收，减少谐波对电网的冲击。未来，可考虑全电网的能量回收和反馈系统，收集和存储电网中用电设备的富余能量，并将回收的能量进行再利用。

2）太阳能、风能系统在港口的应用

应结合港区自身位置优势和耗能实际情况，从港口的规划、设计及后期运营实际情况，充分发挥太阳能和风能系统在整体港口运作中的作用，深化太阳能辅助供热系统的应用范围，尝试风力发电系统的应用开发，进一步降低港口能源的消耗。

3）中水回用系统在港口的应用

利用港区独特的地理优势，结合港区绿化、道路清洁等实际情况，在一定条件下深化和实施港区中水回用系统，将进一步降低能源消耗。

3. 新管理体系和规划

随着能源开发不断深入和碳交易市场机制不断完善，未来能源管理对于港口企业而言将会相当重要，能源管理水平的高低也将直接决定港口企业未来能源消耗量，因此应紧密结合港口能源消耗工作实际，建立新的管理体系，从管理角度对能耗指标考核的方法和制度进行规划，进一步强化对能源的管理工作。

4. 智能控制技术与管控系统的发展

目前自动化码头基础生产管控系统主要由两大系统构成：业务操作系统（TOS）和设备控制系统（ECS）。港口生产过程未来需求的智能化系统，主要包括 5 个方面：

（1）作业过程智能自主控制系统；

（2）物流链全流程智能协同优化控制系统；

（3）智能优化决策系统；

（4）智能安全运行监控与自优化系统；

（5）工业过程虚拟管控系统。

上述五大系统构成两层结构的现代集成智能控制系统，即智能优化决策系统和供应链流程智能化控制系统，取代由 ERP、MES 和 PCS(DCS)组成的 3 层结构集成制造系统。

同时运载工具自动化系统发展为三大系统：

（1）智能自主控制系统；

（2）多智能体协同控制系统；

（3）导航制导一体化控制系统。

算法技术、大数据技术、云平台、区块链技术以及 5G 通信技术，将广泛应用于港口智能系统各个方面，同时单机层面智能化不断强化，直至 ECS 系统的功能退化和被取代。

2.3.6 小结

随着集装箱码头自动化观念的深入人心,在未来自动化码头建设中将更加关注安全与舒适、便捷与高效、资源节约与可持续发展以及生态与环保等方面。

我国港口若要参与国际竞争,争夺世界集装箱枢纽港的地位,就必须顺应这一发展趋势,提高我国集装箱码头自动化、智能化技术水平,加快相关行业的科技创新,充分发挥我国港口机械装备制造业的优势,打造自动化设备及系统的世界品牌,逐步建设具有自主知识产权的全自动化集装箱码头。

2.4 传统集装箱码头岸边无人作业工艺优化技术

2.4.1 引言

随着港航运输业的迅速发展,集装箱码头逐步向现代化、信息化、自动化方向迈进,同时对港口的生产安全、绿色高效提出了更高的要求。由于传统的集装箱码头岸边作业模式存在人机交叉、信息化程度低、安全保障差、人员配置多、能源消耗高等问题,难以满足安全生产、提高效率、降低成本、绿色环保的要求,因此,创建岸边无人智能生产系统已成为港口传统集装箱码头的重要发展趋势。

青岛港(集团)有限公司青岛前湾集装箱码头(简称 QQCT)创建于 2000 年,是以集装箱装卸作业为主要业务的专业型码头,共经营有 11 个泊位和 39 台岸桥,是世界最大的单体集装箱公司之一,码头作业量巨大,若盲目改变传统作业模式,不仅难以保证作业安全,还会导致作业效率的下滑和生产成本的上升。

对比国内外传统集装箱码头岸边装卸作业,普遍沿用过去旧有的、落后的、成本高的、环境污染重的、人员参与频繁的生产作业方式。人机交叉、信息化程度低、安全保障差、人员配置多、能源消耗高、劳动生产率低等问题依然存在,时刻影响着码头的健康发展。在经济全球化的今天,效率和成本逐渐成为制约集装箱码头发展的重要因素,而提高效率、降低成本、绿色生产的根源在于生产工艺技术的创新应用,这也是国内外集装箱码头适应经济发展、引导产业变革的重要思路和发展观念。

基于此,QQCT 针对传统集装箱码头岸边生产系统的现状及应用进行研究分析,参考现代自动化集装箱码头生产作业流程,提出了在传统集装箱码头实现岸桥下人机分离的生产理念,创建出岸边无人智能生产系统和岸边无人化生产工艺流程。

2.4.2 岸边作业现状分析及解决方法

1. 岸边作业现状分析

传统的集装箱码头岸边作业(如图 2.4-1 所示)主要存在以下 5 个方面的问题:

图 2.4-1　集装箱码头传统岸边作业模式

（1）作业效率低，资源能耗成本高。传统的集装箱码头岸边作业模式的作业环节众多，人员、机械设备交叉往复，管理复杂多变，作业链长且不稳定，极易导致岸边生产作业效率的下降。人员的过多占用、机械设备的无效跑动、信息的不畅通传输等问题，造成了巨大的人力资源浪费、大量的能源消耗以及过多的物料消耗，使得码头生产成本居高不下。

（2）信息化程度低，作业难度高。传统的集装箱码头岸边作业模式以纸面化的作业计划为主，通过人工核对的方式进行现场作业信息的确认，效率低且易出错，同时增加了工人作业量和码头生产成本，降低了岸边生产作业效率。而使用手持终端进行系统确认的，受限于设备操作人员的位置，存在无法全程掌控集装箱装卸动态和往复走动的高劳动强度问题。

（3）机械数量多，调配难度大。传统的集装箱码头岸边作业模式的作业线较多，存在拖挂车变道寻找对应岸桥作业的问题。目前拖挂车在岸桥下定位多为人工指挥或司机靠作业经验寻找标志定位，作业效率低，岸桥下机械设备运行混乱，易于发生人员剐蹭和机械设备剐蹭事故。与此同时，拖挂车的变道也导致机械设备调配难度提升和无效劳动量上升，致使岸桥作业效率的下滑和能源消耗的增多。

（4）资源配置多，综合效益差。传统集装箱码头作业模式下，每条作业线岸边需要配置两名人员辅助装卸作业，增加了人力资源成本，降低了作业安全系数。同时，密集型的流动机械投入，在增加能源消耗的同时，还加重了碳的排放量，无益于绿色港口的创建。

（5）人机交叉，安全系数低。传统的集装箱码头岸边装卸作业模式下，拆装锁垫作业人员的作业区域与岸桥、拖挂车等大型机械的作业区域交叉，存在高空坠物、流动机械剐蹭等安全隐患，致使岸边作业危险系数增加，提高了造成企业安全生产风险系数。

以上 5 个问题是长期困扰港口生产安全、绿色发展的现实问题，也是集装箱码头实现岸边作业无人化的重点和难点。

2. 岸边作业问题的解决方法

分析上述 5 个问题可以看出，只有对现有集装箱码头岸桥下生产布局和工艺流程进行技术创新再造和生产信息共享，采取区域隔离、生产流程再造、装卸工艺创新和生产系统信息化升级等方式，借助拆装锁垫环节人机分离、作业设备信息化升级和作业信息无纸化传输方法,才能在根本上解决问题。同时采用岸桥后方拖挂车外车道设置安全锁垫拆装平台的方式,可以合理解决平台安放位置的问题,避免占用后方堆场而造成资源浪费。

岸边无人化作业工艺技术的总体思路及主要技术内容包括:

(1) 将船舶岸边装卸作业人员从原来站在岸桥下的工作位置转移到岸桥垂直作业区域以外的位置,实现岸桥下无人作业。

(2) 集装箱拆装锁垫全部集中到拆装锁垫区域,装卸人员在拆装锁垫的同时,查验残损箱。

(3) 采用安全锁垫拆装平台、作业信息自主显示、拖挂车停车自动定位等装置,解决船泊岸边作业人员位置移动后带来的与集装箱拖挂车司机的配合问题,实现人机分离和作业高效。

(4) 在集装箱拖挂车前部加装电子屏并开发数据转换系统(TESS),以达到在电子屏上显示集装箱拖挂车所背箱的箱号、岸桥号、是否安装锁垫及安装何种锁垫(甲板上、甲板下)的信息,岸边作业人员通过该电子屏对箱子的信息一目了然,彻底省掉了手中现有的纸质船图。

(5) 桥吊室加装岸桥终端系统,实现岸桥作业指令无线和实时传递。岸桥司机根据终端指示进行作业,不需要指挥手来回奔波,降低了工人的劳动强度,提高了工作效率。

(6) 开发岸边生产指挥系统,实现了拖挂车智能排队、作业位置、车道系统设定,规范了作业秩序。

(7) 开发岸桥下拖挂车定位系统、岸桥视频监控系统,解决人员撤离船舶岸边后拖挂车定位指挥、人员安全监护、生产提醒的问题,实现人员作业环节信息化设备替代,提高了生产效率,降低了人为错误。

3. 岸边无人化作业工艺技术的特点

岸边无人化作业工艺技术弥补了国内外岸边无人作业技术的空白,实现了效率、成本和环保的兼顾,其主要技术创新点如下:

(1) 采用专用区域,集中在安全锁垫拆装平台内进行锁垫的拆装和查验残损作业,消除人员与岸桥、集装箱拖挂车交叉作业,完全实现人机分离,减少了岸边作业人员的数量,降低了生产成本。

(2) 安全锁垫拆装平台设计有信号控制系统,利用太阳能作为电力来源,不需要外部供电,采用 PLC 控制,使用光传感器感应集装箱拖挂车位置,自动控制信号灯指示集装箱拖挂车的停车或行走,使用手机 APP 控制的 LED 指示系统,实现生产信息的实时推送。

(3) 拖挂车 LED 系统取代了以往的纸质船图,能够自动判断是否需要安装锁垫,并将相关信息显示在 LED 屏上,为船舶岸边作业人员提供作业信息。

(4) 岸边生产指挥系统、岸桥终端系统具有生产信息实时推送,拖挂车智能排队、统计、显示岸桥装船作业排队信息的功能。

(5) 岸桥下拖挂车定位系统、岸桥视频监控系统实现拖挂车自动定位、作业辅助环节无人化替代功能,提高了作业效率,降低了设备待时能耗,实现节能减排。

通过采用岸边无人化作业工艺技术,岸边进出口装卸作业有明显提升。如图 2.4-2 所示,岸边出口装船作业过程中,当集装箱装车后,生产系统根据设计规则智能判断所背箱装船位置和锁垫拆装信息,并自动将其发送给拖挂车终端。拖挂车司机可以根据系统提示选择直接进入岸桥下作业或进入安全隔离区域拆装锁垫,并通过在拖挂车上安装的室外显示屏幕将拆装锁垫信息和箱号核对信息自动显示给装卸人员。装卸人员借助于拖挂车 LED 作业指示系统完成箱作业信息的接收、核对和确认工作,并在岸桥后方设置的安全锁垫拆装平台处完成拆装锁垫作业,然后拖挂车进入岸桥下进行出口装箱作业。

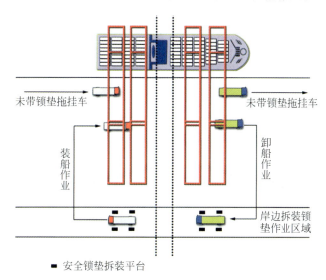

图 2.4-2　岸边无人智能生产作业流程

同样,在岸边进口卸船作业过程中,岸桥将卸船箱吊装至拖挂车后,拖挂车直接驶出岸桥下区域至岸桥后方设置的安全锁垫拆装平台处完成拆卸锁垫作业。此后拖挂车进入堆场进行进口卸箱作业。

2.4.3　岸边无人智能生产系统理论模型

为保证岸边无人智能生产系统的上线实施,青岛前湾集装箱码头从各生产环节入手,逐一查找和分析生产作业中安全、效率的薄弱环节,共完成 6 个岗位生产职责、安全职责的优化,进行拖挂车、岸桥下和岸桥 3 个工种 4 个生产流程的再造,完成拖挂车 LED 作业指示系统、安全锁垫拆装平台 2 项应用型专利申报。此项目是传统集装箱生产组织模式和安全技术创新综合实施取得重大成功的典范。

通过图 2.4-3 可以看出,在此过程中,以拖挂车 LED 作业指示系统、安全锁垫拆装平台为核心的硬件系统和以岸边生产作业指挥系统、岸桥下拖挂车定位系统、岸桥下车道监控系统、岸桥终端系统等为代表的软件系统的开发应用,保证了岸边无人智能生产系统的实现。同时,以岸边生产作业指挥系统为基础,通过反馈功能统筹化连接硬件系统和软件系统,实现了码头岸边作业的合理有效运转。

下面对岸边无人智能生产系统各功能板块分别进行介绍。

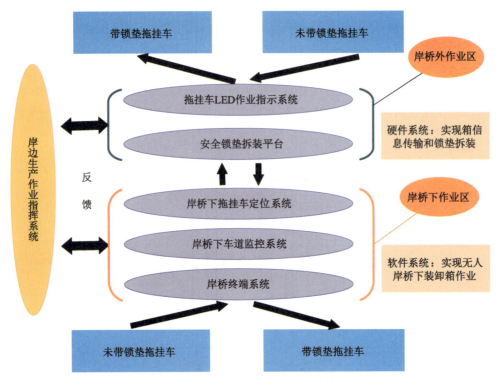

图 2.4-3　岸边无人智能生产系统

1. 安全锁垫拆装平台

安全锁垫拆装平台是一种用于船舶岸边拆装锁垫人员和机械安全分离的设施。其核心在于克服现有船舶岸边拆装锁垫作业过程中由于人机交叉作业过多以及拖挂车频繁变道等因素造成的安全隐患，旨在解决作业效率低、能源物料消耗多和人工成本高的缺点。因此，在船舶岸边生产流程再造时，选择在岸桥后方拖挂车外车道安装使用安全锁垫拆装平台来代替旧有的岸桥下拆装作业模式。

如图 2.4-4 所示，安全锁垫拆装平台由安全防护装置、指示装置、感应装置、操作装置和动力装置等组成。

图 2.4-4　安全锁垫拆装平台模型图

平台安全防护装置包括亭体和轮胎防爆护板,指示装置包括拖挂车后视镜可见的信号灯;感应装置包括感应箱体进入作业区域的光电开关,操作装置包括信号控制台和显示作业信息的 LED 显示屏,动力装置包括朝向海侧(即朝南向)的太阳能电池板和蓄电池储藏柜。

如图 2.4-5 所示,安全锁垫拆装平台 2 个为一排,4 个为一组,排与排之间为不小于 3.3m 的拖挂车作业通道,一组安全隔离亭作业一条拖挂车通道,其理论模型如图 2.4-2 所示。

图 2.4-5　安全锁垫拆装平台

而在码头实际大船作业过程中,为进一步节约人工和能耗,码头经常采取如图 2.4-6 所示的作业方式,即 6 个平台为两组进行拆装作业的方式。

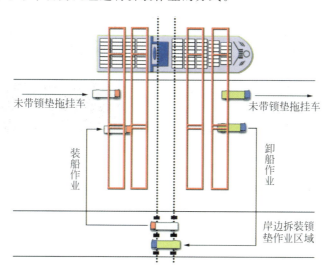

■ 安全锁垫拆装平台

图 2.4-6　安全锁垫拆装平台作业模型图

该安全锁垫拆装平台还具有以下特点:

(1)拖挂车通过安全锁垫拆装平台上的 LED 显示屏快速准确获取岸边装卸作业信息,并借助光电开关和信号指示灯实现自动停车到位指示,提高了效率,减少了能源消耗。

(2)安全锁垫拆装平台使用太阳能电池板作为主要动力装置,其装备的蓄电池可将多余电能储存,作为夜间、阴天的能量供给,实现了码头生产的绿色低碳。

(3)安全锁垫拆装平台的使用,将岸桥下生产作业人员的数量降为传统作业模式下的60%,有效地节约了人工成本,同时内置的休息设施可有效地降低工人的劳动强度。

(4)安全锁垫拆装平台工具使用简单,各功能区清晰明了,操作简单,降低了传统作业模式下培养优秀装卸工人的难度,极大地缩短了人员的培养周期,有利于码头整体人员构成的合理化。

(5)锁垫拆装过程中,实现作业人员与码头机械的作业区域隔离,避免了人机交叉的安全隐患。

总之,安全锁垫拆装平台实现了拆装作业安全优先、兼顾效率、节能减排和降低工人劳动强度的要求,是港口工艺流程创新的典型案例。

2. 拖挂车 LED 作业指示系统

拖挂车 LED 作业指示系统是一种便于拆装锁垫工人快速识别作业锁垫种类的信息化实时显示工具。其核心在于通过图形化的显示,彻底解决拆装锁垫过程中,信息获取速度慢、准确度低、效率低下和作业人员需要进行专业培训的问题。

如图 2.4-7 所示,拖挂车 LED 作业指示系统具有以下功能:

图 2.4-7 拖挂车 LED 作业指示系统

(1)通过拖挂车 LED 显示屏的无线终端实时接收生产系统发出的生产作业指令,借助 TESS 协议数据进行数据传输,进而实现作业指令的转换、反馈、发送和显示,保证拆装锁垫信息的实时传输。

(2)使用无线终端串口的 TESS 协议数据,并对其进行加工分析处理,使其根据拆装锁垫需求转换为拖挂车 LED 显示屏系统所能识别的信息输出。

该拖挂车 LED 作业指示系统还具有以下特点:

(1)使用拖挂车 LED 显示屏确认作业信息,改变纸质船图核对箱号的落后作业方式,提升作业效率,实现了无纸化作业,节能环保。

(2)人员通过该系统获取作业信息,减少了人员之间过多的信息传递,减少了装卸工人的工作量和工作强度,新员工无须经过长时间专业培训即可快速掌握作业技能。

(3)可实现集装箱不同尺寸、不同装船位置、不同锁垫安装位置的智能化判断,提高箱号核对和安装锁垫的效率。

安全锁垫拆装平台和拖挂车 LED 作业指示系统,通过采取安全隔离、工艺流程再造,有效解决了生产过程中的安全问题,实现了岸桥下生产作业向绿色、安全、高效的转变。

3.岸桥下车道监控系统和岸桥终端系统

岸桥下车道监控系统和岸桥终端系统是全方位作业控制的重要组成部分,是实现作业信息无纸化快速传递和安全作业的重要保障。

如图 2.4-8 所示,岸桥下车道监控系统是以岸桥为主体,分 4 个位置加装监控系统,实现岸桥下全方位、无死角监控。

图 2.4-8　岸桥下车道监控系统总体布置图

通过图 2.4-9 可以看出,岸桥司机通过岸桥下车道监控系统,能够实时把握车道车辆作业情况,有效解决岸边指挥人员撤离岸桥后无法观测岸边作业情况的问题,从而保证了岸边作业的安全高效。

图 2.4-9　岸桥终端显示图

与此同时,通过岸桥加装的终端系统(如图 2.4-10 所示),实现作业信息的实时传送。岸桥司机可以在无人指挥的情况下自动获得作业信息,而终端信息与生产系统同步更新,可实时有效替代纸面船图。

```
From# 26 F1, F9, SEND ...........
1  * HLXU1268052@*TR-T002*>>01.10.84   20
2  * GLDU9655490@*TR-T041*>>01.08.82   20
3  * OOLU1625052@*TR-T041*>>01.06.82   20
4  * ZIMU2775552 *TR-T002*>>01.10.86   20
5  + MOAU0571651 HO323F.4 >>01.08.84   20
6  - OOLU3647071 HO323F.3 >>01.08.84   20
7  - OOLU1947017 HO323F.2 >>01.06.84   20
8  - MOAU0577496 HO323F.1 >>01.06.86   20
9  * APZU3763140 *TR-T417*>>G1815F.4   20
10 * NYKU7508414 *TR-T401*>>G1863F.2   20
```

图 2.4-10 岸桥终端作业信息

两套系统的应用消除了没有岸边指挥人员造成的作业信息传递问题和作业停顿问题,提高了装船到位率和装船质量,使人机分离后的安全、效率得到同步保障。

4. 岸桥下拖挂车定位系统

岸桥下拖挂车定位系统是由岸桥上安装的激光定位装置与岸桥 PLC 控制系统通过软件综合测算,实现岸桥 20ft、40ft、45ft 集装箱和单双箱等不同作业模式下的自动检测停车、发送停车指示和作业信息显示等功能,实现了拖挂车停车准确性和一次性到位,提升了岸桥作业效率,降低了拖挂车反复对位的能耗和设备能耗。

如图 2.4-11、图 2.4-12 所示,定位系统使用 2D 激光扫描测距仪对车道上的拖挂车实时进行扫描测距,将采集到的数据进行计算和逻辑处理,结合岸桥 PLC 传来的相关数据实现对各种车型、箱型、运行方向等的识别,并得出位置数据,通过显示屏提示拖挂车司机停车。同时使用转向云台实现对不同车道的选择,使用高亮度 LED 显示屏满足显示需要,其实际效果如图 2.4-13 所示。

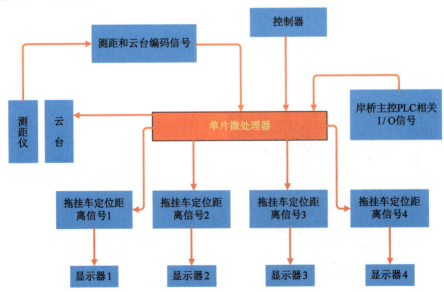

图 2.4-11 集装箱拖挂车定位系统结构框架图

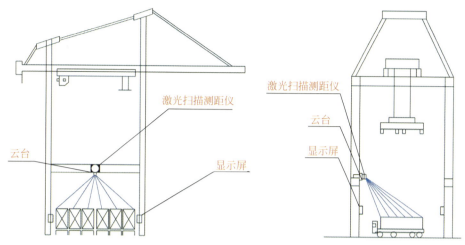

图 2.4-12　定位系统工作原理图

图 2.4-13　定位系统工作现场图

5. 岸边生产作业指挥系统

港口生产作业是一项系统工作,由多个环节因素相互关联构成。岸边生产作业指挥系统是码头的中枢系统,是港口系统性生产作业的基础。

岸边生产作业指挥系统作为岸边无人智能生产系统中连接各生产系统的桥梁纽带,通过与生产系统的对接,通过生产系统优化和功能拓展完善,将岸边无人智能生产系统中各子项目有机串联在一起,实现了各系统一体化协作,使人机分离后的作业安全与效率同步保障,全面实现码头合理有序的作业,保证了生产作业效率。

2.4.4　岸边无人智能生产系统的效益分析

岸边无人化作业工艺技术通过软件升级及增加相应的硬件配套设施,实现了降本增效、节能环保,消除了作业过程中的安全隐患,降低了生产劳动强度,主要体现在以下 3 个方面。

1. 降低人工和材料成本,促进节能减排

(1) 由于装船箱约有 1/5 不需要装锁垫,以前没有信息,需要船舶岸边作业人员逐个检查;有该系统后,拖挂车司机可将车直接开到岸桥下,可节省约 1/6 的岸边作业人员。

(2) 锁垫拆装平台处人员集约使用,提高了生产效率,每条作业线减少了 25% 的人员配备,节约大量人工成本。

(3) 减少了纸面船图的打印、减少了打印机和硒鼓等耗材的消耗,节能环保,降低成本。

2. 保障岸边作业安全,避免安全事故

(1) 船舶岸边作业人员彻底撤离岸桥下,集中站在安全锁垫拆装平台内进行集装箱锁垫拆装,实现了人机分离,确保了人身安全。

(2) 拖挂车司机根据终端指示排队,不再需要人工指挥,消除了人机交互存在的安全隐患。

(3) 岸边作业指挥人员不再需要通过高频告诉岸桥司机装船位置,从而不需要在船上、海陆两侧来回奔波,降低了劳动强度,避免发生危险。

(4) 岸桥司机通过终端对作业的箱信息及箱量做到心中有数,避免发生将双 20ft 箱当做 40ft 箱的安全事故。

(5) 拖挂车通过岸桥下拖车定位系统停车,实现了"一停准",降低了停车不准反复对位的能耗和非作业待时能耗,提高了停车效率。

3. 减轻劳动强度,提高生产效率

(1) 岸边装卸作业人员通过电子屏对每辆拖挂车所拉的箱子信息一目了然,彻底省掉了现有纸质船图,消除了雨雪等恶劣天气对现场生产的影响,提高了生产效率。

(2) 岸边装卸作业人员不再需要在船图中查找箱子的信息,降低了劳动强度,并能大幅提高工作效率,实现减员增效。

(3) 箱信息的更改(如调整装船计划等)能通过无线终端及时、准确地传递给现场人员,提高了装卸效率。

自 2015 年 6 月起,该项研究成果在青岛港 QQCT 全面推广应用,取得了非常明显的成果,在实现人机分离和保证人员安全的同时,提升了作业效率,降低了作业成本。

通过与以往数据的对比,该项目在实现人机分离的安全模式下,装卸人员数量降低 10% 以上,锁垫安装效率提高 40%,岸桥综合生产效率提升 5%,年节约纸张 216000 张,拖挂车待时减少使设备能耗和设备损耗同步降低。

项目实施以来,有效地消除了传统作业模式下存在的安全隐患,在国内外传统的非自动化集装箱码头中,率先实现了岸桥下作业区域无人值守、无人作业的安全操作新模式,目前 DP World 和马士基码头均在积极参与该项目。

2.4.5 小结

港口集装箱码头装卸工艺优化创新是在港口响应国家可持续发展和节能减排战略的基础上,引入互联网思维和信息化技术,创新思维模式解决传统作业模式中存在的安全隐患,

对旧有生产作业方式进行革新。

　　创新是港口企业生存发展的基石,通过工艺流程创新手段来达成企业良好生产系统的构建,不仅能为港口企业带来实实在在的利益,长远来看,必然推动企业生产组织创新的良性循环,对企业的发展产生深远的影响。

2.5　传统集装箱码头工艺流程节能优化技术

2.5.1　引言

　　当前,我国集装箱码头的装卸工艺普遍采用按作业线固定机械配置的生产组织模式,即机械调配以岸桥为基础,根据不同岸桥的工作任务配置固定数量的机械设备。这种传统的生产组织模式无法根据生产现场实际情况动态调配机械,如果某个生产环节出现停滞,与其相关的所有设备均无法继续生产,只能等待该环节恢复,一方面导致集装箱拖挂车卸船时空来重去、装船时重来空去,空驶率保持在 50% 左右;另一方面,堆场上收发箱、翻箱、装卸船等作业相互交叉,无法科学调配堆场机械,堆场机械移动过于频繁,设备利用率低。

　　图 2.5-1 为传统的集装箱拖挂车作业模式简化示意图。集装箱拖挂车作业时,某段时间固定从事装船、卸船或堆场移箱作业,其重载轨迹(橙色箭头)和空载轨迹(蓝色箭头)几乎相同,集装箱拖挂车重载率接近 50%。

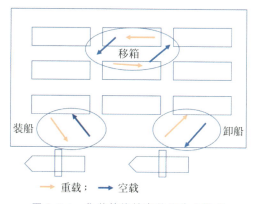

图 2.5-1　集装箱拖挂车传统作业模式

　　图 2.5-2 为传统的进口重箱提箱模式。在该模式下,提箱箱号、提箱时间均不固定,只要有提箱指令,无论集装箱在堆场的哪个位置,都要通过翻箱将箱子找出来,不但大大增加了码头的操作成本,而且延长了客户提箱时间,增加了客户的时间成本。

　　根据青岛前湾集装箱码头 2007 年度的统计数据,在传统的集装箱拖挂车作业模式下,集装箱拖挂车重载率(重载行驶距离/全程行驶距离)的平均值为 48%;在传统的进口重箱提箱模式下,进口重箱翻箱率(翻箱箱量/提箱箱量)的平均值为 150%。

　　集装箱拖挂车的高空驶率和进口重箱的高翻箱率导致了现有集装箱码头的装卸搬运设备有效工作时间较少,很多时间耗费在了辅助性工作上,从而导致设备能源消耗过高。

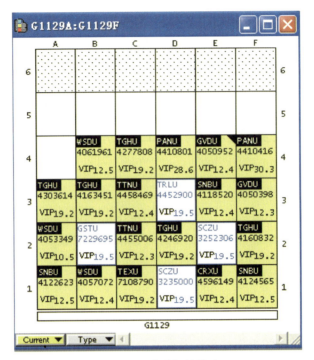

图 2.5-2　传统提箱模式

2.5.2　工艺流程节能优化技术原理

在兼顾集装箱码头作业效率的同时,最大限度地实行节能减排,对码头装卸工艺流程进行整体优化,实现码头装卸设备的资源共享和智能调配。

1. 集装箱拖挂车最优路径系统(PRTT)

建立集装箱码头堆场路径模型,以岸桥为主线,运用智能算法,综合考虑岸桥效率、集装箱拖挂车运行最短距离、运行方向、场地限制、设备能力等各种因素,通过计算机系统确定执行装卸指令的最佳拖挂车,实现对集装箱拖挂车的最佳控制、调度与管理。

PRTT 上线后,改变了集装箱拖挂车从事单船、单条作业线水平运输的传统模式,为多条船、多个作业线服务。集装箱拖挂车在箱区卸下一条作业线的进口箱后,有机会到其他箱区装其他作业线的出口箱;或者在完成一条作业线的出口装船作业后,直接到另一条作业线上从事进口卸船作业,生产系统可以给集装箱拖挂车分配最优的工作指令。工作指令的最优分配减少了集装箱拖挂车的空驶距离,实现了双向重载,既提高了拖挂车重载率,又提高了装卸效率。

1) 堆场路径模型设计

通过定义各箱区和泊位的入口点及出口点、箱区之间和箱区与泊位之间的实际距离、箱区各通道的交通方向,将码头前沿箱区连成一个如图 2.5-3 所示的网状结构。系统根据网上结构确定前沿箱区点到点之间的各种可能路径,并准确算出集装箱拖挂车完成每条指令所行驶的空载距离和重载距离。堆场路径模型为最优行驶路线的筛选和作业成本的核算奠定了基础。

图 2.5-3 堆场路径模型

2）优化算法设计

岸桥、场桥（RTG 或 RMG）和集装箱拖挂车的合理配比是整个集装箱码头作业有效、高效的保证，程序开发人员在进行优化算法设计时，综合考虑装卸效率、船舶作业进度、作业指令优先级、作业成本等因素，确定集装箱拖挂车作业指令的最早派发时间和最晚派发时间。

3）绩效评价模块

为衡量 PRTT 的实际效果，程序开发人员从每一辆集装箱拖挂车的执行指令时间、行驶距离等数据入手，确定了重载率、集装箱拖挂车平均周转时间、重进重出率 3 个绩效评价指标，并在系统中实现了自动统计功能。

2. 设置"按提单号提箱"规则

码头对进口货物按提单号进行集中堆码，客户凭有效单据到码头进行预约提箱受理，提供集中预约提箱时间段和指定车牌号。在预定的提箱时间内，码头安排机械到相应箱区做发箱准备。提箱时，货主按提单号提箱，码头生产系统自动派发该提单中最适合场地机械作业的箱号和位置，最大限度地降低场地翻箱。

2.5.3 工艺流程节能优化技术分析

1. 集装箱拖挂车最优路径系统

1）模型假设

PRTT 模型的建立基于以下 5 条假设：

（1）研究对象为单挂集装箱拖挂车；

（2）岸桥的装卸任务必须严格按照计划设定的顺序执行；

（3）装卸过程中，岸桥比集装箱拖挂车具有更高的优先级别，即集装箱拖挂车指令分派过程中，可以出现集装箱拖挂车待时，但不允许出现岸桥待时；

（4）场桥总是能够及时为集装箱拖挂车装卸箱；

（5）不考虑堆场交通拥堵情况。

2）参数定义

为方便模型描述，将集装箱拖挂车从岸边（或堆场）拖运一个箱子到堆场（或岸边）的过程定义为一个调度任务，该任务的起点为岸边（或堆场），终点为堆场（或岸边），两个调度任务之间的距离是已知的。

装卸作业前，岸桥的作业计划已由码头配载人员安排好，因此每台岸桥的装卸量、装卸顺序和平均装卸效率都是已知的，每个集装箱的开始作业时间、开始作业地点、作业完成时间、作业完成地点也是已知的。

参数定义如下：

p——调度的拖挂车，假设计划周期内所需拖挂车的总数为 N，$p = 1, 2, \cdots, N$；

M——计划周期内所有调度任务的总和；

b_i——调度任务 i 的开始时间，$i \in M$；

f_i——拖挂车完成调度任务 i 所需要的时间，$i \in M$；

t_{ij}——拖挂车从调度任务 i 释放拖挂车到调度任务 j 开始占用拖挂车所需要的时间，即拖挂车的无效作业时间，$i, j \in M$。

3）决策变量

$x_{ij} \in \{0, 1\}$，当 $x_{ij} = 1$ 时表示调度任务 i 和调度任务 j 由同一辆拖挂车相继完成；

$y_{pi} \in \{0, 1\}$，当 $y_{pi} = 1$ 时表示拖挂车 p 首先从调度任务 i 开始执行；

$z_{ip} \in \{0, 1\}$，当 $z_{ip} = 1$ 时表示拖挂车 p 在完成调度任务后结束工作。

4）建立模型

基于以上所定义的符号以及决策变量，建立如下的拖挂车调度优化模型。

求如下目标函数的最小值：

$$f = \sum_{i=1}^{M} \sum_{j=1}^{M} x_{ij} d_{ij} \tag{2.5-1}$$

约束条件为

$$\sum_{i=1}^{M} y_{pi} = 1, \quad p \in N \tag{2.5-2}$$

$$\sum_{i=1}^{M} z_{ip} = 1, \quad p \in N \tag{2.5-3}$$

$$\sum_{i=1}^{M} x_{ij} + \sum_{p=1}^{N} y_{pj} = 1, \quad j \in M \tag{2.5-4}$$

$$\sum_{i=1}^{M} x_{ij} + \sum_{p=1}^{N} z_{ip} = 1, \quad j \in M \tag{2.5-5}$$

$$\sum_{i=1}^{M} x_{ij}(b_i + f_i + t_{ij}) < b_j, \quad j \in M \tag{2.5-6}$$

$$x_{ij} \in \{0,1\}, \quad i,j \in M \tag{2.5-7}$$

$$y_{pi} \in \{0,1\}, \quad i \in M, p \in N \tag{2.5-8}$$

$$z_{ip} \in \{0,1\}, \quad i \in M, p \in N \tag{2.5-9}$$

其中：式(2.5-1)为模型的目标函数,追求所有拖挂车的无效作业里程最短;式(2.5-2)~式(2.5-9)为模型的约束条件。

式(2.5-2)保证所有的拖挂车开始作业一次且仅一次;

式(2.5-3)保证所有的拖挂车结束作业一次且仅一次;

式(2.5-4)保证所有的调度任务开始一次且仅一次;

式(2.5-5)保证所有的调度任务结束一次且仅一次;

式(2.5-6)是两个调度任务能成为相继作业,在时间上所需满足的条件,该约束条件来源于前述的岸桥作业因素;

式(2.5-7)~式(2.5-9)保证变量为 0-1 变量。

通过对拖挂车调度优化模型的求解,可以得到拖挂车调度的优化方案,从而使得所有拖挂车的无效作业里程最短。

2. 设置"按提单号提箱"规则

1) 优化"按提单号提箱"规则

设置大票货物随机提箱程序,适用于对提箱顺序没有要求的进口重箱提箱,并向更多客户推荐适用。若因货物种类不同,货主需要先提取位于底层的指定箱号的集装箱,可进行如下操作:

第一步,客户确定提箱顺序;

第二步,若因提前提取集装箱造成翻箱,根据翻箱次数按规定收取搬移费;

第三步,对暂时不提的集装箱进行锁箱处理,保证闸口优先发出客户需要提取的集装箱;

第四步,若因客户延后提箱造成翻箱,按规定收费后控制发箱。

2) 按"提单号提箱"规则下的场桥调度模型

(1) 模型假设

① 所有场桥在每个 6h 计划时段内具有相同的工作能力;

② 一个箱区最多只能同时有两台场桥;

③ 场桥作业的开始和结束时间都在同一时段内;

④ 箱区上一时段未完成的作业量将会留到下一时段,该箱区各个时段的作业量为上一时段未完成的作业量与本时段预测的作业量之和;

⑤ 忽略堆场堵塞对场桥调配策略的影响;

⑥ 堆场和码头前沿之间的水平运输时间为集装箱运输时间的平均值。

对每个计划时段附加条件定义如下:

① 如果某一箱区某时段的作业量与该箱区场桥的工作能力相等,则场桥在该时段内不

能被调配到别的箱区,该箱区也不需要增加场桥;

② 如果某时段某箱区中的作业量超过该箱区场桥的工作能力,且该箱区的场桥数量小于 2,则该箱区需要增加一台场桥;

③ 如果某时段某箱区中的作业量超过该箱区场桥的工作能力,且该箱区的场桥数量等于 2,则该箱区不能增加场桥,且该箱区内的场桥不能被调配到别的箱区;

④ 如果某时段某箱区的作业量小于该箱区场桥的工作能力,则该箱区不需要增加场桥,且该箱区内的空闲场桥能被重新调配到别的箱区。

(2) 参数定义

N——堆场中箱区的总数;

E_i——箱区 i 中某时段的总作业量;

E_i'——箱区 i 在某时段不能完成的作业量;

V——场桥水平移动的平均速度;

$L_{(pq,mn)}$——箱区 p 中第 q 位到箱区 m 中第 n 位的距离;

Y_n——某时段堆场中可调配的场桥数量;

Z_n——某时段需要增加场桥的箱区数;

t_c——场桥每作业一个集装箱的平均时间;

C_{ni}——某时段箱区 i 中需要作业的箱量;

f_i^+——箱区 i 中从某时段溢出到下时段的作业量;

f_i^-——箱区 i 中在某时段完成的下时段的作业量;

t_j——某时段场桥 j 完成所在箱区的作业后还剩余的时间;

t_{ij}——场桥 j 从所在箱区到箱区 i 的时间;

t_r——场桥转场的平均时间。

目标函数与约束条件为(目标函数用于使各时段堆场中总作业量溢出最少)

决策参数:

$$\text{Min} Z = \sum f_i^+ \tag{2.5-10}$$

约束条件:

$$\sum_{i=1}^{Z_n} Z_{ij} \leqslant 1, \quad j \in Y_n \tag{2.5-11}$$

$$\sum_{j=1}^{Y_n} (t_j - t_{ij}) Z_{ij} + f_i^+ - f_i^- = E_i', \quad i \in Z_n \tag{2.5-12}$$

$$t_{ij} = \begin{cases} L_{(pq,mn)}/V + 2t_r, & \text{场桥所在箱区与箱区 } i \text{ 不在同一通道} \\ L_{(pq,mn)}/V, & \text{场桥所在箱区与箱区 } i \text{ 在同一通道} \end{cases} \tag{2.5-13}$$

$$\sum_{j=1}^{Y_n} Z_{ij} \leqslant \lambda_i, \quad i \in Z_n \tag{2.5-14}$$

(3) 场桥调度算法

求解可调度的场桥和需要增加场桥的箱区根据以下算法:如果求得的 B_i 为 0,则箱区 i 不需要增加场桥;如果 B_i 为 1,则箱区 i 需要增加场桥。如果 A_i 为 0,则箱区 i 没有可调度的场桥；如果 A_i 为 1，则箱区 i 有一台可调度的场桥；如果 A_i 为 2，则箱区 i 有两台可调度的场桥。算法的详细步骤如下：

第 1 步：设置需要增加场桥的箱区编号和可调度的场桥编号为 i 和 j（其中 $i=1$，2，$\cdots$，Z_n；$j=1$，2，$\cdots$，Y_n），分别定义数组 $C[i,j]$，$D[i,j]$。其中 $C[i,j]$ 用于存储各箱区中调度不同场桥溢出的作业量按从小到大的顺序排列后的值，$D[i,j]$ 用于存储各箱区中调度不同场桥溢出的作业量。

第 2 步：计算 $E_i=C_{ni}\times t_c$，$E'_i=E_i-t_c\times H_i$。

第 3 步：如果 $t_j>t_{ij}$，$f_i^+=E'_i-(t_j-t_{ij})$，$D[i,j]=f_i^+$；否则，$Z_{ij}=0$，$f_i^+=E'_i$，$D[i,j]=f_i^+$。

第 4 步：将 $D[i,j]$ 各列的数据按从小到大的顺序排列，并将其填入 $C[i,j]$ 表中，同时将该数据对应的箱区号填入 $C[i,j]$ 表中的相应列。

第 5 步：设启发式函数 $F(x)=g(x)+h(x)$，令 $g(x)=\overline{\sum M_{pq}}+C[i,j]$，$h(x)=\overline{\sum_{i=p+2}^{Z_n}\sum_{j=1}^{Y_n}C[i,j]}$，$j\neq q$，$M_{pq}$ 为 $C[i,j]$ 中已选中节点的值（已选场桥在某时段对应的箱区的作业量溢出值），$i=p+1$；p 与 q 分别为 $C[i,j]$ 已选中节点的行和列。

第 6 步：求 $\min F(1)=\min(C[1,j_1]+\overline{\sum_{i=2}^{Z_n}\sum_{j=1}^{Y_n}C[i,j]})$，$j\neq j_1$，$j_1\in(1,2,\cdots,Y_n)$。定义 $\min F(1)$ 对应的 $C[1,j_1]$ 为节点 1。

第 7 步：求 $\min F(i)=\overline{\sum M_{pq}}+C[i,j_1]+\overline{\sum_{i=p+2}^{Z_n}\sum_{j=1}^{Y_n}C[i,j]}$，$j\neq q\neq j_1$，$j_1\in(1,2,\cdots,Y_n)$。定义 $\min F(i)$ 对应的 $C[i,j_1]$ 为节点 i。

第 8 步：如果 $Y_n\geqslant Z_n$，执行第 9 步；否则执行第 10 步。

第 9 步：令 $i=i+1$。如果 $i\geqslant Z_n$，求 $\min Z=\sum M_{pq}-\left|\sum M_{rs}-360\right|+\sum_{i=Z_n-Y_n}^{Z_n}E_i$，$M_{rs}$ 是需要增加两台场桥的箱区中增加的第二台场桥的节点（该场桥在对应箱区的作业量溢出值）；同时根据各个节点值对应的场桥号和箱区号，设 $Z_{ij}=1$；否则执行第 7 步。

第 10 步：令 $i=i+1$。如果 $i\geqslant Z_n$，求 $\min Z=\sum M_{pq}+\sum_{i=Z_n-Y_n}^{Z_n}E_i$，同时根据各个节点值对应的场桥号和箱区号，设置 $Z_{ij}=1$；否则转到第 7 步。

第 11 步：如果 $Z_{ij}=1$，则场桥 j 应该被调度到箱区 i。

3. 设备配置变化

根据码头 2007—2008 年生产系统统计数据，较工艺流程优化技术采用前，2008 年拖挂车空载率由 52% 下降至 41%，RTG 作业效率为 12.8 自然箱/h（提高了 15%），岸桥作业效率为 29.7 自然箱/h（提高了 11%），堆场操作量为 1758 万标箱（降低了 11.7%）。

$$\text{岸桥：优化后性能系数}=\frac{\text{原性能系数}+\text{优化系数}}{\text{原性能系数}}=\frac{100\%+11\%}{100\%}=111\%$$

$$场桥：优化后性能系数 = \frac{原性能系数 + 优化系数}{原性能系数} = \frac{100\% + 15\%}{100\%} = 115\%$$

$$拖挂车：优化后性能系数 = \frac{优化后重载率}{优化前重载率} = \frac{1 - 41\%}{1 - 52\%} = 123\%$$

以码头模式实测数据为基础，当前码头生产三大机械的配置率均按比例降低，设备配置变化如下：

$$岸桥数量 = \frac{原配置数量}{优化后总性能} = \frac{37\ 台}{111\%} = 34\ 台$$

$$电动\ RTG\ 数量 = \frac{原配置数量}{优化后总性能系数} = \frac{26\ 台}{115\%} = 23\ 台$$

$$燃油\ RTG\ 数量 = \frac{原配置数量}{优化后总性能系数} = \frac{81\ 台}{115\%} = 71\ 台$$

$$拖挂车数量 = \frac{原配置数量}{优化后总性能系数} = \frac{168\ 台}{123\%} = 137\ 台$$

考虑到电动 RTG 的作业效率和环保情况明显好于燃油 RTG，因此可保持电动 RTG 数量，将电动 RTG 的减配数量按比例折换成燃油 RTG，折算后，燃油 RTG 数量为：

燃油 RTG 数量 = 优化后燃油 RTG 数量 − 电动 RTG 减配数量 × 电动 RTG 比例系数

$$= 优化后燃油\ TRG\ 数量 - 电动\ RTG\ 减配数量 \times$$

$$\frac{优化后电动\ RTG\ 单机操作量}{优化后燃油\ RTG\ 单机操作量}$$

$$= 71\ 台 - 3\ 台 \times \frac{387701 TEU}{159669 TEU} = 63\ 台$$

另外，堆场操作量的减少按照燃油 RTG 的单位作业量进行减配折算，得出燃油 RTG 的减配数量 = 81 台 − 63 台 = 18 台。

集装箱码头装卸作业流程优化改造后，堆场作业区减少重复作业量 = 改造前堆场操作总量 × 堆场操作量降低百分比 = 17670313 TEU × 11.7% = 2067427TEU。

项目完成后，燃油 RTG 减少量 = 优化后堆场操作减少量 ÷ 优化后燃油 RTG 单机操作量 = 15 台。

由此测出燃油 RTG 的配置数量 = 81 台 − 18 台 − 15 台 = 48 台。

项目完成后，设备配置见表 2.5-1。

表 2.5-1 改造完成后设备配置

种类编号	设备名称	优化配置数量/台	平均单机操作量/TEU
1	岸桥	34	264094
2	电动 RTG	26	387701
3	燃油 RTG	48	159669
4	拖挂车	137	68968

2.5.4 工艺流程节能优化节能效果

为测试节能效果，码头按照优化后的流程进行月度人工模拟生产，模拟生产前后的能耗测算结果见表 2.5-2 和表 2.5-3。

表 2.5-2　集装箱码头工艺流程节能优化技术实施前机械能耗情况

编号	设备名称	设备数量/台	操作总量/TEU	单位能耗
1	岸桥	37	8715098	3.84kW·h/TEU
2	电动 RTG	26	10080252	3.12kW·h/TEU
3	燃油 RTG	81	7590061	1.1L/TEU
4	拖挂车	168	9586608	1.08L/TEU

表 2.5-3　集装箱码头工艺流程节能优化技术实施后机械能耗情况

编号	设备名称	测试设备数量/台	操作总量/TEU	实测单位能耗
1	岸桥	16	376654	3.45kW·h/TEU
2	电动 RTG	13	472103	2.72kW·h/TEU
3	燃油 RTG	26	287882	0.97L/TEU
4	拖挂车	58	414319	0.88L/TEU

从测算结果看,所有设备能耗均下降。

2.5.5　工艺流程节能优化应用案例

本项目在青岛前湾集装箱码头(如图 2.5-4 所示)成功应用,得到了用户的一致好评。通过集装箱码头工艺流程节能优化技术的应用,打破了固定作业线的作业模式,形成了适用于集装箱码头整体资源共享调配的装卸工艺新模式,明显地降低了提箱翻箱率,减少了拖挂车空载距离,缩短了拖挂车周转时间,降低了单箱作业能耗,提升了港口生产组织水平,达到了充分利用资源、节约成本、节能减排、保护环境的目的。

图 2.5-4　青岛前湾集装箱码头

表 2.5-4 对比了 2007 年 1 月 1 日—2008 年 12 月 31 日青岛前湾集装箱码头集装箱装卸工艺流程优化前后能耗情况。

表 2.5-4　青岛前湾集装箱码头工艺流程改进前后能耗对比

种类编号	设备名称	优化后台数	平均单机操作量/TEU	原操作总量/TEU	原单位能耗/(kW·h/TEU)	优化操作总量/TEU	优化单位能耗/(kW·h/TEU)	原总能耗/(万kW·h)	优化后总能耗/(万kW·h)	节约能耗/(万kW·h)
1	岸桥	34	264094	8715098	3.84	8715098	3.45	3347	3007	
2	电动RTG	26	387701	8765422	3.12	10080235	2.72	2735	2742	333
	总量统计							6082	5749	
种类编号	设备名称	优化后台数	平均单机操作量/TEU	原操作总量/TEU	原单位能耗/(L/TEU)	优化操作总量/TEU	优化单位能耗/(L/TEU)	原总能耗/t	优化后能耗/t	节约能耗/t
3	燃油RTG	48	159669	11246257	1.10	7504446	0.97	10639	6260	
4	拖挂车	137	68968	9586608	1.08	9586608	0.88	8904	7255	6028
	总量统计							19543	13515	

工艺流程节能优化技术实施后,每年节电 333 万 kW·h,按标准煤折算,每年节能 1345.3t 标准煤,每年节约柴油 8783.4t 标准煤。本项目共节约标准煤 10128.7t,节能达到 19.1%,节能效果良好。

2.5.6　小结

工艺流程节能优化技术前期投入资金较多,无线设备的调试、安装等过程需要投入大量的人力和物力,而且需要对司机、操作人员全部进行培训,工作量较大。但工艺流程节能优化技术成功实施后,能极大地提高集装箱码头生产组织、调度和运输智能化水平,为安全生产提供了更高的保障。

同时,可提高整个码头堆场机械的预见性控制,实现码头各类装卸机械资源共享,有效提高各类机械的作业性能,在不影响作业效率的情况下,使用较少的作业机械就可完成同等作业箱量,提高了集装箱拖挂车的重载率,使机械能耗大大降低,减少了环境污染排放,实现了节能减排。

2.6　集装箱自动摘锁工艺技术与装置的研发

2.6.1　引言

集装箱船舶甲板上装载的集装箱在航行中往往受恶劣海况和风暴的侵袭,船舶的剧烈运动(纵、横摇摆)使作用在集装箱上的载荷发生变化、影响巨大,如果拴系不牢固就会发生集装箱丢失事件。

据报道,每年冬天航行于太平洋西北部的集装箱船经常发生集装箱被风浪打入海中的事故。一次事故中常有几十只集装箱落入海中,有时甚至更多。美国国家货运局统计的一份报告记载了从 1989 年到 2001 年全球海域共有 53 艘集装箱船的 2041 只集装箱丢失。据统计,近年来每年国际海上集装箱运输的丢失数量估计在 2000～10000 只,丢失的数量还在不断上升,并且所有尺度的集装箱船上运输货物丢失都不可避免。

由于各种原因,很大数量丢失的集装箱未得到报道,导致海洋环境被污染,同时也给船舶安全航行带来危险。这是因为坠入海中的集装箱,有可能暂时漂浮在船舶航行航道(如图 2.6-1 所示)。

图 2.6-1 集装箱丢失事故

为了保证集装箱在运输过程中不发生脱落,需要采用系固装置对其进行捆扎固定。捆扎由两部分构成,即集装箱和船舶之间的捆扎,集装箱与集装箱之间的捆扎。扭锁是实现集装箱上下层间连接而使用最为广泛的锁具。

集装箱扭锁的摘除是集装箱装卸工艺中的一个重要环节。目前国际上集装箱码头的集装箱装锁及拆锁工艺方式有许多,但均采用人工安装和拆卸的方法(见图 2.6-2)。集装箱船到达码头后,首先由人工在船上用特制的拉杆将扭锁解开,这时扭锁与下面的集装箱脱离,但还固定在上面的集装箱角件上。当岸边集装箱起重机(简称岸桥)将集装箱吊起,在下放到码头的集装箱卡车(简称集卡)上前,先由人工将集装箱下面角件上的扭锁解开,而后放入收集箱内。

图 2.6-2 集装箱码头工人现场摘锁

一台岸桥平均需要配备不少于 2 名工人在码头地面进行摘锁作业。一艘长 200m 以上的集装箱船舶靠泊进行卸船作业,至少需要配备 6~10 名工人专门从事集装箱扭锁的摘除工作。因此,整个码头生产岸线会占用大量人工劳动力来从事这种重复性强的简单"机械性"动作,由此严重制约了集装箱装卸流程的自动化。同时,又由于岸桥装卸过程存在高空落物的可能性、集卡、叉车等流动机械频繁穿梭,故现场拆装锁员工的人身安全受到威胁。此外,码头现场车辆排出的大量废气、灰尘和船舶燃烧重油的排烟,也直接影响到现场工作人员的身体健康。国内外曾经多次发生现场拆装锁员工的人身伤害及伤亡事故。所以,集装箱自动摘锁执行机构的研制工作已成为当务之急。

目前采用人工拆装锁方式,存在以下突出问题:

(1)存在安全隐患风险。在现有集装箱码头卸船直取作业过程中,负责摘除锁垫的作业人员处于岸桥、集卡等机械设备的作业区域,存在高空坠物伤人、流动机械剐蹭等安全隐患风险。同时,作业人员穿插其中,增加码头现场作业的管理难度,机械为躲避人员需要不断调整自身位置,影响卸船直取作业的效率。

(2)作业人员劳动强度大。在现有集装箱码头卸船直取作业过程中,完全借助人力手动完成集装箱锁垫的摘除作业,极大地考验着现场作业人员的体力。据调查,长时间的高强度体力劳动会在一定程度上诱发烦躁的情绪和麻痹大意的思想,不利于安全生产。

(3)人力成本高。在通常情况下,卸船直取作业过程中每台岸桥下应安排2名工作人员从事摘锁垫作业,按照青岛港前湾集装箱码头39台岸桥数量计算,会占用大量的人力资源,人力成本较高。

2.6.2 集装箱扭锁

集装箱扭锁(也叫集装箱紧固件、集装箱锁具)主要用于集装箱与甲板或上下2只集装箱之间的连接锁闭,以防止集装箱的倾覆和滑移。常见的扭锁主要有底锁、中间扭锁。底锁主要用于集装箱与船甲板的固定。中间扭锁一般又包括手动扭锁和半自动扭锁,用于集装箱之间的固定。

全世界集装箱船舶使用的集装箱锁具种类很多,使用情况十分复杂,锁销具体构造在国际上没有统一的标准。根据我国国家标准《船用集装箱紧固件》(GB/T 11577—2010),集装箱锁销可以大致分为分体式、整体式、半自动式和全自动式。考虑到存在一些固定式连接锁,需要拆卸的集装箱锁销至少有 6 大类 100 余种(如图 2.6-3 所示为其中一种锁具),标准化程度较低,集装箱的自动拆装锁是一个技术难题,也是自动化集装箱码头中最后的技术瓶颈。

图 2.6-3　集装箱锁具

同时,由于船公司间的竞争关系,不同船公司的集装箱锁销形式往往不同。不同船舶的投产时间各不相同,以及不同船公司合营同一条航线等原因,同一航线不同船舶的集装箱锁销形式也可能不同。甚至对于同一船舶来说,集装箱锁销耗损后补充的锁销未必与原来的锁销相同,从而造成同一船舶上装有不同形式的集装箱锁销。此外,由于加固要求不同,同一集装箱不同锁眼的锁销形式也不尽相同。例如,对于甲板上的双 20ft 集装箱来说,其外部两角的转锁与内部两角的连接锁形式完全不同。由此可见,若要开发可以全兼容的自动化转锁拆装装置,其难度极大。

目前国内外还没有一种可以适应所有锁具的自动拆装锁装置,拆装锁工作几乎全部依靠人工操作。与人工驾驶的集卡和跨运车不同,采用 AGV 水平运输集装箱时,AGV 自动运行区域是严禁人员进入的,因此集装箱人工拆装锁的作业区域就由地面转移到了岸桥的中转平台上,这也是自动化集装箱码头中岸桥大多设有上下小车和中转平台的一个原因。

2.6.3　国外集装箱解锁技术

国外已有多家机构开展了集装箱新型扭锁的研发和集装箱扭锁解锁装置的研发,以下仅对集装箱扭锁解锁装置的研发情况进行梳理总结。

新加坡南洋理工大学的 C. Liang 等研制了一种基于机械手的 Grizzly 摘锁实验系统。该系统主要由机械手、卡爪、摄像机以及移动平台组成,如图 2.6-4 所示。该平台基于视觉识别,通过摄像机获得扭锁的位置和类型信息,然后通过机械臂和三个可活动的卡爪对扭锁进行摘除。在集装箱码头繁忙的水平运输工况下,该设备仍需要改进以适应现场的情况。

图 2.6-4　新加坡南洋理工大学摘锁机械手

目前,RAM、BROMMA 和马士基均设计出概念自动化转锁拆装装置,并进行了一系列工业试验。其基本原理相似,均采用机械臂模拟人手旋转锁的下部,通过连轴带动锁的上部旋转,进而实现转锁拆装。

德国 SMAG 的子公司 RAM 研发了 PinSmart 的摘锁平台,如图 2.6-5 所示。通过在新加坡港务集团的试运行表明,对于双 20ft 集装箱作业而言,节省劳动力高于 75%。通过在对 250 艘集装箱船进行作业表明,PinSmart 平台适用于 90% 的甲板层上扭锁以及 60% 的甲板层下的扭锁。

图 2.6-5　德国公司 RAM 公司的摘锁平台

2015年3月,BROMMA发布了扭锁解锁平台(如图2.6-6所示)。该平台采用液压系统。据报道,摘锁的成功率在95%以上,这是目前世界上首台集装箱扭锁摘锁平台。其最大特点是既可以摘除扭锁也可以安装扭锁。当扭锁被摘除后,扭锁被自动放置在内部的收集器中,每个收集器可容纳2400个扭锁。

图2.6-6 BROMMA的扭锁摘锁平台

2.6.4 我国集装箱解锁技术

1. 水运院自动解锁技术试验系统

2016年水运院提出了可适用于20ft、双20ft及40ft标准集装箱摘锁的自动化试验平台,如图2.6-7所示。

图2.6-7 水运院研发的摘锁试验平台

该自动摘锁试验平台采用液压驱动,适用于自动化集装箱码头全过程无人化操作,可设置在岸桥中转平台或放在岸桥下地面上。

2. 青岛港无动力式集装箱锁垫自动摘卸装置

1) 基本情况

青岛港前湾集装箱码头(QQCT)是专业的集装箱装卸作业码头,共有11个泊位和39

台岸边集装箱起重机,码头作业量巨大。为提高作业安全性和集装箱作业的自动化水平,QQCT 对 3000 多艘靠泊集装箱船的锁垫类型进行了分析,得知单拉把锁垫使用率达到60%以上,因此将单拉把锁垫的自动摘除作为集装箱锁垫自动摘卸装置的重点研究方向,开发了无动力式集装箱锁垫自动摘卸装置。该装置由 4 个取锁装置、装置容器、容锁装置和4 个装解锁装置等组成。

在集装箱卸船直取作业过程中,当集装箱从船上卸下装车时,岸桥下不再需要安排作业人员手动摘除锁垫,而是通过使用该装置完成锁垫的摘除。卸船摘锁垫作业工艺变化示意图如图 2.6-8 所示。

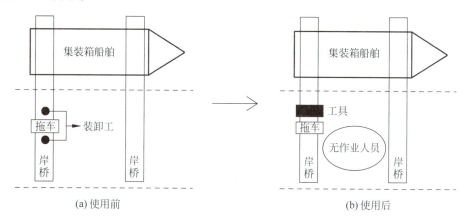

(a) 使用前   (b) 使用后

图 2.6-8 卸船摘锁垫作业工艺变化示意图

2) 基本原理

根据基本功能需要,利用集装箱自重和下落产生的重力势能作为该装置的动力源,通过测算和设计锁垫扭转角度、锁型尺寸、脱落倾角等数据,制作拆锁角件,使其实现重力势能向扭转动能的能量转化,从而拆除锁垫。同时,将拆除后的锁垫推送至装置下面的锁垫收集框内,自动完成锁垫拆卸、收集的整个过程(如图 2.6-9 所示)。

图 2.6-9 青岛港无动力集装箱自动摘卸装置

3) 灵活机动性

由于码头直取作业是动态进行的,同一时间内并非所有岸桥都在进行作业。因此,从研发成本、生产成本上考虑,不必给每台岸桥都配置 1 套自动拆除集装箱锁垫的装置。但在装置的研发制作过程中,要确保装置的流动性、灵活性。

基于此,可以采用将该装置通过岸桥吊装,拖车运输到指定岸桥作业区域的方式。因此,装卸工属具不必另行准备。装置能够随码头生产地点变动,随时快速移动。

4）特点

现代化集装箱码头通常具有高强度、大作业量等特点,该装置以纯金属结构的集装箱托盘为基础,采取全机械式设计,主体架构坚固牢靠、维修方便,能够承受不同质量的集装箱的重力冲击。

该装置依靠集装箱下降重力势能作为主动力,无任何外接动力,使得整个装置更加节能环保。同时,使用该装置后拆锁垫效率比原来提高40%,大幅提高了集装箱装卸作业效率。

3. 青岛港自动化码头拆装锁装置

青岛新前湾自动化集装箱码头采用了机器人摘锁装置。摘锁装置安装在自动化岸桥的中转平台上。该岸桥为上下双小车岸桥,上下小车通过中转平台交换集装箱(见图 2.6-10),起升机构每次可以起吊 2 个 40ft 集装箱,或 4 个 20ft 集装箱,或 1 个 40ft 集装箱加 2 个 20ft 集装箱。

图 2.6-10　岸桥接卸集装箱路线图

摘锁系统由 4 台工业机械手和扭锁水平输送系统组成,如图 2.6-11 所示。由六关节工业机器手配合相应的工装完成一系列定位抓取、转移、旋转动作,再配合水平输送系统将机械手的工作位串联起来,以达到锁具的回收和分配。4 台机械手可以完成最多 16 个位置的集装箱扭锁拆装工作。

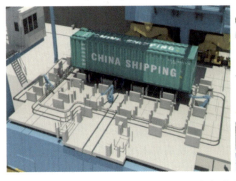

图 2.6-11　青岛港自动化码头拆装锁装置

4. 振华重工锁销自动化拆装装置

振华重工自主研发的锁销自动化拆装装置(见图 2.6-12)可灵活应用于自动化码头、常规跨运车码头、常规集卡码头等,具有自动化程度高、系统兼容性好、扩展功能强大、应用范围广、增加锁销拆装作业过程中的安全性、提高作业效率、降低作业成本等优点。

图 2.6-12 振华重工自主研发的锁销自动化拆装装置

系统采用柔性化智能机器人(见图 2.6-13),可匹配多种尺寸型号的集装箱,同时可以根据锁销型号的不同,自动更换夹具,以适应不同型号的锁销拆装,使系统能处理目前市场上 90%的锁销。

图 2.6-13 振华重工自动化锁销拆装装置柔性机械手

机器人拆装十分智能,能够自行判断解锁是否成功,避免了因解锁失败集装箱被吊走导致的"挂舱"损坏。整体扩展功能强大,可与码头系统轻松对接,且产品维护成本较低。

2017 年 5 月,振华重工自主研发的第一代自动拆装锁销平台在上海洋山四期自动化码头岸桥上初次使用,首次实现了在自动化岸桥中转平台上使用机器人对锁销进行自动拆装作业,是对港口码头人工拆装锁销模式进行的改革,以工业机器人为载体,兼顾传统手工作业模式,最终实现锁销装拆的自动化和智能化。

2020 年 2 月,振华重工全球首创的第二代移动式自动拆装锁销平台(见图 2.6-14)在新加坡 PSA 码头完成阶段测试。作为岸桥装卸集装箱的最后一道"关卡",该项目获得阶段性成果,标志着距离实现全自动化码头真正意义上的"无人化"更近了一步。

该项目主要应用于无中转平台的码头,结合机器人智能化视觉识别技术,可实现对数十种不同尺寸类型的集装箱锁销进行自动拆装作业和管理,平台中的机器人可同时进行装锁、拆锁、换盘等一系列动作和工作循环,可随岸桥移动摆放到不同泊位,配合岸桥作业使用。

图 2.6-14　振华重工第二代移动式自动拆装锁销平台在新加坡 PSA 码头测试

2.6.5　小结

尽管扭锁只是集装箱船舶上的一个极为"渺小"的配装,但全球集装箱船舶运输扭锁用量巨大。进一步减少扭锁的规格,甚至减少到一种或几种性价比更高、更易于实现自动化操作的标准锁具,是全球集装箱船舶运输行业面临的重要课题,考验的是集装箱运输大国或集装箱运输大型企业的智慧,可以开展一些有益的探索工作。

(1) 目前国内外在集装箱扭锁的拆卸环节开展了一些有益的研究工作,但主要集中在新型锁具的开发。虽然已开发出全自动扭锁,但由于技术尚不成熟,在使用过程中存在安全隐患。半自动扭锁依旧是主流。

(2) 拆装锁是自动化集装箱码头中仅有的尚未实现无人操作的工艺节点和难点,但在集装箱解锁装置的研发方面,目前国内外大多停留在理论研究和专利阶段,目前还没有一种可以适应各种集装箱扭锁的拆锁装置,现有的拆锁装置也只限于某几种常用锁。另外,仅有的极少量拆锁装置基本仅限于拆锁环节,对于装锁环节很难满足使用要求。

2.7　集装箱门式起重机倒箱门技术

2.7.1　引言

调箱门是集装箱码头和铁路集装箱货场作业中常见的一种作业工况。

在集装箱拖挂车拖运集装箱过程中,集装箱的箱门有时朝车头方向,不便于装卸箱内货物,这就要求将集装箱箱门调转 180°。而对于铁路集装箱运输来说,也经常要求 20ft 集装箱门对门放置。

据统计,大型集装箱码头的每月调箱门的作业量几乎都超过 1 万吊次,调箱门作业是码头的附加业务之一。如果能实现高效地调箱门,将有效提升港口码头的作业效率,降低能源消耗。

2.7.2 集装箱码头传统调转箱门方式及不足

在传统的集装箱码头,当发现集装箱的箱门方向错误无法进行下一步装卸作业时,需要用正面吊、重箱叉、龙门吊进行调箱门作业。用正面吊或重箱叉车吊起拖车上的集装箱,让拖车绕一圈进行 180°调头,然后设备重新将集装箱放回拖车,完成集装箱门掉转 180°作业。

由于正面吊、重箱叉车长时间抓举箱子等待,集卡的无序行走都违反安全规定,所以存在较大安全隐患。集卡回转需要用足够的回转场地,而 RMG 或 RTG、重箱叉车能耗大、设备笨重,操控人员长时间重复单调地操作,容易疲劳出错。

原有这些调箱门的方法都存在能耗大、效率低、安全隐患多、调度无序等问题,不能实现调箱门作业标准化、程序化、智能化、自动化。这种调箱门的方法必须升级。

2.7.3 铁路集装箱货场 RMG 转箱门方式

铁路货场一般采用 RMG 进行堆场和装卸作业。铁路 RMG 一般要求集装箱能回转至少±180°,因此需要采用起重小车整体回转方式,实现吊具±180°~±215°的回转。这种转箱门方式在铁路集装箱货场应用广泛。

对于门腿只允许通过 20ft 集装箱的 RMG 来说,若想起吊 40ft 集装箱通过门腿,则必须先回转 90°,然后才能通过门腿。因此起重机的有效悬臂长度还必须满足 40ft 集装箱在悬臂位置进行回转的要求,如图 2.7-1 所示。

图 2.7-1 铁路货场用 RMG 回转式起重小车

目前在铁路货场使用的 RMG 上,起重小车上装有类似门座起重机的回转机构。起重小车分为上、下两层,上下车之间设回转支承。回转支承一般采用沿环形轨道行走的 4 个滚轮,其中 2 个滚轮为主动车轮,由 2 套驱动装置驱动。也有的起重机回转小车采用回转大轴承支承,结构紧凑,回转平稳,而且只需要 1 套三合一立式行星减速机驱动即可,但造价较高。

起升机构一般采用八绳防摇方案。

2.7.4 集装箱码头转箱门推荐方案

1. 传统集装箱码头 RMG 转箱门推荐方案

传统集装箱码头可对现有的 RMG 的集装箱吊具或上架进行改造,实现转箱门作业,主要有下述 4 种方案。

方案 1:拆除原吊具及上架,新吊具与上架设计回转式整体吊具,实现整体回转(如图 2.7-2 所示)。这种吊具旋转功能可靠稳定,易于控制,可以按照现场工况要求增加平移调心功能,同时连接接口最少,整体安全性高。但成本较高,更换吊具不方便,若要更换吊具,必须拆卸滑轮。

图 2.7-2 回转式整体吊具

图 2.7-3 回转式吊具上架

方案 2:上架回转方案,即原吊具保持不变,更换回转式上架(如图 2.7-3 所示)。回转式集装箱吊具上架一般可实现 360°全角度回转。回转功能设计在上架上,对吊具没有要求,原来码头配置的备用吊具可以通用,更换回转上架比更换回转吊具要便宜很多。但回转上架一般不配置平移机构,对重心偏载较大的箱子适应性差。

方案 3:吊具回转方案,即原吊具上架保持不变,更换新的回转式吊具(如图 2.7-4 所示)。更换吊具方便快捷,新旧吊具根据需要可替换使用。但是必须单独采购专用的回转式吊具,成本同样较高,同时会较大降低原有龙门吊的起升高度。

图 2.7-4 回转式整体吊具

图 2.7-5 回转式吊具上架

方案4：中间回转过渡架方案（如图2.7-5所示）。该方案最简单，也最节省成本，原上架和吊具均保持不变，在上架和吊具中间增加一个回转过渡架。但导致龙门吊的起升高度降低，同时由于多了一重锁销连接，安全风险有一定程度的增加。

2. 自动化集装箱码头转箱门推荐方案

以上推荐的用于传统集装箱码头的4种转箱门方案各有利弊，但对于全封闭的无人自动化集装箱码头来说，频繁更换集装箱吊具或上架都是不可行的，因此建议借鉴铁路货场RMG采用回转式起重小车的方案，在集装箱堆场外合适位置，专门建造一台调箱门专用的固定式门式起重机（如图2.7-6所示），采用市电驱动，配以回转式小车和八绳减摇起升电动吊具。由于起升高度很小，所以减摇效果非常好，加上远程操控，既节能环保，又高效可靠。

图2.7-6　青岛港自动化码头固定式门式起重机

2.8　集装箱码头工艺流程仿真技术与应用

2.8.1　引言

系统仿真技术是建立在系统工程、测控技术、相似理论、随机过程、计算机与信息技术等多学科基础之上，以计算机和其他专用物理设备为工具建立系统模型，对系统模型进行试验，并借助于复杂对象的专业知识对试验数据进行分析研究，揭示研究对象动态特征或运作规律的一门综合性和试验性的学科。它最大的价值在于研究复杂系统的复杂问题。

根据系统模型的特性，系统仿真技术分为连续系统仿真和离散事件系统仿真。离散事件系统是指系统状态在某些随机时间点上发生离散变化的系统。港口装卸生产系统、物流系统、服务系统等都是典型的离散事件系统。

集装箱码头装卸系统是一个远离平衡态的开放复杂体系,在船舶、集疏运车辆以及货物的输入输出下呈现出复杂的随机动态过程,表现出生产节拍的异步性、多种事件的并发性和状态变化的离散性。其效能的发挥与许多复杂因素密切相关,码头平面布置形式、装卸工艺类型、设备技术性能、库场面积、船舶流、车流、港区交通环境、物流策略、员工素质等多种复杂因素都影响着港口生产效能的发挥。可见,运用系统仿真技术分析解决集装箱码头的复杂问题是比较可行的方法。

系统仿真技术在水运工程领域已经发挥了非常重要的作用。20 世纪 90 年代就有中外学者研究港口系统建模与仿真问题。欧洲代尔夫特大学运用系统仿真技术深入研究全自动集装箱码头的平面布置、装卸工艺、装卸生产控制方法等问题,优化物流方案,为世界第一个全自动集装箱码头的诞生做出了贡献。国内武汉理工大学等高校与多个港口航道规划设计院合作,运用系统仿真技术对几十个大型集装箱码头和干散货码头平面布置与装卸工艺的建设方案进行了仿真优化分析。港口航道规划设计的科研院所和大型港口机械制造公司对系统仿真技术的应用非常重视,成立了专门的系统仿真研究机构,研究码头物流系统和港口航道的建模仿真技术,分析解决规划设计中的复杂问题,优化设计方案。近几年,国内的港口企业也运用系统仿真技术深入研究未来全自动集装箱码头工艺的构型问题,优化港口装卸机械系统的设计方案。可见,系统仿真技术在港口规划设计中发挥了非常重要的作用。

系统仿真技术在港口运营中应用潜力巨大。将系统仿真、虚拟现实与数字孪生技术相结合,建立一个与真实码头一样的虚拟码头,码头操作系统(TOS)与虚拟码头互联,在数据驱动下虚拟码头重现物理码头的生产过程,可完成真实码头的作业跟踪仿真、作业计划预演、作业过程回放,分析可能出现的生产问题,优化调整生产计划,最有效地利用资源。

2.8.2 集装箱码头装卸工艺仿真建模技术

集装箱码头装卸系统是一个远离平衡态的多层次、多成分、离散事件驱动的复杂开放体系,几乎涉及物流运输学科里各种复杂问题。码头装卸系统内部主要有两种"流"在流动:一种是物流;一种是信息流。伴随这两种流,有两种与外部发生关系的输入输出边界:一是码头锚地、闸口构成的物流边界;二是码头信息中心与船公司、货主的数据传输接口构成的信息边界。信息通过 Internet、传真或 EDI 专线与港口互动。在一系列离散事件和各种随机因素的作用下,码头系统的信息流和物流在码头内部也不断分解、流动、输入和输出,演绎着整个码头的动态进程。

系统仿真就是通过建立系统模型,描述系统各种成分的动态活动,来考察系统本身的性能特征。一般要先建立系统的概念模型,然后再建立仿真模型。概念模型是指用语言、符号和框图等形式表达系统知识的模型,是建立仿真模型的基础。

离散事件系统仿真技术应用在物流系统的一般步骤如下。

第 1 步:针对研究目的,分析系统内部元素的关联关系,确定模型的边界,归纳系统的随机事件和分布。

第 2 步:建立系统概念模型,描述系统内部活动的逻辑关系和信息流、物流的分合关系,确定系统的实体、事件、活动、进程、仿真钟等问题。

第 3 步:仿真建模。一般在专业的仿真软件平台上进行,根据系统概念模型,编写程序代码,在不同层面上描述系统的物流活动。

第 4 步:仿真模型合理性检验,包括程序逻辑调试的检验、仿真数据输出的合理性检验。

第 5 步:模型进行仿真试验,这是实实在在的仿真活动。

第 6 步:仿真试验输出数据分析。试验数据分析在仿真活动中占有十分重要的地位,特别是对离散事件系统来说,其输出分析甚至决定着仿真的有效性。输出分析既是对模型数据的处理,同时也是对模型的可信性进行验证。

实际仿真时,上述步骤往往需要多次反复和迭代。

集装箱码头装卸系统的概念模型分为两大部分,即面向船舶计划的装卸流程逻辑关系模型和码头道路交通模型。

1. 集装箱码头装卸流程逻辑关系模型

集装箱码头是以服务船舶为核心的系统,它的各项工作都是围绕船舶集装箱载运计划而进行的。一个船舶计划的完整执行,可分为收箱进场、卸船入场、出场装船、出场疏运等4 个物流环节。这 4 个物流任务的执行与码头的设施设备要发生关系。常用 Petri 网或其他方法描述一个装卸系统工艺流程的逻辑关系。

Petri 网广泛应用于离散事件系统的分析、设计和实施过程中,具有以下优点:

(1)采用图形建模方法,使模型直观、易于理解;

(2)可以清楚地描述系统内部的相互作用,如并发冲突等,特别适用于异步并发离散事件系统的建模;

(3)可以采用自顶向下的方法来建立系统模型,使得所建模型层次分明。

Petri 网用位置、变迁、有向弧和 token 4 个元素描述系统的流程关系。Petri 网概念模型的建立过程就是完成系统的实体事件活动进程到 Petri 网的映射。

图 2.8-1 给出了装卸流程逻辑关系模型,该模型中系统的操作定义如下:

P_0——集装箱船舶到港停泊;

P_1——生产管理系统空闲;

P_2——生产管理系统工作;

P_3——集收箱系统空闲;

P_4——出口集装箱运至出口堆场;

P_5——卸船系统空闲;

P_6——进口集装箱卸载;

P_7——装船系统空闲;

P_8——出口集装箱装载;

P_9——提箱系统空闲;

P_{10}——进口集装箱疏运;

P_{11}——出口箱位空闲(位置 P_{11} 内的托肯数表示出口堆场内的空闲箱位数);

P_{12}——出口箱位占用;

P_{13}——进口箱位空闲(位置 P_{13} 内的托肯数表示进口堆场内的空闲箱位数);

P_{14}——进口箱位占用;

P_{15}——集装箱船舶离泊;

P_{16}——船舶计划到达。

该模型中各变迁定义如下:

T_0——船舶计划进入生产管理系统,信息包含到船日期、进出口箱量等;

T_1——生产管理系统发出集箱指令,划定出口箱、进口箱区,集箱作业开始;

T_2——集箱作业结束,出口箱区占用,返回生产管理系统的指令;

T_3——船舶到港,向生产管理系统报到;

T_4——生产管理系统发出靠泊卸船指令,根据划定进口箱区开始卸箱作业;

T_5——卸船作业结束,进口箱区占用,返回生产管理系统的指令;

T_6——生产管理系统发出装箱指令,装箱工作开始;

T_7——装船结束,船舶离开,返回生产管理系统的指令,触发提箱工作开始;

T_8——提箱申请提交生产管理系统;

T_9——提箱工作开始;

T_{10}——提箱结束。

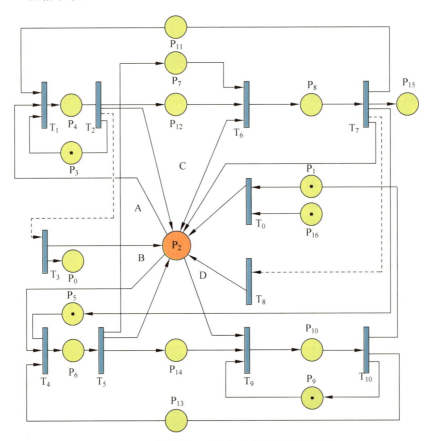

图 2.8-1　集装箱码头装卸流程逻辑关系模型

2. 集装箱码头道路交通模型

码头道路交通是影响码头装卸效率的一个重要因素。根据交通流理论,应该从时间和空间两个角度来对码头交通流特性做出评价。码头交通流特性与城市交通流特性既有相同或相似的地方,但也有一定的区别。主要区别在于:码头是一个执行装卸生产任务的场所,码头车辆根据作业计划要求,按一定的路径行驶,到达装卸点完成装卸任务。码头的装卸设备数量和种类较多,路网结构不同,对道路交通有不同的影响。

在仿真模型里,码头道路交通模型是由车道、车辆、交叉路口、道路方向等构成的。车道分为装卸道和主干道。一个车道分解为一系列的路段。

1)主干道路段

集装箱码头道路的路段可用长度、最高限速、行驶方向、可容纳车辆数等参数描述。在路段末端,车辆可以选择其他路段继续行驶。

2)装卸道路段

集装箱码头道路的装卸道也可分解为系列路段,除了用长度、最高限速、行驶方向、可容纳车辆数等参数描述外,还有在道路上设置装卸集装箱的描述参量,比如,装卸时间、装卸位置等。在路段末端,车辆可以选择其他路段继续行驶。

3)交叉路口

仿真模型的交叉路口是安全通过模型,遵循先到先服务原则,设置交叉冲突区路段,如果有车辆先进入冲突区,后到车辆需要等待先到车辆离开冲突区后,再通过交叉路口。

4)车辆

车辆模型用车辆起(制)动时间、空载行驶速度、满载行驶速度、载箱量等参数描述。

5)行驶的基本原则

码头车辆根据自己装卸任务的目的地在道路网络上行驶。车辆主要分为完成装卸船任务的码头内部车辆和进行集疏运集装箱的外部车辆。它们的任务不同,行驶路线也不一样,交通管制的要求也不一样,具体分为卸船车辆、装船车辆、集运箱车辆、疏运箱车辆。装卸船车辆往返在码头前沿和堆场之间;而集疏运车辆行驶在堆场和码头大门之间,一般不去码头前沿。

以上是集装箱码头装卸系统概念模型的建模过程。

2.8.3 集装箱码头装卸工艺仿真的主要模块组成

模块化建模就是把待定对象按功能或层次合理地划分成若干个组成部分,每个部分用一个或者几个模块表示,然后把这些模块按照一定关系构成研究对象。集装箱码头装卸系统仿真模型可主要分成如下几个模块:

(1)船舶计划产生与管理模块。该模块负责船舶计划的产生与管理;产生不同装载量的船舶计划;按计划到达先后顺序管理船舶计划;分解船舶计划,驱动其他模块工作;统计船舶在锚地的等待时间。

(2)堆场箱位分配模块。基于堆场管理策略和算法,为船舶出口箱和进口箱分配在堆场上具体堆放的位置。

(3)泊位作业模块。判断船舶靠泊条件并控制船舶靠泊;调度相应数量的岸桥,并配合内部装卸船内集卡对来港船舶进行装卸船作业。可统计船舶作业时间、泊位占用时间、岸桥占用时间、每艘船的装卸量。

（4）集装箱集运模块。依据船舶计划分解的装船任务产生集运入场的集装箱；外集卡将每个集装箱送入码头堆场指定位置；可并行执行多个不同船舶计划的集收箱任务；可记录车辆进出码头时间和进出大门等待时间。

（5）集装箱疏运模块。外集卡依据进口箱信息到码头堆场指定位置提取集装箱；可并行执行不同船舶计划的集装箱疏运任务；可记录车辆进出码头时间和进出大门等待时间。

（6）堆场箱区模块。有重箱堆场和空箱堆场，堆放进口箱和出口箱；模块中装卸车道与堆场箱区紧密关联。

（7）集装箱闸口模块。管理集疏运外集卡的进出。可统计进出大门滞留车辆数、滞留时间、每小时车流量以及进出大门的工作时间。

（8）集装箱内部集卡模块。负责装卸船的水平运输作业。空闲时在停车场，工作时在堆场与码头前沿之间行驶。

（9）码头路网模块。主要由码头的主干道构成，为内、外集卡到达指定装卸点提供行驶道路。

（10）堆场设备调度模块。内、外集卡装卸集装箱时，安排场桥、空箱堆高机、正面吊；可统计设备工作时间。

（11）数据统计模块。主要统计指标有码头集装箱吞吐量、装卸船舶数量、泊位占用率、岸桥作业效率、船舶平均装卸作业时间、船舶平均等待时间、堆场设备利用率、堆场占用率、外集卡在港平均滞留时间、内集卡在前沿的滞留时间、闸口处外集卡等待数量、闸口处外集卡滞留时间、路网主干道的车流量和车辆密度等。

上述模块之间相互协调工作，共同组成了集装箱码头仿真模型。根据实际码头平面布置与工艺的图纸，建立码头具体的仿真模型；再通过修改模块的输入、输出参数，研究相应的工程技术问题。各模块之间的逻辑关系如图 2.8-2 所示。

基于上述的集装箱码头装卸系统仿真模块，结合集装箱码头建设工程的相关技术资料及历史数据，就可以建立具体的仿真模型，如图 2.8-3 所示。在建立的仿真模型平台上，可以对拟建设的集装箱码头进行仿真试验。

2.8.4 集装箱码头装卸工艺仿真案例

1. 自动化集装箱码头工艺与平面设计方案仿真分析

1）研究对象

以某港口土地规划区域为背景，根据港口相关的设计规范，设计两种自动化码头装卸工艺与平面。岸线长 857m、纵深 784m，堆场箱区总长 669m、总宽 501m，垂直布置，共有两个 10 万吨级的泊位、8 台岸桥、40 辆 AGV。

方案 1：经典工艺的自动化集装箱码头，堆场为 ARMG。采用"岸桥＋AGV＋ARMG"的装卸工艺，堆场垂直岸线布置，在箱区两端采用倒车入库交接作业模式，如图 2.8-4 所示。堆场为 20(32 贝×9 排)条堆高 4 层的箱区，其中靠近海侧 16 贝为出口箱区，陆侧 15 贝为进口重箱区，中间设置两个缓存区，每箱区配置 2 台 ARMG，共计 40 台，码头平面布置如图 2.8-5 所示。

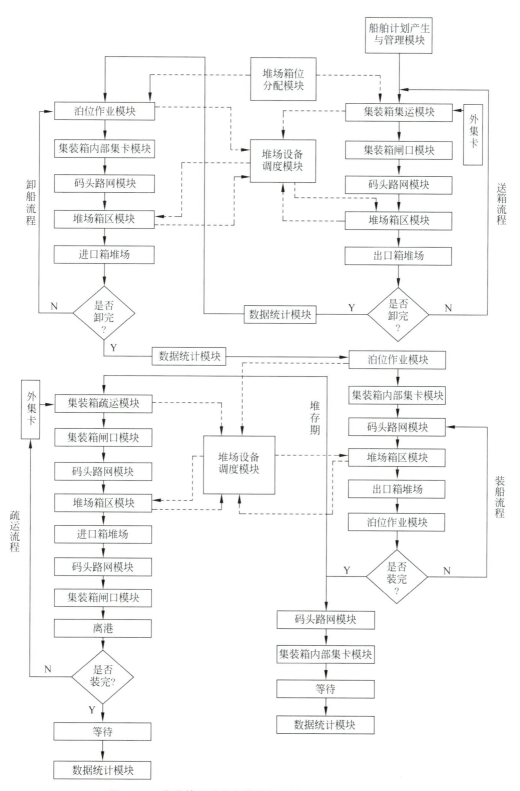

图 2.8-2 集装箱码头仿真模块任务执行之间的逻辑关系图

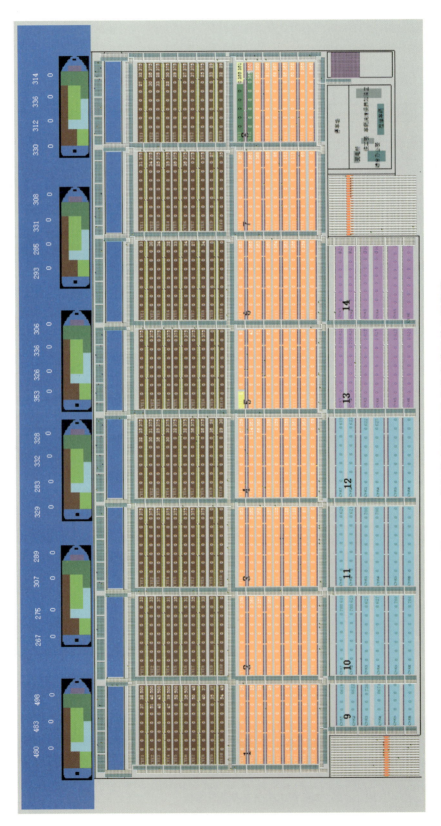

图 2.8-3　集装箱码头装卸系统仿真模型的典型界面

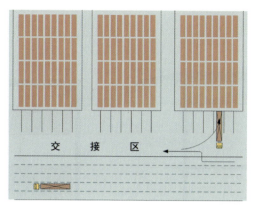

图 2.8-4　经典工艺堆场布置局部放大图

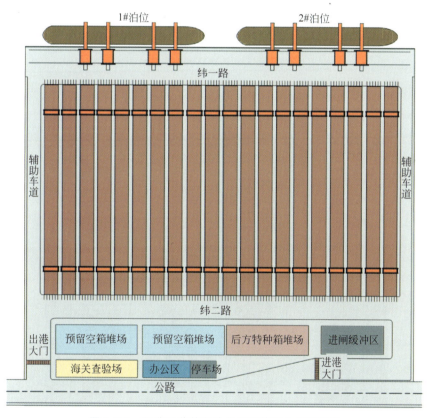

图 2.8-5　经典工艺的自动化集装箱码头平面布置

　　方案 2：单箱轨距堆场起重机（见图 2.8-6）工艺的新型自动化集装箱码头，以单排集装箱为一条箱区，堆场两端装卸交接区采用车辆顺靠式交接工艺（见图 2.8-7），堆场为 36（1 贝 × 165 排）条堆高 4 层的箱区，其中靠近海侧 83 排为出口箱区，陆侧 80 排为进口重箱区，中间设置两个缓存区，每箱区配置 2 台单箱轨距堆场起重机，共计 72 台，码头平面布置如图 2.8-8 所示。

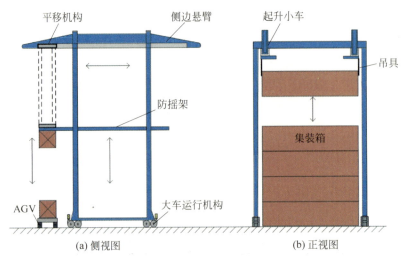

图 2.8-6 单箱轨距堆场起重机结构简图

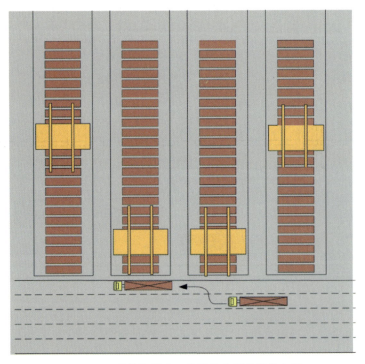

图 2.8-7 单箱轨距式工艺堆场布置局部放大图

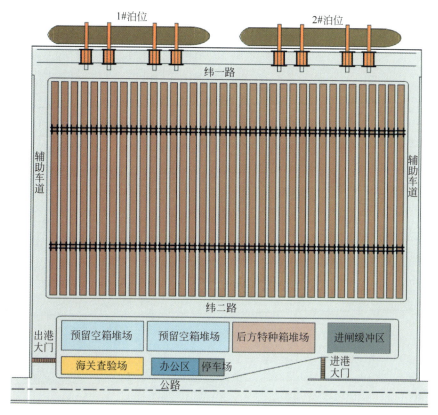

图 2.8-8 单箱轨距堆场起重机工艺自动化集装箱码头平面布置

两种工艺相关设计参数如表 2.8-1 所示。

表 2.8-1 两种工艺码头的相关设计参数

类型	泊位数	泊位吨级/万 DWT	设计年通过能力/万 TEU	堆场配置	堆场堆高/层	地面箱位数/TEU	装卸车位数	堆场起重机数量/台
经典码头	2	10	120	20 条箱区,32 个贝位,9 排	4	11520	5	40
单箱轨距码头	2	10	120	36 条箱区,1 个贝位,165 排	4	11800	1	72

2）研究问题

单箱轨距堆场起重机装卸工艺与典型自动化码头装卸工艺相比,存在堆场设备自重轻、大车运行速度快、行走能耗低等优点。为了对比两种自动化集装箱码头装卸工艺系统性能,拟从能耗和码头通过能力两个方面,高峰、非高峰情况下进行系统仿真,验证新型工艺应用于工程实际的可能性。

两种工艺的系统仿真模型分别如图 2.8-9 和图 2.8-10 所示。

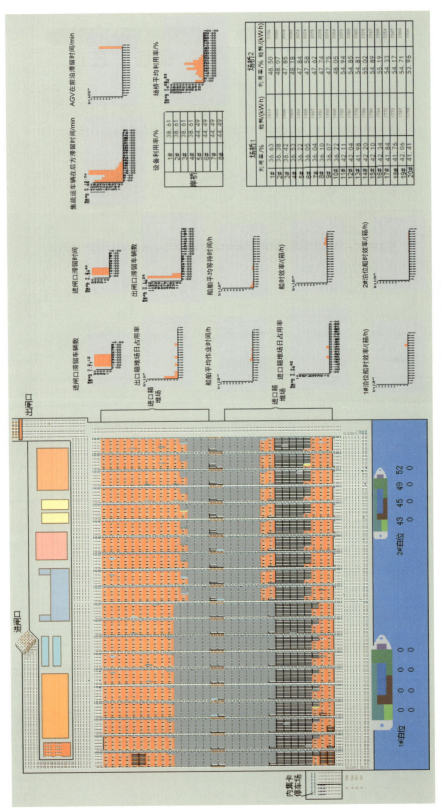

图 2.8-9　经典工艺的自动化集装箱码头仿真模型

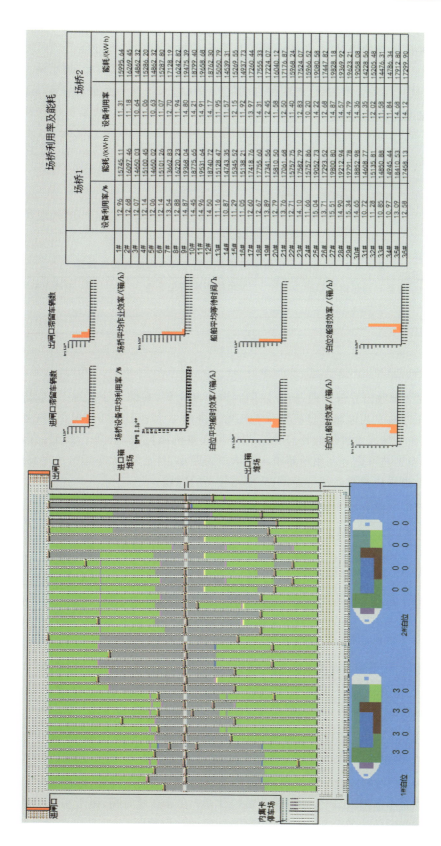

图 2.8-10 单箱轨距堆场起重机工艺自动化集装箱码头仿真模型

3）试验工况

在仿真相同输入的情况下，分析两种工艺系统的技术性能和吞吐能力。同时改变仿真输入，比较分析不同工况下的两种装卸工艺的生产效能。通过仿真实验，揭示两种工艺系统的作业瓶颈，优化设备技术参数，对两种自动化码头工艺系统的平面布置与装卸工艺作出评估。系统的运行由船舶计划（即仿真输入）驱动，考虑以船舶到达时间是负指数分布作为变量因子，分别为800min（工况一）、700min（工况二）、600min（工况三）、500min（工况四），进行仿真实验。考虑剔除气象条件和节假日的影响，仿真实验长度为330天，即475200min。每组实验进行12次，实验结果取平均值，统计出相应分析数据。

4）两种工艺方案仿真试验数据分析

按照不同的工况进行仿真实验，在仿真模型运行完后根据研究的问题选取统计模块的输出数据，实验数据如表2.8-2和表2.8-3所示。

表 2.8-2　两种自动化集装箱码头工艺场桥年总能耗仿真数据　　　　kW·h

工况	典型自动化集装箱码头	单箱轨距堆场起重机	能耗下降/%
工况一	2434281	1933671	21
工况二	2806602	2223761	21
工况三	3312942	2633383	21
工况四	3532776	3148429	11

由表2.8-2中数据分析发现，随着船舶到港不断密集，在前3个工况下，单箱轨距堆场起重机相对于经典工艺堆场起重机年总能耗均下降约20%；工况四情况下，作业处于繁忙状态，单箱轨距堆场起重机仍然比经典工艺堆场起重机能耗低，下降了11%。可见与经典工艺相比，新型工艺可充分利用单箱轨距起重机跨距小、自重轻，大车运行速度高的特性，解决了大跨度轨道场桥载箱高速行走困难、能耗较高的问题。

表 2.8-3　两种自动化集装箱码头工艺方案通过能力仿真数据

序号	统计参数名称	工况一		工况二		工况三		工况四	
		经典	新型	经典	新型	经典	新型	经典	新型
1	年吞吐量/TEU	800230	802460	924272	922470	1092012	1094830	1155696	1306320
2	装卸船舶数量	577	577	664	664	780	783	841	934
3	进口堆场平均日占用率/%	41	31	49	35	67	43	91	53
4	出口堆场平均日占用率/%	14	14	17	16	23	19	81	26
5	泊位平均利用率/%	32.5	26.5	37.5	30.5	46.5	36.5	52.5	45.5
6	船舶平均作业时间/h	8.85	7.19	8.99	7.31	9.37	7.45	9.84	7.71
7	平均船时效率/(箱/h)	78.95	96.56	78.17	95.25	75.50	94.68	70.27	91.48
8	岸桥平均利用率/%	32.77	28.85	38.35	33.78	46.87	40.42	52.73	49.81
9	场桥平均利用率/%	36.80	8.52	41.69	9.67	48.21	11.22	52.10	13.41

由表2.8-3中数据综合分析发现，随着船舶到达时间间隔的缩短，两种工艺码头进出口箱堆场日占用率不断增大，码头逐渐进入高峰作业；在非高峰时期，由于实验中设计船舶装载量为(200,1200)的均匀分布，因此会出现装卸船舶数量相同、吞吐量却不同的现象。当处

于工况四情况时,经典工艺进出口堆场占用率已极高,从而无法完成更多的船舶装卸作业,导致出口堆场占用率骤增,但新型工艺堆场仍有空余箱位,因此在工况四时新型工艺装卸船舶数量明显多于经典工艺。

两种工艺在不同工况下,随着船舶到港密度的不断增大,新型工艺码头的船时效率及船舶平均装卸作业时间波动幅度很小,可见新型工艺码头能更好地适应高峰作业。码头岸桥、场桥平均利用率不断上升,但新型工艺场桥平均利用率明显低于经典工艺,证明单箱轨距堆场起重机装卸工艺优势突出。

对比 4 种工况下码头堆场占用率与岸桥、场桥平均利用率,发现该设计中岸桥、场桥设备数量配置不是十分合理,未使每台设备都充分发挥其效用,此特点在新型工艺中更为明显,可适当增大码头堆场土地面积来提高码头整体通过能力。

2. 集装箱码头平面布置与交通能力仿真分析

1) 研究对象及研究问题

某大型顺岸式集装箱码头,岸线总长为 1800m,5 个泊位,堆场纵深为 600m。堆场布置有两种方案:6 块箱区(见图 2.8-11)或 7 块箱区(见图 2.8-12)。前沿通过栈桥与堆场连接。其装卸工艺采用"岸桥—内集卡—轮胎吊"工艺;岸桥 20 台,轨距 30m。为了更深入地把握不同码头布置方案的交通流组织方式,特别是了解码头年承接 450 万 TEU 吞吐量时的道路交通情况,需要对这两种布置方式进行系统建模和计算机仿真分析,为最后决策提供依据。

2) 实验工况

(1) 码头泊位全部被船舶占用,全部 20 台岸桥投入工作,每台岸桥配置 5 辆内集卡完成水平运输任务;集疏运外集卡进出闸口达到高峰状态,9000 辆/日左右;堆场上 62 台轮胎吊全部投入装卸工作。

(2) 船舶靠泊方式分为多种情况:船舶按预定计划靠泊,船舶相邻交叉靠泊,船舶相隔 1~2 个泊位交叉靠泊。排列组合如表 2.8-4 所示。各艘船舶的进出口集装箱按原计划堆放在预定泊位后面的堆场箱区。表中预定计划数据 12345 表示原计划靠几号泊位的船就停靠在几号泊位。装卸船内集卡只是在船舶停靠的泊位后面对应的堆场箱区进行水平运输作业。表中相邻交叉数据 21435 表示原计划靠一号泊位的船停靠在二号泊位上,靠二号泊位的船停靠在一号泊位上,靠三号泊位的船停靠在四号泊位上,靠四号泊位的船停靠在三号泊位上。而装卸船内集卡仍然要到原预定的堆场箱区进行水平运输作业。

(3) 每种靠泊方式,各做仿真实验 10 次,最后得到各统计参数的平均值。外部车辆到达进闸口时间间隔为负指数分布。

3) 仿真实验数据分析

(1) 车辆在堆场平均滞留时间的比较

从表 2.8-5 中的数据来看,在不同船舶靠泊模式下,两种方案的集疏运外集卡在港滞留时间基本上都比较稳定,这说明泊位交叉作业与否对集疏运外集卡的交通基本没有影响。对于装卸船内集卡来说,在堆场的滞留时间随不同靠泊模式的变化而变化。泊位交叉作业必然会改变内卡水平运输的行驶距离,从而导致其在堆场的滞留时间变化,而且交叉船舶越多,交叉距离越远,车辆遇到交通冲突区的概率也在增加,则内集卡在堆场的滞留时间也就越长。从数据上看,方案 2 比方案 1 的路网条件好。

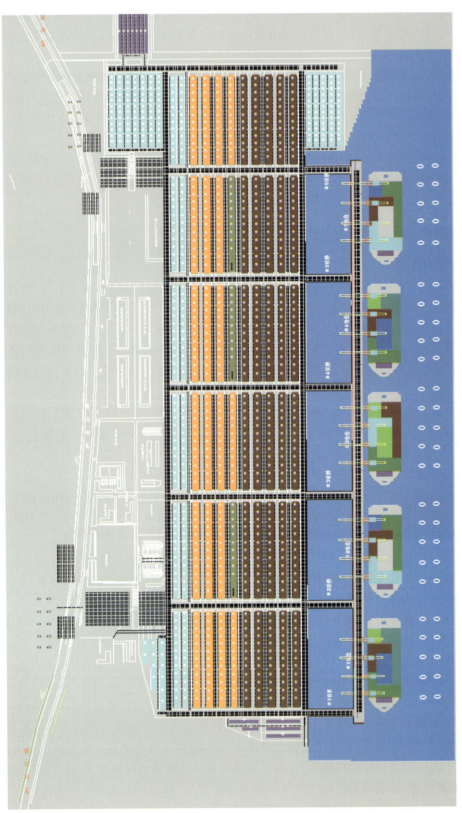

图 2.8-11 集装箱码头交通仿真模型（方案 1）

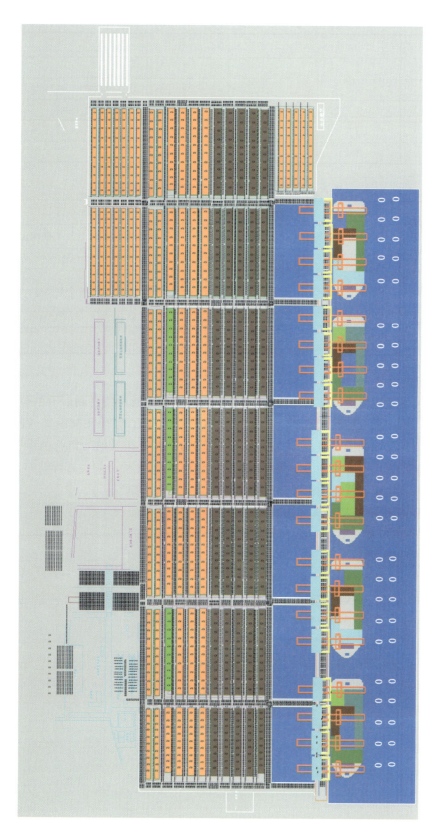

图 2.8-12 集装箱码头交通仿真模型（方案 2）

表 2.8-4 船舶靠泊组合表

泊位	一	二	三	四	五
预定计划	1	2	3	4	5
相邻交叉	2	1	4	3	5
相邻交叉	1	3	2	5	4
相隔交叉	3	4	5	1	2
相隔交叉	4	5	1	2	3

表 2.8-5 车辆在堆场平均滞留时间实验数据   min

船舶靠泊组合	6 个堆区		7 个堆区	
	装卸船内集卡	集疏运外集卡	装卸船内集卡	集疏运外集卡
12345	5.25	9.77	4.80	8.18
21435	5.90	8.84	5.32	8.34
13245	5.61	9.82	5.42	8.37
34512	7.81	9.52	7.45	8.24
45123	8.39	8.90	7.91	8.36

（2）栈桥交通能力的仿真比较

该码头前沿通过栈桥与堆场连接,装卸船的内集卡都要通过栈桥到前沿泊位。在实际营运过程中,到港船型混杂,长度不一。如果严格按泊位靠泊,则码头前沿交通问题不大。但如果为了增加靠泊的船舶数量,采取柔性靠泊策略,则在装卸船舶的作业过程中,舱盖板堵住栈桥口的现象不可避免。为了研究舱盖板堵住栈桥口,车辆必须绕道行驶的交通现象,就需要对舱盖板堵住栈桥口的工况进行仿真分析。

方案 1 有 6 座栈桥,堵塞工况为:

1——所有栈桥都不堵;

2——2♯栈桥堵塞;

3——2♯、4♯栈桥堵塞;

4——2♯、4♯、5♯栈桥堵塞;

5——2♯、3♯、4♯、5♯栈桥堵塞。

方案 2 有 7 座栈桥,堵塞工况为:

1——所有栈桥都不堵;

2——3♯栈桥堵塞;

3——3♯、5♯栈桥堵塞;

4——2♯、4♯、5♯栈桥堵塞;

5——2♯、3♯、4♯、5♯栈桥堵塞;

6——2♯、3♯、4♯、5♯、6♯栈桥堵塞。

表 2.8-6　装卸船内集卡在码头前沿滞留时间　　　　　　　　　　min

栈桥堵塞工况	6 块箱区方案		7 块箱区方案	
	最大值	平均值	最大值	平均值
1	12.33	7.02	12.66	7.05
2	13.20	7.04	12.47	7.06
3	13.75	7.30	13.36	7.09
4	14.52	7.83	14.04	7.26
5	15.57	8.20	14.23	7.65
6			15.94	8.32

从表 2.8-6 的数据来看,正常作业时,如果堵塞的栈桥口少于 3 个,内部集卡在前沿滞留时间增长不明显,但一旦堵塞的栈桥口超过栈桥数目的一半时,内部集卡在前沿滞留时间明显增加。整体上看,方案 1 集卡在前沿滞留时间比方案 2 长,方案 2 的栈桥交通状况比方案 1 好。

（3）进出闸口通过能力比较

在原设计方案的仿真实验中,码头进出闸口通道数量为 23 进 18 出,高峰时车辆在闸口处等待的时间和数量都很小,显然通道数量太多。故对 18 进 14 出,或 16 进 12 出的闸口进行仿真实验,结果如表 2.8-7 所示。

从表 2.8-7 的数据看,在集疏运外集卡日进出码头的数量达到高峰时,18 进 14 出或 16 进 12 与 23 进 18 出的服务质量相差不大。建议适当减少码头闸口进出通道数量。

表 2.8-7　集疏运外集卡在进出闸口的统计数据

通道数（进/出）	进闸口滞留时间/min		进闸口流量/(辆/h)		进闸口排队数		出闸口排队数	
	最大值	平均值	最大值	平均值	最大值	平均值	最大值	平均值
23/18	7.12	1.89	473	461.44	17	11.23	27	12.85
18/14	7.42	1.90	471	461.55	17	11.30	28	13.38
16/12	7.71	1.92	472	461.37	18	11.36	28	13.85

2.8.5　小结

集装箱码头装卸系统是一个多层次、多成分、多事件驱动的离散复杂物流系统,涉及许多复杂性的工程技术问题,而系统仿真技术是解决复杂工程系统问题的有效方法之一。随着社会的快速发展,系统仿真与现代信息技术、人工智能、大数据、数字孪生、云计算、虚拟现实的结合是未来的趋势。这些技术的融合将使系统仿真分析手段发挥更大的作用。

系统仿真技术不仅要在集装箱码头规划设计阶段发挥重要作用,更要在集装箱码头运营阶段解决复杂问题。有两大方面值得关注:一是系统仿真、虚拟现实与集装箱码头 TOS 结合,进行码头生产作业的实时跟踪仿真、回放仿真、预演仿真,全面解析码头生产作业的复杂关联关系,提高生产作业的效能,最有效地利用资源;二是将系统仿真、虚拟现实、数字孪生、现代通信技术相结合,建立远程可视化实时在线运维管理系统,在虚拟空间里再现物理空间中大型装卸设备工作状况,实现对码头装备及控制系统的实时远程监测、异常识别及全生命周期的健康诊断。

第 3 章

集装箱码头前沿装卸设备

3.1 概　　述

3.1.1　集装箱码头前沿装卸设备分类

集装箱码头前沿装卸船作业主要采用岸边集装箱起重机,内河小型港口也有的采用多用途轨道式集装箱门式起重机、集装箱专用门座起重机、多用途门座起重机、高塔柱起重机或浮式起重机等进行集装箱船舶的装卸作业。

3.1.2　集装箱船舶大型化

随着全球经济一体化的快速发展,国际贸易 90% 以上的货物需要通过海上运输实现流通,寻觅一种高效率、低成本、安全可靠的货物运输方式,是全世界运输领域面临的一个重大课题 20 世纪 50 年代中叶,集装箱运输在美国脱颖而出,60 多年来飞速发展,彻底改变了世界港口、船舶、航道和装卸设备及装卸工艺等的传统格局,大型化、高效化、绿色化、安全化成为集装箱船舶运输的重要特征和发展趋势。

集装箱运输对提高货物装卸效率、确保货物运输安全、防止货物被盗、减少或消灭货损货差、装卸船舶实现全天候作业、充分利用堆存货场面积和空间、重复使用集装箱、实现门到门货物运送、大大降低运输成本、缩短货物运输时间等具有显著优越性,使它得到了快速发展。全球经济和贸易的发展,使杂货集装箱化率和集装箱运输增长速度逐年提高。

1. 集装箱船舶等级标准

按国际航运界的习惯,以集装箱船的载箱量来划分其年代,目前分为 8 代。各代集装箱船等级标准如表 3.1-1 所示。

表 3.1-1　各代集装箱船等级标准

船舶等级			船舶能力		船舶主尺度/m			船舶积载情况			开发年份
代	型	级	船舶吨级/DWT(t)	载箱量/TEU	总长	型宽	满载吃水	装箱层数		甲板堆箱列数	
								舱内	甲板上		
第一代	小型	支线级	10000(1000～12500)	≤830	147	22.6	8.2	6	2	8	1968
第二代	中型	沿海及近洋级	20000(12501～27500)	831～1900	183	27.8	10.5	6	2	10	1968
第三代		远洋级	30000(27501～45000)	1901～3100	244	32.3	12.0	7	3	12	1972
第四代	大型	巴拿马级	50000(45001～65000)	3101～4600	294	32.3	13.0	8	5	13	1984
第五代		超巴拿马级	70000(65001～85000)	4601～6000	300	40.3	14.0	8	5	16	1995
第六代			100000(85001～115000)	6001～8200	347	42.8	14.5	9	5	17	1997
第七代	特大型	苏伊士运河级	150000(115001～175000)	8201～12500	380	55.8	15～16	10	7	22	2005
第八代		马六甲海峡级	200000(175001～240000)	12501～18000	400	60	16～18	13	8	24	2015
		"地中海古尔松"号集装箱船	224986.4	23756	399.9	61.5				24	2019

注：

(1) DWT 系指船舶载重量(t)，TEU 系指 20ft 国际标准集装箱；

(2) 载箱量为 23756TEU 的"地中海古尔松"号集装箱船，其船舶主尺度为实船资料。

依据《海港总体设计规范》(JTS 165—2013)，集装箱船设计船型尺度如表 3.1-2 所示。

表 3.1-2　集装箱船设计船型尺度

船舶吨级/DWT	设计船型尺度/m				载箱量/TEU
	总长 L	型宽 B	型深 H	满载吃水 T	
1000(1000～2500)	90	15.4	6.8	4.8	≤200
3000(2501～4500)	106	17.6	8.7	5.8	201～350
5000(4501～7500)	121	19.2	9.2	6.9	351～700
10000(7501～12500)	141	22.6	11.3	8.3	7701～1050
20000(12501～27500)	183	27.6	14.4	10.5	1051～1900
30000(27501～45000)	241	32.3	19.0	12.0	1901～3500
50000(45001～65000)	293	32.3	21.8	13.0	3501～5650
70000(65001～85000)	300	40.3	24.3	14.0	5651～6630
100000(85001～115000)	346	45.6	24.8	14.5	6631～9500
120000(115001～135000)	367	48.2	29.7	15.5	9501～11000
150000(135001～175000)	368	51.8	29.9	16.0	11001～15500
200000(175001～200000)	399	59.0	30.3	16.0	15501～18000

注：

(1) 集装箱码头设计标准以船舶吨级(DWT)对应的设计船型尺度为控制标准，其载箱量为参考值；

(2) 200000 吨级集装箱船的吨级范围上限暂为 200000t，船型尺度为实船资料(实船载重吨为 200000t，载箱量为 18000TEU)。

2. 巴拿马运河和超巴拿马型集装箱船

巴拿马运河位于中美洲国家巴拿马共和国境内,横穿巴拿马地峡,连接太平洋和大西洋,是重要的航运要道。

1）老巴拿马运河和超巴拿马型集装箱船

巴拿马运河自 1914 年开通投运以来,成为沟通太平洋和大西洋的重要航道。这个依靠两端三级闸门通过船舶的阶梯式运河(如图 3.1-1 所示),总长为 82km,最小宽度为 32.7m,因而只能允许小于以下尺寸的集装箱船舶通过:船长为 289m,船宽为 32.31m,一般船舶吃水 11.3m,最大吃水 12m。同时,由于运河航道上架有桥,桥下一般允许通过高度为 57.91m,在最低水位期可通过高度为 62.48m。

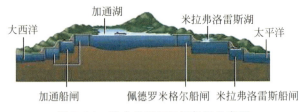

图 3.1-1 巴拿马运河三级船闸示意图

国际航运界习惯用巴拿马运河允许通过宽度来定义船舶。船宽在 32m 左右,能通过巴拿马运河限宽的船舶称为巴拿马型船,巴拿马型船一般不超过 7.5 万 t;而宽度超过此值的船舶为超巴拿马型船。

由于国际集装箱的标准宽度为 8ft(2438mm,近似可认为 2.5m),当船甲板上放置 13 排箱时,船宽近似为 32.2m,因此凡超过 13 排宽的集装箱船均为超巴拿马型船;当甲板上沿宽度排列的集装箱超过 13 排时,其总宽将超过 32m,如第四代集装箱船,当载箱量超过 4000TEU 时,必须用加大船来增加载箱量,这种集装箱船即为超巴拿马型船。表 3.1-1 中的"巴拿马级"和"超巴拿马级"即按照老巴拿马运河参数标准来划分的。

2）新巴拿马运河

2016 年 6 月,历时 9 年扩建的新巴拿马运河正式通航,意味着巴拿马运河开始进入一个新的时代。巴拿马运河新船闸的长度和宽度分别为 427m 和 55m。扩建后的新船闸使得全球船队中相当大比重的船舶可以通过巴拿马运河。

在新巴拿马运河扩建之前,全球船队快速扩张和显著的船舶大型化趋势使得当时全球仅 45% 的运力(以载重吨计)可以通过巴拿马运河。2016 年起巴拿马运河启用新船闸,所允许通过的船舶最大船宽由原先的 32.3m 增至 49m,由此全球船队中可以通过巴拿马运河的运力比重也进一步增至 79%。

2017 年 8 月 22 日,新巴拿马运河迎来通航以来的最大集装箱船——达飞轮船旗下的 Theodore Roosevelt 轮。该船承载量为 14855TEU,船长 365.96m,船宽 48.252m,是当年 7 月在韩国现代重工刚刚完成建成并交付使用的。

2018 年 6 月起,巴拿马运河允许通过的最大船宽进一步增至 51.25m,船舶甲板上沿宽度排列的集装箱可达到 20 排,船长限制则仍保持在 366m,使得全球船队中可以通过巴拿马运河的运力提升至 82%。经巴拿马运河管理局允许,所有 12000～15000TEU 的集装箱船都能够通过巴拿马运河,这进一步推动了船舶大型化发展。

2019 年 5 月 15 日,长荣海运的 Triton 号集装箱船(见图 3.1-2)通过新巴拿马运河,这是巴拿马运河扩建以来通过的最大尺寸的集装箱船。Triton 号为新巴拿马型集装箱船:总载箱量为 15313TEU,总宽度为 51.2m(20 列集装箱宽度),总长度为 369m。此次航行从太平洋向北驶入大西洋,不仅跨过了载箱量 15000TEU 的门槛,创造了总载箱量的新纪录,还突破了通过巴拿马运河的最长 366m 的限值。

图 3.1-2 长荣海运 Triton 号集装箱船通过新巴拿马运河

随着新巴拿马运河的开通,巴拿马型船和超巴拿马型船、巴拿马型岸桥和超巴拿马型岸桥,这两对曾经在航运界被经常提及的名词,将会逐渐淡出人们的视线。

3. 集装箱船舶大型化发展趋势

2013 年 7 月 19 日,世界航运巨头马士基航运公司的 3E 级 18000TEU 集装箱船"马士基迈克凯尼穆勒号"首航中国上海港。这一全新船型被命名为 3E 系列,代表着规模经济(economy of scale)、能源效率(energy efficient)、环保绩效(environmentally improved)。该集装箱船是由韩国大宇造船厂负责建造的当时世界上投入营运的最大集装箱船舶,船长近 400m,宽 59m,吃水 14.2m,载箱量为 18000TEU。

2018 年 6 月 12 日,由中国自主研制建造的世界最大级别集装箱船"宇宙号",在上海正式交付。这是我国在高端船舶建造领域的新突破,也将进一步提升我国海上运输的能力。"宇宙号"总长 400m,船宽 58.6m,最大载重量 19.8 万 t,设计时速达到约 22.7kn[①],最多可装载 21237TEU。投入使用后,"宇宙"号将主要运营亚洲到欧洲的航线。目前,运营这些航线的主要集装箱船,可装载集装箱的数量一般在 14000TEU 的水平。

2017 年 9 月 19 日,法国达飞海运集团宣布在中国中船集团下属企业订造 9 艘 22000TEU 双燃料集装箱船。2018 年 7 月 26 日,这批全球最大最先进集装箱船在上海长兴岛正式开工建造——沪东中华造船(集团)有限公司、江南造船(集团)有限责任公司分别举行首制船开工典礼。这款 22000TEU 集装箱船是中国从"造船大国"到"造船强国"转型升级的标志性产品,彰显了沪东中华和江南造船的强大建造实力。该超大型集装箱船由中船集团 708 研究所研发设计,入级法国船级社(BV)。船舶总长 400m,型宽 61.3m,航速 22kn,载重量近 220000t,载箱量达 22000TEU,可运载 2200 个 40ft 冷藏集装箱。该集装箱

---

① kn(节)为业内惯用单位,表示每小时行驶 1 海里,即 1kn=1.852km/h。

船有着一颗绿色的"心",可满足全球最严格排放限制区域的排放标准,船舶能效设计指数 (EEDI)达到第三阶段标准。同时这是全球首款采用双燃料推进的超大型集装箱船,以 LNG 为主要燃料。此型船不仅采用了 WinGD 的双燃料主机,还配置了全球首型 GTT MK Ⅲ 薄膜式燃料舱,容量达 18600m³。与燃烧重油相比,LNG 具有明显的优势:船舶 CO_2 排放将减少 25%,硫排放减少 99%,细颗粒物排放减少 99%,氮氧化物排放减少 85%,EEDI 能效指数低于现行标准 60%。

2019 年 7 月 8 日,23000TEU 集装箱船舶"地中海古尔松轮"靠泊天津港,新一代世界最大集装箱船舶记录再次更新。"地中海古尔松轮"是地中海航运在 2017 年 9 月向三星重工订购的 6 艘 23000 TEU 级船舶中交付的第一艘。该轮船舶总长 399.9m,船宽 61.5m,高 33.2m,可装载 23756TEU,吃水 16m,载重量 197500t,总吨位 210000t。该船配备德国 MAN Diesel&Turbo 公司推出的 G95ME-C9.5 超强动力主机,其优化设计可减少油耗,降低 CO_2 排放。另有外媒报道,"地中海古尔松轮"与其同批建造的 23000＋大型船舶将全部安装脱硫塔。该集装箱船共有 24 贝位,24 排,舱盖上下各 12 层,共计 24 层。该布置方式相较于其他超大型集装箱船能够多出大约 1500 个集装箱箱位。该船从天津新港开始,陆续挂靠我国青岛港、宁波港、上海港、盐田港等港口,后经新加坡前往欧洲。

目前,船舶大型化已是大势所趋,"世界最大"的集装箱船舶称号几经易主。2017 年 3 月,日本航运企业商船三井旗下的 MOL Triumph 以 20150 TEU 的最大载箱量成为世界上第一艘超过 20000 TEU 的超大型集装箱船舶;不到一个月,马士基航运旗下的 Madrid Maersk 号就以 20568 TEU 的最大载箱量成为新的纪录保持者,同时该轮的载重吨达到 20.6 万 t,成为第一个载重量超 20 万 t 的集装箱船舶;2017 年 9 月,东方海外旗下的东方香港轮 OOCL HONGKONG 以 21413 TEU 的载箱量正式获吉尼斯世界纪录确认为世界最大的集装箱货轮,此项纪录一直保持到"地中海古尔松轮"的出现才被打破。

除"地中海古尔松轮"之外,地中海航运在未来还将有 10 艘同类型船舶陆续交付,现代商船订造的 12 艘 23000TEU 型船,将从 2020 年上半年开始陆续交付。赫伯罗特和长荣海运也分别计划订造 6 艘和 11 艘 23000TEU 型大船。在目前的航运市场环境下,超大型集装箱船能较好地实现规模经济以降低成本,世界最大的集装箱船舶载箱量或许仍然会不停地被超越。

2019 年 12 月 4 日,在第 20 届中国国际海事会展上,沪东中华造船(集团)有限公司推出的全球最大 25000TEU LNG 双燃料超大型动力集装箱船获得了 DNV GL 船级社颁发的 AIP 证书。该集装箱船全长 432.5m,船宽 63.6m,型深 33.7m,配备 12 个货舱,最大堆箱数达 25600TEU。其最大亮点是使用该企业自主研发的 B 型 LNG 燃料舱,舱容达 20000m³。B 型液舱是独立自持式围护系统,可与船体平行同步建造,能大幅缩短建造周期,B 型液舱里可单独设置止荡舱壁,相比薄膜型围护系统在满足任意液位装载要求方面对几何尺度没有限制,能最大化利用船体空间,是高性价比的大容量 LNG 燃料储存解决方案。

2020 年 4 月 23 日,24000TEU 的 HMM"阿尔赫西拉斯"号(Algeciras)集装箱船在韩国大宇造船海洋公司玉浦造船厂顺利下水。其后,大宇造船、三星重工还将分别为 HMM 建造 7 艘和 5 艘同等规模超大型集装箱船。"阿尔赫西拉斯"轮全长 399.9m,船宽 61.03m,型深 33.2m,设计装载量为 23964TEU,打破了此前"地中海古尔松""地中海伊莎贝拉"和"地中海米娅"等 23756 箱的纪录,是目前世界上最大的集装箱船舶。4 月 26 日,"阿尔赫西拉斯"号首航青岛港(见图 3.1-3),标志着山东港口集装箱业务迈入 24000TEU"大船时代",然后依次挂靠釜山港、宁波舟山港、上海港、盐田港、鹿特丹港、汉堡港、安特卫普港和伦敦港,然后通过苏伊士运河达到新加坡港。

图 3.1-3 "阿尔赫西拉斯"号集装箱船舶

图 3.1-4 形象地展示了全球集装箱船舶的大型化趋势。从 1968 年至 2018 年的 50 年间，集装箱船舶的承运能力提升了 1338％。有研究报告表明，未来 50000TEU 也未必不可能。

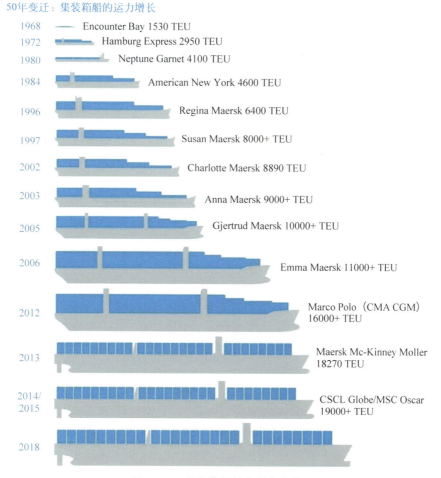

图 3.1-4 集装箱船舶大型化进程

集装箱船舶大型化是国际贸易和全球经济一体化的需要,其带来的优势越来越明显。一方面船舶大型化可以有效降低营运成本,包括船舶购置费和营运费(船员费、保险费、燃料费、港口使用费和维护保养费等),集装箱运费不断降低;另一方面,船舶大型化后货箱运输安全性大大提高。另外,使用超大型船舶的航运公司其耀眼的明星效应,也使其更能吸引托运人,从而具有更强的市场竞争优势。

近两年,船舶大型化的争议声越来越大,究竟船舶要大到什么程度?毫无疑问,船舶大型化降低了航运公司的经济压力。但是整个综合运输成本却在不断增加,只是由海上转移到陆地了,港口需要对各种基础设施和服务进行升级,如起重设备、泊位大小及深度、航道深度、堆场容量、集疏运能力等,投资大大增加,这些都是船舶大型化对港口提出的新的挑战。

3.1.3　岸边集装箱起重机

随着集装箱船舶的大型化,以及港口集装箱港吞吐量的不断增长,对集装箱码头装卸工艺和装备提出了更新更高的要求,岸桥正朝着大型化、高效化、自动化、绿色化方向发展。岸桥机型尺寸参数大型化、工作速度参数高值化、吊具下额定起重量重型化趋势越来越明显。

1. 岸桥大型化

1)超巴拿马型岸桥

适用于巴拿马型集装箱船装卸作业的岸桥称为巴拿马型岸桥。巴拿马型岸桥的几何参数主要是外伸距小于 40m,轨上起升高度小于 28m,吊具下起重量小于 41t,速度参数普遍较低。

适用于超巴拿马型集装箱船装卸作业的岸桥称为超巴拿马型岸桥。迄今为止,国际航运界和港口均没有对何谓超巴拿马型岸桥给以严格定义。由于超巴拿马型船的关键在于它的宽度,因而习惯上也用岸桥的外伸距大小来划分超巴拿马型岸桥。

考虑到海侧轨道距岸边和护舷防撞物将占据一定宽度(老码头为 3～4m,自动化码头为 7～10.25m),故超巴拿马型岸桥外伸距大于 40m,目前外伸距普遍在 60～65m,最大已达到 73m,可满足船舶甲板上堆放 25 列集装箱的装卸要求;总起升高度已达到 70m,其中轨上起升高度大于 36m,最大已达到 56m;吊具下起重量大于 50t,单箱吊具通常为 60t 或 65t,双 40ft 集装箱吊具达到 80t,三个 40ft 集装箱吊具达到 120t;速度参数更高。

除内河集装箱码头外,目前随着船舶大型化,提供海港的岸桥基本都是超巴拿马型岸桥,只有部分支线海港仍有少量巴拿马岸桥在用。但随着新巴拿马运河的开通,传统的巴拿马型岸桥和超巴拿马型岸桥的概念和划分也将逐渐消失。

2)3E 岸桥

随着 3E 级 18000TEU 以上集装箱船等大型化船舶的建造与应用,振华重工更是研发了针对 3E 级集装箱船的大型 3E 系列岸桥,并迅速得到推广应用,形成了船舶大型化与岸桥大型化的相互推进格局。

详见 3.2 节。

3)现有岸桥加高加长

随着集装箱运输船舶的日益大型化,现有岸桥在高度上也无法满足使用要求,对现有岸桥进行加高改造是提升其性价比最佳的解决方案,可大幅提升码头的竞争力。

目前市场上 70% 以上的岸桥都由振华重工提供。2012 年振华重工开始岸桥加高业务,一经推出即受到国内外集装箱码头用户的热烈欢迎,已在世界范围内成功实施多项岸桥加高改造项目,业务遍及亚洲、欧洲、非洲和美洲,包括美国、西班牙、阿联酋、比利时、英国、韩国、摩洛哥等,以及国内的上海港、天津港、厦门港、盐田港、蛇口港、福州港和香港港等。

振华重工总承包了美国马士基洛杉矶码头 10 台岸桥加高改造项目,2016 年 9 月顺利完成了首台岸桥的主体顶升、立柱加高段拼装工作,设备总体高度增加 10.08m,成为全美最高的岸桥,同时也刷新了振华重工的提升高度记录。

振华重工不断研发并改进各种岸桥加高装置,目前主要有三种加高装置:一是高落地式岸桥加高装置,如图 3.1-5 所示;二是液压顶升式加高方式,也是极为成熟的一种加高提升技术,如图 3.1-6 所示;三是新研发的钢绞线式加高方式。后者在新造岸桥的大梁提升上也有较多应用。

图 3.1-5　美国南卡罗来纳州查尔斯顿港岸桥的液压顶升式加高装置

图 3.1-6　蛇口 SCT 码头岸桥的液压顶升式加高装置

2018 年 10 月初,振华重工又创造了一次具有里程碑意义的成就——成功完成对第 100 台岸桥的加高。该岸桥位于阿联酋迪拜 T2 码头,加高采用振华重工最新研发的钢绞线式提升装置,提升高度为 10.5m,提升重量为 1950t,是目前世界上提升重量最大的加高项目,如图 3.1-7 所示。

图 3.1-7 阿联酋迪拜 T2 码头岸桥的钢绞线式提升装置

2019 年 5 月 13 日,振华重工美国子公司与美国新泽西 Maher 码头成功签约 5 台 Fantuzzi 岸桥加高项目,这是振华重工近年来在美国签下的第 8 个加高项目,此次加高高度达 13.8m,也是迄今为止加高高度最高的项目之一,同时也是振华重工在美国南卡罗来纳州加高 Pececo 岸桥后,再一次对其他生产商的设备进行岸桥加高改造。

2019 年 7 月 5 日,振华重工西班牙子公司顺利完成了西班牙 Noatum 码头的第一台加高加长岸桥的顶升工作,如图 3.1-8 所示。本次待加高的两台岸桥均是德国 Noel 制造的老岸桥,要求立柱加高 7.5m,前大梁加长 4m,是振华重工在欧洲的首个既加高又加长的项目,也是振华重工在西班牙获得的首个非本公司品牌岸桥的加高改造项目。

图 3.1-8 西班牙 Noatum 码头岸桥的加高加长

2019 年 8 月 14 日,振华重工研发了具有自主知识产权的空中加长技术与装备,顺利完成广州南沙岸桥空中加长段的焊接,成功为大梁加长 2.5m(见图 3.1-9)。此为振华重工首次在岸桥改造领域实现空中加长,具有重要意义。

2. 岸桥装卸作业高效化

随着集装箱船舶的大型化,如何提高船舶装卸效率成为集装箱码头前沿设备的最重要指标。目前对于大型船舶一般 4～5 台岸桥进行装卸船作业,隔舱作业,效率为 150 箱/h 左右。

图 3.1-9　振华重工实现岸桥大梁空中加长

　　增加同时作业岸桥的数量是目前提升船舶装卸效率的主要手段。按照规范,一般每个 10 万吨级大型集装箱泊位按照 4～5 台岸桥配置,当进行特大型集装箱船舶的装卸作业时,在条件允许的情况下,可以将相邻泊位的岸桥全部调配投入本船的装卸作业,以提高作业效率,但并不是每个港口都具备这个条件。

　　2019 年 12 月 4 日,总长 398.9m 的"埃斯特尔马士基"号集装箱船停靠宁波舟山港梅山港区集装箱码头 5 号泊位,梅山港区调配 9 台岸桥同时对船舶进行装卸作业,以确保安全高效地完成作业任务,如图 3.1-10 所示。

图 3.1-10　宁波舟山港梅山港区 9 台岸桥同时进行装卸作业

2020 年 3 月 25 日,"中远意大利"轮在天津港完成 11859TEU 作业后缓缓驶离泊位(见图 3.1-11)。以此为标志,天津港欧亚国际集装箱码头有限公司刷新了"中远海运美西线"在泊船时效率历史纪录,达到平均 265 箱/h,同比提升 20％。2020 年 5 月,天津港太平洋国际集装箱码头全力打造"精品效率航线"示范工程,累计作业船舶 55 艘次,在泊船时效率达到 208 箱/h,单桥效率平均达到 32 箱/h,作业效率显著提升。

图 3.1-11　天津港欧亚国际公司 10 台岸桥同时进行装卸作业

2020 年 6 月 1 日,上海冠东国际集装箱码头有限公司 11 台岸桥(其中单吊具岸桥 8 台,双吊具岸桥 3 台)用时 8h52min,完成对 3E 级船舶"埃斯特尔马士基"号集装箱船卸船突击作业 7832TEU 的任务,船时效率 883TEU/h,打破世界纪录。

如何提高装卸效率?目前的研究方向主要有以下几种:一是增加同时作业岸桥的数量;二是提高岸桥每次装卸集装箱的数量,如从单 40ft 箱伸缩吊具发展到双 40ft 箱吊具和三 40ft 箱吊具;三是提高岸桥的运行速度,采用双起重小车,减少小车的运行距离;四是研发新型装卸设备,将船舶隔舱作业改为邻舱作业。

1) 单 40ft 箱岸桥

单 40ft 箱岸桥是最早研发成功,也是最简单、应用最多的岸桥。岸桥只有一个起重小车,一套起升机构,一个集装箱吊具,每次只能起吊一个 40ft 集装箱,或一个 20ft 集装箱。

随着集装箱双箱吊具的诞生,岸桥可以每次起吊一个 40ft 集装箱或一个 20ft 集装箱,也可同时起吊两个 20ft 集装箱,较大提升了作业效率。

2) 双 40ft 箱岸桥

双 40ft 集装箱岸桥可实现一个循环同时装卸两个 40ft 集装箱或四个 20ft 集装箱或一个 40ft 集装箱加两个 20ft 集装箱(如图 3.1-12 所示),打破了常规单箱集装箱岸桥的作业理念,显著提升了岸桥的装卸效率。如岸桥起吊双 40ft 集装箱时,较常规起吊单 40ft 箱装卸效率可提高 60％。目前这种双 40ft 集装箱岸桥已成为国内外各大港口集装箱码头的首选。

3) 三 40ft 箱岸桥

2006 年,振华重工在研发成功一次可装卸两个 40ft 集装箱岸桥的基础上,又研制成功了一次可装卸三个 40ft 集装箱岸桥,并首先成功地应用于中国深圳赤湾港码头。图 3.1-13 所示为三箱吊具工作状态。

图 3.1-12　双 40ft 箱岸桥吊具

图 3.1-13　三 40ft 箱岸桥吊具

该岸桥吊具下起重量 120t,可以一次装卸三个 40ft 集装箱作业,也可以一次装卸六个 20ft 集装箱,或两个 40ft 集装箱加两个 20ft 集装箱,或一个 40ft 集装箱加四个 20ft 集装箱,还可一次进行两个 40ft 集装箱或一个 40ft 集装箱等多种工况作业,适应性强,其作业效率大大提高。

4) 双小车岸桥

前面介绍的单 40ft 箱岸桥、双 40ft 箱岸桥和三 40ft 箱岸桥都是只有一个起重小车,即单小车岸桥。这种单小车岸桥在集装箱下降至码头前沿地面进行装车作业时,要与地面的集卡(或 AGV)互相等待,严重影响了岸桥作业效率的提升。

为减少起重小车与集卡(或 AGV)之间的等待时间,以及地面集装箱解锁时间,提高岸桥的装卸效率,30 年来各岸桥制造企业推出了各种双小车岸桥,包括单 40ft 箱双小车岸桥、双 40ft 箱双小车岸桥等,尤其以目前在全自动化集装箱码头上广泛应用的全自动双 40ft 箱双小车岸桥最为成功。

双小车岸桥主要分为两种:一是接力式双小车岸桥,二是穿越式双小车岸桥。

目前所用的双小车岸桥均为接力式双小车岸桥,即高位前主小车(或称海侧小车、上小车)将集装箱自船上吊至岸桥的中转平台上,然后集装箱在中转平台上拆锁,再由低位后门架小车(或称陆侧小车、下小车)将集装箱从中转平台起吊至集卡或 AGV 上;反之亦然。

新型的双小车岸桥不但适用于自动化集装箱码头,也同样适用于半自动化和非自动化码头,既可以和自动化码头的 AGV 自动配合作业,也可以和非自动化码头的集卡自动配合作业。双小车岸桥在提高作业效率和方便集装和拆装锁方面具有很大优势,但高昂的价格,限制了其推广应用,目前主要应用于自动化码头。

5)单起升双吊具岸桥

双 40ft 集装箱岸桥的起重小车上设有两套起升机构,实现两个集装箱吊具的起升。两套起升机构既可以同时工作,也可以每套机构单独工作。但这种双起升双吊具岸桥的起升机构复杂,自重较大,能耗较高。

为了简化起升机构,降低移动载荷重量和能耗,2015 年 10 月上海港、上海振华重工等单位在现有双起升双吊具岸桥的基础上试制成功了单起升双吊具岸桥。详见 6.3 节介绍。

6)单起升双吊具双小车岸桥

单起升双吊具双小车岸桥是在上述双小车岸桥和单起升双吊具岸桥的基础上研发成功的,并已成功应用于厦门远海、青岛港前湾和上海港洋山四期自动化集装箱码头。图 3.1-14 为振华重工为上海港洋山四期自动化集装箱码头研制的双小车岸桥。

图 3.1-14　上海港洋山四期自动化集装箱码头双小车岸桥

7)快速定位技术

通过采用双箱或三箱岸桥,提高起升机构和小车运行机构的速度,以及设置上下双小车接力作业模式,可以大大提升岸桥的作业效率,但如何使吊具或集装箱实现快速准确的对位,同样是岸桥实现高效作业的关键难点技术。

岸桥吊具的起升高度较一般起重机大得多,高速运行的起重小车在减速或停车时,吊具或集装箱将在期望的停止点附近往复摆动,摆幅大至米级,如不采取快速有效的止摆措施,吊具或集装箱将长时间摆动,无法实现快速定位,完成对锁孔取箱或放箱,将大大影响岸桥装卸效率的提升。吊具减摇方法很多,但目前岸桥上应用较为有效的有电子减摇技术和机械减摇技术两种方式。

电子减摇技术是由计算机模拟司机操作控制吊具摆动技术演变而来的,用于起升高度较大的岸桥上小车吊具的减摇效果较好。

机械减摇技术很多,目前应用效果最好的是吊具八绳起升减摇技术,采用起重小车与吊具之间 8 根钢丝绳组成的 4 个倒三角形,实现吊具在小车和大车两个运行方向的减摇。这种减摇技术对于起升高度较大的岸桥上小车不太适用,对起升高度 20m 左右的吊具减摇效果更理想,如双小车岸桥的下小车和 RMG、RTG 场桥的吊具减摇。

另外,在八绳起升吊具上还增加了微调装置,吊具通过电动推杆微动,完成吊具的细微调整对箱。

集装箱吊具或集装箱的对位技术还包括岸桥吊具自高处下降至船上集装箱的对位(对锁孔)、吊具或集装箱对集卡(或 AGV)等技术。

3. 新概念高效岸桥及装卸工艺

世界各国港口集装箱码头、港机制造企业和研发机构为适应船舶大型化趋势,提出了许多全新概念的高效岸桥和新的装卸工艺技术,甚至某些新技术、新工艺和新产品已得到示范应用。

1) 美国 Li'ech 公司的 Jumbo Crane

Jumbo Crane 是由美国 Li'ech 公司提出的大型连续集装箱卸船机,其概念是海陆侧各设一个起重小车,海侧起重小车将集装箱吊至最大起升高度位置,旋转 90°,卸载到前大梁托盘小车上,由托盘小车运输到陆侧小车位置处,陆侧起重小车将托盘小车上集装箱放至地面,空载托盘小车通过高空轨道移动至海侧小车位置。通过以上循环,从而实现连续卸船作业,如图 3.1-15 所示。

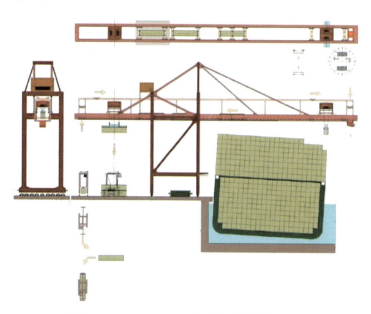

图 3.1-15　Jumbo Crane 大型连续集装箱卸船机

2) Paceco Supertainer

Paceco Supertainer 包含多个起升,海侧起升不在门框间移动,只吊载货物到水平转运车上。水平转运车在海陆侧起升间来回运输集装箱。陆侧起升将集装箱卸载到地面 AGV 或集卡上,如图 3.1-16 所示。

图 3.1-16 Paceco Supertainer 岸桥

3）荷兰 Del'大学的 Carrier Crane

荷兰 Del'大学的 Carrier Crane 概念和 Li'ech 公司的 Jumbo Crane 概念类似，就是采用多个起升进行有序的作业，不同的是不需要旋转集装箱。海侧两个小车将集装箱起升装载在大梁上的移动托盘上，再由托盘运送至后大梁尾部，由后大梁小车将集装箱放至地面。此种设计的小车较 Li'ech 的 Jumbo Crane 概念的小车要轻很多，如图 3.1-17 所示。

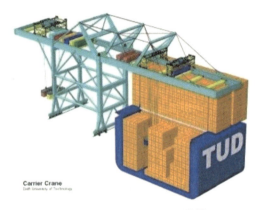

图 3.1-17 Carrier Crane 岸桥

4）APMT Fastnet 装卸系统

随着 3E 型船舶的投入使用，马士基迫切需要提高整船装卸效率，于是由 Li'ech 联合上海振华重工提出了 Fastnet 快速网装卸系统概念，如图 3.1-18 所示。

图 3.1-18 APMT Fastnet 装卸系统

常规集装箱码头系统每个泊位的平均效率为 150～180move/h[①]。其中岸桥由于总宽的限制而不能进行"相邻舱"作业,平均每个泊位只能投入 5～6 台岸桥作业,成为制约装卸效率的瓶颈。

Fastnet 系统每个泊位可以投入 10 台甚至更多岸桥进行作业,将大大提升集装箱船的装卸效率,每个集装箱泊位的生产率预计能达到 250～400 move/h。Fastnet 概念即若干简易岸桥(由前后大梁、机器房、拉杆等组成,没有海陆侧门腿)海陆侧大车在悬空的海陆侧横梁上移动,海侧门腿上下方装设有大车,实现海侧门腿左右方向上移动。这样在两个门腿间可以实现 2～4 台岸桥并排在一起进行作业,解决了相邻舱作业的问题,大大提高了整船装载效率。

5)Windows Crane

由 APM Terminals 在 TOC 欧洲展会上提出来的 Windows Crane 子母机概念,码头海陆侧各装设两根钢轨,相邻舱的两台桥吊的吊具只能在固定的起升高度位置穿过海侧门框,从而实现相邻舱作业,如图 3.1-19 所示。

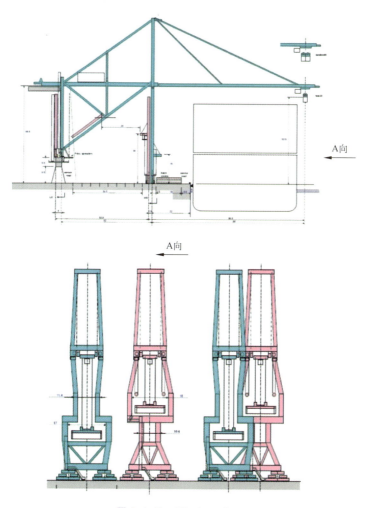

图 3.1-19　Windows Crane

① move/h 在港口中应用较多,意为循环/h。

6）ZPMC 双大梁岸桥

上海振华重工与同济大学机械学院研究设计的双大梁岸桥已申报了国家和世界发明专利（如图 3.1-20 所示）。两个小车同时在两个平行的大梁上运行时，通过错开两个小车吊具的起升高度差来实现小车的水平运输，而不互相干扰，实现相邻舱作业。

图 3.1-20　ZPMC 双大梁岸桥

7）穿越式双小车岸桥

由上海海事大学与华电重工公司共同提出的新型穿越式双小车岸桥（如图 3.1-21 所示），与前述上下双小车岸桥完全不同。该岸桥的两个小车沿着岸桥大梁的上下轨道运行，可以互相穿越而互不影响，提高了岸桥的装卸作业效率。详见 3.3 节。

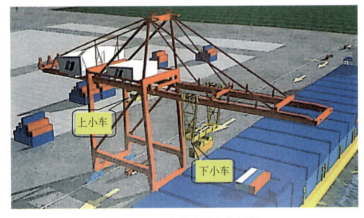

图 3.1-21　穿越式双小车岸桥

8）挖入式港池双侧作业岸桥

挖入式港池是沿着江、河、海等水域的主岸线向陆域开挖出的港池（水域），它与主岸线的水域相连。挖入式港池具有无浪、水流稳定、足够的水深、码头作业岸线长等优点，可供船舶安全停靠、驶离。其缺点是水中泥砂沉淀，要经常清淤，因而很少采用。由于它可同时实现多台起重机在船舶两舷同时作业，有利于提高集装箱装卸效率。

荷兰阿姆斯特丹港的挖入式港池集装箱码头（见图 3.1-22），是现代挖入式港池集装箱码头的一次新的尝试,上海振华重工为其提供了所有前沿设备。

图 3.1-22 荷兰阿姆斯特丹港的挖入式港池集装箱码头

船舶大型化要求现代集装箱码头的每个停靠集装箱泊位的装卸效率应达到 300～330 箱/h。挖入式港池可以实现更多台岸桥两舷同时作业,集装箱岸桥能在港池两侧同时对港池中的对象船进行装卸作业。当船的长度为 280～350m 时,这种港池可同时投入 9 台甚至更多的岸桥进行作业,一侧岸边投入 5 台,另一侧投入 4 台。例如,22 排箱船宽为 55m,两岸边至水侧轨道中心各留 4m 左右的供给车道,岸桥的外伸距 60～61m 就足够了。每台岸桥的设计生产率为 35～40 箱/h,9 台岸桥装卸 315～360 箱/h,就可以实现 300～330 箱/h 的目标。

4. 岸桥智能化

在自动化集装箱码头前沿装卸、水平运输、堆场三大设备中,由于岸边集装箱起重机外形尺度庞大,起升高度、起升速度、小车运行速度等性能参数较高,加上船舶摇摆、起重机结构振动变形较大等因素,导致其自动定位难度较大。但近几年随着技术的进步,岸桥自动化、智能化水平越来越高,目前自动化岸桥已完全取消了司机室,依靠激光扫描、磁钉、磁尺、编码器等可实现精准定位。

图 3.1-23 为青岛港自动化集装箱码头接力式双小车双吊具岸边集装箱起重机。目前下小车的运行完全实现自动化运行,上小车在吊具(或集装箱)到船舶取箱(或放箱)时,需要人工远程监控,其余环节全部实现自动化运行。同时,在岸桥的中转平台上一般需要采用人工方式进行拆装集装箱锁具。

另外,对现有传统集装箱码头的岸桥进行远程控制技术升级改造,是传统集装箱码头智能化改造的重要途径之一,目前国内已有多个示范应用案例。

5. 岸桥轻量化

岸桥的轻量化与岸桥的大型化、高效化、智能化经常是互相矛盾的,但却一直被国内外用户所提起。岸桥的大型化、高效化、双小车、双吊具等技术都可能导致岸桥自重越来越大,通常达到 1700t 甚至 2000t 以上,最大轮压达到 100t 以上,从而导致码头基础投资越来越高。

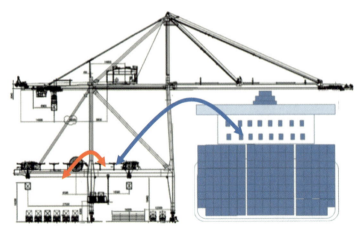

图 3.1-23 青岛港自动化集装箱码头岸边集装箱起重机

上海振华重工在大型岸桥轻量化方面开展了大量研究与优化设计工作,通过结构、机构和电气优化,新研发的3E岸桥在起重量增加、前伸距和起升高度等主尺度增大的情况下,自重却较传统岸桥降低近10%,能耗降低4%。

2020年3月20日,振华重工克服全球新冠肺炎疫情困难,顺利交付广州南沙三期3台轻型岸桥,如图3.1-24所示。该岸桥采用了全球首创的螺旋管形式门框系统,可在保证使用性能不变的情况下,大幅降低整机重量达到20%,具有良好的轻量化和节能性能,适合许用轮压较低的内河型码头,这也是振华重工继盐田项目后的第二个螺旋管形式结构门框的岸桥项目。

图 3.1-24 振华重工轻型岸桥交付广州南沙三期集装箱码头

随着船舶和码头装卸设备的大型化,对码头土建也提出了更高的要求,更大的起重机设计参数需要更高的许用轮压和更强的防风装置。2020年8月,振华重工推出了一种新的结构设计理念——半圆形大梁岸桥(ZMH Boom),如图3.1-25所示。该起重机主要特征在于对主梁结构进行优化,主梁主要由上面板、位于上面板下方的承轨梁腹板和与腹板对接的圆弧形板。与传统箱型截面相比,新型半圆形截面大梁可以有效降低结构的风力系数。根据起重机设计规范,圆形截面的风力系数为 0.7 左右,而矩形截面风力系数一般选 1.4～1.8,风力下降了 50% 以上。随着风力系数的减小,作用在前大梁上的风力也随之减小,以往为了满足暴风工况下大梁安全性所增加的板厚和结构重量可以进行一定程度的优化。而大梁重量的降低,也进一步降低了整机自重和工作状态下的最大轮压值。另外,由于降低了作业状态下的侧向风力对大梁的影响,对于起重机在最大外伸距位置的侧向刚度也有所改善。

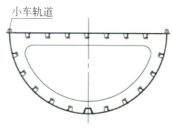

(a) 采用半圆形大梁的岸桥　　　　　　(b) 岸桥大梁半圆形截面形式

图 3.1-25　振华重工新型半圆形大梁岸桥

3.1.4　多用途轨道式集装箱门式起重机

该起重机是在通用 RMG 的基础上,延长水侧悬臂的外伸距,通过更换集装箱吊具、吊钩或抓斗,可以满足集装箱、重大件或散货的装卸船舶、堆场、装卸车辆等作业,实现一机多用,如图 3.1-26 所示。

图 3.1-26　多用途轨道式集装箱门式起重机

这种机型的结构形式、机构、电气控制等与通用RMG基本相同,一般采用带翻板的集装箱吊具代替固定导板集装箱吊具,方便集装箱装卸船舶作业。适合于内河中小码头,设备价格较普通岸边集装箱起重机便宜很多,一般只有巴拿马型岸桥的一半,或更低。

3.1.5 集装箱专用门座起重机

集装箱专用门座起重机多用于内河或沿海中小型集装箱码头,起重机多采用桁架式单臂架结构形式,工作幅度较小,一般为25m左右,吊具下起重量35t或40t,设备价格较普通岸边集装箱起重机便宜很多。

图3.1-27是武汉理工大学研发的集装箱专用门座起重机。

图3.1-27 集装箱专用门座起重机

集装箱专用门座起重机配有带自动回转装置的集装箱伸缩吊具,可以在装卸过程中始终保持集装箱的纵向轴线与码头岸线平行,同时吊具具有水平补偿装置和偏心调节装置,使起重机在回转过程中集装箱始终保持水平状态,提高了作业效率。

目前这种集装箱专用门座起重机在内河和一些小型沿海港口应用较多,装卸作业效率较高,一般可达到20~25TEU/h。

3.1.6 多用途门座起重机

20世纪80年代,我国港口集装箱业务刚起步不久,集装箱吞吐量并不大,专业化集装箱码头并不多。因此建造了一些多用途码头,既可以进行件杂货和散货装卸作业,也可以进行集装箱装卸作业,码头可以根据货种需要灵活调整。为此,由交通运输部水运科学研究院牵头,联合国内多家单位共同研制了多用途门座起重机(如图3.1-28所示),可以较为灵活地更换吊钩、抓斗和集装箱吊具三种吊属具,进行件杂货、散货和集装箱的装卸船舶作业。

图 3.1-28 多用途门座起重机

多用途门座起重机是在通用门座起重机的基础上，为适应集装箱装卸要求，增加集装箱装卸功能，因此多用途门座起重机一般可通过更换不同的吊具，进行集装箱、件杂货、重大件和散货的装卸作业，实现一机多用。

多用途门座起重机多采用四连杆组合臂架，吊具下起重量一般不小于 30.5t，可以满足沿海或内河港口较大型船舶的装卸作业要求，集装箱吊具具有回转功能，方便集装箱的对位要求。与岸边集装箱起重机相比，多用途门座起重机自重轻，轮压低，投资省，对码头要求较低，但作业效率也要低很多。

另外，在一些内河小型码头，港口台架式起重机、港口固定式起重机也有用于集装箱装卸船舶作业的。

随着集装箱运输的专业化发展，上述机型目前应用很少，后面不再做介绍。

3.1.7 高塔柱起重机

1. 国外高塔柱起重机的发展

高塔柱起重机（简称高架吊）是一种轻型移动式装卸机械，最早于 1956 年由德国高华（Gottwald）公司研制成功，20 世纪 70 年代在欧洲逐渐发展壮大，目前主要由德国利勃海尔（Liebherr）和高华两家公司生产。欧洲高塔柱起重机除自己使用外，重点向非洲和拉美国家推广。据报道，2018 年全球高塔柱起重机的订单量高达近 200 台（而根据《World Cargo News》统计，同期岸桥数量为 219 台）。

高塔柱起重机分为轮胎式高塔柱起重机和轨道式高塔柱起重机两种。国外轮胎式高塔柱起重机应用较多，机动灵活，地面不需要铺设轨道，既可在码头前沿进行装卸作业，也可以在堆场作业，设备可得到充分利用。

图 3.1-29 所示为国外轮胎式高塔柱起重机。

利勃海尔是全球最大的高塔柱起重机供应商，拥有 LHM 120、LHM 180、LHM 280、LHM 420、LHM 550、LHM 600、LHM 800 等系列产品，额定起重量从 42t 到 308t，最大工作幅度从 30m 到 64m，可以配备吊钩、抓斗和集装箱吊具等各类吊属具。其中 LHM 800 高塔柱起重机为目前利勃海尔公司最大型高塔柱起重机。该起重机最大起重量 308t，最大工

图 3.1-29 国外轮胎式高塔柱起重机

作幅度 64m,总起升高度为 64.5m,轨上起升高度 52.5m,轨下下降深度为 12m,最大起升/下降速度为 120m/min,装机容量为 725kW,整机自重 742t。进行集装箱作业时,可以满足甲板上 22 列集装箱的作业要求;进行散货作业时,作业效率可以达到 2300t/h;该起重机尤其适合重大件的装卸作业。图 3.1-30 为 LHM 800 高塔柱起重机装卸集装箱船舶的作业曲线。

2. 我国高塔柱起重机的发展

我国自 20 世纪 80 年代由交通运输部水运科学研究院从国外引进、消化、吸收,并陆续研发了 5t、10t、16t、30t、40t 系列产品,在我国华南地区有较多示范应用。但国内引进的高塔柱起重机多为轨道式高塔柱起重机,用于码头前沿件杂货、重大件和散货的装卸船舶作业,并制定了国家标准《港口高塔柱式轨道起重机技术条件》(GB/T 16562—1996)。

20 世纪 80 年代,轨道式高塔柱起重机在我国有所推广;1990—2010 年间基本不再使用。近几年随着技术的进步,以及欧洲一些厂家的差异化推进和发展,性能有很大提升,该机型在我国又得到一定重视,个别企业也开始研发与生产,并向"一带一路"沿线国家推广应用。

江苏润邦重工股份有限公司(简称润邦)是国内主要的高塔柱起重机制造厂家,其研制的"Genma 杰马"产品目前已远销全球 5 个国家,并成功升级至第三代。润邦高塔柱起重机整机重量仅为同级别岸边集装箱起重机的 30%~40%。润邦为印度 Visakhapatnam 港西部煤炭码头 7-8♯泊位研制的 3 台 GHC100 高塔柱起重机采用柴电驱动,轮胎式底盘结构,最大起升重量为 100t,最大工作半径为 48m,大车支撑距离为 13m×13m,最大承压220t。图 3.1-31 为润邦高塔柱起重机。

2020 年 10 月下旬,振华重工自主研发的首台高塔柱起重机完成总装(见图 3.1-32),标志着我国港机骨干制造企业开始进军高塔柱起重机这个高端庞大市场。

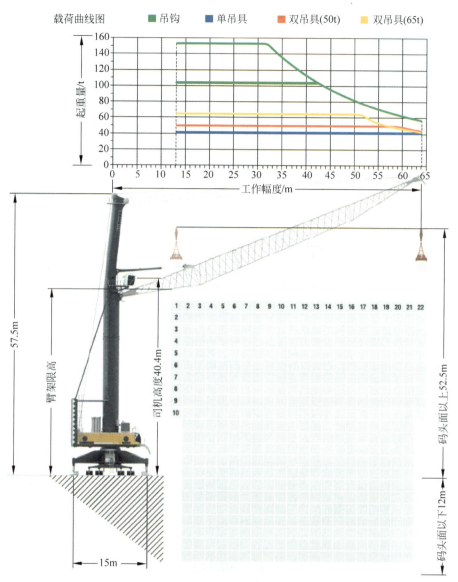

图3.1-30 利勃海尔 LHM 800 高塔柱起重机装卸船作业曲线

3. 高塔柱起重机机型特点

高塔柱起重机最大特点是采用桁架式单臂架结构形式,臂架下铰点设在立柱的中间高度位置,不会出现与船舶干舷干涉的问题;司机室离地较高,视野好;另外,通用性很好,可以通过更换吊钩、抓斗和集装箱吊具等不同的吊具,以进行件杂货、散货、集装箱和重大件的装卸作业,实现一机多用。

该起重机结构紧凑,自重较轻,设备价格和使用能耗都较低,较适合于内河作业效率要求不高的港口,在非洲和拉美国家应用较多。对于我国沿海工作负荷较重、作业频繁、工作级别要求高的专业化大型集装箱和散货码头,该起重机有一定局限性。

图 3.1-31 润邦研制的高塔柱起重机 　　　　图 3.1-32 振华重工研制的高塔柱起重机

3.1.8　港口台架式起重机和固定式起重机

港口台架式起重机和港口固定式起重机主要用于内河小型大水位差直立式集装箱码头。起重机一般采用单臂架结构形式,工作幅度一般在 30m 及以下。

图 3.1-33 为中铁五新重工有限公司研发的用于装卸集装箱的港口固定式起重机。

图 3.1-33　中铁五新研制的港口固定式起重机

3.1.9 浮式起重机

早期内河大水位差斜坡码头集装箱吞吐量不大,集装箱船舶装卸作业多采用浮式起重机和斜坡缆车配合的作业模式(如图 2.1-8 所示)。

浮式起重机分为回转式浮式起重机和桥式浮式起重机两种,其中回转式浮式起重机应用更多。

随着内河港口集装箱吞吐量的不断增加,这种斜坡码头的装卸工艺系统已难以满足使用要求。近 10 几年来,随着西部大开发的深入,原来大多货运斜坡码头逐渐被直立式码头所代替,相应的"浮式起重机-斜坡缆车"的工艺方案也被常规的"岸边集装箱起重机-集装箱拖挂车"方案所代替。

3.2 低能耗 3E 岸边集装箱起重机的研发及应用

3.2.1 引言

国际集装箱航运市场竞争激烈,船舶大型化是航运公司为求生存和发展而采取的降低运营成本的有效方法。

1. 何为 3E 集装箱船

2013 年 7 月,世界航运巨头马士基航运公司采购的 18000 箱集装箱船"马士基迈克凯尼穆勒号"投入使用,如图 3.2-1 所示。这一全新船型被命名为 3E 系列,在尺寸上呈现超高、超宽和超长的特点,代表着规模经济(economy of scale)、能源效率(energy efficient)、环保绩效(environmentally improved)的深刻含义,开启了令人瞩目的集装箱运输新时代。

图 3.2-1 马士基 18000TEU 集装箱船

2. 何为 3E 岸边集装箱起重机

能够装卸 3E 集装箱船的岸边集装箱起重机称为 3E 岸边集装箱起重机,简称 3E 岸桥。

全球各大港口高度关注 3E 级船舶的动向及其航运线路,而码头现有装卸设备——岸桥的能力已无法满足装卸要求,主要原因在于:

(1) 前伸距不够长;

(2) 起升高度不够高;

(3) 速度不够快,无法在短时间内完成装卸,满足船只迅速离港的要求。

为此,码头运营公司首先想到的是如何对现有设备进行改造,但起重机改造工程量大、码头作业繁忙无法给出时间和场地来满足大规模改造要求。权衡利弊后,国内外各大港口纷纷考虑添置新设备。振华重工作为全球港口起重机制造行业的领头羊,依靠自身技术优势率先研发出低能耗 3E 岸桥,从而引发全球范围的设备更新换代新浪潮。

3. 何为低能耗岸边集装箱起重机

顾名思义,就是能耗比常规 3E 岸桥较低的岸桥。它的突出特点在于:

(1) 主参数较常规岸桥大幅提升,可满足 18000TEU 集装箱船的快速装卸;

(2) 轻量化设计,将起重机自重控制在与常规岸桥相当水平,使其符合现有码头的承载能力或大幅降低新码头建设费用;

(3) 通过全方位设计优化来降低起重机运行能耗,并且将重物下降和水平移动的制动过程发出的、本来需靠电阻等消耗掉的能量反馈和储存到动力系统中加以循环利用,从而达到节能减排、低碳环保目的,符合全球提倡的"低碳、环保、可持续发展"新理念。

3.2.2 低能耗 3E 岸桥的吊具配置和基本参数

3E 岸桥的吊具配置比较灵活,可以选择配置常规的单起升单吊具,也可以配置分离上架实现单起升双吊具作业,或者配置双起升机构实现双吊具作业。然而,对低能耗 3E 岸桥来说,为了达到降低能耗的目的,在满足使用要求的前提下,重量应该尽量轻。所以,单起升单吊具是低能耗岸桥的标准配置。如果码头没有特殊装卸工艺需求,应尽量减少在岸桥上面配置附属部件,如中转平台、舱盖板平台等。

低能耗 3E 岸桥的基本参数见表 3.2-1。

表 3.2-1 低能耗 3E 岸桥的基本参数

参数名称	数值	备注
载荷(钢丝绳下)/t	≥83	单吊具
载荷(吊钩横梁下)/t	≥75	
载荷(吊具下)/t	≥65	
前伸距/m	≥70	
轨距/m	≥30	
后伸距/m	≥20	可视码头布置调整
总起升高度/m	≥67	
起升高度(轨上)/m	≥48	平均水位的码头标高为 3m 时

续表

参数名称	数值	备注
起升速度/（m/min）	满载90/空载180	额载/空载
小车速度/（m/min）	240	
俯仰速度/min	＜6	
大车速度/（m/min）	45	

部分参数的意义可参考图3.2-2。

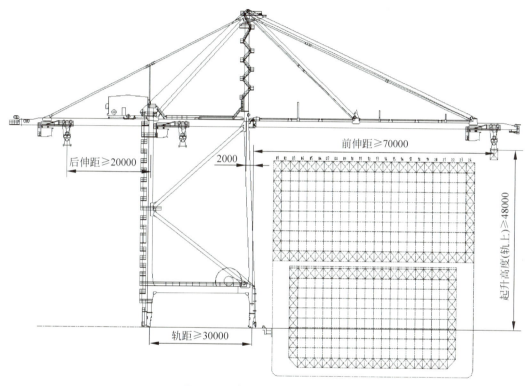

图3.2-2 低能耗3E岸桥示意图

3.2.3 低能耗3E岸桥的节能技术

低能耗3E岸桥不是对常规岸桥的简单放大，而是通过设计优化全新开发出来的。超大型岸桥的问题在于参数大、质量重，无论是岸桥本身的成本还是码头土建成本都比较高。最致命的问题是许多现存码头是按以前预测的最大岸桥设计的，没有想到大型化的速度如此之快，故原来码头受承载能力限制无法配置超大型岸桥。然而船舶大型化势不可挡，配备大型岸桥势在必行；而且大型岸桥运行能耗高，在节约能源、保护环境形势日益严峻的今天，降低能耗也是一个不可回避的课题。

为了解决这些问题，振华重工做了大量的研究，结合在设计和制作岸桥过程中积累的经验，提出一系列技术措施，包括：合理确定岸桥参数；优化结构、机构设计来降低岸桥重量；优化机械配套件选型和设计；采用辅助控制子系统提高控制精度，实现精准操作；采用新型的控制器和驱动器；增加功率因数补偿装置；采用高节能率的优质电气配套件以及引入新能源等，以达到降低能耗的目的。

1. 合理确定岸桥总体参数

岸桥参数大体可以分为几何参数和速度参数。几何参数包括前伸距、轨距、后伸距和起升高度等，而速度参数主要指各机构运行速度和加速度。这些参数的大小直接关系到岸桥本身的大小和配套件的选型。如果参数选择过小，会导致设备和部件不能满足使用要求或者因寿命短而提前更换；参数选择过大，又会导致设备和部件能力不能得到充分利用，而且多消耗能量，造成无谓的浪费。因此，岸桥参数的合理确定是至关重要的。

1）根据码头作业船型及繁忙程度来决定起重机外形尺寸及主机构（起升、小车）速度

对大多数码头来说，其作业船型的大小范围是基本确定的，因此，码头能够根据作业船型合理选择岸桥的外形尺寸。但对各主机构载荷和速度等参数的选择，往往缺乏系统的研究。现在大多数岸桥起升速度一般都定为 90 m/min（吊具下 65t 或 61t 满载）/180（空载）m/min、小车运行速度 240m/min。实际上，针对一个特定的码头，这些参数的选择是否合理，设备性能是否得到了充分的发挥和利用，需要根据码头实际作业情况进行研究和确定。

通过对多个码头的作业集装箱重量进行统计分析，发现绝大多数集装箱重量都不超过上述额载的 80%。这样按 65t 或 61t 满载全速配置的电动机、驱动器和传动元件等型号过大，各元件得不到充分的利用，反而造成能耗的无谓浪费。因此，节能首先需要对主机构载荷进行优化。在优化了载荷的基础上，结合码头地面运输设备的运行效率，再对主机构的速度参数进行优化。

以某项目岸桥起升机构为例，如果按照常规设计，额定载荷为 61t、起升额定速度为 90/180(m/min) 时需要电动机额定功率 $2 \times 510kW$。但低能耗设计则有很大不同：以覆盖绝大多数集装箱重量的载荷 50t 作为吊重，90m/min 作为此吊重下的速度来选取电动机。根据计算，所需起升电动机功率为 $2 \times 430kW$，比常规设计低了 15.7%，效率却几乎没有降低。因为根据电动机力矩特性曲线，推出岸桥在吊满载 61t 时的起升速度约为 75m/min（由于很少用到，所以对码头作业效率几乎没有影响）。当然，如果想进一步提高效率，可以将吊 50t 载荷时的起升速度从 90m/min 提高到 100m/min，计算得出的电动机功率为 $2 \times 485kW$，也比原来按 61t-90m/min 得出的电动机功率 $2 \times 510kW$ 要小。

再看小车驱动机构的速度确定。同样以吊具下 50t 载荷作为吊重，240m/min 作为小车运行速度来选择电动机，计算得出的功率为 210kW，而常规设计按吊具下额载 61t 和 240m/min 小车运行速度选择的电动机功率为 230kW。相比之下，功率降低约 10%。当然，按 50t 载荷选的电动机功率实际遇到吊具下载荷为额载 61t 时，小车运行速度需稍微降低，但空载速度可以提高到 260～300m/min，两者相抵，作业效率不仅不下降，甚至可以提高。

从上述研究可以看出，采用适当载荷选取电动机，配以合适的速度，电动机功率及能耗可显著减小，作业效率反而还有所提高。

2）在不影响作业效率的前提下，合理选择加速度

加速度对电动机功率的影响也是比较大的，所以，不推荐采用过大的加速度。实际上，加速度的大小对作业效率的影响比较小，而对电动机功率的影响则是比较大的。以某项目

的起升机构为例,加速度从 0.6m/s^2 加大到 0.75m/s^2,双循环作业效率仅提高 1.61 箱/h,约合不到 3%,而电动机功率却需增加 $2\times30\text{kW}$,约合 13%。加速度变化对电动机功率和作业效率的影响见图 3.2-3。可以看出,电动机功率受加速度变化影响比较大。同时,加速度增大对结构也有一定的影响(增大了载荷)。所以,不宜采用较大的加速度,而是通过提升速度来提高效率。

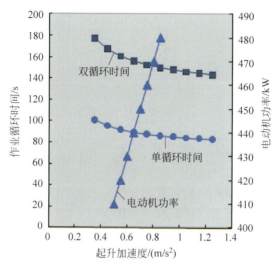

图 3.2-3　加速度对电动机功率和作业效率的影响

2. 优化整机主结构设计

整机主结构设计首先要保证结构强度、刚度满足使用要求。在此前提下,可以对岸桥结构进行优化设计。岸桥主结构部分重量一般占整机重量的 2/3 以上,因此,降低结构重量是降低整机重量的关键所在。整机重量降低对码头土建、运营成本和大车运行能耗降低都有直接效果。除了岸桥结构本身重量之外,其迎风面积和由此产生的风载荷,也是影响码头承载能力和大车能耗的关键因素。因此,优化结构设计的目的主要是降低结构重量和减小风载荷,从而降低码头土建成本以及岸桥前大梁俯仰和大车行走时的能耗。

1) 优化结构截面设计

减小结构截面的目的在于减小岸桥的迎风面积,从而降低风载荷,减少风载导致的能耗。此条在大风区域尤为重要。在暴风区域,有时为了降低风载,甚至不惜增加重量也要将截面降低。一般来说,在重量相差不大的情况下,优先选用小截面。

以 65t-65m 岸桥的前大梁为例,采用 2000mm 的梁高,迎风面积约为 157m^2,重量约为 151.5t。如果改用 1800mm 的前大梁,迎风面积约 143m^2,重量可降低到约 145t,面积和重量都有所降低。

除了减小截面尺寸,优化截面形状也是结构优化的一个重要方面。由于圆形截面产生的风阻比矩形截面要小很多,所以矩形截面改为圆形或者弧形截面的话,也会大大降低风载。但由于弧形截面制作困难,目前应用还不多。

2）优化整机结构形式

岸桥受功能和空间限制，结构基本定型，可优化空间不多。不过，局部结构形式还是可以优化的，其中比较典型的是门框撑管系统的优化。目前，常用的门框撑管形式有图 3.2-4 所示的几种。

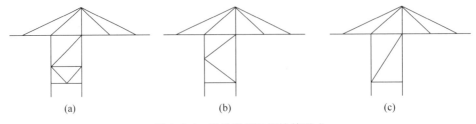

图 3.2-4　岸桥常用门框撑管形式

从图 3.2-4 中可以看出，形式（a）重量最重，产生的风载荷也是最大的；形式（c）最轻，产生的风载荷也最小；形式（b）的重量和产生的风载荷介于形式（a）和（c）之间。因此，在满足设计要求的前提下，优先选用（c）型门框斜撑，可降低重量和迎风面积。为了进一步减轻重量，还可以在形式（c）的基础上做进一步优化，如图 3.2-5 所示。将门框撑管的端点相交到海侧立柱合适位置，使整机门框刚度达到最优化。这样门框撑管可进一步缩短，重量和迎风面积会进一步降低。

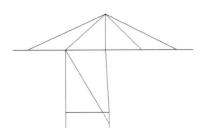

图 3.2-5　岸桥门框撑管进一步优化形式

同样可以优化的是水平撑管。以前水平撑管是在海、陆侧立柱之间连接一根很长的管子。水平撑管存在的意义在于整机在海运过程中产生较大的加速度时，可以减小门框部分的受力。在日常运行过程中，实际上此撑管基本可以去除。但考虑到整机运输的特殊情况，采用临时撑管的话，现场工作量较大，因此在设计中还是保留此撑管，但可以进行适当的优化，如图 3.2-6 所示。将原先连接海、陆侧立柱的撑管改为连接在海侧上横梁与后大梁在轨距之间的中部，撑管长度大大减小，既可以降低重量，撑管的拉压性能反而更好，迎风面积也大大降低，是很好的优化形式。

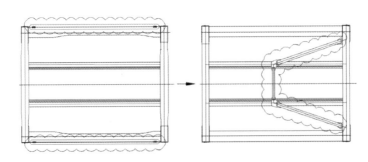

图 3.2-6　岸桥门框水平撑管优化

3）优化疲劳载荷谱

一般来说,岸桥前大梁上越靠近海侧端部的部分和后大梁上越靠近陆侧端部的部分,小车运行过去的次数就越少;而越靠近前后大梁连接的铰点附近的区域,小车运行的频率越高。基于此作业模式,一般将岸桥前大梁疲劳载荷区域分成3段或者4段,如图3.2-7所示,分别给予不同的疲劳寿命。理论上来说,船上有几排箱,前大梁就分为多少段,就材料来说是最经济的。但这样会造成大梁分段过多,增加制造成本,也没有必要。3E岸桥由于前伸距较大,可以适当地分成更多段,如5段,能够有效减轻大梁的重量。

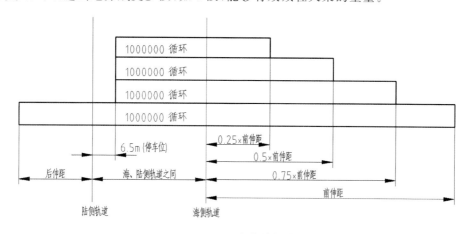

图3.2-7 疲劳载荷谱

4）其他细节优化

（1）前后大梁连接采用整体式和闭口支座代替剖分式支座和开口支座

以前的岸桥大多数使用剖分式铰支座,虽然拆装比较方便,但结构臃肿,重量大,加工程序复杂,安装繁琐,可靠性受紧固件性能限制,需要定期检查维护。作为低能耗设计,新型整体式铰支座被开发出来。此支座结构简单,易于加工,质量可靠,大幅降低了重量和维护工作量,如图3.2-8所示。

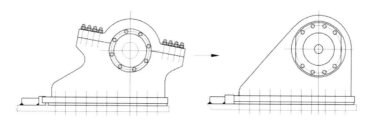

图3.2-8 岸桥前后大梁铰点支座优化

与之类似的是滑轮支座,特别是俯仰滑轮支座,开口式支座的重量比闭口支座要重。但由于俯仰滑轮拆卸的概率很低,做成开口式支座与低能耗原则产生冲突。而且开口式支座加工困难,不像闭口支座那样只要铰孔就可以了。为了保证滑轮支座孔的对中,这些孔都是焊后加工的,所以开口式支座的开槽都是现场切割后打磨出来的,质量不容易保证,受力也没有闭口的好。因此,对俯仰滑轮支座推荐设计闭口支座,如图3.2-9所示。

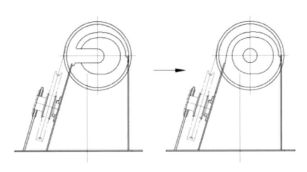

图 3.2-9　岸桥滑轮支座优化

（2）局部采用高强钢

采用高强钢是通过提升金属结构强度许用值，来减薄钢板厚度或降低箱体截面高度，达到减重的目的，但是并不是所有的地方都适宜用高强钢代替。岸桥除强度要求以外，还有疲劳、杆和板的稳定性、刚度等要求，以及海港工作海洋、盐雾条件下，为了防腐蚀，钢板的最小厚度有一般不低于 8mm 的限制。例如，岸桥前大梁主要受疲劳控制，采用高强钢无法提升其疲劳许用值；岸桥门腿主要受板的稳定性控制，高强钢并不能提高抗屈曲性能；岸桥整机刚度与结构截面大小有关，采用高强钢来降低截面高度的方式会使得整机刚度明显下降（以 Q420 代替 Q345 为例，门腿、下横梁、联系横梁截面尺寸减小 200mm，整机刚度下降约 10%），所以并不一定可取。

因此，高强钢主要适用于局部静态和动态强度控制的区域，如海、陆侧下横梁两端，海、陆侧立柱两端，后大梁尾部区域等。以常规 65t-65m 岸桥为例，对其强度控制区域采用 Q420 高强钢板替代 Q345 钢材进行重量优化。采用 Q420 钢材，比原采用 Q345 钢材的岸桥整机可减重约 30t，约合 3%，效果并不明显。另外，对于 65t-65m 参数的抗震型岸桥，采用 Q420 和 Q490 高强钢板替代 Q345 钢材，主结构可减重约 7%，整机重量可减少 5%。

以上可以看出，对于一些特殊工况（地震、暴风）要求高的港机产品，采用高强钢能取得一定的效果。

（3）撑管端部采用十字形节点

3E 岸桥由于其起升高度很高，导致门框斜撑较长，受压失稳的可能性急剧增大，一般需加大管径和壁厚来解决此问题。低能耗 3E 岸桥的门框斜撑在不增加管径的前提下，可采用十字形节点板（如图 3.2-10 所示）来提高斜撑两端的嵌固能力，有效降低了门框斜撑的长细比，降低了受压失稳的可能性。按照计算，管径可由原先的 1300mm 降低到 1200mm。

（4）梯形架撑管与海侧上横梁采用圆接方相连

以前梯形架撑管直接与海侧上横梁焊接在一起。为了与撑管对筋，需在上横梁内部增加 6～8 边形筋板，导致箱体内部空间狭窄，筋板错综复杂，焊接操作困难。而且对筋效果不好，受力不明确。采用圆接方（如图 3.2-11 所示）的形式后，通过三维软件对圆接方筒体建模，保证筒体尺寸的正确性。撑管与圆形筋板对筋，下方四边形与上横梁端部箱体对筋，传力路径明确，减少了上横梁内部筋板，减轻了海侧上横梁重量，优化了上横梁结构。

图 3.2-10 十字形节点板

图 3.2-11 圆接方过渡结构

（5）采用贯穿角钢代替断续角钢

结构内纵向角钢的作用是，与横隔板一起，保持钢板的稳定性，使钢板在受力情况下不会屈曲。将以往分段设计的纵向角钢改为贯穿于整根大梁长度，角钢材质与结构母材相同，在保证钢板稳定性的同时，提高了钢板的承载能力。采用贯穿角钢后，由于角钢可以承受部分弯矩，钢板受力减轻，厚度有所减少，也有效降低了结构重量。

（6）机器房底盘和机房的优化

机器房位于后大梁上面，空间位置高度高，其重量和迎风面积都比较大，对岸桥结构受力和轮压影响显著。因此，对机房和底盘的优化也很重要。目前，已经采用的方法有：

① 机房底盘与后大梁连接采用单排螺栓。常规的机房底盘与后大梁连接支座采用双排螺栓，导致连接处结构复杂，筋板较多。经优化，将机房底盘与后大梁连接支座螺栓改为单排，直接利用工字梁与后大梁底座连接，而底座可以与后大梁横隔板直接对筋，减少了机房底盘和后大梁内筋板，结构形式简洁，重量得以减轻。

② 将电气房布置于机房侧面。电气房放在机房陆侧面的缺点是需要做单独的电气房底盘，而且为了避开起升钢丝绳，需要将电气房底盘抬高，结构复杂，重量也比较重。放在侧面后，电气房与机房在同一平面，而且可以利用变压器平衡机房重量，机房布局更加合理，重量也轻。同时，可使岸桥重心向海侧移动，对于机房在陆侧上横梁的陆侧的布置来说，可减小陆侧轮压。

③ 合理安排机房走道空间。为严格控制机房的体积与重量，建议除主通道宽度留800mm 左右，其他非常用通道控制在 600mm 左右。合理的机房大小使得重量和迎风面积都会减少，从而降低了能耗和轮压。

④ 采用 1.5mm 镀锌波纹板代替机房底盘底下 3mm 的电缆槽封板。1.5mm 镀锌波纹板的刚度要好于 3mm 平板，重量反而轻，已得到推广应用。

（7）前大梁头部悬臂部分采用小拉杆

有些项目会配备用于拆卸锁销的吊笼（欧洲码头一般称为 gondola）。为此，前伸距一般会额外增加 2.5m，但此部分行程不承受额载重量，仅承受小车、空吊载系统以及 gondola 的重量。相比集装箱载荷来说，此部分载荷很小，而且用到的次数较少，因此，对此区域可以考虑采用小截面，用小拉杆吊住，如图 3.2-12 所示。

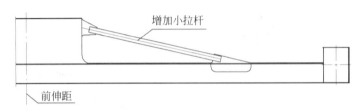

图 3.2-12 前大梁头部小拉杆

3. 活动载荷的优化设计

活动载荷主要是指起重小车、托架小车、电缆拖绳和吊具上架等移动运行部件。活动载荷的大小不仅关系到电动机、联轴器等选型的大小,还会对整机结构重量产生影响,所以降低活动载荷的重量对降低结构疲劳载荷和整个岸桥的低能耗设计意义重大。

1) 起重小车和托架小车的设计优化

起重小车是集装箱水平运输的关键部件,在悬挂空吊具回程时,其重量占活动载荷的一半以上,在每个工作循环的水平移动作业中都要消耗相当多的能量。因此,降低起重小车重量对节能也有直接作用。目前,在起重小车上采取的优化技术有:

① 优化起重小车结构形式,利用 Ansys 软件对起重小车结构进行建模分析,对低应力区域进行减重设计;

② 优化水平轮等的设计,减少辅助构件的重量;

③ 优化平台设计,用花纹板或非金属等轻型板材代替格栅板,降低平台重量;

④ 优化吊具、电缆、卷盘、平台、支撑构造设计;

⑤ 用卷筒式压板代替传统的均衡滑轮＋夹绳板的形式,重量降低,效果也不错。

虽然不是所有的技术措施都可以被所有用户接受,但从目前已经采取的技术措施来看,起重小车重量减重 2t 以上,约合 10%,取得了非常明显的效果。

托架小车不承受直接载荷,仅用于托住某一段钢丝绳的自重,以及防止钢丝绳下垂太多,所以减重方式更加灵活,可以用复合材料滑轮代替金属滑轮,开发下沉式、外挂式等轻型新结构形式。经过优化后,相比常规项目,托架小车系统重量可以降低约 1t,减重比例约 15%。

2) 集装箱吊具与上架的优化

集装箱吊具与上架是起升动作不可或缺的部件,它们配套在一起形成吊载系统,随集装箱一起在每个工作循环中做上下运动或空载时独自做升降运动。吊具和上架的起升和下降并不产生实际效益,过重的吊具和上架会导致更多的能量消耗。因此,减小吊具和上架重量相当于直接减少了起吊载荷,可以对节能产生直接效果。

集装箱吊具一般是由岸桥主机厂以外的独立和专业的厂家生产,只有中国的振华重工除了生产整机外,还生产同品牌的各种吊具。此外,欧洲的 Cargotec 也提供吊具,所不同的是收购了 BROMMA 的吊具,而且 BROMMA 的品牌不变,一起卖给了 Cargotec。

集装箱吊具的轻量化技术也是一套有含金量的专门技术,是吊具产品竞争力的一个重要方面,处在不断进步之中。本书只介绍电动吊具技术,参见 3.2.3 节中相关内容。这里不做专门介绍,只简略介绍上架的轻量化技术。

降低上架重量主要从结构方面优化，包括在保证结构强度的前提下，将主梁由工字梁改为重量较轻的 C 形折弯梁；建议改用单片滑轮上架形式和采用轻质滑轮，可进一步降低重量，减少能耗。

此外，应尽量避免在上架上面安装附属部件，如人笼、网箱等；优化栏杆设计，采用轻型的简易栏杆，可使上架重量进一步减小。总之，上架设计需尽可能简洁。经过优化的上架，比带人笼的、不经减重的常规上架重量轻 1t 以上，约占上架重量的 20%。

4. 优化配套件选型和设计

一般来说，配套件型号越大，对给定载荷来说越安全，但必然导致成本增加、重量增加、能耗增加等一系列问题。所以需要在成本和安全性之间找到一个适当的平衡点，既能保证安全，又可使设备达到完全利用，不造成浪费。这就需要对配套件选型和设计进行优化。

1）电动机选型计算优化

根据不同机构作业特点确定电动机的选型方法，如起升载荷通常低于额定载荷，作业时重载和空载交替运行，可以将电动机的过载系数适当提高 9%～17%（一般电动机供应商核算下来都没有问题），既能满足实际作业要求，又减小了电动机功率。

以某岸桥起升机构为例，钢丝绳下载荷为 90t，起升速度为 75m/min。按常规设计选用的过载系数核算下来，电动机功率为 535kW。但如果按照低能耗设计选用的过载系数，电动机功率可降低为 490kW，降幅近 10%。

2）优化减速器、制动器、联轴器等回转配套件选型和设计

适当降低联轴器、制动器等的型号。有些用户会要求联轴器的力矩在最大外载的基础上乘以 1.5 或 2 的系数。实际上，联轴器的样本数据是在考虑一定安全系数的基础上得出来的，一般为 2。此时再以样本数据按最大外载的 2 倍或 1.5 倍进行联轴器的选型无疑有些偏大。建议以电动机额定扭矩为基准选择联轴器，再辅以其他特殊载荷或工况进行配套件选型的核算。

岸桥的起升、俯仰机构一般都配备高、低速制动器。有些用户对高、低速制动器分别提出了制动要求，要求每组高、低速制动器可以单独将系统制动住。有些甚至要求每个高速制动器可以将整个系统制动住，这样会导致选择的制动器型号很大。当前的制动器技术越来越先进，性能稳定，在每组高、低速制动器可以单独制动的情况下，再考虑单个高速制动器制动住的要求过于保守和浪费。

通过调整减速器速比可减小卷筒直径，联轴器、制动器的选型也会减小，其转动惯量相应降低，这样系统起、制动过程中产生的能量损耗就会减少，随之而来的电动机、驱动器等电气元件的选型也会减小。

以上是回转件的低能耗设计技术，原理就是尽量减小回转半径、减少回转件外圈质量，以减少转动惯量，效果比较明显。

表 3.2-2 是以某项目岸桥的起升机构为例进行的旋转部件能耗优化对比。从表中数据可以看出，卷筒直径减小，联轴器、制动器等的选型都会相应减小。经过一系列优化设计后，整个系统的转动惯量由 104kg·m² 降低到 87kg·m²，降低了约 16%，优化效果显著。

表 3.2-2 起升机构旋转件能耗优化分析

项目			原始设计	优化设计
基础参数	载荷	起升载荷 L_L/t	61	61
		吊具系统 L_S/t	17.2	16.6
	运行速度	额载 V_R/(m/min)	75	75
		空载 V_E/(m/min)	180	180
配套件选型	减速器选型	型号	FH1655	FH1610
		速比 i	19.63	18.354
		转动惯量 I_{1M}/(kg·m²)	6.594	5.334
	卷筒	直径 R/mm	1260	1170
		转动惯量 I_{2M}/(kg·m²)	7.156	6.03
	钢丝绳最大偏角/(°)		度	2.06
	卷筒联轴器	型号	DC09B	DC08B
		转动惯量 I_{3M}/(kg·m²)	0.244	0.168
	电动机联轴器	型号	MLPK14	MLPK13
		转动惯量 I_{4M}/(kg·m²)	48.158	41
	卷筒制动盘	直径/mm	2000	1900
		转动惯量 I_{5M}/(kg·m²)	2.446	2.296
	电动机	功率/kW	470×2	430×2
		转速 n/(r/min)	750 | 1800	750 | 1800
		转动惯量 I_{6M}/(kg·m²)	39.5	32.5
系统旋转件转动惯量总和		IR/(kg·m²)	104.098	87.328
旋转件能量损耗	额载速度时	旋转件动能 E_R/kJ	321.06	269.34
		平均功率 W_R/kW	192.64	161.60
		能耗功率差值/kW	31.03	
	空载速度时	旋转件动能 E_E/kJ	1849.33	1551.41
		平均功率 W_E/kW	462.33	387.85
		能耗功率差值/kW	74.48	

对该项目来说,通过优化设计,整机装机容量可以从 2000kV·A 减至 1800kV·A,不但直接减少了变压器的空载损耗和涡流损耗,而且还为整机全寿命周期作业成本的降低奠定了基础。

5. 机械方面的其他优化措施

1) 采用紧凑型头部滑轮设计

现在越来越多的用户喜欢在起升钢丝绳缠绕系统的前大梁头部布置中采用均衡滑轮的形式,因为其换绳方便,无须额外的换绳滑轮。传统的设计,为方便维护保养,滑轮之间需拉开较大距离,4 个均衡滑轮分别设计 1 个滑轮支座(如图 3.2-13(a)所示),但造成重量和占据的空间都比较大,在增加自身重量的同时也增加了前大梁头部重量和水平风载荷引起的扭矩,也导致俯仰电动机功率增加,能耗增加。

经优化设计后,左右各两个滑轮,各共用 1 个支座,且支座直接与前大梁头部横梁腹板对筋,简化了前大梁结构形式。同时,采用销轴式重量传感器作为滑轮轴,可进一步简化夹绳板处结构形式(如图 3.2-13(b)所示)。目前这种布置形式已得到广泛应用。

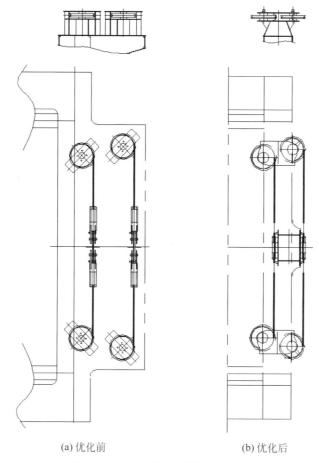

(a) 优化前　　　　　　　　　(b) 优化后

图 3.2-13　前大梁头部滑轮布置优化

2) 钢丝绳设计多层折线缠绕

多层折线缠绕可以大幅减小卷筒长度,尤其适用于岸桥俯仰机构。对低能耗 3E 岸桥来说,超长的前伸距导致俯仰卷筒很长,钢丝绳偏角已无法满足设计要求。采用多层折线缠绕可有效解决偏角问题,且卷筒长度减小后,机房布置更为灵活,为优化机房布置创造了有利条件。

3) 采用地面换绳

岸桥钢丝绳的更换需要通过一套专用换绳装置来实现,通常用户会要求布置在机房内。依据低能耗设计准则,需要设计在地面换绳的新装置。其优点在于释放机房内空间,降低机房自重,而且可以几台岸桥共用一套换绳机构,不必每台岸桥各配一套,降低了成本。

6. 采用辅助控制系统提高控制精度,实现精准操作

普通岸桥一般只会配置倾转装置和防摇系统,但对于低能耗 3E 岸桥来说,岸桥结构参数有了显著变化,作业效率要求较高,我们通过开发磁钉感应定位系统、船型扫描系统(SPS)、集卡定位系统(CPS)、自动防扭系统(anti-skew)以及摄像头辅助系统等来提高控制精度,帮助司机实现最优路径操作,在减少甚至避免操作失误的同时,达到精准操作的目的。多种辅助控制系统的采用在提高作业效率的同时,起到了降低能耗的作用,也为低能耗 3E

岸桥在自动化码头上运用提供了技术保证。

1）小车、大车运行机构 RFID 磁钉感应测量定位系统

部分 3E 岸桥所选用的 RFID 磁钉感应测量系统由一组以线性排列等距固定的磁钉以及安装在移动机构上相对磁钉阵列作平行移动的感应天线组成。天线感应区长度大于磁钉间距，始终确保感应区内覆盖至少一颗 RFID 磁钉，形成不间断连续测量，向岸桥主控系统提供实时绝对位置值，系统组成如图 3.2-14 所示。

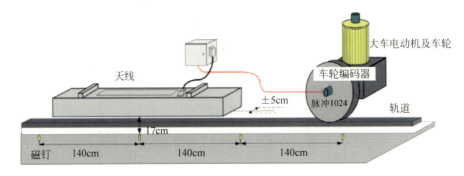

图 3.2-14　RFID 磁钉感应测量系统

通过实时扫描并读取绝对位置，避免了增量型或绝对值编码器因各种原因产生的位置累积误差，实现厘米级定位。

同常规岸桥小车只使用绝对值编码器定位相比，目前较多的 3E 岸桥均采用 RFID 磁钉感应测量和非驱动轮增量型编码器相配合的控制方式，通过两者位置读数实时比较，既实现了位置精准检测，又具备了一定的容错机制，并在一定程度上延长了绝对值编码器的使用寿命。通过程序优化，在单一定位系统发生位置丢失后也只是降速运行，并不会造成机构紧急制动。这种控制方法确保了岸桥作业中机构运行的安全、可靠，同时通过精准定位减少位置偏差，缩短对箱时间，提升了作业效率。

除小车运行机构采用 RFID 磁钉感应测量系统外，码头场地埋入式 RFID 磁钉-大车机载天线定位系统也已经在国内外多个集装箱港口的 3E 型岸桥上使用，该系统可以获取大车运行机构长距离高精度位置数据，为大车长行程精准定位提供了可靠保证。

2）船型扫描系统

将两个激光探头分别布置在小车架海陆侧组成双目船型扫描系统，该系统能够对大梁下方的船上堆箱轮廓进行高分辨率扫描。目前已经在多个 3E 岸桥项目中得到应用，系统组成见图 3.2-15。

船型扫描系统的运算单元通过读取并处理双目探头的测量数据，会自行建立前大梁下方基于小车坐标系的三维轮廓模型。船型扫描系统计算分析障碍物位置和吊具的运行轨迹，通过主控程序控制机构在预设的安全距离外时及时减速并停止，规避可能的碰撞风险，实现小车防撞功能，见图 3.2-16；在起升机构运行时，通过分析吊具下方的三维轮廓模型，确保起升机构在吊具的运行轨

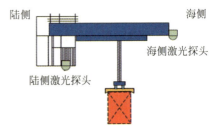

图 3.2-15　船型扫描系统组成图

迹中碰撞障碍物前自动降速到着箱速度,避免起升高速下降导致吊具砸箱,实现智能软着箱功能,见图3.2-17。

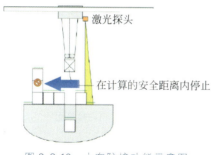

图 3.2-16　小车防撞功能示意图

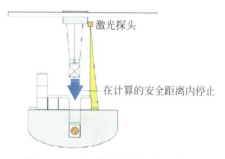

图 3.2-17　智能软着箱功能示意图

该系统通过划设安全高度,规划最优的起升、小车联动路径,减少司机在吊箱作业中因频繁观察、停顿导致的能耗,规避由于司机的视觉盲区造成的安全风险,也为岸桥设备实现自动化、无人化的发展目标奠定了硬件基础。

3)集卡定位系统

通过集卡定位系统实现岸桥与集卡拖车司机的交互,已经在 3E 岸桥上得到应用。集卡定位系统由集卡定位单元、车道指示灯及集卡位置显示牌组成,见图3.2-18。

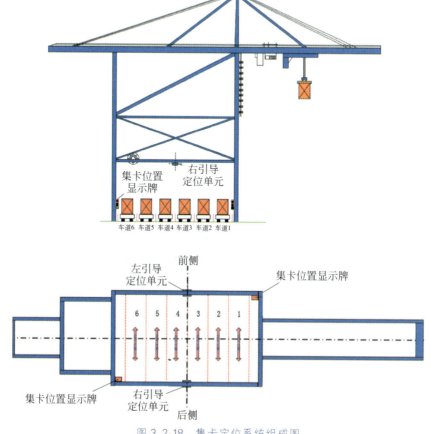

图 3.2-18　集卡定位系统组成图

通过两个激光定位单元对驶入岸桥门框下方检测区域的目标集卡进行三维扫描,安装于车道上方联系梁的车道指示灯引导集卡进入正确的作业车道,再通过安装在大车车旁的位置显示牌实时显示集卡位置与目标位置的距离偏差值,引导集卡司机将集卡快速、准确地调整到正确位置。该系统再进一步扫描检测双 20ft 集装箱的间隙后,辅助调整吊具双箱锁头间距,提高抓箱成功率,从而提高作业效率来减少耗时耗能的浪费,见图 3.2-19。

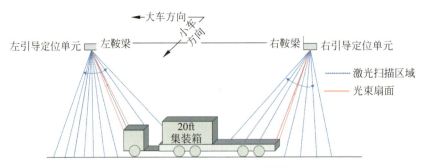

图 3.2-19   集卡定位系统扫描原理

传统岸桥装卸作业中集卡司机和地面指挥根据经验停靠集卡,集卡司机不得不反复地停靠集卡与吊具位置进行配合,直到能够进行装卸箱为止。这一过程降低了集卡和岸桥的作业效率,不断前后调整位置、对箱也增加了集卡和岸桥的能耗。集卡定位系统在 3E 岸桥上的应用改变了这一现象。

4) 自动防扭系统

自动防扭系统以防摇系统检测到的吊具回转角度作为实际数据反馈,由变频电动机通过闭环控制来调节不同起升钢丝绳的收放,以达到对吊具旋转的自动纠偏。自动防扭系统目前可安装在岸桥前大梁头部、小车架上,或与后大梁倾转机构整合在一起,见图 3.2-20 和图 3.2-21。具体的安装位置与岸桥的机构布置有关。自动防扭系统的研制成功有力地保证了岸桥在大风情况作业时高效率地对箱和抓箱。

图 3.2-20   小车架自动防扭机构安装图

图 3.2-21　前大梁头部自动防扭机构安装图

5）整机视频监控系统

3E岸桥设备起升高度和前伸距的增长给司机的瞭望观察带来难度。通过在小车架、门框内侧等作业区域布置 CCTV 监控探头,通过多视角实时视频图像,结合图像识别技术,帮助司机观察集装箱锁孔位置,辅助司机对吊具状态进行微调,提高操作成功率,见图 3.2-22。

图 3.2-22　整机视频监控

7. 研究和运用新型电控驱动系统及高能效电动机技术

低能耗 3E 岸桥均研究和运用了新型电控驱动系统,包括西门子(SIEMENS)的 SINAMICS、通用东芝(TMEIC)的 TMdrive-10e2 等升级产品。新型电控驱动系统通过控制器和驱动单元的优化革新,在安全性能以及运算能力等方面得到了显著提升。

岸桥的作业过程中耗能最大的就是起升机构和小车机构的运动。起升机构的运行特点为负荷波动大，在工作期间存在大量的动能与势能互相转换的过程，起升负载上升时电动机处于用电状态，下降时电动机处于发电状态，而且上升和下降改向切换频繁。小车机构的运行特点则是在较短的运行区间中穿梭运行，需要频繁加速、减速，向前、向后动作切换频繁。新型驱动系统均采用公共直流母线的设计方案，很好地解决了电动机发电再生能量的收集和回馈问题，避免了传统的制动单元以及能耗电阻将制动能量以热量形式释放，起到了节能降耗的作用。通过新一代电控驱动系统，实现在电动模式与发电模式之间快速切换。

自动调整整流供电单元的输出电压，即使在电网失衡的情况下供电电压低于额定值时也能够确保合格且稳定的逆变电压输出。新型电控驱动系统采用的脉宽调制控制技术（pulse-width modulation，PWM）能够进一步减少电网侧电流谐波，提升功率因数。其谐波治理性能优于传统的基于多脉波整流技术（multi-pulse rectifiers，MPR）的谐波污染治理方案。

随着高效能电动机的应用，低能耗 3E 岸桥普遍采用了 IE2 高效节能电动机。这种电动机通过降低电磁能、热能和机械能的损耗，提高了输出效率。与普通电动机相比，损耗平均下降 20%、效率提高 2%～7%，节能效果非常明显。高效能电动机技术对 3E 岸桥的节能降耗起着至关重要的作用。

8. 增加功率因数补偿装置

岸桥使用的辅助电气设备多为电动机、变压器、灯具驱动器等感性负载，由于无功功率的占用，功率因数往往较低。过低的功率因数不仅占用供配电设备的容量，还将污染电网的供电质量。低能耗 3E 岸桥的部分机型通过配置功率因数补偿装置，能够根据二次回路的实际功率因数值自动投切匹配数量的电容，实现功率因数动态补偿，功率因数动态补偿装置补偿容量范围达 40～100kvar。功率因数通过该装置补偿后在各种工况下均能达到 0.98以上，有效解决了长期以来岸桥辅助电气设备功率因数不高的痛点。

9. 采用高效节能的优质电气配套件

为了实现低能耗 3E 岸桥进一步节能降耗的目标，我们也通过选择一些高效低耗的优质电气配套件来达到节能目的，比如高效率的变压器、高能效的 LED 照明灯具以及节能型电动吊具。

1）采用新型高效能配电变压器

常规岸桥普遍采用 SCB10 型变压器，该系列变压器通常使用铜带和铜箔作为高压绕组和低压绕组的导体材料，以真空浇注热固介质作为绕组外绝缘材料，具有体积小、重量轻、噪声低的特点。为进一步实现降低 3E 岸桥能耗的目标，损耗水平更低的 SCB13 型高能效配电变压器成为目前低能耗岸桥的关注重点。此类变压器采用"立绕"方式改进的高压绕组，降低相邻导体间的感应电场，在保证导体截面积不变的前提下充分利用线圈空间，降低线圈体积，缩短导体长度，达到电阻小、损耗低的目的，并具有线性雷电冲击分布；铁芯使用更高规格等级的硅钢片，同时采用更好的绝缘材料以提高绝缘性能；改进剪切和叠装工艺，降低单位损耗和空载电流，通过合理的结构设计，进一步降低能耗。

SCB10 和 SCB13 型变压器主要能耗参数对比见表 3.2-3。

表 3.2-3 低能耗 3E 岸桥变压器升级前、后主要能耗参数对比

容量		1000kV·A,10/0.4kV			
机型		升级前 SCB10	升级后 SCB13(NX1)	节电指标	
				节电量	节电率
对比项目	空载损耗	1770W	1275W	495W	28%
	120℃负载损耗	8130W	7315W	815W	10%
	满载年损耗	86724kW	75248kW	11476kW	13%

应用更节能的非晶合金铁芯新型变压器技术。随着铁芯材料的技术革新,采用非晶合金的铁芯变压器逐渐成为大家关注的焦点。非晶合金铁芯电阻率高,涡流损耗小;因非晶合金缺乏晶体结构,方便和快捷磁化,所以会显著减少单位铁芯损耗(减少 40%～70%)。相较于硅钢片铁芯的空载损耗下降了 70%～80%;非晶合金性能稳定,几乎不会由于使用年限的增长导致效能损失。当前由于非晶合金铁芯变压器的机械性能还无法满足岸桥的实际使用环境,因此我们还将持续关注该类型变压器的性能是否能够得到稳定和再提高。

此外,个别低能耗 3E 岸桥因机房空间布局和整机轮压限制,也采用了三绕组的单变压器设计。使用单变压器的设计方案比双变压器方案在重量上可以减少 0.5t 左右,实现了机房空间和岸桥整机重量的双重改善。

2) 采用高光效的 LED 照明,优化照明设计

随着大功率 LED 光源技术的进步,LED 照明技术的综合优势越发凸显。目前设计的低能耗 3E 岸桥推荐采用高光效的 LED 灯具。该类型灯具平均光效在 120～130lm/W,最大的整灯光效已经可以达到 145lm/W,与传统的高压钠灯相比,节能达 30% 以上,节能效果明显。另外 LED 灯具还具有使用寿命长、发热量低、显色指数高等优点。

此外,3E 岸桥前伸距较长,在为舷宽较小的船舶作业时最前端的投光灯照明给超出装卸作业区的海域带来光污染。通过采用灵活、合理的照明设计方案,在保证照度和均匀度的同时,动态开闭不同的灯组,不仅降低能耗,而且最大限度地减少了光污染。低能耗 3E 岸桥的灯具数量多、总功率大,但通过光控、定时、俯仰机构运行角度检测等控制方式实现照明的自动控制,或者通过分段、分组的方式按需灵活控制照明区域或亮度,均可实现降低照明能耗并延长灯具使用寿命的目的。

3) 研制电动节能型吊具

岸边集装箱起重机上应用的可伸缩式集装箱电动双箱吊具是近年来研发、应用比较迅速的节能型吊具,见图 3.2-23。其所有的机构动作均采用电动机、减速机来驱动,属于绿色节能型产品。随着应用的进一步推广和技术的不断完善,全电动双箱吊具的稳定性将进一步提升,取代液压驱动吊具的趋势日渐明显。

与传统液压吊具比较,电动吊具具有以下优点:

① 取消了液压油和过滤器系统及密封圈,不必像液压吊具那样经常检查、保养和更换易损件,可延长保养周期,大幅降低了电动吊具的维修保养工作量和使用成本,也提高了设备可靠性。

② 没有液压动力站压力泵频繁启动,降低了吊具工作噪声,改善了港口作业环境。

③ 电动吊具的能耗只有传统液压吊具的 10%。在传统液压吊具上,由于液压动力站7.5kW 的电动机,不管起升、小车等主要工作机构是否运行,一直处于工作状态,能耗相当大。而在电动吊具上,伸缩动作的驱动电动机为 4kW,转销动作的驱动电动机总功率为

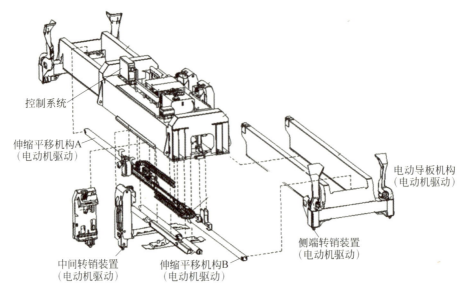

控制系统

伸缩平移机构A
（电动机驱动）

电动导板机构
（电动机驱动）

侧端转销装置
（电动机驱动）

中间转销装置
（电动机驱动）

伸缩平移机构B
（电动机驱动）

图 3.2-23　可伸缩式集装箱电动双箱吊具

1.1kW，这些电动机只在需要伸缩或者转销开闭动作时才通电。而伸缩动作频次更低，即使动作一次，伸缩动作的时间仅在 20s 左右，一般只有转销动作的驱动电动机工作。集装箱吊具按照约每 2min 一个往复工作周期计算，一个周期内仅 1.1kW 的电动机需要动作两次，每次工作时间为 1s，吊具处于低能耗状态工作，极大地降低了吊具的能耗和使用成本。

④ 电动吊具结构紧凑、重量轻。这样在吊具起重量不变的情况下，可以进一步减少对起重机起重量的要求，减少起升能耗。

⑤ 电动吊具对使用环境的要求低于液压吊具，而且绿色环保。因为电动吊具没有液压系统，不存在液压油的泄漏污染问题，也无须对液压油进行加热或散热。

10. 开拓新能源在低能耗 3E 岸桥上的应用

3E 岸桥常具有大面积的机房顶棚，并且机房位置处于较高位置，阴影遮蔽率低，光照条件较好，是安装光伏发电系统的理想位置，在光照条件充足的港口具有很大的发展空间。目前已经在港口领域开展了商业分布式光伏发电系统的开发和推广应用，见图 3.2-24 和图 3.2-25。

图 3.2-24　鸟瞰某码头岸桥光伏发电组件阵列　　图 3.2-25　某码头岸桥光伏发电组件阵列布置图

某岸桥项目在机房顶布置了 108 块 280Wp 智能太阳能光伏发电组件,其中每 18 块光伏发电组件组成一个组串,共 6 个组串;每 3 个组串接入逆变器 MPPT 进线接口进行逆变,逆变器把直流电转化为 400V 交流电;逆变器的交流输出接到一台交流配电箱中并接入机房 400V 配电柜实现并网,见图 3.2-26。

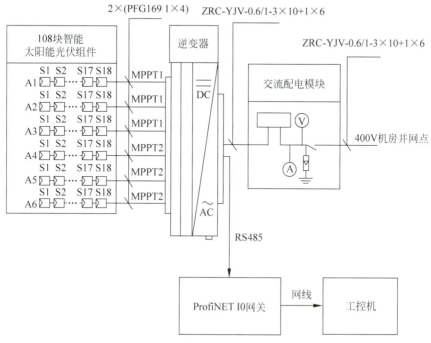

图 3.2-26　岸桥光伏发电系统电气原理图

该项目岸桥机房光伏发电系统单机装机容量 30.24kW,并网电压 400V。预计平均每年可发电约 52000kW·h,每年节约标准煤约 7t,减少二氧化碳排放达 46t。

此外,沿海地带的风力资源非常丰富,低能耗 3E 岸桥坐落的港口码头在风能发电方面有着得天独厚的地理优势。在风能充足的港口,还可以考虑开发小型分布式风力发电系统。通过持续不断的风能推动贯流式风轮,将动力通过传动机构带动风力发电机,由这些安装于 3E 岸桥设备上分布式发电系统进行风能利用,最大限度地以绿色清洁能源替代传统供电方式。这是在低能耗 3E 岸桥上引入新能源的另一设想。

3.2.4　低能耗 3E 岸桥优化效果与老岸桥的比较

由于岸桥应用情况复杂,不同用户、不同地域都有不同要求,前述低能耗岸桥技术可能不被用户同时接受或者不适用于所有情形,但确实已在不同项目上得到了具体检验。下面以供货给荷兰某个码头的两个岸桥项目作为研究对象,比较优化前后的情况,看一下优化的效果。

1. 岸桥总体参数比较

新老两个项目岸桥的总体参数对比见表 3.2-4。

表 3.2-4 新老两种岸桥参数对比

性能参数	传统老岸桥	新 3E 岸桥	新 3E 岸桥比传统老岸桥
起升载荷(钢丝绳下)/t	77	90	+13t,+16.9%
前伸距/m	65+2.5	70+2.5	+5m,+7.4%
轨距/m	35	35	0
后伸距/m	22	22	0
轨上起升高度/m	43	50	+7m,+16.7%
起升速度(带载/不带载)/(m/min)	75/150	75/150	0/0
小车速度/(m/min)	240	240	0
俯仰速度 0~80°/min	5	6	+20%
大车速度/(m/min)	45	45	0
整机重量/t	1715	1570	−145t,−8.5%

从表 3.2-4 中参数可以看出,该码头新的 3E 岸桥前伸距比传统老岸桥长 5m,起升高度比老岸桥增加 7m,起升载荷比老岸桥增加 13t。总的来看,新岸桥比老岸桥参数要大很多。

2. 主要结构件重量比较

新老岸桥主要结构件重量对比见表 3.2-5。

表 3.2-5 新老岸桥结构重量对比

结构件	传统老岸桥/t	新 3E 岸桥/t	新 3E 岸桥比传统老岸桥
前大梁	165	163	−2t,−1.2%
后大梁	165	146	−20t,−12.1%
拉杆系统	120	95	−25t,−20.8%
机房底盘	36	35	−1t,−2.8%
梯形架	45	43	−2t,−4%
海侧上横梁	42	31	−11t,26.2%
海侧立柱	81	102	+21t,+25.9%
海侧下横梁	49	38	−11t,−22.4%
陆侧上横梁	54	38	−16t,−29.6%
陆侧立柱	81	112	+31t,+38.3%
陆侧下横梁	60	35	−25t,−41.7%
门框联系横梁	179	47	−132t,−73.7%
门框撑杆系统	67	63	−4t,−6%
大车行走机构	132	143	+11t,+8.3%
总重	1276	1091	−185t,−14.5%

对比新旧两种岸桥的主要结构件重量,可以看出,新岸桥在参数增大的情况下,结构重量反而比老岸桥要轻 185t,减重 14.5%,效果显著。

3. 各机构配套件和电动机功率比较

1) 起升机构

新老岸桥起升机构性能参数见表 3.2-6。

表 3.2-6 新老岸桥起升机构对比

性能参数		传统老岸桥	新 3E 岸桥	新 3E 岸桥比传统老岸桥
额定载荷(钢丝绳下)/t		77	90	+13t,+16.9%
起升速度(满载/空载)/(m/min)		75/150	75/150	0
起升加速度/(m/s²)		0.6	0.6	+20%
电动机	功率/kW	500×2	490×2	−20kW,−4%
	转速/(r/min)	75/1500	900/1800	+20%
	转动惯量/(kg·m²)	27×2	15×2	−44.4%
起升机构驱动器	功率/kW	710×2	710×2	0
高速联轴器	型号	ARS-6 MCEN 335-6	AKNXSE 0.88	
	转动惯量/(kg·m²)	18	9	−50%
减速器	型号	FH1655.21	FH1655.25	
	速比	21.389	25.308	
卷筒联轴器	型号	DC 09B	TTXs 34	
	转动惯量/(kg·m²)	40.2	22.174	−45%
卷筒	直径/mm	1370	1345	
吊具上架	重量/kg	3887	3400	−487kg,−12.5%

从表 3.2-6 可以看出:

① 优化后新 3E 岸桥配套件转动惯量比老岸桥要小很多,某些配套件转动惯量减少甚至可以达到 50%;

② 优化后的吊具上架重量降低 12.5%;

③ 在起升载荷增加 13t 的情况下,新岸桥电动机功率却比老岸桥电动机功率降低 20kW,反而下降了 4%,起升驱动器和老岸桥保持了一致。如果考虑相同载荷,电动机功率可下降 70kW×2。

2)牵引小车驱动机构

小车驱动部分优化的重点见表 3.2-7。

表 3.2-7 新老岸桥小车驱动机构主要参数对比

性能参数		传统老岸桥	新 3E 岸桥	新 3E 岸桥比传统老岸桥
额定载荷(钢丝绳下)/t		77	90	+13t,+16.9%
小车速度/(m/min)		240	240	0
小车加速度/(m/s²)		0.9	0.9	0
电动机	功率/kW	350	320	−30kW,−8.6%
	转速/(r/min)	1500	1750	+16.7%
	转动惯量/(kg·m²)	4.4	3.6	−18.2%
高速联轴器	型号	ARS-6,NEN240-6	MLPK10-560×30	
	转动惯量/(kg·m²)	2.715	2.96	+9.0%
减速器	型号	FH1200.24	FH1060.21	
	速比	24.484	20.926	−14.5%

续表

性能参数		传统老岸桥	新 3E 岸桥	新 3E 岸桥比 传统老岸桥
卷筒联轴器	型号	无	DC 055B	
	转动惯量/(kg·m²)	无	10.3	
卷筒	直径/mm	1245	915	−26.5%
小车	重量/kg	33500	24891	−8609kg,−25.7%

注：① 老岸桥采用空心轴加锁紧盘方式，故没有卷筒联轴器。

从表 3.2-7 中可以看出，小车重量降低了 8.6t，合 25.7%。在载荷增大 16.9% 的情况下，电动机功率还降低了 8.6%。

3）大车驱动机构

大车驱动机构优化的重点在于整机重量和迎风面积的降低，见表 3.2-8。

表 3.2-8 新老岸桥大车驱动机构对比

性能参数		传统老岸桥	新 3E 岸桥	新 3E 岸桥比 传统老岸桥
整机重量/t		1715	1570	−145t,−8.5%
迎风面积/m²		1559	1420	−139m²,−8.9%
大车速度/(m/min)		45	45	0
大车加速度/(m/s²)		0.15	0.15	0
电动机	功率/kW	18×20	14×22	−52kW,−14.4%
	转速/(r/min)	1500	1750	+16.7%
	转动惯量/(kg·m²)	0.12	0.12	0
高速联轴器	型号	ARS-6 NEN 125-6	ML6	
	转动惯量/(kg·m²)	0.01	0.027	+170%
减速器	型号	FB515.96	TNR440.96	
	速比	96.148	96	∼0
车轮直径	直径/mm	900	800	−11.1%

从表 3.2-8 来看，大车电动机功率总体降低了 52kW，下降约合 14.4%。

4）驱动系统能耗对比

为了对优化效果有更直观的了解，我们对优化前后新老岸桥的能耗进行了理论上的对比。对驱动部分，仅考虑了起升和小车运行机构，如果考虑大车运行等机构，新岸桥能耗降低比率会进一步增加。新老项目驱动部分的能耗计算结果对比见表 3.2-9。从表中数据不难看出，新岸桥在额定载荷等参数增加的情况下，每个工作循环驱动部分的能耗依旧维持在 7.8kW·h，同老岸桥驱动部分能耗持平。

表 3.2-9 新老岸桥驱动部分能耗计算结果对比

性能参数	传统老项目	新 3E 项目
循环时间/s	192.90	192.90
起升运行时间/s	115.02	115.02
小车运行时间/s	62.88	62.88

性能参数	传统老项目	新3E项目
驱动正能量/(kW·h)	32.69	18.61
驱动负能量/(kW·h)	−24.89	−10.79
驱动能量消耗/(kW·h)	7.8	7.8

4. 岸桥辅助系统能耗比较

除上述驱动系统通过优化实现节能外,岸桥辅助系统通过引入节能设备、优化控制等方法也可以实现节能。以英国某岸桥项目为例,如果采用传统的照明灯具,如钠灯和荧光灯,全年整机灯具的耗电量约为189946kW·h,但采用LED节能照明灯具后,全年整机灯具的耗电量约为73912.5kW·h。与传统灯具相比全年节能116033.5 kW·h,节能61.09%。照明系统节能计算见表3.2-10。

表 3.2-10 英国某岸桥项目 LED 节能灯具与传统灯具能耗计算表

能耗对比		LED 节能灯具	传统灯具
工作区域照明投光灯	灯具实际功耗/W	400	1000
	项目用灯总数量	40	40
	灯具年使用时间/h	3650	
	灯具年度总功耗/(kW·h)	58400	146000
港徽灯	灯具实际功耗/W	150	400
	项目用灯总数量	4	4
	灯具年使用时间/h	3650	
	灯具年度总功耗/(kW·h)	2190	5840
户内照明灯	灯具实际功耗/W	35	72
	项目用灯总数量	50	50
	灯具年使用时间/h	3650	
	灯具年度总功耗/(kW·h)	6387.5	13140
户外步道灯	灯具实际功耗/W	10	36
	项目用灯总数量	190	190
	灯具年使用时间/h	3650	
	灯具年度总功耗/(kW·h)	6935	24966
单机照明总能耗/(kW·h)		73912.5	189946
单机节能总能耗/(kW·h)		116033.5	
节能百分比/%		61.09	

此外,对岸桥作业和停机时电气房设备所需的不同制冷量进行科学计算和分析,通过优化控制程序,形成工作和停机时运行不同数量的空调的作业模式,实现降低能耗的目的。通过计算,该项目作业时有3台空调工作,一旦停机,控制系统将自动关闭其中的一台空调,留两台空调运行。基于此作业模式,通过能耗计算(见表3.2-11),单机空调系统年度节能12960kW·h,与原有空调系统运行模式相比节能10%。

表 3.2-11 英国某岸桥项目电气房空调系统控制优化前后能耗计算表

能耗对比	优化前	优化后	
单机空调能耗/kW	5		
空调装机数量	4		
备用机组数量	1		
岸桥作业开工率	70%		
投用机组数量	作业与停机时间段	作业时间段	停机时间段
	3	3	2
年使用时间/h	8640	6048	2592
单机年度运行功耗/(kW·h)	129600	90720	25920
		116640	
单机年度节能功耗/(kW·h)	12960		
节能百分比/%	10		

5. 结论

对比新老两种岸桥的总体重量:老岸桥的重量为 1715t,新岸桥的重量为 1570t。新岸桥在性能参数增大的情况下,重量反而比老岸桥轻了 145t。实际上,岸桥迎风面积也降低了近 140m²。

对比起升驱动功率:载荷从老岸桥的 77t 增加到新岸桥的 90t,增幅达到 16.9%。如按照常规设计,起升电动机总功率应增加 120kW。而优化设计后的新岸桥,起升电动机总功率不增反降,较老岸桥减少 20kW,反而下降 4%。

对比小车驱动功率:在起升载荷和轨上起升高度分别增加 16.9% 的情况下,如按常规设计,功率至少增加 30kW。通过优化设计,新岸桥的小车电动机总功率较老岸桥降低 30kW,反而下降 8.6%。

对比大车驱动功率:在起升载荷和轨上起升高度分别增加 16.9% 的情况下,如按常规设计,功率至少增加 40kW。通过优化设计,大车电动机总功率只有 308kW,反而下降 14.4%。

辅助系统的总能耗占整机总能耗的 15%~20%,经优化,新岸桥的能耗约为老岸桥的89%,节能率约 11%。

总体而言,经过计算分析得到,新 3E 岸桥比传统老岸桥在起升载荷和轨上起升高度分别增加 16.9% 的情况下,能耗下降 4.4%。如果按照常规设计,该新 3E 岸桥的能耗将至少增加 13.1%。两者合计,总的节能率为 17.5%。实测情况与理论计算基本一致。

如果采用光伏、风力发电等新能源做补充,功率还将进一步下降至少 30~50kW。

3.2.5 低能耗 3E 岸桥推广应用情况及展望

低能耗 3E 岸桥的成功研发集中体现了轻量化、自动化、安全环保等技术在集装箱装卸设备上的创新应用。已完成并交付码头用户使用的部分低能耗 3E 岸桥项目见表 3.2-12。

表 3.2-12 低能耗 3E 岸桥用户列表

序号	项 目	序号	项 目
1	上海洋山冠东国际集装箱码头	10	宁波意宁集装箱码头
2	青岛前湾联合集装箱码头	11	宁波大榭集装箱码头
3	荷兰鹿特丹 ECT 码头	12	PSA 巴拿马国际码头
4	大连港湾集装箱码头	13	广州港股份有限公司南沙集装箱码头
5	英国利物浦集装箱码头	14	和黄巴基斯坦 SAPT 码头
6	宁波梅山岛国际集装箱码头	15	加拿大温哥华 GCT 码头
7	PSA 新加坡 PPT 码头	16	宁波远东码头
8	PSA 土耳其 MIP 码头	17	韩国釜山新港
9	盐田国际集装箱码头		

低能耗 3E 岸桥有效满足了国内外广大用户采购高性能、低运行成本起重机的要求,完全符合低碳节能、清洁绿色的世界潮流和集装箱码头发展需求,未来必将拥有更加广阔的应用前景。

3.3 穿越式双小车岸边集装箱起重机研究

3.3.1 引言

随着航运业的快速发展和集装箱船舶运输能力的不断提高,对港口的要求越来越高。港口吞吐能力的提高,对装卸技术提出了更高的要求。岸边集装箱起重机(岸桥)作为集装箱专业化码头最主要的装卸装备,在国内外集装箱码头上得到广泛应用。

为适应不断发展的大型、超大型船舶的需求,对岸桥提出了更高要求,如更高生产率、更大外形尺寸、超长前伸距、更高运行速度等。穿越式双小车岸边集装箱起重机具有更多功能,以生产效率高、能耗低,成为接卸下一代巨型集装箱船舶的新型集装箱装卸关键设备。

3.3.2 国内外发展现状

1. 国内现状

岸边集装箱起重机是目前全球各大港口装卸集装箱船舶的主要设备,具有结构大型化、载荷重载化、运行高速化、装卸高效化、专业化等特点。

目前,18000TEU 集装箱船(马士基 3E 级)已投入运营,船长 400m,宽 59m,吃水 16.5m,甲板上可堆放 23 排集装箱。正在设计建造的 24000TEU 集装箱船船长达 479m,宽 64m。因此大型集装箱船舶的出现,对码头集装箱岸桥提出了更高要求。

目前在役的岸桥前伸距为 70m,而接卸 24000TEU 集装箱船的岸桥前伸距将要求达到 80m,甚至 100m。而且为保证生产率,小车运行速度要更快。

目前,我国青岛港和上海港率先建成了自动化集装箱码头,码头可停靠 19000TEU 和未来 24000TEU 集装箱船舶,设计效率达每小时 40 自然箱,岸桥对船装卸采用远程遥控操作,是国内首批全自动化集装箱码头,也是目前装卸效率最高的自动化集装箱码头。

2. 国外现状

第八代即 24000TEU 集装箱船即将建成，并将产生规模经济。面对新一代船型，集装箱码头面临重大的挑战。不仅对岸桥的外伸距、起升高度、运行速度等提出了更高的要求，也把船舶进港航道深度、泊位前沿水深推向极限，并对码头前沿和后方堆场产生重要影响，势必促使现有的装卸流程和码头基础设施进行改造和升级。

随着船舶规模和平均每船在港装卸量的急剧增加，码头岸桥装卸效率的提升必须跟上船舶的要求，因此岸桥的换代升级也势在必行。

3.3.3　集装箱岸桥发展方向

1. 大型化

随着集装箱运输的发展，岸桥已成为集装箱装卸作业不可或缺的装卸设备。当前我国包括全球对新型集装箱岸桥的研究并不多，一直停留在传统岸桥结构形式的基础上，只是操作系统由人工操作改进为自动或者远程遥控。

集装箱船的大型化，使岸桥的额定起重量不断增长，吊具下起重量从 30.5t 增加到 65t，目前已经达到 80t，乃至 120t；外伸距越来越大，船宽已从第三代巴拿马集装箱船的 13 排集装箱增大到现在超巴拿马的 14～17 排，甚至 26 排的船也在设计中；轨上起升高度越来越大，装卸巴拿马船的岸桥起升高度通常为 27m 以下，而接卸超巴拿马船岸桥起升高度为 27～36m。岸桥起升高度的增加，对岸桥金属结构强度、刚度、疲劳等各方面提出了新的要求。岸桥大型化也使其自重增加，接卸巴拿马船的岸桥自重为 600～800t，而接卸超巴拿马船的岸桥自重为 1200～2400t，并有进一步增大的趋势，同时也加大对码头承载能力的要求。

2. 高速化

起升速度不断提高，从巴拿马型岸桥的 120m/min，增加到 200m/min，电动机功率已经达到 1380kW；小车在大梁轨道上的运行速度已从常规巴拿马型岸桥的 120m/min 增加到目前的 300m/min，甚至达到过 350m/min；采用双吊具作业，每次能同时装卸 2 个 40ft 集装箱，或 4 个 20ft 集装箱，效率平均提高 25% 以上。

3. 自动化

国外的自动化集装箱码头从出现至今已经运行了 20 多年，而国内的自动化集装箱码头也已建成并投入运营，集装箱岸桥的自动化是重要的发展趋势。

4. 节能高效

可持续发展是我国重要的国家战略，码头装卸设备的节能减排也是体现其先进性能的重要指标之一。

3.3.4　起重机整机组成与工作原理

新型穿越式双小车岸桥的研发致力于提高集装箱的装卸效率，减少集装箱码头的能耗和排放。新型穿越式岸桥是由上海海事大学和华电重工股份有限公司联合研发的。

1. 起重机整机组成

穿越式双小车集装箱岸桥包括岸桥门框结构、四轨道大梁、上小车、下小车、机房、电气房、钢丝绳缠绕系统和电控系统等。

穿越式双小车集装箱岸桥生产率的提高主要是由于上小车和下小车同时装卸而实现的,两部小车的起升和运行都是相互独立的,互不影响,实际上相当于一台岸桥上两部小车同时作业,生产效率成倍提高,如图 3.3-1 所示。

图 3.3-1　穿越式双小车岸边集装箱起重机效果图

2. 起重机工作原理

1）穿越式双小车系统

穿越式双小车是新型岸桥的难点。为提高集装箱的装卸效率,新型穿越式双小车岸桥由两套相互独立的小车和起升系统组成,两部小车均可独立完成集装箱装卸操作,互不干涉。作业时,其中一部小车在岸桥海侧进行集装箱对箱、装卸箱操作时,另外一部小车在陆侧同时对集卡进行集装箱对箱、装卸箱操作;对箱完成后,处于海侧的小车起升并向陆侧运行,而处于陆侧的小车同时起升并向海侧运行,两部小车分别吊集装箱相向运行至大梁上同一位置时,两者在空间上相互穿越后继续各自运行,原在海侧的小车运行至陆侧对集卡装卸,原处于陆侧的小车运行到海侧对船进行装卸。两部小车在空间位置上交叉穿越,时间上重叠,装卸效率翻倍。

双小车的作业模式可灵活切换。由于两部小车各自都是完全独立、功能完整的装卸小车,因此两部小车中任何一部都可以独立完成装卸操作。当然,两部小车同时协同穿越装卸作业时效率最高,如果其中一部小车做检修,另外一部小车仍然可以装卸集装箱,大大缩短了船的滞港时间,提高了码头的作业效率。

2）岸桥四轨道梯形大梁结构

四轨道的双大梁是新型岸桥的关键。新型集装箱岸桥由于有双小车在大梁上进行穿越运行，因此岸桥的大梁采用新型的四轨道形式，大梁采用双梯形截面，其中一部小车的一对轨道设置在双大梁内侧，另外一部小车的一对轨道设置在双大梁外侧的承轨梁上，如图 3.3-2 所示。

图 3.3-2 穿越式双小车及其轨道布置形式

实际工作时，在大梁外侧下轨道上运行的小车采用反钩式结构倒挂在外侧轨道上，在大梁内侧上轨道运行的小车将集装箱提升至最高处，从下小车内档空间中穿越，两部小车交叉运行、互不干涉。双小车四轨道形梯形大梁为世界首创。

3）双小车双起升机构

双小车双起升机构是新型岸桥的难点。双小车采用两套独立的起升机构，保证两部小车均能独立完成装卸作业，也可以协同作业；两套独立起升机构在机房内平面布置，由于两套机构起重量相同，机构的功率也相同，电动机、联轴器、制动器等都可以互换，减少了备件的种类，便于维修管理。同时为减轻整机重量，本机采用的钢丝绳强度高，可以在满足工作要求的前提下降低造价。

4）整机轻量化

整机轻量化是新型岸桥的难点。新型岸桥的整机重量与目前码头上使用的双 40ft 集装箱岸桥的重量相当，由于双 40ft 集装箱岸桥可同时起升两个 40ft 集装箱，起重量大，从而使得小车结构中整机的结构相应增大。而新型双小车穿越式岸桥虽然有两部小车，但同时在最大外伸距的最大起重量相对于双 40ft 岸桥较小，因此整机结构相对较轻，对码头产生的轮压相对较小，码头的造价也相应降低。

为最大限度地减轻重量，并满足双小车协同装卸的工况，结构采用先进的有限元计算方法进行优化，以确保满足集装箱装卸作业的载荷组合。

5）新型钢丝绳缠绕形式

新型钢丝绳缠绕形式是新型穿越式双小车岸桥的难点之一。为了实现双小车穿越作业、互不干涉，必须采用新型的钢丝绳缠绕方式，在大梁内侧上轨道运行的小车，其起升缠绕钢丝绳可采用传统的缠绕方式,而在大梁外侧下轨道上运行的小车是反钩式结构倒挂在外侧轨道上,其起升钢丝绳必须采用新型缠绕方式,与上小车的钢丝绳要有效错开,并很好地绕到倒挂小车上,使得两部小车同时运行时,钢丝绳不会干涉或跳槽,保证岸桥的安全可靠工作。图3.3-3为新型岸桥双小车钢丝绳缠绕方式。

图3.3-3 穿越式双小车钢丝绳缠绕方式

6)下小车新型固定式托绳系统

新型高效全牵引式穿越双小车岸桥,特别是前伸距80m以上的大型岸边集装箱岸桥,采用新型托绳系统(见图3.3-4),能够保证两部小车独立完成集装箱装卸操作,完全由钢丝绳牵引运行,双向穿越时钢丝绳互不干涉。两部小车上下布置,在空间位置上交叉穿越,时间上重叠。可用于自动化集装箱码头的高速集装箱装卸,结合新型穿越式双小车技术,可大幅提高集装箱装卸效率。

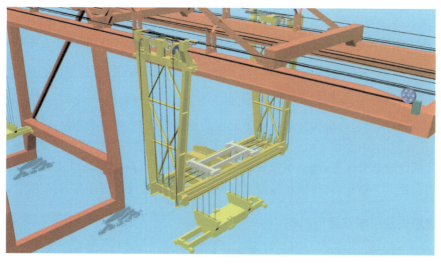

图3.3-4 穿越式双小车钢丝绳托绳系统

3.3.5 关键技术

1. 穿越式双小车系统

穿越式双小车系统包括上、下两个小车。上小车与传统集装箱岸桥的小车类似;下小车包括可沿大梁轨道行走的刚性车架,及其悬挂在下方的吊具。下小车行走车轮通过刚性车架连接;刚性车架的内廓空间结构尺寸大于上小车的外轮廓尺寸,上小车吊具带箱可从下小车内部空间穿过。

穿越式双小车系统下小车的刚性车架包括两个竖直架和一个吊具承载梁;吊具连接于吊具承载梁的正下方;竖直架与吊具承载梁之间形成 U 形的结构空间,实现了上、下小车的空间穿越。

新型高效全牵引式穿越式双小车岸桥,特别适合前伸距超长的岸桥,可以大大提高岸桥单机的装卸效率,减少集装箱起重机作业的能源消耗。

2. 适用于双小车系统的新型大梁结构

岸桥大梁采用双梯形截面梁,两根大梁两侧分别铺设两根轨道,由于支撑双小车运行,互不影响。用于新型高效全牵引式穿越式双小车岸桥的双箱四轨道大梁,采用四根轨道,两两一对,可用于承载上、下两部小车运行,完成集装箱装卸操作,其中大梁内侧两根作为一对用于承载上小车运行,大梁外侧两根轨道作为一对用于承载下小车运行,两部小车分别在各自的轨道上运行,完全由钢丝绳牵引,双向穿越,互不干涉。

两部小车在空间上下布置,所运行的轨道分别在大梁上内外侧布置,在空间位置上交叉穿越,时间上重叠,装卸效率大幅提高。

3. 新型全牵引式下小车结构

全牵引式下小车采用倒挂式 U 形结构,配合上小车穿越完成集装箱装卸,下小车也可独立完成集装箱装卸操作,完全由钢丝绳牵引,与上小车双向穿越,互不干涉。作业时,当两部小车分别吊集装箱相向运行至大梁上同一位置时,两者在空间上相互上下穿越后继续各自运行。

4. 穿越式双小车全牵引双起升机构

上下小车的两套起升机构分别布置于机房的中间和两侧,互不影响。新型全牵引式双小车双起升机构,由两套相互独立的起升系统组成,能够使得两部小车均可独立完成集装箱装卸操作,钢丝绳牵引运行,两部小车双向穿越,互不干涉。两套起升机构在机房内前后布置,在空间位置上下错开,使得钢丝绳缠绕互不干涉,从而实现了双小车的穿越。

5. 穿越式双小车双运行机构

岸桥配有两套独立的运行机构,分别驱动上、下小车运行,互不影响。两套运行机构分别在机房内水平布置,上小车运行机构位于中间,下小车运行机构位于两侧,互不影响。

上小车牵引机构包括安装在机房内的上小车牵引驱动装置,通过改向滑轮组缠绕的牵引钢丝绳,以及设于大梁结构上用于托起牵引钢丝绳的托绳小车支撑结构。下小车牵引机构包括安装在机房内两侧的下小车牵引驱动装置,通过改向滑轮组缠绕的牵引钢丝绳,以及设于大梁结构上用于托起牵引钢丝绳的托绳小车支撑结构。

6. 穿越式双小车岸桥机房布置

双小车岸桥机房内有两套起升机构、两套运行机构和一套前大梁俯仰机构。布置时要确保两部小车的起升、运行都互不干涉。两套起升机构前后布置,在水平方向上,上小车起升机构位于中间,下小车起升机构位于两侧;两套运行机构分别在机房内水平布置,上小车运行机构位于中间,下小车运行机构位于两侧,互不影响;俯仰机构在机房靠海侧方向布置(见图 3.3-5)。

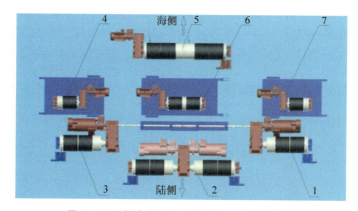

图 3.3-5 穿越式双小车岸桥机房布置示意图
1—下小车起升机构(右);2—上小车起升机构;3—下小车起升机构(左);
4—下小车运行机构(左);5—俯仰机构;6—上小车运行机构;7—下小车运行机构(右)

这样的布置保证了上、下两部小车起升和运行时,起升钢丝绳和牵引钢丝绳始终保持一定的间距,不会发生干涉,确保了双小车的穿越运行。俯仰机构位于机房中间最靠海侧的位置,用于大梁非工作时的俯仰。

7. 穿越式双小车双起升缠绕系统

上、下小车缠绕系统,包括起升缠绕系统和牵引缠绕系统,两部小车完全由钢丝绳牵引运行,可独立完成集装箱装卸操作,互不干涉。

双小车岸桥配有两套独立的起升缠绕系统,起升作业互不影响。两套起升钢丝绳缠绕系统分别布置于岸桥大梁的中间和两侧,进行起升作业时,两套钢丝绳互不影响。

新型双小车双起升缠绕系统,采用上小车与下小车配合,上小车穿越完成集装箱装卸,下小车也可独立完成集装箱装卸操作,与上小车双向穿越,两部小车完全由钢丝绳牵引运行,互不干涉。

8. 穿越式双小车双牵引缠绕系统

新型双小车双牵引缠绕系统由两套独立的小车运行缠绕系统组成,两套小车牵引钢丝绳缠绕系统分别布置于岸桥大梁的中间和两侧,互不影响。下小车可独立完成集装箱装卸操作,与上小车互不干涉,两部小车完全由钢丝绳牵引运行。

9. 双起升多功能挂舱保护系统

两套多功能挂舱保护系统,分别用于上、下小车的起升系统。多功能挂舱保护装置能够实现吊具前后倾、左右倾、左右旋转,当遇到吊具挂舱时,液压缸卸载释放过载力,从而保护整个岸桥结构安全。

挂舱保护装置包括设于岸桥大梁上的液压缸机构,液压缸机构与起升钢丝绳的改向滑轮连接,可通过改向滑轮使起升钢丝绳松弛。在吊具抓取集装箱时,集装箱可能会与轮船或其他物体发生碰撞,而在提取过程中,起升钢丝绳处于紧绷状态,这样的话会将碰撞产生的力或力矩传递到岸桥结构上,对岸桥主体结构产生损害。因此为了避免该种损害,在岸桥主体结构上设置一个保护装置,当集装箱发生碰撞时,液压缸机构自动卸载,并通过改向滑轮使起升钢丝绳松弛,使碰撞产生的力或力矩不能传递到岸桥主体结构上,实现对岸桥主体结构的安全保护。

10. 下小车新型固定式托绳系统

下小车配有钢丝绳托绳系统,保证下小车起升和运行。损该系统布置于岸桥大梁的外侧,下小车改向滑轮的下方,对钢丝绳进行有效支撑。

高效全牵引式穿越式双小车岸桥,特别是前伸距80m以上的大型岸边集装箱岸桥,采用新型全牵引式穿越式岸桥的托绳系统,能够保证两部小车独立完成集装箱装卸操作,完全由钢丝绳牵引运行,双向穿越时钢丝绳互不干涉。

11. 下小车吊具横向自动移位系统

岸桥下小车设有吊具横向自动移位系统,当下小车运行至集装箱上方,进行对箱作业时,若吊具不在集装箱的正上方时,在不移动大车的前提下,对箱发生困难,此时可启动小车横向位移系统,便于对箱。

岸桥小车横向位移调整系统,设置在下小车上,小车进行集装箱装卸操作时,可以实现横向的调节。下小车横向位移系统通过液压缸将吊具横向移动一定位移,使得吊具正对在集装箱的上部,顺利对箱,由于不需要移动大车,大大节约了对箱时间,也同时降低了能耗。

12. 上小车吊具穿越横向位移导向架

上小车吊具起升至最高位置进行导向,限制吊具横向摆动位移。在上小车车架下设有导向架,当上小车的吊具起升至最高位置时,吊具上的导向杆进入小车的导向架,导向杆与导向架之间有很小的间隙,并设有抗磨块,一旦吊具有横向摆动位移,导向杆与导向架就接触,限制吊具和集装箱的摆动在很小范围内,从而保证了上、下小车穿越时,上小车的吊具与下小车的 U 形结构不发生干涉,确保穿越时的安全。

13. 下小车结构轻量化技术

该岸桥采用轻量化设计,可节省材料,节省对码头的投资,减少对环境的影响;减少能源消耗,保护环境。

采用高强钢,许用应力大,优化结构形式,可以使结构重量进一步降低。采用有限元技术对下小车的结构进行分析,保证了小车的强度、刚度和稳定性,对局部区域采用减重孔设计,从而减轻下小车的重量。

14. 梯形大梁新型铰点技术

双梯形截面大梁采用新型上、下铰点形式,上铰点为大梁俯仰铰点,下铰点为水平工作铰点。

15. 穿越式岸桥电控安全保护

穿越式岸桥采用先进的电控技术确保两部小车安全高效穿越。采用传感器技术检测两部小车的相对关系,特别是确保在穿越时相互之间没有任何干涉;同时为了减少整机轮压,电控可以限定在门框内为固定穿越点。

双小车协同作业的电气控制系统是穿越式上小车岸桥的重要控制内容。由于穿越式岸桥比现有岸桥增加了穿越的动作,因此在现有岸桥的各种安全保护装置的基础上,还要增加上小车及下小车相对位置关系的检测,通过传感器实时检测两部小车在大梁上的位置,并及时给出指令控制穿越的时间和位置,特别是穿越时,要检测出上小车、吊具和集装箱所经过的轨迹空间内不能与下小车的内部空间任何位置干涉,保证穿越安全。

对于现有码头上配置本新型集装箱岸桥,为了不增加码头轮压,可通过电控系统对穿越的位置进行限定,将穿越点限制在海侧门框内,即保证在任何情况下只有一部小车开出海侧轨道之外,这样不会增加岸桥的轮压,从而增加了新型穿越式岸桥的适应性。

3.3.6 不同类型岸桥作业效率和能耗对比

通过理论分析,各种类型的岸边集装箱起重机的作业效率和能耗对比见表 3.3-1 所示。

表 3.3-1 多种形式岸桥的作业效率和能耗对比

类　　型	单小车单 40ft 吊具岸桥	单小车双 40ft 吊具岸桥	带门架小车式双小车单 40ft 吊具岸桥	穿越式双小车单 40ft 吊具岸桥
起重量/t	65	80	65	65
前伸距/m	70	70	70	70
平均作业效率/(move/h)	30	45	40	60
效率提升效果	效率最低	效率较高	效率中等	效率最高
装机功率/kW	1940	2210	2860	2890
单位能耗/(kW・h/TEU)	4	3.1	4.4	2.9
节能效果	能耗中等	能耗较低	能耗最高	能耗最低

根据表 3.3-1 对各种类型的岸边集装箱起重机的对比,可以看到单小车单吊具岸桥效率最低,平均作业效率为 30move/h;穿越式双小车岸桥效率最高,平均作业效率为 60move/h。

从节能效果来看,带门架小车的双小车岸桥能耗最高,平均作业能耗为 4.4kW・h/TEU;穿越式双小车岸桥能耗最低,平均作业能耗为 2.9kW・h/TEU。因此,新型穿越式集装箱岸桥具有作业效率高、能耗低的显著特点，是码头重要的节能减排技术。

3.3.7　研究成果和创新点

穿越式双小车岸边集装箱起重机作业效率高、能耗低，具有显著的节能减排的优势。研究成果已获得多项授权专利，其中发明专利有《一种穿越式双小车岸桥装卸系统及方法》《一种穿越式双小车的连接结构》《一种穿越式双小车节能岸桥系统》《一种穿越式双小车系统及穿越式多小车系统》《一种用于岸桥的势能补偿系统》《用于岸桥小车的横向平移系统》《用于穿越式双小车岸桥的双小车驱动机构》等。

新型岸桥采用轻量化设计，节省材料，降低了码头投资，减少了对环境的影响；节省岸桥的装机功率，运行减少能源消耗，环境效益良好。

随着船舶的大型化，岸桥也向大型化、高速化方向发展，岸桥小车运行速度不断加快，起重量不断增加，装卸循环周期不断缩短，从而使岸桥的作业效率不断提高。提高岸桥作业效率，最大限度地发挥岸桥的作业能力，对于新型高效岸桥发展有着重要意义。新型岸桥的研发必将产生重大的社会效益和经济效益。新型穿越式集装箱岸桥的研制直接面向下一代24000TEU集装箱船舶，填补了我国在研发新型集装箱岸桥方面的空白，提高了岸桥的装卸效率，改变了集装箱装卸工艺，使得全自动化高效装卸成为可能，彻底改变了新型岸桥的创新由国外公司垄断的局面。

随着集装箱船舶的不断大型化，目前的集装箱岸桥已经不能满足下一代超大集装箱船舶的装卸要求，新型岸桥能缩短集装箱船舶占用码头的时间，提高集装箱装卸效率，将产生良好的经济效益。本新型岸桥采用轻量化设计，节省了材料，节省了对码头的投资，减少了对环境的影响；节省了岸桥的装机功率，运行时可减少能源消耗，保护环境，对环境保护产生良好的社会效益。

集装箱船舶的大型化对岸桥提出了更高要求，岸桥的新一轮换代升级已经开始，未来几年内下一代的集装箱船舶就要出现，现有的岸桥无法满足要求，迫切需求新型高效集装箱岸桥，新型穿越式双小车岸桥能很好地满足新一代船型的需要，适应船舶大型化的发展趋势；而且新型岸桥能够实现在不增加码头轮压的基础上使岸桥效率翻倍，还可以替换现有岸桥，促进现有码头技术升级，因此该新型岸桥在国内和国际上都有着广阔的市场前景。新型的穿越式双小车岸桥对提升集装箱码头的生产效率，推动码头的节能减排能力提升起到重要积极的作用。

3.4　集装箱专用门座起重机定向高效装卸技术

集装箱专用门座起重机(简称门机)是在通用门座起重机基础上突出集装箱装卸功能的一种变型产品。它的基本构造和通用门座起重机相似，具有起升、变幅、回转、大车运行四大机构及臂架系统、人字架及平衡系统、转台和门架结构等。

集装箱专用门座起重机的特点是以集装箱为作业对象，按工作需要配置相应的集装箱吊具，完成对集装箱的装卸船舶作业。

3.4.1 集装箱专用门座起重机类型

集装箱专用门座起重机按其臂架系统的结构形式不同分为两大类。

1. 四连杆组合臂架门座起重机

四连杆组合臂架集装箱门座起重机根据选配吊具不同,其臂架结构也具有不同的构造形式。

（1）对于选配单点支撑回转吊具的集装箱门座起重机,臂架系统与原有的通用门座起重机四连杆组合臂架相同（见图 3.4-1）。

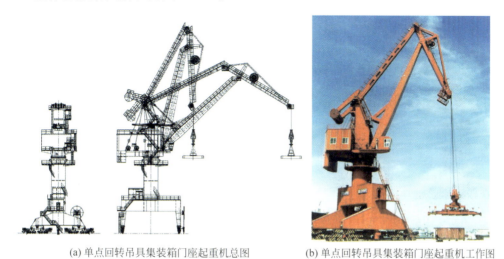

(a) 单点回转吊具集装箱门座起重机总图　　　(b) 单点回转吊具集装箱门座起重机工作图

图 3.4-1　单点回转吊具集装箱门座起重机

（2）对于选配四点支撑回转吊具的集装箱门座起重机,需在象鼻梁下另设小四连杆机构,以保证四分支钢丝绳前后两两拉开且四个滑轮轴中心在变幅过程中实现水平位移（见图 3.4-2）。

(a) 四点支撑回转吊具集装箱门座起重机总图　　　(b) 四点支撑回转吊具集装箱门座起重机工作图

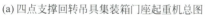

图 3.4-2　四点支撑回转吊具集装箱门座起重机

2．单臂架门座起重机

单臂架集装箱门座起重机臂架系统结构简单,臂架头部钢丝绳滑轮的布置与通用门座起重机相同,可以方便地实现集装箱单点吊具作业。单臂架集装箱门座起重机可选配标准吊具进行40ft和20ft集装箱装卸作业,也可选配双20ft集装箱吊具进行40ft、20ft单箱作业和20ft双箱作业。图3.4-3所示为单臂架结构集装箱门座起重机。

(a) 单臂架结构集装箱门座起重机总图　　　　(b) 单臂架集装箱门座起重机工作图

图3.4-3　单臂架结构集装箱门座起重机

3.4.2　集装箱专用门座起重机特点

集装箱专用门座起重机具有以下特点:

(1)可配备20ft和40ft集装箱用伸缩式吊具或双20ft集装箱用伸缩式吊具,并可在操纵室控制集装箱吊具旋锁的启闭、回转及导板的起落。

(2)适应码头10.5～16m标准轨距,起重机最大工作幅度35m时,可适应江海直达集装箱船的装卸作业,最大工作幅度40～45m时可兼顾过驳作业,能适应内河大水位差变化。

(3)变幅时,集装箱不仅能基本保持水平位移,且吊具平面也基本能保持水平位移,从而有效减少变幅功率,有利于集装箱准确进出集装箱船货舱格栅导轨和堆码作业,提高作业效率。

(4)回转时,通过门座起重机与吊具反向同步回转,保证在装卸船或装卸车状态集装箱纵向轴线与起重机轨道平行,以利于集装箱对车对位。

(5)集装箱吊具回转时,起升钢丝绳能产生抵抗吊具回转的力矩,以减少吊具水平转摆,利于对位。

(6)在集装箱内货物装载重心出现偏移的情况下,起重机吊具具有重心自动调节的能力,从而不使集装箱产生过大偏斜。

(7)起升速度调速平稳,低速稳定性好,起、制动平稳,避免吊具与集装箱或集装箱与集装箱之间的冲击。

（8）吊具电缆可以通过电缆卷筒收放或吊具电缆集缆筐收放。

3.4.3 工作机构要求

1. 起升机构

集装箱专用门座起重机与通用门座起重机的工作机构基本相同,但为了满足其高效作业,对起升机构的机构配置和性能提出了相应的要求。

当集装箱专用门座起重机采用小四连杆四点支撑吊具装卸集装箱和采用双 20ft 集装箱伸缩式吊具时,应具有两套联动运行的起升绞车系统。当集装箱专用门座起重机采用单点支撑吊具装卸集装箱时,为了简化工作机构,使其具有更好的机械同步性能,可采用一套起升绞车系统。起升机构要求满载起升(下降)速度与空载起升(下降)速度不同,一般满载速度为空载速度的 1/2;同时还可以采用恒功率调速控制,即在功率不变的情况下,可根据不同的起重量自动匹配相应的起升速度。为了集装箱对位的需要,起升机构应具有微调性能以及完善的安全保护系统。

2. 变幅机构

集装箱专用门座起重机变幅机构与通用门座起重机大致相同,属于工作性机构。在变幅过程中要求货物作近似水平移动。但由于集装箱专用门座起重机功能要求不同,特别是需要适应四绳吊点分离的集装箱吊具装卸作业,因此变幅时要保持集装箱吊具水平位移,仅依靠原四杆机构还不能实现,需在原四杆机构的基础上添加附加装置,如小四连杆机构,也称为吊具水平补偿装置,如图 3.4-4 所示。

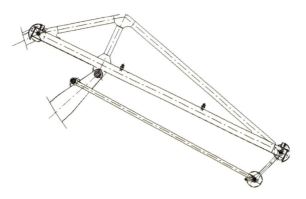

图 3.4-4 小四连杆吊具水平补偿机构

3. 回转机构

集装箱专用门座起重机回转机构与通用门座起重机相似,属于工作性机构,但集装箱作业过程中要求门机与吊具同步回转,因此回转机构应采用变频调速,其制动系统采用常开式变频变力控制。当要求集装箱吊具与门机回转具有自动跟随功能时,回转机构应采用闭环调速系统。

4．大车运行机构

集装箱专用门座起重机的大车运行机构与通用门座起重机相同，不再赘述。

3.4.4 吊具要求及构造

1．吊具要求

集装箱专用门座起重机的吊具有如下要求：

（1）装卸不同规格集装箱的功能。应采用伸缩式吊具，可实现单 20ft 集装箱、单 40ft 集装箱、双 20ft 集装箱等不同组合。

（2）回转功能。应能保持与起重机回转机构同步反向回转，以使集装箱始终保持与起重机轨道平行，既可自动跟随，也可单独控制吊具回转。

（3）吊具具有重心自动调节功能。通过安装重心调节装置，确保集装箱始终与地面平行。

（4）吊具电缆具有快速简便地收放和储存功能。

2．吊具的构造

1）单箱吊具

集装箱门座起重机的单箱吊具主要包括吊具旋转部分、吊具重心调整装置、吊具本体结构部分和其他辅助装置部分。按钢丝绳支撑情况可分为双绳单点支撑、四绳单点支撑和四绳四点支撑。

单点支撑的吊具钢丝绳分布在同一平面，钢丝绳头部直接与吊具横梁连接，如图 3.4-5 所示。

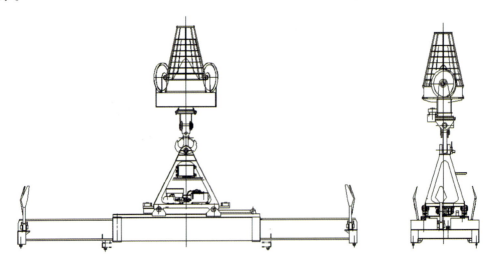

图 3.4-5 集装箱门座起重机单点支撑集装箱吊具

四绳四点支撑吊具钢丝绳呈四方立体布置，钢丝绳头部直接与吊具上架连接，如图 3.4-6 所示。

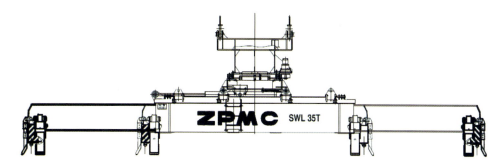

图 3.4-6 集装箱门座起重机四点支撑集装箱吊具

（1）吊具回转驱动系统

集装箱门座起重机吊具回转机构的作用是：当起重机进行集装箱装卸作业时，吊具能保持与起重机作同步反向回转，使集装箱始终处于与门座起重机轨道平行状态，以便于集装箱在船上以及在码头拖车上放置，提高作业效率，如图 3.4-7 所示。

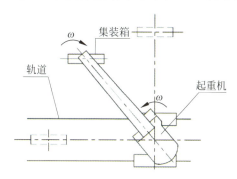

图 3.4-7 起重机与吊具同步回转示意图

吊具回转机构由吊具回转驱动装置、回转减速装置、回转小齿轮和回转支承装置等组成。对于具有 360°回转和跟随功能要求的自动集装箱吊具，吊具转子由电动机或液压马达驱动作 360°回转。若采用吊具全自动跟随，则驱动单元应选用变频调速电动机，并加装绝对值编码器实现闭环控制。

（2）吊具全自动跟随系统

吊具"全自动跟随"是通过门座起重机回转机构和吊具回转机构的闭环控制实现的。在门座起重机回转机构和吊具回转机构上分别设置两个绝对值编码器实时检测记录门座起重机及吊具的当前角度，根据门座起重机回转的任一角度与吊具回转角度的对比，控制吊具自动实时跟随门座起重机反向回转。

由于受电动机功率大小及加减速时间等因素的影响，实际工作过程中存在门座起重机和吊具同步回转的小角度误差（一般在 2°左右）。当误差超过一定值时，通过系统角度补偿功能，自动调整回转跟随误差。门座起重机角度误差在对箱过程中自动调整，使之始终保持集装箱长度方向与码头平行方向的偏差小于 1.5°，系统调整时间不大于 2s。

（3）信号通信与保护系统

闭环控制的吊具与主机的通信可采用 PLC 主从分站方式采集、控制自动吊具所有动作信号,实现吊具的闭环控制。吊具使用 CAN 总线再转 profibus 总线,有效避免吊具电缆通信干扰和断线等故障,使得传输信号稳定可靠,达到良好效果。

(4)集装箱重心调节系统

起吊的集装箱由于偏摆以及所装货物的重心偏移,会发生纵向倾斜,从而导致不能正常对箱作业。集装箱重心调节装置可通过检测集装箱倾斜的角度自动调整与吊点的相对位置,将集装箱调整到平衡状态。集装箱重心自动调节装置可以采用调平小车或滑移块,通过油缸推动或传动链驱动,具体构造一般根据吊具的要求确定。

2)双箱吊具

双箱吊具的研发是为了满足内贸集装箱运输船型大型化发展,装卸作业效率快速提高的需求。目前我国沿海内贸集装箱运输船型中,已有载箱量 5000TEU 的大型集装箱船投入沿海内贸航线运行;而载箱量在 3000TEU 左右的集装箱船(载重吨为 3 万吨级)已经大量地投入运营,将逐渐发展成为未来一段时期内的内贸集装箱运输主流船型。因此,应对大船作业、提高作业效率、减少作业时间,是内贸码头面临的新挑战。

目前集装箱作业的门座起重机普遍选用单箱自动吊具作业,每次操作一个 20ft 或 40ft 集装箱,每小时可完成 20 箱左右的吊装作业量。针对内贸集装箱运输以 20ft 标箱为主的情况,在原门座起重机单箱吊具的基础上研究双 20ft 集装箱吊具,以实现作业效率的显著提高。

双箱吊具系统的主要组成与单箱吊具系统相似,也具有相同的上述单箱吊具的基本功能,但在各部分的具体构造上仍有很大的差异。图 3.4-8 所示为集装箱门座起重机双箱吊具。

(1)吊具上下吊架结构

单箱吊具与双箱吊具构造的最大不同就是吊具的支撑方式。单箱吊具伸缩运动仅在 20ft 与 40ft 之间进行转换,只有一个相对运动,故不需上架支撑;双箱吊具是由两个独立的 20ft 单箱吊具组合而成的,除了 20ft 与 40ft 吊具伸缩运动之间的转换外,两个单箱吊具各自还可相对移动,加之双 20ft 集装箱吊具同样有偏载、倾斜、回转等需要调平和补偿,因此采用了上下架结构支撑。

(2)吊具的回转支撑

集装箱双吊具的回转支撑借鉴了单吊具的转子结构,但由于双吊具采用了上下吊架结构,故回转支撑采取直接与上架刚性连接的方式,而不像单吊具那样将回转体与卷子之间通过铰接连接。

3. 吊具减摇系统

集装箱门座起重机吊具的摇摆与其本身的构造形式密切相关。当门座起重机变幅时,所吊物体始终是变速运行,同时悬吊货物的悬垂钢丝绳的长度在变幅过程中也在不断变化,造成货物在运移过程中始终存在摇摆。集装箱门座起重机工作过程中吊具受多个惯性力的作用,变摆长的摇摆运动规律复杂,由于受起重机构造的限制,采用机械方法难以实现减摇目的。

目前集装箱门座起重机均采用电子式减摇方案,即通过对回转、变幅机构工作过程的追钩分析,建立吊具减摇控制的模型,吊具钢丝绳长度采用位置编码器检测,吊具回转、变幅速度、加速度分别通过对机构运动状态检测输入计算模型中而获得,在此基础上制定减摇控制的优化方案,从而达到有效控制吊具摇摆的目的。

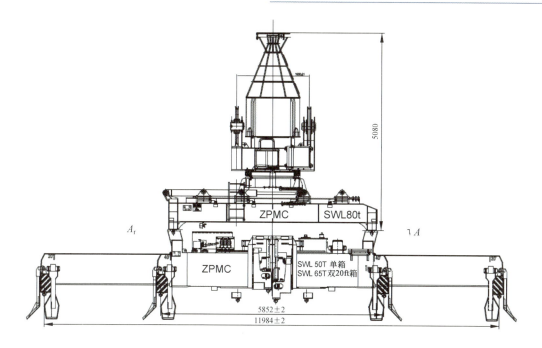

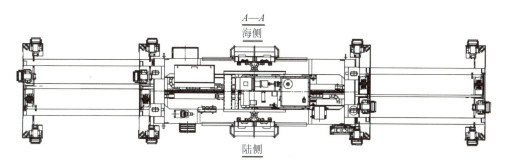

图 3.4-8　集装箱门座起重机双箱吊具

3.4.5　集装箱门座起重机能量回收系统

1. 门座起重机工作过程中的能量回馈

集装箱门座起重机工作过程中的典型作业循环如图 3.4-9 所示。

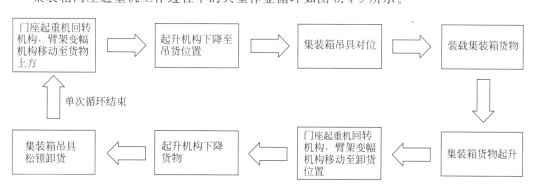

图 3.4-9　集装箱门座起重机作业循环图

　　门座起重机在起升集装箱时,由外部供给的电能通过电动机及机械传动系统驱动货物上升,此时电能转化为载荷位能;当门座起重机在满载或空吊具下放时,载荷位能将释放并通过电动机发电形成再生电能。该电能可以采用两种方法释放:通过变频器制动单元导通制动电阻,将电能转换为热能消耗掉;通过变频器的逆变部分对直流母线进行充电,使得变频器直流母线电压升高而将该电能回馈电网。

　　电阻消耗能量是一种传统的方式,将造成能量的浪费和环境升温。能量回馈是一种节能的方式,只需在原有的变频器中增加一套可控的能量回馈装置,将再生能量逆变为标准的交流反馈给电网。图3.4-10为起重机能量回馈系统原理图。

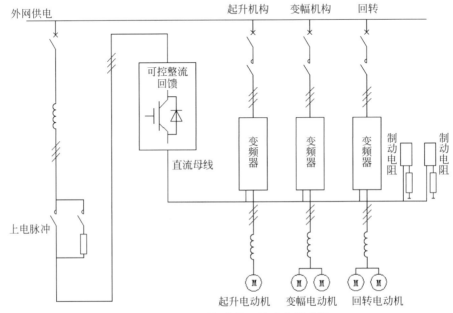

图 3.4-10　起重机能量回馈系统原理图

2. 能量的储存与再利用

　　采用储能装置把载荷势能转换成电能进行回收储存,根据下次工作运行的能量需求,将储存的电能重新利用到工作机构上。图3.4-11为起重机能量储存与再利用工作原理图。

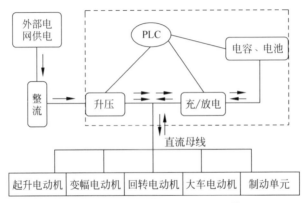

图 3.4-11　起重机能量储存与再利用工作原理图

该方案可有效回收门座起重机工作过程中的再生能量,避免回馈电流谐波对电网造成的影响,当起重机工作机构驱动加速时,储能系统可快速补能,消减了电动机起动时电网的供电峰值电流,可大大提高电网的供电质量,改善用电设备的工作环境,延长使用寿命。

3.4.6 集装箱门座起重机高效装卸作业过程

集装箱门座起重机是各种集装箱装卸机械中的一种典型机型,配有集装箱自动吊具的门座起重机广泛使用在各港口码头,主要进行中小船舶和驳船的集装箱装卸作业。

集装箱门座起重机的工作方式不同于岸桥,其工作是通过起升、变幅和回转机构协同工作而完成确定的任务。相对于岸桥由起升和小车运行两个机构完成集装箱装卸作业,门座起重机的机构运行更为复杂,其台时工作效率通常低于岸桥。但是可利用门座起重机的构造特点,通过对作业吊具的创新设计,提高门座起重机对中小型船舶作业的适应和灵活性,实现集装箱门座起重机的定向高效装卸作业。

1. 单吊具作业

集装箱门座起重机单吊具可实现 20ft 与 40ft 集装箱作业,当起升机构运行时,变幅、回转机构协同配合。图 3.4-12 为集装箱门座起重机机构运行图。

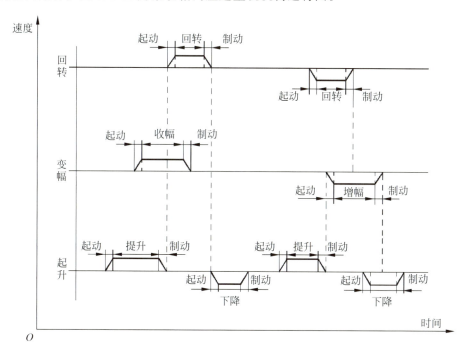

图 3.4-12 集装箱门座起重机机构运行图

为了更好地适应门座起重机高效作业,吊具设计时考虑了多种辅助功能。门座起重机回转时可通过吊具回转跟随功能,在集装箱作业过程中同步完成集装箱方位的调整。在门座起重机吊具对箱作业过程中,可通过吊具调节块迅速调整吊具姿态,实现吊具快速对位。单点吊具通过卷子与吊具架之间的连接铰,可适应船舶在摇晃摆动状态的对箱就位。

2. 双吊具作业

集装箱双吊具是在总结单箱吊具作业的基础上为进一步提高作业效率而研究开发的,其包含有单箱吊具的全部功能,同时可一次对两个20ft集装箱进行装卸船舶作业。

与传统集装箱单吊具作业相比,双吊具门座起重机的单机平均作业效率可达35TEU/h以上,较单箱门座起重机作业效率同比提升40%~50%,综合效率提高50%~80%。

将双箱吊具门座起重机与单箱吊具门座起重机、岸桥的作业效率和采购报价情况进行对比,其经济效益数据见表3.4-1。

表3.4-1 单箱吊具门座起重机、双箱吊具门座起重机和岸桥的经济效益数据

序号	机型	单机效率/(TEU/h)	采购价格/万元	平均效率比/%	价格比/%	平均效费比
1	单箱门座起重机	20~22	980	100	100	1
2	双箱门座起重机	30	1283	145	130	1.12
3	双箱岸桥	30~40	3100	175	241.62	0.72

根据目前我国内贸集装箱80%以上都是20ft集装箱的情况,门座起重机设备若配置双箱吊具,综合作业效率比单箱快40%~50%,而双箱门座起重机相对于单箱门座起重机的成本增加仅为30%,效费比为1.12,故从门座起重机角度来看双箱设备性价比更高,具有很好的推广应用价值。

第 4 章

集装箱码头堆场设备

4.1 概　　述

4.1.1　集装箱堆场设备分类

集装箱堆场设备用于集装箱堆场的装卸车辆、堆垛作业等,包括轮胎式集装箱门式起重机、轨道式集装箱门式起重机、集装箱正面吊运起重机(简称正面吊)、集装箱堆高机和集装箱跨运车等。

4.1.2　轮胎式集装箱门式起重机

1. 传统轮胎式集装箱门式起重机

传统轮胎式集装箱门式起重机(rubber tyred gantry crane,RTG)以转场作业灵活、场地利用率高而在传统集装箱码头得到极为广泛的应用。

另外,传统 RTG(如图 4.1-1 所示)具有较为标准的技术性能参数,易于实现标准化的集装箱堆场平面布置。如典型 RTG 采用 H 门腿,跨距一般为 23.47m(77ft),跨内设置 6 列集装箱和 1 个集卡车道;起升高度 18.1m,堆五过六;吊具下起重量 41t;起升速度满载 23m/min,空载 52m/min;小车运行速度 70 m/min;大车运行速度满载 30m/min,空载 120m/min;自重 140~160t(含集装箱吊具)。传统 RTG 采用柴油发电机组作动力,柴油机功率一般不低于 400kW。各港口采用的 RTG 大同小异,上述参数中,除起升高度有所不同,其他参数基本一致。

传统 RTG 的主结构形式和机构也基本一致。起升机构和小车运行机构均布置在起重小车上,其中起升机构大多采用一个四联卷筒驱动集装箱吊具的升降运行;近些年,一种具有更好减摇效果的八绳起升机构得到应用。小车运行机构大多采用两套对称布置的集中驱动方式,实现小车 4 个车轮的全驱动。大车运行机构采用 8 个或 16 个轮胎支撑,液压驱动可完成车轮 90°原地回转,实现 RTG 的转场作业。

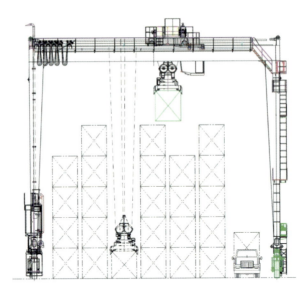

图 4.1-1　传统轮胎式集装箱门式起重机

2. 传统 RTG"油改电"节能减排技术

RTG 各机构采用电力驱动,其供电方式一个分为 3 种:传统型(机上柴油机发电)供电方式、市电供电方式和节能供电方式。

1) 传统型供电方式

传统 RTG 由于采用柴油发电机组驱动,能耗高,尾气、噪声等对环境污染严重。

2) 市电供电方式

对传统柴油发电机组驱动的 RTG 进行"油改电"节能技术改造。该技术是我国港口实施最早最成功的节能减排技术之一,目前各主要大中型港口基本全部完成了传统 RTG 的"油改电"节能技术改造,而新上的 RTG 产品出厂即采用了"油改电"技术。

使用市电的 RTG 在保持了常规 RTG 原有各项功能的情况下,将 RTG 作业的能源供应方式由原来的大功率柴油发电机组供电改为通过由市电电网供电,仅配小功率柴油发电机组提供 RTG 转场行走所需电能,既保持了 RTG 可以转场的灵活机动,又节能环保。市电供电的 RTG,能耗成本减少 70%,同时又消除了吊箱作业时柴油机冒黑烟的尾气排放和噪声污染。比起轨道式集装箱门式起重机(RMG),市电 RTG 具有可转场、机动性强的优点。

以起重量为吊具下 40t、起升高度一过五、跨度 6+1(23.47m) 的 RTG 为例,常规 RTG 机上原配置的约 400kW 的大功率机载柴油发电机组,被 100kW 左右小功率柴油发电机组代替。小机组仅提供 RTG 大车转向 90° 及转场的电能,既保持了 RTG 可转场的机动性,又有效降低了 RTG 的单位能耗成本和对环境的污染。

采用市电供电的 RTG 可根据用户需要设置能量回馈系统,将起吊集装箱下降时的位能及制动再生能量转化为电能反馈回市电电网,反馈电量可达 RTG 耗电量的 20% 以上,功率因数可达 0.99。

RTG"油改电"技术采用市电为动力,目前有高架滑触线、低架滑触线和电缆卷筒 3 种供电方式。

3）节能供电方式

节能供电方式分为以下 3 种：超级电容和柴油机混合供电、锂电池和柴油机混合供电、LNG 燃汽机供电。

3. RTG 轻量化技术

传统 RTG 自重较大，为降低 RTG 的自重，进而降低起重机能耗和堆场投资，各研发机构陆续推出自己的轻量化产品。

1）水运院轻量化 RTG

交通运输部水运科学研究院（简称水运院）是国内最早开展 RTG 轻量化技术研发和推广的科研机构，经过 10 余年的深入研究，已推出多种规格型号的电动轻量化 RTG，其中最典型的是采用四卷筒（或两个双联卷筒）驱动技术的轻型 RTG，在广州鱼珠港、中山港、肇庆港、佛山港、四川宜宾港等集装箱码头得到了很好的推广应用，取得了良好的经济效益和社会效益。

该设备在保证装卸效率的情况下，创造性地将常规门式起重机小车上的起升机构移至底梁，从而大大降低了整机的自重，其自重仅为同类产品的 70%，在不降低装卸效率的同时，减少了业主的设备采购费用，并大幅降低了土建投资，初步计算，该设备的综合投资费用为同类产品的 60%～70%。图 4.1-2 为 2016 年水运院为河北省邯郸内陆港制造的 9 台轻型 RTG。

图 4.1-2　邯郸内陆港轻型 RTG

2）Kone 轻量化 RTG

2014 年 4 月，全球领先的起重机制造商科尼公司（Kone）发布了一款新型轻量化的 Boxhunter RTG（如图 4.1-3 所示）。起重机的起升机构安装在一侧门框底梁上，采用钢丝绳牵引驱动。另外一个重要特点是其司机室不再布置在小车上随小车行走，而是布置在集卡车道一侧的门框底梁上面，司机借助完善的视频监控系统辅助操作，同时可将集装箱装卸集卡的一举一动尽收眼底，上下进出也非常安全方便。

2020 年 3 月，Kone 公司与越南 Ben Nghe Port 签订了一笔供应两台新的 Boxhunter RTG 起重机的合同，将于 2021 年 4 月交付。自 2017 年以来，Ben Nghe Port 一直运营着科尼的两台 Boxhunter RTG，为港口发展发挥了重要作用。目前的 Boxhunter RTG 一般由电

图 4.1-3　Kone 轻量化 RTG

缆盘驱动,而新的 Boxhunters 将是全电动 16 轮起重机,堆五过六 ,跨度为 6 列集装箱加上 1 个集卡通道。

3) HansKünz 推出新概念 RTG 和 RMG

2018 年 6 月,HansKünz 公司为集装箱起重机市场推出了一种称为 Freerider 的新概念、单梁式 A 形腿结构的 RTG。起重机类似于在马士基摩洛哥的 Tanger Med 码头开发的 42 台新型轨道吊,但采用 16 轮驱动的轮胎式大车运行机构,如图 4.1-4 所示。

(a)轮胎式集装箱门式起重机　　　　　　　(b)轨道式集装箱门式起重机

图 4.1-4　HansKünz 新概念 RTG 和 RMG

Freerider 起重机采用了一种称为"Spider"的新型八绳起升防摇系统(见图 4.1-5),其中 8 个齿轮马达驱动 8 个独立的卷筒。这种机械防摇系统,可以同时移动所有 6 个自由度的负载,实现 X、Y、Z 轴方向高达 300mm 的微动和绕 X、Y、Z 轴各 5°的转动。

图 4.1-5　新型八绳起升机械防摇系统

使用椭圆形 A 形腿和单梁可以降低起重机结构的重量,同时增加刚度。Freerider 起重机的跨度从 5+1 到 9+1,起升高度从堆四过五到堆六过七。大车运行速度(带载/不带载)为 130/160(m/min),堪称当今市场上最快的 RTG。供电电源可以选择电缆卷筒、滑触线、柴油发电机或混合动力驱动。Freerider 起重机的设计从一开始就考虑到自动化,作为后方堆场装载模块中轨道吊的替代方案。这意味着 RTG 可以利用其现有的 RTG 跑道转换为自动化操作,而不会降低堆叠容量,也不需要大量的土建工程(电气化和转换区域的创建除外)。

另一个独特的功能是全新的单手操控系统,其中单个操纵杆通过定向移动控制器来控制起重机所有的机构升降和水平运动。

除了采用新的空气动力学结构设计外,Hans Künz 还开发了现场组装的新概念,可以在 3 天的时间内完成 5 台起重机的完全组装。截至 2020 年 6 月份,Hans Künz 现有超过 120 台正在运行的轨道吊,还有 20 多台起重机正在调试中。

Hans Künz 这种结构设计有如下优点:

(1)椭圆形截面主梁具有较小的迎风面积和风力系数,风载荷降低约 65%,正常迎风作业,大车驱动电动机功率降低约 65%,减少能量消耗。

(2)减小车轮、钢结构及起重机轨道上的动载荷(车轮动态轮压、钢结构风载荷,若为 RMG 可减少轨道侧向载荷),降低整机自重 10%,降低轮压 15%,减少大车车轮数(RMG)。

(3)减少焊接工作量,特别是筋板焊接。

(4)在雨雪天气,椭圆形截面主梁可以防止积水和冰雪,减少结构腐蚀。

基于如上特点,该产品可以明显减少制造成本,降低码头建造和使用成本,显著提高产品竞争力。

4. 振华重工研发的大车轮毂电机驱动机构 RTG

目前,全球运行的 RTG 多达万余台,其大车电机驱动均采用链轮链条的传动方式(见图 4.1-6(a)),外置在 RTG 门腿上,零部件很多,导致结构松散、运行冲击振动大、精确定位困难、维护要求高、场地油污大等缺点。

2019 年 2 月,全球首台 RTG 大车轮毂电机驱动机构在上海振华重工研制成功。研发人员创造性地将驱动机构"塞"进直径约 50cm 的轮毂空腔内,嵌在 RTG 的轮胎上。该驱动机构由新型永磁电机、行星减速器和制动器组成,取消了传统 RTG 大车的链轮、链条、联轴节、轴承和罩壳等众多组成部件,采用完全自然冷却的方式。图 4.1-6(b)为振华重工 RTG 大车驱动机构模拟试验台。

(a) 传统RTG大车链轮链条驱动机构   (b) 新型RTG大车永磁电机驱动机构试验台

图 4.1-6　RTG 大车运行机构

相比于传统 RTG 驱动机构,新型嵌入式轮毂电机驱动机构具有体积紧凑美观、传动效率高、定位精度高、环保卫生、维护方便等优点,完全改变了原来 RTG 长达半世纪的部件多、维护繁琐的"臃肿"状态,简化轮胎吊自动化方案,提升作业效率。另外,使用永磁同步电机代替三相异步电机,整体节能率在 20% 以上;驱动方式采用封闭式的结构,一体化安装,结构简单,日常维护时不会产生二次污染,维护成本可下降 90% 以上。新驱动装置的推广应用,将开启振华重工在全球 RTG 市场新一轮机遇。

5. 自动化轮胎式集装箱门式起重机

不同于 RMG 在固定轨道上行走,易于实现自动控制和自动对位,而 RTG 没有固定的大车运行轨道,起重机由轮胎支撑,载荷的不均衡、轮胎气压的差异、电动机转速的不同步等,都可能导致起重机跑偏,如何实现传统 RTG 的自动运行和精确定位,是实现 RTG 自动化无人驾驶和用于自动化集装箱码头的难点。

日本是个多地震国家,码头基础稳定性较差,2008 年建成的日本名古屋自动化集装箱码头,采用自动化轮胎式集装箱门式起重机(ARTG)作为堆场设备,对起重机轨道基础变形具有很好的适应性。

2015 年 Kone 公司向位于印度尼西亚中爪哇省三堡垄港市的国有集装箱码头运营商 Pelindo Ⅲ 提供包含 11 台 ARTG、远程操控站(remote operation station,ROS)和集装箱堆场自动化基础设施(如集装箱堆场智能大门系统)的自动化 RTG 系统。ARTG 彻底取消了司机室,如图 4.1-7 所示。

图 4.1-7 Kone 公司的 ARTG

4.1.3 轨道式集装箱门式起重机

1. 传统轨道式集装箱门式起重机

轨道式集装箱门式起重机(RMG)主要从 2000 年以后开始陆续被港口企业所接受,并陆续得到更多制造企业的关注和研发。RMG 采用市电作为动力,与传统采用柴油发电机组驱动的 RTG 相比,节能效果非常好,而且没有尾气和噪声排放,属于非常理想的节能减排产品,同时易于起重机实现自动控制,作业效率和场地利用率更高,如图 4.1-8 所示。

与传统采用柴油发电机组驱动的 RTG 相比,在同样作业量的情况下,普通 RMG 采用电力驱动,可节约能源 60% 左右。

为进一步提高节能效果,在普通 RMG 的基础上,新投入使用的 RMG 大量采用了高压上机能量回馈和谐波治理技术,节能效果进一步提升。

与性能参数相对标准化的 RTG 相比,RMG 的最大特点是结构形式多样,可以充分满足场地现状,灵活设计工艺平面布置,选择更加优化的性能参数。

适当增加轨道式集装箱门式起重机的轨距,可以提高场地的利用率,但是轨距不宜太大,以减少起重小车的运行距离,降低能耗。

(a) 大连港大窑湾三期的RMG

(b) 上海振华重工待发运的RMG

图 4.1-8 轨道式集装箱门式起重机

2. 轻量化轨道式集装箱门式起重机

由水运院研发的轻量化轨道式集装箱门式起重机与轻型轮胎式集装箱门式起重机具有类似的结构和机构形式,如采用四卷筒的起升和小车运行共用机构,通过分时控制或联动控制,实现集装箱的起升、小车运行集成驱动功能。图 4.1-9 是由水运院研制的轻量化轨道式集装箱门式起重机应用于广东小榄集装箱码头的空箱堆场作业,吊具下起重量为 5t,具体不再赘述。

3. 新型永磁直驱轨道式集装箱门式起重机

传统起重机的起升机构典型传动形式是电动机＋联轴器＋制动器＋减速机＋卷筒。新型永磁直驱机构(简称 GBM)取消了减速机,卷筒和低速大扭矩永磁同步电机(外转子)实现

图 4.1-9　广东小榄集装箱码头空箱堆场轻型 RMG

一体化直接驱动（如图 4.1-10 所示）。其中低速大扭矩永磁同步电机实际使用最低转速 0.033r/min，最大起重量可达到 320t；电控系统调速比可达到 1∶300，并可实现毫米级点动、毫米级同步等功能。制动系统由安全自诊断系统＋盘式制动＋末端制动＋零速制动组成，安全系数大大高于同类型传统起重机。

图 4.1-10　永磁直驱 GBM 起重小车

2017 年 4 月，江西工埠机械有限公司联合江西起重机械总厂有限公司，研制了 4 台采用 GBM 起升机构的 RMG（图 4.1-11），应用于华东诚通物流集团樟树港集装箱码头。4 台 RMG 共 3 种不同规格，分别用于装卸船舶、装卸火车和堆场作业。装卸船起重机的主要技术性能参数为工作级别 M6，吊具下起重量 40.5t，满载起升速度 12m/min，总起升高度 28m（其中轨面上起升高度 15m，轨面下下降深度 13m）。使用一年以来，用户反映良好。在后续 4 台抓斗门座起重机上，抓斗起升和开闭系统也将采用 GBM 起升机构。

永磁直驱 RMG 结构简单、体积小、重量轻。尤其对于内河装卸船和堆场共用的集装箱门式起重机，可有效提高起重机的抗倾覆力稳定性，降低轮压。采用四联卷筒 GBM 直驱机构作为起重机的起升结构，起升小车大大简化，体积明显缩小，自重明显降低。传统起重机起重小车自重 40t 以上，GBM 直驱起重小车自重仅为 28.5t 左右，降低约 30%（如图 4.1-12 所示）。

(a) 装卸船舶和堆场RMG　　　　　　　　(b) 装卸火车和堆场RMG

图 4.1-11 永磁直驱 RMG

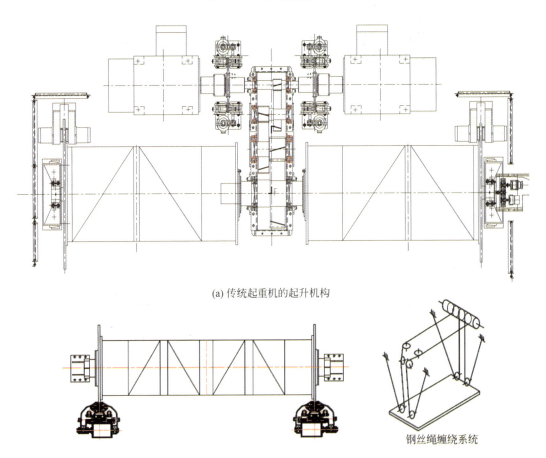

(a) 传统起重机的起升机构

(b) 永磁驱动起升机构

图 4.1-12 永磁驱动起重机与传统起重机的起升机构对比

　　另外,GBM 起重小车结构简单,故障率低,具有满载低速、轻载快速功能,轻载(仅吊具时)速度可达到满载速度的 1.5~2 倍,大幅度提高作业效率,这是传统起升机构所没有的。并且,通过理论计算和半年多的实际应用,采用 GBM 起升机构后节电率达到 20% 以上,节电效果非常明显。

4. 自动化轨道式集装箱门式起重机

随着自动化集装箱码头的建设，一种全自动化运行的轨道式集装箱门式起重机（ARMG）得到应用。图 4.1-13 为上海港洋山四期自动化集装箱码头和青岛港新前湾自动化集装箱码头使用的 ARMG。青岛港全部采用无悬臂 ARMG，上海港采用了单悬臂、双悬臂和无悬臂 3 种不同结构形式的 ARMG。

(a) 上海港洋山四期单悬臂ARMG

(b) 上海港洋山四期双悬臂ARMG

(c) 青岛港新前湾无悬臂ARMG

图 4.1-13　自动化轨道式集装箱门式起重机

自动化码头集装箱堆场每一跨一般安装两台 ARMG。正常情况下每个集装箱一般要通过海侧 ARMG 和陆侧 ARMG 两台起重机的接力运输，方可实现集装箱海、陆侧之间的交换。而上海港洋山四期自动化集装箱码头主要是中转集装箱，采用带悬臂 ARMG，AGV 可以直接进入堆场，这样只要通过陆侧一台 ARMG 的作业，即可实现集装箱外集卡与岸桥之间集装箱的直接交换，达到更好的高效作业和节能效果。

与传统 RMG 相比，ARMG 起重机没有司机室，全自动或远程控制运行。起重机大车轨道通过胶垫板支撑在 PHC 嵌岩桩基钢筋混凝土结构梁上(如图 4.1-14 所示),轨道无沉降,运行冲击小;大车采用了水平导轮(如图 4.1-15 所示),防止起重机跑偏或啃轨,使起重机的运行速度更快,ARMG 大车运行速度一般是传统 RMG 的 2 倍或更高。起重机大车采用磁钉和编码器定位,小车采用线性磁尺和编码器定位,起升采用编码器和激光扫描仪定位,同时配以八绳防摇微调集装箱吊具,使集装箱定位更精准。另外,自动化作业后,由传感器代替了司机,避免了以前恶劣天气对人的影响,实现了全天候作业。

图 4.1-14　大车运行轨道　　　　　　　　图 4.1-15　大车运行水平导轮

　　起重机进行防风锚定时,传统 RMG 大多采用防风拉索装置进行防风锚定。一般每台起重机需要 5 人同时操作,司机在司机室操作起重机运行到指定位置,地面 4 人同时分别负责起重机的 4 套防风拉索装置,每台起重机锚定工作约需 30min 操作,且防风拉索装置部件笨重,易造成人身伤害。而青岛港的 ARMG 首次发明使用了"一键锚定"自动防风装置(如图 4.1-16 所示),只需要 1 人远程控制起重机运行到指定位置后,启动"一键锚定"开关,实现起重机锚定,全程一般不超过 2min。

图 4.1-16　青岛港 ARMG"一键锚定"自动防风装置

　　另外,自动化集装箱码头 ARMG 与海侧、陆侧水平运输车辆之间的集装箱交换方式也各不相同。海侧集装箱运输一般采用 AGV 或集装箱跨运车,其集装箱交换全部实现了自动化运行;而陆侧目前均为人工驾驶的集装箱拖挂车,集装箱交换大多采用人工远程控制方式,只有极少数码头实现了全自动交换运行。

　　表 4.1-1 为国内外主要自动化集装箱码头采用的 ARMG 的防风锚定装置操作方式和海陆侧集装箱交换方式对照表。

表 4.1-1　国内外各港口自动化集装箱码头 ARMG 性能对比

自动化集装箱码头名称	大车运行速度/(m/min)	锚定装置		海陆侧集装箱交换方式	
		操作方式	操作时间/min	海侧与堆场	陆侧与堆场
美国长滩 LBCT 自动化码头	240	自动,无防倾覆	15	全自动	远程手动
新加坡 PSA 自动化码头	120	逐台手动	30	全自动	远程手动
荷兰 ECT 自动化码头	240	逐台手动	30	全自动	远程手动
荷兰鹿特丹 Euromax 自动化码头	240	自动,无防倾覆	15	全自动	远程手动
中国台北港自动化码头	100	逐台手动	30	全自动	远程手动
中国高雄港自动化码头	100	逐台手动	30	全自动	远程手动
韩国釜山新港自动化码头	210	逐台手动	30	全自动	远程手动
韩进西班牙阿尔赫西拉斯自动化码头	220	逐台手动	30	全自动	远程手动
马士基墨西哥 Lazaro 自动化码头	210	自动,无防倾覆	15	全自动	远程手动
厦门远海自动化码头	240	逐台手动	30	全自动	远程手动
青岛港前湾自动化码头	270	全自动,防滑移、防倾覆	2	全自动	全自动
上海港洋山四期自动化码头	240	防风拉杆,逐台手动	30	全自动	远程手动

采用 ARMG 后,自动化集装箱码头堆场内无须作业照明,也有效节约了能源成本。

2019 年 11 月 28 日,青岛港前湾全自动化集装箱码头二期项目投产运营,其在 ARMG 上全球首创采用了氢燃料电池。氢燃料具有来源广泛、发电效率高、无排放污染、无噪声、可储存、可再生等优点。

5. 新概念轨道式集装箱门式起重机

港口集装箱堆场起重机经历了五六十年的发展,结构形式基本没有变化。由上海归朴机电设备有限公司研发的一种全新概念的轨道式集装箱门式起重机(如图 4.1-17 所示),以减少能量消耗、进一步提高场地利用率为出发点,是一种有益的尝试。

该起重机与传统 RMG 一样,具有起升、小车运行和大车运行三大机构,其组成见图 4.1-18。所不同的是传统 RMG 三大机构可以实现集装箱做 X、Y、Z 3 个方向的运行,而该起重机小车运行方向和大车运行方向一致,只能实现 X、Z 两个方向的运行,因此集装箱码头的平面设计与工艺布置与现有的集装箱码头完全不同。

该起重机各个机构均采用港口起重机成熟技术及成熟零部件集成,并进行了优化设计。起升机构采用两套差动设计的卷扬系统(如图 4.1-19 所示),既可以实现吊具的同步升降,也可以实现小车的横向移动。两套卷扬系统的设计,可以在一套系统出故障后,确保另一套系统仍然继续工作,实现不停机作业。

图 4.1-17 一种新型的轨道式集装箱门式起重机

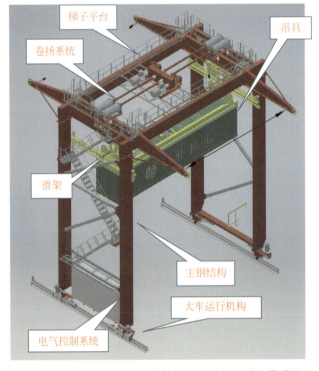

图 4.1-18 新型轨道式集装箱门式起重机组成与原理图

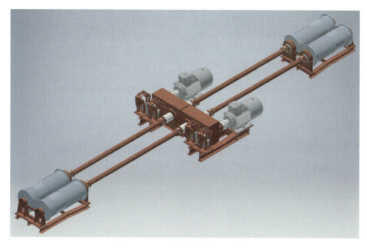

图 4.1-19　起重机起升机构

集装箱吊具可以实现宽度方向和长度方向各 ±500mm 的平移功能,以及 ±5°回转,具有良好的减摇效果,如图 4.1-20 所示。

图 4.1-20　集装箱吊具

目前,该起重机已完成样机试制,其主要技术性能参数如下:吊具下起重量 41t 或 65t,集装箱规格 40ft、2×20ft 或 45ft,起升速度满载 26m/min、空载 52m/min,大车运行速度 190~260m/min,整机自重只有 82t,最大轮压 21t,装机容量只有 273kW。

该起重机具有自重轻、能耗低、吊具无晃动等特点。由此引发集装箱堆场模式的变革,堆场垂直于岸线布置,其水平运输车辆进出堆场方向采用顺向进出,而非传统模式的转向 90°进出方式,彻底改变了现有的堆场工艺布置方式(如图 4.1-21 所示)。可使单位土地集装箱箱位数提高 50% 以上,集装箱堆场起重机轨道基础投资降低 30% 以上,单箱能耗只有目前自动化堆场 ARMG 能耗的 1/3。

此设备应用在铁路堆场上具有更大的优势,使铁路集装箱的装卸模式由串行作业模式变成了并行作业模式,可以大幅提高列车的装卸作业效率。

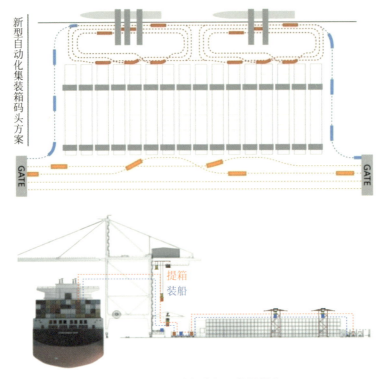

新型自动化集装箱码头方案

提箱
装船

图 4.1-21 新型起重机堆场工艺平面布置图

4.1.4 集装箱正面吊运起重机

集装箱正面吊运起重机(简称正面吊)主要用于港口集装箱堆场、中转站、铁路货运站和用户库房等集装箱以及件杂货、重大件的装卸与堆场作业,或大中型集装箱码头的辅助作业,具有机动灵活的特点,也可以进行短距离水平运输。但是由于传统正面吊以内燃柴油机作动力,燃油消耗高,运营成本较高;另外以内燃机作动力,尾气排放、噪声污染较为严重。

近几年,我国正面吊市场需求量巨大,并大量出口,吸引了众多的研发机构和制造企业。随着节能减排技术研发工作的深入,锂电池驱动、LNG 驱动或油电混合动力节能型正面吊引起了制造企业、研发机构和用户的广泛重视,新产品不断涌现。

1. 徐工纯电动正面吊

在 2016 年上海宝马展(bauma China 2016)上,由徐工集团研发的 XCS45 型纯电动集装箱正面吊亮相(如图 4.1-22 所示)。XCS45 是全球首款 45t 纯电动集装箱正面吊运起重机,与燃油型正面吊相比,拥有高效节能、零排放、低噪声的特点,使用成本更低廉,是绿色港口建设的先行者。

该正面吊采用行业首创的高效大扭矩电驱动系统,兼顾动力性与经济性的最优控制,相比传统内燃机驱动正面吊,能源转化利用率可提升 1 倍,且传动效率提升 20%,可在不同的工况环境下将能源成本降低 40%～60%。

XCS45 正面吊连续作业时间长、充电时间短,使用也非常方便。其采用 235kW·h 大

图 4.1-22　徐工纯电动集装箱正面吊运起重机

容量免维护动力电池,辅以智能化的能源管理系统,能量回收率最大可达 30%,并且使得其连续重载作业时间超过 8h。此外,XCS45 纯电动正面吊适用 220V、380V 电源,可选不同功率的固定式、移动式充电桩,最短充电时间为 2h,使用起来很方便。

2018 年 11 月 25 日,徐工纯电动 XCS45 正式进驻徐州港务集团孟家沟港集装箱码头。至 2019 年 5 月,每天作业 200 个集装箱,500t 散货,历时近 2000h。同时 200kW 的大扭矩驱动电机匹配 AMT 变速箱,可输出 350kN 牵引力,使车辆在瞬间即可达到 25km/h 的速度。纯电动正面吊不仅在绿色、零污染方面让用户十分满意,其高可靠性、高效率都给他们留下了深刻的印象。

2. 机科重工纯电动正面吊

2018 年 3 月,机科(山东)重工科技股份有限公司(简称机科重工)为广东省佛山市顺德区北滘港货柜码头(二期)提供了首台纯电动正面吊(如图 4.1-23 所示)。

图 4.1-23　机科重工纯电动集装箱正面吊运起重机

由于传统集装箱正面吊起吊货物质量较大,且起升速度较快,使得正面吊的装机容量较大。目前市场上典型的集装箱正面吊均以柴油为动力源,发动机功率可达 $170\sim250\mathrm{kW}$。

传统集装箱正面吊采用内燃机作动力,动力构成包括内燃机动力系统、动力传动系统、执行子系统(包括液压系统、行走驱动系统、电气控制系统等)三大部分,如图 4.1-24 所示。

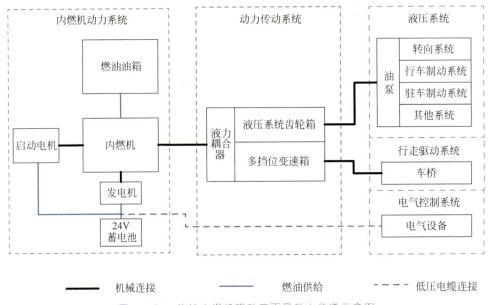

图 4.1-24 传统内燃机驱动正面吊动力传递示意图

传统内燃机正面吊经过纯电动改造后,以锂电池组作为设备的动力来源,设备保留了原来的变速箱作为动力传动的系统,将电动机的功率分配给行走系统和液压系统,24V 电源替代原有的发电机,为整车提供 24V 控制电源。这种改造方法对设备改动较小,可以保留原有设备的电气控制系统,改造资金投入小,性价比较高。改造后动力传递示意图如图 4.1-25 所示。

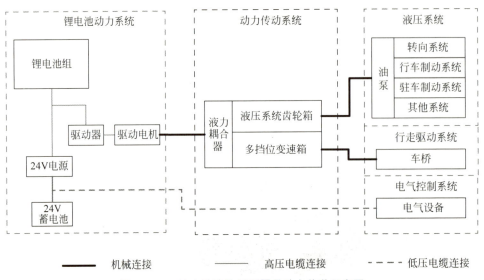

图 4.1-25 纯电动改造后正面吊动力传递示意图

通过纯电动改造后，正面吊的能源利用率可提升 50％以上（电机效率在 95％～98％，柴油机效率在 40％～45％），平均单次装卸集装箱的能源成本可以降低 60％以上，设备噪声降低 15dB 以上，尾气排放问题得到彻底解决。

4.1.5 集装箱跨运车

集装箱跨运车（SC）既可用于集装箱的堆场，也可用于集装箱的水平运输，或水平运输和堆场共用（如图 4.1-26 所示）。

图 4.1-26 堆场用集装箱跨运车

用于集装箱堆场作业的跨运车起升高度较大，一般可满足堆二过三、堆三过四或堆四过五的堆场作业要求，但因其场地利用率和作业效率都较低，而逐渐退出堆场作业，甚至在国内随着我国在 20 世纪 80 年代进口的第一批跨运车被淘汰后，跨运车几乎被人"遗忘"。

目前集装箱跨运车主要用于码头前沿和后方堆场之间的集装箱水平运输，尤其在国外集装箱码头应用非常普遍，详见后续 5.1.4 和 5.3 部分介绍。

4.1.6 集装箱堆高机

集装箱堆高机按其起重量分为集装箱重箱堆高机和集装箱空箱堆高机。其中集装箱重箱堆高机因其整机稳定性较差，作业效率较低，倒箱率较高，柴油机驱动节能环保效果较差，应用已不多。相反，集装箱空箱堆高机在集装箱空箱的堆场作业中应用非常普遍。

传统集装箱空箱堆高机采用柴油机作动力，燃油消耗较高，节能效果较差，尾气排放和噪声污染较为严重。为改变这些不足，各港口开展了不同的节能环保技术革新与尝试，先后改造成功了 LNG 空箱堆高机和锂电池空箱堆高机，进行了堆高机节能环保技术的有益探索，取得了良好的节能减排效果。

1. 三一海工全电动集装箱空箱堆高机

目前，三一海洋重工有限公司（简称三一海工）已成功研制出电动正面吊、电动堆高机、电动抓钢（料）机、电动集卡等多款新能源设备，将赋能绿色港口建设进一步提速，推动港口机械行业电动化发展。

2019年初，三一海工设计开发的世界首台全电动集装箱空箱堆高机在厦门港海天码头完成组装，投入集装箱空箱作业的试用测试，如图4.1-27所示。

图4.1-27　三一海工全电动集装箱空箱堆高机

三一海工研发的全电动集装箱堆高机采用超大容量锂电池储存作动力和双枪快充的配置，相比传统内燃机动力的堆高机，具有绿色环保、维护简便、工作安静舒适等优点。该堆高机采用了动能回收、势能回收、全电驱动等节能措施，大幅度延长了续航时间，充电1h可连续作业12h，一天最长工作20h。

根据青岛港2020年4月作业数据显示，三一电动堆高机作业28天，日均作业14.8h，平均每小时作业38个自然箱，优于内燃机动力设备的作业效率，可满足港口集装箱码头的高强度作业需求。采用电驱动等先进技术后，堆高机整机运营、使用维护成本远低于传统内燃机动力的堆高机，单箱作业成本下降60%，为客户创造了可观的经济效益和社会效益。

另外，电动堆高机采用锂电池驱动，抛弃了柴油动力源，彻底避免了发动机运行时舱内高温环境、管线老化、漏油等可能引起的火灾隐患，还可以根据行驶、液压转向、制动灯系统不同要求，配备不同的电机驱动，较柴油驱动堆高机单一动力驱动更安全。

2. 机科重工集装箱空箱堆高机"油改电"节能改造

2019年7月18日，机科重工为广东颐德港口有限公司（顺德新港）完成了两台集装箱空箱堆高机的"油改电"节能改造。这是该公司第二次完成的针对空箱堆高机进行的"油改电"改造，改造前的两台堆高机采用柴油机驱动，均已使用10年以上。

两台"全新"的纯电动堆高机具备远程监控系统，可实现用户在操作中心及手机APP端的远程监控,实时监测设备的运行状态;交付运营后实施定制组合作业计划,满足顺德新港的高强度作业需求,码头的空箱作业效率得到了较大提升。

3. 卡尔玛全电动环保型集装箱空箱堆高机

2019 年 4 月 30 日,卡尔玛公司推出了一款全电动环保空箱堆高机(如图 4.1-28 所示)。该电动环保空箱堆高机是卡尔玛环保系列的最新产品,基于卡尔玛 ECG90-180 中型电动叉车平台打造,在不影响性能的同时可降低整体燃料成本,满足日益严格的空气和噪声排放标准。堆高机可将集装箱堆至 4 层箱高,配备可选电池技术,确保每次起升高效且无污染。

图 4.1-28　卡尔玛全电动集装箱空箱堆高机

卡尔玛全电动环保空箱堆高机拥有更少的传动部件和更低的磨损率,与柴油动力设备相比操作更加简单且维护成本更低。在性能方面,纯电驱动比柴油驱动运行更加平稳,拥有更大扭矩,可缩短运行周期并提升作业效率。电池充满电后可持续运行整个班次。

4. 国内首台增程式超级电容混合动力堆高机交付使用

2020 年 6 月 19 日,由安徽叉车集团有限责任公司和珠海港控股集团有限公司合作研发的,属国内首创增程式超级电容 7 层混合动力集装箱堆高机,在珠海港高栏国际货柜码头正式交付使用,解决了传统港口堆高机燃油消耗量大、使用成本高、尾气排放污染严重等问题。

该堆高机产品配备了 600V 高压电气系统、多通道智能散热系统、耦合式增程器控制系统等多项技术,整车节油率可达 50%,超级电容可循环使用 30 万次。在纯电工作状态下,堆高机可实现"零排放"。按整车使用周期内(50 万 TEU 计算)与纯内燃设备相比,可减少至少 125 吨标准煤的排放。按每天工作 20h 计算,1 年燃油费可节省 30.5 万元,维保费节省 5.3 万元,经济效益、社会效益显著。

图4.1-29 安徽叉车集团研发的超级电容混合动力堆高机

4.2 电动轮胎式集装箱门式起重机的推广应用

4.2.1 引言

我国90％以上的专用集装箱堆场使用的装卸搬运设备是传统轮胎式集装箱门式起重机（RTG）。它既有轨道式集装箱门式起重机的大堆场、高作业效率的性能，又具备类似轮胎式流动机械的机动性，可以大范围灵活调动，有高空间利用率、高生产率和全堆场机动的特点。这种设备专业性强，在我国集装箱专业码头工作中发挥了重要作用，但设备价格高、维护要求严、日常使用成本高，采用柴油发电机组供电，能源消耗大，排放的废气对环境污染较重。

RTG的主要制造商有中国的上海振华重工、交通运输部水运科学研究院、青岛港机、三一集团，以及Noell、Konecrane、Kalmar等。

近年来，国内外科研院所、港口企业和制造厂以新的思路在RTG节能技术研发与应用方面开展工作，取得了明显成绩，具有代表性的就是RTG的"油改电"技术，即由原来的柴油发电机组供电改为由市电提供动力，既降低了能耗和运营成本，同时也使环境质量得到改善。

RTG"油改电"技术的实质旨在改变 RTG 抓取箱及往复移动过程中的供电方式,通过市政供电替代柴油发电机组发电,改善柴油发电机组带来的高能耗、高成本、高污染、高噪声、维护量大等缺点。RTG"油改电"技术通过在设备与市政供电系统之间增加一套供电系统,实现市电上机,在正常工作时替代原有柴油发电机组供电,采用其他供电方式实现转场作业。

改造后的 RTG 称为电动轮胎式集装箱门式起重机(简称电动 RTG,或 ERTG),目前新购置设备基本为电动 RTG。常用的电动 RTG 的供电系统有电缆卷筒、刚性(低架)滑触线、高架滑触线和锂电池供电等形式。电动 RTG 仍配置小型柴油发电机组、电池组等用于转场作业的供电。

4.2.2　工作原理

电动 RTG 几种供电方式的工作原理分别介绍如下。

1. 电缆卷筒形式

电缆卷筒形式供电的基本原理见图 4.2-1。在门架的一侧设置电缆卷筒,电缆缠绕在电缆卷筒上,电缆的一端与 RTG 的整机供电回路连接,另一端通过导缆架到码头地面的电缆槽,再连接至市电的地面固定接电箱上。RTG 行走时,电缆卷筒自动收放电缆。

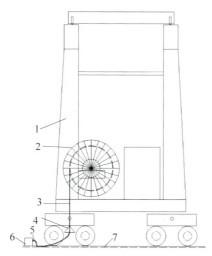

图 4.2-1　电缆卷筒型式电动 RTG 原理图

1—RTG;2—电缆卷筒;3—供电电缆;4—导缆架;5—快速接头;6—接电箱;7—电缆槽

2. 刚性(低架)滑触线型式

刚性滑触线相对高架滑触线而言,也叫低架滑触线(见图 4.2-2)。其基本原理是在集装箱堆场的箱区内架设刚性滑触线供电线路,设置高度大概在整机底梁的高度,一般为 2～3m,每隔约 3m 有一个支架作为支撑。当电动 RTG 在箱区作业时,所需动力由专门设计的集电装置将市电从滑触线输送到 RTG 上。RTG 沿滑触线移动,实现对整个箱区的工作覆盖。

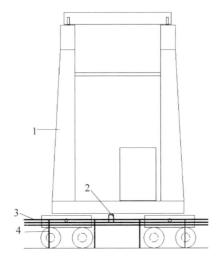

图 4.2-2　刚性滑触线型式电动 RTG 原理图

1—RTG；2—集电小车；3—刚性滑触线；4—支架

3．高架滑触线型式

高架滑触线的基本原理见图 4.2-3,通过架设高空铜滑线来实现市电电源向 RTG 供电。RTG 可以像公交电车那样从头顶上的高架滑触线获取电力,滑触线的高度高于整机的最大高度,一般高度在 25m 以上,每隔一定距离设有塔架支撑。该供电型式主要由布置在两排集装箱堆场间的塔架、高架滑触线、机上滑线集电器、地面配电箱等组成。高架滑触线采用双沟铜滑线,通过吊线器挂在承重索上保持水平。机上滑线集电器类似无轨电车的导电弓,同时集电器左右各有一定的摆动自由度,保证 RTG 在跑偏的状况下也能够可靠地供电。

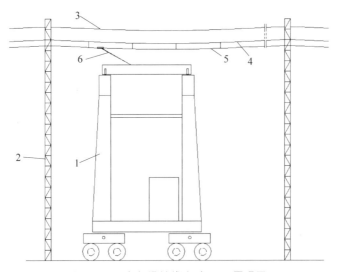

图 4.2-3　高架滑触线电动 RTG 原理图

1—RTG；2—塔架；3—避雷系统；4—吊索系统；5—滑触线；6—集电器

4. 锂电池型式

除了以上 3 种常用的电动 RTG 供电方式外,还有锂电池供电型式。

上海港与上海振华重工共同研发改造的锂电池供电 RTG,采用大容量锂电池作为 RTG 的主要供给电源,替代原有大柴油发电机组。由锂电池组直接给电动 RTG 整机变频器上的直流母排提供工作电源,锂电池的充电电源为 50 kW 柴油发电机组或外部电源,与此同时势能也可回馈至锂电池组,这种供电形式解决了转场的动力源问题,可直接进行转场无须更换动力。由于锂电池的续航问题,工作时经常需要外部市电电源或柴油发电机组充电,因此该种供电形式未在港口得到广泛应用,本书亦不做重点介绍。

4.2.3　技术分析

1. 电缆卷筒供电

该技术是最早得到应用的"油改电"技术,即最早出现的电动轮胎式集装箱门式起重机,国内 2003 年由交通运输部水运科学研究院提供的电缆卷筒型式的电动轻型轮胎式门式起重机在内蒙古一边贸集装箱堆场使用,随后在深圳招商局等集装箱码头使用。

电缆卷筒供电的电动 RTG 由电缆卷筒、导缆架、供电电缆、电缆插头、地面接电箱、控制系统等各部件组成。

1) 电缆卷筒及导缆架

当 RTG 沿堆场跑道行走时,由电缆卷筒的控制系统根据 RTG 行走时供电电缆上的张力,通过变频或磁滞等控制技术来调节电缆卷筒的收放速度,使之与 RTG 的行走速度相匹配,可最大限度地保证供电电缆的安全。供电电缆经导缆架后,可被准确引导进入地面电缆槽;或者在电缆卷筒行程的正下方,铺设拖缆槽和安装导向装置。

RTG 可选用的电缆卷筒有:长期堵转力矩电动机式电缆卷筒、磁滞式电缆卷筒和变频控制式电缆卷筒。电缆卷筒应能自动收缠电缆,电缆卷筒的驱动转矩不应小于收缠电缆时所需的最大转矩。电缆卷筒卷盘的底部直径不应小于电缆外径的 12.5 倍。起重机运行到极限位置,卷盘上至少保留两圈电缆;电缆全部卷入电缆卷筒后,卷盘外径应留有两圈以上余量。

导缆架是对电缆卷筒和地面电缆槽之间的电缆进行导向的支架,应保证起重机在运行过程中电缆收放顺畅。导缆架在与电缆接触的各个方向均设导向轮。导向轮应表面光滑、转动灵活,以免对电缆造成划伤等缺陷。

2) 地面接电箱及电缆锚固装置

地面的接电箱用来接收码头输送来的市电,在接电箱内设有插座,以方便与 RTG 供电电缆端部的快速插头连接。电缆锚固装置是装设在地面上用于固定接电箱与电缆槽之间电缆的装置,保证电缆从地面接电箱一侧顺利换向到另一侧。电缆锚固装置应可快速拆卸,便于更换和移动电缆。

3) 供电电缆及快速接头

供电电缆应选用铜芯多股软线,宜采用重型橡胶电缆,并根据电压等级、环境温度来选定。电缆端部通过快速插头与地面接电箱连接获得市电,地面接电箱内设置有安全开关,保证所有电缆插头的插拔操作均在无电的情况下安全完成。电缆锚固装置和地面接电箱之间的电缆宜设有快速接头，以便起重机转场时进行电缆的快速转接。

电缆卷筒供电方式广泛应用于岸边集装箱起重机和轨道式集装箱门式起重机等轨道式运行的起重机上，技术成熟，投资省，操作简单，但其转场时供电电缆需要转换供电接电箱。

2. 刚性滑触线供电

采用刚性滑触线具有投资小、维护便利等优点，在一些港口企业得到了广泛关注和应用。刚性滑触线源于公共直流母线概念，同时挂在同一直流滑触线上的 RTG 可以将制动能量加以二次利用，同时减少了高次谐波的产生，可以提高电网供电质量。刚性滑触线已在青岛港、天津港等形成规模化应用，主要构成和特点如下。

1）滑触线系统

在箱区边缘埋设滑触线立柱，将刚性滑触线通过悬吊架固定在滑触线立柱上，悬吊架两侧安装与滑触线平行的集电小车轨道，轨道上设有数台集电小车，通过集电小车上的集电器、输电电缆和快速插头插座，将电力从滑触线输送到 RTG 上。

滑触线的供电方式可采用交流或直流供电方式，对采用直流供电的起重机，应安装静电接地装置。直流滑触线系统由机上逆变电源、机上自动取电弓、铜滑线、滑线支架及箱式变电站等部分构成；交流滑触线系统则由自动机械取电装置、滑线小车、铜滑线、滑线支架及箱变等部分构成。

滑触线的安装位置应便于维护和集电器的更换，滑触线的安装应满足滑触线间平行度为 $\pm 10\text{mm}$，滑触线与行走轨道的平行度为 $\pm 10\text{mm}$。滑触线的截面选择，应能满足装卸工艺要求。青岛港的电动 RTG 的每根滑触线的截面积为 700mm^2（铝材），额定电流为 1000A，其容量可满足 3 台 RTG 同时作业的需求。

2）集电小车

集电小车主要包括车体、行走轮、备用轮、导向轮，以及防碰撞缓冲装置、防翻转坠落保护装置。为适用 RTG 跑偏、晃动的特性，RTG 与集电小车之间采用柔性牵引，消除了两者之间相对位置变化对集电小车的影响，保证了刚性滑触线对 RTG 的正常供电。集电小车行走轮和导向轮应转动灵活，保证不出现跳动、打滑等现象。行走轮和导向轮踏面材料宜采用软质耐磨材料。集电小车配电箱与钢结构及集电小车行走通道的安全距离不应小于 100mm。

3）支架及集电小车轨道

刚性滑触线的立柱支架与地基之间宜采用法兰连接。集电小车轨道与立柱支架是垂直交叉的，它们之间宜采用可调节方式连接。为了保证供电系统的运行可靠，立柱支架及集电小车轨道应有足够刚度。集电小车轨道应预留适当伸缩缝，其总体水平度安装允许偏差是 $\pm 15\text{mm}$。

4）快速接头及安装保护

快速接头应具有拔插自动断电功能，如果操作者误操作，直接拔电源插头，该插头的控制回路会自动断电，保证操作者不会发生触电事故。快速接头应有插接机械锁定装置。快速接头插座上应设有能够接通或断开电源的开关。

5) 自动纠偏与防碰撞安全装置

在 RTG 靠近滑触线一侧的两端分别安装两套超声波测距装置,一套负责自动纠偏,一套负责自动停机。超声波测距装置不间断地测量 RTG 与集电小车轨道之间的距离,并将距离信号输入到起重机的控制系统,以此控制大车两侧运行电机,实现了大车行走的自动纠偏或自动停机,其精度可根据需要设定。一般根据现场使用情况设计自动纠偏的精度为 100mm,自动停机的精度为 300mm。

采用刚性滑触线供电方式实现的电动 RTG,工程量小、投资少、结构简单。其缺点是 RTG 转场不方便,目前需要拔下电力快速接头,并配套其他动力源作为辅助动力实现转场。

3. 高架滑触线供电

高架滑触线供电方式的 RTG 与上述两种供电方式相比,过街区相对容易,保持了 RTG 的机动灵活性,但是工程投资相对较大,堆场上空网线较多,并需要考虑滑触线的防雷、防冰冻(严寒地区)问题。高架滑触线由布置在集装箱堆场间的架线塔架、高空滑触线、机上滑线集电器、地面接电箱等组成。RTG 可采用交流供电方式或直流供电方式,通过安装在起重机上的集电器,由高架滑触线向 RTG 供电。

1) 塔架钢结构及基础

由于塔架较高,需要设置坚固的基础,一般可采用混凝土预制方桩,具有单位面积承载力高、桩身质量易于保证和检查、桩身混凝土的密度大、抗腐蚀性能强等优点。

钢结构塔架主体为正方形钢桁架结构,现场采用承压型高强螺栓拼装,钢结构与基础的连接采用预埋地锚螺栓。塔架跨距不宜大于 200m。塔架上应设有避雷装置,塔架周围应设有防碰撞装置和警示装置。

2) 高架滑触线

高架滑触线的架设高度应高于码头场地移动设备的高度并留有一定安全距离。高架滑触线宜采用双沟铜滑线,其具有运行可靠、压降小、造价低、通用性强等多种优点。用塔架将双沟铜滑线架设在高空中,重量由钢索支撑,保证其水平双沟铜滑线固定在绝缘瓷瓶吊链上,几根铜滑线水平放置,间距在 400mm 左右,在高架滑触线端部应设有端部配重横担,以保证铜滑线能够按期可靠地处于水平张紧状态,防止滑触线因热胀冷缩引起其下垂度变化,保证 RTG 的可靠供电。高架滑触线网在 8 级风风速下的侧向偏移不应超过 800mm。

3) 集电器

RTG 上的集电器类似无轨电车的导电弓,与滑触线成 30° 角,采用的集电器能够承受 RTG 起动的大电流冲击,同时集电器的集电杆头部可在 1m 范围内自由水平摆动,保证 RTG 在跑偏的状况下也能够可靠地供电,供电电压一般为 460V。

RTG 上装有双电源切换开关,可以使得 RTG 的供电方式在柴油发电机组电源和滑触线电源两种方式中任意切换。

集电器应有合适的弹簧支撑,保证集电头在滑触线高度发生合理的静态高低变化时(500mm 以内)可以自动调节集电头的高度。集电杆应装有手动防滑拉绳以便于手动升降集电器,拉绳与集电杆之间应有良好绝缘。集电器应装有脱线检测和保护装置,当集电头脱离滑触线时,应能使起重机迅速停车。集电头碳刷应采用具有自润滑性能及良好接触导电性能的材料。同时,集电器碳刷更换应方便简单;集电头正常在滑触线滑行时,应不产生严重火花。

4）避雷系统

塔架上应设有避雷装置,线路防雷采用避雷索作为接闪器,利用塔身作为引下线,接地装置利用建筑物基础,内钢筋及基础槽外敷设人工接地体,塔身与基础避雷带螺栓连接,接地装置的接地电阻≤40Ω。

4.3 种供电方式的比较

上述 3 种供电方式的优缺点比较见表 4.2-1。

表 4.2-1　电动 RTG 3 种供电方式的比较

项目	电缆卷筒供电	刚性滑触线供电	高架滑触线供电
场地占用	需铺设电缆槽,占用一定的场地,设置安全距离需要地面上稀缺的场地	由于每隔 3m 需架设支架,占用场地多,设置安全距离需要地面上稀缺的场地	架设塔架数量少,滑触线在高空中,占用场地少,占用的不是稀缺的场地
供电效率	较低,66%(由于线损、变压器和自重等原因)	采用铝材料,效率低,61%;采用铜材料,效率较高	铜材料,效率较高,77%
维护工作	由于电缆在场地上拖动,电缆易磨损,寿命短,工作量较小;低空操作,安全性好	平常只需定时更换碳刷,工作量低,需要一定的维护工作;低空作业,安全性好	平常只需定时更换碳刷,工作量低,系统寿命长,需要一定的维护工作;高空作业,雷击影响大,安全性差
系统可靠性	供电质量高,但由于电缆拖在场地上,损耗大	供电质量高,但电线杆数量很多,易碰撞,安全性差	供电质量高,塔架高,需防雷、防台风、防覆冰,系统对可靠性要求高
设备操作性	较差,对跑偏要求一般,易与周边发生碰撞,且防碰撞实施困难	差,对跑偏要求高,易与周边发生碰撞,需增加措施避免碰撞	好,对跑偏要求一般,与柴油发电机组供电的操作一样
0°过街区和90°转场性能	不好,需要柴油发电机组等辅助,人工拔插快速接头	不好,需要柴油发电机组等辅助,人工拔插快速接头	较好,无须拔插操作,直接正常操作过 0°街区;90°转场一般需要柴油发电机组等辅助,司机可自动进行集电器等的切换
同一跑道箱区两台设备近距离作业	受电缆槽影响,较差	近距离作业性能好	受集电器电杆影响,较差
设备成本	一次投入较高,使用成本高,可以单台投入	一次投入低,使用成本中等,维护工作中等,需要多台投入	一次投入中等,初期投资大,使用成本低,维护成本低,需要多台同时投入
适用场合	适用面广,特别适合于中小规模码头	适用面中等,特别适合于大中规模码头	适用面有一定要求,特别适合规整和狭长的场地、大中规模码头

5. 两种电流方式的比较

电动 RTG 根据上机电流的不同,可分为交流供电和直流供电两种方式。交流供电方式一般采用三相四线制,高压电经过变压器转化为中低压交流电源,通过交流滑触线或电缆卷筒对电动 RTG 供电。直流供电方式需要将高压电经过箱变压站、整流装置和电源逆变装置转化为中低压直流电源后通过直流母线对电动 RTG 供电。两种供电方式的比较见表 4.2-2。

表 4.2-2 两种供电方式的比较

项目	交流供电	直流供电
供配电设备	变压器、进线柜、交流配电柜	变压器、电源柜、交流电抗柜、整流柜、直流电抗柜、配电柜
电源切换	转场不能无缝切换,机上空调和照明需停止再启动,会降低生产率	通过逆变电源可以实现转场无缝切换,使机上空调和照明均不停止工作
功率因数	低	高
谐波	较高	较低
压降及线路损耗	较高,有容抗电阻	较低,不存在容抗电阻
能量利用率	较低,需在每套 RTG 上增加能量回馈装置,且每台设备的回馈装置需按设备的最大负荷配置,无法发挥能量回馈装置的最大利用率	较高,采用直流母线供电,设备的能量在母线上汇集并可综合利用,同等容量的地面电源可以带动更多的 RTG

由于 RTG 本身使用的是交流电,供电方式采用交流供电方式比直流供电方式更简单,但直流供电方式具有其特有的优点:

(1) 功率因数高,电源谐波干扰少。

(2) 更容易实现节能。在集装箱下降过程中,电动机实际上相当于一个发电机,将集装箱下降的势能转换为电能,一般通过制动电阻将这部分能量消耗掉;而利用直流供电方式可以将集装箱下降过程中的能量回馈到直流母线供其他 RTG 使用,实现能量的自我供给。

(3) 通过逆变电源可以实现转场时柴油发电机组和外部直流电源动力的无缝切换,不影响控制电路和照明等辅助负载的工作。

4.2.4 转场用动力源

目前,电动 RTG 转场一般采用柴油发电机组和电池组,分别介绍如下。

1. 改造的电动 RTG 原大功率柴油发电机组

一般对 RTG 原有的柴油发电机组保持不变,柴油机额定功率一般在 400kW 以上,在此基础上进行"油改电"。RTG 正常堆场作业时,采用外接电力驱动;而 RTG 转场时,采用原柴油发电机组驱动,此时柴油发电机组具有很大的冗余。

2. 新制造电动 RTG 固定安装的转场小型柴油发电机组

对于箱量较少、堆存周期较长的中小型集装箱码头,RTG 转场作业量机会较多,可采用 RTG 上固定安装的小型柴油发电机组,专用于 RTG 的转场作业。柴油机额定功率一般在 100kW 左右,只保证大车运行机构和控制、照明等的用电。

3. 新制造电动 RTG 专用的临时转场柴油发电机组

对于大中型集装箱码头,集装箱周转量大,RTG 配备数量一般充足,RTG 转场工作的机会较少,此时 RTG 上不需要固定配备转场用柴油发电机组,而是根据需要多台 RTG 配备一台柴油发电机组单元。这样 RTG 可以彻底取消柴油发电机组,既大大降低了设备投资,同时又降低了设备自重。图 4.2-4 为青岛港(集团)有限公司港机分公司研制的柴油发电机组单元。

图 4.2-4　多台 RTG 共用的柴油发电机组单元

柴油发电机组单元作为独立单元,也可直接集成到 20ft 集装箱内,柴油机额定功率只有 100kW 左右。在 RTG 需要转场时,通过吊耳、钢丝绳悬挂在集装箱吊具下方,起吊至一定高度,然后断开滑触线或电缆卷筒供电,改由柴油发电机组单元供电;转场到达指定位置后,再就近改由滑触线或电缆卷筒供电,将柴油发电机组单元放在地面上,由叉车运走到指定位置放置。

4. 多台电动 RTG 共用的移动电源车

将柴油发电机组放到移动车辆的货箱内,将移动电源车开到需要转场的电动 RTG 的供电电源接头处,将电源接到移动电源车的供电端。在转场时,移动电源车跟随电动 RTG 一起移动,转场到达指定位置后,再改成滑触线或电缆卷筒供电,移动电源车可再去为其他的电动 RTG 转场供应电源,实现多台电动 RTG 共用一辆移动电源车。图 4.2-5 为青岛港使用的移动电源车进行转场作业情况。

5. 电池组转场

可采用磷酸铁锂电池或铅酸蓄电池组为 RTG 的转场提供动力,省去柴油发电机组,彻底实现了全电力化的运行。另外,如加装能量回馈单元,在起升下降、机构制动过程产生的回馈能量可存储在电池组中,实现能量的节约利用。

图 4.2-5　多台 RTG 共用的移动电源车

4.2.5　节能减排效果

1. 节能效果

图 4.2-6 为一些港口和制造商使用柴油发电机组供电的传统 RTG 能耗统计数据,从图中可以看出,油耗为 0.65～1.66kg/TEU,折合成标准煤为 0.95～2.42kgce/TEU。

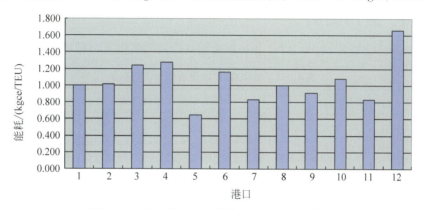

图 4.2-6　各个港口应用传统 RTG 消耗柴油情况

传统 RTG"油改电"后,电动 RTG 能耗为 $1.1 \sim 2.5$kW·h/TEU,见图 4.2-7,按电力等价值折合成标准煤为 $0.36 \sim 0.83$kgce/TEU。与消耗柴油的传统 RTG 相比,能源成本大大降低。

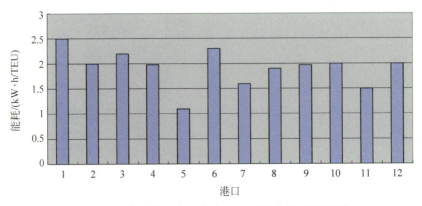

图 4.2-7　各个港口应用电动 RTG(油改电后)能耗情况

2. 污染物减排效果

采用电动 RTG,正常装卸作业完全替代了原来的柴油发电机组供电型式,避免了堆场作业过程中柴油使用对港口所在区域的各种污染物排放,能够有效减少港口货物作业机械对港口所在区域的各种污染物排放。虽然一些电动 RTG 在转场时仍需要小型柴油发电机组供电,但由于使用的次数少、时间短,对环境的污染物排放较少。

3. CO_2 减排效果

港口企业每消耗 1t 柴油,消耗过程中在港口所在地直接的 CO_2 排放量为 3.206t;港口企业每消耗 1kW·h 电能,在港口所在地不产生直接 CO_2 排放,但是如果电力是通过火电厂发出的,则在我国需要消耗等价值的标准煤 0.404kg,直接产生 0.997kg 的 CO_2 排放。

按上面各个港口统计的最小数值进行计算,每 TEU 消耗的柴油,在当地直接产生的 CO_2 排放量约为 2.08kg;采用电力驱动方式作业,每 TEU 消耗的电量,需要在火力发电企业所在区域间接产生的 CO_2 排放量约为 1.1kg。

4.2.6　应用案例

目前,据不完全统计,电动 RTG 各种供电型式应用的典型港口码头见表 4.2-3。

表 4.2-3　电动 RTG 应用的典型港口码头

供电型式	供电电流	应用的典型港口码头
电缆卷筒型式	交流供电	深圳招商国际港务码头、天津港第一港埠有限公司、上海港的物流共青码头、宜东码头和明东码头、肇庆港、邯郸陆港、扬州港、连云港新东方国际货柜码头、宁波港梅山集装箱码头、苏州太仓港、佛山南港码头、惠州港、珠海港、洋浦港、深圳大铲湾港、曹妃甸港、厦门港海润码头、威海港青威集装箱码头、温州港金洋集装箱码头、挪威奥斯陆港、巴拿马曼萨尼约国际码头(MIT)

续表

供电型式	供电电流	应用的典型港口码头
刚性滑触线型式	交流供电	青岛港、广州港、南京港、厦门港、深圳盐田国际集装箱码头、上海港物流浦东码头、深圳蛇口集装箱码头、湛江港、福州新港国际集装箱码头、营口港、香港 MTL、美国格鲁吉亚码头、土耳其马波特溺谷码头、耶尔波特集装箱码头、香港 HIT
	直流供电	天津港东方海陆等集装箱码头、宁波港北仑第二集装箱码头、宁波大榭招商国际集装箱码头、大连港湾集装箱码头、福州港江阴港区、深圳赤湾集装箱码头、深圳妈湾港、美国萨凡纳港的花园城码头(GPA)
高架滑触线型式	交流供电	上海港振东、沪东、明东、浦东等码头，宁波港远东码头、港吉码头、北仑国际集装箱码头
	直流供电	深圳妈港仓码公司

一些典型港口码头的电动 RTG 应用情况如下。

1. 电缆卷筒型

图 4.2-8 是肇庆港务有限公司电缆卷筒供电的电动 RTG 的应用情况。

图 4.2-8　电缆卷筒供电的电动 RTG

2. 刚性滑触线型

图 4.2-9 是天津港东方海陆集装箱码头刚性滑触线供电的电动 RTG 的应用情况。

3. 高架滑触线型

图 4.2-10 是宁波港刚性滑触线供电的电动 RTG 的应用情况。

4.2.7　小结

电动 RTG 是目前轮胎式集装箱门式起重机比较有效的节能减排技术,值得大力发展和推广。

图 4.2-9　刚性滑触线型电动 RTG

图 4.2-10　高架滑触线型电动 RTG

　　目前应用较广的 3 种供电型式各有其特点和应用场合,无法完全取代。电动 RTG 的选择应综合考虑港区的自然条件、设备使用经验、陆域特点、投资情况、港区规模等因素。一般来讲,对于中小码头、堆场宽度较小的集装箱堆场适合用电缆卷筒方案;大中型码头、单条作业线较长、堆场通过能力较大的港区适宜选用刚性和高架滑触线型式,其中刚性滑触线应用较多。

　　交流供电技术应用时间较长,使用经验成熟;直流供电技术具有更节能、供电范围更大、运行费用更省等优点,但投资较贵。

4.3　轮胎式集装箱门式起重机"油改电"技术

4.3.1　引言

　　轮胎式集装箱门式起重机(RTG)是码头堆场装卸集装箱的一种专用设备,具有场地利用率高、可灵活转场作业、工程投资少等优点,因而被大多数集装箱码头普遍采用,如图 4.3-1 所示。

图 4.3-1　轮胎式集装箱门式起重机

最初的 RTG 均采用柴油发电机组提供动力,其工作模式为间歇式,存在能耗高、运行成本高、废气和噪声污染重等缺点。随着资源问题和环境问题的日益突出,国家对节能环保的要求不断提高,RTG 的"油改电"节能方案一经提出便备受关注。

早在 2006 年《中国节能技术政策大纲》中,相关部门就提倡使用高能效设备,指出优先选用以电能作为动力源的装卸设备。随后政府决定将港口 RTG"油改电"工程作为"十二五规划"重点工程之一进行示范推广,并发布了一系列指导政策,为推进 RTG"油改电"节能技术的全面推广应用奠定了良好的政策平台和发展环境基础。

国际燃油价格的不断上涨使得港口装卸成本居高不下,RTG"油改电"技术在节约能源、降低成本方面的优异表现使得国内各大港口都积极地加入到 RTG"油改电"节能技术的研制、改进和应用的队伍中。经过青岛港、上海港、大连港和宁波港等 RTG"油改电"试点港口的积极实践与创新,我国港口 RTG 节能技术日趋成熟。

4.3.2　工作原理及技术分析

RTG"油改电"是 RTG 从自身携带的柴油发动机-发电机组驱动模式改变为电网电力驱动模式的简称。RTG"油改电"技术的基本原理是通过供电方式的选择和供电设施的改造实现市电电力电网直接驱动 RTG,从而取代由柴油发动机提供动力的方式。

RTG"油改电"节能技术最早出现在 2003 年,采用的是电缆卷筒的供电方式。2006 年,青岛港成功研出低架滑触线供电方式,并首次应用成功。该方式通过架设低空滑触线和专门的集电装置来实现 RTG 的移动供电。上海港紧随其后,在 2007 年开始尝试高架滑触线供电方式,其原理和低架滑触线类似,将滑触线架设于高空能实现一定程度的带电转场功能。

RTG"油改电"改造主要分为三方面内容：

（1）集装箱箱区供配电系统建设，包括变电站、电力传输装置以及 RTG 供电装置的建设；

（2）RTG 设备改造，包括电源切换装置以及取电装置的改造；

（3）自动纠偏系统、自动接驳系统等转向功能的选择和改造。

目前，RTG"油改电"节能技术改造方案基本上可以分类如表 4.3-1 所示。

表 4.3-1　RTG"油改电"节能技术分类

分类方式	类　　别
按供电电流方式分类	直流、交流
按电力传输方式分类	低架滑触线、高架滑触线、电缆卷筒等
按转场方式分类	自动接驳、非自动接驳

1. 供电方式的选择

"油改电"技术的供电方式分为直流供电和交流供电两类。

（1）直流供电方式具有电源质量好、能源利用率高、转场无缝切换实现简单等优点。

（2）交流供电方式具有前期投入较低、供配电设备构成相对简单、改造工期短等优点。

目前国内多数港口的 RTG"油改电"技术采用的是交流电源供电方式。

2. 电力传输方式的选择

"油改电"技术的电力传输方式主要分为低架滑触线供电方式、高架滑触线供电方式和电缆卷筒供电方式三类。

1）低架滑触线供电方式

低架滑触线供电方式通过在地面增设变压器、低架塔架、滑触线和在 RTG 上增设集电杆、供电选择装置的方式对 RTG 进行供电。滑触线支架设置在堆场间的盲道上，采用滑动小车取电技术。钢结构上设置反光板与 RTG 上安装的检测元件组成防碰撞系统。

低架滑触线供电方式不受特殊天气影响，基本上保持 RTG 原有操作习惯和工作方式，滑触线维护方便。

低架滑触线供电方式由青岛港首先成功应用并在全国港口实现技术推广。经过多年的应用，该方案技术上已经较为成熟。尤其是电源无缝切换技术和自动接驳技术的出现，解决了低架滑触线供电方式一直存在的转场问题，使得低架滑触线供电方式变得越来越实用。

2）高架滑触线供电方式

高架滑触线供电方式类似于低架滑触线形式，由于 RTG 接电位置的滑触线较高，设备可直线跨场作业无须断电，且架设电线杆数量少，占用场地极少。按照第三类建筑物防雷设计要求，具有完备的防雷技术；另外，具有防强台风设计、防大雨漏电技术和断线保护技术。

3）电缆卷筒供电方式

在 RTG 上增加一个电缆卷筒、供电电缆插头插座、供电选择开关等，通过电缆直接供电。电缆卷筒供电方式改造相对复杂，改造成本较高。该技术改造时 RTG 相对完整独立，可分批分期单独改造，施工中基本上不影响堆场的正常作业。

关于 3 种供电方式的详细论述见 4.2 节。

4.3.3 "油改电"改造项目的效果

目前,我国多数集装箱码头已不同程度地开展了 RTG"油改电"节能技术的改造项目,实践证明都取得了十分显著的节能和减排效果,经济效益显著。

1. 节能效果

"油改电"节能改造后的 RTG 采用电力驱动方式替代传统的柴油发电机组驱动方式,避免了柴油 RTG 油-电转换造成的能量损失,所以能源的使用效率得到提高。综合折算,RTG"油改电"技术的综合节能率在 50% 以上。

2. 减排效果

"油改电"节能改造后的 RTG 完全不启动或是只在转场时启动柴油机作业,从而大量减少了发电机 CO_2、SO_2 等尾气排放。如果能够实现 RTG 带电转场,即完全放弃柴油发电机组,其各项污染物排放均可降为零,RTG 的减排率可以达到 100%。

3. 经济效果

"油改电"节能改造后的 RTG 显著的节能效果以及相对便捷的管理维护模式,使得码头的运营成本明显降低。另外,由于柴油发电机组运行台时的减少,其保养间隔时间相应延长,节约了大量的润滑油、滤清器等材料费用。

"油改电"节能改造后,设备故障率下降非常明显,降低了 RTG 运营的维护成本。

集装箱码头"油改电"项目需要一次性投入较大的资金,但一般都可以在 3～5 年的时间内全部收回,并在今后创造更好的经济效益。

4.3.4 青岛港"油改电"项目实施情况

为全面贯彻国家、交通运输部建设资源节约型、环境友好型社会的指示精神,促进港口集装箱码头生产的节能减排,降低企业经营成本,2004 年 3 月青岛港成立了 RTG"油改电"节能技术攻关小组。技术小组围绕 RTG 的电动化展开了研究和开发,先后进行了电缆卷筒供电方案、高架滑触线供电方案和低架滑触线供电方案等多种技术方案的论证与比较,并于 2006 年 7 月采用低架滑触线供电方案,成功实现了由电网直接向 RTG 供电的电动化改造。

1. 工程概况

青岛港"油改电"项目先后分为两批进行。第一批"油改电"项目于 2006 年 7 月完工,改造集装箱箱区 81 个,改造集装箱箱区面积约 61 万 m^2,改造滑触线长度 19640 m。第二批改造项目于 2011 年 6 月完工,改造集装箱箱区 45 个,改造集装箱箱区面积约 30 万 m^2,改造滑触线长度 10460m。两批"油改电"项目共改造集装箱箱区 126 个,改造集装箱箱区面积约 91 万 m^2,改造滑触线总长度为 30100m。

2. 总体改造方案

两批"油改电"改造项目均采用低架滑触线的供电方式。如图 4.3-2 所示,在集装箱堆场箱区边,架设低架滑触线供电线路。通过滑触线和移动供电装置,总变电站和各个箱式变电站把电网电力输送到 RTG,移动供电装置随 RTG 同步移动,从而实现对 RTG 的移动供电。当 RTG 需转场到另一箱区作业时,由柴油发电机组或发电车供电,RTG 转场完毕后,继续由所在箱区的滑触线提供电力。

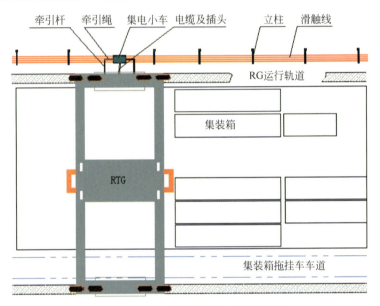

图 4.3-2　RTG 滑触线供电方案示意图

3. 堆场改造方案

以青岛港前湾二期集装箱码头为例。码头堆场整体外形呈直角梯形,如图 4.3-3 所示。其中,三角形区域最长的两个区条 A02 和 A03 用于存储大件,A08 和 A09 现为工程技术部维修基地,剩余的区条较短,改造后不能有效地发挥优势,故暂不考虑改造。我们选择"油改电"的改造区域为图中所示的两块矩形区域,即 B02~B12 区域和 C02~C13 区域。

1) 箱区供电方案

前湾二期共有两个变电所,都是 6kV 输出容量,最大供电能力分别为 2600kV·A 和 4283kVA。根据现场作业情况计算,RTG 用电负荷最多能达到 2000kV·A,因此我们选择较大供电能力的变电所进行供电改造。具体的"油改电"箱式变电所主接线设计方案如图 4.3-4 所示。

二期集装箱码头 24 个箱区设置 3 台箱式变电所。每台箱式变电所容量为 1000kV·A。其中 3 台箱式变电所分别为 9 条滑触线供电。1 台箱式变电所分别为 6 条滑触线供电。每条滑触线按 2 台 RTG 同时作业设置。箱式变电所的设置位置见图 4.3-3。

变电所采用高压环网式供电方式为 3 台箱式变电所供电。箱式变电所采用放射式供电方式为每条滑触线供电。低压电压为 440V,采用三相五线制供电,中性点直接接地。采用

图 4.3-3 前湾二期集装箱码头"油改电"项目改造部分平面图

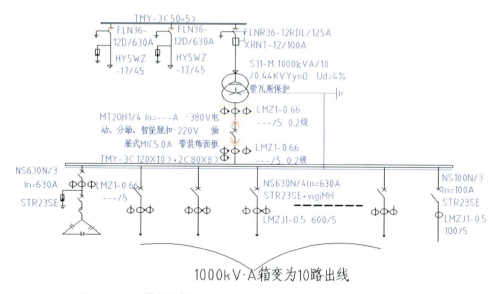

图 4.3-4 二期集装箱码头 RTG"油改电"箱式变电所主接线设计方案

全封闭高压环网柜和六氟化硫负荷开关配高压熔断器。采用长延时、短延时、瞬时 3 段电子可调式保护,配置单相接地保护。设置过电压吸收器,作为防雷电波侵入保护。高低压电缆采用穿钢管埋地的敷设方式。

2）滑触线的改造方案

由于 RTG 的行走轮为充气轮胎,因此很难保证直线行走,作业时晃动、摇摆也较大,低架滑触线与集电器之间的运行精度要求不超过 $\pm 15 \mu m$。为了满足精度要求,采取在集装箱箱区边埋设滑触线支撑立柱,立柱上安装有滑触线、集电小车及其轨道,集电小车可沿轨道跟随 RTG 移动的方式。

如图 4.3-5 所示,滑触线采用两排五线制供电方式,上层是 3 根相线,下层 1 根地线和 1 根零线。滑触线 3 根相线距离地面的高度约 2.3m,地线和零线距地约 1.8m。和青岛港第一批的滑触线改造相比,该设计减小了供电线排的总宽度,可以更好地适应窄箱区。通过增加 1 根地线的方式解决了小车接地的问题。滑触线悬吊立柱改为两段不等截面冷拔钢管焊接形式,上部钢管直径 ϕ80mm,底部 ϕ140mm,立柱总高度仍为 2.6m。与第一批改造相比,每根立柱的重量可下降 40%。

图 4.3-5　第二批改造低架滑触线

3）集电小车技术

在集电小车开发中,对集电小车及配电箱进行一体化设计,如图 4.3-6 所示。小车前后加防撞钢梁,保护配电箱及电缆,消除之前配电箱和电缆易被撞坏的缺点。行走轮和导向轮均按 8 轮设计。集电小车正常运行时,行走轮 4 轮工作、4 轮备用,两侧 4 只导向轮工作、4 只备用。当工作轮出现故障或磨损达到需更换程度时,备用轮会自动投入运转。集电小车采用防翻转坠落设计,可防止集电小车的侧翻、坠落。

4）集电小车牵引技术

采用由 RTG 对集电小车实施柔性牵引的技术方案。牵引绳既能为集电小车跟随 RTG 同步移动提供动力,又能消除 RTG 走偏、摇摆对集电小车产生的作用,简单有效地解决了集电小车可靠随动问题。

为保证牵引的平顺性、可靠性,牵引绳由橡胶绳和钢丝绳组合而成。橡胶绳略短于钢丝绳,利用橡胶绳的拉伸弹性,实现集电小车的平顺起动。

安装在 RTG 上的牵引杆可伸缩、折叠,能适应在不同箱区牵引和转场时牵引杆需缩回的要求。在 RTG 行走偏移较大时,牵引杆自动伸缩以补偿偏移角度,如图 4.3-7 所示。RTG 转场时,牵引杆可缩回至牵引套内,其底部可与牵引套底部的永久磁铁吸合,以免自行脱出；牵引杆底部设计有单向受力铰点，通过它可使牵引杆在箱区时能够展开与集电小车连接，提供可靠牵引力，转场时则折叠在 RTG 机体旁，避免挂碰。

图 4.3-6　第二批改造集电小车

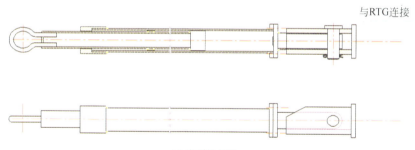

(a) 牵引杆总成

(b) 牵引杆牵引集电小车

图 4.3-7　集电小车牵引杆

5）安全保护技术

为确保拔插电时操作人员的安全，在集电小车上设计安装了电源接触器箱，并在 RTG 上增设电压 24V 的电源控制箱。操作人员进行插拔电作业时，先按电源控制箱上的断电按钮切断电源，保证操作人员在无电状态下操作。一旦操作者误操作，直接拔电源插头，设计的控制回路会自动断电，保证操作者不会发生触电事故。

为防止司机误操作冲出箱区，两端集电小车轨道上设置限位挡块，当 RTG 行驶至此碰触了限位开关后，即自动停止，确保 RTG 不会发生冲出箱区的事故。同时在箱区末端采用了约 3m 的无电段设计，可强制断电，即使限位失灵，RTG 也不会冲出箱区。无电段的另一个作用是为检修维护集电小车提供了方便。维修时，只需将集电小车拉到无电段即可安全方便地维修，而不必停掉整个线路。

4．RTG 机上改造方案

传统 RTG 的动力均由柴油内燃机驱动交流发电机组供电，电压等级为 AC460V，电机驱动电压为 AC380～420V。箱式变电所把市电高压转化为低压 440V 交流电，然后通过低架安全滑触线和集电小车输送给 RTG。

1）RTG 供电设备改造

RTG 上的两套供电电源，即柴油发电机组供电和市电供电，将通过安装在 RTG 机房内的电源切换装置自动切换。为保证供电电源的唯一性，在电源切换装置中加装一套接触器电气和机械互锁保护。由于发电机发出的电压波动会造成机上设备的误动作，还应加装通电延时为 1s 的时间继电器，以保证在供电电源电压稳定后，接触器才吸合。

为保证 RTG 转场灵活，在 RTG 大车电气房侧与发动机侧都分别安装市电供电电源插座和电源切换装置。因发动机侧的市电供电线路和柴油发电机组供电线路需共用大梁内的动力供电线路，所以电气房侧的电源切换装置与发动机侧的电源切换装置为两级安装。在市电电源突发停电故障时，可不用插拔供电插头，直接使发动机启动，实现发电机组供电，保证 RTG 作业效率及安全运行。

通过机械挂钩，实现集电小车与 RTG 间的机械连接或分离。通过电缆插头插座，实现集电小车与 RTG 间的电气连接或分离。RTG 转场时，只需拔下插头、摘下挂钩，启动柴油发电机组或由转场发电车提供动力，即可实施转场。

2）大车自动纠偏及安全停止保护系统

当大车行走时，超声波开关周期性发出脉冲，计算与被测物之间的距离，当与设定距离不一致时，接收器就会有电位输出。如图 4.3-8 所示，其中 C、D、E、F 为中间继电器，M1、M2、M3、M4 为超声波开关。M1、M2 加装在大车的左侧，M3、M4 加装在大车的右侧。M1、M4 为纠偏信号处理器，M2、M3 为停止处理器。利用 C、F 的常闭点实现 M1、M4 信号同时出现时的优先原则。当 M1、M4 任意有输出时，PLC 系统就会处理其信号，自动调节大车运行两电动机之间速度差（设定最大偏差为 10％），实现自动纠偏。若没有输出，则正常运行。

3）集电小车的自动接驳

为了提高电动 RTG 的转场效率，后期改造项目采用集电小车自动接驳系统。其基本原理是：

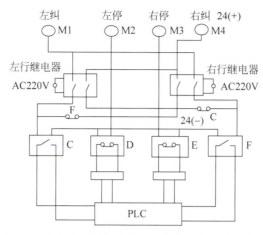

图 4.3-8　RTG 大车运行自动纠偏及安全停止保护系统原理图

（1）取电时，连接在 RTG 上的接驳装置将集电小车水平推出，使小车压靠在取电支架的导板上。RTG 前进带动集电小车前进，小车在一块设在取电支架上的斜导向板的作用下依靠前进力产生一个向上的分力，从而抬升到预定高度，实现小车入轨。集电器碳刷再通过一个喇叭形的引导口导入滑触线内，实现自动取电。

（2）需要自动断电时，按照以上相反的步骤进行操作。

RTG 两侧各安装一台集电小车及附属供电缆、接驳装置及测距定位系统。图 4.3-9 为集电小车导入段示意图；图 4.3-10 为集电小车及接驳系统示意图。

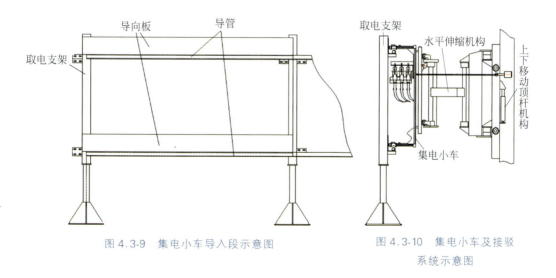

图 4.3-9　集电小车导入段示意图

图 4.3-10　集电小车及接驳
系统示意图

5. RTG"油改电"项目实施步骤

1）箱区滑触线供电系统建设

在箱区边缘埋设滑触线立柱，将低架滑触线通过悬吊架固定在滑触线立柱上，悬吊架两侧安装与滑触线平行的集电小车轨道。然后铺设地下电缆并依次安装箱式变电所、轨道集电小车以及滑触线的无电段。

2）RTG 设备改造

RTG 设备改造可分为机械改造和电气改造两部分。在每台 RTG 两侧安装可伸缩、折叠的牵引杆；在每台 RTG 上安装电源插座及电控箱；在 RTG 机房内设置内外电源切换装置；安装、调试超声波测距自动纠偏系统；改造与调试自动接驳系统。

3）RTG"油改电"项目的施工及进度

"油改电"项目的施工进度因港口实际环境、改造方案以及改造规模的不同差异很大，但是如果采用低架滑触线的改造方案，可以以表 4.3-2 所示的二期"油改电"项目的施工进度表作参考，二期"油改电"项目总改造周期为 10 周。

表 4.3-2　青岛港前湾二期"油改电"项目施工进度表

序号	名称	第1周	第2周	第3周	第4周	第5周	第6周	第7周	第8周	第9周	第10周
1	挖立柱基础及养护等	■	■								
2	制造安装立柱架设滑触线等		■	■	■	■					
3	挖掘电缆沟埋设电缆等			■	■	■	■				
4	采购及安装箱式变电所及接线等			■	■	■	■	■	■		
5	RTG 改造及自动插拔等							■	■	■	
6	调试试运行等									■	■

4.3.5　青岛港"油改电"项目成效

RTG"油改电"技术能够获得的经济效益和社会效益，取决于两个方面：一是 RTG 装卸的集装箱箱量，港口集装箱吞吐量愈大，其成效越显著；二是 RTG 作业量占堆场机械总作业量的比率，电动场区和电动 RTG 的比例越高，其成效越显著。

青岛港经过先后两期的"油改电"改造，目前二期和三期码头共有电动场区 126 个，电动 RTG 数量 106 台，RTG 电动化率达到 100%。电动场区所覆盖区域的操作箱量将占整个二期和三期集装箱码头堆场总作业量的 85%～90%。对于青岛港 RTG"油改电"项目所取得的成效，主要从节约能源、减少排放、改善环境、提高设备性能、降低运营成本等方面进行说明。

1. 节约能源

根据统计数据，改造前 RTG 操作一个自然箱的平均油耗 1.2L（折 1.5kg 标准煤），改造后每操作一个自然箱平均电耗 1.97kW·h（折 0.80kg 标准煤），节能率达 40% 以上。2015 年二期和三期总操作箱量约为 750 万 TEU，按照 90% 的电动 RTG 作业比例来计算，参考 2015 年的平均电价和柴油价格，RTG 全年共节约能源费用 3627 万元。

2. 减少排放

"油改电"改造后的 RTG,只有在转场时启动柴油发电机组,作业时是由市电驱动,从而减少了大量 CO_2、SO_2 等尾气排放。按每升柴油完全燃烧后,平均排放 CO_2 2.67kg、SO_2 7.42g 计算,青岛港 RTG"油改电"项目 2015 年全年节约能源可折合标准煤 5170t 以上,可减少 CO_2 排放约 2.5 万 t 以上,减少 SO_2 排放 70t 以上。

3. 改善环境

改造前的 RTG 采用柴油发电机组供电,噪声非常大。改造后 RTG 采用电网供电方式,噪声大大下降。根据实际测量数据,改造前 RTG 周围噪声为 94.3dB,改造后 RTG 周围噪声为 60.8dB,极大地改善了司机和堆场人员的工作环境。

4. 提高设备性能

在作业过程中,"油改电"改造后 RTG 的操控在平稳度和灵敏度上均有提高,有利于提高设备的作业效率。在运行时(特别是负荷突变时)供电质量更加稳定,提高了设备运行的可靠性。电源质量的提高同时也会降低设备的故障率,提高设备的利用率。根据青岛港的统计数据,改造后的 RTG 平均故障率由改造前的每月 1.62 次降低为每月 0.81 次,设备利用率由改造前的 69.3% 提高到 71.5%。

5. 降低运营成本

"油改电"项目节约了能源,改造后的 RTG 单箱能源成本由 7.08 元降低到 1.86 元。RTG 的用油量减少节约了辅助作业的能源成本和管理成本,节约了可观的发动机维修保养费用。RTG 电动设备运行平稳,改造后故障率下降,设备平均利用率提高。RTG 在起动、关闭等环节上,操作程序有所简化。在维护环节上,改造后虽然多了供配电装置和 RTG 取电装置的维护工作,但是由于 RTG 故障率下降较为明显,所以在总体维护工作量上仍有明显下降。

4.3.6　小结

RTG"油改电"技术适应国家建设节约环保型港口的理念,该技术的进一步推广和完善对于建设资源节约型、环境友好型港口企业,促进社会和谐发展具有重要的现实意义。

RTG"油改电"的不同技术方案各有利弊,不存在绝对优胜的方案。不同港口应根据各自码头条件,包括平面布置特点、港区排水情况等,结合自己的操作模式和资金情况,选择最佳的改造方案。相对而言,电缆卷筒供电方式更适合规模较小的港口,而对于发展规模较大的港口更适合滑触线供电方式。对于恶劣天气较多的港口更适合于低架滑触线的供电方式。RTG"油改电"项目实施前应该根据各个港口的实际需求选择不同的功能,如自动纠偏功能、自动接驳功能、电源无缝切换功能等。

尽管 RTG"油改电"节能技术取得了不俗的业绩,但仍有一些问题需要进一步研究,如RTG 中设备和负荷的非线性特性产生高次谐波,使电能的生产、传输和利用效率降低,电气设备过热、老化问题,低架滑触线供电方式容易发生碰撞,高架滑触线供电方式抵抗恶劣天气差等问题。

4.4 轮胎式集装箱门式起重机超级电容器节能技术

4.4.1 引言

轮胎式集装箱门式起重机(RTG)经过数十年的发展和演变,已经成为非常成熟的产品,广泛应用于集装箱码头堆场的集装箱装卸。

RTG 相比轨道式集装箱门式起重机(RMG),各有其优缺点。传统 RTG 采用机载的柴油发电机组作动力,主要优点是机动性强,转场灵活,堆场设备投资较小;主要缺点也是使用柴油发电机组,运营成本高,故障率高,对环境会产生噪声和空气等污染。而 RMG 以市电为动力,其主要优点是运营成本低,故障率低,对环境污染小;但主要缺点是机动性差,无法转场作业,堆场设备投资较大。

在低油价时期,亚洲处于大发展期,对环境保护考虑相对比较少,从而对码头投入成本较小,所以亚洲的码头纷纷选择使用 RTG,导致亚洲的 RTG 数量占到全球数量的大多数。

近几年,虽然国际油价由于各因素影响目前处于比较低的价位,但随着原油存储的不断开采以及资源浩劫,未来国际油价上涨是必然趋势,超过 100 美元乃至达到历史高位都是不可预期的。届时随着油价的上升,使用 RTG 的码头油耗运营成本越来越高,在供油紧张时期,已经不是钱的问题,而是码头能否运营的问题。

4.4.2 RTG 节能技术现状

面对高企的油价和日益恶化的环境,世界各国都实行了节能减排的政策和措施。对于使用 RTG 的集装箱码头,面临这种窘境,该如何选择?

第一选择:放弃 RTG,改用 RMG。由于这种方式颠覆了原有的操作模式,改造成本巨大,改造周期很长,这种方案一般码头都不会选择。

第二选择:对传统 RTG 进行改造,实现节能减排。由于这种方式对码头操作影响小,改造成本和周期都能接受,一般码头基本上选用这种方式。

传统 RTG 以柴油机作动力,节能减排效果显著,所以各码头进行节能减排的改造,均以降低对燃油的消耗、减少运营成本和环境污染为出发点。

在对 RTG 进行节能减排改造的方案中,主要有两大方向:一是对 RTG 实施电网供电,称之为"油改电",即去除原 RTG 上的柴电机组,改由港口电网为 RTG 提供电能;二是考虑采用柴电机组与储放能单元(如超级电容器等)组成混合动力 RTG,储放能单元通过回收 RTG 位能性再生能量,实现 RTG 的节能减排。这两种方向都有不错的节能减排效果。

此外,还有可调速发动机节能控制技术、双动力 RTG(主/辅柴切换)、辅助小发电机技术和节油器/燃油添加剂技术等发动机辅助节能技术。

1. RTG"油改电"节能技术

RTG"油改电"技术也就是使用了廉价、清洁的市电取代了原先以内燃机为主的大功率柴油发电机组为 RTG 提供动力源,驱动整机运行。目前的市电 RTG 供电方式主要有电缆卷筒供电、低架滑触线供电和大跨度高架滑触线供电 3 种方式。

目前我国具备改造条件的集装箱码头基本都进行了 RTG"油改电"技术改造,既显著降低了能耗,又降低了噪声和尾气排放,改善了码头环境。

有关 RTG"油改电"节能技术的介绍,详见 4.2、4.3 节,这里不再赘述。

2. 混合动力 RTG 节能技术

虽然 RTG 通过"油改电"后,节能效果显著,且实现零排放。但是 RTG"油改电"的主要缺陷是失去了原有 RTG 跨箱区转场作业的灵活机动性。采用储能元件的混合动力 RTG 及其他节能技术的 RTG,虽然在节能减排方面不及采用市电供电的 RTG,但其灵活机动性得以保留,深受各集装箱码头的偏爱,尤其适合于投资少的中、小型集装箱码头。

1）超级电容混合动力 RTG

为了既能保持 RTG 跨箱区转场作业机动性,又能实现 RTG 的节能减排,国内外已经研制出柴电发电机组和超级电容器(super-capacitor)组成的混合动力系统。对于此类型 RTG 混合动力系统,柴电机组仍作为主要动力源,而超级电容器则作为储放能单元,回收 RTG 起升机构在集装箱下降时的位能性再生能量。

使用柴油发电机组的传统 RTG 在运行时,起升机构在集装箱下降时的重力位能作用于起升电机,使起升机构电机处于发电运行状态,由此产生的位能性再生能量如果回流到柴电机组,将导致机组逆功率而遭严重损坏。因此,传统 RTG 通过能耗电阻将此再生能量消耗掉而得不到利用。

而对于柴电机组和超级电容器混合动力 RTG,起升机构在集装箱下降过程中,电动机处于发电状态,超级电容器吸收其回馈的电能,并储存这部分能量;当起升机构在起升过程时,电动机处于电动状态,且超级电容器释放其所储存的能量,从而达到节能的目的。

超级电容器是近几十年来发展起来的一种新型电力储放能器件。它具有循环寿命长、工作温度范围宽、环境友好、免维护等优点。超级电容器具有瞬时吸收和释放大电流的能力,这是它可以被应用到 RTG 储放能单元的一个重要原因。

RTG 柴电机组和超级电容混合动力供电方式,实质是用大电流充放电性能优越的超级电容器组与柴电机组联网运行。即在 RTG 柴电机组输出端的交流侧、超级电容端的直流侧和驱动电动机受电端的交流侧组成的交-直-交(AC-DC-AC)三段电网结构,是 RTG 柴电机组与超级电容混合供电的基本形式。

日本和韩国近年来研究的基于超级电容的 RTG 混合动力系统,经测试,RTG 的节能减排性能显著提高。图 4.4-1 所示为日本 Nippon 公司研制的基于超级电容的混合动力 RTG。

上海振华重工于 2005 年研制成功超级电容储能型的混合动力 RTG 样机。图 4.4-2 所示为该公司对超级电容混合动力供电 RTG 的排放测试,与传统 RTG 频繁起制动时柴油机排气管大量排冒黑烟的现象相比,超级电容混合动力 RTG 柴油机运行平稳,基本无黑烟排放。

超级电容器
所在的电气室

图 4.4-1 日本 Nippon 公司研制的超级电容混合动力 RTG

超级电容器
所在的电气室

图 4.4-2 上海振华重工超级电容混合动力 RTG

2）锂电池混合动力 RTG

日本住友公司研制的锂电池混合动力 RTG 系统如图 4.4-3 所示。柴油发电机组发出三相交流电源,经整流装置后得到直流母排电源(AC/DC 变换);通过逆变装置后输出电压、频率可控的三相交流电源(DC/AC 变换)驱动 RTG 的各机构电动机工作。锂电池通过 DC/DC 控制器并联在直流母排总线。当直流母排电压下降时,锂电池组通过双向 DC/DC 装置向直流母排放电,补充直流电能;当直流母排电压上升时,通过双向 DC/DC 装置向锂电池组充电,锂电池组存储直流母排上的多余能量。

日本住友公司生产的小容量锂电池混合动力 RTG 系统的工作原理与超级电容混合动力基本类似,采用锂电池取代超级电容,利用锂电池储存下降过程中的重力位能。

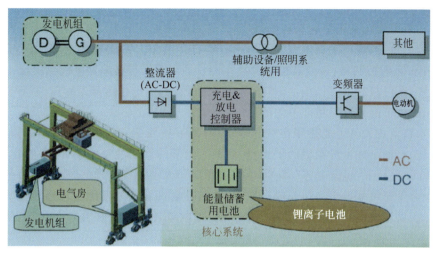

图 4.4-3　日本住友公司混合动力 RTG 锂电池系统

3. 其他 RTG 节能环保技术

超级电容混合动力技术属于发动机辅助节能技术,除此之外,其他发动机辅助节能技术也有应用。

1）可调速发动机节能控制技术

振华重工和 GE 公司进行探索和研究,选用了发动机随负荷变化而实时调速的节能控制技术,针对 RTG 的节能控制要求,研发了独特的节能电控系统 Fuel Efficient-RTG。该系统既可应用于新采购的 RTG,也可用于旧 RTG 的电控系统改造,适用范围广。它的主要设计理念是通过合理地改变柴油发动机的转速,达到经济提供电源的目的。

交通运输部水运科学研究院研发的基于柴油机油门调节技术的 RTG 节能技术,也是根据 RTG 起升负荷的大小,自动调节柴油机的油耗大小,从而实现节能运行。

2）基于主/辅柴切换的双动力 RTG

在传统 RTG 主柴油发电机组保持不同的前提下,增加一套小型辅助柴油发电机组。在设备长时间不作业时关闭主柴油发电机组,启用辅助发电机组为机上照明、空调、控制和通信系统等设施供电,以达到节能效果。

以下重点介绍采用超级电容器 RTG 的节能技术。

4.4.3　RTG 超级电容器节能技术原理

RTG 能耗问题主要包括两个方面:

（1）大功率柴油发电机组与小负载功率不匹配,造成能源浪费;

（2）重物下降过程产生的势能和机构减速产生的制动力没有得到充分利用,重物下降和机构减速过程中产生的再生电能被制动电阻白白消耗掉了,无法得到回收利用。

RTG 整体负载特征表现为"冲击型位能负荷"。该类负荷在加速提升阶段需要较大的瞬时功率,在负荷（吊具）下落阶段则释放出大的瞬时功率。如果能将其释放出的瞬时脉动功率有效存储起来,为下阶段的加速提升过程提供适当的瞬时功率,则可实现动态能量循环利用。

为了在系统中动态调节脉动功率,需要高效可靠的储能装置、动态能量交换控制装置、功率流程控制单元、辅助工作电源。采用超级电容器组作为储能装置,与 IGBT 充/放电控制单元、PLC 实时控制器、逆变器构成的动态能量循环系统与柴油发电机组组成 RTG 的混合动力系统,既可以有效降低柴油消耗,同时可降低柴油发电机组额定容量,减少空气污染、噪声污染,达到节能、环保、增产节约的目的。

本技术将负载的再生能量储存在电容器中,然后按照 RTG 的负载情况将储存的能量转换为电能,有助于减少发动机的供给,从而大大地节约燃油。与传统 RTG 相比,"超级电容系统"RTG 增加了"超级电容"(储能介质)和"DC/DC 控制"单元(储能控制系统)两大模块,通过大容量超级电容组快速充放电原理,在起升电机下降过程中将动能转化为电能,即给电容充电(储存电能),在需要时通过 DC/DC 控制单元将电释放出来供 RTG 使用(释放电能),来实现能源的循环利用和节能目的。

加装"超级电容系统"后,RTG 柴油发电机组容量可以大幅度下降。以上海洋山港三期为例,同样规格的 RTG,其发动机功率从洋山二期的 456kW 下降为洋山三期的 268kW。使用超级电容混合动力系统 RTG 的整体结构如图 4.4-4 所示,与传统 RTG 相比,增加了虚线框内的超级电容和 DC/DC 控制系统。其中 DC/DC 控制系统主要用于超级电容的充放电控制。

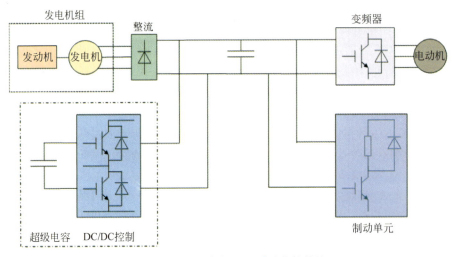

图 4.4-4　超级电容 RTG 系统整体结构

图 4.4-5 是对负载机构供电时电流走向的示意图。如在起升运行、大车加速和大车匀速行驶时,电动机运行由发电机组全额供电和超级电容系统补充供电相结合,超级电容供电量将取决于负载大小及超级电容充电水平。

图 4.4-6 是在 RTG 起升机构下降或大车减速运行状态时,电动机势能转变为电能向超级电容充电(电容储电),电容充满后多余的电能将被制动电阻消耗。

图 4.4-7 是 RTG 处于待机状态时电流走向示意,此时柴油发电机组会给超级电容充电。

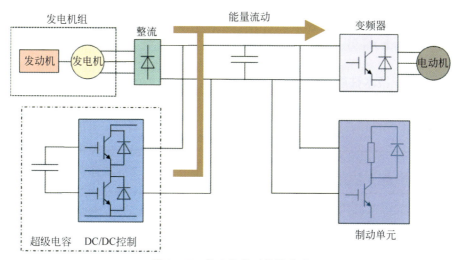

图 4.4-5 供电负载时能量流动

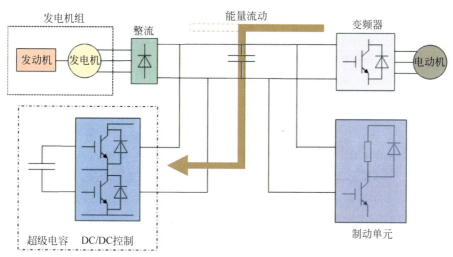

图 4.4-6 回电负载时能量流动

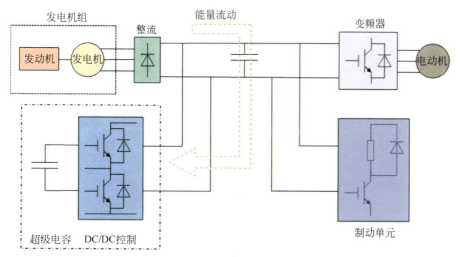

图 4.4-7 RTG 待机时能量流动

4.4.4 技术分析

1. RTG 主要技术性能参数

本系统设计选用的 RTG 主要技术性能参数见表 4.4-1。

表 4.4-1 RTG 主要技术性能参数表

参数名称	参数数值
额定起重量(吊具下)/t	40
吊具、吊具上架自重/t	11
小车自重/t	25
起升速度(满载/空载)/(m/min)	26/52
大车运行速度/(m/min)	90
小车运行速度/(m/min)	70
起升高度/m	18.1
起升电动机功率/kW	180
大车运行电动机功率/kW	45×2
小车运行电动机功率/kW	25

起重量 40t、起升高度 18.1m 的 RTG 下最多码放 5 层高箱子,集装箱高度按 2.896m (9ft 6in)计算。

2. RTG 功率需求计算

1) RTG 最大功率需求及最大放电电流计算

(1) 起升电动机最大功率计算

起升满载时速度:

$$v = 26\text{m/min} \approx 0.43\text{m/s}$$

满载起升匀速上升时负载:

$$P = Fv = mgv = (40000 + 11000)\text{kg} \times 9.8\text{kg/m}^2 \times 0.43\text{m/s} \approx 214.9\text{kW}$$

满载起升加速起升时负载:

由

$$F - mg = ma = \frac{mv_{\max}}{t}$$

得

$$F = m\left(g + \frac{v_{\max}}{t}\right)$$

$$P = Fv = m\left(g + \frac{v_{\max}}{t}\right)v_{\max} = (40000 + 11000) \times \left(9.8 + \frac{0.43}{4}\right) \times 0.43\text{W} \approx 217.2\text{kW}$$

上述各式中:

P——起升电动机功率,kW;

v——起升速度,m/min;

F——起升载荷,$F = mg$,N;

m——起升质量,包括集装箱、吊具和吊具上架质量,kg;

g——重力加速度,$g = 9.8\text{m/s}^2$;

a——起升加速度,m/s^2;

t——起升加速时间,s。

(2) 大车运行电动机功率计算

$$P = Fv = \mu Mgv = \mu(m_{大车} + m + m_{大车} + m_{吊具})gv$$

$$= 0.025 \times (150 + 40 + 25 + 11) \times 1000 \times 9.8 \times 90/60\text{W} \approx 83.1\text{kW}$$

式中:P——大车运行电动机功率,kW;

F——大车运行摩擦阻力,N;

v——大车运行速度,m/min;

μ——大车运行摩擦系数;

$m_{大车}$、m、$m_{小车}$、$m_{吊具}$——RTG 大车、集装箱、小车、吊具和吊具上架质量,kg。

(3) 小车运行电动机功率计算

$$P = Fv = \mu Mgv = \mu(m + m_{小车} + m_{吊具})gv$$

$$= 0.025 \times (40 + 25 + 11) \times 1000 \times 9.8 \times 70/60\text{W} \approx 21.7\text{kW}$$

式中:P——小车运行电动机功率,kW;

F——小车运行摩擦阻力,N;

v——小车运行速度,m/min;

μ——小车运行摩擦系数。

(4) 辅助负载

为保证 RTG 功率需求的准确性,需要将对电源质量有要求的负载容量进行分析计算。

将 RTG 的辅助负载分为两大类:第一类是需要不间断供电的设备,主要包括电子通信类负载(如 GPS 无线终端、无线对讲机等)、生活类负载(包括空调、暖风机、室内照明等)、作业辅助照明负载(即 RTG 夜间作业的投光灯具等)。第二大类是对电源质量要求高的负载,包括 RTG 的 PLC 系统和车载维修用工控机。上述全部负载共计 35kW。

(5) RTG 最大功率需求及最大放电电流计算

一般来讲,起升和大车机构不会同时运行,RTG 所需的最大功率是在起升和小车机构联动工况时产生的,所以 P_{max} 可以按下式计算:

$$P_{max} = P_{起升} + P_{辅助} + P_{小车} = 217\text{kW} + 35\text{kW} + 21.7\text{kW} \approx 274\text{kW}$$

RTG 最大放电电流需求:

$$P_{max} = UI \Rightarrow$$

$$I = P_{max}/U = 274\text{kW}/640\text{V} \approx 428\text{A}$$

上述各式中:

P_{max}——RTG 最大需求功率,kW;

U——直流母线电压,V;

I——输出电流，A。

2）RTG 回馈能量及最大充电电流计算

RTG 主要工作机构包括起升机构、小车运行机构、大车运行机构。由于小车和大车运行机构的再生能量与起升机构相比非常小，所以只对起升机构进行研究计算。

在港口范围内，一般情况起重机每天 24h 连续作业，需要不断地将重物起升与下降，机构频繁起动与制动。在重物的提升和下放过程中将导致势能的不断变化，能量的转变持续进行。所以，在起重机实际作业中，可以回收的能量主要是重物下放时势能的反馈，以及机构制动时的能量，而后者相对于前者小得多，所以主要针对势能产生的再生能量进行研究分析。

同时为了考虑最大能量吸收，需将吊具下 40t 起升载荷在最高位置向下运行的行程作为锂电池设计依据（因为空载运行的势能较小，可以利用回收的能源也相对少）。另外在 RTG 实际运行时，锂电池组有可能处于柴油机组充电模式，所以同时要加上柴油机组给锂电池的充电功率。此处我们选择的柴油机额定输出功率为 50kW。

吊箱后最大行程：

$$S_{\max} = S_{设计} - H_{箱高} = 18.10\mathrm{m} - 2.90\mathrm{m} = 15.20\mathrm{m}$$

式中：$S_{\max}$——实际最大起升高度，m；

$\quad\quad S_{设计}$——设计最大起升高度，m；

$\quad\quad H_{箱高}$——集装箱高度，m。

RTG 回馈最大能量，也即可回收满箱重力势能：

$$W = mgh \times \eta = (40000 + 11000)\mathrm{kg} \times 9.8\mathrm{m/s^2} \times 15.20\mathrm{m} \times 0.7 \approx 5.3 \times 10^6\mathrm{J}$$

式中：W——回馈能量，J；

$\quad\quad m$——起升质量，包括集装箱、吊具和吊具上架质量，kg；

$\quad\quad g$——重力加速度，$\mathrm{m/s^2}$；

$\quad\quad h$——最大起升高度，m，$h = S_{\max}$；

$\quad\quad \eta$——总效率。

在重物下放过程中，工作电动机处于发电状态，将重物的势能转化为电能传输到起重机直流母线上，给超级电容器充电，实现再生能量的存储。在起重机动力系统中，电动机运转、齿轮传动、超级电容器的充放电等环节都存在相应的机械和电气的能量损耗，每个参与动作的部件都有一定效率。通过计算，可以得到从产生回馈能量开始到锂电池将回馈能量存储起来，这个过程中总的效率为 0.7。

由以上分析，可大致计算出在一般情况下储存到超级电容器中的回馈能量。

RTG 最大回馈功率需求：

$$P = mgv \times 0.7 = (40000 + 11000) \times 9.8 \times 0.43 \times 0.7\mathrm{W} \approx 150.40\mathrm{kW}$$

在混合动力阶段，存在柴电机组与回馈能量同时充电的状态，此时 RTG 最大充电电流需求：

$$P_{最大充电} = UI \Rightarrow$$

$$I = (P_{最大回馈功率} + P_{柴电机组额定功率})/U = (150.40\mathrm{kW} + 50\mathrm{kW})/640\mathrm{V} \approx 313\mathrm{A}$$

式中：P——最大充电功率，kW；

     U——直流母线电压，V；

     I——最大充电电流，A。

3．超级电容系统控制方式及功率计算

1）双向 DC/DC 变换单元原理

采用双向可控 DC/DC 变换单元，实现动态能量潮流的有效控制。双向 DC/DC 结构如图 4.4-8 所示。

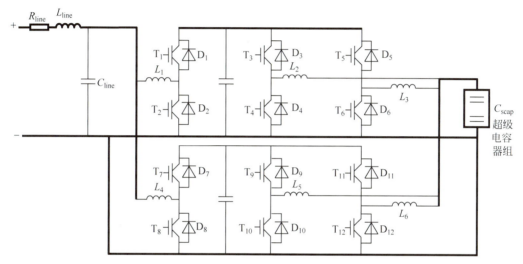

图 4.4-8　双向 DC/DC 结构图

DC/DC 控制单元的设计：DC/DC 控制单元是超级电容器的充、放电的控制器，它通过 RTG 起升、下降的工况信号数据和超级电容器的充电状况（电压值）数据的采样，来控制能量流向，其功能是监测机构运行状态和超级电容器充电状态，控制能量流动的方向，实现能量的循环利用。表 4.4-2 列出了 DC/DC 转换器的基本规格参数。

表 4.4-2　DC/DC 转换器基本参数

基本参数	输入特性（电容侧）	输出特性（DC 母线侧）
额定容量/kW	250（最大 300）	250（最大 300）
额定电压/V	0～640	550～730
额定电流/A	DC350 连续	DC350 连续（最大 445）
过载能力	额定电流 150％，1min；或 DC 600A，2s	额定电流 150％，1min；或 DC 600A，2s

起升加速期间，DC/DC 控制单元将超级电容器组存储的直流电能泵出，按照能量控制单元命令，向驱动系统直流母线提供动态能量，有效减少柴油发电机组出力；下降期间，DC/DC 控制单元将位能负荷所释放的能量通过电功率方式存储到超级电容器组中。

在上述两个方向的电能流动期间，功率完全受控。

采用 DC/DC 控制单元后，确保超级电容器组在运行过程中不出现过流（过充 / 过放电）现象，从而有效延长超级电容器组的使用寿命。

采用 DC/DC 控制单元后,可使超级电容器组完全受控放电(放电深度可控),能更加发挥超级电容器组在动态能量交换过程中的作用,降低对柴油发电机组额定功率配置的要求。

2)RTG 系统功率控制采用电压/功率两种控制模式

(1)功率控制模式

采用直接功率控制模式可实现柴油发电机组出力与超级电容器组出力的均衡控制,适用于重负荷工况。图 4.4-9 为 DC/DC 功率控制框图。

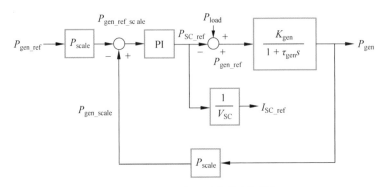

图 4.4-9　DC/DC 功率控制框图

图 4.4-10 为系统起升工况功率控制框图。

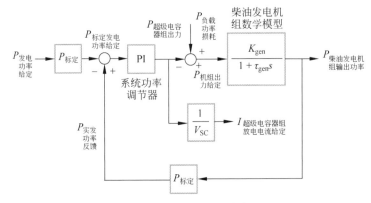

图 4.4-10　系统起升工况功率控制框图

(2)电压控制模式

电压控制模式可最大限度地利用超级电容器组动态能量调整作用,但不太适合重负荷运行工况。图 4.4-11 为 DC/DC 电压控制模式框图。

3)超级电容器组选型

(1)超级电容器选型

在本系统中,采用日本化学工业公司生产的 DLCAPTM 双层超级电容器,其主要特性为高容量和低内阻,充放电效率高;衰减小和寿命长,可超过 100 万次的充放电寿命,并且在 −25℃ 低温时仍可以正常充放电;符合环保要求,材料中没有使用重金属元素和氰化物;异常时安全性高,无爆炸危险等。另外在电容器组串并联(7 并 14 串)结构系统中具有电气硬件保护,如均压电路、过流、过压、过温控制等,在 DC/DC 控制单元内的控制下,并结

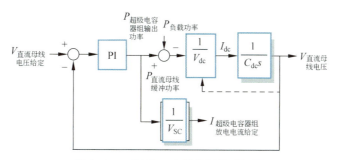

图 4.4-11 DC/DC 电压控制模式框图

合超级电容自身的安全性,即使电器短路也不会发生爆炸危险,安全可靠。

电容器的组合方式是采用 7 个电容器组进行并联,每组电压为 2.5V、容量为 9800F(1400F×7＝9800F),然后共有 238 组这样的基础电容器组进行串联,系统电压为 595V(2.5V×238＝595V)、容量为 41.17F(9800F/238＝41.18F)。串并联方式如图 4.4-12 所示。

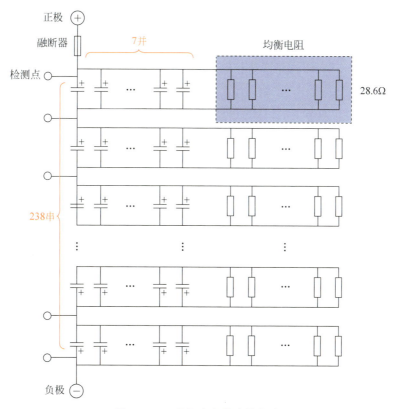

图 4.4-12 超级电容器连接方式

（2）超级电容器容量计算

以额定负载 40t 的 RTG 为例,在额定负载起升速度为 23m/min 时计算所得的最大功率约为 400kW,稳定速度下的功率大约为 400kW。现选用柴油发电机组的输出功率是 250kW,选用电压为 600V 的超级电容器(功率为 210kW),起升机构带额定负载上升时,超级电容器要求的能量约为 1.88MJ,其电容器组在使用 10 年后所剩的能量为 1.91MJ,可见电容预计使用寿命在 10 年以上,其衰减率也完全满足使用需要,见表 4.4-3。

表 4.4-3 超级电容组基本参数表

超级电容器在不同电压时可提供的功率		超级电容器在 300~600V 可提供的能量		
电压/V	可提供功率/kW	时间	衰减率/%	提供能量/MJ
400	140	初始状态	0	3.47
450	157.5	1 年后	15	2.95
500	175	3 年后	25	2.60
550	192.5	5 年后	30	2.43
600	210	10 年后	45	1.91

4.4.5 应用案例及节能减排效果

超级电容系统 RTG 与传统 RTG 相比,节能率达到 35%以上,但受生产安排等因素制约,实际节能效果会略有差异。

2008 年和 2009 年,上海冠东集装箱码头有限公司分别投入 30 台和 40 台,共投入运行 70 台超级电容系统 RTG。经实测,其万标准箱能耗比传统 RTG 的分别下降 33.55%和 43.64%,节能量分别为 1582.35 和 3010.50 吨标准煤,累计节约能耗 4592.85 吨标准煤。表 4.4-4 汇总了模拟作业节能测试和公司实际运行数据。

表 4.4-4 节能测试数据汇总

RTG 类型	箱重/t	作业时间/h	循环/次	总油耗/L	单位油耗/(L/h)	节油率/%
传统 RTG	20	8	120	155	19.38	0
超级电容(第一次)	20	8	120	97.6	12.2	37.03
超级电容(第二次)	20	8	120	100	12.5	35.48
超级电容(第三次)	20	8	120	96	12	38.06

表 4.4-5 为 2008—2011 年超级电容系统 RTG 与传统 RTG 的能耗情况对照表。

表 4.4-5 2008—2011 年运行的能耗情况

年度	数量/台	传统 RTG	超级电容系统 RTG			节能量/tce
		单耗/(t/万 TEU)	作业量/(万 TEU)	能耗量/t	单耗/(t/万 TEU)	
2008	30	10.64	304.24	2150.56	7.07	1582.35
2009	70	10.64	445.02	2668.03	5.99	3010.5
2010	70	10.64	597.68	3366.8	5.63	4358.61
2011	70	10.64	833.46	4008.96	4.81	7077.64
合计						16029.1

在统计的 2008—2011 年期间,该公司超级电容系统 RTG 与传统 RTG 相比,4 年累计节约柴油 11000t,按 8600 元/t 柴油计算,节约成本 9460 万元,折合标准煤 16029t,减少 CO_2 排放 33667.4t,减少温室气体排放 5494.6t。

以 2010 年数据为例,平均每台 RTG 吞吐箱量为 8.54 万 TEU,每 TEU 节约柴油 0.24L,按柴油单价 6.9 元/L 计算,每年可节约 14.1 万元,投资回收期约为 3.1 年,这意味着公司目前已经收回了每台 6.4 万美元的增加投资,进入了投资收益期。

另外,2010 年超级电容系统 RTG 实际吞吐量单箱能耗为 0.79L/TEU,比传统 RTG 的 1.03L/TEU 下降了 0.24L/TEU,综合实际操作节能幅度达到 23.3%,节能效果良好。

4.4.6　小结

综上所述,采用超级电容系统 RTG 有以下显著优点:

(1) 降低发动机容量。由于选用低功率柴油发动机组和超级电容储能技术,使得整个发动机燃油消耗明显降低,特别是在怠速时油耗更低。在吊箱作业中超级电容器能量的反馈,补充了发电机组功率不足的缺陷,工作越频繁,节油效果就越明显。在相同的运行条件下,混合动力 RTG 比传统 RTG 发动机容量降低约 40%。

(2) 满足排放要求。低功率电喷柴油发动机组和超级电容的电能反馈,使得发动机黑烟明显减少,也减少了氮氧化物(NO_x)和 CO_2 的排放,排放达"欧Ⅳ标准"。

(3) 改善作业环境。由于发动机容量降低,发动机运行噪声明显下降,现场作业环境明显改善,操作司机舒适度提高。

(4) 满足应急操作要求。如果万一发生超级电容系统故障,低功率发电机组仍然能满足应急操作的需要,从而确保在紧急情况下的设备能正常减速安全运行。

超级电容系统 RTG 的批量运用,为受场地基础和市电供电条件限制而无法使用 RMG、电动 RTG,以及无法对现有 RTG 实施"油改电"节能改造的港口企业提供了宝贵的实践经验,也为 RTG 多元化节能措施的比选提供了新的可选方案。

4.5　轮胎式集装箱门式起重机轻量化技术

4.5.1　引言

港口起重机与其他行业使用的各种起重机相比,作业效率高,能耗和排放也普遍很高。港口起重机是港口节能减排的主要控制点,因此实现港口起重机的节能减排意义非常重大。

起重机实现节能减排的重要途径之一就是轻量化。轻量化是在保证起重机的强度、刚度和安全等性能的前提下,尽可能地降低起重机的整机重量,从而减少燃料消耗,降低废气污染。轻量化是设计、制造、材料及零部件技术集成的系统工程。

我国 90% 以上的专用集装箱堆场使用的装卸搬运设备是通用型轮胎式集装箱门式起重机(RTG),设备的起升机构和小车运行机构均布置在小车架上,使得小车重量大、外形尺寸高。这种设备专业性强,在我国集装箱专业码头工作中发挥了重要作用,但价格高、维护要求严、日常使用成本高、能源消耗大、排放的废气污染环境。

许多中、小型集装箱堆场、中转站或货场面对通用型 RTG,都存在着"买不起、管不起、用不起"的"三不起"问题,而一般的起重设备又很难完成集装箱装卸、堆码、搬运的工作要求,从而使这些集装箱堆场在选择装卸设备时面临许多困难。因此,在环保要求日益提高以及中小型集装箱码头设备选型所面临困难的环境下,需要应用创新性思维对通用型RTG进行轻量化改造与技术提升。

2003年交通运输部水运科学研究院(简称水运院)研发的轻型RTG是在上述背景下开发的一种适应国家节能减排政策要求的轻型化电动装卸设备,提出在起重机上采用四卷筒驱动技术,将小车和起升驱动装置安装在起重机下部底梁上,实现小车运行和起升一体化控制的创新性设计思想,降低了整机自重,增加了稳定性,实现了整机轻型化,可用于集装箱码头、中转站和货场等场合装卸集装箱和件杂货。

2010年,水运院又开发了以牵引起升实现的轻型RTG。该驱动型式的起升机构布置在起重机下部底梁的一侧,而小车上的驱动装置采用"三合一"减速电机(电机、制动器和减速器合为一个总成)驱动。

轻型RTG先后获得国家重点新产品、国家重点节能技术推广目录(第四批)、中国航海学会科技奖、中国专利优秀奖等荣誉称号。水运院自主开发的轻量化技术不仅可以应用于轮胎式集装箱门式起重机,还可以应用于岸边集装箱起重机和轨道式集装箱门式起重机(RMG),目前均有产品供应市场,已得到成熟的应用。

4.5.2　整机结构轻型化技术

1. 整机结构轻型化原理

整机结构轻型化包括在现有起重机结构基础上进行结构形状、尺寸的优化,以及以降低起重机上部重量为目标的改变整机部件布置的优化。

1) 优化整机结构

结构的轻量化设计包括形状优化、尺寸优化和拓扑优化。通过多目标优化设计理论及有限元等分析软件,以整机重量最轻等为目标,对各个工况下的载荷进行优化计算。改变结构设计中传统经验公式取值做法,通过计算做到结构最优,在减轻自重的同时提高起重机的可靠性和使用寿命。

2) 优化整机布置

传统轮胎式集装箱门式起重机由龙门架、起升机构、小车运行机构、大车运行机构、司机室、梯子平台、电气设备等组成。小车运行机构和起升机构一般布置在龙门架的上部,共同安装在小车架上,称为小车总成。

小车总成的重量约占整个起重机重量的20%。按桥架类起重机自重估算的经验公式,移动载荷每降低10%,仅主梁就能降低4%的重量。通过优化布置,合理实现起升和小车运行功能,降低上部机构移动载荷重量,将整机重心下移,从而达到整机优化的目的。由于轻量化的关联性,降低了小车总成的移动载荷重量,相应地会降低小车架、主梁、门腿、大车运行机构等部件的重量,从而大大降低了整机重量。

水运院研发了两种新型结构型式的轻型RTG,分别为四卷筒组合驱动起升与小车结构型式和牵引起升驱动结构型式,Kone公司也推出了自己的轻型RTG产品。

2. 水运院四卷筒组合驱动起升与小车结构型式

1) 工作原理

四卷筒组合驱动技术是将起重机的起升机构和小车运行机构共用驱动装置,并安装在下部两侧底梁上,分别由两侧底梁的两个卷筒组合控制起升和小车的运行。

由图4.5-1可知小车前后运动、货物的升降运动与卷筒运动之间的关系。当两侧两台电动机驱动4个卷筒以同一速度卷起时,只有起升货物上下运动,无小车动作;当一侧一台电动机驱动两个卷筒卷起,另外一侧一台电动机驱动两个卷筒以同一速度下放时,只有小车前后运动,无起升动作;当两侧电动机的转速不同时,可实现复合运动,即起升和小车联合运行。

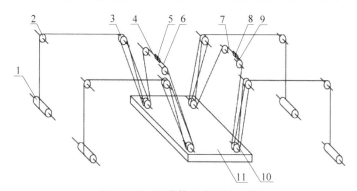

图 4.5-1　四卷筒组合驱动原理

1—卷筒(左右各2个);2—龙门架滑轮组;3—小车架滑轮组;4—钢丝绳Ⅰ;5—吊具回转装置Ⅰ;
6—钢丝绳Ⅱ;7—钢丝绳Ⅲ;8—吊具回转装置Ⅱ;9—钢丝绳Ⅳ;10—吊具滑轮组;11—吊具

这种布置型式的小车上面除了小车架没有驱动装置,大大降低了小车的重量,小车移动载荷小,从而降低了龙门架的重量,同时增加了结构的稳定性。

2）驱动装置

起升和小车运行机构共用的驱动装置为两套,相对门框对称布置,图4.5-2是其中一侧的驱动装置。每套机构由电动机、高速轴联轴器、减速器、制动器、低速轴联轴器、卷筒等组成。采用变频控制,分别驱动,通过两侧卷筒的不同转向对钢丝绳进行收放,配合特别设计的钢丝绳缠绕系统实现货物的升降和平移。

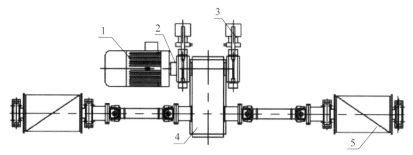

图 4.5-2　四卷筒起升和小车驱动装置(一侧)

1—电动机;2—联轴器;3—制动器;4—减速器;5—卷筒

3）小车总成

在主梁轨道运行的小车架上,只装有起升滑轮组、小车车轮和水平轮,不设驱动装置,大大降低了小车重量(见图4.5-3)和整机重量。小车车轮为钢制,踏面经热处理。导向方式为轨道的外侧布置水平轮。水平轮导向不仅可以防止产生啃轨现象,同时具有防小车脱轨坠落的作用,提高了工作可靠性。以轻型RTG为例,采用此方法与通用型RTG相比,小车总成的重量由约 25t 降到 7t,整机自重降低约为 30%。

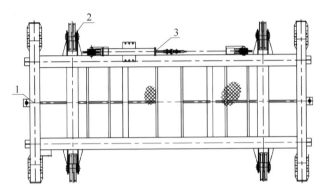

图 4.5-3　四卷筒组合控制小车

1—小车架；2—滑轮组；3—吊具回转装置

3. 水运院牵引起升驱动结构型式

1) 工作原理

牵引起升驱动型式是将起升机构安装在龙门架下部的一侧底梁上,通过牵引方式实现货物的起升和下降。而小车运行通过"三合一"减速电机直接驱动来实现。

驱动原理见图 4.5-4。第一钢丝绳的一端分别经过龙门架滑轮组的滑轮 b11、小车架滑轮组的滑轮 c41、吊具滑轮组的滑轮 d4、小车架滑轮组的滑轮 c42、龙门架滑轮组的滑轮 b6和 b4,连接至吊具回转倾转装置的一端；第二钢丝绳的一端分别经过龙门架滑轮组的滑轮 b12、小车架滑轮组的滑轮 c11、吊具滑轮组的滑轮 d1、小车架滑轮组的滑轮 c12,并固定在龙门架后侧的钢丝绳固定端；第三钢丝绳的一端分别经过龙门架滑轮组的滑轮 b21、小车架滑轮组的滑轮 c31、吊具滑轮组的滑轮 d3、小车架滑轮组的滑轮 c32、龙门架滑轮组的滑轮 b7和 b3,并连接至吊具回转倾转装置的一端；第四钢丝绳的第二端分别滑动地经过龙门架滑轮组的滑轮 b22、小车架滑轮组的滑轮 c21、吊具滑轮组的滑轮 d2、小车架滑轮组的滑轮 c22,固定在龙门架后侧的钢丝绳固定端。上述滑轮中,除龙门架上的滑轮 b3 和 b4 为水平布置外,其余均为竖直布置。

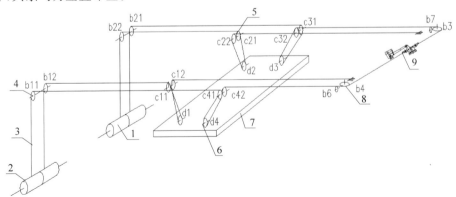

图 4.5-4　牵引起升驱动式小车驱动原理

1—第一双联卷筒；2—第二双联卷筒；3—钢丝绳；4—龙门架滑轮组；5—小车滑轮组；

6—吊具滑轮组；7—吊具；8—龙门架转向滑轮组；9—吊具回转装置

2）起升驱动装置

牵引起升驱动型式轻型 RTG 的起升驱动装置布置在底梁的一侧,起升驱动装置的布置可采用Ⅰ、Ⅱ、Ⅲ 3 种型式,分别见图 4.5-5～图 4.5-7。

起升驱动装置均由电动机、联轴器、制动器、减速器、卷筒等构成。3 种布置型式的区别是:起升驱动装置Ⅰ的卷筒为两个单独的双联卷筒,分别布置在减速器的两侧,减速器为双输出轴。起升驱动装置Ⅱ的布置与起升驱动装置Ⅰ相近,只是将采用两套电动机、制动器和减速器分别驱动两边的双联卷筒。而起升驱动装置Ⅲ的卷筒将两个单独的双联卷筒合二为一,为单独的四联卷筒,布置在减速器的一侧,减速器为单输出轴。

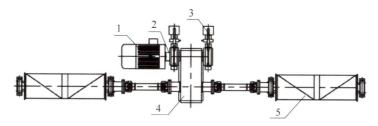

图 4.5-5　起升驱动装置Ⅰ

1—电动机；2—联轴器；3—制动器；4—减速器；5—卷筒

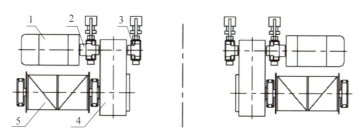

图 4.5-6　起升驱动装置Ⅱ

1—电动机；2—联轴器；3—制动器；4—减速器；5—卷筒

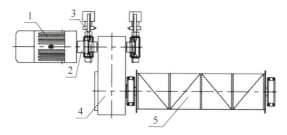

图 4.5-7　起升驱动装置Ⅲ

1—电动机；2—联轴器；3—制动器；4—减速器；5—卷筒

图 4.5-5 和图 4.5-7 所示的实施方案中,起升机构的卷筒为双联卷筒,共两套,安装在龙门架下部平台的两边,第一双联卷筒分别与第一和第二钢丝绳的第一端相连,第二双联卷筒分别与第三和第四钢丝绳的第一端相连。

起升机构的电动机和减速器可以为一套或两套。图 4.5-5 所示实施方案的电动机和减速器为一套,卷筒为两套双联卷筒,一套电动机和减速器集中驱动两套双联卷筒,此时的减速器为双输出轴。

图 4.5-6 所示实施方案的电动机和减速器为两套,分别单独驱动两套双联卷筒,构成两套独立的起升机构。此时的减速器为一个输出轴。通过电气控制保证两套电动机同步运转,同步进行不同的卷向实现货物的起升和下降。

当进行装卸作业时,起升机构的电动机和减速器驱动两侧的双联卷筒。当双联卷筒卷绕收钢丝绳时,4 根钢丝绳牵引货物实现竖直的上升。当双联卷筒放钢丝绳时,4 根钢丝绳牵引货物实现竖直的下降。小车运行机构的小车电动机直接驱动车轮在龙门架主梁轨道上运行,实现货物的横向移动;通过程序控制还可实现起升和小车的联合动作,即货物的斜线运行,提高装卸效率。

采用图 4.5-7 所示的起升驱动装置Ⅲ只有一套,安装在龙门架下部平台上,主要由电动机、减速器、联轴器、四联卷筒、制动器等构成,四联卷筒分别与第一、第二、第三和第四钢丝绳的第一端相连。钢丝绳缠绕系统和工作方式同双联卷筒的实施方案。

3）小车驱动装置

牵引起升驱动型式轻型 RTG 的小车驱动装置布置在小车架上,驱动装置有两轮驱动和四轮驱动两种型式(图 4.5-8 为四轮驱动)。小车架的结构型式与四卷筒组合驱动小车架基本相同,只是滑轮组的布置位置稍有区别。

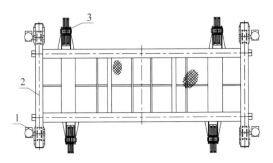

图 4.5-8　牵引起升驱动式小车外形图
1—三合一驱动装置；2—小车架；3—滑轮组

4. Kone 公司轻型 RTG

2014 年 4 月科尼公司(Kone)推出了一种轻型的 Boxhunter 轮胎式集装箱门式起重机(如图 4.5-9 所示),起升机构布置在龙门架下部底梁上面,另一侧沿门腿设有起升配重,司机室布置在另一侧的底梁上,降低了小车的移动载荷,利用摄像头和激光技术获得最佳视野控制起重机的运行。

另外,Kone 公司研发的轻型 RTG 的另一个显著特点是设计和制造采用模块化技术。整台设备制造完成后首先在制造厂内进行初步安装调试,然后拆解分为若干零部件,采用标准集装箱运输到使用现场,进行最终安装调试,可以大大缩短使用现场的安装周期。

图 4.5-9 Kone 公司轻型 RTG

4.5.3 零部件轻量化技术

除了进行整机结构型式优化外,轻型 RTG 的零部件还可应用以下轻量化技术。

1. 合理选用轻质材料

合理使用新材料和轻质材料,如高强度钢、塑料、玻璃纤维或碳纤维复合材料、铝合金、镁合金、陶瓷等。

1)选用高强钢代替普通钢

由于高强钢强度高,在等强度条件下,用高强钢制作钢结构,比用普通钢制作结构的钢板厚度或者截面尺寸小,使结构质量减轻。

2)选用复合材料

工程塑料具有强度高、密度低、耐腐蚀等特点,具有优良的综合机械性能,但价格较高。

在集装箱门式起重机设计中选用 MC 尼龙滑轮,不仅具有自润滑功能,可以延长钢丝绳的使用寿命,而且重量轻,方便高空安装,同时减轻小车等机构重量。

电动机、制动器等罩壳采用玻璃钢等轻质材料,不仅可以减轻重量,而且方便维护和保养。

2. 选用集成零部件

对零部件进行集成化设计、功能整合、模块化设计,应用功能集成技术,减少冗余的零部件,不仅能够降低重量,而且可以减少故障点。

大车和小车驱动采用"三合一"减速电机驱动方式,即电动机、制动器和减速器合并组装成一个部件,可使运行机构紧凑、体积小、重量轻。与传统的分散式布置相比,高度集成化,降低重量。

如大车运行机构、牵引起升驱动型式小车的驱动采用"三合一"驱动方式,电动机、制动器和减速器合并组装成一个部件(见图 4.5-10),结构紧凑、重量轻。

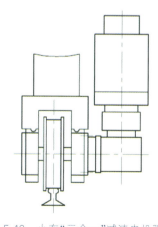

图 4.5-10 小车"三合一"减速电机驱动型式

大车运行机构具有转向功能,利用回转轴承来实现,可以替代传统的"立轴+滚动轴承"结构型式,布置简单、集成度高。

3. 优化制造方法

焊接和铸造是机械零部件的主要制造方法,应用在不同的场合具有不同的特点,但从轻量化的角度考虑,在满足零部件机械性能的前提下,同等性能的焊接件比铸造件重量轻。如目前轮胎式集装箱门式起重机普遍采用焊接卷筒,据测算焊接卷筒比铸造卷筒轻30%～40%。

对于批量化生产的异形构件,利用高压成形技术取代传统的焊接方式,可以降低因焊接增加的重量和制造成本。

另外,在制造过程中,还应该优化制造方法,选用合适的焊接方法,降低焊材的使用量,减少对环境的污染,做到低耗材低污染的绿色制造。

4.5.4　节能减排效果

轻型 RTG 具有以下特点:

(1)自重轻、投资省。将起升机构驱动装置安装在龙门架底梁上,使小车和整机重量大大降低,实现了整机结构轻量化,设备投资仅为通用型 RTG 的 60%,堆场基础投资降低约1/3。

(2)能耗低、零排放。以市电为动力,能耗降低约 60%,能源成本仅为通用型 RTG 的15%。在港口属地无废气排放,重量轻、节约钢材,节能减排效果显著,具有很好的经济性、先进性、实用性和环保性。

轻型轮胎式集装箱门式起重机被列为交通运输部第三批节能减排示范项目,经节能评估认定:按每 TEU 节省 1.1kg 标准煤,节约能源成本 6.0 元计算,该设备相对于传统堆场起重机,每年每台节约能源 230t 标准煤。

轻型 RTG 与其他集装箱堆场替代机型的主要参数和效益比较见表 4.5-1。

表 4.5-1　轻型电动 RTG 与其他替代机型主要参数和效益比较

项目	轻型电动 RTG	普通电动 RTG	普通燃油 RTG	RMG	集装箱正面吊运起重机
吊具下起重量/t	35	35	35	40.5	35(1 排第 5 层)
起升高度	堆五过六	堆五过六	堆五过六	堆五过六	第一排:五层
单箱能耗	0.90kW·h	1.3～2.0kW·h	1.2～2.2L (柴油)	2.0～2.7kW·h	0.8～1.3L (柴油)
能源成本/(元/单箱)	0.92	1.27～1.96	8.4～15.4	1.96～2.65	5.6～9.1
港口属地 CO_2 排放/kg	无	无	单箱排放 3.2～5.8	无	单箱排放 2.1
噪声	小	小	大	小	大
维护成本	低	较低	高	较低	高

续表

项目	轻型电动RTG	普通电动RTG	普通燃油RTG	RMG	集装箱正面吊运起重机
整机自重	轻	较重	较重	重	较重
堆场建设投资	低	较低	较高	高	低
机动性	可转场	可转场	可转场	固定场地	灵活

由表4.5-1可以看出：

（1）轻型电动RTG与普通电动RTG相比，自重较轻、单箱能耗较小、维护成本较低。

（2）轻型电动RTG与目前得到广泛应用的RMG相比，自重较轻、单箱能耗较小、维护成本较低、堆场建设投资较低。

（3）轻型电动RTG与集装箱正面吊运起重机相比，节省大量的柴油机、变速箱、驱动桥等昂贵的国外配套件更换费用，维护成本低；而且轻型电动RTG的作业成本仅为集装箱正面吊运起重机的10%～17%。

4.5.5　应用案例

轻型RTG有多种用途，既可用于装卸集装箱，也可用于装卸钢材和其他货物，实现一机多用。其主要应用范围如下。

1. 轻型RTG用于集装箱堆场

轻型RTG可用于集装箱码头堆场的集装箱装卸（见图4.5-11），具有堆码层数高、堆场利用率高等优点。由于轮压要求低，现有堆场经过简单改造即可使用。一些地点可将钢板铺在路面作为跑道，大大降低了堆场的基础投资。

图4.5-11　广州穗林集装箱码头堆场应用

2. 轻型 RTG 用于集装箱货场、保税仓库、中转站和铁路场站

轻型 RTG 可以处理整个集装箱货场(见图 4.5-12)、拆装箱库、中转站和铁路场站场地上的集装箱装卸搬运工作,用户可以根据堆场实际情况选择适合的跨距、起升高度和速度等参数。

图 4.5-12　肇庆港务有限公司堆场应用

3. 轻型 RTG 用于钢材等件杂货货场

换装其他吊具后,轻型 RTG 可用来吊装钢材等件杂货,如钢卷、各种型材等(见图 4.5-13)。

图 4.5-13　邯郸国际陆港件杂货堆场应用

4. 轻型 RTG 用于煤炭等散货

四卷筒组合控制技术可以与抓斗的升降、开闭控制相结合,实现抓斗的控制,用于港口、

铁路货场煤炭运输的倒装作业等场合。

4.5.6 小结

轻量化技术是采用优化结构、优选材料、优选制造方法等使起重机零部件和整机质量减轻，达到提高性能、节能减排、降低作业成本等综合效益的技术。

实施中应综合考虑采用优质钢材降低重量但使制造成本增加，及使用成本和维护成本降低之间的关系。应对起重机设计、制造、运输、安装、使用、维护等全生命周期进行分析，使起重机的性能、工作效率、能源利用率、经济性和环保性都能达到最佳的平衡点。

轮胎式集装箱门式起重机除了通过起重机本身结构型式优化布置实现轻量化外，还可综合应用各种轻量化技术实现节能减排，轻量化轮胎式集装箱门式起重机减重率可达到20%～30%。

4.6 轨道式集装箱门式起重机的推广应用

4.6.1 引言

1. 国内外发展现状

集装箱堆场机械的种类很多，主要有轮胎式集装箱门式起重机(RTG)、轨道式集装箱门式起重机(RMG)、集装箱正面吊运起重机、集装箱跨运车和集装箱堆高机等。其中尤以RTG和RMG为主，这两种机型可以更有效地利用场地空间。

RMG以其作业效率高、场地利用率高、自动化程度高、故障率低、外形设计多变灵活、操作简单、维修方便、能耗低、运营成本低和节能环保等优势而得到越来越多的青睐，目前许多新建的大型集装箱专业码头越来越多地抛弃传统的RTG堆场工艺方案，而改用RMG，如泰晤士港、鹿特丹ECT港、台湾高雄港、香港HIT码头、青岛港前湾集装箱码头四期工程、青岛招商局集装箱码头、大连港大窑湾集装箱码头三期工程、天津港五洲国际集装箱有限公司等。我国18个铁路集装箱中心站几乎都选用RMG作为堆场设备。

2. 机型推广优势

与传统使用的RTG相比，RMG具有很好的推广优势。下面从两种机型的应用现状、技术性能、投资情况、运营成本、发展前景和抗风险能力等方面进行比较，如表4.6-1所示。

表 4.6-1 RTG 与 RMG 的比较

比较项目	RTG	RMG
设备投资	比同样作业效率的 RMG 投资高	比同样作业效率的 RTG 投资低
基础投资	不需要建变电站、铺设轨道和电缆等，基础投资较低	需建变电站、铺设轨道和电缆等，基础投资较高
堆场利用率	跨度(一般为 23.47m)和起升高度(一般 4+1 或 5+1)较低，堆场利用率较低	跨度(一般 30～60m)和起升高度(重箱 5+1 或 6+1，空箱 7+1 或 8+1)大，堆场利用率更高

续表

比较项目	RTG	RMG
作业效率	起升速度和大、小车运行速度较低,作业效率较 RMG 低	起升速度和大、小车运行速度高,作业效率较 RTG 高
机动灵活性	转场机动灵活,可以从一个区域转移到另一个区域作业	不能跨区作业,只能在固定轨道上行走,作业范围受限制
操作性能	箱角对位较 RMG 难度大,司机劳动强度较大	大车沿固定轨道运行,易于实现半自动操作或自动操作,司机劳动强度较低
对车辆行驶的影响	场地平整,车辆通行方便	地面需要设置轨道及电缆槽,对车辆通行有一定影响
大车直线运行特性	较易跑偏,司机需经常进行大车纠偏动作	轨道运行,不存在跑偏问题
作业安全性	无固定行驶区,需设置碰箱限位,但仍无法完全避免碰箱和碰车事故,安全性较 RMG 差	有固定行驶区,在轨道上运行,不可能碰箱,作业安全
环保特性	传统 RTG 为内燃机驱动,有废气排出,噪声污染较高,环保性能较差;进行过"油改电"的 RTG,节能环保性能大为提高	电力驱动,无废气排出,噪声低,有利于环境保护
自动控制	定位困难,较难实现自动控制	易于实现整机状态的定位,可实现自动、半自动控制,提高效率,甚至可实现无人堆场作业
故障率与维护保养特性	易损件较多,故障率较 RMG 高,但维修可移至场外进行,不影响正常作业	故障率低,维修量小。维修需在堆场内进行,可能会影响正常作业
维保成本	传统 RTG 采用柴油发电机组作动力,需定期保养;采用轮胎,需定期更换,维保成本较高	采用电缆卷筒供电,基本无需特别维修;采用钢制车轮,基本无须更换,维保成本低
能源消耗	在工作过程中,内燃机始终运转,能源消耗大	不作业时,即可切断电源,节约能源

从表 4.6-1 可以看出,两种机型各有优势,但是 RMG 在场地利用率、作业效率、操作性能、自动化程度、维修方便性、运行成本、节能环保等方面更有优势,这也是近几年得到广泛应用的原因。

有的 RMG 还带有吊钩横梁或其他专用吊属具,可以与集装箱吊具实现快速互换,以实现重大件杂货的吊装作业;或者安装液压抓斗,进行散货装卸作业。还有的 RMG 可以横跨港池或利用长悬臂装卸船舶,这在中小型港口可以实现一机多用,降低设备投资。

目前 RMG 还没有像 RTG 那样形成完善的参数系列,尤其起重机的轨距和外伸距等几何参数更多是依据集装箱堆场的场地条件来确定,而这也正是 RMG 得到广泛应用的一大优势。

3. 应用范围

目前我国 RMG 主要有两大用户群:一是港口集装箱码头,二是铁路集装箱货场。以下重点介绍港口集装箱码头应用的 RMG,兼顾铁路货场用 RMG。

图 4.6-1 为水运院大兴试验基地于 2001 年建造的 RMG 试验台。依托该试验台开展了大量基础研究和应用研究。图 4.6-2 为水运院和青岛港机厂共同研发的青岛港前湾四期集装箱码头配套的 RMG。该集装箱码头设计年吞吐量可达 600 多万 TEU，为目前国内外最大的全部采用 RMG 的集装箱码头。

图 4.6-1　水运院试验用 RMG

图 4.6-2　青岛港 RMG

图 4.6-3 为上海振华重工研制的大连港大窑湾集装箱码头三期工程配套的 RMG；图 4.6-4 为华东重型机械股份有限公司研制的浙江安吉港集装箱装卸船舶和堆场多用途 RMG。

图 4.6-3　大连港 RMG

图 4.6-4　安吉港 RMG

4.6.2　机型分类

RMG 的分类方式很多，除前述按使用场所（港口集装箱码头和铁路集装箱货场）不同分类外，还有以下几种分类方式。

1. 根据起重机允许装卸的集装箱是空箱还是重箱分类

（1）重箱 RMG。以重箱集装箱为作业对象的 RMG，集装箱吊具下起重量一般为 30.5t、35t 和 40.5t 等。

（2）空箱 RMG。以往多采用堆高机进行空箱堆场作业，但由于堆高机的倒箱工作量很大，因此近几年空箱 RMG 得到发展和应用。空箱 RMG 吊具下起重量一般为 5t 和 8t 等。

2. 按照起重机用途分类

（1）集装箱堆场专用 RMG，如图 4.6-2 和图 4.6-3 所示。

（2）集装箱堆场和装卸船舶共用 RMG，如图 4.6-4 所示。

（3）集装箱吊具可更换为吊钩横梁或其他专用吊属具的集装箱堆场、件杂货装卸和大件吊装多用途 RMG。

（4）吊钩横梁下可悬挂液压抓斗进行散货装卸作业的多用途 RMG。

图 4.6-5 所示的株洲港 RMG 除进行集装箱装卸船舶、堆场作业外，还可以更换吊钩横梁进行件杂货作业，采用液压抓斗进行煤炭、矿石等散货作业，采用专用吊属具进行火车车厢装卸汽车和装卸船舶作业，实现了一机多用，是内河小型码头的首选机型。

图 4.6-5　株洲港 RMG

3. 根据起重机是否带有悬臂分类

（1）不带悬臂结构形式。

（2）带单悬臂结构形式。

（3）带双悬臂结构形式。

4. 对于带悬臂结构形式的起重机根据门腿是否允许通过 40ft 集装箱又分为两大类

（1）门腿只能通过 20ft 集装箱，不能通过 40ft 集装箱。

（2）门腿可以通过 40ft 集装箱。

5. 对于带悬臂结构形式的起重机根据龙门架是否带马鞍架和斜拉杆分为三大类

（1）不带马鞍架和斜拉杆，如图 4.6-2 所示。

（2）只带马鞍架，不带斜拉杆。

（3）带马鞍架和斜拉杆，如图 4.6-1 所示。

4.6.3　整机构造与分析

1. 整机结构形式

轨道式集装箱门式起重机沿地面轨道行走，可在规定的区域内进行堆场和装卸车辆作业,一般配有 20ft 和 40ft 可伸缩专用集装箱吊具,有的起重机还可以进行双 20ft 集装箱堆场作业,或同时配有 20ft、40ft 和 45ft 集装箱伸缩吊具。

RMG 跨度大,堆箱层数高,可充分利用堆场空间,提高堆场的堆存能力;采用市电作动力,不仅节能环保,而且可提高起升和运行速度,提高了作业效率。起重机结构简单,操作容易,维护方便,有利于实现全自动控制。

1) 整机组成

RMG 一般由龙门架主结构、龙门架梯子平台、起重小车总成、大车运行机构、大车锚定装置、防风拉索装置、液压系统、润滑系统、大车供电系统、小车供电系统、电气传动与控制系统、电气房、集装箱吊具、吊具上架和铭牌等组成。

2) 整机构造特点

RMG 一般采用双箱形主梁结构,龙门架主结构一般沿纵向轴线呈整体对称形式。

起重机整机工作级别一般为 A6、A7 或 A8。

对于轨距较小(轨距 $L \leqslant 35\text{m}$)的起重机,起重机两侧门腿均可以采用刚性门腿;对于轨距大(轨距 $L > 35\text{m}$)的起重机,两侧门腿一般设计为一刚一柔形式。刚性门腿与主梁刚性连接,而柔性门腿与主梁之间可采用刚接或铰接方式连接。

起重小车在主梁轨道上运行。起重小车上装有起升机构、小车运行机构、吊具回转机构和吊具减摇系统等。司机室刚性悬挂在小车架下方,随小车一同运行。

与吊具上架用销轴连接的集装箱伸缩吊具,能吊运 20ft 和 40ft 的集装箱,如有要求也可吊运 45ft 或其他规格的集装箱。还可将集装箱吊具更换为吊钩横梁,用以吊运重长大件和件杂货;甚至吊钩横梁下悬挂抓斗进行散货装卸作业,实现一机多用。

龙门架两侧的门腿通过平衡梁各自支承于行走台车上,其中驱动车轮数一般不小于所有车轮总数的 1/2。

起重机的起升机构、小车运行机构、大车运行机构均为工作机构。根据作业工况的要求,一般起升和小车运行、小车运行和大车运行机构可以联合作业。

起重机的所有机构(包括起升机构、吊具回转机构、小车运行机构、大车运行机构、集装箱吊具伸缩、转锁、导板、顶轨器、抓斗开合等)动作均可在司机室内由司机进行操作控制。大车运行机构也可在地面通过安装在下横梁处的操作箱进行点动操作。

起升、小车运行和大车运行机构一般采用交流全变频调速系统,起升控制具有恒功率调速功能。起重机采用 PLC 和 PC 联机,实现各机构运行状态信息记录及故障诊断显示,在司机室显示屏直接显示,根据需要可在电气房打印输出。

3) 起重小车的组成

RMG 的起重小车一般采用自行式起重小车,运行在龙门架的大梁上部轨道上。起重小车由小车架、小车架梯子平台、起升机构、小车运行机构、水平轮、吊具回转机构、吊具减摇系统、机器房、司机室等组成,有的起重机用户还要求小车上设有起升钢丝绳换绳装置和维修起重机等。起重小车下面通过起升钢丝绳悬挂集装箱吊具等。

起重小车一般采用 4 个支承车轮,大多采用四轮全驱动方式,低速运行小车也有采用两轮驱动的。

根据小车轨距大小,小车运行机构可采用集中驱动或分别驱动。采用分别驱动时应考虑小车的跑偏与啃轨,尤其对于大跨距 RMG,主梁会因为受力发生内弯,所以设计时更要特别注意小车的啃轨问题。

2. 龙门架结构

龙门架结构是 RMG 整机最关键的承力构件。RMG 一般采用双梁箱形结构,其具有制造工艺简单、质量易保证、受力合理、整机稳定性好等优点。图 4.6-6 为带马鞍架和斜拉杆的起重机龙门架结构,由主梁、刚性门腿、上横梁、下横梁、马鞍架、斜拉杆等组成。

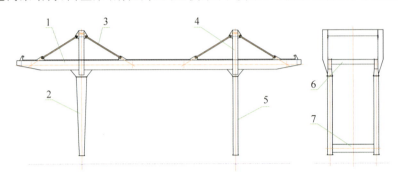

图 4.6-6　龙门架结构的组成

1—主梁;2—刚性门腿;3—斜拉杆;4—马鞍架;5—柔性门腿;6—上横梁;7—下横梁

RMG 的主梁一般为焊接箱形梁。为提高偏轨箱形梁的疲劳强度,小车轨道下主梁翼缘板和主腹板局部可改用轧制 T 形钢。

对于跨距<35m 的 RMG,一般不设柔性门腿,两侧均为刚性门腿;当跨度≥35m 时,通常一侧采用刚性门腿,另一侧采用柔性门腿,用以补偿温度和吊重所造成的结构变形。

大跨距起重机的刚性门腿有 I 形和 V 形两种形式,其与主梁的连接均可以采用高强度螺栓法兰连接或焊接方式;起重机的柔性门腿与主梁连接方式则有刚性连接和柔性连接之分,其中柔性连接多采用平行于大车轨道的水平销轴连接,刚性连接则可采用高强度螺栓法兰连接或焊接方式。

根据起重机是否带马鞍架和斜拉杆,RMG 分为无马鞍架和斜拉杆、带马鞍架但无斜拉杆、带马鞍架和斜拉杆 3 种形式。马鞍架可以提高主梁的水平刚度和抗扭刚度,而斜拉杆则可以提高主梁悬臂和跨中的垂直刚度。

经设计计算,对于大跨度、大悬臂的 RMG,龙门架的结构强度一般较容易满足规范要求,而跨中和有效悬臂端的垂直刚度往往难以满足规范要求,因此大跨度、大悬臂 RMG 多采用带斜拉杆结构形式。

2020 年 3 月 27 日,上海振华重工完成了澳大利亚 Patrick 悉尼码头 3 台铁路 ARMG 的卸船、转场和落轨工作(如图 4.6-7 所示)。3 台 ARMG 主要用于火车集装箱运输和自动化跨运车的交互作业,设备采用了全功能小车设计,配备全自动化系统,可自动完成火车集装箱的装卸作业。该起重机龙门架既采用了马鞍架、小拉杆,同时又将两个马鞍架顶部通过拉杆相连,大大提升了悬臂端的垂直刚度。

根据主梁是否带悬臂、马鞍架和斜拉杆,以及刚性门腿和柔性门腿结构特点等不同,将 RMG 进行分类,形成表 4.6-2 所示的 36 种结构形式。当然还有其他一些结构形式的 RMG,但是使用很少。

图 4.6-7 澳大利亚 Patrick 悉尼码头上的 3 台铁路 RMG

表 4.6-2 RMG 结构形式分类及应用情况

应用情况	I 形刚性门腿＋刚接柔性门腿		I 形刚性门腿＋铰接柔性门腿		V 形刚性门腿＋刚接柔性门腿		V 形刚性门腿＋铰接柔性门腿	
带双悬臂,无马鞍架和斜拉杆	(1)	★★★	(2)	★	(3)	★★	(4)	★
带双悬臂和马鞍架,无斜拉杆	(5)	★★★	(6)	★	(7)	★★★	(8)	★
带双悬臂、马鞍架和斜拉杆	(9)	★★	(10)	★	(11)	★	(12)	★
带单悬臂,无马鞍架和斜拉杆	(13)	★★	(14)	★	(15)	★	(16)	★
带单悬臂和马鞍架,无斜拉杆	(17)	★★	(18)	★	(19)	★★	(20)	★
带单悬臂、马鞍架和斜拉杆	(21)	★★	(22)	★	(23)	★	(24)	★
不带悬臂,大基距梯形门腿	(25)	★★★	(26)	★	(27)	★	(28)	
不带悬臂,小基距矩形门腿	(29)	★★	(30)		(31)	★	(32)	
不带悬臂,大基距矩形门腿	(33)	★	(34)		(35)	★	(36)	

注：表中★反映目前应用情况,★越多表示应用越多,★越少表示应用越少。

3. 机构

1）起升机构

起升机构主要由电动机、减速器、制动器、高速轴联轴器、低速轴联轴器（也叫卷筒联轴器）、卷筒和钢丝绳缠绕系统等组成。有的起升机构的驱动装置还备有应急装置,以避免突然断电,或起升电动机故障时让集装箱缓慢下降,安全着地。

起升电动机一般采用变频调速电动机。减速器多采用硬齿面的卧式圆柱齿轮减速器,一般不采用开式齿轮传动。

　　制动器多采用盘式制动器。如采用两台制动器,则设置在减速器高速轴的两侧,对称布置,每台制动器的制动安全系数一般为 1.25～1.5,当其中一台制动器发生故障时,另一台制动器仍能可靠地制动。当起升机构采用一台制动器时,制动器设置在减速器高速轴端,其制动安全系数为 1.75 或 2 以上。

　　钢丝绳卷筒可采用双联、四联和八联卷筒,其中四联卷筒和双联卷筒应用较多。卷筒一般采用低碳合金结构钢(如 Q345)焊接而成。卷筒焊后整体加工完成后,应进行静平衡检测,起升速度较高的卷筒还要进行动平衡检测。

　　起升机构一般采用 4 根或 8 根钢丝绳完成吊具的同步升降动作。

　　图 4.6-8(a)是起升机构中最常见的一种四绳布置形式,是从 RTG 起升机构借用过来的一种布置方案,但是起升速度一般高于 RTG 的起升速度。其特点是采用一台电动机通过减速器驱动一个四联卷筒,可以很好地实现集装箱吊具的同步起升。图 4.6-8(b)为其钢丝绳缠绕系统。

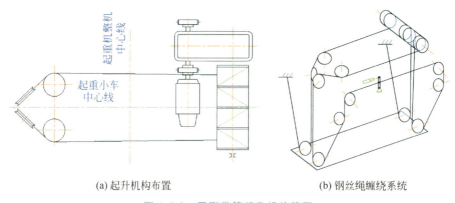

(a) 起升机构布置　　　　　　　　　　(b) 钢丝绳缠绕系统

图 4.6-8　四联卷筒起升机构简图

　　为避免大车运行机构起制动时钢丝绳出现脱槽现象,近几年 RMG 起升机构改用图 4.6-9(a)所示的两个双联卷筒平行轴布置方案,两套双联卷筒起升驱动装置在高速轴通过传动轴连接,以确保集装箱吊具的 4 根钢丝绳同步升降。图 4.6-9(b)为其四绳起升钢丝绳缠绕系统。

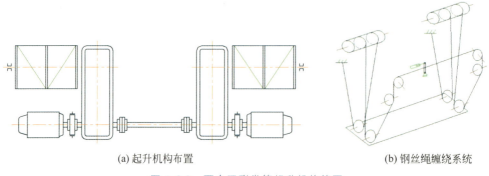

(a) 起升机构布置　　　　　　　　　(b) 钢丝绳缠绕系统

图 4.6-9　两个双联卷筒起升机构简图

2）小车运行机构

RMG 的移动载荷大,吊载迎风面积大,风载荷大,小车运行速度高,运行阻力大,因此小车运行机构多采用四轮全驱动方式,可有效地防止小车起制动时的车轮打滑。根据起重小车轨距大小,可采用集中驱动和分别驱动两种方式。

图 4.6-10 为小车运行机构集中驱动方案,一般用于小车轨距较小的起重机。对于不带悬臂的 RMG,当采用梯形门腿时,小车轨距一般只有 6～7m,宜采用集中驱动。小车运行机构采用集中驱动方案时,一般前后各采用一套集中驱动方案,共两套,以实现四轮全驱动。此时小车运行同步性好,不易跑偏。

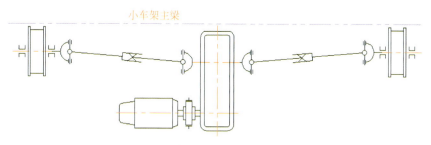

图 4.6-10 小车运行机构集中驱动方式简图

对于带有双悬臂或单悬臂的 RMG,当要求 40ft 或 45ft 集装箱能够通过门腿时,小车轨距较大,一般在 15～17m,此时多采用分别驱动方案。小车运行机构一般采用 4 套独立的驱动装置分别驱动,同时必须考虑小车行走时两侧车轮的同步运行问题。图 4.6-11 为小车运行机构分别驱动方案简图。

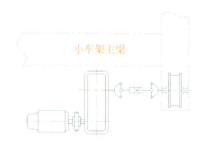

图 4.6-11 小车运行机构分别驱动方式简图

目前小车运行机构越来越多地选用电动机、制动器和减速器集成的三合一减速电机驱动机构。三合一减速电机主要有两种形式:一是采用平行轴立式减速器形式;二是采用垂直轴立式减速器形式。

随着起重机轨距的增大和大、小车运行速度的提高,跑偏和啃轨是一个不容忽视的问题。目前起重小车主要采用水平导向轮防跑偏。

图 4.6-12 为双轮缘车轮配水平导向轮,适合于大车轨距较小的正轨梁龙门架。图 4.6-13 为单轮缘车轮配水平导向轮,多用于大跨距起重机,主梁采用偏轨箱形梁。

近几年,许多 RMG 小车水平导向轮改为单侧轨道安装,如图 4.6-14 所示,4 个车轮全部采用无轮缘车轮,或带水平轮一侧的两个车轮采用双轮缘车轮,而另一侧的两个车轮采用无轮缘车轮,以达到更好地防跑偏和适应主梁水平变形的效果。

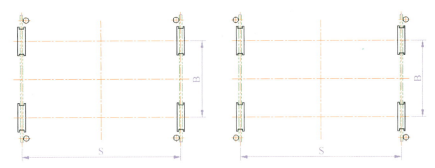

图 4.6-12　双轮缘小车四角安装水平导向轮

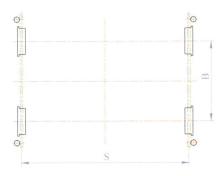

图 4.6-13　单轮缘小车四角安装水平导向轮

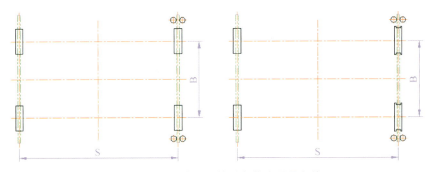

图 4.6-14　小车单侧轨道安装水平导向轮

3）大车运行机构

大车运行机构由平衡梁、台车架、驱动装置、车轮和防风车轮制动器等组成。起重机龙门架通过平衡梁和台车架支撑在行走车轮上,并保证同一腿上各车轮轮压相等。

起重机沿地面钢轨行走,根据轮压要求,其每套大车运行机构行走台车组的车轮数量通常有 4 个、6 个和 8 个,其中应用最多的是四轮和六轮行走台车组。

传统集装箱码头堆场 RMG 的大车车轮一般采用双轮缘车轮;而对于自动化集装箱码头堆场采用的 ARMG,为提高运行速度,其大车车轮一般采用 4 个无轮缘车轮加水平导向轮的结构形式,详见 4.8 节。

起重机大车驱动装置由电动机、联轴器、制动器、减速机等组合而成,近十几年则更多地选用三合一减速电机驱动方式。

4)回转机构

RMG 的回转机构常见的分为 3 种方式。

(1)港口 RMG 的吊具回转机构

根据用户要求,在港口大部分 RMG 的起重小车上安装有电动推杆、电液推杆或液压缸驱动装置,可使集装箱吊具实现 3°～5°的小角度回转,便于吊具对箱和装卸车作业。图 4.6-15 为采用电液推杆驱动的吊具回转机构。

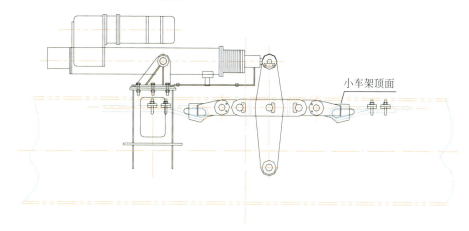

小车架顶面

图 4.6-15 电液推杆驱动的吊具回转机构

(2)铁路 RMG 的回转式小车

铁路 RMG 一般要求集装箱能回转至少±180°,多采用起重小车整体回转方式,可实现吊具±180°～±215°的回转。起重小车分为上下两层,上下车之间设回转支承。回转支承一般采用沿环形轨道行走的 4 个滚轮,其中 2 个滚轮为主动车轮,由 2 套驱动装置驱动。

(3)回转式集装箱吊具上架

最初,回转式集装箱吊具上架是一种应用于多用途门座起重机上进行集装箱装卸船作业的专用吊具,现在 RMG 上也有应用。吊具一般可实现 360°全角度回转。

5)吊具减摇系统

起重机的吊具减摇问题一直是影响起重机作业效率的难题。吊具减摇方法很多,目前应用最多的吊具减摇方法是采用 4 个力矩电动机(或变频电机)驱动的斜拉钢丝绳减摇系统。对于起升高度较大的起重机,设计时应特别注意,掏箱作业时应避免减摇钢丝绳与相邻两侧的顶层集装箱相干涉,造成钢丝绳过快磨损。

许多起重机为降低成本,可以取消吊具减摇系统,完全靠司机操作的熟练程度来控制集装箱的摇摆。

4. 吊具上架、集装箱伸缩吊具、吊钩横梁、液压抓斗

1)吊具上架

吊具上架(简称吊架)下部通过锁销或插销方式与集装箱吊具连接,可快速更换吊具,便

于吊具的维护保养；上部通过钢丝绳缠绕系统与起重小车上的起升机构和吊具回转机构相连，实现吊具的起升和回转。根据起升钢丝绳缠绕方式不同，吊具上架也分为四绳上架和八绳上架。

用于多用途门座起重机或某些特殊要求的 RMG（如铁路用）上的集装箱吊具，可采用带回转机构的专用回转式吊具上架，如前所述。

2）集装箱伸缩吊具

目前广泛采用专用的液压集装箱伸缩吊具和电动集装箱伸缩吊具。

起重机和集装箱吊具的设计都应允许集装箱有少量的负载偏载，并在此状态下能够安全可靠地工作。重心的允许偏移范围如表 4.6-3 所示。

表 4.6-3　集装箱重心的允许偏移范围　　　　　　　　　　　　　　　m

集装箱规格	20ft 集装箱	40ft 集装箱
纵向	±0.6	±1.2
横向	±0.2	±0.2

近几年，电动集装箱吊具以其节能、环保、维护方便、工作可靠、结构紧凑、重量轻等优点得到很好的推广应用。电动集装箱吊具的耗能只有传统液压集装箱吊具的 10% 左右。

3）吊钩横梁

许多 RMG 配有吊钩横梁，尤其对于箱量不大的内河集装箱码头，配备吊钩横梁，可以实现重大件、长大件和件杂货的吊装作业，一机多用。

吊钩下起重量一般大于吊具下起重量。如广泛使用的吊具下 40.5t 的 RMG，其吊钩下起重量一般可达到 45t，完全可以满足件杂货码头普遍使用的 40t 门座起重机的匹配作业要求。

吊钩横梁的上部结构与标准集装箱吊具完全一致。吊具卸下后，可以快速更换上吊钩横梁。

4）液压抓斗

在一些内河小型码头，RMG 进行散货作业时，一般是在吊钩横梁下面悬挂液压抓斗进行作业，如图 4.6-5 所示。抓斗的开合动作依靠抓斗自带的液压站驱动液压缸来实现。液压站动力来自 RMG，一般可与大车运行机构共用一路电，分时驱动。

5. 维修起重机

以前绝大多数 RMG 都不设维修起重机（简称维修吊），RMG 的维修全靠人力或地面汽车起重机搬运或起吊零部件，显然很不方便。近几年，在越来越多的 RMG 上增加了维修起重机，最大起重量 1t 左右。维修起重机一般有龙门架式维修吊和回转悬臂式维修吊两种形式，主要用于起重小车及主梁平台以上部位的维修使用，它可以将零部件和维修工具自地面起吊到起重小车平台上，或主梁平台上。

维修起重机应设置在地面汽车通道或叉车可以到达位置的正上方，方便维修用零部件和工具的运输；不宜设在起重机跨中或悬臂远端，避免因为维修起重机的设置而额外增加主梁的挠度。

6. 电气系统

电气系统包括大小车供电系统、驱动系统、控制系统、状态监测与管理系统、控制柜、联锁与保护装置、通信、照明等。以下仅介绍几个方面。

1）大车供电系统

目前 RMG 主要有电缆卷筒供电和滑触线供电两种方式。电缆卷筒目前主要有磁滞式电缆卷筒和变频调速电缆卷筒两种。近几年，越来越多的起重机采用交流变频调速电缆卷筒。

起重机上机电压一般分为 380V 低压上电和 10kV 高压上电。装机容量较大的起重机多采用 10kV 高压上电。

2）小车供电系统

小车供电系统主要有两种方式：电缆拖令方式和电缆拖链方式。

3）全变频控制与能量回馈技术

对于高配置起重机，其驱动系统多采用再生能量可反馈电网的全数字交流变频调速系统，变频器采用速度闭环矢量控制方式。所有机构均采用独立的变频器，以实现各机构的联合动作。起升机构驱动系统采用恒功率控制方式，能根据负荷的变化自动控制起升速度。

7. 安全保护装置

起重机应安装起重量限制器、风速报警装置、防小车坠落保护装置、起升超速保护装置、起升高度限制器、运行行程保护装置、轨道清扫装置、接地与防雷装置、缓冲器、车挡、防风铁楔、锚定装置、防风拉索装置等机械和电气保护装置。甚至还应考虑大小车车轮轴断轴保护装置、偏斜指示器、大车防倾覆装置等。

4.6.4 主要技术性能参数

1. 主要技术性能参数说明

1）起重量

RMG 的起重量有 3 个指标，即额定起重量、吊具下起重量（也叫吊具下额定起重量）、吊钩下起重量。大型专业化集装箱码头使用的 RMG 一般不提供吊钩下起重量。

额定起重量为集装箱（含货物）的重量和集装箱吊具（含吊架）的重量之和。RMG 型号中一般以吊具下起重量作为其额定起重量，并标识在主梁外侧明显位置。目前重箱 RMG 吊具下最大起重量超过 65t，但绝大多数在 30.5～41t；空箱 RMG 吊具下起重量一般在 5～10t。

2）起升高度

起升高度有两种表述方法，即以"m"为单位的绝对起升高度和堆箱高度。起重机的起升高度大多在 15～21.5m，目前重箱 RMG 最大起升高度达到 24m，空箱 RMG 最大起升高度达到 26.5m。从堆箱高度上讲，大多为堆三过四、堆四过五、堆五过六和堆六过七，目前最大的重箱 RMG 堆场高度达到堆七过八、空箱 RMG 堆场高度达到堆八过九。

3）轨距和有效悬臂长度

起重机的轨距目前最小为 15m，最大超过 60m，大多在 30～40m；起重机的有效悬臂长度一般不超过 10m。在国外大跨距大伸距 RMG 广泛用于内河港口,兼做装卸和堆场作业。

4）起升速度

Noell、Kunz、日立、三菱、青岛港机和水运院等单位研制的 RMG,起升速度满载已达到或超过 40m/min,空载已达到或超过 80m/min;振华重工研制的用于美国长滩（LBCT）码头的 RMG 起升速度满载已达到 60m/min,空载已达到 120m/min。

5）小车运行速度

Noell、Kunz、青岛港机和水运院等单位研制的 RMG 小车运行速度都达到了 120m/min,振华重工、日立、三菱等单位研制的 RMG 小车运行速度已达到或超过 150m/min。

6）大车运行速度

大车运行速度一般不超过 120m/min,振华重工生产的 RMG 大车运行速度已达到 270m/min。

7）轮压

对于内河中小型集装箱码头,轮压一般控制在 250kN 左右;对于沿海大港,则一般控制在 500kN 以下。适当提高轮压,可以减少大车运行机构车轮数,这对于高速运行的 RMG 是合理的。

2. 典型产品技术性能参数

目前国内生产 RMG 的企业很多,表 4.6-4 为国内部分制造企业生产的 RMG 的主要技术性能参数。

表 4.6-4 RMG 主要技术性能参数

序号	用户名称	吊具下起重量/t	起升高度/m	轨距/m	有效悬臂长度/m	运行速度/(m/min)			数量/台	制造单位	备注
						起升	小车	大车			
1	阿联酋迪拜港	65	20.8	31.2	9.06/9.06	45/90	120	100/150	28	振华重工	
2	荷兰 ECT 码头	45	15.2	20	0/0	36/60	60	240/240	28	振华重工	
3	荷兰鹿特丹 Euromax	40	18.2	32.3	0/0	45/90	60	270/270	58	振华重工	
4	大连集装箱码头	41	18.1	32	5.25/5.25	25/55	120	120/120	25	振华重工	
5	台北港货柜码头	40.6	17.2	39.3	8.7/8.7	40/80	150	100/100	20	振华重工	
6	韩国三星	40.6	18	28.4	5.6/5.6	45/90	150	180/180	31	振华重工	
7	韩国釜山新港	40	18	31	0/0	35/60	60	210/210	38	振华重工	
8	韩国 PNC	40	21	28.4	5.6/5.6	45/90	150	180/180	11	振华重工	
9	深圳 SCT	41	24.1	33		30/60	120	60/90	4	振华重工	
10	青岛前湾码头	40.5	21	37	5/5	36/80	120	120/120	6	振华重工	
11	烟台港	65	21.5	32.5	0/0	25/60	100	110/110	12	振华重工	
12	威海港	41	18.1	33	0/0	30/60	100	60/120	4	振华重工	
13	西班牙阿尔赫西拉斯	40	18	25.4	0/0	40/80	60	220/220	32	振华重工	
14	中远希腊 PCT 码头	41	21	29	4.5/4.5	35/80	100	50/120	8	振华重工	
15	黄骅港	41	18.1	33	0/0	25/50	100	30/100	12	振华重工	
16	中远厦门	40.5	18.1	23.47	0/0	24/52	70	100/240	16	振华重工	

续表

序号	用户名称	吊具下起重量/t	起升高度/m	轨距/m	有效悬臂长度/m	运行速度/(m/min) 起升	小车	大车	数量/台	制造单位	备注
17	美国长滩(LBCT)码头	42.7	21.1	31.77	0/0	60/120	90	192/240	70	振华重工	
18	DPW迪拜3号码头	40	20.8	31.2	4.9/4.9	45/90	135	150	25	振华重工	
19	新加坡PSA码头	40	19.2	32	5/5	45/90	120	120	22	振华重工	
20	马士基墨西哥Lazaro码头	41	18.1	27.8	0/0	36/60	70	150/270	22	振华重工	
21	天津港	61	21.48	33	0/0	40/80	120	120	25	振华重工	
22	天津港	50	21.48	33	0/0	40/80	120	60/120		Noell	
23	烟台港	40.5	18.2	32	0/0	30/60	90	120		上海港机	
24	青岛前湾联合码头	40.5	21.48	36.5	0/0	30/60	120	120	10	青岛港机	
25	水运院试验基地	30.5	15	30	8/8	25/50	120	25	1	南京港机	
26	广州港黄埔公司	35	15.3	43	15.3/15.3	15/15	70	40.6		红光港机	
27	广东外运黄埔	35	21	45	7.5/7.3	25/36	90	40	2	华东重机	
28	安吉川达物流	30.5	12.5+12	32	13/5	13/21	52	41	2	华东重机	装卸船舶、堆场
29	温州金鑫码头	35	18	32	4/0	25/40	60	40/50	2	华东重机	回转小车
30	营口港	41	14	40	6.5/6	20/35	53.6	45	3	大连博瑞	
31	沈阳营港陆港	41	18	37	0/0	23/46	50.3	44	2	大连博瑞	
32	青岛、西安铁路集装箱站	40.5	12.2	35	7.5/7.5	20/40	110	60/120	4	山桥集团	回转小车
33	郑州铁路集装箱站	40.5	15.2	40	0/0	20/40	90	60/120	4	山桥集团	回转小车
34	广州建翔码头	40	21.1	45	9/9	36/65	80	50/50	4	三一集团	
35	珠海洪港金	35	18.1	40	4.5/4.5	35/55	80	45/45	4	三一集团	
36	株洲港	40.5	12.3+18	30	5/18	25/50	70	40/60	1	中铁五新	装卸船舶、堆场
37	肇庆新港	35	18	45	11/11	25/38	90	50	1	中铁五新	
38	广东小榄港	5	15.24	24.37	0/0	25	40	50	2	水运院	四卷筒
39	东华集装箱公司	6	23.5	47	6/0	59.3	60	120	4	上海和平	电动吊具
40	大连集龙公司	8	26.5	51	10/0	55	70	120	6	河南起重	电动吊具

说明:

（1）起升高度(12.5+12)m,表示轨上起升高度12.5m,轨下下降深度12m,余同。

（2）表中最后3个机型为空箱RMG,其余为重箱RMG。

4.6.5　设计和使用注意事项

1. 普通RMG设计和使用注意事项

（1）为降低能耗、提高作业效率,应合理选择起重机的主要参数,起重机轨距一般不超过40m。

（2）起重机大车运行机构和小车运行机构应具有良好的防跑偏、防啃轨措施。

（3）新设计RMG应优先选用电动集装箱伸缩吊具,已满足节能环保的要求。

（4）对于装卸船舶、堆场共用的 RMG，应选用带可翻转导板的集装箱伸缩吊具；如需要配用液压抓斗，则应预留液压站供电回路。

（5）集装箱通过门腿下横梁时，应能自动避让下横梁。

（6）雷电多发区使用的起重机应注意设置可靠的接地与避雷措施。

（7）起重机的安装及大车轨道、大车锚定装置、防风拉索组织、顶升装置、上机电缆沟的设置应符合《水运工程质量检验标准》（JTS 257—2013）和《码头附属设施技术规范》（JTJ 297—2001）的相关要求。

2. 用于装卸烟花爆竹 RMG 设计要求

用于烟花爆竹码头作业的 RMG，选用时应注意：

（1）起重机应有良好的接地和避雷设施，所有电气元件应接地良好，尤其大车车轮轴及轴承连接处、钢结构法兰螺栓连接处均应采用导线跨接；建议采用接地靴等有效措施降低起重机与大车轨道之间的接地电阻。

（2）起重机的上机电缆应置于地面电缆沟内，电缆卷筒、大车运行机构电动机、敷设于结构件外侧的电缆电线、电气设备均应有良好的保护设施，防止高空坠落物品导致的损坏漏电。

（3）严格按照相关要求配备消防器材。

4.7 轨道式集装箱门式起重机参数标准化

4.7.1 引言

随着节能减排工作的不断深入开展，RMG 由于其运行成本低、噪声污染少、故障率低、场地利用率高、节能、环保、符合国家产业政策等优势，正在不断得到推广应用，尤其集装箱自动化码头非 RMG 不可，甚至替代 RTG，成为堆场机械中生命力最旺盛的机型。

目前，RTG 基本已完全标准化，跨距为 23.47m（6 列集装箱＋1 条集装箱拖挂车车道），无外伸，起重量为 40t、40.5t 或 41t。而港口 RMG 结构形式非常多，各集装箱码头大多根据各自情况自行进行参数确定，起重量、起升高度、跨距、外伸距、速度、控制方式等主要技术性能参数从最低到最高均有应用。

通过对国内外主要集装箱港口以及制造厂家进行调研，RMG 的轨距一般在 15~60m，外伸距一般不超过 10m。起升高度大多在 15~18m，目前最大的已超过 20m，重箱 RMG 最大起升高度达到 21m，空箱 RMG 最大起升高度达到 26.5m。从堆箱高度上讲，大多为堆三过四、堆四过五和堆五过六，目前最大的重箱 RMG 堆场高度达到堆六过七、空箱 RMG 堆场高度达到堆八过九。

随着经济的不断发展和技术水平的不断提高，对起重机的速度要求也越来越高。起升速度满载已达到或超过 40m/min，空载已达到或超过 80m/min；振华重工研制的用于美国长滩（LBCT）码头的 RMG 起升速度满载已达到 60m/min，空载已达到 120m/min。小车运行速度最高可达到 150m/min，大车运行速度可达到 270m/min。

据统计，全球不同轨距的重箱 RMG 所占比例情况见表 4.7-1。

表 4.7-1　不同轨距的重箱 RMG 所占比例情况

轨距/m	占比/%
≤20	0.13
>20～25	5.91
>25～30	17.20
>30～35	54.94
>35～40	16.69
>40～50	4.88
>50～65.5	0.26
合计	100

图 4.7-1 为 RMG 的跨距分布饼状图,由此可以清晰地看出各种跨距起重机的占比情况。

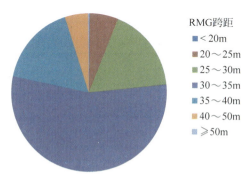

图 4.7-1　RMG 轨距占比图

由表 4.7-1 和图 4.7-1 可以看出,轨距为 25～40m 的重箱 RMG 应用最为广泛;而跨距大于 40m 的大跨距大伸距 RMG 广泛用于内河港口,兼做装卸船舶和堆场。在莱茵河两岸的集装箱码头广泛采用这种机型,如曼海姆集装箱码头,装备有两台大跨距 RMG,其中一台轨距 65m,有效悬臂长度 13m;另一台轨距 65.5m,有效悬臂长度 14.5m,起重量均为 35t。

RMG 的结构形式和性能参数的多样性,既成为其一大技术特点,可灵活适用于各种不同的码头堆场平面布置,但同时也严重阻碍了 RMG 的标准化推广和使用。

4.7.2　轨道式集装箱门式起重机几何参数标准化

RMG 的几何参数主要包括轨距、外伸距、起升高度、基距等。起升高度根据堆箱层数来定,基距根据是否通过 40ft 箱来确定(一般情况下如果起重机不需通过 40ft 箱,则基距一般为 6～12m;如果起重机带外伸需通过 40ft 箱,则基距一般为 14～17m)。轨距和外伸距对堆场装卸工艺布置影响最大,因此,轨距和外伸距的标准化意义重大。

1. 轨距

国内外 RMG 的轨距目前最小为 15m,最大超过 60m,主要根据场地情况来定。如果 RMG 的跨距过小,相比 RTG 而言,基础投资大,造成资源浪费;而轨距太大,则造成倒箱率过高,小车运行距离长,装卸效率低下。因此建议 RMG 的轨距取值范围为 25～60m。

通常情况下,带外伸的 RMG,装卸车道布置在跨外;不带外伸的 RMG,装卸车道一般布置在靠近门腿的内侧,集装箱拖挂车可以借轨道处空地进出装卸区进行装卸作业,便于和外部道路联通,如图 4.7-2 所示。

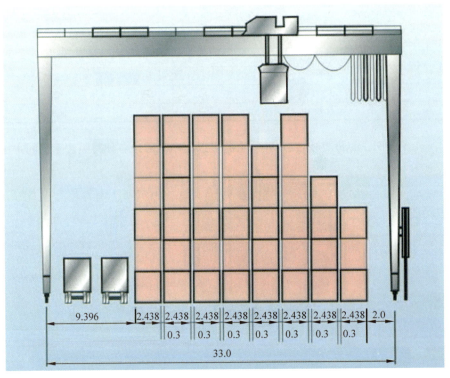

图 4.7-2　RMG 跨下箱位布置图

堆场集装箱箱间距一般为 0.3～0.4m,集装箱装卸车道宽度不小于 3.5m。距 RMG 轨道 1.5～2m 的位置开始堆箱较安全。从而得出的 RMG 的计算轨距范围值及推荐值见表 4.7-2。

表 4.7-2　RMG 的计算轨距

跨内不布置车道		跨内布置 1 条车道		跨内布置 2 条车道		推荐轨距 L /m
跨内布箱排数	计算轨距 L /m	跨内布箱排数	计算轨距 L /m	跨内布箱排数	计算轨距 L /m	
6	19.13～20.63	5	19.89～21.29	4	20.65～21.95	20
7	21.87～23.47	6	22.63～24.13	5	23.39～24.79	23.5
8	24.60～26.3	7	25.37～26.97	6	26.13～27.63	27
9	27.34～29.14	8	28.10～29.80	7	28.87～30.47	30
10	30.08～31.98	9	30.84～32.64	8	31.60～33.30	32
11	32.82～34.82	10	33.58～35.48	9	34.34～36.14	35
12	35.56～37.66	11	36.32～38.32	10	37.08～38.98	37
13	38.29～40.49	12	39.06～41.16	11	39.82～41.82	40
14	41.03～43.33	13	41.79～43.99	12	42.56～44.66	43

跨内不布置车道		跨内布置 1 条车道		跨内布置 2 条车道		推荐轨距 L /m
跨内布箱排数	计算轨距 L /m	跨内布箱排数	计算轨距 L /m	跨内布箱排数	计算轨距 L /m	
15	43.77～46.17	14	44.53～46.83	13	45.29～47.49	46
16	46.51～49.01	15	47.27～49.67	14	48.03～50.33	49
17	49.25～51.81	16	50.01～52.51	15	50.77～53.17	51
18	51.98～54.68	17	52.75～55.35	16	53.51～56.01	54
19	54.72～57.52	18	55.48～58.18	17	56.25～58.85	57
20	57.46～60.36	19	58.22～61.02	18	58.98～61.68	60

2. 外伸距

目前,现有的国内外 RMG 的有效外伸距从 3.5m 到 16m 不等,外伸距的大小主要根据车道布置和堆箱情况来定,外伸距越大,为保证其刚度就会造成结构尺寸较大,制造成本增加。因此,外伸距的设置需综合考虑以上因素,不宜设置过大。通常情况下,如果跨外既设置车道又要堆箱,则由于堆箱排数较少,稳定性较差,易造成危险,但大外伸距的 RMG 有时在跨外布置箱位。

根据箱间距、车道宽度和安全距离,经计算,可以得出 RMG 的外伸距范围值,综合 3 种情况,得出外伸距推荐值,见表 4.7-3。

表 4.7-3 RMG 的计算外伸距

跨外只布置车道		跨外布置 1 条车道+堆箱		跨外布置 2 条车道+堆箱		推荐外伸距 D /m
跨外布置车道数	计算外伸距 D /m	跨外布箱排数	计算外伸距 D /m	跨外布箱排数	计算外伸距 D /m	
1	3.25～5.5	0	3.25～5.5			3.5 或 5
2	6.75～7.25	—	—	0	6.75～7.25	7
—	—	2	8.43～9.13	1	9.19～9.79	9
3	10.25～10.75	—	—			10.5
—	—	3	11.16～11.96	2	11.93～12.63	12
4	13.75～14.25	4	13.90～14.80	3	14.66～15.46	14.5

注：不推荐跨外堆 1 排箱,因为其稳定性差,因此本表未考虑这种情况。

4.7.3 轨道式集装箱门式起重机运动参数标准化

1. 不同运动参数的 RMG 装卸效率研究

影响 RMG 工作效率的主要因素是额定起重量和每小时工作循环次数。额定起重量由已有堆场的客观因素决定,而每小时工作循环次数主要与起升速度和小车运行速度的大小有关。目前 RMG 的起升速度最大可达 40m/min,小车运行速度最高可达 120m/min。

RMG 的作业循环为：重载起升→小车运行→重载下降→空载起升→小车运行→空载下降。完成一个工作循环的作业时间 T 与起升速度、小车运行速度成反比。也就是说,起升速度、小车运行速度越高,装卸效率越高。

通过对几种不同参数的 RMG 进行作业循环时间计算,得出:起升速度小于 30m/min 时,起升速度的变化对完成一个工作循环的作业时间 T 的影响较大;小车运行速度小于 60m/min 时,小车运行速度的变化对 T 的影响较大。而当起升速度大于 80m/min、小车运行速度大于 130m/min 时,其速度的变化对完成一个工作循环的作业时间 T 影响不明显,从而速度的增大使装卸效率的提高不明显。因此,起升速度的选择应控制在 30~80m/min 的范围内,小车运行速度应控制在 60~130m/min 的范围内。

2. 不同运动参数的 RMG 能耗研究

通过对 RMG 的能耗情况做检测试验,研究了起升速度、小车运行速度、大车运行速度的变化对能耗的影响,试验结果表明:

(1)当起升速度大于 20m/min 时,速度的增加对能耗影响不大;当小车运行速度大于 40m/min 时,速度的增加对能耗影响不大。因此,建议起升速度尽量保持在 20m/min 以上,小车运行速度保持在 40m/min 以上,这样既能降低能耗,又可以提高装卸效率。

(2)大车运行速度越小能耗越大,且大车处于低速运行时,能耗增加较大。大车运行速度大于 20m/min 时,速度的增加对能耗的影响较小。因此,大车运行速度应大于 20m/min,RMG 空载运行速度设置可以适当提高。

通过分析可知,起升速度、小车运行速度、大车运行速度与能耗成反比,即速度越快,能耗越小,速度越接近额定值,损耗的功越少,能耗越低。整个工作循环过程中起升过程的能耗最大,小车运行过程的能耗较小。因此,大跨距 RMG 与小跨距 RMG 在工作过程中的能耗差别不大。

3. 由实际电动机功率计算起升速度

使用中,实际起升速度是由所选电动机功率决定的,和设计要求的额定值可能稍有差别。本节根据电动机功率计算出实际速度,使起升速度系列更靠近实际值。

按照《起重机设计规范》(GB/T 3811—2008),根据电动机功率计算出的实际起升速度见表 4.7-4。

表 4.7-4 额定起重量为 30.5t、35t、40t 时的起升速度

电动机功率/kW	起升速度/(m/min)		
	额定起重量为 30.5t	额定起重量为 35t	额定起重量为 40t
37	5.2	4.7	4.2
45	6.3	5.7	5.1
55	7.7	7.0	6.3
75	10.6	9.5	8.6
90	12.7	11.4	10.3
110	15.5	13.9	12.5
132	18.6	16.7	15.0
160	22.5	20.3	18.2
200	28.1	25.3	22.8
220	31.0	27.9	25.1

续表

电动机功率/kW	起升速度/(m/min)		
	额定起重量为 30.5t	额定起重量为 35t	额定起重量为 40t
250	35.2	31.7	28.5
315	44.3	39.9	35.9
355	50.0	45.0	40.5

注：吊具重量按 10t,装卸效率按 95% 计算。

根据上表,可推荐起升速度序列为：5,10,15,18,22,25,28,35,40,45,50m/min。

4.7.4 轨道式集装箱门式起重机推荐参数序列

RMG 轨距越大,造成倒箱率越高,装卸效率越低;外伸距越大,为满足结构强度和刚度要求,造成起重机截面过大,整机结构笨重,制造成本较高;起升速度、小车运行速度、大车运行速度越接近额定速度,越节能,且装卸效率越高,但额定速度设置过高,实际使用中达不到额定速度,则会造成能源浪费,反而不节能,所以各机构速度的选择应在合理范围内,且实际装卸作业中各机构应尽量以额定速度运行。通过上述分析研究,结合现有 RMG 各参数情况,得出 RMG 的各种参数序列,见表 4.7-5。

表 4.7-5 RMG 的各种参数序列

项　　目	参数序列
轨距/m	(15),(18),(20),(23.5),26,28,30,32,35,37,40,(43),46,(49),51,(54),(57),60,(62),(65)
外伸距/m	3.5,5,7,9,(10.5),(12),(14.5)
起升速度/(m/min)	(10),15,20,22,25,28,35,40
小车运行速度/(m/min)	(40),50,60,70,80,90,100,110,120,(130),(140)
大车运行速度/(m/min)	满载：20,30,35,40,45,50,60,70 空载：60,70,80,90,100,110,120,(130),(140),(150)

注：括号内数值不推荐使用。

4.7.5 结论

RMG 的起升高度由堆箱层数决定,各机构运行速度则根据各港口实际情况灵活设定,海港集装箱吞吐量大,周转快,可适当高些;内河港口集装箱吞吐量较低,周转慢,可适当低些。因此,起升高度、起升速度、小车运行速度和大车运行速度参数取值无须做强制性规定,各参数可根据实际情况来定。

就结构受力、装卸工艺的合理性及发展趋势而言,建议 RMG 设置外伸距,悬臂外只布置车道,不堆箱,外伸距推荐使用值为 3.5m、5m 和 7m。轨距作为 RMG 最重要的参数,其标准化对规范 RMG 制造、使用、码头工艺布置意义重大。起重机轨距的增加可以充分提高场地的利用率,但是随着轨距的增加将会带来如下问题：

(1) 对起重机龙门架结构强度、刚度的要求提高,起重机的自重相应增加,设备投资和能耗增加。

(2) 小车运行距离长,装卸作业循环时间增加,作业效率相应降低。

（3）起重机易出现大、小车跑偏、啃轨等问题，行走速度难以提高。

（4）集装箱找箱、倒箱难度加大，同样影响作业效率的提高。

因此，综上分析，结合国内外调研情况，轨道式集装箱门式起重机标准化轨距推荐使用值为：26，28，30，32，35，37，40m。

4.8　自动化轨道式集装箱门式起重机关键技术

4.8.1　引言

现在青岛港已经建成真正意义上的全自动化码头，创造了自动化集装箱码头船舶装卸最高效率，实现了"短周期、低成本、全智能、高效率、更安全、零排放、绿色环保"的全自动化集装箱码头建设和运营的"中国模式"，达到并超越同行业国际领先水平，为自动化码头建设提供了可参考借鉴的案例。随着青岛港全自动集装箱码头的稳定高效运营，国内港口已开始新一轮码头自动化改造与建设，因此，深入研究自动化关键技术对自动化码头的持续发展有重要意义。

目前大多数的自动化集装箱码头，堆场采用垂直于岸线布局、端头作业模式。自动化轨道式龙门起重机（ARMG）由于其堆箱密度大、堆场面积利用率高、相对容易实现自动化技术而成为自动化集装箱码头主流的堆场设备。

RMG 按其结构有无悬臂，分为无悬臂、单悬臂和双悬臂 3 种形式（如表 4.8-1 所示）。相比较于传统轨道吊来讲，ARMG 多为无悬臂结构，设计较为简单，自重较轻，主要负责自动堆码、水平搬运、端头装卸工作，在堆场两端的海/陆侧交互区与水平运输设备和外集卡完成交互作业，国外往往称其为全自动集装箱跨运车（ASC）。由于是端头作业，考虑到装卸效率，所以要求堆场的长度一般在 350m 以内，其大车速度一般设计为 200～300m/min。

表 4.8-1　RMG 结构特点和作业特点比较

结构形式	无悬臂	单悬臂	双悬臂
外形尺寸	小	大	最大
重量	轻	重	最重
造价	低	高	高
稳定性及动刚度	好	差	差
大车运行速度	最高（200～300m/min）	最高（100～150m/min）	最高（100～150m/min）
堆场布置	紧凑	箱区之间保留空间大	箱区之间保留空间最大
水平运输	AGV	集卡	集卡
集装箱交换区	海侧（AGV） 陆侧（集卡）	单悬臂侧任意位置 海侧（AGV） 陆侧（集卡）	双悬臂侧任意位置 海侧（AGV） 陆侧（集卡）

相比其他机械结构形式，无悬臂 ARMG 在堆场垂直布置、端头作业模式的全自动化码头应用越来越广泛，其作业特点决定了大车机构成为典型的工作机构，利用等级由 T5/T6 大幅上升至 T8，意味着大车机构需要在堆场内频繁、高速地运行，同时还要定位精准，保证装卸效率。所以对其设备技术规格、轨道系统、自动化控制技术、自动定位精度、海/陆侧交换区等方面的要求极高。

4.8.2 起重机主要技术性能参数

ARMG 为自动化集装箱码头堆场专用起重设备,由龙门架结构、起重小车架结构、起升机构、小车运行机构、大车运行机构、小车供电系统、大车供电系统、防风锚定系统、电气控制系统和梯子平台等组成。起重机采用全自动无人驾驶技术,所以不同于传统 RMG,没有配备司机室。图 4.8-1 为青岛港前湾自动化码头 ARMG。

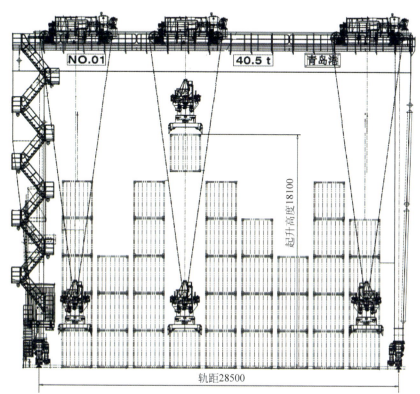

图 4.8-1 青岛港前湾自动化码头 ARMG

ARMG 的使用寿命应按大于 300 万次工作循环设计,其主要技术性能参数指标举例, 见表 4.8-2。

表 4.8-2　起重机主要技术性能参数

工作级别 (利用等级,载荷等级)	起重机整机工作级别	A8(U8,Q3)
	起升机构工作级别	M8(T8,L3)
	小车运行机构工作级别	M7(T7,L3)
	大车运行机构工作级别	M8(T8,L3)
吊具下起重量/t		41
起升高度/m		≥18.1
运行速度/(m/min)	空载起升速度	90
	满载起升速度	45
	小车运行速度	70
	大车运行速度	270
运行加速度/(m/s^2)	空载起升加速度	0.35
	满载起升加速度	0.35
	小车运行加速度	0.3
	大车运行加速度	0.35
轮压/t		<31(每腿 4 轮)
装机总容量/(kV·A)		约 630

4.8.3　起重机轨道系统与大车水平轮导向技术

ARMG 高速运行,其大车运行速度是传统 RMG 的 2 倍甚至更高。轨道系统作为 ARMG 运行的主要承载部分,承受大车运行机构产生的各种作用力,并通过扣件系统传递 到轨道梁上,为 ARMG 提供连续、平稳和较小阻力的运行条件,保证 ARMG 可靠运行和精 准定位,从而实现 ARMG 高效装卸作业。

1. 轨道梁基础选型

目前国内外自动化集装箱码头轨道基础一般采取两种形式:一种为轨枕道渣基础;另 一种为钢筋混凝土轨道梁基础。

1)轨枕道渣基础

轨枕道渣基础最大的优点是对不均匀沉降适应能力较强,造价相对较低;缺点是整体 性差,设备行驶平稳性差,钢轨受温度差影响变形相对较大,有可能造成大车水平导向轮经 常性的损坏,使用期尤其是使用前期需要定期进行维修调整,维修工程量大、时间长,影响生 产严重。图 4.8-2 所示为国外某自动化集装箱码头轨道整体移位情况。

2)钢筋混凝土轨道梁基础

钢筋混凝土基础梁结构(如图 4.8-3 所示)的优点是整体性好,钢轨平整度能保证设备 快速运行平稳,不易沉降,使用期维修量小;缺点是造价相对较高,施工工艺相对复杂。

选择轨枕道渣方式的条件:一是基础条件特别好;二是因投资较高无法改变基础沉 降。以荷兰 RWG 和 EUROMAX 码头为例,该港口陆域回填时以大量白砂作为回填料,保

证了地基均匀沉降和承载力,所以采用了该结构方式。有的码头则是地基土层厚度达 50m
左右,若采用桩基轨道梁,则投资太大。

图 4.8-2　国外某自动化码头轨道严重移位变形

图 4.8-3　青岛港 ARMG 钢筋混凝土轨道梁基础

两种轨道基础性能比较见表 4.8-3。

表 4.8-3　起重机不同轨道基础性能比较

内容	轨枕道渣基础	钢筋混凝土基础
整体性能	较差	好
施工工艺	简单	复杂
运行平稳性	较差	好
适应沉降能力	低	高
后期维护量	大	小
影响生产	较大	小
造价	低	较高

选择钢筋混凝土基础梁结构方式,以青岛港前湾自动化集装箱码头为例。该港口码头
区及后轨道梁区强风化岩整体强度高,标贯击数 $N>50$ 击,岩面层顶高程变化不大,一般为
$-18.0 \sim -30.0\text{m}$ 不等,总体上呈中间低两端高趋势,轨道梁区强风化岩及中风化岩可作
为桩基础持力层,考虑到自动化高速 ARMG 大车运行机构的运行特点,虽前期投资较高,
但能保证设备的正常运行以及减少后期维修给生产带来的严重影响,所以选择 PHC 桩基
钢筋混凝土梁结构形式作为轨道基础(见图 4.8-4),保证轨道梁基本无沉降。

2. 非连续性重型轨道固定系统

轨道压板扣件由铸铁底板、轨下垫板、金属压板、耦合垫板、塑料压板、压板紧固系统、锚
固套管等组成,如图 4.8-5 所示。

轨道扣件型式为大型起重机压板式扣件系统,外形及结构合理可靠,适合设备及钢轨,
不与起重机水平导向轮发生干涉。该扣件铸铁底板的外形尺寸为 430mm×250mm×
95mm,扣件系统整体抵抗垂直力不小于 40t、垂直钢轨方向水平力不小于 15t,锚固螺栓采

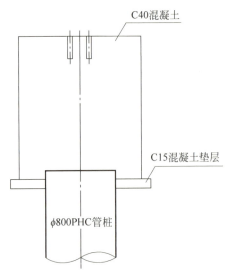

图 4.8-4　PHC 桩基钢筋混凝土梁结构

图 4.8-5　轨道扣件组成

用预埋套管式连接,与混凝土轨道梁同寿命,其抗拔力不小于 60kN,水平方向调整范围为 −15～45mm,垂直方向调整范围为 0～50mm。扣件系统采用轨下垫板、塑料压板、耦合垫板三重减振措施,很好地起到了减振缓冲作用。该扣件系统能够很好地满足自动化高速 ARMG 高速、重载、冲击大的技术要求。

3. 起重机大车运行水平轮导向技术

自动化高速 ARMG 通常使用的轨道为 MRS87A,安装形式采用明轨,基础为非连续性铺设,轨道顶面为平面,轨道踏面和侧面基本垂直。为了保证自动化高速 ARMG 能够安全平稳运行,采用"无轮缘大车轮＋水平导向轮"设计方案,能够很好地增加轮系和轨道的接触面积,降低承重载荷,防止啃轨现象的发生。为了保证大车运行的平稳性,水平导向轮的间隙调整量一般设置为刚性腿侧 5～10mm,柔性腿侧 35～40mm,可以有效地缓解大车高速运行造成的冲击。图 4.8-6 为带水平导向轮的 ARMG 大车运行机构台车。

图 4.8-6 带水平导向轮的 ARMG 大车运行机构台车

4.8.4 ARMG 自动化技术

相比传统的人工集装箱码头,自动化集装箱码头设备控制系统(ECS)替代了人工调度,堆场作业全部自动完成,码头操作系统(TOS)自动派发生产作业指令,ECS 接收 TOS 指令,对指令进行校验和分解,派发到 ARMG,控制设备执行和完成指令,并将设备状态和指令执行状态反馈给 TOS,实现自动化设备高效、顺畅作业。在整个作业过程中,ARMG 通过自动定位、自动扫描等技术进行控制调整,实现堆场作业的全自动化。图 4.8-7 为 ARMG 自动化控制模块原理图。

1. ARMG 精准定位系统

ARMG 要实现自动化装卸作业功能,需要在以堆块为单位的三维坐标系内,确定每个箱位在此堆块内具有唯一坐标,可用 X、Y、Z 的坐标表示,即小车方向(X 轴方向)、垂直于小车方向的大车轨道方向(Y 轴方向)、垂直于 X-Y 平面的起升方向(Z 轴方向)的三维坐标,如图 4.8-8 所示。

ARMG 根据目标箱位 X、Y、Z 坐标数据,驱动小车运行机构完成 X 轴方向的目标位的位移,驱动大车运行机构完成 Y 轴方向的目标位的位移,通过起升机构完成吊具 Z 轴方向

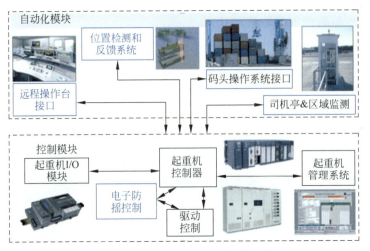

图 4.8-7 ARMG 自动化控制模块原理图

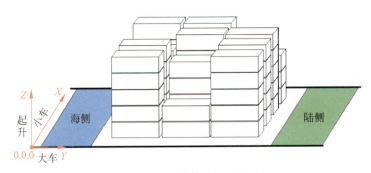

图 4.8-8 集装箱堆场坐标系

的目标位的位移,通过激光扫描设备完成吊具与集装箱、水平运输设备、集卡等目标物的位置偏差的精确计算,通过吊具微动机构改变吊具水平位移和扭转角度来纠正消除吊具与目标物的位置偏差,最终实现自动化精确对位。

ARMG 的定位系统包括大车运行机构、小车运行机构、起升机构的定位,如图 4.8-9 所示。为实现 ARMG 高效、精准定位,ARMG 采用双重定位、互相校验技术,在旋转编码器位置测量基础上,另外采用射频识别(RFID)技术对编码器位置进行实时校正,以克服编码器测量精度受机械运行打滑累计误差的影响。

ARMG 小车定位多采用编码器+磁尺定位方式,如图 4.8-10 所示。

小车机构定位装置实现了堆场坐标系 X 轴方向的位置检测。定位装置由小车电机上同轴安装的旋转增量编码器和安装在小车轨道梁上的线性磁尺绝对值编码器组成。小车运行时,以电动机旋转增量编码器监测的位置 A 为小车位置当前值,磁尺提供的绝对位置 B 作为参考值,通过两种定位装置提供的位置检测值互相校验实现定位。

大车采用编码器+有固定地址编码的磁钉或者大车采用编码器+无编码地址的 Flag 板,采用前者定位精度相对更高但投资大,后者虽投资小但精度相对较低,如图 4.8-11 所示。

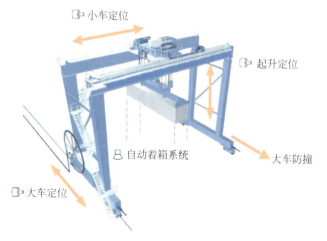

图 4.8-9　ARMG 定位系统示意图

图 4.8-10　小车采用编码器+磁尺定位方式

大车机构的定位装置实现了堆场坐标系 Y 轴方向的位置检测。如果采用编码器+有固定地址编码磁钉的实现方式,其定位装置由大车电动机上同轴安装的旋转增量编码器和安装在场地上的射频磁钉组成,磁钉分别安装于两侧大车轨道梁上,每个磁钉具有唯一的识别码,磁钉的读取探头安装在大车台车上。通过大车编码器和磁钉两种装置提供的位置检测值互相校验实现定位。

ARMG 起升机构定位可以采用电机编码器+电子凸轮的方式,如图 4.8-12 所示。

起升机构定位装置实现了堆场坐标系 Z 轴方向的位置检测。起升机构定位装置由起升电动机同轴安装的旋转增量编码器与钢丝绳卷筒同轴安装的电子凸轮组成,通过两种装置提供的位置检测值互相校验实现定位。

ARMG 起升机构可采用八绳缠绕形式进行吊具自动减摇(见图 4.8-13)。自动防摇功能是通过 4 个方向倾斜分布的起升钢丝绳来实现的。该系统由起升卷筒、滑轮和 8 根钢丝绳组成,8 根钢丝绳(如图 4.8-13 中 L1~L8)的绳头一端用钢丝绳压板固定在卷筒上,另一端各自绕过小车滑轮后,每两个绳头一组连接在一起,分别构成 4 个相等的等腰三角形,利用三角形的稳定性原理,能够快速消除由于大车和小车运行、大风或是其他外在干扰引起的吊具摇摆。

图4.8-11 大车采用编码器＋有固定地址编码的磁钉定位方式

(a) 起升机构电动机编码器   (b) 起升机构电子凸轮

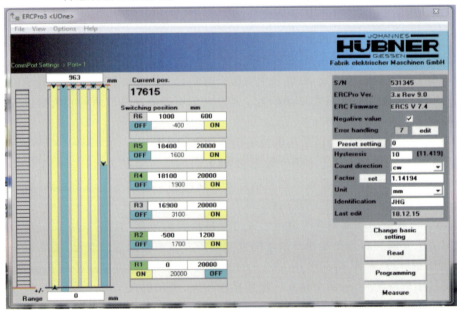

(c) 起升机构电子凸轮设置界面

图4.8-12 起升机构定位方式

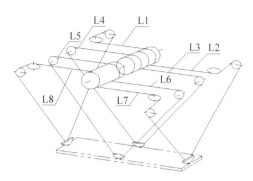

图 4.8-13　ARMG 起升机构八绳缠绕形式

八绳自动防摇系统原理简单,防摇效果好,既有利于 ARMG 高速行走,也减少了吊具着箱时的冲击和振动,利用 4 个倒立三角形,实现大小车方向双向防摇,使用纯机械手段解决了吊具的稳定性问题,有效提高了堆码精度,进一步提升了 ARMG 的作业效率。

2. ARMG 自动扫描系统

ARMG 上安装有激光扫描仪,能够实时扫描堆场集装箱目标信息,包括高度、长度、箱子轮廓、陆侧集卡拖盘锁头位置等信息。ARMG 进行自动作业,通过大车、小车、起升定位系统,首先对 ARMG 进行 X、Y、Z 轴 3 个维度的定位,ARMG 运行至目标位后,由激光扫描仪系统进行精准定位。激光扫描系统通过激光扫描仪不断扫描吊具的位置和集装箱堆场状态信息,并将信息实时发送给 CPU,CPU 通过对吊具和堆场的状态信息进行运算处理,来分配 PLC 控制吊具上架微动机构的方向和位移,以实现精准的定位。

激光扫描系统由 6 个安装在小车架上的激光扫描仪,3 个安装在吊具上的反射板(Target A、Target B、Target C)组成。其中,LMS1、LMS2 激光扫描仪负责扫描 Target A、Target B 反射板,LMS3、LMS4、LMS5 分别对应扫描吊具在 20ft、40ft、45ft 不同集装箱长度时的 Target C 反射板,LMS6 对应扫描陆侧交互区的集装箱与集卡托盘,通过对 Target A、Target B、Target C 反射板的扫描,可以得出吊具在堆场坐标系统的位置,如表 4.8-4 及图 4.8.14 所示。

表 4.8-4　激光扫描系统组成

名　称	用　途	安装位置
CPU	系统的运算和控制核心	电气室
LMS1/LMS2	检测吊具的左右旋	小车架下面
LMS3	检测吊具 20ft	小车架下面
LMS4	检测吊具 40ft	小车顶外伸支架上
LMS5	检测吊具 45ft	小车顶外伸支架上
LMS6	检测集装箱与集卡托盘	小车顶外伸支架上
Target A/Target B	LMS1/LMS2 对应的反射装置	吊具上架
Target C	LMS3/LMS4/LMS5 对应的反射装置	吊具端部

图 4.8-14　激光扫描安装位置

　　激光扫描仪在扫描吊具位置的同时,对下方操作目标集装箱位置进行扫描,能够检测出吊具相对目标集装箱的水平方向的偏移、扭转,通过驱动吊具上架的微动机构,调节电动推杆,使吊具与目标箱对齐。激光扫描系统在扫描目标箱的同时也扫描堆场,对目标箱附近的障碍和异常情况做出判断、处理,如图 4.8-15 和图 4.8-16 所示。

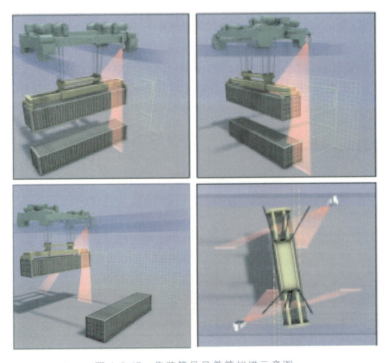

图 4.8-15　集装箱吊具着箱扫描示意图

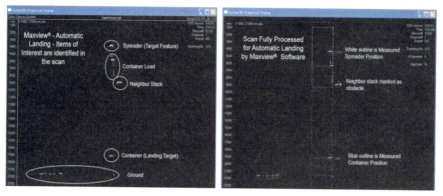

图 4.8-16　激光扫描系统数据处理

通过激光扫描系统,ARMG 可以获得吊具相对集装箱位置精准信息,并可通过 CPU 计算、PLC 控制上架微动进行 ARMG 的精准定位,完成 20ft、40ft 和 45ft 集装箱的全自动化操作。

3. ARMG 陆侧全自动装车技术

由于集装箱卡车拖盘种类多,托盘长度、高度、锁孔位置等各不相同,不同集卡停车的位置不定等因素,目前国外自动化码头中陆侧作业均未完全实现全自动作业。

通过采用激光扫描技术,在 ARMG 数据库中预录入集卡拖盘信息,建立拖盘数据模型库,在陆侧集卡收发箱作业时,激光扫描传感器收集分散目标点位测量值,检测目标的边缘(如图 4.8-17 所示),形成目标轮廓并与数据库中的模型比对,实现目标集卡拖盘种类、位置识别及箱位定位;通过逻辑算法生成自动化着箱策略,调整大车、小车、起升位置及吊具姿态,首次实现陆侧全自动集卡收发箱,大大减少了远程司机人工介入的比例,提高陆侧收发箱作业效率 30% 以上。

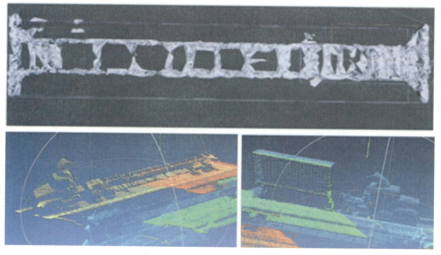

图 4.8-17　集卡轮廓的激光扫描

4. 陆侧全自动卸车集卡防吊起系统

ARMG 可实现对集卡卸车作业时全自动化作业。为防止自动化堆场装卸设备卸车作业过程中出现集装箱未与集卡车完全分离,将集卡吊起造成设备或者人员损伤问题,集卡防吊起系统显得尤其重要,当起升上升到一定高度检测到集卡车身与集装箱未正常分离时,集卡防吊起系统控制起升机构停止向上动作,实现安全保护。

集卡防吊起实现的方式有图像识别、雷达、红外线检测、激光检测等,目前图像识别及激光检测较为成熟,使用较多。下面分别对图像识别防吊起技术及激光扫描防吊起技术进行介绍。

图像识别防吊起技术采用网络摄像机对集卡车架特征进行识别,根据集卡被吊起时车架特征的变化进行自动判别,判断是否发生作业集卡吊起情况。整个系统由安装于车道两侧的网络摄像机与一台控制器组成,通过摄像机检查、采集集卡信息,并采用视觉识别算法检测车自动判别是否有车架被一同吊起,并将报警信息传输出至 PLC 中,实现防集卡起吊保护,如图 4.8-18 所示。图像识别防吊起技术能够有效应对各种卸箱作业模式,误报率低;能够及时发现集装箱粘连情况,对箱板粘连的发现能力强,漏报率低,对吊起险情的发现速度快。

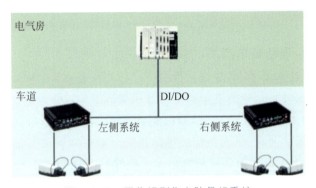

图 4.8-18　图像识别集卡防吊起系统

激光扫描防吊起技术采用二维红外激光扫描仪(激光雷达)对集装箱和集卡托板的分离情况进行水平扫描,分析两者是否完整分离,判断是否发生吊起事故。采用激光扫描仪时,系统的部署方式有两种:

(1)中央扫描模式。在安全岛上 40ft 集装箱的标准作业位置的中央位置安装 360°全景扫描激光扫描仪,对左右两个相邻集卡车道进行监测,如图 4.8-19 所示。

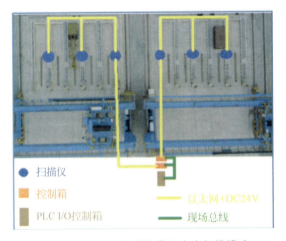

图 4.8-19　激光扫描防吊起中央扫描模式

（2）后方扫描模式。在安全岛尾部陆侧交互区后面安装激光扫描仪，对相邻两个集卡车道进行监测。但采用后方扫描模式不能处理双 20ft 集装箱先卸前箱时的监测，存在漏报或误报的可能，如图 4.8-20 所示。

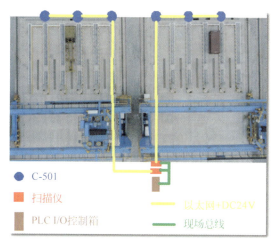

- C-501
- 扫描仪
- PLC I/O控制箱
- 以太网+DC24V
- 现场总线

图 4.8-20　激光扫描防吊起中后方扫描模式

5. ARMG"一键锚定"防风技术

传统码头的防风锚定完全依赖人工操作，费时费力；自动化码头的操作人员大幅减少，堆场作业实现了无人化，在发生台风或瞬间强风的情况下，对防风锚定工作提出了全新的挑战。通过分析国内外集装箱自动化码头 ARMG 防风装置设计布置，结合青岛港自动化码头操作系统与设备控制系统以及堆场的特点，青岛港自主研发了一套新型的自动防风锚定系统，如图 4.8-21 所示。

图 4.8-21　青岛港 ARMG"一键锚定"自动防风装置

该系统基于 ARMG 精准定位技术，结合码头操作系统和设备控制系统，采用"一键锚定"方式，仅需一人在 2min 内即可完成所有 ARMG 锚定，解决了港口大型机械防风锚定操作费时费力的问题，实现了防风锚定的自动无人化、操作简单化、安全标准化；不仅解放了劳动力，使 ARMG 的防风、防倾覆操作安全高效，实现本质安全，而且颠覆了港口大型机械防风操作的传统模式，解决了大型机械快速安全防风的世界性难题。

4.8.5　堆场海/陆侧交换区

堆场海/陆侧交换区是 ARMG 与水平运输设备进行自动化交互作业的区域。

1. 陆侧交换区

陆侧交互区是 ARMG 与集卡交互进行集装箱装卸的作业区，ARMG 在此区域可以进行全自动收/发箱作业，仅在异常时实行远程人工操作。陆侧交换区纵深 41m，可同时停放 2 台轨道吊。陆侧交换区的布局兼顾当陆侧 ARMG 故障时，可将其锚定至端头维修区，使用海侧 ARMG 在陆侧交换区进行装卸作业。

根据 ARMG 整机 28.5m 的跨距以及与集卡交互作业时的操作要求，在陆侧交换区划分 5 条集卡作业车道，如图 4.8-22 所示。集卡到达陆侧交换区后需倒车进入车道内规定位置，因此交换区集卡倒车区域的布局需充分考虑车辆倒车入位时的拐弯半径，以保证此倒车区域与集卡行车道之间留有足够的供集卡调头的缓冲区，避免集卡在倒车入位时占用行车道调头，造成行车道拥堵，降低堆场集、疏港效率。

图 4.8-22　陆侧交换区示意图

陆侧交换区内还有 ARMG 与集卡进行交互作业时必需的相关设备设施，来保证交互作业的顺畅运行及安全。如每条车道设有 1 个专用通信亭用于集卡司机进入港区收箱、提箱时与 ARMG 进行自动化流程操作确认，通信亭控制面板上设有读取集卡司机作业信息的电脑终端、与远程操作员沟通用的网络对讲机、若干定义明确的按钮和指示灯，以及发生紧急状况时能够停止交互作业的紧停按钮。通信亭内的控制信息通过堆场 PLC 与 ARMG 单机 PLC 进行交互通信。交换区内还有监控摄像头、车道照明灯、围栏等。

2. 海侧交换区

该区域是 ARMG 与自动导引车（AGV）交互进行集装箱全自动装卸的作业区，仅在异常时实行远程人工操作。如自动化码头采用举升式自动导引车（LAGV），堆场海侧交换区可设有 5 条 LAGV 车道（见图 4.8-23），通常可分为中间的支架交互区和两侧的直接交互区两个部分。

中间 3 条车道设有解耦支架。装船作业时，ARMG 自动将集装箱放置在某一支架上，根据指令某一 LAGV 空车自动运行至此支架下方后，举升支架将集装箱顶起后运出支架并自动落至车上，再运输至桥吊下方装船；卸船作业时执行与之相反过程。LAGV 通过支架

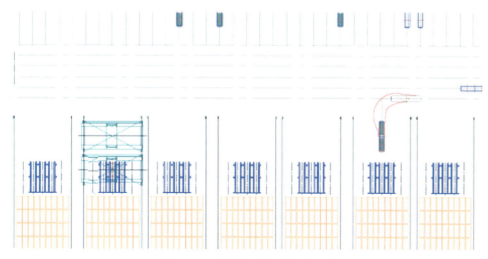

图 4.8-23　海侧交换区支架布置图

实现了集装箱装卸作业环节的解耦,使设备能够完全独立地非耦合作业,作业过程无须相互等待,可以提高设备利用率,提升作业效率。与无交互支架的自动化码头比较,LAGV 配置数量可以减少 40%,极大地降低了整个码头的投资成本。

分布在支架两侧的各一条车道以及支架外靠海侧的车道为直接交互车道,ARMG 可以在该车道对 LAGV 上放置的特殊集装箱(如罐箱)进行直接装卸作业。

4.8.6　ARMG 节能技术与效果

1. 能量回馈节能技术

在起重机通用变频器中,对再生能量最常用的处理方式有两种:一种是耗散到直流回路中,即利用设置在直流回路中的制动电阻吸收电动机的再生电能,其优点是构造简单,对电网无污染,成本低廉,缺点是运行效率低,特别是在频繁制动时将要消耗大量的能量且制动电阻的容量将增大;另一种是使之回馈到电网,即采用有源逆变技术,将再生电能逆变为与电网同频率、同相位的交流电回送电网。与前一种方式相比,回馈电网技术的优点是节能,提高了系统的效率。有源逆变技术采用的整流回馈单元,又称主动前端(active front end,AFE),与变频器的输出逆变部分一样,采用 IGBT 组成三相桥式结构,实现了电网与变频器直流母线间能量的双向流动。

青岛港自动化码头 ARMG 作为主要的堆场装卸机械,采用市电作为动力。与传统人工集装箱码头相比,具有工作更加频繁,运行更高速、利用率更高的特点,电动机长期处于频繁动作的工况之中。通过研究自动化码头堆场的工况特点以及自动化电控系统方案,在 ARMG 电控系统中实际应用有源逆变 AFE 技术,与通用变频器的整流技术相比,通过优化控制不再是被动地将交流转变成直流,而是具备了很多主动的控制功能,不仅能消除高次谐波,提高功率因数,而且不受电网波动的影响,具有卓越的动态特性,不仅实现了节能,而且提高了系统的效率。

2．与传统 RTG 相比节能效果

在能源消耗方面，采用 ARMG 装卸集装箱将比同等规格参数的燃油 RTG 更节省能源。

自动化集装箱码头堆场内集装箱水平搬运是由 ARMG 完成的，以堆场长度按青岛港 430m 来计算，ARMG 平均能耗约 4.58kW·h/自然箱（折合标准煤 1.51kg）。

据有关数据统计，常规 RTG 平均能耗约 1.65L/自然箱，折合标准煤 2.40kg。另外，RTG 需要集卡配合进行堆场内集装箱搬运。如按照常规 RMG 与集卡的配比 1∶5 来计算，同时考虑集卡满载和空驶的能耗测算数据，所需的集卡总油耗为 1.4L/自然箱（折合标准煤 1.73kg）。所以综合计算，燃油 RTG 与配套的集卡每装卸一个自然箱的能耗折合标准煤为 4.13kg，ARMG 相比 RTG 能耗降低了 63.4%，并且能避免对大气的排放污染、降低噪声。2018 年前三季度青岛港自动化堆场装卸系统节能折合标准煤约 6500t。

3．与常规 RMG 相比节能效果

ARMG 堆场内集装箱水平搬运能耗同上。常规 RMG 装卸集装箱平均能耗为 2.95kW·h/自然箱（折合标准煤 0.97kg），常规 RMG 同样需要集卡配合进行堆场内集装箱搬运。如仍按照常规 RMG 与集卡的配比 1∶5 来计算，所需的集卡总油耗为 1.4L/自然箱（折合标准煤 1.73kg）。所以综合计算，常规 RMG 与配套的集卡每装卸一个自然箱的能耗折合标准煤为 2.70kg，ARMG 相比 RMG 能耗降低了 44.1%，同时做到了绿色、节能、环保，实现了碳零排放。

4．照明节能效果

由于 ARMG 在堆场夜间作业无须照明，堆场内不需配置高架照明灯塔，相比传统码头两个泊位同样面积堆场的照明灯塔配比，青岛自动化码头堆场减少灯塔数量为 6 座，按照 ARMG 堆场作业平均每天照明时间 10h 计算，可节约灯塔照明电量 394200kW·h；并且 ARMG 上无须作业照明和司机室空调，据此统计测算，每年可节约用电量 1763200kW·h，合计共 2157400kW·h。青岛港自动化码头 5～6 泊位堆场采用 ARMG 作为装卸机械，2018 年前三季度可节省电费约 235 万元。

4.8.7 小结

通过码头操作系统（TOS）和设备控制系统（ECS）的智能调度，综合运用通信导航、传感技术以及激光扫描、精确定位等先进技术，ARMG 实现了智能化管理、自动化运行和无人化操作，大幅提升了码头作业效率，实现了人机分离、人货分离的本质安全，体现了自动化集装箱码头"经济、智能、高效、安全、绿色"的运营和管理理念。

4.9 集装箱门式起重机远程控制技术

4.9.1 引言

集装箱门式起重机是指在集装箱码头、铁路货运站堆场专用的门式起重机，包括轮胎式

集装箱门式起重机(RTG)和轨道式集装箱门式起重机(RMG)。

集装箱门式起重机远程控制技术是指在传统的操作模式基础上新增远程自动控制模式,将码头、铁路堆场的作业任务移交给系统自动执行,司机不需要爬上起重机本地操作,只需在中控室监控和少量的人工干预。

4.9.2　传统集装箱门式起重机作业模式

在传统集装箱码头堆场作业模式下,堆场布局大多采用顺岸式,当码头基础设施确定后,堆场管理成为码头经营人面临的主要难题。

大型码头堆场分散较大,所需要使用的起重设备数量大于额定运作的设备数量,同时每台起重设备必须配有一个或多个特种设备作业司机,导致大量起重设备过量空闲,人工资源占用更多。这样就造成大量的人员和资源浪费,不利于响应国家的节能减排政策。

传统集装箱门式起重机的作业模式主要存在以下问题:

(1)内外集卡在堆场箱区间穿梭行驶,司机停车、下车的情况时有发生,给码头生产管理带来诸多安全隐患。

(2)每台单机起重设备需要司机上机操作,增加了用工成本,加大了人力资源管理难度。

(3)作业的工作环境差,司机在起重机司机室操作,需要长时间地弯腰观察作业,易产生职业病。

(4)起重机设备等待时间长,闲置率高,增加了能源能耗,提高了生产运营成本。

4.9.3　集装箱门式起重机远程控制作业模式

起重机远程控制技术是借助于先进的网络、视频、传感器、数据库、软件和过程控制技术,实现码头起重机各机构的自动定位运行,将码头堆场的作业任务移交给远程控制系统自动执行,司机不需要本地操作,只需在中控室观察记录和进行少量的人工干预,使人工参与操作的时间降低到最少。同时在运行过程中,一个操作员可以控制多台起重设备的运行。起重设备的工作状态由本机的控制设备反馈给软件系统,在客户端界面显示。视频系统可以实时显示并记录当前设备的运行状态,并反馈给中控室。

远程控制系统中,堆场的指令通过软件计算,合理分配最优的设备行走路径,减少能源消耗。同时,一个操作司机可以同时操作多台起重设备,投入的人力资源远小于设备的数量,提高人工作业效率,减小设备空闲时间和码头的运营成本,符合当前国家的节能减排政策。

集装箱门式起重机远程控制作业模式有以下优点:

(1)整个码头实行堆场全封闭模式,禁止集卡司机下车,规定集卡的行走路径,减少了集卡司机人为的安全因素。

(2)起重机司机不需要每天上机作业,只需要在远程端监控和进行少量的人工干预,改善了司机的劳动环境、降低了劳动强度。

(3)远程控制并非是简单地在远端操作,它可以实现一对多的作业模式,即司机不仅仅操作一台起重机,可以同时控制多台起重机,减少了人工成本和管理成本。

（4）起重机上新增各种传感器，在自动作业的过程中，增加了安全保障。

（5）保持了行业的先进技术水平，同时提高了码头整个智能化管理水平。

（6）减少了设备空闲时间和码头的运营成本。

（7）整个码头运作由统一软件指挥，减少了能源重复浪费。

4.9.4 集装箱门式起重机远程控制的组成与原理

集装箱门式起重机远程控制主要由通信系统、信息化软件、控制系统、视频系统、音频系统、安全防护系统和其他附属系统等组成。每个子系统都可以算是一门单独的技术，而远程控制技术就是这些先进技术的合成与升华。

1. 通信系统

远控的通信系统是整个远程控制系统的核心通道，良好的通信环境保障了系统的稳定运行。下面以一个总网络通信示例来阐述网络环境的架构，如图4.9-1所示。

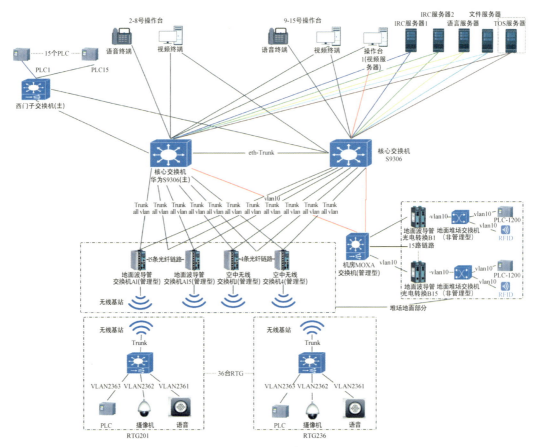

图4.9-1 总网络通信环境架构

该网络为冗余网络，当任意一台设备出现网络故障时，不影响整个系统的网络运行。网络组成中，以两台华为S9306交换机作为网络核心冗余交换机，两台核心交换机做链路聚合，所以终端网络设备通过聚合端口与核心交换机相连。

链路聚合(porttrunking)又叫端口聚合、端口捆绑。其功能是将交换机的多个低带宽端口捆绑成一条高带宽链路,可以实现链路负载平衡,避免链路出现拥塞现象。通过配置,可通过2个、3个或4个端口进行捆绑,分别负责特定端口的数据转发,防止单条链路转发速率过低而出现丢包的现象。

核心交换机上配置3层路由功能,所有跨VLAN的数据访问都通过路由器转发,保证所有设备都能正常相互通信。

2. 信息化软件

如果说网络是整个远程控制系统的通道桥梁,那么信息化软件就是整个远程控制系统的核心大脑。信息化软件需要和码头(或铁路)生产管理系统(TOS)对接,将收到的作业指令整合,通过复杂的运算解析,转换为起重机所需的工作指令;同时将起重机上的参数、信息记录整合,最终生成为管理者所需的报表,使管理者更为便捷地统计各项生产指标,如图4.9-2所示。

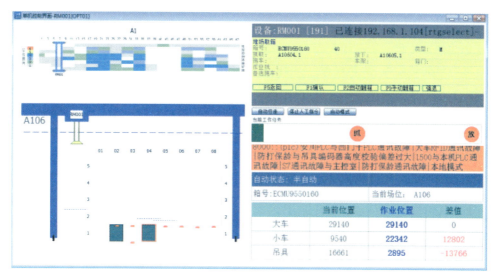

图 4.9-2　指令执行界面

3. 控制系统

控制系统不仅仅是将起重机上的联动台移到中控室,而且需要在起重机上配备成熟可靠的传感器,精准检测机构位置,实时掌握设备当前状态,同时增加起重机的安全保护功能。

定位的方式具有多元化,根据现场的实际工况,应选择最优的定位方案。目前,激光测距、扫描、编码器、磁钉、电磁感应均能为定点停车提供精确检测保障,如图4.9-3所示。

现场环境较为复杂,单一的定位方式不能完全无误地保证定位精准,同时需要增加第二种位置检测方式对定位系统进行位置校验。

定位系统不仅仅需要可靠的检测手段,同时还需要优秀的物理算法,才能保证停车的精度和整体的运行效率。

(a) 直线编码器　　　　　　(b) 绝对值编码器　　　　　　(c) 磁钉

图 4.9-3　定位方式

4．视频系统

视频系统可分为视频前端系统、视频后端系统和箱号识别系统。

1）视频前端系统

视频前端系统相当于远控操作人员的眼睛,远控操作人员在手动操作时,依赖于视频监控画面进行集装箱的抓、放箱操作,所以视频系统应保证视频监控的可靠性、稳定性,确保远控室视频监控画面的清晰流畅。

视频前端系统包含如下特点:

(1)摄像机传输的画面清晰稳定,可满足远程操作需要;球机具有自动增益、自动光圈、自动聚焦、自动曝光、背光补偿、自动白平衡等功能,可采用灯光补偿。

(2)装车道位置和吊具下方位置,由于分别受到集卡和吊具的遮挡影响,在光线不佳的情况下作业,无法看清视点,在相应的位置增加补光灯,保证弱光条件下摄像机的照明。

(3)中控台视频画面能根据起重机运行状况进行切换,如跑大车时,切换到大车跑道视频画面;动小车时,切换到小车底部视频画面;动起升时,切换到吊具下方视频画面等。考虑到实际情况,不能用高压钠灯进行弱光补偿,需要使用合适色温的 LED 灯。

(4)考虑到现场气候,夏天最高气温可达 40℃,室外太阳直射下的摄像机内部工作温度超过 50℃,冬天最低气温可达 −25℃。如果选用常温型号会导致摄像机画面模糊不清,甚至损坏,所以选用可满足现场温度要求的摄像机,保障长期无故障工作。

2）视频后端系统

视频后端系统用作视频数据的处理、显示及视频场景的切换。视频后端软件将视频数据进行解码保存,根据硬盘的大小可以配置储存的视频时长,根据使用者的需要,随时可以调用存储的视频进行回放。

视频系统的智能切换通过软件来实现,前端摄像机采集所有起重机作业相关的视频信号,由传输系统将视频信号传输到远控中心。视频切换系统通过无缝对接起重机远程控制的操作台 PLC 控制系统,根据约定的起重机运行状态,自动切换相应实时视频画面至智能视频客户端显示,为起重机远程操作员自动地提供实时和全面的作业视角。起重机远程操作员还可通过智能视频客户端操作界面对摄像机进行远程控制,可进行球机旋转控制、监控画面缩放。

远程控制智能视频切换软件功能实现如下：

（1）获取远控作业相关信息。系统通过对接设备控制管理平台，获得场景切换的相关标识号。

（2）远控场景匹配。系统将设备各单元作业状态、作业流程以及操作员作业所需视频监控视野进行场景匹配。

（3）强大的硬件条件，配合快速通信方式，直接通过 UDP 方式和前端摄像头通信，快速获得数据。

（4）根据操作台 PLC 系统给出的场景序号进行切换，同时根据设备运行状态的反馈，预先读取下一场景的视频画面。场景切换完成后发送信号给远控操作中心内的主控制 PLC。

（5）视频切换场景可根据使用方要求进行设计。

3）箱号识别系统

集装箱号码是货场集装箱管理的基本依据，集装箱箱号自动识别系统可以不经人工干预而自动记录箱号，可大大提高箱号录入速度和准确性。该系统包括集装箱吊具位置判断、摄像机抓拍、箱号识别、数据储存和接口的数据传输几大部分。通过采用 PLC 联动技术、光学 OCR 智能识别技术，实现前端视频采集、图片采集、球机联动抓拍及字符自动识别功能。

采用吊具摄像头拍摄集装箱箱门侧的图案进行识别，效果如图 4.9-4 所示。其中标红色部分的是需要进行 OCR 辨识的区域。OCR 内容由 11 个字符组成，包括 4 个字母、6 个数字和 1 个特殊编号。

图 4.9-4　吊具上摄像头采集的集装箱箱号

OCR 识别后的处理流程可根据实际要求定制，识别结果可与控制系统 PLC 联动。

5. 音频系统

音频系统用于中控室操作员与现场集卡司机双向通话，在控制室内操作台上安装一个台式对讲终端，在电气房安装双麦克风 IP 对讲终端。双麦克风 IP 对讲终端通过现有网络注册到新增的调度服务器上，在装车道侧的起重机鞍梁上安装拾音器和扬声器。远控中心可通过话筒对现场的集卡司机进行喊话，集卡司机可对起重机鞍梁上的拾音器喊话，将现场声音发送到远控中心的操作台上。起重机鞍梁上的扬声器采用大功率号角式扬声器，可实现在现场嘈杂的环境下清晰地播放语音。

IP 语音对讲系统设计如图 4.9-5 所示。

图 4.9-5 中，将在现有的网络中架设综合调度服务器，用于远控中心台式终端和集卡司机通话点壁挂式 IP 对讲终端的互联，并对整个 IP 调度系统进行管理。

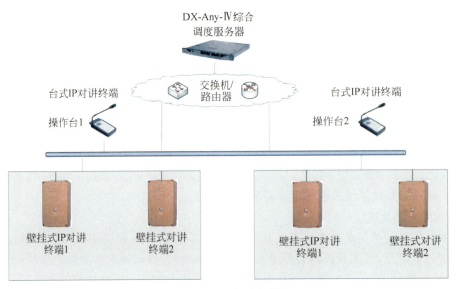

图 4.9-5   语音对讲系统

　　音频系统使用调度服务器及相关软件进行切换工作,由远控平台系统总体切换控制。任意一个台式 IP 音频终端可设定呼叫对全体车载 IP 音频终端进行广播,也可以呼叫其他操作台的台式 IP 音频终端;在设备上的车载 IP 音频终端不能主动呼叫任意一个操作台,只能在台式 IP 音频终端接通车载 IP 音频终端后,方能建立相互通话,避免现场人员干扰远程操作员的工作。

6. 安全防护系统

　　起重机设备的安全防护分为设备防撞防护系统和堆场防护系统。

　　1)设备防撞防护系统

　　自动化门式起重机运行时,大车运行是完全自动的过程。在大车行走时,判断起重机轨道上是否有障碍物是必备功能,否则会出现直接碰撞的风险,导致停机等故障,甚至人员伤亡的事故。起重机大车之间的防撞措施分为软件防撞和物理防撞两项措施。

　　(1)软件防撞

　　远控软件系统接收到码头调度管理系统(TOS)的操作指令后选择合适的起重机来执行,同时会判断当前场地的两台起重机的距离。如果两台起重机位置太近,会影响安全,则判断当前作业不符合安全要求。远控系统会让其中一台起重机工作,另一台等待或者跳过当前任务执行后面不影响安全的任务。

　　远控软件系统具有堆场区域隔离功能,可对堆场内指定区域隔离,自动化运行的起重机无法运行到隔离区域,也无法执行需要到隔离区域作业的任务。该功能适用于堆场中某台起重机需要维修或者本地应急操作的情况。

　　(2)物理防撞

　　采用激光扫描防撞作为物理防撞方案。激光扫描传感器是扫描设备发出激光,并在一定角度内往返发射,在照射到物体后返回,根据反射的位置,可以判断出物体的尺寸、角度和位置,从而判断是否可能和其他起重机碰撞,及时减速、停车。激光、红外扫描传感器技术成熟,检测信号比较准确,且平面扫描的面积可以通过软件调整,没有盲区。

2）堆场防护系统

为了防止集卡任意闯入远程操作的起重机工作区域,阻挡起重机的大车行走路线,导致起重机与集卡发生碰撞,需要将该处堆场防护起来,目前大多采用立柱加围栏的物理隔离方式进行防护。典型防护围栏设置如图 4.9-6 所示。

① 采用带有法兰底座的加厚立柱。

② 单片围网高度 1.8m,宽度标准为 3m,网孔 9cm×18cm,围网钢丝直径 5.5mm。

③ 围网进出口采用推拉门。

④ 围网上增加警示标示。

图 4.9-6　典型防护围栏示意图

7. 其他附属系统

1）防打保龄系统

防打保龄系统的核心设备是两台激光扫描仪和 GALAXY IPC-SP 控制器,其与控制 PLC、小车定位、起升定位和控制开关等设备共同实现防碰箱控制。系统逻辑如图 4.9-7 所示。

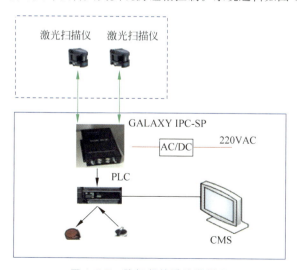

图 4.9-7　防打保龄系统逻辑图

两台激光扫描仪安装于小车平台下部,使用190°扫描角度对箱区进行扫描。GALAXY IPC-SP 控制器的主要功能是实现激光扫描仪的控制和数据采集、集装箱堆码的图像识别计算和进行防碰箱控制运算等,并通过与 PLC 接口实现信息的获取和控制命令的下发。系统示意图如图 4.9-8 所示。

图 4.9-8 激光扫描系统示意图

PLC 将小车编码器、起升编码器、开闭锁状态等信息发送至 GALAXY IPC-SP 控制器,并接收控制器的指令实现控制的执行。

防打保龄系统可实现以下功能:

(1)利用激光扫描测距技术,融合小车和起升编码器信息,实时获取起重机小车和吊具的位置与运动状态。

(2)在起重机进入集装箱堆区作业时,系统自动检测起重机所在位置的集装箱码放轮廓信息。

(3)系统通过控制小车的移动与吊具的升降操作,避免吊具以及吊具吊着的集装箱与场内码放的集装箱发生碰撞。

(4)系统实时扫描集卡车道,在集卡车道上采用增强的保护控制策略,以保证人车安全。

(5)提供专业运行维护软件,图形化 UI,查看系统的运行状态,并可方便地调整系统参数,进行系统调优以及故障排查;软件直观易用,便于用户日常维护,提升系统的可用性。

(6)具备安全自检功能,系统故障时发出警告信息,不影响原有系统正常工作。

(7)可实现与 TOPS 接口,自动计算优化吊具、小车最佳路径,实现小车与吊具自动运行。

2)吊具系统

四绳系统是起重机上广泛使用的吊具绕绳起升系统。与最新的八绳吊具起升系统相比,四绳起升系统吊具的防摇效果较差,吊具在小车运行方向和大车运行方向均有较明显的摆动情况,严重影响了起重机的作业效率。

吊具防摇系统利用小车摆动模型,建立防摇算法,并根据算法编制防摇运行程序,部署在起重机新增控制 PLC 上。

防摇系统的主要核心部分是防摇功能模块,是专门针对防摇功能开发的。该功能块与小车变频器、小车电动机、吊具等一起构成防摇系统。

防摇功能模块内的防摇控制算法生成小车变频器速度给定曲线,传递给小车变频器;小车变频器接收防摇控制单元的速度给定曲线,按照此速度曲线控制小车电动机的速度;小车电动机拖动小车平台,使小车平台在小车轨道上水平移动。其逻辑控制关系如图 4.9-9 所示。

主动防摇程序部署在起重机新增 S7-1500 系列 PLC 上,无需再配置其他辅件,简单可靠。

吊具防摇系统工况分为手动操作模式下防摇和自动操作模式下防摇两种情况:

(1)手动操作模式下主动防摇模式

起升机构在箱区内自动下降到目标箱相邻排(前、后及本排)最高位置上方(500±50)mm 处停止后,操作流程转入手动操作流程。远控操作台绑定远程起重机后,司机可手动控制小车,手柄回零后小车减速运行,小车停止后,吊具摆角为零。

远程操作员手动操作是随机性的,在远程操作员手柄回零时,防摇控制效果好,响应速度快。

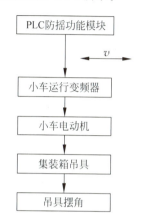

图 4.9-9 防摇控制原理示意图

(2)自动操作模式下主动防摇模式

在远控系统中,起重机可根据指令自动控制小车运行到目标箱排位上方,这时不需要远控操作人员参与操作,小车运行机构可实现自动定位功能。在此工况中,由主动防摇系统事先规划小车速度曲线,小车自动到达指定位置,小车停止后,吊具摆角为零。

4.9.5 集装箱门式起重机远程控制及节能环保工程案例

集装箱门式起重机远程控制在保证生产的状态下,可以减少起重机及码头集装箱拖挂车的能源消耗以达到节能环保的效果。

以深圳妈湾港为例,该码头共有 36 台 RTG,集装箱堆场 28 片。集装箱堆场布置如图 4.9-10 所示。

大堆场全长 600m,小堆场全长 280m,36 台 RTG 分布在 28 片堆场作业。RTG 取电方式为低压上电模式,在两片中间设有取电滑触线。

靠近沿海岸线的堆场作业较为繁忙,大量的 RTG 集中在沿海堆场,导致其他堆场 RTG 需要频繁转场才能满足生产需求。RTG 转场需要使用柴油机取电的方式,造成能源的浪费及环境污染。同时,大量的 RTG 集中作业,导致 RTG 生产效率不高,增加了码头的运营成本。

在传统的生产作业模式下,36 台 RTG 整体投入作业,需要 36 台 RTG 全部上司机人工操作。如果按照 1 台 RTG 配置 4 名操作司机的标配计算,36 台 RTG 全部使用,码头需要配备 144 名司机,大量人工也导致资源过度使用。

整个码头大约有 120 辆集卡。集卡的大量使用,使废气排放量增加,造成严重的环境污染。同时,因为作业相对集中,导致集卡等待时间过长,变相地增加码头的运营成本。集装箱运行分布图如图 4.9-11 所示。

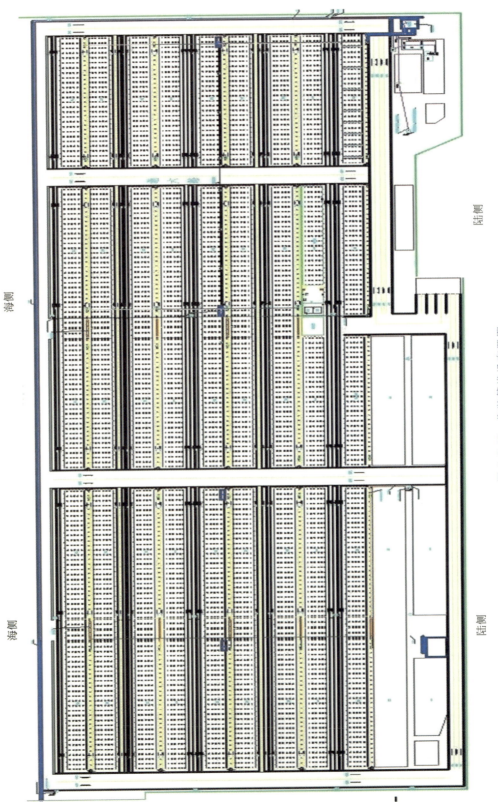

图 4.9-10 集装箱堆场布置图

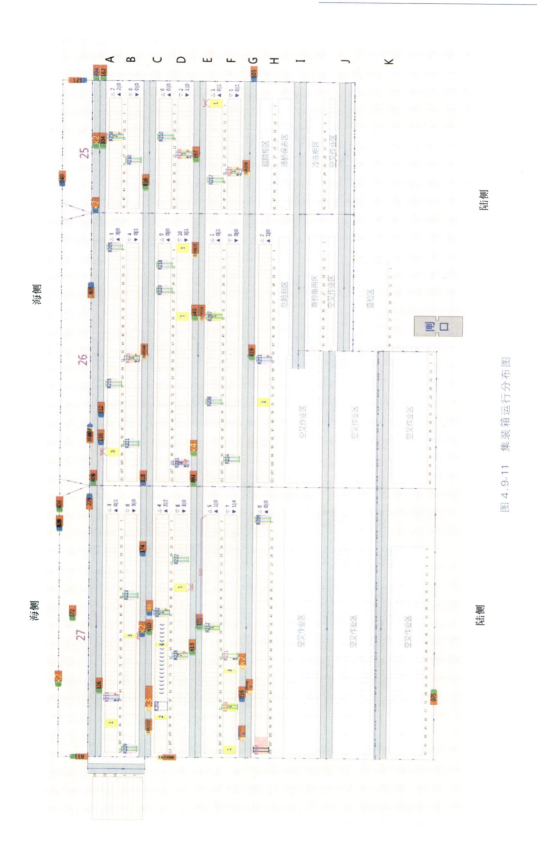

图 4.9-11 集装箱运行分布图

在 RTG 远程控制作业模式下,系统会将集装箱分散堆放,各个集装箱堆场较为均衡。RTG 在运行时可以减少转场次数。同时合理的布局减少了 RTG 作业等待时间,提高 RTG 生产效率,达到很好的节能减排效果。

在 RTG 远程控制作业模式下,集卡按照系统合理的分配进行作业,大大减少了等待时间,相应减少了能源消耗和污染排放。

在 RTG 远程控制作业模式下,司机可以操作多台 RTG,正常模式下 1 个司机能操作 3 台 RTG,36 台 RTG 在整个配置下只需 48 个司机就能完全满足码头的生产。在码头淡季时,1 个司机能达到操作 5 台 RTG,司机的工时会相应地减少。从上述数据看,码头的规模越大,人工使用成本越低,能源消耗也越低。

在 RTG 远程作业模式下,无论是从起重设备、集卡,还是从人工消耗方面来看,利远远大于弊。在以人为本的思想下,远程模式是时代的趋势,自动化将逐步取代简单重复的人工作业。

4.9.6　结语

在高速发展的今天,传统的集装箱码头普遍存在招工难、人员流动大和人员素质参差不齐等问题。集装箱门式起重机远控技术应时代发展诞生,为企业提供了一个完美的自动化远控技术解决方案。

智能化集装箱门式起重机远控技术取代了大量重复的人工劳动,减少了企业生产人员,提高了人员的综合素质。智能化的管理与操作规程,大大降低了人员的操作经验要求。

集装箱门式起重机远控技术对集装箱码头经济发展和文化提高都有巨大影响。随着时间的推进和技术的进步,这种影响将越来越显现出来。还有一些影响可能是我们现在难以预测的。可以肯定,集装箱门式起重机远控技术将对码头的物质文明和精神文明产生越来越大的影响。

4.10　电动集装箱正面吊运起重机的研发

4.10.1　引言

集装箱正面吊运起重机(简称正面吊)是港口码头、铁路货场、公路货场等场合中主要用于对集装箱进行装卸、堆场和场内短距离转运的流动式起重机械。国内于 20 世纪 80 年代由水运院与广州港机厂等单位联合研发成功,至今已有 30 多年的发展历史,因当时国内对该类设备的排放、噪声对环境的污染以及对操作者健康的影响还未有严格的要求,以及燃油成本相对较低,所以该类设备基本上是以燃油发动机为动力,驱动各机构工作。

近年来,随着环境污染的加剧、全球油气资源的紧张,以及我国针对环境保护方面一系列法规的出台与实施,在绿色新能源的研发、使用等方面大力鼓励支持、快速推动。同时,据相关报告显示,德国、英国、法国、印度、荷兰等国家宣称在未来 8~20 年内将不再生产、销售以燃油为动力的车辆,鼓励使用纯电动和混合动力的车辆。

而纯电动和混合动力的正面吊目前国内外还处于研发与验证阶段,因其工况特性,多项技术还需要进一步完善,要真正推向市场还需要一个较长的时间。

在 2016 年上海宝马展上徐工集团展出了全球首台纯电动正面吊 XCS45,及 2017 年底推出的 XCS45 改进型 XCS45-EV 正面吊。据有关资料显示,徐工的该型号纯电动正面吊采用 235kW·h 大容量免维护动力电池、智能能源管理系统,以及回收率可达 30% 能量的回收技术,可连续 8h 重载作业,且仅需 2h 就可将蓄电池充满,同时还适用于 220V、380V 电源,可匹配不同功率的固定式、移动式充电桩。配置 200kW 大扭矩驱动电机匹配 AMT 变速箱,输出牵引力为 350kN,最高行驶速度可达 25km/h,各工作机构速度可提高 33%。图 4.10-1 为徐工 XCS45 纯电动正面吊。

图 4.10-1　徐工 XCS45 纯电动正面吊整机实物图

科尼公司在 2013 年推出了世界首台混合动力正面吊 SMV 4531 TC5,其采用了油电混合技术与能量回收储存等新技术,将制动与吊具下降时产生的能量进行转化存储。据相关资料显示,该型号混合动力正面吊的动力系统采用节能柴油发动机直接驱动发电机,整个行驶系统采用电气化驱动,液压起升系统采用电马达直接驱动,对操作指令反应非常灵敏迅速。在能源消耗与排放方面比传统的纯燃油正面吊可节省燃油 30% 以上,废气排放减少 30% 以上。图 4.10-2 为科尼公司 SMV4531TC5 混合动力正面吊。

图 4.10-2　科尼 SMV4531TC5 混合动力正面吊整机实物图

随着国外以油电、油气混合为动力的正面吊的出现,拉开了本类设备向节能、环保方向迈进的新篇章。而以能量转换效率高、无废气排放、噪声小等突出优点的电能为驱动动力的电动正面吊将是未来发展、普遍使用的必然趋势。同时将伴随着一系列提高设备效率、绿色节能环保的新技术出现,如微电子技术、传感技术、信息处理技术等,使电子与机械、电子与液压的结合更加密切,设备更加安全高效、可靠智能、绿色节能。

4.10.2 电动正面吊的组成与原理

电动正面吊主要由动力总成、车架总成、液压系统、驱动桥总成、吊具总成、臂架总成、驾驶室总成、转向桥总成、安全保护系统和电气系统等组成,如图 4.10-3 所示。

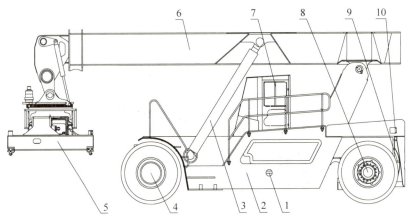

图 4.10-3 电动正面吊结构组成

1—动力总成;2—车架总成;3—液压系统;4—驱动桥总成;5—吊具总成;6—臂架总成;
7—驾驶室总成;8—转向桥总成;9—安全保护系统;10—电气系统

1. 动力总成

1) 动力总成组合形式

电动正面吊动力总成主要有 3 种组合形式。

(1) 蓄电池-电动机-传动轴组合形式

图 4.10-4 为蓄电池-电动机-传动轴组合形式动力总成示意图。蓄电池输出电能驱动电动机,电动机再通过传动轴驱动驱动桥实现整机行驶。该组合形式的动力系统无变速箱,具有结构简洁、操控简单、安装方便等优点,适用于设备匹配的驱动桥上有变速机构、承载大、整机速度不快的工程类设备上。通用电动正面吊采用此组合形式的动力总成。

(2) 蓄电池-电动机-变速箱-传动轴组合形式

图 4.10-5 为蓄电池-电动机-变速箱-传动轴组合形式动力总成示意图。蓄电池输出电能驱动电动机,电动机通过变速箱变速后,通过传动轴将动力传给驱动桥,驱动整机行驶。该组合形式的动力系统设置了变速箱,主要适用于驱动桥上无变速机构、承载较轻、速度相对较快的空箱正面吊或中小型车辆,如小汽车、轻型货车等。

(3) 蓄电池-电动机组合形式

图 4.10-6 为蓄电池-电动机组合形式动力总成示意图。蓄电池输出电能驱动安装于驱动桥两端的电动机,电动机直接驱动整机行驶。此组合形式的电动机大多为低速大扭矩电

动机或在电动机的前方增设一变速器,主要适用于行驶速度相对较慢、需要车轮能单独转向、地面平整度较差的越野型正面吊或工程类流动设备。

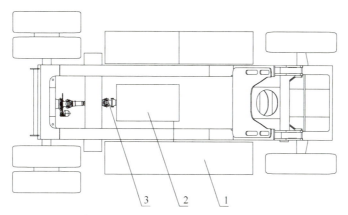

图 4.10-4 蓄电池-电动机-传动轴组合形式动力总成示意图
1—蓄电池;2—电动机;3—传动轴

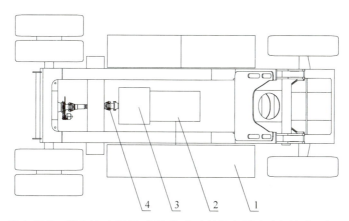

图 4.10-5 蓄电池-电动机-变速箱-传动轴组合形式动力总成示意图
1—蓄电池;2—电动机;3—变速箱;4—传动轴

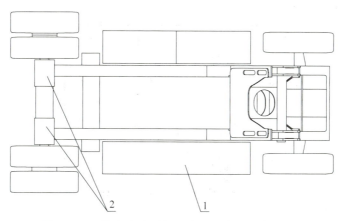

图 4.10-6 蓄电池-电动机组合形式动力总成示意图
1—蓄电池;2—电动机

2）电池选型

蓄电池是一种能量转换和储存装置，充电时将电能转换为化学能，加以储存；放电时化学能转换成电能，输送给电动机。本类设备上目前运用较多的蓄电池主要有铅酸电池与锂电池两种。铅酸电池因污染相对较小、可回收性好、价格经济、使用寿命适中等优点被广泛使用；而锂电池是近年来快速发展起来的一种绿色环保、免维护、比容大、使用寿命较长的新能源电池，但其价格昂贵，很少匹配在本类设备上。

蓄电池的主要性能参数为电压和容量。蓄电池在指定的放电条件下所放出的电量称为容量，其容量与放电电流、放电时间、电解质的温度、电解质的密度、电解质的纯度及充电电流等因素有关。本类设备工作时因持续放电时间较长，放电电流变化较大，工作环境以露天为主，且不能随时充电，为了确保本类设备停车充电或更换蓄电池后有较长的使用时间，选择蓄电池时应考虑具有充足的电池容量以及周围环境（振动、温度、湿度等）因素的影响。

3）电动机选型

电动正面吊采用电动机为整机提供动力，主要有整机行驶驱动用电动机与液压系统驱动用电动机。目前在电动汽车行业应用最多及很有应用前景的有直流电动机、交流感应（异步）电动机、永磁无刷电动机、开关磁阻电动机等。因本类设备工况较复杂，结构紧凑，需要可靠强劲的输出扭矩及良好的操控性等，故采用功率密度大、转矩转速特性好、操作性好、转速范围宽、外形小、整体质量轻的永磁无刷电动机。

2. 车架总成

车架总成是电动正面吊的关重部件，由车架体、液压油箱、附件总成及配重总成组成，图 4.10-7 为车架总成结构示意图。车架体承受了动力总成、臂架总成、吊具总成及货物等零部件的重量，整机工作时的惯性力、制动冲击及风载荷等。车架体主要由左右梁及尾部配重箱体组成，均为箱形结构。配重总成由上配重与后配重组成，设置于车架尾部配重箱上方与后侧，用于整机工作时的平衡与保证整机工作时倾翻稳定性。车架体要求其具有高的强度与抗疲劳性能，特别是位于车架前部的臂架俯仰液压缸下铰点位置，承受着臂架总成、吊具总成、货物重量及整机工作时的交变冲击载荷，极易发生疲劳破坏。

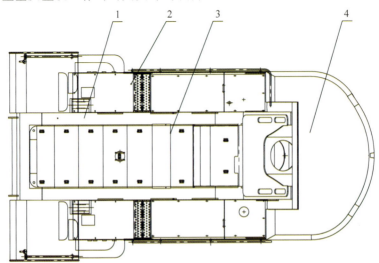

图 4.10-7　车架总成结构示意图

1—车架体；2—液压油箱；3—附件总成；4—配重总成

3. 液压系统

电动正面吊是除整机行驶外,臂架俯仰、伸缩,整机方向控制,行驶制动,驻车制动,吊具伸缩、侧移、回转、锁柱开闭、倾角调节等均采用液压驱动。采用两个电动机分别驱动控制整机转向与臂架俯仰、伸缩动作的两套具备负载敏感与压力自动切断功能的变量式柱塞泵;吊具伸缩、侧移、回转、锁柱开闭、倾角调节等由同轴设置在其中一套变量式柱塞泵尾部的一套齿轮泵实现;整机行驶制动与驻车制动功能由设置在另一套变量式柱塞泵尾部的一套齿轮泵实现。液压系统主要包括主油路、控制油路、转向油路、制动油路与吊具油路,而油路散热采用电动机风扇。

4. 驱动桥总成

电动正面吊采用前驱动结构形式,驱动桥通过车架上的定位止口与高强度螺栓安装于车架上,通过传动轴传递过来的动力实现整机驱动。驱动桥两端通过轮辋、锁环、衬套各设置两件轮胎,轮胎采用无内胎形式充气轮胎。驱动桥上设有桥包变速装置与轮边变速装置,设备工作时驱动桥受力较复杂,承受作用于路面、车架总成及其上各部件、货物的铅垂力、纵向力、横向力以及制动力矩与反作用力等。其桥壳结构采用焊接结构,材料采用强度高、抗疲劳性能良好的低合金钢材料制造,要求静载能承受 150t 载荷,动载能承受 110t 载荷,桥壳正常使用寿命 20 年。

5. 吊具总成

吊具是正面吊的取物装置,为自动伸缩结构,能装卸 ISO 标准的 20ft 与 40ft 集装箱,四角位置还设置有均能吊载 10t 左右的吊钩,具有伸缩、侧移、回转、倾斜、铅垂方向微调等功能。图 4.10-8 为吊具总成结构示意图,主要由转台总成、横梁总成、回转机构、减摇阻尼装置、伸缩机构、锁柱机构等组成。

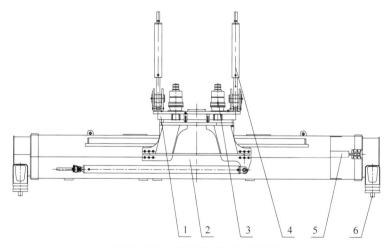

图 4.10-8　吊具总成结构示意图

1—转台总成;2—横梁总成;3—回转机构;4—减摇阻尼装置;5—伸缩机构;6—锁柱机构

6. 臂架总成

臂架总成是正面吊实现货物装卸时位置调整的关重部件,具有臂架伸缩与俯仰动作功能。图 4.10-9 为臂架总成结构示意图,主要由基本臂、伸缩臂、臂架伸缩液压缸、臂架俯仰液压缸、滑块及支承件组成。基本臂与伸缩臂为矩形截面的箱形梁结构,采用低合金高强度钢板制造。伸缩臂套接于基本臂内部,伸缩臂与基本臂之间的伸缩臂外侧尾部与基本臂内侧头内设置有摩擦系数小、抗压强度高的支承滑块,以支承臂架伸缩工作时伸缩臂,滑块多采用 PE 材料制作。伸缩液压缸设置于基本臂的尾部与通过滑动支架设置于伸缩臂的靠头部位置,在液压系统控制下实现臂架伸缩工作。臂架俯仰液压缸为两件,分别设置于基本臂中部位置的上铰点与车架前部位置的臂架俯仰液压缸下铰点位置,通过液压系统控制,实现臂架的俯仰工作。为减少液压缸在伸缩工作过程中当接近极限位置时产生的冲击与液压缸损伤现象,液压缸应采用内部有缓冲装置的结构。

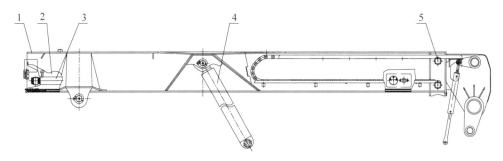

图 4.10-9　臂架总成结构示意图

1—基本臂;2—伸缩臂;3—臂架伸缩液压缸;4—臂架俯仰液压缸;5—滑块及支承件

7. 驾驶室总成

驾驶室是正面吊的操作控制中心,内部设置有仪表台总成、转向柱总成、操纵台总成、空调总成及电控箱总成等。驾驶室为广视角的左右前后和顶部玻璃的无边框结构,玻璃为防眩光夹胶玻璃。通过下部托盘安装于车架上部,并设置有移动机构,以便于设备工作时视角调整与车架体内部零部件的检修。

8. 转向桥总成

转向桥通过驾驶室总成中的转向柱控制设置于转向桥梁体上的转向液压缸,实现整机的行驶方向控制。图 4.10-10 为转向桥总成结构示意图,主要由转向桥梁、转向连杆、转向节轴、转向液压缸、桥下配重、轮毂、轮胎等组成。转向桥梁承受较大冲击与疲劳,大多采用结构简洁的工字梁结构,材料多采用抗疲劳性能良好的低合金钢 Q345 材料制造。转向液压缸采用双作用液压缸,其缸径与行程需与整机额定载荷时灵活转向及允许的转向角度匹配。

9. 安全保护系统

安全保护系统是设备工作时各关键部件性能或状态变化时的安全性控制程序,主要有

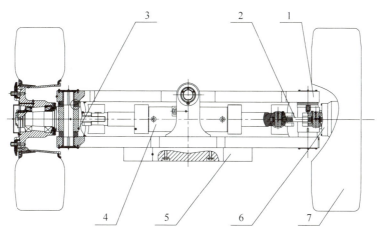

图 4.10-10 转向桥总成结构示意图

1—转向桥梁；2—转向连杆；3—转向节轴；4—转向液压缸；5—桥下配重；6—轮毂；7—轮胎

防倾翻安全保护、驻车制动保护、带载高速行驶保护、起升安全保护、锁柱到位安全保护、应急安全保护、倒车保护，以及液压系统压力、温度保护等。

10. 电气系统

电气系统是通过一控制器，按设备设定的操控流程与安全策略对控制各部件的液压元器件、电动机等动力元器件进行通断控制，或对安全保护系统中各位置检测元器件中的输入输出信号进行整合、处理的一种控制程序。为了提高处理速度与减小干扰，各元器件均采用 CAN 总线控制。

4.10.3 主要技术性能参数

电动正面吊主要技术性能参数见表 4.10-1。

表 4.10-1 电动正面吊主要技术性能参数

参数名称			参数值	
吊具下额定起重量/t			45	
最大起升高度/mm			15100	
负载能力	第一排	外伸距/mm	1965	
		堆箱层数	5层(9ft6in)	5层(9ft6in)
		起重量/t	45	
	第二排	外伸距/mm	3815	
		堆箱层数	4层(9ft6in)	5层(8ft6in)
		起重量/t	31	
	第三排	外伸距/mm	6315	
		堆箱层数	3层(9ft6in)	4层(8ft6in)
		起重量/t	15	
总长(吊具前沿至车尾)/mm			11072	
总宽(收缩态吊具处/前轮处)/mm			6150/4117	
总高/mm			4711	

续表

参数名称	参数值
轴距/mm	6000
吊臂最大仰角/(°)	60
吊具侧移距离/m	±0.8
吊具旋转角度/(°)	105/−195
最小转弯半径/m	8
提升速度/(mm/s)	空载 400/满载 250
下降速度/(mm/s)	空载 500/满载 360
最大行走速度/(km/h)	空载 25/满载 22
满载最大爬坡度/%	30
前桥桥荷/t	空载 34.07/满载 83.56
后桥桥荷/t	空载 40.43/满载 35.94
整机质量/t	72

4.10.4 增效节能环保技术

随着全球能源资源的收紧与全球变暖现象的不断加剧,高效节能、绿色环保是未来工业产品发展的必然趋势。电动正面吊作为未来港口码头、铁路货场、公路货场等场合中对集装箱进行装卸、堆场和场内短距离转运的主要起重设备,其增效节能环保可体现在如下方面。

1. 臂架垂直升降控制系统

臂架垂直升降控制系统采用监控器实时监测臂架位置状态,控制器根据监控器反馈的数据自动控制各电磁阀的通断,实现臂架的自动快速举升与下降工作。图 4.10-11 为中铁五新公司研发的臂架垂直升降控制系统原理图,其主要由臂架伸缩液压缸、臂架俯仰液压缸、变量泵、臂架伸缩三位七通液控换向阀、臂架俯仰三位七通液控换向阀、电磁换向阀一、电磁换向阀二、电磁换向阀三、电磁换向阀四、监控器、卸荷阀、溢流阀、单向阀、控制器及油箱组成。经测试,本臂架垂直升降控制系统相对于目前大多采用的臂架单独伸缩与单独俯仰控制方式,可提升工作效率 30% 以上,节约能耗 10% 以上。

2. 负载-电流自动控制技术

燃油动力正面吊工作时各机构的工作效率是操作人员人为控制发动机油门大小进而控制发动机的速度而实现的。电动正面吊也是一样,是通过控制输入电动机的电流大小实现的,电流大,电动机转速快,对应机构工作效率高。因为是人为控制,就无法确保发动机油门开启量或输入电动机电流的稳定及是否与负载形成良好的匹配关系。而在操作设备时为了提高设备的工作效率,往往都将发动机的油门或输入电动机的电流调节得比较大,这样就容易造成不必要的能源浪费。

电动正面吊采用负载-电流自动控制技术,通过设置于臂架伸缩液压缸、俯仰液压缸、转向液压缸等机构液压缸的有杆腔与无杆腔的压力传感装置,检测各机构位置的压力大小,再

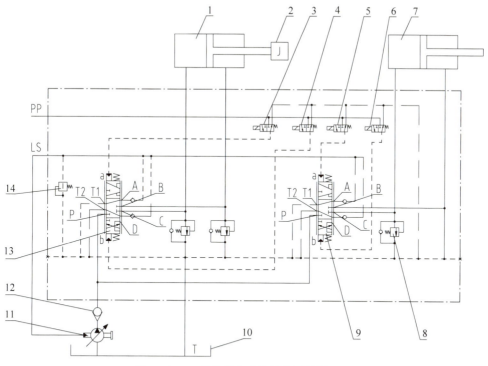

图 4.10-11 臂架垂直升降控制系统原理图

1—臂架伸缩液压缸；2—监控器；3—电磁换向阀一；4—电磁换向阀二；5—电磁换向阀三；
6—电磁换向阀四；7—臂架俯仰液压缸；8—卸荷阀；9—臂架俯仰三位七通液控换向阀；
10—油箱；11—变量泵；12—单向阀；13—臂架伸缩三位七通液控换向阀；14—溢流阀

通过控制器计算出负载大小,并采用最优方式自动匹配电动机所需要的实际电流大小,然后再按匹配的方式给电动机输入电能,驱动设备工作。经测试,负载-电流自动控制技术与人为控制方式相比可节省电能 15％以上。

3. 液压缸能量回收技术

电动正面吊臂架伸缩与俯仰工作均是靠液压缸的伸缩实现的。当臂架下降时,因臂架总成、吊具总成及货物等自重作用,液压缸缩回工作时根据臂架幅度变化所需要的驱动力很小或不需要驱动力即可实现臂架下降工作。对臂架下降时臂架总成、吊具总成及货物等自重自身产生的势能进行收集存储,可以作为臂架举升、吊具伸缩、回转、侧移,驾驶室移动或发动机出现故障时的应急等工作时使用。图 4.10-12 为臂架下降时能量回收原理图,主要由电磁阀、压力传感器、溢流阀、蓄能器等组成。根据臂架工作状态,通过控制电磁阀的开闭实现臂架下降时能量在蓄能器中的存储与释放。经测算,本液压缸能量回收技术可节约能耗 8％以上。

4. 制动能量回收技术

制动能量回收技术主要适用于混合动力正面吊。设备在制动过程中因为没有动力输入到行驶系统,电动机处于空转状态,制动时产生的反向扭矩使电动机反向转动,成为发电机,

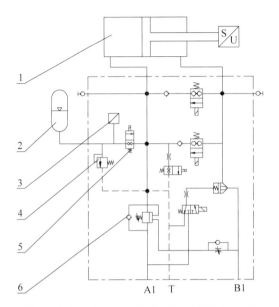

图 4.10-12 臂架下降工作时能量回收原理图

1—液压缸；2—蓄能器；3—压力传感器；4—溢流阀；5—电磁阀；6—平衡阀

直接向电池组输入电能并存储。正面吊工作时需要频繁地对箱与调整位置，制动操作的频率也比较高。据相关数据显示，此制动能量回收技术可节省能耗 5%～8%。

5. 热能回收技术

电动正面吊的行驶制动、臂架伸缩、臂架俯仰、转向、吊具伸缩、吊具侧移、吊具回转、吊具锁柱开闭等机构的工作均是通过液压系统实现的，其液压油箱中液压油的温度会根据设备使用时间及载荷情况不断升高，并保持。往往在液压系统中都要设置液压油散热冷却装置，将油箱中液压油的热能排出，使液压油的温度保持在系统允许的范围内。这种方式造成了热能的浪费。采用在液压油箱中内置有一个小型涡轮的热能感应装置，将油箱中的热能进行收集，收集到的热能沿着内部的特定通道，直接冲击这个涡轮，涡轮的高速旋转产生动能，而这些动能再通过驱动一个发电机，实现电能向蓄电池的输入存储。设备正常工作时液压油箱中的温度一般在 40～60℃，且自身散热较缓慢，该热能回收技术具有良好的节能效果。据测算，该热能回收装置可提供整机所需要的 3%～5% 能量。

6. 相结合的静压技术和机械技术

卡尔玛 K-Motion 动力方案采用了静压技术和机械技术相结合的方式，提高了变速箱效率，在发动机选用上可匹配比传统正面吊上使用的发动机更小型号的发动机，同时还不影响驱动和起升能力。据相关数据显示，此技术可减少燃油消耗和废气排放高达 40%。

7. 新结构、整机轻量化

三一重工研发的 SRSC45H8 正面吊配置了世界首创的单梁结构吊具。该吊具较世界著名品牌 ELME 的同类产品轻 24%，将自重与承载能力基本发挥到了极致。据相关数据显示,该正面吊较常规产品节能效果可提升 25%～30%。

4.10.5　结语

电动正面吊相比传统燃油动力及近几年国外出现的混合动力正面吊,具有高效节能、绿色环保等诸多优点,是未来港口码头、铁路货场、公路货场等场合中集装箱转运装卸的发展与选择趋势。配套于类似本类较重型工程设备的一些关重零部件,如大功率、大扭矩、低转速、外形尺寸小的直流电动机,充电速度快、容量大、寿命长的蓄电池,专用的控制器、控制技术,以及利用设备本身特性进行能量回收、利用的技术等,国内已较成熟掌握,正逐步推向市场,传统的燃油动力正面吊将逐渐被取代。

4.11　LNG 集装箱空箱堆高机的研发

4.11.1　引言

天然气因主要成分的化学性质而成为广受欢迎的清洁能源。与用煤炭、石油等化石类燃料相比,天然气在经过深度冷却后变成液体的工艺过程中,首先要通过气液过滤器除去天然气中的机械杂质和游离态液滴,再由原料气加热器利用 MDEA 与天然气的充分接触吸收天然气中的二氧化碳和硫化氢,接着进行脱碳、脱水、脱烃、脱汞等工艺过程,还要经过粉尘过滤器除去天然气中的粉尘等一系列的去除杂质的过程,最后生成 $-162℃$ 的液化天然气,可大幅度地消减二氧化碳、一氧化碳、一氧化硫、二氧化硫、烟尘等碳氢化合物和氮氧化合物以及煤渣等污染物的排放量。数据显示,使用液化天然气发动机比汽、柴油发动机的综合排放降低约 85%,汽车废气中的氢氧化物可减少 72%,一氧化碳减少 97%,氮氧化物减少 39%,二氧化碳减少 24%,二氧化硫减少 90%,噪声降低 40%,无铅、苯等致癌物质,基本不含硫化物,有利于环境质量的极大改善,带来的社会效益是巨大的。

为保护环境,解决能源安全问题,减少对石油能源的依赖,我国一直大力发展清洁能源汽车。国家“十五”规划政策鼓励 LNG 的开发和引进。至 2012 年在我国沿海城市建立 12个 LNG 进口接收站,总量 3500 万 t,相当于 455 亿标方天然气,即两条西气东输管道的总量;内陆已建立 20 多个天然气及煤层气的液化厂,年液化总量达 500 万 t,相当于 65 亿标方天然气,可供 20 多万辆大型汽车使用。

LNG 作为一种环保型燃料,在低温、低压、液态下储存、运输及应用,其密度为气态的620 倍左右,压缩天然气的 3 倍,单次加气可持续行驶 $500～700km$,能满足城市公交、城际客车、重型卡车的长途行驶的要求,且环保、安全可靠,因此已逐渐成为我国汽车新能源市场需求的一个主要替代能源。

在新能源汽车中,LNG 汽车由于具有燃料储藏丰富、燃烧排放性能好、运行成本低、技术相对成熟、安全可靠等优点,被公认为较为理想的替代燃料汽车。以大家熟知的公交车为例,截至 2014 年底,LNG 公交车 4.43 万辆,在公交车总保有量中占比为 35.6%。预计到2020 年,我国公交车保有量将达到 68 万辆。

近 10 年 LNG 除在出租车、重型汽车和公交车等车型上都得到了很好的推广应用外,在传统的以柴油发电机组为动力的 RTG 上也已开始尝试使用。集装箱空箱堆高机(简称堆高机,见图 4.11-1)作为空箱堆场作业的最主要设备,广泛应用于集装箱空箱的堆场作业,其保有量也逐年攀升,排放引起的环保问题也成为港口需要迫切解决的问题。

图 4.11-1　集装箱空箱堆高机

目前,国内堆高机保有量估计在 3000 台左右,宁波舟山港股份有限公司有 150 台左右,其中宁波北仑国际集装箱码头有限公司(简称北仑国际公司)有 19 台。这些堆高机设备大部分使用年限都在 20～30 年,多以柴油为动力源,能源消耗大,废气和噪声对环境影响较大,但整体车架系统、门架系统状态良好,可继续使用。考虑这些堆高机的动力系统排放标准已严重落后于国家的相关要求,对环境影响非常严重,如果继续使用,则环境代价和成本会越来越高,因此急需更新换代。但是如何更新设备? 是简单的整机更新还是利用现有设备改造结合更新? 经过技术论证和成本投入考虑,公司决定在现有设备大部分系统状态评估尚好的条件下,尝试采用更加清洁的能源代替柴油,进行堆高机动力系统"油改气"改造,解决排放问题。

经过一年多论证、改造,北仑国际公司采用 LNG 发动机作为动力源,成功对一台发动机达到大修周期的堆高机动力系统进行 LNG 改造,取得了良好的经济效益、社会效益和环境效益。

4.11.2　集装箱堆高机改造方案选择

集装箱堆高机由于其流动特性,无法在相对固定路径行驶,只能携带燃料运行。理论上流动机械有纯电动方案、混合动力方案、CNG(压缩天然气)方案和 LNG 方案等动力驱动方式。目前流动机械主要有柴油和 LNG 动力驱动方式。

下面从技术成熟性、设备市场化、系统安全性、运行成本、应用情况、废气排放等方面进行分析,作为选择集装箱堆高机动力驱动方式的依据。

1. 电动集装箱堆高机

虽然电动叉车研究与应用已较为成熟,但纯电动集装箱堆高机的研究工作尚处于起步阶段,还未应用于工程实践,尤其是电池持续工作时间及其充电问题还没有得到很好解决,而且成本很高,近期没有推广应用的可能性。

2. 混合动力集装箱堆高机

混合动力堆高机采用柴油加电池组的形式,理论上此类发动机可节油 30% 左右,减少污染排放 40% 左右,能够达到国 IV 以上排放要求,但前期投入大,后期更换电池等成本高,最主要的是使用柴油还达不到预期的减排效果,故近期也难以得到推广应用。

3. CNG 集装箱堆高机

CNG 在排放方面有优势,但燃料系统的工作压力高达 20MPa,有安全风险。另外,气瓶占用较多的重量、体积,导致单位体积的热值仅有 $3.36MJ/m^3$。由于有相当能量用于无效载荷,原设备上改造空间有限,故暂不考虑 CNG 堆高机在码头内的应用。

4. LNG 集装箱堆高机

LNG 在国内外均有相当成熟的应用,LNG 拖挂车在港口广泛应用,工程机械生产商也开始推出以 LNG 作为动力的工程机械产品,首台 LNG 堆高机也已投入市场,国产 LNG 堆高机技术上日趋成熟,值得在港口推广应用。

4.11.3　工程应用案例

1. LNG 堆高机项目简介

2014 年,北仑国际公司组织科研攻关小组,从堆高机"节能环保"角度出发,对现有一台已到发动机大修周期的老旧集装箱空箱堆高机开展技术改造。科研小组通过广泛调研及多种方案比选,发现如果将发动机燃料由柴油改用清洁的 LNG,则可大幅度改善港区内外的大气环境,同时降低成本。

针对 LNG 发动机如何在堆高机上应用,技术人员对 LNG 发动机的选型、气源设计等进行了专题研究,为港口堆高机节能环保技术进行了有益的尝试。

2. 发动机改造形式确定

原柴油堆高机进行 LNG 清洁能源改造,主要有两种途径:一是将现有柴油发动机局部改造为 LNG 发动机;二是将现有柴油发动机整体置换为 LNG 发动机。

1)将现有柴油发动机局部改造为 LNG 发动机

将现有柴油发动机局部改造为 LNG 发动机有很多优点,如各种连接尺寸、安装方式基本不需要大的改动,只需加装供气 LNG 储液罐及相关供气管路。但同样也有很多缺点。首先是发动机压缩比、点火方式都不同,发动机本体需要进行较大改动。同时,通过调研发现,目前国内将现有柴油发动机改造为 LNG 发动机的技术成熟度尚不高。

2）将现有柴油发动机整体置换为 LNG 发动机

将现有柴油发动机整体置换为 LNG 发动机，其优缺点则正好与上述方案相反。

整机置换的优点是，现有的集装箱拖挂车上已有成熟的 LNG 发动机应用案例，只需选择与原柴油发动机相匹配的机型即可。缺点是要找到与现有柴油发动机外形与连接尺寸完全匹配的 LNG 发动机机型很困难，发动机的支架位置和支撑形式、发动机与变速箱的连接方式、发动机冷却水箱的尺寸等改动较大。

综上所述，考虑到设备整体情况及改造的可靠性、稳定性，结合相适配发动机的经济性，本次改造选择 LNG 发动机整机更换方式。

3. LNG 发动机选型与安装

1）发动机选型

本次改造的堆高机发动机原采用 VOLVO TWD731 柴油发动机，通过对该型号发动机功率、转速、扭矩曲线、外形尺寸、现场工况分析与目前技术成熟的 LNG 发动机进行比对，得知 VOLVO TWD731 与重汽 WT615.91 两种型号的发动机在功率、扭矩、转速图等方面较为一致，见图 4.11-2，故初步选定重汽 WT615.91 型 LNG 发动机。

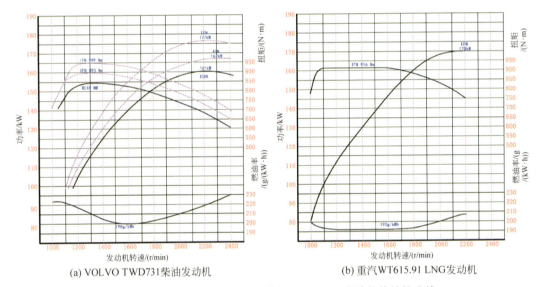

(a) VOLVO TWD731柴油发动机　　　　　(b) 重汽WT615.91 LNG发动机

图 4.11-2　VOLVO TWD731 与重汽 WT615.91 发动机外特性曲线

该发动机是在 WD615 国Ⅲ柴油机的基础上重新设计的 LNG 发动机，在保持与 WD615 国Ⅲ柴油机大部分零部件通用的基础上，重点对其进排气系统、缸盖、活塞、活塞环等进行重新设计，新设计的发动机完全适合 LNG 的燃烧特性，整机的动力性、可靠性以及经济性指标处于国内领先水平。

VOLVO TWD731 与重汽 WT615.91 两种发动机的外形及技术性能参数对比见图 4.11-3 和表 4.11-1。

(a) VOLVO TWD731柴油发动机　　　　(b) 重汽WT615.91 LNG发动机

图 4.11-3　VOLVO TWD731 与重汽 WT615.91 发动机外形图

表 4.11-1　柴油发动机和 LNG 发动机技术性能参数对比

机型	VOLVO TWD731 柴油发动机	重汽 WT615.91 LNG 发动机
型式	水冷、四冲程、增压、压燃	直列、水冷、四冲程、增压、火花塞点火
气缸数,缸径×行程	6,104.77mm×130mm	6,126mm×130mm
总排量/L	6.73L	9.726L
压缩比	17.7∶1	11∶1
额定功率	167kW(2200r/min)	170kW(2200r/min)
最大扭矩	839N·m(1300～1450r/min)	950N·m(1200～1600r/min)
标准燃料	柴油	LNG
排放标准	黄标	国Ⅳ

根据表 4.11-2 选择在重卡上使用较为成熟的重汽 WT615.91 型号 LNG 发动机,其控制原理如图 4.11-4 所示。

2) 发动机安装

① 新 LNG 发动机整机外形尺寸比原柴油发动机尺寸大,要保证改造后变速箱等其他机舱内附件位置尽量不变,因此首先将变速箱定位,发动机根据变速箱位置整体前移,然后根据发动机支架位置选定相应机架固定位,制作弹性支架加以固定。

② LNG 发动机与原柴油发动机飞轮壳体、变速箱壳体以及发动机飞轮与变速箱变矩器连接尺寸存在差异。经计算,外壳体间采用过渡法兰,内部飞轮与变矩器采用弹性连接板连接。测量发动机、变速箱内外尺寸,加工内外过渡连接盘。也可直接专门向 LNG 发动机制造商定制飞轮壳体和变速箱壳体连接尺寸相符的发动机,但周期较长。

③ LNG 发动机支撑布置为双前点支撑和飞轮壳两侧支撑方式。

原发动机前支架采用独立结构,考虑改造后发动机重量较重,前支撑采用在堆高机纵梁上加固定脚,中间采用元宝梁与固定脚相连整体结构,梁上固定支点通过弹性隔振垫对发动机前支点进行定位。弹性支撑的材料选择应充分考虑发动机的输入频率、支撑载荷,避免发动机或支撑由于振动而损坏。

考虑发动机变速箱连接后已成为一个整体,前后已有支撑,故中间支撑不能完全固定,避免形成超静定支撑定位,而是采用浮动支撑,允许发动机具有一定的位移量。

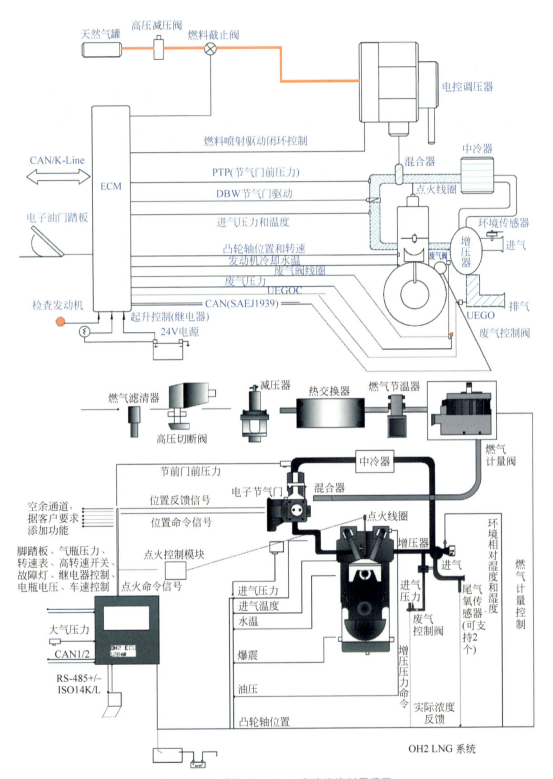

图 4.11-4 重汽 WT615.91 发动机控制原理图

4．LNG 燃料储存及汽化系统

1）LNG 燃料储存及汽化系统选型

考虑到与柴油发动机驱动的堆高机加油频次大体类似，LNG 堆高机选用 450L 车用 LNG 燃料储存及汽化系统。该系统主要由 LNG 气瓶、水浴式汽化器、低温升压调节阀、缓冲罐和管路等组成，如图 4.11-5 所示。

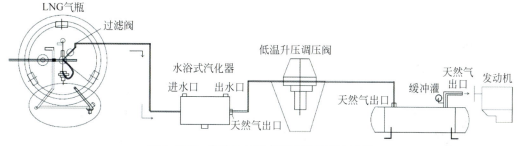

图 4.11-5　发动机 LNG 燃料储存及汽化系统

2）LNG 气瓶选型

堆高机原柴油燃油箱 380L，根据安装位置和容量方便操作的原则，选用张家港富瑞公司 450L 的双层超低温绝热压力气瓶。该气瓶采用高真空多层绝热，并安装经过特殊处理的吸附剂。内胆、外壳用优质奥氏体不锈钢制造。内胆设置有液位感应器、加液装置、放空管等。支撑结构采用成熟的两端支撑，保证产品在各个方向 8 倍受力强度的可靠性和日蒸发率的最小性。汽化采用绕管式的水加热结构。同时采用卧式的、鞍座形式安装。

LNG 气瓶的技术参数：设计压力 3.18MPa、工作压力 1.59MPa、设计温度 $-196℃$、工作温度 $-162℃$，充装系数 0.9，主体材料为 0Cr18Ni9(304)。气瓶上设有一二级安全阀、进出液口、气相口、自增压口、新型液位计、压力表和瓶内压力自动调压装置等，如图 4.11-6 所示。

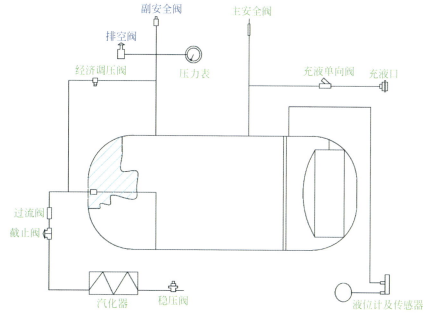

图 4.11-6　LNG 气瓶及工作原理

3）LNG 气瓶安装位置选择

① 柴油堆高机原燃油箱位置放不下 450L 气瓶,在侧面安置存在安全风险,所以最终将气瓶放置在驾驶室后侧配重上,如图 4.11-7 所示。

② 制作支架固定气瓶,支架采用螺栓与配重平台可靠连接。

③ 气瓶进出口朝向堆高机的右侧,便于加液和为发动机供气。

④ 气瓶安装后外形尺寸不超出堆高机配重外沿尺寸,气瓶后侧加方管围挡做安全保护。

图 4.11-7　LNG 气瓶安装

5. LNG 冷量综合利用

发动机整体前移后进气的位置较小,发动机冷却存在一定问题,因此将发动机进气管路放置在水箱前侧,以降低进气口温度。改造过程中,通过合理布置能量系统的管路,回收的冷量用于空调系统,减少了氟利昂的损耗,提高了环保性。

4.11.4　改造前后性能测试

对 LNG 堆高机改造前后的相关技术指标进行了详细检测,结果如下。

1. 堆放作业效率检测

对堆高机改造前后的集装箱堆放作业时间进行了详细检测,结果如表 4.11-2 所示。

表 4.11-2　集装箱堆放空箱作业时间测试

状态	测试参数	不带箱		带 20ft 空箱		带 40ft 空箱	
		起升	下降	起升	下降	起升	下降
改造前	怠速转速/(r/min)	680	600	580	680	580	680
	全速转速/(r/min)	2200	2100	2080	2200	2080	2200
	堆放 6 层耗时/s	30	30	30	30	30	30
	测试次数	2	2	2	2	3	3

续表

状态	测试参数	不带箱		带 20ft 空箱		带 40ft 空箱	
		起升	下降	起升	下降	起升	下降
改造后	怠速转速/(r/min)	600	600	600	600	600	600
	全速转速/(r/min)	2000	2000	2000	2000	2000	2000
	堆放 6 层耗时/s	30	32.5	30	30	32	30
	测试次数	2	2	2	2	3	3

由表 4.11-2 可以看出,堆高机进行 LNG 改造后,其集装箱堆场作业时间几乎没有变化,作业效率不受影响。

2. 能耗测试

堆高机改造前后的能耗检测结果如表 4.11-3 所示。

表 4.11-3　堆高机能耗测试

状态	作业箱量/TEU	能耗/kg	单位能耗
改造前	590056	135500.2	8 元/kg×0.23kg/TEU＝1.84 元/TEU
改造后	3248	779.52	6.5 元/kg×0.24kg/TEU＝1.56 元/TEU

其中柴油价格按照 8 元/kg 计算,LNG 天然气按照 6.5 元/kg 计算。由表 4.11-3 可以看出,堆高机进行 LNG 改造后,其单位能耗支出降低了 15.2%。

3. 环保测试

表 4.11-4 是堆高机改造前后原柴油发动机和重汽 LNG 发动机的排放污染物检测结果的对比。

表 4.11-4　柴油发动机和 LNG 发动机排放检测结果

VOLVO TWD731 柴油发动机			WT615.91 LNG 发动机			LNG 发动机较柴油发动机污染物排放指标降低值/%
污染物	标准值	检测值	污染物	标准值	检测值	
一氧化碳	2.10	0.82	一氧化碳	5.45	0.008	99.02
碳氢化合物	0.66	0.19	非甲烷碳氢化合物	0.78	0.031	83.68
氮氧化合物	5.00	4.53	氮氧化合物	5.00	2.980	34.22
颗粒排放物	0.10	0.091	颗粒排放物	0.16	0.000	100(零排放)

从表 4.11-4 检测结果可以看到,一氧化碳(CO)下降 99.02%,非甲烷碳氢化合物(HC)下降 83.68%,氮氧化合物(NO_x)下降 34.22%,几乎检测不到颗粒排放物。这充分说明 LNG 发动机与柴油发动机相比,在减少有害气体排放方面具有比较大的优势,采用 LNG 发动机可大幅减少码头范围内有害气体排放。

4．噪声测试

堆高机改造前后的噪声检测结果如表 4.11-5 所示。

表 4.11-5　堆高机噪声测试

状态	怠速	1500r/min	2000r/min
改造前噪声/dB(A)	57.5	70	75
改造后噪声/dB(A)	57	71	76

由表 4.11-5 可以看出,堆高机进行 LNG 改造后,其噪声没有明显变化。

4.11.5　堆高机改造后性能评价

集装箱堆高机进行 LNG 改造后,提高了设备作业安全性、动力性和利用率,降低了投资成本和后续使用周期维修费用,减少了大气污染物排放,经济、环保效益明显。

1．使用安全性好

LNG 的液态密度为 $0.42 \sim 0.46 t/m^3$,气态密度为 $0.68 \sim 0.75 kg/m^3$,气化后密度低,泄漏后易扩散,不会聚积在低洼处着火;LNG 的燃点为 650℃,比柴油的燃点 260℃ 高许多,不易被点燃;爆炸范围上限为 15％,下限为 5％,相对较窄。另外,LNG 钢制气瓶是高压容器,其制造和检验都执行严格的标准,并且有防爆装置,不会因为碰撞发生火灾或爆炸。改造后,发动机电控采用 CAN 总线技术,用发动机控制模块,把复杂的电气控制逻辑通过计算机程序来实现,使车辆的电气系统变得更加简单与智能,使用维修起来也更加简单;通过 CAN 网络进行数据传输,把司机的操作以最快、最准确的方式传导给车辆,使车辆能更快地反映出司机的操作意图;车辆的运行信息在发动机电脑、车辆仪表显示、变速箱电脑之间实现共享,信号更加准确,同时也减少了车辆的传感器与连接传感器的线束的使用,设备自燃风险降低。

2．设备使用周期延长,后续使用周期维修成本降低

原柴油发动机的维修费用大约 11 万元,一般三年(20000h)又要进行大修,中间还有局部项修,达到一定的大修次数还要将发动机整机更换,使用周期内整体成本较高,环保始终不能达标,重新购置设备每台 200 万 的投入。若更换为 LNG 发动机,前期投入 18 万元左右,可使堆高机动力系统使用周期再次延长。另一方面,LNG 的辛烷值为 130,成分稳定,不含有硫化物、水分等腐蚀性物质。LNG 燃烧充分,不积炭,噪声低,减少对发动机的磨损,延长发动机的使用寿命,后续维护成本大幅降低。

3．动力性能好

改造后的动力系统采用全新的重汽 WT615.91 LNG 动力系统,按照天然气特性标定发动机电控程序,保证了发动机具有足够的功率和扭矩输出,较原方案大修的柴油发动机,动力上更加充足。

4. 低温启动性能好

LNG 发动机的最低启动温度为 $-30℃$，ECU（electronic control unit，电子控制单元）将根据水温、空气温度对燃料喷射和点火提前角进行补偿，保证低温启动性能。而 0♯柴油在冬季 $-10℃$ 时会产生结蜡，无法正常使用，需换 $-20♯$ 柴油，在 $-30℃$ 时需更换 $-35♯$ 柴油，燃料成本更高。LNG 在 $-30℃$ 以上时可正常燃烧，在冬季其燃料费用节约更加明显。

5. 大气污染排放减少

改为 LNG 车后，尾气中的一氧化碳下降 98.90%，非甲烷碳氢化合物下降 84.21%，氮氧化合物下降 34.43%，大大降低了环境污染。经测算，每替代 1t 柴油，可减少二氧化碳排放 0.88t。

6. 故障率降低，设备利用率提高

改造后，发动机故障基本为零，而原柴油发动机每月故障达到 10 次以上，设备的利用率提高了，减少了新设备投入所需成本。

7. 燃料成本降低

每立方米天然气的价格比每升柴油约低 30%（随天然气产地和国际市场油价变化略有不同）。根据测算，每立方米天然气与每升柴油所含的热量基本相同。只要 LNG 发动机的热能利用水平与柴油发动机相比不低于 30%，就有可能节省燃料成本。

根据理论分析与测试数据，借鉴 LNG 拖挂车成功经验，对柴油发动机堆高机的动力系统进行 LNG 改造，在经济上、环保性方面是可行的。

4.11.6 结语

从港口设备管理发展趋势看，国家对节能环保日趋重视，节能降耗和保护环境已成为设备管理与改造的重要方向，是港口转型升级的重要抓手。

研究堆高机采用 LNG 发动机替换常规柴油发动机，为港口机械节能环保方面作了有益探索；同时为降低运营成本，提高设备环保标准提供了科学的依据，为国内其他港口堆高机 LNG 发动机改造提供了有益的借鉴。

4.12 电动集装箱空箱堆高机的研发

4.12.1 引言

集装箱空箱堆高机，简称堆高机，英文名称为 Empty container handling machine，有人直译为集装箱空箱作业叉车，如图 4.12-1 所示。堆高机是在通用叉车的基础上逐步发展起来的。

堆高机是集装箱运输的关键设备，广泛用于港口、铁路公路中转站的堆场内集装箱空箱的堆垛和转运，是岸桥、场桥及正面吊的配套作业产品，具有堆码层数高、堆垛和搬运速度

图 4.12-1 电动堆高机

快、作业效率高、机动灵活、节约场地等特点。近几年来,随着国内物流业的飞速发展,各集装箱货场及中转站的集装箱数量大幅增加,出现了场地狭小紧张的问题,而扩大场地又受费用和地皮限制,因此各货场及中转站均考虑向高度发展。各堆高机生产厂商通过改进其工作机构中的门架装置来满足用户要求,现在市场上已有起升高度达到 20m、堆码 8 层、门架高度 13m 的堆高机。

2018 年 6 月 27 日国务院印发了《打赢蓝天保卫战三年行动计划》,到 2020 年 SO_2、NO_x 排放总量下降 15%,PM2.5 浓度未达标地区下降 18%,重污染天数下降 25%。北京、天津、山东、广东等省市陆续出台相应文件,明确提出:港口、机场、铁路货场等新增或更换作业车辆主要使用新能源或清洁能源汽车。堆高机作为码头空箱搬运的主力设备,一直以来采用柴油发动机驱动。发动机排量在 8L 左右,作业时会产生大量尾气和噪声排放,同时柴油成本高昂,因此电动堆高机对于环境保护及港口运营有着重大意义。

4.12.2 堆高机电动技术

堆高机主要由动力传动系统、转向系统、车架系统、门架系统、吊具总成、驾驶室及操纵系统、空调系统、润滑系统、电气系统及液压系统等组成,如图 4.12-2 所示。

电动堆高机与常规燃油堆高机的区别在于动力及传动系统。传统燃油堆高机采用柴油发动机作动力,由液力变速箱传递动力。而电动堆高机目前可以采用的电动方案有以下两种。

1. 混合动力堆高机

混合动力堆高机主要包括增程器(发动机＋发电机)、储能装置(动力锂电池、超级电容或锂离子电容)和电动机其他还有驱动行驶系统、吊具系统、转向系统、门架系统等。具体如图 4.12-3 所示。

2. 全电动堆高机

全电动堆高机主要由动力锂电池和电动机提供动力,其他还有驱动行驶系统、吊具系统、转向系统、门架系统等。动力锂电池的容量直接影响续航时间。具体见图 4.12-4 所示。

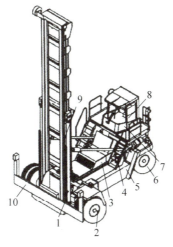

图 4.12-2　堆高机系统组成

1—门架总成；2—动力传动系统；3—车架总成；4—电气系统；5—液压系统；6—转向系统；
7—驾驶室及操作系统；8—空调系统；9—润滑系统；10—吊具总成

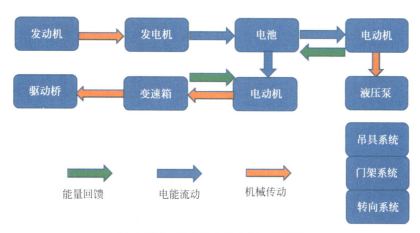

图 4.12-3　混合动力堆高机工作原理

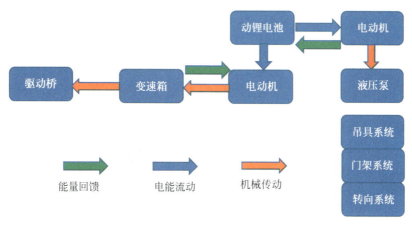

图 4.12-4　全电动堆高机工作原理

4.12.3 电动堆高机行驶驱动方式

堆高机作为港口用工业车辆,满载总质量达到 50t。行驶驱动的传动结构形式目前可以采用以下几种方式。

1. 电动机驱动变速箱

这种传动结构与原燃油堆高机的传动结构保持不变,将发动机替换为电动机,变动较小,电动机直接驱动传统变速箱,如图 4.12-5 所示。目前旧车"油改电"多采用该方式,改动量较小、易实现,但整体效率较低。

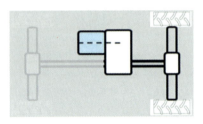

图 4.12-5　电动机驱动变速箱

2. 电动机直接驱动桥

这种传动结构在驱动桥上直接集成电动机,电动机直接驱动前桥(驱动桥),根据功率需求可以集成 1 个或 2 个电动机。传动效率比第一种驱动方式高,结构形式图 4.12-6 所示。

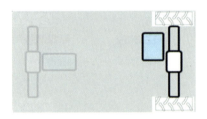

图 4.12-6　电动机在直接驱动前桥(驱动桥)

3. 轮边电动机驱动

轮边电动机驱动是将驱动电动机安装在车架上的驱动轮旁边,通过轮边减速器直接驱动对应侧车轮。这种轮边驱动方案传动结构简单,整体效率高,技术较为复杂,结构形式如图 4.12-7 所示。

图 4.12-7　轮边电动机驱动

4. 各种驱动方式对比

上述 3 种不同驱动方式各有特点,对比如表 4.12-1 所示。

表 4.12-1　各种驱动方式对比

性能参数	电动机驱动变速箱	电动机直接驱动桥	轮边电动机驱动
传动效率	较低	较高	高
经济性	较低	低	较高
噪声	较大	小	小
传动链长度	长	较长	短

轮边电动机驱动方式优势比较明显,但目前仅有少数进口厂家能够提供,开发费用高,成本比较大。电动机直接驱动桥方式可以取得较高的传动效率,同时兼顾低速大扭矩,拥有较高额定转速以满足堆高机最高速度要求,但电动机较难选型,因此电动机配两挡变速箱相对更合适。

4.12.4　堆高机行驶驱动电动机系统

堆高机整车性能较大程度取决于驱动电动机和动力电池系统各自的性能水平及其合理配置。

1. 驱动电动机系统

电动机系统承担着整车的动力输出任务,将电能转化为机械能。应用型式主要包括有刷直流电动机、交流感应电动机、永磁电动机以及开关磁阻电动机等。各类电动机主要性能指标对比如表 4.12-2 所示。

表 4.12-2　不同电动机性能对比

项目	直流电动机	交流感应电动机	永磁同步电动机	开关磁阻电动机
功率密度	低	中	高	较高
过载能力/%	200	300～500	300	300～500
峰值效率/%	85～89	94～95	95～97	90
功率因数/%	—	82～85	90～93	60～65
最高转/(r/min)	4000～6000	12000～20000	4000～15000	＞15000
可靠性	一般	好	优良	好
结构坚固性	差	好	一般	优良
电动机外形尺寸	大	中	小	小
电动机质量	重	中	轻	轻
控制操作性能	最好	好	好	好
控制器成本	低	高	高	一般

现阶段主要是以永磁同步电动机和交流感应电动机为主。我国的稀土资源占世界储量的 80% 以上,因此,发展永磁同步电动机作为驱动电动机更具有资源方面的优势。目前国内新能源汽车驱动电动机选型多为永磁同步电动机,技术比较成熟,系列化比较全,因此电

动堆高机采用永磁同步电动机较为合适。

2．动力电池系统

动力电池是整车的唯一能量来源，同时也是整车成本较高的一个关键动力总成部件。自电动汽车诞生以来，铅酸电池、镍氢电池以及锂电池等具有较为广泛的应用。将各种电池的主要性能指标做对比，见表4.12-3。

表 4.12-3　不同电池性能对比

项目	铅酸电池	镍氢电池	锂电池
工作电压/V	2	1.2	3.2～3.7
能量密度/(W·h/kg)	30～50	60～90	70～160
循环寿命(100%DOD)	≥300 次	≥400 次	≥1000 次
自放电率/(%/月)	5	20～35	6～8
快速充电能力	一般	较好	好
耐过充能力	一般	强	差
记忆效应	无	无	无
环境污染	严重	微小	微小
使用温度范围/℃	−20～50	−20～50	−20～55
价格/(元/W·h)	<1	2～7	5～8

锂电池与其他电池相比，在单体电压、容量、比功率方面具有较大的优势，且可进行大电流充放电，循环充放电性能好，较为安全，目前在新能源车领域应用广泛。中国是锂电池的生产大国，技术上和产品系列化成熟。因此堆高机采用锂电池作为动力电池系统。由于磷酸铁锂电池安全应用成熟，故电动堆高机动力电池为磷酸铁锂电池。

4.12.5 堆高机行驶系统分析

1．堆高机行驶工况分析

堆高机作业过程中需要搬运集装箱行走，司机应能方便地调整行驶速度。根据码头作业场地要求，堆高机行驶性能应满足以下要求：

（1）最大行驶速度（满载/空载）为20/25(km/h)，满足堆高机转场要求；

（2）爬坡度（满载/空载）为20%/25%；

（3）0～20km/h加速时间≤12s。

通过现场布置在三一堆高机的采集设备对堆高机作业时的行驶数据进行采集，堆高机在标准行驶作业工况下，实测负载与行驶速度变化曲线如图4.12-8所示。

图4.12-8中蓝色线条代表负载，红色代表车速。一次作业时，堆高机行驶先加速再减速移动至集装箱前（图中红色线显示），吊载集装箱负载变大（图中蓝色线条显示），后再经过一次加速和减速行驶至半挂车旁，放下集装箱，负载变为零。一次集装箱作业整个过程中经过两次加速减速。堆高机在标准作业过程中的行驶速度变化主要集中在0～12km/h。

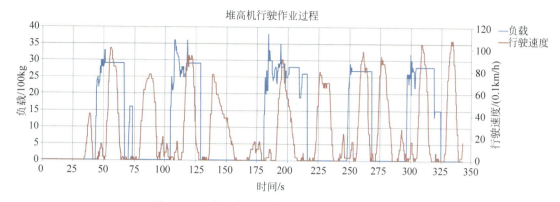

图 4.12-8　堆高机在标准作业工况下行驶速度变化

2. 行驶动力分析

堆高机作为工业车辆,其行驶动力分析亦可参照汽车行驶动力分析进行。

1) 最高车速

最高车速主要取决于驱动电动机的最高转速和传动系速比,不计坡道阻力时,最高车速下所需要的动力系统最大功率为

$$P_{v_{\max}} \geqslant \frac{v_{\max}}{3600\eta_{\tau}}\left(m_{v}gf + \frac{C_{d}Av_{\max}^{2}}{21.15}\right)$$

式中:$v_{\max}$——最高行驶车速,$v_{\max}=20\mathrm{km/h}$;

　　　m_{v}——整备质量,堆高机满载总质量 $m_{v}=50000\mathrm{kg}$;

　　　g——重力加速度,取值为 $9.8\mathrm{m/s}^{2}$;

　　　C_{d}——风阻系数,$C_{d}=0.8$;

　　　A——迎风面积,m^{2},满载时的迎风面积取 1AAA 标准集装箱(长 40ft × 高 9ft)的侧面积,迎风面积为

$$A = 12.192\mathrm{m} \times 2.896\mathrm{m} \approx 35\mathrm{m}^{2}$$

　　　f——滚动阻力系数,$f=0.02$;

　　　η_{τ}——传动效率,η_{τ}=传动轴效率×主减速器效率×轮边减速器效率=0.98×0.96×0.98=0.922。

将有关数据代入公式计算可以得到

$$P_{v_{\max}} \geqslant 59.2\mathrm{kW}$$

考虑到 20% 的功率预留,行驶驱动总成应满足:

$$P_{\max} = 59.2/(1-20\%) \geqslant 74\mathrm{kW}$$

2) 爬坡度

爬坡性能是用来评价大负载状态以及整车低速通过性能的重要指标,一般以整车按照规定爬坡车速所能通过的最大坡度 $\varphi_{\max}$ 来评价,堆高机爬坡度指标为 $\varphi_{\max}=20\%$。根据现场数据,堆高机作业时的行驶速度为 $0 \sim 12\mathrm{km/h}$。因此以 $v_{\min\_a}=3\mathrm{km/h}$ 行驶在某一坡度路面时,动力系统最大功率需求为

$$P_{a\_v0} \geqslant \frac{v_{\min\_a}}{3600\eta_\tau}\left(m_v g f\cos\alpha_{\max} + m_v g\sin\alpha_{\max} + \frac{C_d A v_{\min\_a}^2}{21.15}\right)$$

式中：$\alpha_{\max}$——最大坡度角，$\alpha_{\max} = \arctan\varphi_{\max}$。

根据设计要求

$$P_{a\_v0} \geqslant 165\text{kW}$$

3）扭矩需求

根据道路阻力计算，满载 9t 时，动力总成需输出扭矩为

$$T = (m_v g f\cos\alpha_{\max} + m_v g\sin\alpha_{\max})\times r_r/(i\times\eta)$$

式中：r_r——轮胎滚动半径，取 $r_r = 0.647\text{m}$；

i——驱动速度比，取 $i = 28$；

η——传动综合效率，$\eta = 0.922$。

$$T_{\max} = 2649\text{N}\cdot\text{m}$$

4）最大转速

根据速度比及轮胎半径可以计算电动机最大转速：

$$n_{\max} = \frac{v_{\max}\times i}{(0.377\times r_r)} = 2295\text{r/min}$$

由上可以得到行驶电动机选型参数：

$$P_{\max} \geqslant 165\text{kW}$$

$$n_{\max} \geqslant 2295\text{r/min}$$

$$T_{\max} \geqslant 2649\text{N}\cdot\text{m}$$

4.12.6 电动堆高机行驶动力仿真

根据计算，堆高机选取某型永磁同步电动机，并选用两挡变速箱，其基本参数见表 4.12-4。

表 4.12-4 堆高机选型电动机和变速箱基本参数

电动机参数	额定/峰值功率/kW	100/185	
	额定/峰值转矩/(N·m)	750/1300	
	额定/峰值转速/(r/min)	1270/3500	
	绝缘等级	H	
	防护等级	IP67	
变速箱参数	挡位	一挡	二挡
	速比	2.6	1

借助 Matlab 软件中的 Simlink 仿真工具对电动堆高机行驶系统建模，对堆高机最高速度、最大爬坡度进行仿真，满载和空载两种工况分别分析。

1）最高车速

通过仿真可以看出，满载工况时，在变速箱二挡坡度为 2.3% 时，满载最大速度可以达到 27.7km/h，具体见图 4.12-9。

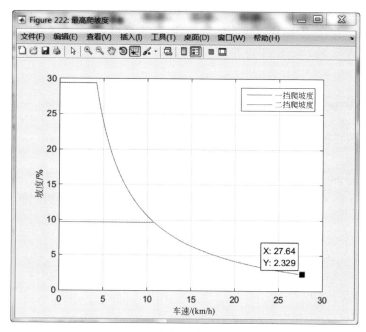

图 4.12-9　满载行驶最大速度仿真

通过仿真可以看出,堆高机行驶时,随着速度增大,行驶阻力也在加大,驱动力会减小,当二者相等时达到平衡点,此时电动堆高机空载可以达到的最高速度为 27.7km/h,具体见图 4.12-10。

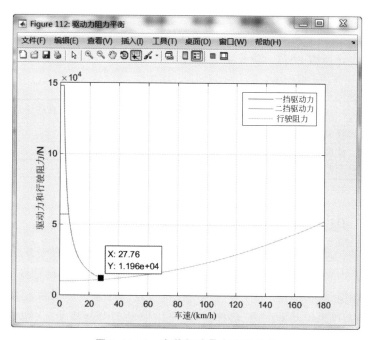

图 4.12-10　空载行驶最大速度仿真

2）最大爬坡度

通过仿真可以看出，电动堆高机在行驶时，随着速度增加，爬坡度减小，变速箱 1 挡，堆高机 3km/h 速度行驶，电动机输出最大扭矩。最大爬坡度可以达到 29％，具体见图 4.12-11。

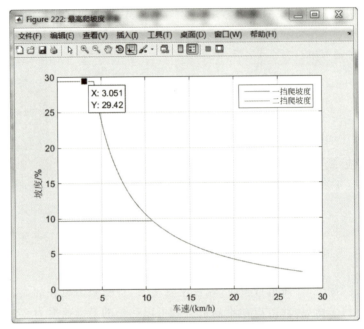

图 4.12-11　最大坡度仿真

当前行驶方案最高车速可以达到 27.76km/h，大于设计所需的 20km/h 要求；满载爬坡度 29％，大于设计所需 20％。仿真结果见表 4.12-5。

表 4.12-5　电动堆高机仿真结果

项　　目	仿真计算结果
满载最高车速/(km/h)	27.76
空载最高车速/(km/h)	27.76
最大爬坡度/％	29

4.12.7　电动堆高机案例

2019 年初，三一集团研发的世界首台电动堆高机已在厦门港海天集装箱码头投入使用，设备所有动力均来源于其装备的超大容量锂电池储存的电力，相比传统内燃机动力的堆高机，具有绿色环保、维护简便、工作安静不扰民等优点。作业现场如图 4.12-12 所示。

三一电动堆高机采用动能回收、势能回收、全电驱动等节能措施，大幅度延长了续航时间，充电 1h 可连续作业 12h，满足港口码头高强度作业需求。整机运营、使用维护成本远低于传统内燃机动力的堆高机，单箱作业成本下降 72％，使用 1 年即可收回成本，后续可为客户创造可观的经济效益。

图 4.12-12 三一电动堆高机厦门港作业现场

4.12.8 结语

常规堆高机由柴油发动机驱动,作业时会产生大量尾气和噪声排放,同时燃油成本高昂,运行成本较高。电动集装箱空箱堆高机采用锂电池作动力,永磁同步电动机驱动,通过行驶仿真,完全满足堆高机行驶要求。

目前电动堆高机已在客户码头试运行,纯电动、零排放,运营成本下降 72%,取得了较好的经济效益、社会效益和环境效益。

4.13 集装箱堆场起重机 LED 节能照明系统

4.13.1 引言

轨道式集装箱门式起重机(简称 RMG),是一种大车安装于地面轨道上进行装卸作业的起重设备,主要用于集装箱堆场内。RMG 采用电网供电驱动,绿色环保,使用成本低。

上海港外高桥自动化无人空箱堆场(如图 2.2-33 所示)是我国首个自动化集装箱堆场。上海港振东分公司工程技术人员为堆场内编号为 711、712 和 713 的 3 台矮型 RMG 进行节能照明系统改造。

4.13.2 LED 照明方式必要性分析

RMG 原采用高压钠灯作为照明设备,高压钠灯由电弧管、灯芯、玻壳、消气剂和灯头等构成;改造后的节能照明系统采用 LED 灯,LED(light emitting diode)即为半导体发光二极管,是一种能够将电能转化为可见光的半导体。

下面从光效、能耗和回收利用性对两者进行比较分析。

1. LED 灯与高压钠灯的光效分析

如表 4.13-1 所示,以光源功率 250W 的高压钠灯与 100W 的 LED 灯为例,对其各技术性能参数进行对比。

表 4.13-1 100W 的 LED 灯与 250W 的高压钠灯技术性能参数对比

技术性参数	LED 灯	高压钠灯	分析说明	计算公式
光源光效/(lm/W)	115	120	光源发出的总光通量与该光源所消耗的电功率(瓦)的比值,称为该光源的光效。采取国内一般光效水平	
光源功率/W	100	250		
初始光通量/lm	11500	30000		初始光通量=光源光效×光源功率
灯具光通量/lm	9200	12900	LED 是单向性发光,灯具效率较高,透镜损失 10%,灯具损失 10%;高压钠灯为 360°发光,应用到照射方向的光只有 30%,非应用方向的光只有通过设置反射板采集,反射到照射方向,故高压钠灯灯具实际照射面光通量是初始值的 43%左右	$\varphi_{LED}=0.8\times$初始光通量 $\varphi_{钠灯}=0.43\times$初始光通量
实际利用光通量/lm	9200	9030	LED 灯的光色基本都能够被人眼利用;高压钠灯有一部分光是不可见光,实际能被人眼有效利用的光通量是 70%左右	钠灯实际利用光通量=0.7×灯具光通量
实际功率/W	120	300	灯具驱动及线路损失 20%	实际功率=1.2×光源功率
灯具光效/(lm/W)	76.67	43		灯具光效=灯具光通量/实际功率

由此可以看出,100W 的 LED 灯和 250W 的高压钠灯的实际利用光通量基本相当,所以两者的光照强度相当。LED 灯的灯具光效比高压钠灯有了大幅提高。

2. LED 灯与高压钠灯的能耗分析

根据表 4.13-1 的计算公式,验算得 400W 的高压钠灯与 150W 的 LED 灯实际利用光通量基本相等,都为 14000lm 左右。在光照强度相同前提下比较两者的能耗情况,如表 4.13-2 所示,可知用 LED 灯可比高压钠灯节省 60%左右的照明能耗。

表 4.13-2 高压钠灯与 LED 灯能耗对比

高压钠灯		LED 灯		能耗对比/(kW·h)
灯具功率/W	耗电量/W	灯具功率/W	耗电量/W	
250	300	100	120	0.18
400	480	150	180	0.3

从使用寿命和可再生利用方面看,LED灯体内没有松动的部分,不存在灯丝发光易烧、热沉淀、光衰快等缺点,LED灯具内的半导体芯片可回收再利用。而高压钠灯电弧管内填充的是金属汞和金属钠,后续废品处理对环境污染大。

4.13.3　节能控制功能实现方式

上海外高桥自动化无人空箱堆场的RMG采用远程监控操作模式,一个作业司机(远程司机/司机)要操作控制2台高型轨道吊(DRMG)和3台矮型轨道吊(CRMG)的正常作业运行,"机多人少"是自动化堆场的作业特点。在夜间多机配合作业后,司机往往不会主动关闭各照明设备;到白天后,由于司机为远程操作,对现场照明灯光开关情况较难察觉,常常会忘记关闭照明设备。以上两种情况都会造成能源浪费。

在该自动化堆场的CRMG上采用节能照明系统后,在CRMG的小车顶部安装半导体光敏元件,通过光照强度来判断白天模式和夜晚模式。系统原理如图4.13-1所示。

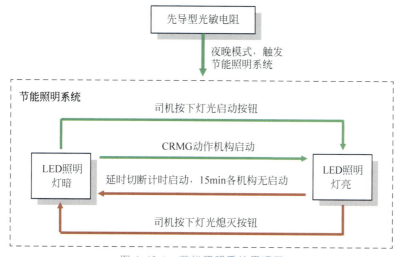

图4.13-1　节能照明系统原理图

在白天模式,切断CRMG设备的节能照明系统。这时候司机即使按下灯光启动按钮,PLC也不会响应此命令;在从夜晚模式进入白天模式时,若灯光未关闭则系统会自动熄灭,从而解决了因为司机忘记关照明设备而造成的能耗浪费问题。

在夜晚模式,节能照明系统启动。这时远程司机按下灯光启动按钮,LED灯常亮;按下灯光熄灭按钮,LED灯常暗。在此模式下,CRMG接到任务指令(JOBS)或者远程司机在手动模式操作起升机构、大车运行机构或小车运行机构,照明系统自动开启,通过摄像头远程司机可查看现场工况和作业状况。若各机构在15min内无动作,则自动切断照明电路,进入休眠模式。在下次机构动作时,照明系统将自动开启。

4.13.4　LED灯选型与布线

图4.13-2为LED照明系统电气原理图。从图中可知,LED照明系统通过三相四线制工频380V的母线进行供电,分成大梁、小车和槛梁3条支路,分别由漏电保护开关进行过载和短路保护,接触器由可编程控制器输出信号来触发每个支路导通,控制灯光的亮暗。以大梁灯为例,R6603、S6603和T6603为三相线,每一相与O6603之间为相电压220V,分别

给两只 LED 灯供电。

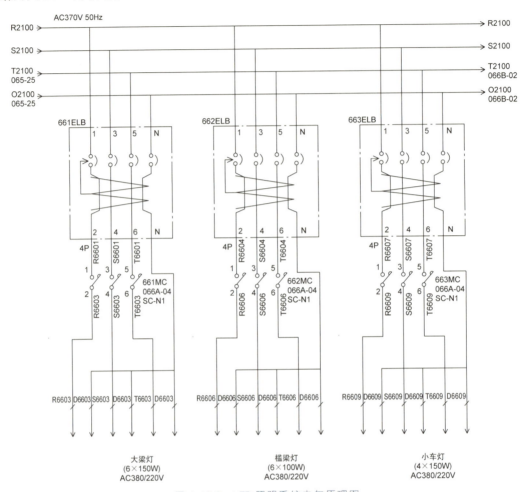

图 4.13-2　LED 照明系统电气原理图

LED 灯光源功率选择。原照明系统使用高压钠灯,其中 6 只槛梁灯额定功率为 250W,大梁灯和小车灯皆为 400W。根据照明质量不变的原则,参考表 4.13-2,槛梁位置 LED 灯功率为 100W,其余位置 LED 灯功率为 150W。

图 4.13-3 为轨道吊 LED 灯布置简图。6 个红色方块为大梁 LED 灯安装位置,4 个黄色方块为小车 LED 灯安装位置,6 个蓝色方块为槛梁 LED 灯安装位置。

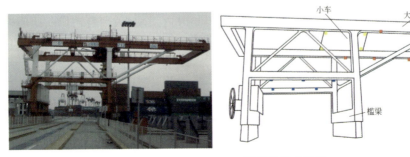

图 4.13-3　LED 照明系统布局图

设计安装完成后,使用缩微照度计对夜晚作业现场光照强度进行测量。数据显示,其照度数值与原高压钠灯照明系统数据基本保持不变,达到了预期设计要求。

4.13.5　小结

灯光照明系统有效解决了轨道吊 CRMG 设备能耗较高的问题,且改造成本低,可复制性好。以每天夜间每台 CRMG 工作 6h 计算,每年可为公司节约的能耗为

$$H_{总} = (大梁灯每只每小时节省能耗 \times 只数 + 小车灯每只每小时节省能耗 \times 只数 +$$
$$槛梁灯每只每小时节省能耗 \times 只数) \times 每日开灯时间 \times 365$$
$$= (0.3 \times 6 + 0.3 \times 4 + 0.18 \times 6) \times 6 \times 365 \text{kW} \cdot \text{h}$$
$$= 8935.2 \text{kW} \cdot \text{h}$$

即每台起重机每年可节省照明电约 8935.2kW·h。

此外,照明系统在各个机构无动作 15min 后将自动切断照明电路,这也将大大降低能耗。

第 5 章

集装箱码头水平运输设备

5.1 概 述

5.1.1 水平运输设备分类

集装箱码头水平运输设备用于实现前沿装卸区域和后方堆场区域之间的集装箱水平运输，包括集装箱拖挂车（简称集卡）、集装箱自动导引车（AGV）、集装箱跨运车（SC）、集装箱自装自卸车，以及适用于内河大水位差斜坡码头的集装箱斜坡缆车等。

近几年，我国集装箱水平运输设备飞速发展，体现了国内外高新技术的综合运用，同时也体现了我国上海港、青岛港、天津港、广州港、厦门港、唐山港等一批特大型港口企业，以及振华重工、三一重工等大型港机制造企业的责任担当。

5.1.2 集装箱拖挂车

集装箱拖挂车（简称集卡）是目前传统集装箱码头水平运输的最主要设备，将集装箱由码头前沿岸桥下方装车，直接运送到后方堆场的 RMG 或 RTG 下方，由 RMG 或 RTG 完成卸车、堆场；或反之。集卡亦可直接在岸桥下方接箱后出港运输，实现"船边直取"。

传统集装箱码头采用的集卡数量巨大，仅码头内拖挂车（简称内集卡）配备比例一般为岸桥的 6 倍。传统集卡以柴油机作动力，具有尾气排放和噪声污染大、运营成本较高等问题。

目前，针对传统集卡主要有两大技术热点：一是基于 LNG 或纯电力驱动技术的新型集卡节能减排技术的研发与应用；二是集卡无人驾驶技术的研发。目前 LNG 集卡已得到很好的推广应用，而电动集卡正为各港口和制造厂商所关注，并已有较多示范应用，成为港口新宠；无人集卡尚处于研发和示范应用阶段，但无疑将成为未来新建集装箱码头和传统集装箱码头升级改造的主要选配；而将两项新技术综合运用的无人电动集卡更将成为未来港口集装箱码头的首选。

目前，无人电动集卡的研发是所有港口机械新技术研发中最为活跃的领域，究其原因，一是人工智能、无人驾驶汽车、电动汽车等新兴技术已有很好的技术和应用基础,技术的可复制性较好;二是无人电动集卡的研发投资门槛较低,不同于岸桥、场桥、门座起重机等大型港口机械的研发,价格高昂,而且集卡批量很大,适合于大中小型各类企业投资;更重要的是,无人集卡在港口特定的封闭区域内运行,与人车混杂的公共道路运行车辆相比,更易实现商业化运营。

但是,目前无人集卡和 AGV 的划分界限比较模糊、混乱,以下暂按照研发机构自行公开的资料命名进行分类和介绍,并在第 7 章给出规范的划分建议。

1. 集装箱拖挂车的概念

由于集装箱拖挂车尚没有专门的技术标准进行规范,所以集装箱拖挂车的术语一直较为混乱,不同文献叫法不一,如集装箱拖挂车、集装箱挂车、集装箱牵引车,或集卡等。

根据国家标准《港口装卸术语》(GB/T 8487—2010),集装箱拖挂车由集装箱牵引车和集装箱挂车两部分组成,只有二者组合起来才可以完成集装箱的水平运输。集装箱牵引车又分为集装箱全挂式牵引车和集装箱半挂式牵引车;集装箱挂车分为集装箱全挂车和集装箱半挂车。图 5.1-1 所示为集装箱拖挂车的分类和不同的组合方式。

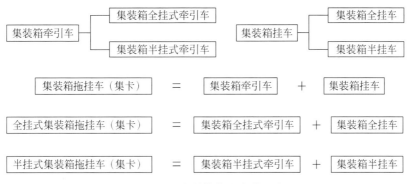

图 5.1-1 集装箱拖挂车的概念

为避免引起概念的混乱,本书将集装箱牵引车和挂车的组合体称为集装箱拖挂车,简称集卡。

综上,集装箱拖挂车可分为全挂式集装箱拖挂车和半挂式集装箱拖挂车,统称为集装箱拖挂车。其中半挂式集装箱拖挂车应用最为广泛,如图 5.1-2 所示。

2. 集装箱拖挂车 LNG 节能环保技术

为解决常规集装箱拖挂车采用柴油机作动力带来的能耗高、尾气和噪声污染排放严重等问题,十几年前,国内以深圳盐田港为代表的一批港口集装箱码头,开展技术创新,研发了 LNG 集装箱拖挂车,并大批量投入使用。国内宁波舟山港、青岛港、上海港等也大量采用了 LNG 集卡,取得了良好的经济效益和社会效益。

但是,近两三年来,由于 LNG 集装箱拖挂车的 LNG 使用安全问题,以及我国 LNG 定价机制与原油价格的不同步导致利润空间降低、纯电动集卡技术的快速发展等因素,在某种程度上限制了 LNG 集卡前几年快速增长的局面。

图 5.1-2   半挂式集装箱拖挂车

3. 三一海洋重工研发无人电动集装箱拖挂车

近几年锂电池驱动集装箱拖挂车一直是港口和牵引车制造厂家试图突破的一项节能技术,并已取得了较好的研究成果和示范应用。

三一海洋重工有限公司借助其在港口机械市场的既有资源,充分调查和研究了港口半挂牵引车的使用工况和客户需求,并利用三一集团现有成熟的重型底盘生产技术,以及目前电动汽车发展的最新技术成果,采用市场上成熟可靠的供应商资源,历时 1 年成功研发出了纯电动集卡,成为港口节能减排、降本提效的好帮手。

三一海洋重工纯电动港口牵引车的优势如下:

(1) 载重大,最大牵引质量 70t,可满足港口双箱重载牵引需求;

(2) 续航长,港口工况续航里程超过 150km,续航时间达 22h 以上;

(3) 充电快,1h 充满 SOC100%,而其他品牌电动集卡的充电时间一般需要 2h;

(4) 节能,每公里耗电仅为 1.5kW·h,较其他品牌现有产品低 20% 以上,节能优势明显。

三一纯电动港口牵引车的电动驱动系统采用 AMT(双电机+2 挡变速箱)技术。双电机+两挡变速箱的技术方案,相较于多挡箱,换挡更平顺且无动力中断。与直驱产品相比,双电机方案更加经济省电,能够使电机长时间处于高效区工作。

驱动电机采用永磁同步电机,体积小,过载能力强,工作噪声小,防护等级高(IP67),电机的高效区占比大;耐高温,可在高寒和高温地区工作以及高海拔地区工作,耐盐雾腐蚀性能强,工作电压范围广;抗振动性能强,可在恶劣环境工作。

电动机驱动系统采用磷酸铁锂电池技术,具有容量高、输出电压高、充放电循环性能良好、输出电压稳定、能大电流充放电、电化学性能稳定、使用安全(不会因过充电、过放电及短路等操作不当而引起燃烧或爆炸)、工作温度范围宽、无毒或少毒、对环境无污染等优势。

电动集卡采用高压电池系统匹配技术,电池成组方案采用双支路且高电压平台(614.4V),降低电池电流,利于电池组快充快放,提高电池稳定性。多合一的高压配电箱采用模块化设计,可以减少零部件数量,整车故障率低。

三一纯电动集卡主要技术性能参数见表 5.1-1。

表 5.1-1 三一纯电动集卡主要技术性能参数

技术性能		技术参数	备 注
车型/驱动形式		6×4/前置后驱	驾驶室为平头型
整车外形/(mm×mm×mm)		7310×2500×3380	
轴距/mm		3720+1350	
动力电池/(kW·h)		331.7(614.4V 540A)	使用磷酸铁锂电池
电机	功率/kW	100/185+250/350	双电机功率(副电机限功率)
	扭矩/(N·m)	750/1300+1400/2800	双电机扭矩
充电时间/min		60	双枪快速充电
续航里程/km		≥150	车辆开空调,港口工况
最大爬坡度/%		≥6/34	满载时/空载时
最高车速/(km/h)		≥30/60	满载时/空载时
0～30km/h 加速时间/s		≤25	满载时
整车自重/kg		12000	
最大牵引质量/kg		70000	

2018 年 8 月由三一海洋重工研发的 6×4 车型 SEV2503 纯电动集卡用于青岛港(如图 5.1-3 所示),场地较大,平均运距约 3km,砖石路平整度略差;车辆运行速度≤30km/h,每天里程 120～150km,工作 22h 以内,车辆利用率 70%;集卡载荷 80t 工况占比 20%,载荷 55t 工况占比 38%。通过近半年统计,总运行里程 10791km,充电消耗电量 16186.5kW·h,每千米电耗 1.5kW·h。

图 5.1-3 青岛港运行的三一重工纯电动集卡

综合分析三一集卡在各港口的使用情况,在集装箱码头高强度运输工况下,按月作业量 4500TEU、日工作 22h、日里程 120km 计算,同时考虑燃油(电)费设备和维护费,以及新车差价 6% 的资金成本,三一电动集卡与燃油集卡对比,使用 3 年成本相当,使用 7 年可节省 90 万元,如图 5.1-4 所示。

在集装箱码头中等强度运输工况下,按月作业量 2000TEU、日工作 8h、日里程 80km 计算,同时考虑新车差价 6% 的资金成本,三一电动集卡与燃油集卡对比,使用 5 年成本相当,使用 7 年节省 25 万元。

2019 年 12 月 10 日,由三一自主研发的 5 台纯电动集卡在厦门港海润码头正式投入运

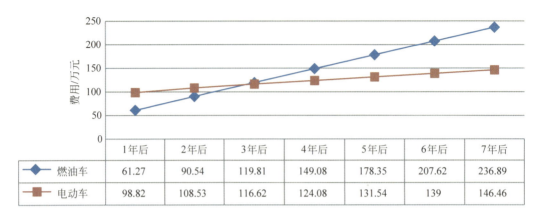

	1年后	2年后	3年后	4年后	5年后	6年后	7年后
燃油车	61.27	90.54	119.81	149.08	178.35	207.62	236.89
电动车	98.82	108.53	116.62	124.08	131.54	139	146.46

图 5.1-4　三一电动集卡与燃油集卡费用对比

营,这是全国首批商用化的纯电动集卡。

2019 年 6 月 14 日,三一海洋重工在其纯电动集卡的基础上,又进一步自主研发了无人驾驶电动集卡,并通过了实验测试(如图 5.1-5 所示)。无人电动集卡通过配置激光雷达、毫米波雷达、超声波雷达、高清摄像头、高精度定位等传感器设备,采用先进的传感器感知融合技术,实现对周围路况、障碍物、车辆等环境要素的精准分析;通过对周边环境的高精度测绘以及高鲁棒性的路径规划算法,实现典型港口工况作业条件下的全无人自动操作,在保障系统安全可靠的同时,能够有效提升港口的运营效率。

图 5.1-5　三一海洋重工无人电动集卡

4. 珠海港无人驾驶集装箱拖挂车

尽管集装箱自动导引车(AGV)和集装箱跨运车(SC)在国内外的自动化集装箱码头得到广泛应用,并已成为自动化码头的首选。但是 AGV 和 SC 高昂的设备价格和基础投资,以及后期运营维护成本,令许多港口用户望而却步。伴随无人驾驶汽车技术的飞速发展,价格低廉很多、基础要求很低的集装箱拖挂车的无人驾驶技术得到广泛关注。

2018年1月23日,在珠海国际货柜码头(高栏)有限公司,上海人工智能科创企业西井科技携手珠海港集团,举行全球首辆港区作业无人集卡(IGV)第一箱首发仪式(见图5.1-6),宣告中国港口与人工智能技术结合,在港口集装箱水平运输行业取得历史性突破。

图 5.1-6　珠海港首发无人集卡

根据预定的作业计划,这辆集卡"大脑"自主启动行驶程序,无人操控方向盘,却如"老司机"一般识别着周围的集装箱、机械设备、灯塔等物体,精准驶入集装箱门式起重机作业指定位置。当起重机司机将堆场的集装箱准确抓放在集卡上,无人集卡接到提箱成功的指令后自主驶出堆场区,选择最优路线转弯往岸桥方向驶去,最终精准地停在岸桥作业位置。随后,岸桥司机在40m高空放下吊具,稳稳地抓起车上的集装箱至半空,再缓缓将集装箱放回集卡上,完成全过程试验循环。

5. 天津港等企业研发无人驾驶纯电动集卡(AIT)

2018年4月12日,天津港集团有限公司、中国重型汽车集团有限公司与主线科技公司合作,共同推出了可用于自动化集装箱码头的全球首台无人驾驶电动集卡(L4级别),并投入试运营,如图5.1-7所示。这台电动集卡,列车总重80t,续驶里程120km,双枪快速充电1.5h可充满。

图 5.1-7　天津港无人驾驶电动集卡

这台纯电动无人驾驶牵引车基于中国重汽 HOWO T5G 平台打造,并且在车上安装了北斗定位系统和激光雷达、毫米波雷达、摄像头等设备,同时辅以自主研发的多项人工智能技术,可保证在夜间、大雾、雨雪等天气和现场人员、车辆、作业设备交叉作业的复杂情况下,保持良好作业状态,以满足港口 24h 全天候生产运行。

表 5.1-2 为纯电动无人集卡与集装箱自动引导车技术性能的对比情况。

表 5.1-2　纯电动无人驾驶集卡与集装箱自动导引车性能对照表

性能对比	无人驾驶纯电动集卡	集装箱自动导引车
感知、定位与导航系统	车载传感器	道路预埋磁钉
基础设施改造	改造费用低	前期投入大,改造费用高
采购、维护与保养成本	较低	较高
使用区域限制	港内、港外、等级公路	仅港内限定区域
使用便利性	同时支持人工和自动驾驶	仅能够自动驾驶
调整作业区域	简单易行	需重新埋设磁钉
未来技术升级潜力	高	低

2018 年 12 月 18 日,天津港与联通公司合作,在天津港"智慧港口"建设中提前引入新一代 5G 通信网络,加速推动我国无人驾驶技术创新成果在港口的转化应用。5G 网络具有高速率、多连接、低时延等特性,提高了无人驾驶技术的安全性和高效性。基于 5G 技术,天津港实现了对无人驾驶电动集卡运行过程全景、高清、实时的远程视频监控。

在首台无人电动集卡成功运行 11 个月后,2019 年 2 月下旬,天津港小批量采购 4 辆智能电动集卡,开启多车联合试运营工作。

当全球无人驾驶技术还在苦苦探索的时候,天津港集团、主线科技、中国重汽携手打造的无人驾驶电动集卡,已经在规模化应用上率先实现重大突破。2020 年 1 月 17 日,25 台由我国自主研发制造、达到全球自动化码头领先水平的无人驾驶电动集卡在天津港进行全球首次整船作业,为世界港口智慧化升级树立了"中国样板"。

6. 沃尔沃推出全新无人驾驶电动卡车 Vera

2018 年 9 月 15 日,沃尔沃宣布拟推出一种新型的集装箱水平运输解决方案,通过使用商用自主电动车辆,助力实现更加高效、安全、清洁的运输。

这款带有"魔幻"外形、外观类似跑车的沃尔沃卡车的未来运输解决方案主要用于运输距离较短、货物量大且运输精度较高的常规性、重复性的任务,可应对交通拥堵、环境污染和噪声等愈加严峻的挑战。

沃尔沃 Vera 自主驾驶电动车辆(如图 5.1-8 所示)没有高大的驾驶室,可拖动重达 32t 的货物,可接驳任何标准的拖车;配备有完善的自动驾驶系统,通过自主电动车辆及与之相连接的云服务和运输控制中心来完成,可以定位当前位置并精确到厘米范围内,通过精细化监测和分析其他道路使用者的实时状况,进行高精度的响应。

零排放和低噪声的无人驾驶车辆,可以使用现有的道路基础设施和载货平台,在白天或夜间的任何时候都可以执行出勤任务,因而更容易收回成本以及集成现有业务。

沃尔沃卡车将作为牵引车,与现有载重车/拖车兼容。它采用纯电动推进力,实现了零排放、低噪声。它的传动系统和蓄电池组,与现有的沃尔沃电动卡车中使用的传动系统和蓄电池组类型相同,降低了运营成本。

图 5.1-8　沃尔沃商用自主驾驶电动车辆

7. 西井科技无人驾驶全电动重卡 Q-Truck

2018 年 9 月 13 日,西井科技发布了全新的"Qomolo 逐路"品牌无人驾驶全电动重卡 Q-Truck(见图 5.1-9),可有效解决港口集卡的人力开销和劳动力断层问题。

图 5.1-9　西井科技全电动无人驾驶重卡 Q-Truck

Q-Truck 重卡无须磁钉等辅助设备,可自由选择电池电量和传感器等的组合方式,采用多口径可定制化的标准拖挂鞍部,未来将分为低速版和高速版两大车型,适用于集装箱、散货和危险品运载,以满足各个厂商及用户不同使用场景下的拖挂需求。

Q-Truck 采用专门的 QBrain 处理平台,具有强大的并行处理能力,将以 5ms 极低延时的实时响应,实现 1080P 画面精度下,对 8 路视觉及 6 路激光与毫米波数据的融合,进行环境感知与决策。该车可实现小于 2cm 的车辆精准控制系统,0.5°转向偏差的高精度控制,80t 超大负荷载重,35~90km/h 低速/高速运行速度,最大 1500N·m 扭矩发动机,以及 15% 的最大爬坡率。在作业场景下,可实现 95% 以上的精准停靠一次完成,大幅提高 40% 的作业效率;同时,Q-Truck 整车系统可完全满足严酷的室外作业要求,无论高温还是低温,白天还是夜晚,抑或是暴雨天,可实现全天候 24h 作业,保证作业效率不受天气因素的干扰,从容应对各种复杂工况下的负荷作业。

Q-Truck 纯电动重卡采用创新式主副电池系统设计,主副电池系统可在 2h 内完成 100% 快速充电,同时副电池可通过简易换电流程,实现 3min 换电,并可实现 30km＋的续航里程。既保证充电的灵活性,又保证电池的安全充电过程。据测算,百公里平均能耗仅需 102 元,年能耗仅需 3.72 万元,相比柴油动力集卡,Q-Truck 每年可节省 67% 的使用成本。

另外,无人集卡的成本可以大幅降低,预计 IGV 比 AGV 单机价格将降低 70% 左右。

2020 年 4 月 29 日,西井科技全时无人驾驶电动重卡 Q-Truck 在泰国 Hutchison Ports Thailand's Terminal D 亮相。这是全球大规模投入使用无人集卡的首个自动化码头。该码头 Terminal D 是振华重工在泰国境内第一个采用远程操控岸桥和 ARTG 的全新码头,预计 2024 年全部建成后将达到 350 万 TEU 的年吞吐量。

8. 振华重工无人驾驶集卡系统解决方案

2018 年 11 月 7 日,由振华重工主办的"2018 码头智能化解决方案交流论坛"在泰国曼谷召开,振华重工推出了无人驾驶智能集卡系统解决方案。图 5.1-10 为振华重工智能集卡。

图 5.1-10　振华重工智能集卡

该方案采用了振华重工自主研发的车队管理系统,集成了车辆群控等核心算法模块。另外,借助强大感知能力的无人集卡,实现与码头堆场系统和岸桥系统的无缝对接,对现有基础改造简单,并对现有传统码头的作业流程无须进行大的改动,为港口自动化、智能化升级改造提供了一种全新的、低成本、影响最小的水平运输自动化解决方案。

9. 上海洋山深水港启动"5G＋自动驾驶重卡"示范运营项目

2019 年 11 月 9 日,上汽集团、上港集团和中国移动联合宣布,三方正式启动全球首次"5G＋L4 级智能驾驶重卡"示范运营。上汽 5G 智能重卡示范运营将切实提升港区作业效率、通行效率、环保水平和安全水平,积极助力洋山港加快建设成为具有全球领先水平的智能港口。

从洋山深水港物流园经东海大桥到洋山码头,来回 72km 的物流环线涵盖了普通道路、高速公路、码头、堆场、夜间大交通流量等复杂场景,每年有 60 余天还要经受东海大桥上 7 级以上大风的"考验",对于智能重卡来说这一路可谓处处是"挑战"。

融合了 IGV 人工智能、5G、V2X 车联通信等先进技术的上汽智能重卡(见图 5.1-11),

获得了上海市智能网联汽车开放道路测试牌照,成功实现了在港区特定场景下的 L4 级自动驾驶、厘米级定位、精确停车(±3cm)、与自动化港机设备的交互以及东海大桥队列行驶,为港口运输客户提供了更智能、更安全、更高效、更环保的集装箱转运方案。

图 5.1-11　上海洋山港基于 5G 技术的自动驾驶集卡

　　基于自主研发的视觉感知系统、激光雷达系统、毫米波雷达系统以及卫星和惯性导航组合系统,使上汽智能重卡能在前后方约 250m、左右各约 80m 范围内精确感知交通参与者,对行人、车辆、其他障碍物等进行精确识别,提供比人类驾驶员更安全可靠的车辆操控。在新一代 5G-V2X 技术支持下,上汽智能重卡能在 20ms 内建立车队间的实时交互通信,确保自动跟车、车道保持、绕道换行等队列行驶功能即时实现,并能将队列行驶的间距减小到 20m 以内,从而提升道路车辆密度。

　　在洋山码头集装箱堆里作业,卫星信号容易被遮挡,上汽智能重卡依靠高精地图、地面增强定位和视觉感知系统,与轮胎吊、桥吊通过 V2X 技术交互,实现精确定位及 ±3cm 标准的精准停车。通过 LNG 清洁能源动力系统,智能重卡在集装箱转运过程中将减少一定程度的碳排放。

10. 数翔科技首辆 AMRs 产品进入镇江港测试

　　2019 年 8 月,深圳数翔科技有限公司宣布其研发的无人驾驶集装箱电动运输车 AMRs(如图 5.1-12 所示)进入镇江港集装箱码头进行落地测试,并展示了在半封闭应用场景下的无人驾驶系统技术和车队管理系统。

图 5.1-12　数翔科技无人驾驶运输车 AMRs

AMRs 与传统 AGV 的导航运行方式完全不同。由于 AMRs 不受地面预埋磁钉等固定导航标记物的轨迹限制,可实时感知环境,灵活及时规划全局路径。当有障碍物出现在规划好的路径中时,AMRs 可以通过自身的"智慧"判断障碍物类型,并巧妙避开,减少突发事件对车队效率的影响,相较 AGV 更加智能。

11. 广州港南沙四期自动化集装箱码头 IGV

正在建设中的广州港四期工程自动化集装箱码头是一座年设计通过能力为 490 万 TEU 的大型集装箱码头。其最大特点无疑是全球首次采用了 IGV 作为水平运输设备(见图 5.1-13)。

图 5.1-13　广州港南沙四期自动化码头 IGV

2019 年 9 月 25 日,振华重工与广州港签订了包括 IGV 在内的自动化集装箱码头全套设备的供货合同。而在此之前,广州港已经就 IGV 进行了 1 年多的试验研究工作。

IGV 被认为是一种介于 AGV 和无人集卡之间的一种水平运输设备,性能先进,价格适中,目前行业更多地仍将其归类于无人集卡系列。

IGV 不同于国内外全自动化码头普遍采用磁钉导航的 AGV 作为水平运输设备,创新性地采用了北斗卫星导航定位系统、激光雷达 SLAM、视觉 SLAM 以及多传感器融合定位技术。从 AGV 到 IGV 是从自动化到智能化的升级,技术方案更灵活,成本更低廉,为今后新建自动化码头提供了新的技术路线。

IGV 具有定点自动充电功能,可无限续航。在堆场设计中,IGV 也不再复制现有全自动化码头海侧端部装卸模式,而是与传统集装箱码头一致,水平运输设备 IGV 可穿梭至堆场的每一个箱位,并在堆场后方设置港内外交互区,实现外集卡与 IGV 的分流隔离。

12. 氢能集卡在青岛港实景测试运行

2019 年 10 月 21 日,由青岛前湾集装箱码头、机科(山东)重工、江苏奥新、国投中科 4 家企业共同研发的 3 台氢能源集卡(见图 5.1-14)在青岛港前湾集装箱码头公司(QQCT)正式投入实景测试运营,在全国同行业率先成为氢能源集卡运行应用的码头。

该集卡以氢气和氧气为原料,反应后产生水和能量,解决了传统汽车环境污染的问题,是一款高效、清洁、零污染、零排放的新型新能源汽车,首创在港口内部用氢燃料电池动力源代替传统柴油燃料的运输新模式。

13. 天津港基于自然导航的人工智能运输机器人

2018 年 10 月,由天津港集团、徐工集团、主线科技联合成立人工智能运输机器人

图 5.1-14 青岛港氢能源集卡试运营

(ART)研发项目组,开展 ART 关键技术研究和产品开发工作。2019 年 5 月,ART 顺利下线。ART 创新采用电驱式轮边驱动、伺服驱动全轮转向、全车姿态电气化控制等关键技术,动力源采用模块化设计,实现了关键技术的突破,具有低碳化、智能化、自动化等特点,如图 5.1-15 所示。

图 5.1-15 人工智能运输机器人

ART 创新采用模块化动力匹配模式以增大 ART 的续航里程,采用了油气悬挂缓冲装箱的冲击载荷、轮边电驱提高传动机械效率等先进技术。到 2019 年底,ART 完成了港口内集装箱装卸和水平运输各种作业工况测试,参与港口内集装箱水平运输作业测试,具备前往指定地点完成集装箱装卸和运输工作的能力,全程无须人工干预,全局定位精度小于 10cm,岸桥/轨道吊下精准定位精度小于 3cm,对位时间不超过 30s,能够识别并避让其他有人驾驶内/外集卡、工程车辆、行人、港机设备等。无人驾驶作业测试里程达到 1000km,精准的感知定位和执行模块,保障集装箱运输作业稳定、高效。

14. 上汽集团集装箱智能运输车

继 2019 年 8 月底召开的 2019 世界人工智能大会上,上汽集团发布其首款 5G 智能重卡之后,2020 年 4 月 28 日,上汽集团再次发布其研发的首辆港口集装箱智能运输车(AIT),如图 5.1-16 所示。上汽集团抓住 5G 时代的发展机遇,以市场为主导,以创新为驱动,主动跨界融合,研发推出 AIT 新产品,可在港口园区内进行集装箱的无人化运输。AIT 作为上汽集团与上港集团合作的重要战略项目,将在 2020 年内在上港平湖独山港进行小批量示范运营。

图 5.1-16　上汽集团集装箱智能运输车

15. 东风无人驾驶港口集装箱卡车

2020 年 5 月 11 日,中远海运集团、东风汽车集团有限公司、中国移动上海公司联合在北京、上海、武汉、十堰、香港和厦门 6 个城市,通过中国移动 5G＋云视讯系统举行"5G＋无人驾驶赋能智慧港口"云发布会。首次亮相主会场厦门港的东风无人驾驶港口集装箱卡车(见图 5.1-17),采用了"无驾驶舱"纯电动设计,仅由"底盘＋传感器"构成,双电机直驱、双向转向系统,配备激光雷达、高精定位惯导等技术,可实现环境主动感知、自定位、自主智能控制、遥控控制和远程通信五大功能。该无人集卡未来在港口投入应用后,将能够满足港口对接要求,后台统一调度、规划路线,实现车辆远程监控、智能化管理,为港口降低运营成本、提升运营效率,为绿色智慧港口建设提供支撑。

图 5.1-17　东风无人驾驶纯电动集卡

东风商用车有限公司同时发布了全国首个《港口无人驾驶集装箱卡车标准》,以及《5G智慧港口全业务场景落地白皮书》和《5G 智慧港口实施方案和路线图》。结合人工智能、物联网、大数据等关键技术,打造智慧高效、深度协同、安全绿色的新型智慧港口生态圈。

2020 年 9 月 16 日,中远海运 5G 智慧港口建设再进一步,首批共 6 台 5G 无人驾驶集卡在湖北东风商用车厂顺利交付,车辆将在中远海运港口厦门远海码头的作业现场编组调试后,正式开启运营。

16. "云杉"号自动驾驶集装箱牵引车

2020 年 5 月中上旬,由威驰腾(福建)汽车有限公司与福建中科云杉信息技术有限公司合作开发的首台具有自主知识产权的"云杉"号自动驾驶集装箱牵引车在福建省漳州开发区四区码头进行现场测试的消息亮相媒体,这也是福建省内首台自主研发的自动驾驶牵引车,如图 5.1-18 所示。

图 5.1-18 "云杉"号自动驾驶集装箱牵引车

"云杉"号自动驾驶牵引车是一款基于商用车架构为港口量身定做的自动驾驶新能源牵引车,整车采用先进的纯电动系统,绿色环保、外形炫酷、动力强劲、性价比高,可牵引最大重量约 60t。该车采用福建中科云杉信息技术有限公司开发的国际领先的成像 PMCW 毫米波雷达作为主力传感器,融合视频实现全天候、全天时感知,采用北斗 GNSS 及云杉智能路标进行高精度、高可靠的定位导航,不论晴天雨天,都能保持厘米级车辆控制精度,采用多种车路协同策略实现无人驾驶与有人驾驶交会作业的交通管理,对新建码头和老旧码头改造均可适用。

2020 年 8 月中旬,"云杉"号无人集卡在招商港口妈湾港首次实现与传统有人驾驶集卡的混行模式作业测试,平均单箱用时仅 7min29s,超过人工集卡的单箱用时 8min8s。

除港口应用外,该自动驾驶牵引车还可以应用于矿山、大型企业场内等多种固定生产生活场景,较大程度上降低了劳动力成本,同时提升了工作效率和安全性,具有广阔的市场推广前景。

5.1.3 集装箱自动导引车

集装箱自动导引车（AGV）是目前全自动化集装箱码头集装箱水平运输的最重要设备，在码头专用管理系统的控制下，按照规定的地面路线行走，完全实现无人操作，完成前方岸桥和后方场桥之间的集装箱往返水平运输。

1. 我国 AGV 研发现状

1）水运院 AGV

水运院在其北京大兴试验基地原有集装箱装卸试验系统的基础上，于 2010 年建立了基于 AGV 的集装箱水平自动运输试验系统，其核心是集装箱自动导引车（如图 5.1-19 所示）及其控制系统。该 AGV 采用柴油机-液压驱动方式，可载运 20ft 集装箱，采用 GPS＋激光定位导航方式。

图 5.1-19　水运院 AGV 试验系统

2）振华重工 AGV

目前，在我国已正式实现也是唯一实现 AGV 商业运营的企业是上海振华重工。其研制的各种 AGV 均采用纯电动驱动方式，采用地面预埋的磁钉进行定位导航，我国已经投入运营的厦门、青岛、上海 3 个全自动化集装箱码头全部采用了振华 AGV，甚至包括新加坡 PSA 码头在内的国外众多自动化集装箱码头也选用了振华 AGV，如图 5.1-20 所示。

(a) 青岛港AGV

图 5.1-20　振华重工制造的 AGV

(b) 厦门港AGV

(c) 新加坡PSA港AGV

(d) 上海港AGV

图 5.1-20 （续）

3）青岛新松 AGV

2018 年 10 月，一台由青岛新松机器人自动化有限公司研发的全新 AGV 发往新加坡港运行试用（如图 5.1-21 所示），并最终获得中标。该 AGV 整车整备质量 32t，额定负载 65t，常规载荷 50t，车长 15m，定位精度 ±5cm，最大运行速度 7m/s（25km/h），最小稳定车速 0.1m/s，加速度 0.33m/s^2，制动距离小于 13m。采用自主研发的楔形运动算法，转弯时可以楔形运动，也可以横向走。另外，该 AGV 全机身采用了防盐雾材料，满足了新加坡港常年高温多雨、盐雾大、腐蚀严重的不良环境条件。

图 5.1-21 青岛新松 AGV 试用于新加坡港

青岛新松研发的港口 AGV 采用纯电动方式，不产生环境污染。在新加坡港口设有 AGV 充电桩，当 AGV 感应到自身电量不足时，会自动停止作业，自动运行到充电桩充电，一般充电 40min 就可以支持设备作业 4h。而且设备配备的电池包是可拆卸的，即使电池包没电了也可以通过直接更换电池继续作业。

4）丰疆 AGV

2019 年 9 月 8 日,在 2019 世界物联网博览会上,丰疆公司发布了其研发的智能港口 AGV(如图 5.1-22 所示)。丰疆 AGV 最让大家惊喜的或许是其极具竞争力的价格,每台只有 99.8 万人民币。目前,丰疆 AGV 已经进行了 15 万 km 的等效里程测试,自主搭建试验环境,码头各工况环境实测、建立高频次路面激励。安全无故障运行时长高到 3600h,行驶路径实时监控记录,已收集 5000 万数据点进行大数据分析。另外,高效能、低成本,在能耗上远低于普通内集卡,还可为各大港口省去不少人工成本,预计两年能为港口节省 120 万元。

图 5.1-22　丰疆 AGV

AGV 动力方式主要有柴油机-液压动力和锂电池-液压动力两种方式,目前我国新研发的 AGV 全部采用纯电动锂电池驱动方案。

2. AGV 供电方式

锂电池动力方式是目前国内外 AGV 首选的供电方式。目前国内已投入使用的厦门港、青岛港、上海港 3 个自动化集装箱码头均为锂电池动力方式。但这 3 个码头分别采用了不同的锂电池 AGV 充电方式,三者各有特点。未来随着无线充电技术的成熟,无线充电方式或许将成为 AGV 充电的主要选择。

1）厦门港 AGV 滑触线定点充电方式

作为国内第一个实现自动化水平运输的集装箱码头,厦门远海集装箱码头 AGV 采用了定点充电方式(如图 5.1-23 所示),结构简单。

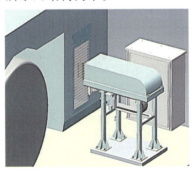

图 5.1-23　厦门港 AGV 滑触线定点充电方式

2）青岛港滑触线机会充电方式

青岛新前湾自动化集装箱码头 AGV 首创了滑触线浅充浅放机会充电方式，如图 5.1-24 所示。

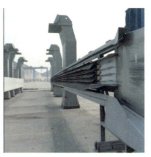

图 5.1-24　青岛港 AGV 滑触线机会充电方式

AGV 运行到 RMG 下方装卸区域，从进入待装卸集装箱位置开始充电，到集装箱装卸完毕离开装卸集装箱区域充电完毕，AGV 所充电电量正好可以保证 AGV 运行一个作业循环所需平均电量。这样可以配尽可能少的电池即可，较大幅度降低了 AGV 自重，进而降低能耗。

3）上海港换电站充电方式

上海港洋山四期自动化码头作为全世界最大的全自动化集装箱码头，其 AGV 采用了换电站充换电方式，如图 5.1-25 所示。

图 5.1-25　上海港 AGV 换电站充换电方式

采用换电站，即"换电池包"的充电方式，要求更换一次电池，AGV 的续航要求至少可以达到 8h，锂电池组需要配备容量大，以满足 AGV 较长时间连续运行的需要，这导致 AGV 自重有所增加。

3. AGV 支架

AGV 在码头前沿岸桥下方需要等待岸桥起升吊具的到达，或岸桥起升吊具等待 AGV 的到达。AGV 和岸桥吊具之间的合理匹配耦合是影响自动化集装箱码头作业效率的难点之一。

在后方 RMG（或 RTG）下方，AGV 同样有与 RMG（或 RTG）匹配耦合的问题，为此振华重工研发了固定安装在堆场门式起重机海侧交换区地面的配合 RMG 装卸集装箱的 AGV 伴侣(或称活动支架,见图 5.1-26(a))和 L-AGV 支架(或称固定支架,见图 5.1-26(b)),巧妙解决了 AGV 与 RMG(或 RTG)的耦合问题。

(a) AGV活动支架　　　　　　　　　　　　　(b) AGV固定支架

图 5.1-26　AGV 活动支架和固定支架

但 AGV 与岸桥之间交换集装箱仍难免出现相互等待的现象,所以采用集装箱跨运车进行集装箱的水平运输成为国外尤其欧美很多自动化集装箱码头的首选。

5.1.4　集装箱跨运车

1. 传统集装箱跨运车

跨运车(straddle carrier,SC)是一种在集装箱码头前沿和堆场之间搬运及堆码集装箱的专用装卸机械,具有机动性强、作业灵活的优点,可一机完成多种作业,包括自取、搬运、堆垛、装卸等,可自行抓取并运输集装箱,节能环保、维护成本低。

集装箱跨运车既可以用于码头前沿与堆场间集装箱的水平运输,也可以用于集装箱的堆场作业。用于水平运输的集装箱跨运车起升高度较低,无堆码功能或只能堆 1 层集装箱,一般为 6m 左右。而堆垛型跨运车主要用于水平运输和堆码垛作业,车架结构较为高大,可堆 2~4 层集装箱。跨运车用于堆垛作业时,与广泛使用的 RMG 和 RTG 相比,场地利用率低很多。

传统集装箱跨运车(见图 5.1-27)配有司机室,由司机操作,可以直接到前方岸桥下方取放集装箱,或到后方 RMG 或 RTG 下方的车道取放集装箱,无须等待。国外尤其欧美集装箱码头大量使用跨运车进行集装箱水平运输,可以实现岸桥、RMG 和跨运车之间的零等待,提高了作业效率。国内 20 世纪 90 年代,集装箱码头发展早中期,各港口从国外进口了较多的跨运车,但是目前已基本淘汰,极少再有应用。

传统集装箱跨运车的动力方式一般采用柴油-发电机组和柴油机-液压传动两种方式。

随着节能环保要求的提升和人工智能等新技术的发展,传统集装箱跨运车呈现了新的发展趋势,一是节能环保技术的应用,二是无人驾驶技术的研发。两大技术的推广与应用成

(a) 水平运输型跨运车　　　　　　　　　　　(b) 堆垛型跨运车

图 5.1-27　集装箱跨运车

为跨运车各大供应商近几年的发展亮点。

2. 振华重工无人驾驶集装箱跨运车

全球现有 1000 多座集装箱码头,超过半数的海外集装箱码头在集装箱水平运输环节使用了跨运车,然而自动化跨运车占比却低于 5%。主要原因在于,目前自动化跨运车采用的技术方案是磁钉导引或基站导引,外设装置的成本很高,而实际作业效率比较低。

1) 振华重工无人驾驶集装箱跨运车

2018 年 1 月上旬,振华重工牵头,联合西井科技等成功研制出首台自主驾驶无人集装箱跨运车(ASC),又称智能跨运车,如图 5.1-28 所示。

图 5.1-28　振华重工无人驾驶集装箱跨运车

该无人驾驶跨运车无须事先埋设磁钉,依靠人工智能技术,即可实现多种功能。经长时间码头测试,该跨运车可实现自主定位、自主导航的无人驾驶功能,行驶过程中可自动规避障碍物,做出减速、制动或绕行等遭遇突发状况的各种智能决策。同时,无人驾驶跨运车还可根据码头实际路况,自主规划出集装箱水平运输的最优驾驶线路,更适用于码头这种特殊的封闭场景决策。

经实测,其自主作业的准确率几乎达到100%。未来,该跨运车在码头上将直接改变现有的水平运输作业方式,真正解放码头劳动力,提升码头50%以上的水平运输效率。振华重工依靠人工智能的无人驾驶技术,将持续引领自动化码头领域展开新一轮的技术革命。

人工智能跨运车具有广阔的市场前景。目前全球约有4000台跨运车在运营,保守估计未来跨运车的自动化率将达到20%,市场前景广阔。

2)振华重工锂电池混合动力集装箱跨运车

2018年6月下旬,振华重工进一步推出新一代智能跨运车,并进入动态路测阶段。跨运车整机采用模块化设计装配,柴油机和锂电池混合动力驱动方案,轮边同步电机驱动,八轮液压独立转向,实现了人工驾驶和无人驾驶两种操作模式自由切换。

无人驾驶跨运车配置了全新的多传感器融合导航定位方式,定位精准度和控制水平居世界前列。跨运车采用领先的自助驾驶系统、负载敏感混合动力系统、独立驱动转向系统、人工智能车队系统,适合全天候、全工况、全地域作业。该跨运车作为全球自动化集装箱码头需求的全新替代产品,其无人驾驶技术采用全新的融合导航定位方式,定位精准度和控制水平居世界前列。

该无人驾驶跨运车主要分为一过三和一过一两种型号(如图5.1-29所示)。一过三跨运车的自重69t,额定载荷50t,长10m,宽5m,高16m,配置双箱可分离吊具。起升速度24m/min,大运行车速度24km/h,内侧转弯半径仅为3.3m。一过一跨运车除了自重58t、高度为10.5m外,其他参数与一过三是相同的。使用混合动力后,把柴油机的功率从350kW减小到了150kW,单机每小时的平均油耗仅为10L,真正做到了低排放、低噪声、低能耗,大大提高了燃油经济性。

(a)一过三跨运车

(b)一过一跨运车

图5.1-29　振华重工无人驾驶混合动力集装箱跨运车

2019年3月,振华重工为和记黄埔集团建造的8台一过三机型智能跨运车正式签订合同,将在瑞典斯德哥尔摩码头投入使用,标志着振华重工自主研发的智能跨运车产品首次实现商业落地。2019 年 5 月开工建造,2020 年 3 月 4 日,首批两台智能跨运车在瑞典和黄CTN 码头完成交机(如图 5.1-30 所示),这是振华重工为满足全球自动化码头需求重点研发的全新产品。

图 5.1-30　振华重工混合动力智能跨运车在瑞典和黄 CTN 码头完成交机

3) 振华重工研发的跨运车轮边驱动减速器

传统跨运车采用液压低速大扭矩马达或电动机-机械传动装置驱动跨运车运行机构,结构复杂,维护成本高。由振华重工自主研发的跨运车专用轮边驱动减速器,由两级行星齿轮传动机构和多片液压湿式制动器组成。该设计充分利用轮毂本身空间,将减速器嵌入轮毂内;利用永磁电机作为动力装置,体积小;将减速器与永磁电机直接相连,完成同轴式输入和输出,结构非常紧凑。

该减速器在传递动力的同时,还具有快速行车制动和驻车制动功能,并承担整个跨运车及货物重量。该驱动减速器具有定位精度高、可靠性强、结构简单等特点,有效降低了跨运车自重,使轮胎及减速器更换与维修更方便,减少维修成本,已成功示范应用,具有广泛应用价值。

3. 卡尔玛集装箱跨运车

1) 卡尔玛全电动集装箱跨运车

2017 年,卡尔玛(Kalmar)与 DP World 伦敦口岸在英国共建业内首个电动集装箱跨运车快速充电试点,如图 5.1-31 所示。全电动卡尔玛 FastCharge^{TM} 快速充电跨运车于 2018年第一季度开始运营。采用快速充电技术的全电动跨运车的示范应用将验证未来全电动解决方案在港口运行的可行性。卡尔玛快速充电解决方案具有零氮氧化物、零二氧化碳和低噪声排放的特点,可应用于自动化运营和人工化运营的电动集装箱跨运车。

图 5.1-31 卡尔玛全电动跨运车快速充电解决方案

2）卡尔玛自动化集装箱跨运车

2011 年,卡尔玛赢得 TraPac 洛杉矶港自动化码头项目,交付 10 台全自动轨道式起重机和 17 台自动化集装箱跨运车(见图 5.1-32(a))。其后,卡尔玛又陆续获得 TraPac 自动化码头二期和三期的订单,共交付 19 台全自动轨道式起重机和 11 台自动化集装箱跨运车。

(a) TraPac洛杉矶港跨运车

(b) EUROGATE集装箱码头跨运车

图 5.1-32 卡尔玛自动化集装箱跨运车

2017 年,卡尔玛为德国 EUROGATE 集装箱码头交付 4 台全自动化集装箱跨运车,如图 5.1-32(b)所示。

3）卡尔玛混合动力集装箱跨运车

近几年,混合动力集装箱跨运车作为卡尔玛的重要产品,拥有很高的市场占有率。2019

年,卡尔玛为美国 Maher Terminal 集装箱码头交付 26 台、为意大利 Medcenter 集装箱码头交付 32 台、为 DP World 安特卫普 Deurganck 码头交付 19 台混合动力跨运车(见图 5.1-33)。而在此之前的 2017 年,DP World 安特卫普已购买了卡尔玛首批 8 台混合动力跨运车,2018 年又购买了 15 台。

图 5.1-33　卡尔玛混合动力跨运车用于 DP World 安特卫普 Deurganck 码头

5.1.5　集装箱自装自卸车

20 世纪 80 年代,我国集装箱运输业务刚刚起步,当时各种集装箱起重机械非常匮乏,而集装箱最大的优势之一是实现"门到门"运输,为此水运院研制了集装箱自装自卸车(见图 5.1-34)。该车在现有集装箱半挂车的底盘上前后各安装一套液压驱动的简易起升装置,这样既可以在公路上快速行驶,又可以自行完成集装箱的装车、卸车工作,而不需要其他起重机和叉车配合作业,适用于集装箱装箱量少且没有专业集装箱起重设备的企业。

图 5.1-34　集装箱自装自卸车

但是,由于该车自重较大,价格相对高昂,加之我国港口装卸机械和集装箱运输发展极为迅速,所以该车并未投入批量生产。以后,各牵引车制造企业又陆续研发了其他形式的集装箱自装自卸车,但是均没有得到很好的市场推广应用。

5.1.6 集装箱斜坡缆车

集装箱斜坡缆车用于早期内河大水位差斜坡码头的装卸船浮式起重机和堆场门式起重机之间的集装箱斜坡提升运输作业,效率较低。现在绝大多数内河集装箱码头已采用直立式码头,采用类似海港的岸桥—集卡—RMG(或 RTG)的作业模式,斜坡缆车的应用已不多。

为最大限度实现节能运行,集装箱斜坡缆车大多设计为双车平衡式,即斜坡上设有两对缆车轨道,有两台缆车通过牵引绳系统使车架的自重得到平衡,一上一下同时运行。双车平衡式斜坡缆车的最大优点是缆车自重平衡,能耗低,可提高浮式起重机和堆场门式起重机之间的装卸作业效率。图 5.1-35 所示为重庆佛耳岩港斜坡式集装箱码头的双车平衡式集装箱斜坡缆车。

图 5.1-35　集装箱斜坡缆车

5.2　集装箱自动导引车

5.2.1　引言

随着人力成本的持续上升和科学技术的发展,自动化集装箱码头陆续在全世界多个港口已成功实现运营,并且逐步被越来越多的码头运营商纳入到未来发展计划中。集装箱自动导引车(AGV)作为自动化集装箱码头重要的组成部分,承担着自岸边集装箱起重机(简称岸桥)至后方堆场之间的集装箱水平运输任务。与传统设备相比较,AGV 具有无人驾驶、自动导航、路径自动规划和优化、自动避碰避障、低能耗等特点,并能够长时间和高效率、稳定地工作。

AGV 自 20 世纪 90 年代开始逐步投入商用,第一代 AGV 采用了柴油机-液压驱动系统。由于当时技术水平限制,存在"先天不足",不仅行驶性能有限,并且存在着维护困难、能耗较高、噪声污染和废气排放严重等问题。

随着 21 世纪动力能源技术的发展与进步,AGV 已经发展出了多个换代产品,驱动形式已基本改用电池+电机驱动方式。特别是在能源供应系统部分,历经了多种形式的变迁,从大中型柴油机组向蓄电池组等绿色能源逐步过渡。图 5.2-1 为振华重工为厦门远海集装箱码头研制的 AGV。

图 5.2-1 振华重工研制的 AGV 用于厦门远海集装箱自动化码头

目前市场上投入使用的 AGV 也是多种动力能源配置共存。按照采用的动力源形式区分,可主要分为 3 种类型:内燃发电机型、混合动力型和纯电动型。

化石能源供应的紧缺和环境污染的日趋严重已成为各大行业关注的焦点之一。许多国家,尤其是发达国家,对港口地区在废气排放、噪声污染方面同样有着详细而严格的标准和规定。AGV 作为集装箱码头保有量较多的主力设备,其节能减排技术水平的高低对于码头运营绿色发展的意义相当重大,效果也较为明显。

同时,考虑到自动化码头筹建热潮的逐渐兴起,以及 AGV 需求量的陡然提升,AGV 节能减排技术的及时推广已相当迫切,并且该技术能为自动化码头的节能环保工作奠定良好的发展基础。在很多新建和正在筹建的自动化码头,纯电动型 AGV 设备已被列为采购计划的标准配置。

表 5.2-1 为国内三大自动化码头 AGV 主要技术性能参数对照表。

表 5.2-1 国内三大自动化码头 AGV 主要技术性能参数

使用单位	动力方式	能源补充方式	电池类型	电池容量/(kW·h)	是否顶升型	顶升方式	车辆自重/t
厦门港	纯电动	滑触线机会充电	磷酸铁锂	128	否	AGV 伴侣	26
青岛港	纯电动	滑触线机会充电	钛酸锂	88.8	是	顶升平台+集装箱交换支架	32
上海港	纯电动	换电站更换电池	锰酸锂	333	是	顶升平台+集装箱交换支架	32.5

由表 5.2-1 可以看出,目前 AGV 全部采用锂电池纯电动驱动方式。与换电站更换电池的 AGV 相比,采用滑触线机会充电的 AGV,可以充分利用集装箱堆场起重机装卸的短暂时间进行充电,配备的锂电池容量相对更低一些,自重也要更低一些,减少了换电过程中锂电池组插头的反复插拔,使运行更安全,另外不需要备用大量锂电池组,投资相对较低。带有顶升平台的 AGV 较不带顶升平台的 AGV,自重增加较大,但是与堆场门式起重机之间的集装箱交换更为简单、快捷。

5.2.2 AGV 运行工况分析

为了制定切实有效的节能减排方案,首先必须对 AGV 的实际运行工况进行必要的分析和梳理,总结 AGV 运行工况的特点,针对其特点来优化动力能源系统的配置,促使能源利用效率的提高,避免冗余能源的浪费,最终达到节能减排的目的。

AGV 作为单个设备在全自动化码头运行时,虽然由 AGV 车队管理系统统一调度,安排的运行任务和工作循环路径都有一定的规则,空间都有限制,但是在实际行驶过程中,各台 AGV 之间仍然存在较多的不同之处:

(1) 每次的负载会随集装箱重量和加减速等速度变化的不同而改变;

(2) 每次工作循环中的等待时间、行驶路径都不相同;

(3) 由于码头 AGV 数量众多,相互间避让是随机产生的,这将造成不同的 AGV 在每一次循环工作中的行驶速度、起停次数和加减速次数都有差别。

通过以上所述的 AGV 工作情况可以了解到,整个工作循环中,AGV 的工作状态是随机多变的。由于 AGV 工况的多变,从而导致为 AGV 提供动力的能源系统也面临同样多变复杂的工况。

假设一台 AGV 自重 28t,载重量简化为空载(即 0t)、30t 和 60t 三种情况,在整个工作循环中主要以 2m/s、4m/s 和 6m/s 的速度运行,该 AGV 的加速度和减速度数值统一假定为 $0.4m/s^2$。按照上述假设,可计算得到 AGV 运行功率值如图 5.2-2 所示。

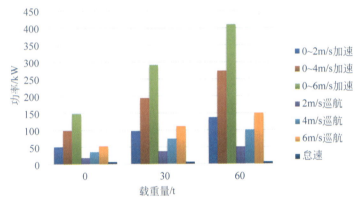

图 5.2-2　AGV 运行功率理论计算值

从图 5.2-2 中可以很明显看出,各种工况下功率值存在巨大差异,依据以上计算值可分析得出以下动力能源系统须满足的特点:

(1) 输出功率变化敏感。由于辅助系统如液压系统和电控系统的功率消耗所占比重较小,且在 AGV 运行中变化不大,因此动力能源系统的输出功率都是与 AGV 驱动功率的变化一一对应的。而由图 5.2-2 所示,AGV 的驱动功率随着载荷、速度、路面情况、加速度等各方面因素的变化在不断调整,故其动力能源系统输出功率的变化具有高度敏感性。

(2) 峰值功率与平均功率差异较大。从图 5.2-2 中可以发现,AGV 运行时大部分工况的输出功率都在 100kW 以下,只有在加速到最大速度和一些满载情况下才会超过 100kW,因此造成了动力能源系统所需要输出的峰值功率远大于平均功率,且峰值功率持续时间较短。

（3）工作任务的可规划性和可控制性。虽然影响 AGV 驱动功率的因素过多,功率输出值具有随机和敏感的特点,但是由于在自动化码头中,AGV 的运行路线、加减速、起停等都可由 AGV 车队管理系统进行调配和控制,故 AGV 的工况仍具有可规划性和可控制性。特别是在减速制动时,通过导航系统可预先计算出所需的减速度和减速距离,利用电动机进行制动减速,那么在这部分工作中,就可以实现能源的回收。

根据以上对于 AGV 运行工况的分析和总结,想要达到节能减排的目的,AGV 的能源动力系统的选择就要尽可能地符合这 3 个特点。因此一款可以灵活控制、能按需调节输出功率的动力能源系统将能够更理想地适应 AGV 工况的要求。

对于现阶段的 AGV 设备,优化动力能源配置和能源管理系统也就成为最有效和最直接的节能减排手段。前者通过动力能源形式的变换,在减少能源浪费的同时可以大幅度消除噪声和废气污染排放;后者可通过合理的管理策略优化能源输出和回收,使能源的利用效率最大化。

5.2.3 AGV 动力能源配置的优化

1. 变速柴油发电机能源系统

由于目前市场上的 AGV 基本都已经采用电动机驱动,故 AGV 上所配置的柴油机与普通车辆的设计有很大区别。柴油机与驱动机构并不直接连接提供驱动力,而是与发电机装配成柴油发电机组来使用。图 5.2-3 为该动力系统的配置示意。

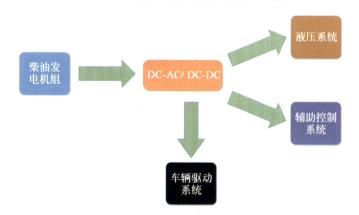

图 5.2-3　全变速柴油机组动力系统示意图

通常工业用柴油发电机组多采用定速柴油机或者多速柴油机,虽然可以按照负载需求输出不同的功率值,但是由于转速变化受到限制,根本无法控制其燃油经济性,也很难确保柴油机组始终运行在燃油消耗的经济区域,因而导致在大部分工况下,柴油机的实时能耗效率都较低,能源的浪费比较严重,随之而来的噪声污染和废气排放污染也无法得到有效控制。

为了打破工业用柴油机的转速控制局限性,将柴油机的能耗尽量降低,引入变速柴油机。一般变速柴油机多用于直接驱动车辆,而较少应用于发电机组。全变速柴油机具有全范围速度调节的特点,通过柴油机配置的 ECU 电气控制器,可以对柴油机的转速和力矩进行按需线性调节,从而在得到所需功率的同时,控制柴油机运行在燃油消耗的经济区域,避免能源的浪费,最大化其利用率。与此同时,噪声和排放污染也将得到相应的改善。

和传统工业定速柴油机相比较,变速柴油机的可调节范围广的优势恰好满足了 AGV 运行功率的变化大和负载敏感性要求,在平均运行功率较低的工况下,变速柴油机依然可以以较为经济的方式运行,在能耗方面优势更加明显。

2. 混合动力系统的应用

在自动化码头的普遍工况中,工作循环的平均载荷多在 15～30t,循环中时速低于 4m/s 的情况占据了整个循环约 70% 以上的路程和时间,结合图 5.2-2 的计算功率可知,AGV 的大部分工况所需要的驱动功率都将小于 100kW。但是如果在 60t 满载情况下,要加速到 6m/s 及全速巡航时所需功率非常大,加速峰值功率甚至达到 400kW 左右,与平均功率相去甚远。所以在选择柴油机时,就会因为要满足峰值功率的要求,就必须选择较大的柴油机以满足 AGV 所有的运行工况。而即使选择了变速柴油机,能耗虽然有所改善,但仍然会因为基础消耗过高,而导致低速巡航和怠速过程中能耗不够经济。

结合 AGV 平均运行功率较低,而峰值功率较高的特点,混合动力的能源配置可较好地解决这一问题。通常 AGV 的混合动力系统多以柴油机组配备锂电池或者超级电容的组合形式呈现。柴油机组主要负责低功率运行时的能源供应以及为锂电池或超级电容充电,而锂电池或超级电容的主要功能是提供短时高倍率放电,辅助柴油机组提供动力能源,此外还可提供电能的回收储存功能。图 5.2-4 为混合动力系统的配置示意,该系统已成功运用于振华重工为新加坡 PSA 港提供的 AGV 设备。

图 5.2-4　混合动力系统示意图

通过混合动力系统的应用,可以具体在以下两个方面达到节能减排的目的:

(1) 在 AGV 运行需要高功率输出时,由于锂电池或超级电容可以进行大功率放电的特性,在瞬时或者短时间内满足驱动系统的大功率需求(例如 AGV 需要加速运行时),故在柴油机的选型上,就无须考虑运行时的峰值功率,只需要按照平均功率的输出要求进行选型即可。显然与柴油发电机组的动力源相比,混合动力系统中柴油机的额定功率和排量都可以大大降低,且其转速和输出扭矩可长时间地运行在燃油效率理想区间内。柴油机的小型化带来的好处就是可大大降低柴油机的基础能耗,同时排放污染和噪声污染也随之一同降低,达到可观的节能减排效果。

(2) 锂电池或超级电容除了可以提供高倍率的短时放电外,还具备高倍率的短时充电功能,并将该部分电能储存起来使用。这个特点正好可配合驱动电动机使用,在 AGV 通过驱动电动机进行制动的过程中,回收电动机端由动能转化而成的电能被储存起来,达到能量的循环使用。这一部分能源为纯绿色能源,可进一步减少总能量的消耗和污染排放。

在混合动力系统中,柴油机组与锂电池或超级电容的配置比例也很有讲究,相互间配置比例的区别对能耗的影响也较大,通常会按照以下几个原则进行选型:

(1) 由于配备了锂电池或超级电容作为辅助动力源,故柴油机的额定功率选择多以工作循环中主要工况所需功率为标尺,按照上述 AGV 的计算功率参考,100kW 左右的柴油机为比较理想的选择。

(2) 锂电池或超级电容的主要工况多为大倍率的放电和充电,故在选择锂电池时需要对锂电池的性能参数特别注意,应优先选择功率型锂电池产品,以尽可能降低锂电池的容量,并达到预计的充放电能力,有益于制造成本的控制。

(3) 锂电池和超级电容由于两者的特性区别而各有优势。

锂电池可长时间储备电能,因此可最大限度地使用回收的能源,并在 AGV 长时间停机后,可立即协助柴油机组为 AGV 提供大功率能源输出,使 AGV 可直接投入到最恶劣的工况中工作。

超级电容由于储存电能的时间较短,如果在 AGV 较长时间停机以后,想要立刻投入到较恶劣的工况中就会比较困难。柴油机组必须先为超级电容充电,达到一定的储电量后,才能够使 AGV 投入到正常工作中,否则可能无法胜任满载等工况。但超级电容具有一定的成本优势。

通过研发混合动力系统,使动力能源系统对于 AGV 工况的匹配度进一步提高,在低功率输出阶段,柴油机能耗降低、经济性进一步得到提高,并为 AGV 提供了能量回收功能,有效减少了总能量的消耗,降低了废气排放和噪声污染。

3. 纯蓄电池能源系统

纯电能源作为目前最受瞩目的新能源之一,已开始在汽车等各大工业领域推广,并且也是目前世界上普及程度最高的绿色能源。考虑到 AGV 的工况和驱动方式,纯蓄电池能源系统具有最优的匹配度。不仅使得 AGV 能源系统简化,并且在动力输出和能量回收时具有更好的控制灵活度。此外还完全杜绝了废气排放和噪声污染的问题。图 5.2-5 为纯蓄电池动力系统的配置示意,此系统已成功应用于振华重工为厦门远海、青岛前湾、上海洋山3 个自动化码头项目提供的 AGV 设备上。

目前动力蓄电池的选择主要集中在两大类:铅酸蓄电池和锂电池。

铅酸蓄电池的技术已经相对落后,其能量密度较低(约为 40W·h/kg),故体积巨大,且质量较重,使用寿命也相对较短(通常充放电次数为 300～500 次),但正是由于此电池技术相对成熟,故其价格比较低廉,具有较好的经济性。但由于锂电池技术的迅速发展,铅酸电池正在逐步被替代。

锂电池的优势恰恰相反,它具有较高的能量密度,体积相对较小,重量也较铅酸蓄电池

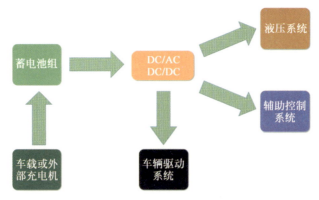

图 5.2-5　纯电池动力系统示意图

轻很多,使用寿命更长,但是由于技术复杂,价格比较昂贵。按照使用正负极材料的不同,锂电池有多种产品:锰酸锂、磷酸铁锂、三元材料、钛酸锂及钴酸锂等。锂电池总体上可归为锂金属电池和锂离子电池两大类。磷酸铁锂、三元材料和钛酸锂作为 3 种典型的锂离子电池,性能各有差别,在能量密度、充放电倍率、循环寿命、工作温度等各方面都不尽相同,价格上也有不小的差距。具体各类型锂电池的参数情况见表 5.2-2。

表 5.2-2　各类型锂电池的参数

项目	类型	磷酸铁锂 LFP	三元材料 Ternary	钛酸锂 LTO	备　注
单节电压/V		3.2	3.7	2.3	
能量密度/(W·h/kg)		120～180	100～200	70～90	同等能量下,重量比较:钛酸锂电池＞磷酸铁锂电池＞三元材料锂电池
循环寿命		＞3000	＞5000	＞10000	三元材料一般可分为功率型和能量型两大类
工作温度/℃	充电	0～60	0～45	－30～55	在低温下,磷酸铁锂电池无法以高倍率充电
	放电	－30～65	－20～55	－30～55	
电流倍率	最大放电	最大放电倍率3～4C(持续时间 10s)	最大放电倍率5C(持续时间60s)	最大放电倍率10C(持续时间60s)	充放电倍率比较:钛酸锂电池＞三元材料功率型电池＞三元材料能量型电池＞磷酸铁锂功率型电池＞磷酸铁锂能量型电池
	最大充电	最大充电倍率3～4C(持续时间 10s)	最大充电倍率5C(持续时间60s)	最大充电倍率8C(持续时间60s)	
成本		较低	一般	昂贵	

从前面提及的参数中不难看出,铅酸电池虽然价格低廉,但是由于其能量密度较低,如要使用于 AGV 上作为动力能源,就需要配备一个庞大的蓄电池包(国外有类似产品,仅电池重量接近 10t),从节能角度来讲,是相当不经济的。而锂电池的能量密度较高,因此储备相同电量的电池包,体积更小,质量较轻,更适合用于工业车辆上。

根据 AGV 能源补充(充电)的不同形式,锂电池类型的选择应更具针对性。

（1）以磷酸铁锂为电极材料的锂电池比较适合用于电池满充满放、整体更换的能源补充系统。

（2）以钛酸锂为电极材料的锂电池比较适合用于浅充浅放、快速大功率充电的能源补充系统。

（3）以三元材料（镍钴锰）为电极材料的锂电池根据配方不同,性能完全不同,可分为功率（动力）型和能量型两类。功率型的性能与钛酸锂电池较接近,而能量型的性能则偏向于磷酸铁锂电池。

5.2.4 能源管理系统的优化

前面主要介绍了 3 种类型的能源系统配置方案:变速柴油发电机组、混合动力系统、纯蓄电池动力系统。显然,其中的混合动力系统是最为复杂的配置方案,事实上为变速柴油发电机组和纯蓄电池的结合,故其能源管理系统也相对比较复杂。在此我们以混合动力的管理系统为例,进行简要分析。

混合动力系统一般设计如图 5.2-6 所示。

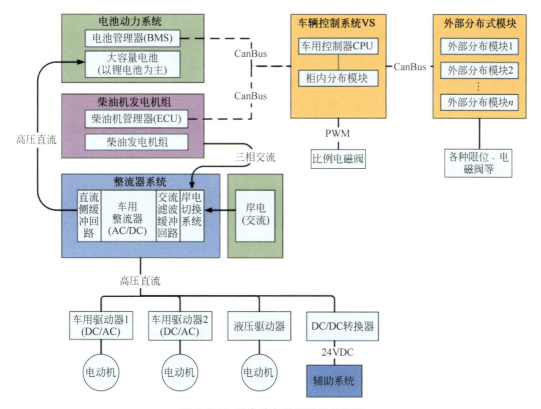

图 5.2-6　混合动力系统详细示意图

由图 5.2-6 可知,混合动力的能源主要来自两部分:柴油发电机组供电和电动机制动时的电能回收。由于制动能量回收非常有限,故绝大部分的能量都来自柴油机组的供电。因此要控制好整机能耗,就必须控制好柴油发电机组的能耗,这也是我们建议采用变速柴油机的最根本原因。一般一台柴油机的能耗情况都可以用油耗特性曲线图详细地呈现出来，如图 5.2-7 所示。

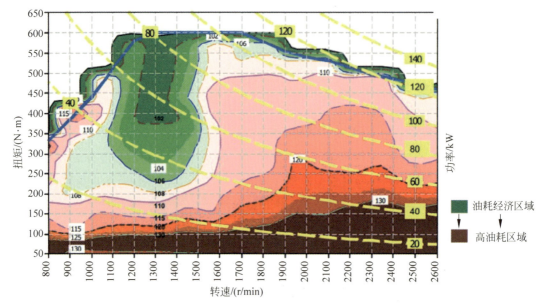

图 5.2-7 125kW 发动机油耗特性曲线

以图 5.2-7 为例，从图中可以读到以下信息：

（1）该柴油机在转速为 1200～1400r/min 时燃油比较经济，特别在 1300r/min 时达到最经济点。

（2）油耗经济区域的理想输出扭矩为 270～600N·m，特别在 370N·m 以上更佳。

（3）在与以上扭矩和转速匹配的情况下，输出功率为 40～80kW。

根据油耗特性曲线提供的信息，要使该柴油机组大部分时间运行于油耗经济区域，有两条准则需要考虑并遵守：

（1）选取发电机时，应严格匹配转速和力矩，尽量符合柴油机的输出情况。

（2）能源管理系统设置策略时应优先考虑使柴油机运行于 40～80kW。

在设置能源管理系统的策略时，除了要充分考虑柴油机的油耗经济区域参数外，还需要考虑另外两个影响最终能耗的因素：其一，电能充至蓄电池后再输出，必然会有一定损耗，故应以使用柴油机组供电为主，蓄电池供电为辅；其二，须充分考虑 AGV 循环的功率分布情况，选择性地控制柴油发电机组的功率输出。

结合图 5.2-2 的理论功率计算值和图 5.2-7 的柴油机油耗特性曲线，可大体设置以下供电策略：

（1）在空载低速运行或者等待时（即功率输出小于 40kW 时），关闭柴油发电机组，以蓄电池供电。

（2）在空载中速或者轻载低速运行时（即功率输出在 40～80kW 时），调整柴油发电机组输出功率为 55～80kW，如输出功率富余，可同时为蓄电池充电。

（3）在重载运行时（即功率输出在 80kW 以上时），调整柴油发电机组以最大功率输出，功率缺口部分由蓄电池补足。

（4）在车辆进行电动机制动时，为蓄电池进行充电，此时柴油机发电机组的输出电能可同时为蓄电池充电。

5.2.5 节能减排实例及节能效果比较

以上对能源系统配置和优化方案及其原理作了详细介绍。为了进一步验证各配置方案的可行性和节能效果，可通过以下模拟循环的功率和能耗计算，对不同能源配置系统的能耗和节能效果进行计算和比对。

按照一般自动化码头的装卸船程序，假设 AGV 装船时循环路径设置如图 5.2-8 所示。

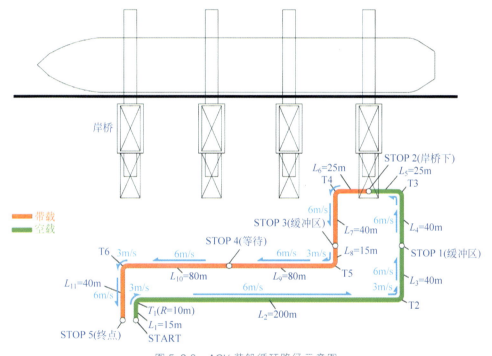

图 5.2-8 AGV 装船循环路径示意图

基于图 5.2-8 的循环路径信息，结合一般自动化码头的装卸船工况及参数可计算出循环路径中各段的运行功率和能量消耗等数据，其中预设循环载荷 26t，AGV 空载加、减速度 $1m/s^2$，带载加、减速度 $0.4m/s^2$，具体计算结果如表 5.2-3 所示。

表 5.2-3 循环路径运行功率和能量消耗计算结果

路径编号	运行状态	距离/m	速度/(m/s)	时间/s	驱动功率/kW	辅助系统功率/kW	总功率/kW	总能量/kJ
L1	加速	9.8	4.42	4.42	93.6	10	120.12	530.92
(15m)	减速	5.3	3	1.42	−107	10	−81.04	−57.53
T1	匀速	15.7	3	5.24	12.5	10	24.71	129.46

续表

路径编号	运行状态	距离/m	速度/(m/s)	时间/s	驱动功率/kW	辅助系统功率/kW	总功率/kW	总能量/kJ
L2 (200m)	加速	13.5	6	3	190.9	10	234.59	703.76
	匀速	173	6	28.83	25.1	10	39.53	1139.63
	减速	13.5	3	3	−130	10	−100.50	−150.75
T2	匀速	15.7	3	5.24	12.5	10	24.71	129.46
L3 (40m)	加速	13.5	6	3	190.9	10	234.59	703.76
	匀速	8.5	6	1.42	25.1	10	39.53	56.13
	减速	18	0	6	−86.6	10	−63.61	−190.83
STOP1	停止							
L4 (40m)	加速	18	6	6	127.2	10	159.65	957.88
	匀速	8.5	6	1.42	25.1	10	39.53	56.13
	减速	13.5	3	3	−130	10	−100.50	−150.75
T3	匀速	15.7	3	5.24	12.5	10	24.71	129.46
L5 (25m)	加速	10.3	5.43	2.43	178.8	10	220.35	535.46
	减速	14.8	0	5.43	−78.4	10	−56.64	−153.78
STOP2	停止							
L6 (25m)	加速	14.8	5.43	5.43	95.6	10	122.47	665.02
	减速	10.3	0	2.43	−61.5	10	−42.28	−51.36
T4	匀速	15.7	3	5.24	25.1	10	39.53	207.13
L7 (40m)	加速	14.4	4.53	3.82	132.4	10	165.76	633.22
	减速	25.6	0	11.32	−33	10	−18.05	−102.16
STOP3	停止							
L8 (15m)	加速	13.1	3.24	8.1	57	10	77.06	624.18
	减速	1.9	3	0.6	−45.5	10	−28.68	−8.60
T5	匀速	15.7	3	5.24	25.1	10	39.53	207.13
L9 (80m)	加速	33.8	6	7.5	158.3	10	196.24	1471.76
	匀速	1.3	6	0.21	50.2	10	69.06	14.50
	减速	45	0	15	−43.8	10	−27.23	−204.23
STOP4	停止							
L10 (80m)	加速	45	6	15	105.6	10	134.24	2013.53
	匀速	1.3	6	0.21	50.2	10	69.06	14.50
	减速	33.8	3	7.5	−65.7	10	−45.85	−171.92
T6	匀速	15.7	3	5.24	25.1	10	39.53	207.13
L11 (40m)	加速	14.4	4.53	3.82	132.4	10	165.76	633.22
	减速	25.6	0	11.32	−33	10	−18.05	−102.16
STOP5	停止							

由表 5.2-3 中数据可得出：

（1）总运行路径距离 $S = 600\text{m}$；

（2）总运行时间 $T = 193\text{s}$；

（3）假定自动化码头 AGV 运行时间占比 80%，则等待时间 $T_W = 48.3\text{s}$；

（4）总循环时间 $T_C = 241.3s$；

（5）理论总驱动能量 $E_D = 11763.4\,\mathrm{kW \cdot s} = 3.268\,\mathrm{kW \cdot h}$。

此外，假设其他基础参数如下：怠速功率 $P_S = 6\,\mathrm{kW}$。

根据以上循环计算数据，按照不同的能源配置方案，可计算出不同的能耗结果（理论值）。此处以普通工业柴油发电机组与混合动力系统的油耗为例进行计算比较。

1. 普通工业柴油发电机组（总功率约 400kW）能耗计算

按照一般柴油发电机组样本可查得：

总功率为 400kW 的柴油机，在低功率输出时，油耗值约为 $f = 260\,\mathrm{g/(kW \cdot h)}$。

根据内燃机的负荷特性曲线，怠速时油耗值更高，为简化计算，此处按低功率输出油耗值统一计算。即整个循环中，油耗按下式计算：

$$F = f_1 \times E_D + f_2 P_S \times T_w \tag{5.2-1}$$

式中：

F——AGV 每个工作循环的油耗，L；

f_1——柴油机工作时的平均油耗值，$\mathrm{g/(kW \cdot h)}$；

f_2——柴油机怠速时的油耗值，$\mathrm{g/(kW \cdot h)}$；

E_D——AGV 行走时消耗的总能量，$\mathrm{kW \cdot h}$；

P_S——柴油机怠速功率，$\mathrm{kW \cdot h}$；

T_w——怠速时间，h。

经计算可得每一个循环的油耗 $F = 870.49\,\mathrm{g} = 1.036\,\mathrm{L}$，折合每小时油耗为 15.46L。

2. 混合动力能源系统（125kW 柴油机组＋120A·h 锂电池）能耗计算

从图 5.2-7 中可知：

柴油机输出功率为 40kW 时，油耗值约为 $f_1 = 104\,\mathrm{g/(kW \cdot h)}$；

柴油机输出功率为 50kW 时，油耗值约为 $f_2 = 104\,\mathrm{g/(kW \cdot h)}$；

柴油机输出功率为 60kW 时，油耗值约为 $f_3 = 102\,\mathrm{g/(kW \cdot h)}$；

柴油机输出功率为 80kW 及以上时，油耗值约为 $f_4 = 102\,\mathrm{g/(kW \cdot h)}$。

根据 5.2.4 节"能源管理方案优化"中提及的能源优化措施，通过能源输出合理分配后可得出以下能源使用情况计算值，如表 5.2-4 所示。

表 5.2-4 循环路径运行功率和能量分配计算结果

路径编号	运行状态	总功率/kW	总能量/kJ	柴油机组提供能量/kJ	锂电池输入输出能量/kJ
L1 (15m)	加速	120.12	530.92	486.20	44.72
	减速	−81.04	−40.27	0.00	−40.27
T1	匀速	24.71	129.46	262.00	−132.54
L2 (200m)	加速	234.59	703.76	330.00	373.76
	匀速	39.53	1139.63	3171.30	−2031.67
	减速	−100.50	−105.53	0.00	−105.53
T2	匀速	24.71	129.46	0.00	129.46

续表

路径编号	运行状态	总功率/kW	总能量/kJ	柴油机组提供能量/kJ	锂电池输入输出能量/kJ
L3 (40m)	加速	234.59	703.76	330.00	373.76
	匀速	39.53	56.13	71.00	−14.87
	减速	−63.61	−133.58	0.00	−133.58
L4 (40m)	加速	159.65	957.88	660.00	297.88
	匀速	39.53	56.13	71.00	−14.87
	减速	−100.50	−105.53	0.00	−105.53
T3	匀速	24.71	129.46	0.00	129.46
L5 (25m)	加速	220.35	535.46	267.30	268.16
	减速	−56.64	−107.64	0.00	−107.64
L6 (25m)	加速	122.47	665.02	597.30	67.72
	减速	−42.28	−35.95	0.00	35.95
T4	匀速	39.53	207.13	534.12	−326.99
L7 (40m)	加速	165.76	633.22	420.20	213.02
	减速	−18.05	−71.51	0.00	−71.51
L8 (15m)	加速	77.06	624.18	891.00	−266.82
	减速	−28.68	−6.02	0.00	−6.02
T5	匀速	39.53	207.13	534.12	−326.99
L9 (80m)	加速	196.24	1471.76	825.00	646.76
	匀速	69.06	14.50	14.50	0.00
	减速	−27.23	−142.96	0.00	−142.96
L10 (80m)	加速	134.24	2013.53	1650.00	363.53
	匀速	69.06	14.50	14.50	0.00
	减速	−45.85	−120.34	0.00	−120.34
T6	匀速	39.53	207.13	0.00	207.13
L11 (40m)	加速	165.76	633.22	420.20	213.02
	减速	−18.05	−71.51	0.00	−71.51
STOP	停止	3			144.9

因此,在确保锂电池能源输出和输入持平后,油耗的计算公式如下:

$$F = f \times (E_{G1} + E_{G2} + \cdots + E_{GN}) \tag{5.2-2}$$

式中:E_{Gi}——各运行路段柴油发电机组提供的能量,$i=1,2,\cdots,n$。

通过分析实际循环中各段路径的功率输出需求,发现 40kW 可作为循环能源管理的基准线,40kW 以下可采用锂电池供电,而 40kW 以上的部分主要采用柴油机组供电,同时利用一部分供电富余量为锂电池充电,因此代入油耗指数计算后得到该循环油耗值 $F=337.84$g$=0.402$L,折合每小时油耗为 6.001L。

3. 不同能源配置系统间能耗及废气排放比较

基于碳平衡原理,可计算各能源配置方案下 CO_2 排放因子 CO_{2e},计算式下:

$$CO_{2e} = \frac{Q \times SG \times CWF_F \times 10 \times 44}{12} \tag{5.2-3}$$

式中：Q——平均油耗 L/h；

SG——柴油密度，kg/L，取 $SG=0.848kg/L$；

CWF_F——柴油中碳质量的百分比，取 $CWF_F=0.866$。

因此可以求出以上两种能源系统配置方案的 CO_2 排放因子 CO_{2e}，如表 5.2-5 所示。

表 5.2-5　普通柴油发电机组和混合动力能源系统配置方案比较

能源配置方案	循环平均油耗/(L/h)	循环 CO_2 排放因子 CO_{2e} 平均值/(g/L)
普通柴油发电机组（400kW）	19.95	537.1
混合动力能源系统（125kW 柴油机组＋120A·h 锂电池）	7.144	192.3
节能减排效果/%	64.2	64.2

由表 5.2-5 可以看出，采用混合动力能源系统，其能耗和排放明显低于采用普通柴油发电机组作动力的 AGV。目前振华重工研发的 PSA 新加坡港的 AGV 即采用了该混合动力系统。

5.2.6　小结

AGV 在自动化集装箱码头的保有量较大，潜在增量大，以能源系统方案为代表的节能技术的先进性将直接关系到最终的能耗水平、污染程度。

通过上述多种能源系统配置技术方案的介绍和实例计算比较，可清楚看到混合动力系统和纯电池动力系统的能耗情况，建议优先选用。

如选用混合动力系统作为动力源，应根据自动化码头 AGV 循环情况选择功率适当、动力油耗性能匹配的柴油发电机组和合适的锂电池类型，并通过调整能源分配技术策略使能源利用效率最大化。

对于新建的全自动化码头，考虑到排放、噪声污染以及后期维护成本的优势，随着锂电池性价比的持续快速提升，建议尽量考虑采用合适的纯锂电池能源系统作为 AGV 的动力源，以达到最优的节能环保效果。

5.3　集装箱跨运车节能技术

5.3.1　引言

集装箱跨运车（straddle carrier，SC）简称跨运车，顾名思义，是骑在集装箱宽度的两侧进行抓放、升降和水平搬运的集装箱码头专用运输工具，承担岸桥和堆场之间、堆场与内外集卡之间的集装箱水平搬运任务，甚至兼顾堆场堆箱的功能。传统的跨运车有一过二、一过三机型，大车通常为 6 或 8 轮形式。随着自动化集装箱堆场的新建或改建，单机自动化跨运车被广泛使用于自动化码头。

传统跨运车由人工驾驶，主要缺点是司机操作视野差，维护保养工作量大、成本高，运营等综合成本也高。与 AGV 或者集卡相比，跨运车除了具备 AGV 大部分优点外，还具有快速高效、机动灵活、自助完成装卸和水平搬运的功能。而码头其他水平运输工具,如内集卡或者 AGV,大部分只有水平搬运功能,但集装箱的装卸还需其他设备帮助完成。即使是带顶升功能的 AGV,能完成在比 AGV 自身高度稍高的专门平台上的装卸,仍不能独立完成地面及以上空间的装卸任务。跨运车可以较大幅度提高整个码头的作业效率。同时,对于一过二、一过三等机型,由于具备自助装卸的特点,堆场甚至不需要配备 RTG 或 RMG,跨运车可以自行进入堆场完成集装箱抓取或堆高的任务。这极大简化了码头的设备配置,减小了码头的承载能力要求,使整个码头的建造成本、设备购置成本可以较大幅度地降低,特别适用于中小型码头。目前,全球使用跨运车的传统集装箱码头大约 150 个,90% 都在欧美地区。

传统跨运车动力配套方面,经历了数十年的发展和演变。最初为柴油机-液压驱动系统,但由于先天技术不足,跨运车的行驶性能有限,并且存在维护困难、能量效率低,且污染排放大等问题,目前已逐渐退出市场。随着电控技术的发展,逐渐以柴油发电动机组-变频电动机的驱动形式为主,有效提高了能源的利用率,降低了能耗,减少了排放。但都是以柴油机为主动力源,难以消除运行成本高、故障率高、对环境产生噪声和尾气排放污染严重的缺点。

同时,使用柴油发电机组的传统跨运车在运行时,起升机构在吊具和/或集装箱下降时的重力位能作用于起升电机,使起升电机处于发电运行状态。大车移动需要运行机构制动时,行走电机也会处于发电运行状态。由此产生的位能性再生能量如果回流到柴电机组,将导致机组逆功率而遭到严重损坏。为此,传统跨运车通过能耗电阻将此再生能量消耗掉而得不到利用,造成了极大的能源和设备浪费。

5.3.2　跨运车节能技术现状

面对化石能源的不可再生,以及日益恶化的环境污染,世界各国对节能减排的要求越来越严格,跨运车传统的动力配套模式已经难以满足要求。

近年来,随着电池等储能技术、电气控制技术的发展,混合动力跨运车和纯电跨运车应运而生。

1. 方案 1:混合动力驱动系统(柴油机+锂电池)

在混合动力系统中,柴电机组仍作为主要动力源,锂电池则作为储放能及动力单元,回收起升机构在吊具和集装箱下降以及行走制动时的位能性再生能量。通过柴油发电机和电池组的优化配比,使得能源利用效率最大化。通过柴油发电机组对锂电池的充电及能量回收,可实现连续作业。图 5.3-1 所示为串联式混合动力形式,其驱动电动机既可以从电池获得电能,也可以由发电机直接提供。相对于全电动系统来说,混合动力系统的电池容量可较小。它主要起到补充峰值功率的作用,在大车起步加速、起升加速等峰值功率需求大的情况下,电池予以补峰。而柴油发电机组在跨运车运行功率小于柴油机发电功率工况作业时,柴油发电机组直接向驱动电机提供能量,即省去了经电池转换过程中的部分能量损失,并且柴油发电机组还适时为锂电池充电补充能量,使跨运车运行时电池维持足够的荷电状态,以满足跨运车连续运行的要求。

采用储能元件的混合动力跨运车,虽然在节能减排效果上不及采用纯电的跨运车,但其

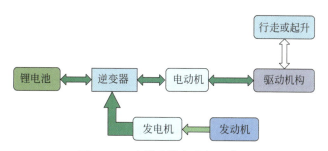

图 5.3-1 串联式混合动力组成图

成本低、码头无须进行配套改造,且节能效果同样突出,据测算可以节能 40% 左右,目前深受各集装箱码头的青睐,尤其适合原已使用跨运车的集装箱码头。图 5.3-2 为振华重工2018 年研制成功的新一代混合动力智能驾驶跨运车。图中红色圆圈处为电池组。经测试,在频繁起制动、起升加速提升时,柴油机实现平稳运行,排气管基本不存在冒黑烟情况,节能减排效果显著。

图 5.3-2 振华重工混合动力跨运车

2. 方案 2：锂电池动力纯电驱动方式

跨运车的蓄电池目前主要采用锂电池,为绿色能源,可杜绝噪声和废气污染,且控制系统能简化,跨运车的可靠性高,为将来发展的主要趋势。锂电池动力纯电驱动方式除了要选择高性价比的电池、延长电池的续航里程外,还须重点解决如何快速、高效地充电,以提高跨运车作业效率。

纯电动跨运车电控系统分为控制部分和驱动部分。

1) 控制部分

控制部分的控制器主要是由车载移动控制器,为控制核心。整机采用 CAN-BUS 总线通信。车载控制器自带 PWM 输出通道,可直接控制转向比例阀。角度和轮速编码器、紧停等关键设备直接接入车载控制器,各类限位、尾灯、电磁阀等就近接入分布式模块,能实现即插即拔。分布式模块通过 CanOpen 通信接入车载控制器。图 5.3-3 所示为纯电动跨运车系统配置图,整机供电电源全部由锂电池供应。

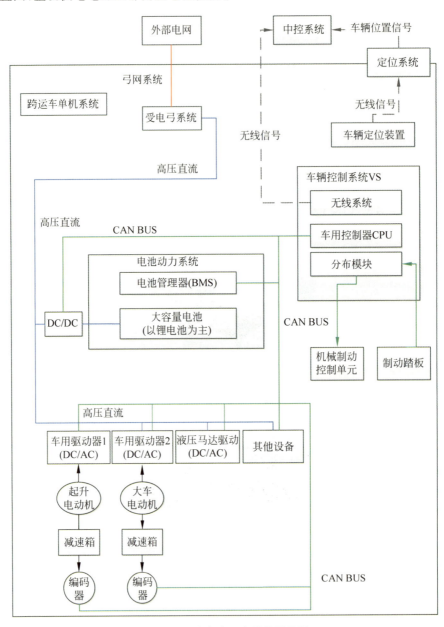

图 5.3-3　纯电跨运车系统配置图

2)驱动部分

驱动部分主要是以交流变频驱动器为电动机驱动核心,实现对起升和行走电动机的速度调节和快速反应。液压马达同样通过交流变频器来驱动,为整机行走转向机构和制动液压系统提供动力。车辆在匀速、加速行走、起升上升时,均由电池提供动力给整车;行走减速和制动、起升下降和制动时,完全由电池回收能量。

锂电池能源作为目前世界上动力电池和储能技术中普及度最高的绿色能源,目前成本仍然高企。由于跨运车能量需求大,要求电池的容量比较大,故目前仍难以在跨运车上广泛推广使用。随着电池技术的发展进步,电池成本不断降低、性能不断提高,它是未来跨运车动力配置的主要趋势。

以下重点介绍混合动力(柴油机-锂电池)跨运车节能技术。

5.3.3 跨运车混合动力节能技术原理

为寻求切实有效的节能减排方案,首先必须对跨运车的实际运行工况进行必要的分析和梳理,总结跨运车实际运行工况的特点,按照其特点优化动力能源系统的配置,才能使能源利用效率得到提高,并达到节能减排的目的。跨运车作为单个设备在人工码头或自动化码头运行时,运行任务和工作循环路径各不一致,随机性比较大:①每次的负载会随集装箱重量的不同而改变;②每次工作循环中的等待时间、行驶路径都不相同;③由于码头跨运车数量众多,相互间避让是随机产生的。这将造成不同的跨运车在每一个循环工作中的行驶速度、起停次数和加减速次数均有差别。

通过以上所述的跨运车工作情况可以了解到,整个工作循环中,跨运车的工作状态是随机多变的,因而导致了为跨运车提供动力的能源系统也面临同样多变复杂的工况。

例如,一台一过三跨运车自重约 70t,最大行驶速度为 24km/h,假设加减速度统一为 0.25m/s^2,在空载(0t)、带载 10t、20t、30t、40t、50t 载荷下,计算得到的该跨运车行走加速最大的峰值功率、24km/h 和 12km/h 匀速运行功率如表 5.3-1 所示。

表 5.3-1　不同行走工况下功率的计算结果　　　　　　　　　　　kW

功率	0	10	20	30	40	50
加速最大峰值功率	199	226	253	280	307	334
24km/h 匀速运行功率	73.7	83.7	93.7	103.7	113.7	123.7
12km/h 匀速运行功率	36.8	41.8	46.8	51.8	56.8	61.8

表 5.3-1 中可以明显看出在各种工况下,仅大车行走需要的最大功率值就存在近 10 倍的巨大差异。此外起升机构随着载荷的不同,驱动功率也存在更加巨大的差异。依据以上计算值可分析得出以下动力能源系统需满足的特点:

(1)输出功率的不确定性。由于辅助系统如液压系统和辅助设备的功率消耗占整机运行总功率的 8%,比重较小,且在跨运车运行中变化不大,因此动力能源系统的输出功率都是与跨运车的驱动功率的变化一一对应的。而由表 5.3-1 可知,行走驱动功率随着载荷、速度、路面情况各方面因素的变化在不断调整,故其动力能源系统的输出功率具有高度不确定性的特点。

(2)峰值功率与平均功率差异较大。从表 5.3-1 中可以发现,跨运车运行时大部分工况的输出功率都在 120kW 以下,只有在加速到最大速度和一些满载情况下才会超过 120kW,因此造成了动力能源系统所需要输出的峰值功率远大于平均功率,且峰值功率持续时间较短。

(3)影响跨运车运行功率的因素很多,且具有随机及不确定性。但正常情况下车辆起升或下降和行走与制动,都是可以提前预判的。特别是对于自动化集装箱码头,其行走减速制动可以预先计算规划,两者均可利用电动机进行制动减速,实现能量回收。

（4）起升机构运行是电能—势能—电能的过程，即电动机在起升重物时消耗电能，转化为货物的势能；货物下降时，电动机作为发电机，将货物的势能转化为可回收电能，整个运行过程，实际消耗的能量为克服各机构阻力、部件发热损耗的能量。经测算，起升运行的可回收能量效率非常高，可达到60%～70%。

根据以上对跨运车运行工况的分析，传统跨运车的能耗主要有两方面的问题：一是大功率柴油发电机组与小负载功率不匹配，只能大马拉小车，造成能源浪费；二是重物下降和行车减速制动过程中产生的再生电能，被制动电阻白白烧掉，发热消耗掉了，无法得到有效的回收利用。因此一款灵活控制、能按需调节输出功率、满足瞬时大功率输出需求，又可满足瞬时大功率的吸收、存储再生能源的混合动力系统，就可实现能量被充分吸收和循环利用，并能更理想地适应跨运车工况的要求。

为了在系统中动态调节脉动功率，需要高效可靠、高能量的储能装置，动态能量交换控制装置，功率流程控制单元，辅助工作电源。采用小容量且能高倍率充放电类型的锂电池组作为储能装置，与绝缘栅门极晶体管IGBT充/放电控制单元、可编程实时逻辑控制器PLC、逆变器构成的动态能量循环系统和柴油发电机组组成跨运车的混合动力系统，既可以有效降低柴油消耗，同时可降低柴油发电机组容量，减少空气污染、噪声污染，达到节能、环保、降低成本的目的。

该技术主要有如下特点：

（1）采用全变速柴油机。通常工业用柴油发电机组多采用定速柴油机或者多速柴油机，虽然可按照负载需求输出不同的功率值，但由于转速变化受到限制，根本无法控制其燃油经济性，因而导致在大部分的工况下，柴油机的实时能耗效率都较低，能源的浪费比较严重，故在此引入全变速柴油机。

（2）一般全变速柴油机多用于直接驱动车辆，较少应用于发电机组。全变速柴油机具有全范围速度调节的特点，通过柴油机配置的ECU电子控制器，可以对柴油机的转速和力矩按需进行线性调节，在得到所需力矩和功率的同时，控制柴油机运行在燃油消耗的经济区域，从而最大化能源利用率。

（3）将负载的再生能量储存在锂电池组中，然后按照跨运车的负载情况将储存的能量转换为电能，先用发动机的动力，不够部分再用电池的电能做补充。这有助于减小发动机的型号，从而减少发动机动力供应，大大降低燃油消耗。

（4）与传统柴油机动力的跨运车相比，混合动力跨运车增加了锂电池（储能介质）和DC/DC（直流/直流）控制单元（储能控制系统）两大模块，通过动力型锂电池快速充放电原理，在起升电机下降、行车制动过程中将动能和势能转化为电能，即给电池充电（储存电能），在需要时通过DC/DC控制单元将电能释放出来供跨运车使用（电释电能），从而实现能源的循环利用和节能目的。

（5）采用小功率变速柴油机-锂电池组成的混合动力系统后，跨运车柴油发电机组容量可以大幅度下降。以振华重工2018年研制的跨运车为例，同规格一过三跨运车，其柴油机功率从传统跨运车的345kW下降为160kW。图5.3-4所示为跨运车混合动力系统图。

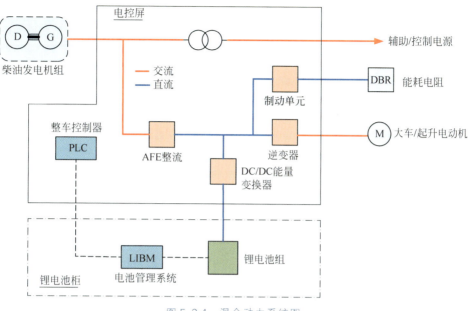

图 5.3-4 混合动力系统图

5.3.4 技术分析

1. 全变速柴油机技术特点分析

全变速柴油机具有全范围速度调节的特点,通过柴油机配置的 ECU 控制器,可以对柴油机的转速和力矩按需进行线性调节,从而在得到所需功率和力矩的同时,控制柴油机运行在燃油消耗的经济区域,最大化能源利用率。图 5.3-5 所示为全变速柴油机油耗特性曲线。

由该曲线,可分析得出如下信息:

(1) 该柴油机在转速为 1300～1500r/min 时燃油效率比较高,特别在 1500r/min 时达到最经济点。

(2) 油耗经济区域的理想输出扭矩为 420～900N·m,特别在 800N·m 左右最佳。

(3) 在与以上扭矩和转速匹配的情况下,输出功率 60～140kW。

根据上述分析,要使该柴油机组大部分时间运行于油耗经济区域,需要在选择发电机时,严格匹配转速和力矩,尽量符合柴油机的输出情况。同时能源管理系统设置策略时,充分考虑柴油机油耗经济区域参数,即应优先考虑使柴油机在 70～140kW 运行。

此外。也还需考虑另外两个影响最终能耗的因素:其一,电能充至锂电池后再输出,必然会有一定损耗,故应以使用柴油机组供电为主,锂电池供电为辅;其二,需充分考虑跨运车循环的功率分布情况,选择性地控制柴油发电机组的功率输出和管理。

因此,结合表 5.3-1 功率的计算值和图 5.3-5 柴油机油耗特性曲线,大体可设置如下柴油机运行策略:

(1) 在空载、停车或怠速时,降低柴油机的转速,功率输出设置在 50～60kW,扣除辅助消耗功率,富余的电能对电池充电。

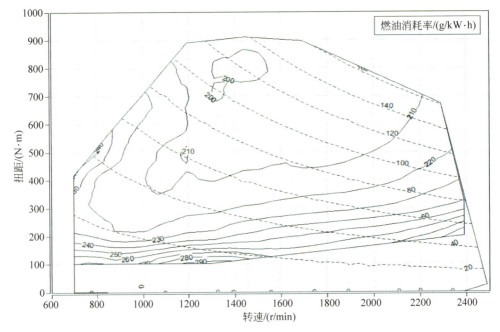

图 5.3-5　160kW 全变速柴油机油耗特性曲线

（2）在空载、中速或者轻载、低速运行时，由柴油发电机组供电运行，调整柴油发电机组输出功率 60～140kW，如输出功率富余，可同时为锂电池充电。

（3）在重载起升或加速运行时，即功率输出在 140kW 以上时，调整柴油发电机组以最大功率输出，功率缺口部分由锂电池补足。

2. 锂电池组选型计算

在系统中，假设采用日本某公司的锰系锂电池组。该产品具有高倍率充放电性能，瞬时可达 24CA；超长寿命，100%DOD（depth of discharge，电池放电深度）状态下 30000 次；内阻小，仅为同类产品的 50%。电芯参数如表 5.3-2 所示。

表 5.3-2　电芯参数

参数名称		参数值
额定容量/(A·h)		25.0
标称电压/V		3.6
尺寸/(mm×mm×mm)		171.3×44.1×111
重量/kg		1.6
体积能量比/(W·h/L)		107.3
重量能量比/(W·h/kg)		56.3
截止充电电压/V		4.15
截止放电电压/V		2.75
最大充电电流/A		600
最大放电电流/A		600
操作环境温度/℃	充电	−10～45
	放电	−10～45

整个电池组由 19 个电池模块组成,每个模块内含 8 个 25A·h 电芯,模块额定电压为 28.8V,系统以串联方式连接,系统电压为 547.2V,系统容量 25A·h,总能量为 547.2V× 25A·h=13.68kW·h,电池回路连接方式如图 5.3-6 所示。

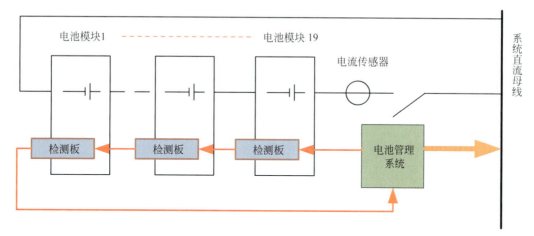

图 5.3-6 电池回路原理图

通过锂电池组的功率特性,电池组的最大充放电功率按以下公式计算:
$$P_{bmax} = E_{bat} \times C = 13.68\text{kW} \times 24 = 328\text{kW}$$
式中: P_{bmax}——电池最大充放电功率,kW;

C——电池组的充放电倍率;

E_{bat}——电池额定能量,kW。

根据电池组充放电倍率性能与时间的曲线图,如图 5.3-7 所示,通常 24C 倍率充放电能持续的时间只有短短数秒,为防止电池组过充过放,通过 DC/DC 变换器把充放电电流限制在 420A,倍率为 16.8C,可持续时间为 90s,远远超过了跨运车加速时大功率需求的时间(见图 5.3-7)。

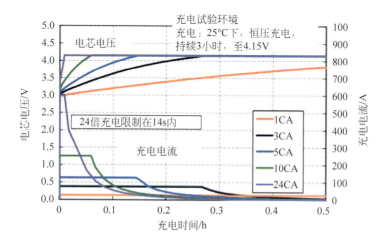

图 5.3-7 电池组充放电倍率性能与时间曲线图

通过有效地限制电池组充放电电流,可以延长其使用寿命,此时电池组可输出的最大功率为

$$B_{out} = U \times I = 547.2V \times 420A = 229.8kW$$

式中：B_{out}——电池输出功率,kW。

3. 跨运车功率、能量需求及节能计算分析

本系统设计选用堆三过四跨运车,其主要性能参数如表 5.3-3 所示。

表 5.3-3 堆三过四跨运车主要性能参数

参数名称	参数值
额定起重量(吊具下)/t	50
吊具及吊具上架自重/t	11
跨运车自重/t	70
起升高度/m	12(堆三过四)
空载,最大行走速度/(km/h)	24
满载,最大行走速度/(km/h)	24
空载,最大起升速度/(m/min)	24
满载,最大起升速度/(m/min)	15
动力形式	柴油机组与锂电池的混合动力
柴油发电机组输出功率/kW	140
电池组/(A·h)	锂电池组,25

1) 跨运车功率需求

(1) 所需起升电动机最大功率计算

起升满载时的速度：

$$v = 15m/min = 0.25m/s$$

起升满载匀速上升时的负载功率：

$$P = Fv = mgv = (50000 + 11000)kg \times 9.8kg/m^2 \times 0.25m/s = 77kW$$

起升加速时的负载功率：由

$$F - mg = ma = \frac{mv_{max}}{t}$$

得

$$F = m\left(g + \frac{v_{max}}{t}\right)$$

则

$$P = Fv = m\left(g + \frac{v_{max}}{t}\right)v_{max} = (50000 + 11000)kg \times \left(9.8m/s^2 + \frac{0.25m/s}{2.5s}\right) \times 0.25m/s$$

$$= 163kW$$

上述各式中：

P——起升电动机所需功率,kW；

v——起升额定速度,(m/min)；

F——起升额定载荷,N,$F = mg$;

m——起升额定质量,包括集装箱、吊具和吊具上架质量,kg;

a——起升额定加速度,m/s²。

跨运车正常作业时,平均作业载荷大约不足 30t,故作业时,平均载荷匀速,起升最大功率 P_e 如下:

$$P_e = Fv = m\left(g + \frac{v_{max}}{t}\right)v_{max}$$

$$= (30000 + 11000)\text{kg} \times \left(9.8\text{m/s}^2 + \frac{0.25\text{m/s}}{2.5\text{s}}\right) \times 0.25\text{m/s}$$

$$= 106.9\text{kW}$$

上述功率计算均为简化的算法,忽略了各种阻力及能量损耗。

(2) 所需行走电动机功率计算

满载时的最大行走速度:

$$v = 24\text{km/h} = 6.67\text{m/s}$$

满载匀速运行功率:

$$P = Fv = fv = \mu Mgv = \mu(m_{dl} + m_{ls} + m)gv$$

$$= 0.015 \times (59 + 11 + 50)\text{t} \times 1000 \times 9.8\text{m/s}^2 \times 6.67\text{m/min} = 117.6\text{kW}$$

满载加速峰值功率:

$$P = \mu(m_{dl} + m_{ls} + m)gv + (m_{dl} + m_{ls} + m)\frac{v^2}{t}$$

$$= 0.015 \times (59 + 11 + 50)\text{t} \times 1000 \times 9.8\text{m/s}^2 \times 6.67\text{m/min} +$$

$$(59 + 11 + 50) \times \frac{(6.67\text{m/min})^2}{26.7\text{s}}$$

$$= 117.6\text{kW} + 200\text{kW}$$

$$= 317.6\text{kW}$$

式中:P——行走电动机所需功率,kW;

v——行走额定速度,m/min;

f——车轮与地面的摩擦阻力,N;

μ——轮胎的滚动摩擦系数;

t——0 到额定速度的加速时间,s。

m_{dl}、m、m_{ls}——跨运车的自重、集装箱、吊具和吊具上架质量,t。

上述功率计算均为简化的算法,忽略了风和坡度等其他偶然阻力及能量损耗,正式计算中应该包括,但一般不在最大载荷工况内。

(3) 辅助负载功率计算

跨运车实际运行过程中还存在一些负载功率消耗,大致可以分为两大类:第一类是需要不间断供电的设备,主要包括电子通信类负载(如卫星导航系统 GPS 的无线终端、无线对讲机等)、生活类负载(包括空调、室内照明等)、作业辅助照明负载(包括投光灯等);第二大类是对电源质量要求高的负载,包括液压系统、PLC 系统和车载工控机等。上述全部负载共计约 20kW。

一般来讲,虽然跨运车允许起升和行走同时运行,但都是被限制在总功率允许之内,其中峰值功率以行走加速时的峰值功率最大,行走与起升不会同时加速,所以 P_{max} 可以按下式计算:

$$P_{max} = P_{行走} + P_{辅助} = 317.6kW + 20kW = 337.6kW$$

2)跨运车循环运行能耗计算

为确保柴油发电机组和锂电池性能进行最优选型配置,需要结合码头运行实际状况及特点,对跨运车实际运行能耗进行模拟估算。作以下 4 个假设:

① 根据码头实际作业统计,集装箱平均载荷不到 30t,故本能耗计算按照平均载荷 30t 来估算。

② 假设循环作业路径,如卸船和装船循环大车运行路径示意图如图 5.3-8 所示。其中 R 为转弯半径,L_1、L_2、L_3、L_h 为起始点到各行驶道路的垂直距离。假设 $R=14m$,$L_1=30m$,$L_2=30m$,$L_3=30m$,$L_h=300m$,则总计单循环运行距离为 475m。

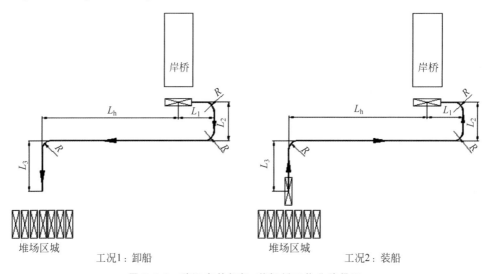

图 5.3-8 跨运车的卸船、装船循环作业路径图

③ 假设卸船循环作业运行中起升高度运行变化,见图 5.3-9 和图 5.3-10。其中,H_1、H_2、H_3、H_4、H_5 为整个运行循环各阶段的集装箱高度变化值;起升高度 H 为地面到吊具锁销梁下平面的距离,即 H=集装箱高度+集装箱离地的距离。在该卸船循环作业图中,各阶段集装箱高度值为:$H_1=1m$,$H_2=5m$,$H_3=3m$,$H_4=3m$,$H_5=6m$,集装箱高度按照 2.6m 考虑。

④ 假设装船循环作业运行中起升高度运行变化,见图 5.3-11 和图 5.3-12。其中,H_1、H_2、H_3、H_4、H_5 为整个运行循环各阶段的起升高度变化值;起升高度 H 为地面到吊具锁销梁下平面的距离,即 H=集装箱高度+集装箱离地的距离。假设装船循环作业,各阶段起升高度值为:$H_1=3m$,$H_2=6m$,$H_3=8m$,$H_4=1m$,$H_5=3m$,集装箱高度按照 2.6m 考虑。

根据上述卸船、装船模拟运行循环①~④的假设,结合本节第(1)条跨运车起升、行车功率计算理论,就可以计算并绘制出各阶段运行时间和功率值分配图(如图 5.3-13 和图 5.3-14 所示),并综合所选择柴油机的输出功率能力,计算出总能量消耗,分析出电池需要补充的峰值功率值。同时分析出可回收的电能区域和大小,进而分析柴油机和电池容量的选型是否

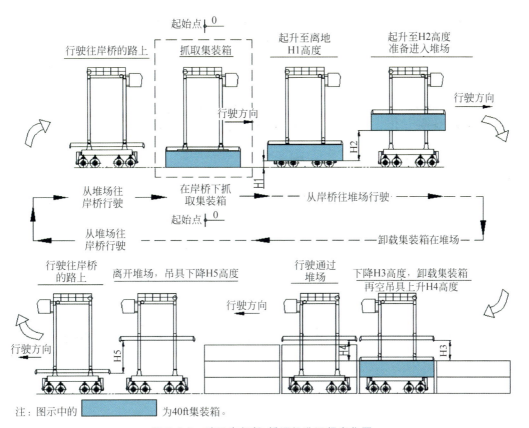

图 5.3-9　跨运车卸船-循环起升运行变化图

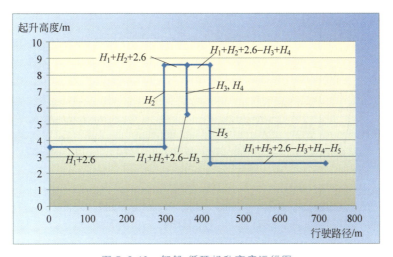

图 5.3-10　卸船-循环起升高度运行图

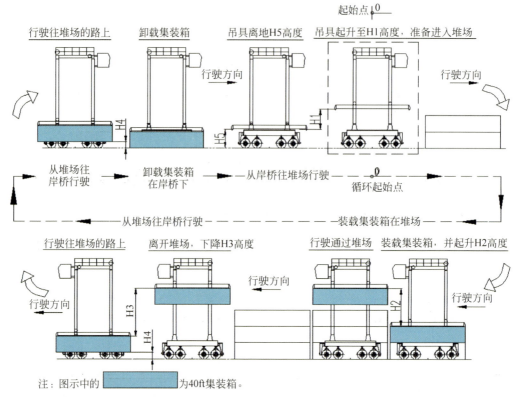

图 5.3-11 装船-循环起升运行变化图

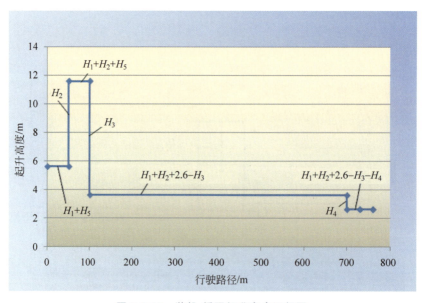

图 5.3-12 装船-循环起升高度运行图

相匹配,并不断优化,使匹配最佳。

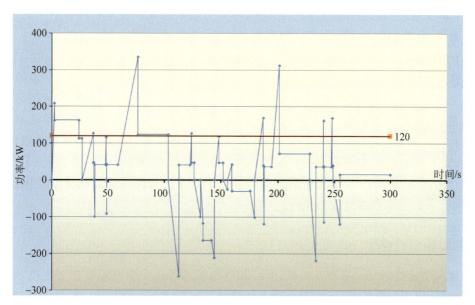

图 5.3-13　跨运车卸船运行循环功率曲线

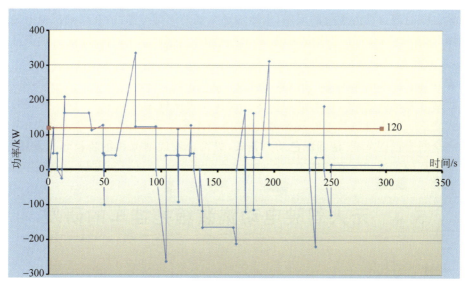

图 5.3-14　跨运车装船运行循环功率曲线

对上述功率曲线说明、分析如下:

(1)红色横线为柴油发电机组,在扣除辅助负载功率 20kW 后,还有能力提供的功率值,最大 120kW。

(2)曲线图示中的最高点为运行过程中加速运行最大的峰值功率,该值决定了整机的容量配置选型;最低点为减速制动过程中最大的峰值功率值。

(3)红色横线以上的曲线所围部分表示需要电池组放电补充峰值功率,可以根据曲线计算出整个循环电池需要消耗的电量。

（4）横坐标线与红色横线之间的曲线所围部分表示由柴油发电机组提供所需功率，可以根据曲线，计算出整个循环中该区间需要柴油发电机组发出的电能。

（5）横坐标以下曲线所围部分为行走机构减速制动、起升机构下降和减速制动的功率。此时电动机作为发电机产生电能对电池进行充电，可以根据曲线，计算出整个循环可回收的电量。

综上所述，可以从曲线中得到所有的功率和能耗信息，匹配出电池耗电和可回收电量的最优关系，使起升机构下降、起升和大车运行机构减速制动等可回收的能源得到充分的回收。同时也可确定电池组的合理容量，降低电池成本。还可选定合适的柴油发电机组，既满足要求，又不至于过大，降低能耗。

经对比测算，柴油机-电池组组成的混合动力跨运车与传统纯柴油机机型相比，油耗可以降低 40% 以上，节能减排效果显著。

5.3.5　小结

跨运车节能技术是一项涉及机械、电控和电池技术等的多学科综合性节能技术。实施轻量化设计、优化电气控制、采用混合动力系统的跨运车，综合成本考虑，尽可能降低柴油发电机组容量，配套相应容量的电池组，实现对起升机构的下降及减速、行车制动及减速、柴油机怠速等过程富余能量的充分回收，可以显著降低油耗，满足排放标准，降低噪声，提高司机的舒适性。同时混合动力系统的采用，也增加了车辆的运行可靠性，在柴油机或电池组一方出现故障时，仍可低速运行至安全区域，减少对码头作业效率的影响，特别是对于自动化码头来说，这一点尤为重要。

随着环境保护要求越来越严格，石油等化石能源的不可再生性，油价的高企，低能耗、低排放的跨运车是码头装备升级的迫切要求。混合动力系统是目前最为经济、有效的跨运车动力形式之一。随着电池技术的发展，电池成本将不断下降、性能将不断提高，纯电动跨运车作为完全符合低碳节能、清洁绿色动力方式，更符合发展潮流和集装箱码头发展需求，将是跨运车发展的主流和主要趋势。

5.4　无人驾驶电动集装箱拖挂车的研发

5.4.1　引言

集装箱平面运输的自动化问题一直是港口行业热议的话题，痛点来自驾驶员切身的高强度工作，难点在于运输环境动态多变，若能实施成功意义重大。

传统方法采用人工驾驶集装箱拖挂车（简称集卡）在码头前沿岸桥和后方堆场之间转运集装箱，但由于控制精度要求高、作业条件差以及操作单一乏味等原因，驾驶员容易出现失误，造成运输任务失败甚至安全事故，影响码头整体效率。

为了减轻集卡司机劳动强度，降低工作压力，提高集装箱的装卸效率和作业的可靠稳定性，自动化技术成为各个港口码头关注的重要手段。

早在 1985 年前后，在劳动力成本昂贵且贫乏的地区，就有港口开展了相关研究。1993

年荷兰 ECT 投产了世界上第一个自动化集装箱码头,利用 AGV 进行集装箱运输。该 AGV 采用内燃机驱动,一次装载一个集装箱,速度为 3m/s,利用车载天线跟踪码头呈矩阵布置的雷达收发机和地下导线系统进行导航和定位。

另有 AGV 以德国汉堡 HHLA-CTA 码头为代表,该 AGV 采用柴油机驱动,可通过遥控加油车完成自动加油,搭载差分定位系统和激光雷达系统,结合埋设在码头上的电子标签进行导航和定位。

AGV 的缺点是需要对码头地面等基础设施进行大规模改造,不能用于人机混合运行的传统码头。另外,因其定制化程度较高且产量少等原因,售价往往高达数百万人民币,不如集卡经济实用。

随着京津冀地区环保形势不断升级,天津市对天津港的发展定位和建设美丽港口提出了更高要求。电动技术以其零排放、无污染的优势获得更多企业的关注,在此情况下,电力驱动集装箱拖挂车应运而生。电力驱动集装箱拖挂车具有尾气污染物零排放、无污染、低噪声、低能耗等柴油车无可比拟的优点。

同时,随着人工智能技术的快速发展,天津港聚焦智能驾驶技术提高港口运力,研究无人驾驶电动集装箱拖挂车在港口自动化应用中的关键技术,可实现集卡精确定位导航、智能驾驶完成运输任务以及远端监控技术,且兼容人工驾驶。具体研究内容包括智能感知、智能决策、智能控制、智能调度、智能诊断等关键技术。通过智能集卡在港口自动化中的应用,推进关键技术迭代,以期解决当前内部集卡的运输安全、运输效率和运输费用问题,从而提升港口吞吐量,为务实推进"智慧港口"建设提供有利保证。

5.4.2　无人电动集卡整车简介

无人驾驶电动集装箱拖挂车(简称智能集卡)采用 6×4 双驱底盘布置,S32 整车布局,并突破以往的设计理念,应用高强度 MAN 技术承载系统和先进的 EBS+ESC 系统,采用大扭矩双驱动电动机+ST16 大速比双级减速后桥的动力传动布局,利用大容量/高倍率动力电池,具备高传动效率、大扭矩输出和长续航能力等特点。

无人电动集卡设计采用 250kW 永磁同步电机驱动,应用容量为 290kW·h 磷酸铁锂电池储能,满载续航里程 150km,如图 5.4-1 所示。

图 5.4-1　无人驾驶电动集装箱拖挂车

无人电动集卡整车设计尺寸如图 5.4-2 所示,整车主要技术参数如表 5.4-1 所示。

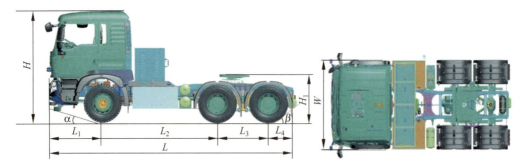

图 5.4-2 无人电动集卡整车结构

表 5.4-1 无人电动集卡主要技术性能参数

参数名称		参数值
外形尺寸/mm	长(L)	6880
	宽(W)	2496
	高(H)	3120
前悬(L_1)/mm		1495
后悬(L_4)/mm		785
轴距(L_2+L_3)/mm		3200+1400
轮距/mm	前轮距	2022
	后轮距	1816
接近角/(°)	α	15
	β	26
鞍座离地高度(H_1)/mm		满载 1320/空载 1370

　　车架系统采用高强度 8mm 单层梁,悬架系统采用高刚度多片钢板弹簧,具备强大的落箱冲击吸能缓冲能力,满足重载集装箱作业时的大量冲击载荷作业。利用大扭矩(4260N·m)永磁同步电机直驱系统,结构简单、效率高,具备优越的加速性能及舒适的驾驶体验。匹配磷酸铁锂动力电池,具有抗振动、抗冲击、防碰撞和防短路、耐高温等优点。

　　为适应车辆智能化操控,车辆应用 BOSCH 开发设计的第三代全新 Servotwin 电控转向器和 EBS＋ECS 制动和车身稳定系统等先进的线控操纵系统(如图 5.4-3 所示),可以实现电信号控制车辆制动功能,且进一步提升车辆行驶的稳定性与舒适性。

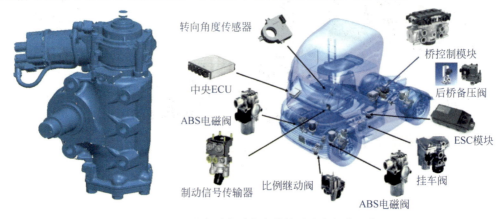

图 5.4-3 无人驾驶电动集卡线控系统各部分示意

5.4.3　智能集卡系统架构

智能集卡系统方案的系统架构设计如图 5.4-4 所示。其中,车载系统主要承担自动驾驶的工作,而服务器系统主要承担云平台的工作。相应的硬件和传感器也分成两个部分:车载硬件主要用于车载系统,而服务器硬件则承担云平台的运行。

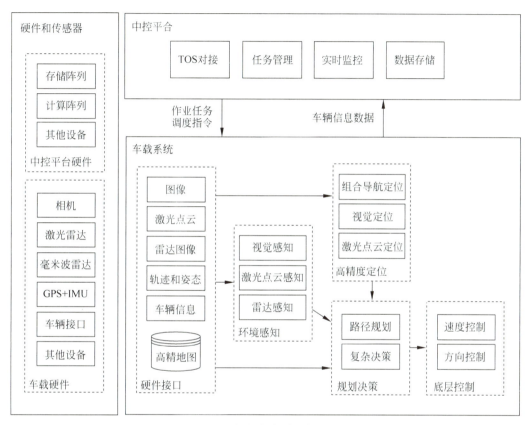

图 5.4-4　智能集卡系统架构设计

1. 车载系统

车载系统依据铁路上常用的"二乘二取二"安全策略进行设计,通过冗余性来保证自动驾驶的安全性和稳定性。其中 5 个基本模块包括:

(1) 硬件抽象。通过硬件接口的设计,可以获取相机、激光雷达、毫米波雷达、GPS＋IMU 以及车辆等设备的采集信息。

(2) 环境感知。通过视觉感知、激光点云感知和雷达感知,可以重建车辆可观测范围内的全部信息和场景模型。

(3) 高精地图。综合激光点云、视觉图像等传感器信息,构建包含典型道路元素、码头设备元素和三维结构信息的高精地图。

(4) 高精度定位。结合环境感知和高精地图的知识,可以综合组合导航定位、视觉定位、激光点云定位的结果,确保定位的精确性和稳定性。

（5）决策规划。以环境感知、高精度定位和车辆信息为基础，可以进行路径规划和复杂决策，并通过多维度的信号分解完成底层控制。

2. 中控平台

中控平台包括 TOS 对接、任务管理、实时监控和数据存储功能，能够根据港口作业需求对全部车辆进行调度安排，提高作业效率。通过实时的车辆作业和行驶状态监控，确保安全运营。数据存储功能将车辆状态、作业任务信息等存储在服务器上，便于历史信息查询和统计。

5.4.4 智能集卡系统设计与实现

1. 硬件系统设计与实现

智能集卡需要的传感器包括相机、激光雷达、毫米波雷达以及 GPS＋IMU。系统方案需要的硬件设备包括工控机、以太网交换机、HMI 显示设备以及操作终端等。整体硬件方案如图 5.4-5 所示。

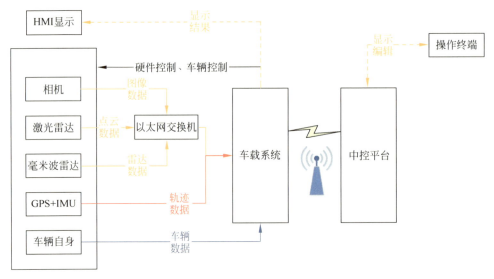

图 5.4-5 智能集卡硬件架构设计

（1）相机、激光雷达和毫米波雷达通过以太网和车载系统相连，GPS＋IMU 通过串口和车载系统相连，而车辆自身通过 CAN 总线和车载系统相连。上述传输媒介既承担数据传输的功能，又负责相应控制信号的反馈。HMI 显示通过以太网和车载系统相连，各个传感器和硬件设备的结果都可以在 HMI 上进行实时显示。

（2）车载系统和服务器系统通过无线网络进行数据交换。

（3）操作终端通过以太网和服务器系统相连，其中服务器兼顾数据的存储和处理，而操作终端负责显示车辆的实时信息，支持车队和车辆的调度和管理操作。

另外，需要对车辆底层进行线控改造，系统方案改造的接口包括油门、制动和转向等。其特色在于：首先，重新设计了接口网关，能够保证传输的低时延和数据包上传下达的高可靠性；其次，增加了 SafeDriving 模块，能够解决上层规划决策可能引起的车身振荡和受到周边环境变化影响剧烈的问题；最后，设计了基于模型预测的高精度转向和加减速控制单元，显著提高了车辆控制的响应速度、安全性和平滑度，以便在自动驾驶系统异常时，可进行智能模式切换。

在传感器布置方面，系统方案的设计如图 5.4-6 所示。该设计能够保证车辆周边 360° 无死角监控，且存在较大的安全冗余。除布置在港口固定位置的差分基站外，车载主要包括 4 个部分：

（1）前向的 ibeo 激光雷达、长距毫米波雷达以及相机；

（2）后向的长距毫米波雷达以及相机；

（3）侧向的 16 线激光雷达以及短距毫米波雷达；

（4）车顶的 GPS+IMU。

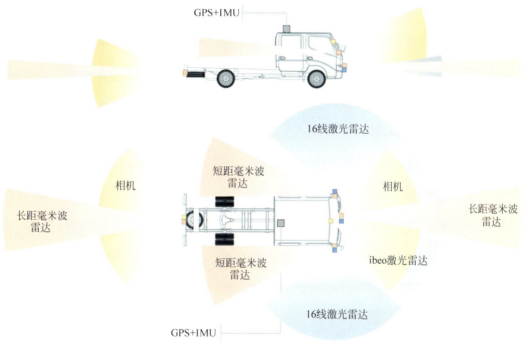

图 5.4-6　智能集卡传感器布置位置及视野范围示意图

2. 软件系统设计与实现

1）软件组成

车载系统软件架构如图 5.4-7 所示。

（1）虚线部分标出的高精地图生产是离线完成的，主要包括传感器标定、数据采集、三维重建、高精地图制作和发布等 4 个步骤。

（2）实线部分标出的是实时计算模块，其中环境感知、高精度定位和高精地图解析都是并发进行的。

① 抓取图像和点云数据后，通过传感器融合检测网络、SKCF 跟踪和 Hungarian 对应

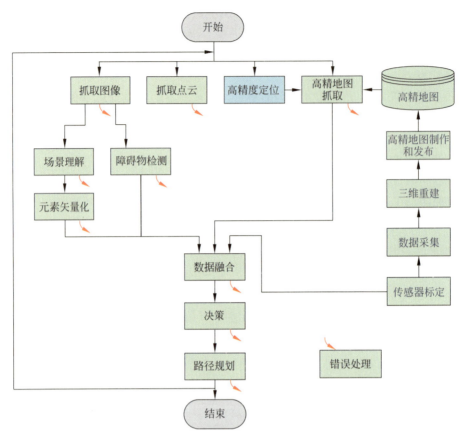

图 5.4-7 无人驾驶电动集卡车载软件系统软件流程

可以完成障碍物感知,通过场景分割网络可以完成驾驶场景建模;

② 高精地图模块通过抓取定位信息,从高精地图数据库中提取当前地图;

③ 传感器融合模块则将障碍物感知、驾驶场景建模和局部高精地图进行融合,生成栅格态势图;

④ 决策模块给出横向决策、纵向决策,并由二次路径规划模块设计最优路径,其中也会考虑中控平台的冲突决策命令,保证系统整体的稳定性;

⑤ 上述模块都包含相应的错误处理机制,保证发生异常时倒向安全侧。

2)环境感知

环境感知采用多传感器融合的深度学习方法完成。

多传感器数据融合是针对一个系统使用多种传感器这一特定问题而展开的一种关于数据处理的方法,是近几年来发展起来的一门实践性较强的应用技术,是多学科交叉的新技术,涉及信号处理、概率统计、信息论、模式识别、人工智能、模糊数学等理论。无人驾驶系统中常用的感知传感器包括摄像头、激光雷达、毫米波雷达等。

深度学习是人工神经网络的一个分支,在近年来得到了快速的发展和应用。深度学习是学习样本数据的内在规律和表示层次,这些学习过程中获得的信息对诸如文字、图像和声音等数据的解释有很大的帮助。它的最终目标是让机器能够像人一样具有分析学习能力,能够识别文字、图像和声音等数据。自动驾驶的场景复杂多变,而处理复杂问题是深度学习的一个优势,使得系统能够更好地理解环境变化。

(1)环境感知——障碍物检测与跟踪

环境感知中障碍物检测采用图像和激光点云的传感器融合技术完成。系统方案设计了MV3D深度学习网络进行障碍物检测(如图5.4-8所示),首先利用卷积神经网络提取特征图像,再通过区域分析的子网络给出障碍物的精确3D外包长方体,最后输出每个障碍物的位置、姿态、类别、距离和速度等数据。障碍物包括行人、车辆、自行车、建筑物以及集装箱等常见的规则物体。融合激光和图像数据进行环境感知,不仅大幅提升了感知精度,同时提升了感知系统的稳定性,相比于纯视觉系统,在夜晚、雾霾等天气下的稳定性亦可获得大幅提升。

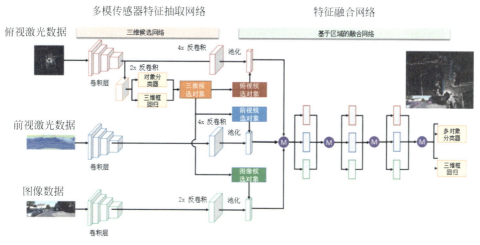

图5.4-8 融合使用激光和图像数据的多模传感器融合网络

(2)环境感知——驾驶场景理解

利用图像分割技术对车辆周围驾驶场景进行理解分析,提取可见区域内的所有不规则区域。方案使用SegNet分割深度网络(如图5.4-9所示),首先利用卷积神经网络提取特征图像,再利用上采样和反卷积的拼接方式恢复掩码图像,最后分解出所有认知的区域。支持分割的区域包括车道线、路沿、地面箭头、树木、地面以及地面异物等常见的不规则区域。

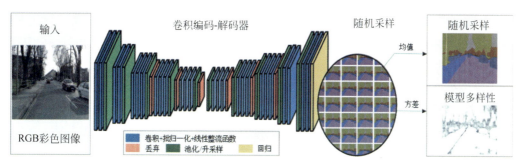

图5.4-9 SegNet分割网络拓扑结构

3）高精地图

（1）三维重建

高精地图的三维重建依靠数据拼接和染色来完成。系统方案首先以位置和姿态确定每一帧点云和图像的初始估计,其次利用特征点提取和匹配技术完成帧间点云和图像的相对运动估计,最终将上述结果统一在一个完整的数学模型下利用光束平差法进行优化。

图 5.4-10 为某港口一条内集卡运行环境的高精地图实例,高精数据采集和运算可得到港区环境中道路、作业设备等元素的厘米级高密度坐标表示。

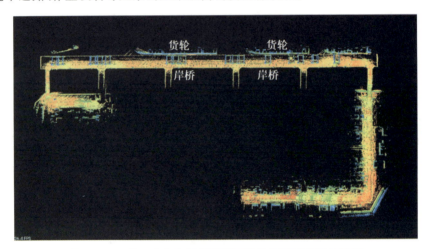

图 5.4-10　港口内集卡运行路线环境地图重建结果示意图

（2）地图制作及应用

基于三维重建结果,即可利用高精地图查看和编辑工具进行地图要素的制作,支持的元素包括车道线、护栏、路沿、灯杆、岸桥和各种分类区域等。地图按照国际上通用的 OpenDrive 格式进行发布;特别地,考虑到港口地理和应用的安全性,发布过程中将对每个要素的位置和重要目标进行扰动和加密。后续使用中如果港口规划发生变化,则可对地图进行及时更新。

4）高精度定位

高精度定位主要采用复合定位的方式来完成。正常情况下主要使用组合导航定位:高精度差分 GPS+惯性传感器 IMU。考虑到 GPS 信号弱的情况下会影响定位精度,系统方案还设计了激光点云定位技术和视觉定位技术。

在实际应用中,根据环境条件和传感器状态,系统使用不同的模式进行定位,包括 GPS+IMU、GPS+IMU+激光定位、GPS+IMU+视觉定位、GPS+IMU+激光定位+视觉定位、IMU+激光定位+视觉定位。高精度定位方案能够保证定位精度达到 10cm,在特定区域定位精度达到 5cm 以内,满足自动驾驶和集装箱装卸作业的需求。图 5.4-11 给出了港口内基于高精度定位的岸桥下停车示例。

5）决策规划

（1）横纵向决策

系统方案的决策机制采用基于规则式决策为主,基于机器学习决策为辅,两种方式结合进行。在基于规则式的方案中,系统方案中设计了超过 300 种的场景-决策的映射;而这些

图 5.4-11　港口内基于高精度定位岸桥下停车示例

（注：地面黑色标线为停车基准线）

场景以外的部分，则均转向安全侧状态，避免交通事故和异常事件的发生。

（2）路径规划

全局规划运行于中控平台，负责道路级的路径规划。通过给定任务内容、车辆位置和状态以及高精地图等信息，指定该车辆当前时刻具体的运行路线。

如图 5.4-12 所示，TOS 已经下发了从开始点到结束点的移箱任务，那么一次规划需要给出一条最合适的工作路径。

图 5.4-12　基于拓扑路网信息和全局任务安排的车辆一次规划示例

如上所述，高精地图提供了道路的整体拓扑信息（岔路口为节点，岔路口之间的道路为边），那么一次规划问题也就是在图模型中寻找开始点到结束点之间的最优路径问题。上述分析是针对某项任务某辆集卡某时刻的一次规划结果。实际运行中，通常包括多项作业任务和多辆集卡。因此系统方案利用多源节点间的最优路径模型来描述一次规划问题，即综合考虑高精地图信息（道路的吞吐量、并发车辆数目）、任务耗时，将其作为约束条件来寻找所有集卡某时刻的批最优路径。系统方案采用图剖分和双向带时间窗口的规划算法完成优化,此算法在 Patrick 码头和 CMU 无人车上已得到验证。

局部路径规划运行于车载平台,负责局部路径规划。通过给定高精地图、车辆位置和状态以及环境感知等信息,指定该车辆当前位置的局部运行路线。其中,高精地图给出了道路信息(车道数、车道位置、限速和其他要求),环境感知给出了障碍物位置和其他不可行驶区域。在栅格化处理和决策后,二次规划需要生成局部的带有速度矢量的预瞄点序列。

以图 5.4-13 为例,车辆处于中间车道前方有障碍物的情况下,在系统方案中,首先以左车道中心线为终点进行撒点,拟合多条螺旋线;其次考虑集卡模型、车辆舒适性、驾驶安全性和周边环境,从中选取一条最优的螺旋线;最后将该螺旋线进行插值、局部优化,以带速度矢量的预瞄点序列的形式给出最终结果。

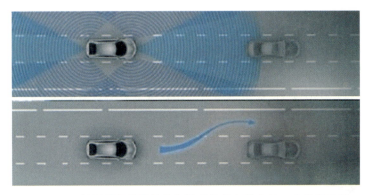

图 5.4-13 基于局部道路结构和障碍物信息的车辆二次规划示例

6) 中控平台

中控平台主要包括 TOS 对接、任务管理和实时监控功能。如图 5.4-14 所示,中控平台从 TOS 接收集卡作业任务,对车辆进行统一调配,在作业过程中实时监控车辆状态。

图 5.4-14 中控平台功能示意图

(1) TOS 对接

中控平台通过专属无线网络和港口作业系统(TOS)连接,接收作业任务信息,下发给各个车辆。通过专属网络、加密协议通信,保证通信安全,防止外部干扰和入侵。

(2) 任务管理

统一协调、管理各智能集卡的作业任务,控制集卡行驶和作业。采用智能化的任务调度和路径规划方法,提高作业效率,减小能源消耗。管理人员统筹安排,可以根据需求对每辆车进行分时、分任务的配置和管理。

存储历史任务信息,提供相应的报表生成和分析功能。

（3）实时监控

智能集卡能够将车辆的状态、轨迹和姿态等信息传递给中控平台,从而使得中控平台可以完成实时监控工作。具有基于任务信息的智能监控报警功能,能够根据智能集卡实时位置、运行轨迹和正在进行的作业任务信息判断车辆作业状态是否正常,根据智能集卡各模块工作状态判断车载系统是否正常,发现异常情况及时报警。

5.4.5 节能环保与经济效益分析

1. 节能环保分析

假定内燃式集卡每年消耗柴油约 24t,折标准煤系数 1.4571kgce/kg,碳排放系数 3.1605kg/kg。

内燃式集卡能耗量：$24t \times 1.4571kgce/kg = 34.9t$

内燃式集卡 CO_2 排放量：$34.9t \times 3.1605kg/kg = 110.3t$

假定电动集卡每年耗电量为 90000kW·h,折标准煤系数 0.330kgce/kW·h,碳排放系数 0。

电动集卡能耗量：$90000kW \cdot h \times 0.330 kgce/kW \cdot h = 29.7t$

电动集卡 CO_2 排放量：$90000kW \cdot h \times 0 = 0$

电动集卡年节约能耗量：$\Delta_1 = 34.9t - 29.7t = 5.2t$

电动集卡年减少 CO_2 量：$\Delta_2 = 110.3t - 0 = 110.3t$

通过以上计算数据对比来看,每台电动集卡每年节约 5.2t 标准煤,减少 CO_2 排放 110.3t。故采用电动集卡一方面极大地降低了化石燃料消耗,减少了尾气污染物排放总量,节约了设备使用成本,提高了设备投资回报率;另一方面也积极响应国家节能减排、治污降耗号召,加快能源结构调整,推动能源供应多样化进程,具有极大的环境保护效益及良好的社会效益,有力助推"绿色港口"建设进程,务实推进清洁能源应用示范区建设。

2. 经济效益分析

柴油发动机与电力驱动发动机能耗对比如下。

1）柴油集卡年单机成本分析

发动机保养：假定柴油集卡每月运行 3800km,每 5000km 做一次保养,则每年需要保养 9 次。

按机油价格 25 元/L,每次保养需添加机油 23L,机油滤芯 100 元/个;做 3 次保养更换一次空气滤芯,价格 220 元/套。

$$25 元/L \times 23L \times 9 + 100 元/个 \times 9 个 + 220 元/套 \times 3 套 = 6735 元$$

燃油费：假定柴油集卡油耗约为 0.53kg/km,按当前柴油价格 7.4 元/L,折合 8.9 元/kg,于是

$$0.53kg/km \times 8.9 元/kg \times 3800km \times 12 = 215095 元$$

则燃油集卡年总运行成本:

$$215095 \text{元} + 6735 \text{元} = 221830 \text{元}$$

2）电动集卡年单机成本分析

假定建设 12 个充电桩(每个 10 万元)需另设置 1000kV · A 变台 2 座(日常使用 1 座,应急使用 1 座),每台 120 万元,变台维保费用 10 万元/座。变台和充电桩按 10 年摊销,根据电动集卡测试数据,能耗为 1.96kW · h/km,按电力公司电价 1.1 元/(kW · h)进行计算。

变台成本:

$$120 \text{万元} \times 2 \text{座}/42 \text{台}/10 \text{年} = 5714 \text{元}/\text{台}$$

充电桩成本:

$$10 \text{万元} \times 12 \text{个}/42 \text{台}/10 \text{年} = 2857 \text{元}/\text{台}$$

变台维保成本:

$$10 \text{万元} \times 2/42 \text{台} = 4762 \text{元}/\text{台}$$

电耗成本:

$$1.96 \text{kW} \cdot \text{h/km} \times 1.1 \text{元}/\text{kW} \cdot \text{h} \times 3800 \text{km} \times 12 = 98314 \text{元}$$

则电动集卡年总运行成本:

$$98314 \text{元} + 5714 \text{元} + 2857 \text{元} + 4762 \text{元} = 111647 \text{元}$$

3）电动集卡年节约成本

电动集卡年节约成本为

$$221830 \text{元} - 111647 \text{元} = 110183 \text{元}$$

通过以上数据对比来看,电动集卡比柴油集卡年节约运行成本 110183 元,重汽电动集卡单机购置价为 100 万元(补贴后),比柴油集卡高 57.5 万元。对于初期一次性支付全部投资额且年收益固定项目计算,静态回收期按 $T = $ 投资额/年收益,则

$$T_{\text{电动}} = \frac{57.5 \text{万元}}{11.02 \text{万元}/\text{年}} = 5.2 \text{年}$$

即投资回收期为 5.2 年,结合集卡的使用寿命一般为 10 年,投资收益非常可观。随着物流业的发展和环保要求的提高,电动集卡的市场需求量越来越大,这必将推动电动集卡技术迅速发展。

5.4.6 小结

智能驾驶技术作为港口自动化领域的前瞻性技术,所聚焦领域是目前国内外的热点。目前国内外集装箱水平运输多采用磁导航的 AGV,灵活性较差且价格较高。而智能电动集卡,对港口改造要求小,无轨导航,可全港区行驶;采用纯电动驱动技术,节能减排效果显著,经济效益、社会效益和环境效益良好;采用人工智能尤其智能驾驶技术赋能,从经济、效率和安全角度解决港口目前面临的问题,能够全面提升港口物流竞争力。

尽管目前集装箱拖挂车的无人驾驶技术赏属于研发与示范应用阶段,但相信在不久的将来,在新建自动化集装箱码头和传统集装箱码头的升级改造中将很快得到推广应用。另外,智能集卡技术除用于国内外港口外,还可以推广到高速物流,或横向扩展到城区物流等应用,市场前景非常广阔。

5.5　LNG 集装箱拖挂车的推广应用

5.5.1　引言

为保护环境,解决能源安全问题,减少对石油能源的依赖,我国一直大力发展清洁能源汽车。在新能源汽车中,液化天然气(LNG)汽车由于具有燃料储藏丰富、燃烧排放性能好、运行成本低、技术相对成熟、安全可靠等优点,被公认为较为理想的替代燃料汽车。

天然气作为一种环保型燃料,近 10 年在流动车辆上的应用越来越普遍,如在出租车、重型汽车和公交车等车型上都得到了很好的推广应用,甚至在传统的以柴油发电机组为动力的 RTG 上已开始尝试使用 LNG。

以大家熟知的公交汽车为例。截至 2014 年底,我国天然气公交车保有量已达 18.81 万辆,主要有压缩天然气(CNG)公交车、液化天然气(LNG)公交车和气电混动公交车 3 种形式。其中,CNG 公交车 14.38 万辆,LNG 公交车 4.43 万辆,在公交车总保有量中占比为35.6%。预计到 2020 年我国公交车保有量将达到 68 万辆,其中天然气公交车约为 41 万辆(其中气电混动公交车 5 万辆),公交车气化率将达到 60%,部分地区公交车气化率将达到 100%。

十几年来,我国港口集装箱业务发展迅速,港口集装箱吞吐量已连续多年保持世界第一,集装箱拖挂车(简称拖挂车,或集卡)作为集装箱水平运输的主要设备,其保有量也逐年攀升。

我国集装箱码头的拖挂车大多以柴油为动力源,能源消耗大,废气和噪声对环境影响较大。为此,国内很多港口如深圳港盐田国际集装箱码头有限公司(简称盐田国际公司)、青岛港国际股份有限公司、宁波港北仑第二集装箱码头分公司、上海港冠东国际集装箱码头有限公司(简称上港集团冠东公司)等的集装箱码头都成功地采用了 LNG 集装箱拖挂车,取得了良好的经济效益、社会效益和环境效益。

5.5.2　节能环保型集装箱拖挂车分类

集装箱拖挂车由于其流动特性,无法采用类似 RTG 的馈电方式供电,只能携带燃料运行。目前已有的动力驱动方式主要有以下几种:纯电动方案、混合动力方案、CNG 方案、液化石油气(LPG)方案和 LNG 方案。

下面从技术成熟性、设备市场化、系统安全性、运行成本、应用情况、废气排放等方面进行分析,作为选择集装箱拖挂车的依据。

1) 电动集装箱拖挂车

纯电动集装箱拖挂车的研究工作虽然取得了一些初步成果,但是尚未应用于工程实践,尤其电池及其充电问题没有很好地解决,而且成本很高,近期没有推广应用的可能性。

2) 混合动力集装箱拖挂车

混合动力拖挂车分为两类:一是燃油(汽油或柴油)、电动混合动力形式;二是气电混合动力形式。

电动、柴油混合动力拖挂车已有样车,理论上可节油 30% 左右,减少污染排放 40% 左右,能够达到国Ⅳ以上排放要求,但充电仍是难以逾越的难点。作为在码头内连续运行的集卡,充电时间长会影响设备的作业效率,而主要使用柴油则达不到预期的节能减排效果,无法抵消设备、充电设施方面的投资,故近期也难以得到推广应用。

而气电混合动力集卡在港区内狭小区域运行,同样难以发挥出其优势,也难以得到推广应用。

3）CNG 集装箱拖挂车

CNG 拖挂车国内西部地区应用较多,排放方面有优势,燃料系统工作压力高达 20MPa,有安全风险。另外,气瓶占用较多的重量、体积,导致单位体积的热值仅有 $3.36MJ/m^3$。由于有相当能量用于无效载荷,故暂不考虑 CNG 拖挂车在码头内的应用。

4）LPG 集装箱拖挂车

LPG 拖挂车国外有一定的应用,国内尚未见有定型的拖挂车产品。燃料来源广,但总量偏低,不在政府推广之列。另外燃料系统工作压力高,安全要求高,危险性相对较大。加气站安全风险大,批建困难,也不在考虑之列。

5）LNG 集装箱拖挂车

LNG 在国内外均有相当成熟的应用,国内正在大力发展。国内主要的卡车生产商都推出了自己的产品,发动机制造商也推出了使用 LNG 的气体发动机,LNG 系统的制造商早已有自己的产品。国产 LNG 拖挂车从技术上和市场上都已完全成熟,值得在港口推广应用。

5.5.3 LNG 集装箱拖挂车节能环保效果

1. 盐田国际公司 LNG 拖挂车节能环保效果

为选择合理的集装箱拖挂车动力驱动方式,深圳港盐田国际公司对各种动力形式的拖挂车进行了全面系统的研究,尤其对 LNG 拖挂车在节能环保方面的性能进行了全面测试。表 5.5-1 是对玉柴 LNG 发动机和其柴油发动机的排放污染物检测结果的对比。

表 5.5-1 玉柴两种发动机排放检测结果

YC6G260-30 国Ⅲ柴油发动机			YC6G260-30N 国Ⅲ LNG 发动机			LNG 发动机较柴油发动机污染物排放指标降低值/%
污染物	标准值	检测值	污染物	标准值	检测值	
一氧化碳(CO)	2.10	0.78	一氧化碳(CO)	5.45	0.008	98.97
碳氢化合物(HC)	0.66	0.18	非甲烷碳氢化合物(NMHC)	0.78	0.030	83.33
氮氧化合物(NO_x)	5.00	4.33	氮氧化合物(NO_x)	5.00	2.990	30.95
颗粒排放物(PM)	0.10	0.087	颗粒排放物(PM)	0.16	0.000	100(零排放)

从表 5.5-1 检测结果可以看到,一氧化碳下降 98.97%,非甲烷碳氢化合物下降 83.33%,氮氧化合物下降 30.95%,几乎检测不到颗粒排放物。这充分说明 LNG 发动机与柴油发动机相比,在减少有害气体排放方面具有无可比拟的优势,采用 LNG 拖挂车可大幅减少码头范围内有害气体排放。

每立方米天然气的价格比每升柴油约低 30%(随天然气产地和国际市场油价变化略有

不同)。根据测算,来自广东深圳大鹏 LNG 接收站的每立方米天然气与每升柴油所含的热量基本相同。只要 LNG 气体发动机的热能利用水平与柴油发动机相比不低于 30%,就有可能节省燃料成本。

测试数据表明,采用同一产地的 LNG,4 种不同品牌 LNG 拖挂车发动机消耗的燃料热能要比某一特定柴油发动机消耗的热能高 1%～42.8%,差异很大,可见选择合适的发动机品牌型号、调整好 LNG 工作参数是非常重要的。

最终确定采用 LNG 拖挂车,通过设计标准测试来筛选合适的 LNG 拖挂车。

2. 上港集团冠东公司 LNG 拖挂车节能环保效果

上港集团冠东公司的检测结果,同样验证了集装箱拖挂车采用 LNG 代替柴油的发动机,可以有效降低运行成本和有害物的排放。表 5.5-2 为 LNG 拖挂车与柴油拖挂车的燃料成本对比。

表 5.5-2　柴油拖挂车与 LNG 拖挂车燃料成本比较分析

能源类别	柴油	LNG 动力	备　　注
集团协议单价/(元/L)	7.11	6.06	
去税价/(元/L)	6.11	5.398	
能耗/(L/TEU)	1.175	0.943	
折后标准煤/(kg/TEU)	1.51	1.506	基本持平
能耗成本/(元/TEU)	7.213	5.122	LNG 节省成本 2.091 元,约为 28.98%
碳排放量/(kg/TEU)	0.592	0.435	LNG 拖挂车排放减少 26.62%

测试结果表明:LNG 拖挂车可明显地节省成本,显著降低碳排放。

5.5.4　工程应用案例

1. LNG 项目简介

盐田国际公司在 2008 年确定发展 LNG 拖挂车后,经评估选择有实力的 LNG 供应商在码头内建 LNG 加气站。加气站的日常运作和安全管理由 LNG 供应商负责,盐田国际公司提供场地,协助报建及建设工作。从 2008 年底开始,公司陆续建设了两座配有 $30m^3$ 储液罐的撬装加气站,形成了 200 台集装箱拖挂车的加气能力;2015 年建设了第三个配有 $60m^3$ 储液罐的撬装加气站,并已经投入使用。目前整个码头已形成 400 台拖挂车的加气能力,可基本满足使用要求。

盐田国际公司 LNG 拖挂车项目采用的是只以 LNG 为燃料的纯 LNG 拖挂车,由于仅在码头区域内运行,所以加气能够得到保障。采用单纯 LNG 为燃料的车辆,相对于 LNG 与柴油混合或替换使用的车辆,在减排方面更为彻底,维护方面更为简单,但需要将柴油拖挂车更换为 LNG 拖挂车。

2. LNG 加气站

LNG 加气站一般分为永久加气站和撬装加气站两种。永久加气站占地面积大、投资多、工期长、报批困难。为尽快开展 LNG 拖挂车项目,盐田国际采用的是投资少、占地面积少、工期短、易搬迁的撬装加气站。这种加气站不需要单独建站,可以设在现有的汽柴油加油站里。

撬装加气站有两种结构形式:一是分置式,即其存储装置和加注系统放置在一个撬装底座上,控制部分则设在值班房内;另一种是集成式,即采用撬装式的集成技术,将加气站的存储装置、加注系统和控制系统都尽可能地集成在同一个撬装底座上,形成一个整体,可实现移动加气。前者工作安全可靠,但加气站不可移动;后者结构紧凑,可实现移动加气,但安全性稍差。

从实际需求和安全考虑,盐田国际公司采用的是分置式的撬装站。图 5.5-1 为加气站工作原理图。

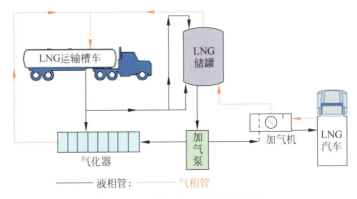

图 5.5-1　LNG 加气站工作原理图

图 5.5-2 为盐田国际公司 $60m^3$ 液罐 LNG 撬装加气站实景。

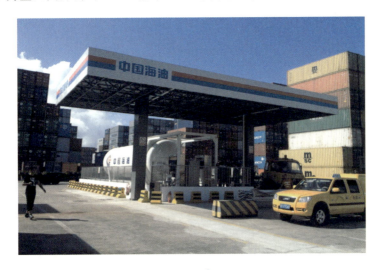

图 5.5-2　盐田国际公司 $60m^3$ 液罐 LNG 撬装加气站

在码头内建撬装加气站,大致要经历以下环节:上报发改委取得批文,通过环保局组织的环境评估,报建设局备案,取得建设局发放的燃气经营资格证,取得消防局的批文,建成后通过防雷验收和消防验收后方可使用。

2008年12月和2009年2月,盐田国际公司建设了两座LNG撬装加气站,建站后对先行试用的LNG拖挂车进行运行测试。截至2011年底,投入使用的LNG拖挂车超过200台,2012年底达到近300台。截至2015年底,盐田国际公司运行的LNG拖挂车已达到347台。

目前在盐田国际公司集装箱码头,LNG送气槽车基本上每天为120m³的液罐送气(3个储液罐),每次卸20t左右的天然气,每天送气可保证及时补充冷液减少空排,提高LNG的有效使用率。储液罐的有效容积约为罐容的90%,一般当剩液1t时必须补充新液。

3. LNG集装箱拖挂车

目前,我国多家重型汽车制造企业均在天然气汽车研究领域取得重大突破,拥有较为成型的产品,能够提供动力为127～224kW·h的汽车,完全能够满足港区拖挂车的动力载荷需求。目前LNG汽车携带的气瓶容积为275～450L,能满足1～2天的使用需求;港内拖挂车运输以短驳为主,LNG汽车完全能够满足其运行里程要求。

车用LNG技术一般有两种:饱和工艺车用LNG技术和过冷工艺车用LNG技术。盐田国际公司采用的是过冷工艺车用LNG技术。

槽车输送LNG到加气站,卸入站内的储液罐内,加气时通过LNG泵和双软管充装到车载瓶,为了达到进入发动机所需的输送压力,车上设有自增压装置。图5.5-3为LNG拖挂车燃料供给系统示意图。

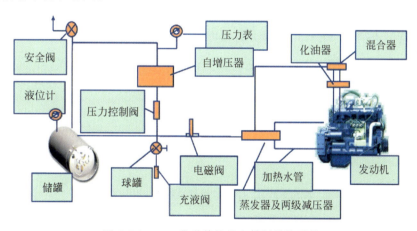

图5.5-3　LNG集装箱拖挂车燃料供给系统

在项目的初始阶段,对一汽、东风、陕汽等国内主要LNG拖挂车厂家的产品进行了选比。选比的内容主要包括实车测试和性能评估。

1) 实车测试

实车测试包括标准测试、运行测试、怠速测试、重载测试。

标准测试是在指定线路、规定工况、限定的时间、特定驾驶人员条件下测试气耗。

运行测试是将LNG测试车辆编入柴油拖挂车车队运行,取得实际操作环境下的气耗数据。

怠速测试是 LNG 拖挂车在怠速工况下测试气耗。在 LNG 拖挂车上安装了怠速小时表,在运行工况下,测试怠速时间比。

重载测试是检验 LNG 拖挂车在极端工况下工作的能力,在平地条件下测量拖挂车牵引运输 60t 重箱时的启动能力和运行速度。

2) 性能评估

性能评估包括车辆装备、维修性、操作性等。

LNG 拖挂车销售商和港内拖挂车承包商都积极参与了 LNG 拖挂车的测试,公司将各种测试和评估的结果公布给拖挂车承包商,供他们结合商业报价进行选择。

图 5.5-4 是某 LNG 集装箱拖挂车。

图 5.5-4 LNG 集装箱拖挂车

5.5.5 LNG 拖挂车及加气站的安全性

LNG 集装箱拖挂车及 LNG 加气站的安全性是使用者和管理部门关注的重点。实践证明,只要按照操作要求进行,完全可以满足安全使用要求。

1. LNG 拖挂车的安全性

(1) LNG 的着火点明显高于汽油和柴油(见表 5.5-3),其易燃性不及汽油和柴油,安全性更高。

表 5.5-3 LNG 与常规燃料物理特性比较

燃料	主要成分	密度/(kg/L)	着火点/℃	爆炸极限/%
LNG	CH_4	0.43~0.47	537	5.0~15.0
汽油	C_8H_{18}	0.70~0.90	280	1.4~7.6
柴油	$C_{16}H_{32}$	1.90~4.10	248	0.6~4.7

(2) LNG 的爆炸极限明显高于汽油和柴油,即使在大气条件下发生泄漏也能很快挥发,从而大大降低其燃烧和爆炸的可能性。

(3) LNG 拖挂车的主要设备均有安全装置,一旦发生泄漏,安全装置将自动动作(气瓶上的过流阀自动关闭,切断气源),从而大大降低事故发生概率。

(4) LNG 加气站的设计和安全标准等同或略低于加油站的标准,可以按加油站的标准单独建站或采用油气合建的形式建站,加气站安全管理有经验和标准可循。

（5）可以通过对操作人员和维修人员进行岗前培训、增加必要的设备设施、建立必要的安全管理制度等措施,使 LNG 拖挂车的使用和维修安全得到保障。

2. 加气站安全管理事项

（1）安全管理制度建设

为保障加气站主要作业过程的安全,加强日常站务人员管理,制定安全和管理人员架构,以及各项安全管理制度,在加气站值班房内上墙。安全管理制度包括:安全防火禁令、安全检查制度、进站须知、巡回检查制度、安全保卫制度。

（2）安全操作规程

对加气站各操作环节如 LNG 接气、卸气、加气等作业过程制定安全操作规程,在加气站值班房内上墙,在操作岗位公示。安全操作手册的内容包括:撬装站加注工艺流程、LNG 进液工作流程、LNG 加气工作流程、低温储罐运行操作规程、低温潜液泵操作程序、加气机操作程序等。

（3）安全培训、持证上岗

所有上岗人员均须参加安监局的安全培训取得危险品操作资格证,定期组织证件的年审,保证证件有效。

（4）加气站标识

包括加气站设置完备标示、指示、警告。

（5）安全预案及演练

包括消防应急预案及演练、LNG 控制站停电预案及演练等。

5.5.6　LNG 计量问题

目前 LNG 的计量方面仍存在一定的改进空间。

（1）目前我国采用的 LNG 计价方式是按气体的体积计费,这是沿用管道天然气的计价模式。对码头 LNG 供气而言,不涉及任何管道供气问题,完全可以采用质量计量。

（2）质量换算为体积时与 LNG 的气态密度有关,不同产地、不同批次 LNG 的气态密度会有差异,导致气化体积不同。目前在体积计费时往往采用规定好的比值而忽略气化率的差异,产生的结算误差会造成某一方的损失。

（3）各 LNG 供应商提交的气质报告,格式不统一,时效性不强,缺少公认的第三方检测。

5.5.7　结束语

目前小型 CNG 汽车可双燃料替换运行。根据测试结果,使用 CNG 的燃料费用可比使用汽油降低 45%,从技术上来说 CNG 在柴油拖挂车上可做类似的双模运行。

由于码头多是短途运输,只要加气站布局合理,加气流程顺畅,可利用 CNG 便于较长期在车上保存的优点,弥补 LNG 在长期保存方面的不足。大量的 LNG 拖挂车与少量 CNG 拖挂车组队可能是更有效的运行方式。

5.6　集装箱拖挂车"一拖双挂"技术的研发

5.6.1　引言

我国港口集装箱码头装卸作业的工艺模式基本相同,工艺流程如图 5.6-1 所示。其中,码头前沿至堆场间的集装箱水平运输几乎都是采用一辆专用的码头集装箱牵引车(亦称内集卡,简称拖车)拖曳一节集装箱半挂车(简称半挂车),即拖车+半挂车=拖挂车。这种集装箱水平运输方式就是所谓的"一拖单挂"或"一拖一挂"。以这种拖挂车形式往返驳运,完成了集装箱的水平位移。

图 5.6-1　传统集装箱码头工艺模式

图 5.6-2 是上海国际港务(集团)股份有限公司振东集装箱码头分公司(简称振东公司)的平面布置图,这是典型的集装箱码头专业化装卸作业的工艺布置。由岸边集装箱起重机(简称岸桥)装卸船舶、轮胎式/轨道式集装箱门式起重机(简称场桥)进行堆场作业,二者之间依靠集装箱拖挂车的运输来完成。由此可见拖挂车在集装箱水平搬运过程中的地位与重要性。

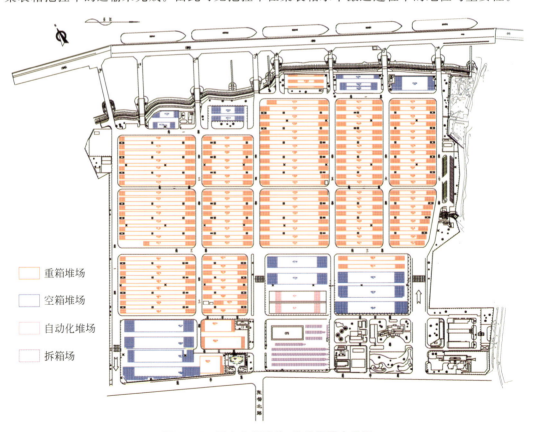

图 5.6-2　振东公司码头、堆场平面布置图

拖挂车的动力目前主要依靠柴油发动机驱动,随着绿色港口建设、更严格排放控制要求,LNG 发动机已开始得到应用。限于目前技术水平和大量拖挂车在码头、堆场间穿梭运行及频繁使用,其能源消耗量无疑很高,是集装箱码头运营的能耗大户。

近 3 年,振东公司年吞吐箱量维持在 600 万 TEU 以上,为此配备了 170 余台拖挂车来满足完成装卸生产任务的需求。据统计,每年拖挂车的柴油耗量高达 5 000 t 之多,其油耗占装卸设备用柴油总量的 50% 左右。虽然已在拖挂车节能降耗上采取了多种技术措施,但效果不甚理想。同时,司机费用也在逐年增长。

为提高拖挂车运营效率、节约劳动力成本,宁波港吉码头经营有限公司、天津港集装箱码头有限公司等在水平运输环节中走出了一条新路,即采取穿插性地使用"一拖双挂"运输模式,即一辆拖车拖曳二节挂车。此模式在道路运输进行商业运营的条件尚不成熟,但在相对受限管理的范围内(如港区),道路通过性好的集装箱作业流程区域中,不失为一种创新模式。实践证明,它对发挥和提高集装箱码头的运营效率及综合效能,是一次集装箱水平运输装卸工艺的突破。

5.6.2 "一拖双挂"的特点

就港口集装箱拖挂车运输形式而言,通常是一辆拖车拖曳一节半挂车,形成一台拖挂车进行码头前沿与后方堆场之间的往返短驳作业(即"一拖单挂")。而"一拖双挂"模式,则是由一辆拖车拖曳二节挂车进行的往返短驳作业工艺。

宁波港采用的"一拖双挂"方案:拖车+半挂车+牵引小车(快速拆卸)+半挂车,整列车长约 31m,转弯直径(周径)为 29.6m。

天津港采用的"一拖双挂"方案:拖车+半挂车+牵引小车+半挂车,整列车长约 30m,转弯直径(周径)约为 27.5m。

"一拖双挂"的优缺点如下:

1. 优点

(1)作业效率明显提高;

(2)人力成本显著降低;

(3)单箱油耗降低 30% 以上。

2. 缺点

(1)与拖曳一辆半挂车(单挂)相比,转弯半径增大;

(2)倒车控制难度高;

(3)在车流密集区域作业会影响其他拖挂车通过;

(4)堆场个别地方作业受限。

5.6.3 "一拖双挂"的分类

考察调研发现,目前国内外港口使用的"一拖双挂",其拖挂车在转弯时的行驶轨迹主要有两种形式。

1. 转弯不同轨迹

转弯不同轨迹是指拖车轮胎行驶的轨迹与它拖曳的挂车轮胎轨迹不重合,即行驶轨迹不是同一路径。转弯同轨迹系指拖车轮胎行驶轨迹与它拖曳的挂车轮胎轨迹完全类似,即行驶路径几乎重合(以同一圆心转弯)。

一辆拖车拖曳二辆半挂车的"一拖双挂"方式,还细分为两种:一种是在前、后半挂车之间由"过渡小车"进行连接,如图5.6-3(a)所示;另一种是在前半挂车尾部加装"牵引机构"来连接后半挂车,如图5.6-3(b)所示。

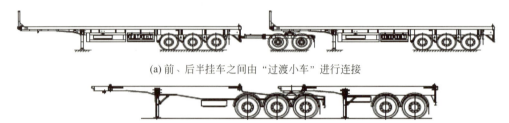

(a) 前、后半挂车之间由"过渡小车"进行连接

(b) 前、后半挂车之间由带牵引座半挂车进行连接

图 5.6-3 前、后半挂车之间的连接方式

采用上述两种牵引方案,都将增大"整列车"的转弯周径,前者的周径约在30m,后者的周径约为35m,且拖车与挂车的转弯行车轨迹差异很大,常见为"一头二尾"形式,"一拖三挂"将难以驾驭。

2. 转弯同轨迹

采用多节挂车进行组合,在国外已有较好的应用。它的组合形式是拖车+半挂车/全挂车+全挂车+全挂车+……。需要说明的是,与拖车连接的第一节挂车可采用半挂或全挂形式,尔后都是全挂车,如图5.6-4所示。

图 5.6-4 国外"一拖多挂"集装箱拖挂车

上海港"一拖双挂"的拖挂车即采用了拖车+第一节半挂车+第二节全挂车的连接方案,见图5.6-5。

已应用的"转弯同轨迹"与"转弯不同轨迹"存在的主要差异见表5.6-1。

图 5.6-5 振东公司"一拖双挂"方案

表 5.6-1 两种转弯轨迹间的主要差异

项目	转弯同轨迹	转弯不同轨迹
组合形式	牵引车＋半挂车＋全挂车＋……	① 牵引车＋半挂车＋过渡小车＋半挂车 ② 牵引车＋半挂车(尾部带牵引机构)＋半挂车
行驶特点	行驶轨迹保持一致	拖挂车转弯时的行驶轨迹无法保持一致
结构形式	挂车安装车轮轴转向器和多连杆同步转向机构	无车轮轴转向器和多连杆同步转向机构
转弯半径	内侧约 8.3 m,外侧约 13.6 m	大于 14.8 m(实际以周径为准,即大于 29.6m)

注：(1) 对转弯同轨迹的一拖多挂方案,挂车数量宜控制在 5 节之内。

(2) 半挂车、全挂车统称为挂车。

通过上述差异性比对可知,转弯同轨迹技术的"一拖多挂"方案,更适合上海港目前的码头作业现状和场地条件。而不采用拖曳三节(含)以上挂车的形式,是考虑了"一拖双挂"(亦称之为短拖)能克服岸桥装卸效率受影响的缺陷。

因此,振东公司采用的转弯同轨迹短拖模式,既可以提高单台拖挂车的运营周转率,又可以达到降低单箱拖运作业的耗油量目的。同时,通过合理布置作业循环路线和控制投入"一拖双挂"的数量,还能实现人力劳动成本最优化。

5.6.4 "一拖双挂"拖挂车技术分析

拖车采用现有的码头集装箱牵引车,不需要另外特殊设计制造专用的牵引车。拖车与第一节半挂车之间仍旧通过鞍座(即第五轮)进行连接。

1."一拖双挂"工作原理

拖车拖曳第一节挂车(前车),第一节挂车拖曳第二节挂车(后车),实现整列车辆顺利运行。其中,第二节挂车通过其前端的牵引杆插入第一节挂车尾部设有的牵引装置内。

1) 第一节挂车(半挂车)上设置"转向机构"

通过拖车上设有的牵引机构(第五轮),在转弯时与半挂车连接部位相对转动来带动半挂车的后车轮轴按一定比例角度同时转动,达到控制半挂车转弯半径的目的。也就是说,半挂车与现时采用的半挂车不同,在其后轮部位需要增设一套转向机构,见图 5.6-6 中的左侧"挂车"示意。

2) 第二节挂车(全挂车)的转向机构

全挂车的转向由半挂车尾部自动牵引装置控制,见图 5.6-6 中的右侧"挂车"示意,牵引

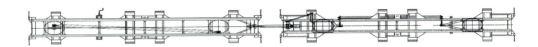

← 挂车前进方向

图 5.6-6 转弯同轨迹第一节半挂车(左)与第二节全挂车(右)示意图

杆带动全挂车前、后轮轴转动,并控制其转弯半径。全挂车的前、后车轴都需要增设一套转向机构并相互连接,以消除"一拖双挂"行驶中全挂车转弯半径过大的缺陷,实现与第一节挂车(半挂车/前车)同轨迹运行,并可短距离倒车。

为保证所有的挂车沿相同的轨迹或以相同的转弯半径行驶,设计有先进的"同步"传动机构(全轮转向)。整列车具有高度的操作灵活性和较小的转弯半径,能更好地应对道路存在的狭小区域。挂车实现转弯同轨迹方式的实物结构见图 5.6-7、图 5.6-8。

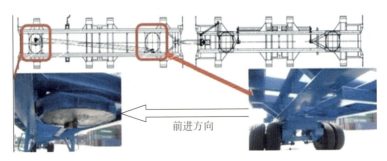

图 5.6-7 半挂车(前车)转弯同轨迹实物结构

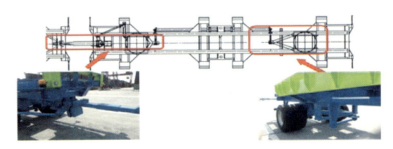

图 5.6-8 全挂车(后车)转弯同轨迹实物结构

3) 自动牵引装置

自动牵引装置能够快速、安全、简便地实现半挂车与全挂车之间的"结合"与"分离",同时能控制全挂车的牵引杆,见图 5.6-9。

4) "一拖双挂"制动系统

为防止拖挂车发生起制动冲击情况(即后车对前车、前车对牵引车的起制动冲击),造成机损事故,研制了具有短拖安全可靠的制动系统。该制动系统的基本原理和特点是,先由全挂车(后车)制动,再渐进到半挂车(前车)制动,且制动器在制动过程中具备智能、自动的功能,可自动松紧,高效、安全、可靠。当牵引车紧急制动管路漏气或损坏,以及运输过程中拖车与挂车发生突然脱节时,挂车均能自动执行紧急制动。

图 5.6-9 设在半挂车尾部的自动牵引装置

"一拖双挂"整列车的行驶速度规定:空载≤35km/h、满载≤25km/h。因此,在整列车实际制动工况测试中,没有出现拖挂载质量增加后引起的制动性能下降现象,制动安全性能完全符合规定要求。

2."一拖双挂"结构形式

(1)前车(第一节):半挂车形式,前端安装有牵引销、转盘及支腿,后端车轴通过副车架及转盘与主车架连接。

(2)后车(第二节):全挂车形式,无牵引销(非鞍座形式)及支腿,前、后车轴均通过副车架及转盘与主车架连接。

(3)每台独立挂车的前、后转盘间均安装有一套转向连杆机构。

前、后挂车结构的详细名称如图 5.6-10 所示。

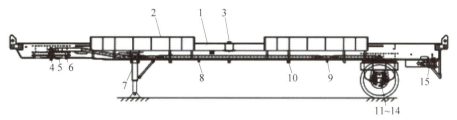

1—车架;2—导向板;3—弹性限位块;4—牵引销;5—限位块;6—转盘;7—支腿;8—转向连杆;
9—可调螺杆;10—可拆卸垫杆;11—车轴;12—钢圈;13—轮胎;14—悬挂;15—拖钩

(a)前车

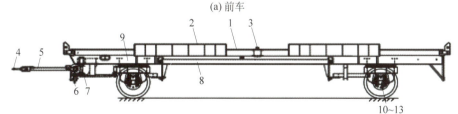

1—车架;2—导向板;3—弹性限位块;4—拖眼;5—牵引杆;6—缓冲垫块;7—转轴;
8—转向连杆机构;9—转盘;10—车轴;11—钢圈;12—轮胎;13—悬挂

(b)后车

图 5.6-10 前、后挂车结构及各部分名称

(4)为提高"一拖双挂"在集装箱码头内的装卸箱效率,在挂车的车架四周焊有导向板/块,确保了集装箱快速装卸 40ft、45ft 箱时的"着床"就位,并在挂车的车架中部安装有弹性限位装置,确保标箱就位(即两只 20ft 箱的"着床")。如若将挂车的尾部横向导向板/块去

除,还可以降低装载集装箱时的对位难度。

3."一拖双挂"牵引方式

拖车转弯时,鞍座转动→前车前转盘转动→通过连杆机构带动前车后转盘转动→带动前车后车轴转动→通过前、后车架间的牵引杆带动后车前转盘转动→通过连杆机构带动后车的后车轴转动,以控制整列车车轮的转向轨迹,保持前、后挂车与拖车转弯轨迹一致和尽可能小的转弯半径。

4."一拖双挂"转弯性能

振东公司"一拖双挂"的挂车所有车轴均具有转向功能,且转弯时所有车轮的行驶轨迹与牵引车(拖车)后轮的轨迹基本一致,这点与普通半挂车的转弯控制方式完全不同。其转弯半径(轨迹)见图5.6-11、转弯路径见图5.6-12。

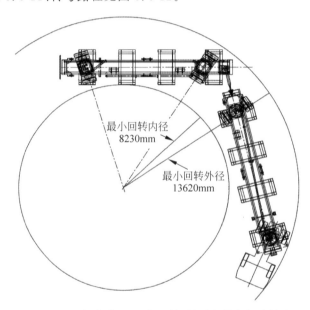

图 5.6-11 振东公司"一拖双挂"整列车转弯行驶轨迹

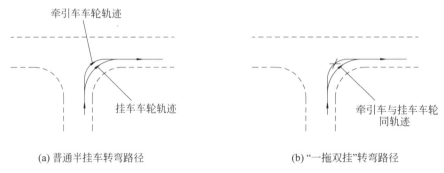

图 5.6-12 振东公司"一拖双挂"整列车转弯行驶路径

其他两种"一拖双挂"形式的整列车转弯性能见图5.6-13。

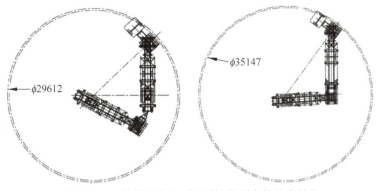

图 5.6-13 其他两种"一拖双挂"整列车的转弯性能

振东公司的道路堆场布置形式是：进入堆场前的主道路（"经路"，垂直于码头岸线）都是"三来三去"的六车道，路面宽度 25m，见图 5.6-14。对内侧 8.5m 转弯半径的"一拖双挂"整列车而言，不需要占用逆向车道，只需要在中间两条车道中的任意一条车道行驶便能顺利转入堆场车道，保障了行驶转弯的安全性。同理，码头前沿道路的路幅在 50m 左右，所以"一拖双挂"整列车在码头前沿转弯和调头就更不成问题了，都能非常顺利地进行。

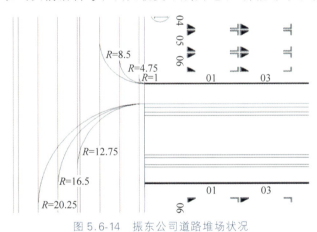

图 5.6-14 振东公司道路堆场状况

图 5.6-15 为振东公司"一拖双挂"拖挂车工作现场行驶状况。

(a) 岸桥下行驶

(b) 堆场区域行驶

图 5.6-15 振东公司"一拖双挂"拖挂车工作现场行驶状况

5.6.5 "一拖双挂"拖挂车节能减排分析

我们探索以 1∶10 比例应用的"一拖双挂"拖挂车,自 2012 年底开始投用至今,使用效果良好,深受司机们的欢迎,大家都争着使用,可见其具有强大的生命力。

1. 节能原理

通过优化水平运输模式,提高了生产效率,即增加了单位时间内搬运的箱量(TEU)和运输工作量(TEU/km),也提高了有效能耗的利用率。

牵引动力的利用程度以及载物质量的利用程度,是影响运输生产率的两个重要因素,"一拖双挂"模式就是利用了目前牵引车的富余动力。此运输模式比单挂减少了运输作业循环数,提升了整列车荷载质量,达到了节能与减排双重目标的显著效果。

美国汽车工程协会和康明斯公司共同开展了一项关于车辆能源和排放的综合研究。该研究涵盖了对不同运输体积、不同载物质量、不同组合结构的整列车集装箱运输的各项指标测试。其研究方法是利用康明斯尖端的车辆仿真模型工具,建立 6 种不同结构车辆的运行模型,通过一条典型路径来测量和分析它们的油耗量值。同时,又附带测量了温室气体的排放情况(包括 CO_2、PM 和 NO_x 等)。研究结果表明:

(1) 牵引总质量和发动机功率大小是影响燃料消耗量的主要因素;

(2) 车辆轴数和挂车结构形式对燃料消耗影响不大。

目前,港口集装箱码头的牵引车均为低速(自动变速箱)大扭矩驱动,功率一般配置在190kW 左右,故牵引力存一定富余,牵引带挂车时的满载总质量不小于 70000kg。由于在发动机功率和牵引力许可条件下增加挂车的数量是节能增效的一种途径,且在码头前沿与堆场区域具备路面状况好、坡度小、区域内行驶速度受限等有利条件,为开展"一拖双挂"模式提供了技术理论保障。

"一拖双挂"整列车相对二辆拖挂车(即 2 台"一拖单挂"或 1 台拖挂车)减少了 1 辆牵引车,而每辆牵引车自重 5~8t,这意味着减少了自身的能量消耗。

2. 作业效率

根据目前的码头作业效率,岸桥台时量 27~30 自然箱/h,拖挂车每完成一个作业循环的平均用时需 16~17min,为满足岸桥需求至少要配 6 辆以上"一拖单挂"拖挂车;采用"一拖双挂"拖挂车的方案,经测算其每个作业循环最快 12.63min、最慢 24.85min,平均为17.4min,每小时作业效率比"一拖单挂"高出 87% 以上。

3. 节能效益

统计 2012 年 12 月—2015 年 2 月使用的"一拖双挂"拖挂车与 2012 年全年"一拖单挂"拖挂车实际燃油消耗情况,并进行对比分析(见表 5.6-2),计算结果显示:"一拖双挂"方案单位油耗为 0.580L/TEU,而"一拖单挂"方案单位油耗为 0.872L/TEU,即"一拖双挂"的标箱实际燃油单耗下降了约 33.5%。

表 5.6-2 "一拖双挂"与"一拖单挂"能耗对比

车型	作业量/万 TEU	总耗油/万 L	单位油耗/(升/TEU)	测试时间
"一拖双挂"方案	115.57	67.05	0.580	2012 年 12 月—2015 年 2 月
"一拖单挂"方案	47.2649	41.217525	0.872	2012 年
节油效果	"一拖双挂"较"一拖单挂"可节油 33.5%			

4. 减排效益

"一拖双挂"在完成作业任务、减少燃油消耗的同时,也达到了减排的目的。自 2012 年 12 月—2015 年 2 月,码头投入运营 15 台"一拖双挂",共完成作业量 115.57 万 TEU。与"一拖单挂"模式相比,在完成相同作业箱量的前提条件下,"一拖双挂"累计可减少 CO_2 排放量 908.7t。其中,①完成 115.57 万 TEU,可节约柴油 333722L,折合标准煤 415t;②累计减少 CO_2 排放量 = $333722L \times 0.855t/m^3/1000 \times (0.8686 \times 44/12) = 908.74t$(其中柴油密度按 $0.855t/m^3$ 计算,碳排放折标系数按 $0.8686 \times 44/12$ 计算)。

经计算得到:平均每 TEU 减少 CO_2 排放量为 0.786kg,减排 33.5%。

5. 经济效益

1)节能减排增效

"一拖双挂"项目投资小、收益快,具有明显的节能减排效果和经济效益。上海港码头现有 15 台套"一拖双挂",分 3 批投产使用,约占全部车辆的 10%。在用的"一拖双挂"整列车经两年多的运营,平均每 TEU 可节约 0.289L 柴油。按照油价 6 元/L 计算,平均每 TEU 节约成本 1.733 元。两年多共节约成本 200.23 万元,经济效益非常明显。

2)物料消耗降低

转弯不同轨迹的"一拖双挂"车在转弯时,除转向轮外其余都是边滚动边滑动,滑动加快轮胎磨耗;而转弯同轨迹"一拖双挂"车的轮胎,行驶中与地面几乎全部为滚动摩擦,这有效降低了因轮胎与地面滑动摩擦产生的磨损,大大延长了轮胎的使用寿命,经跟踪观察除轮胎非正常损坏(被异物扎坏)外,其寿命可提高 5 倍以上。

按照现有轮胎使用量来看,新胎的使用寿命约 3 个月(采购价格为 1540 元/只),翻新胎使用寿命 3~4 个月(翻新价格为 760 元/只),以新胎到翻新这一"轮胎寿命"(一新五翻)过程统计,每台"一拖双挂"年均可节约轮胎费用 88480 元—54880 元 = 33600 元。其中,两台"一拖单挂"年均轮胎消耗费用 88480 元,一台"一拖双挂"年均轮胎消耗费用 54880 元。

3)投资回收期

"一拖双挂"的"半挂车+全挂车"购置费用为 38.28 万元,普通半挂车每辆 10 万元。每辆牵引车 30~40 万元,配 4 名司机,2 台套"一拖单挂"按 80 万元/年的人工成本计算,则"一拖双挂"相对于 2 台套"一拖单挂"可节约一半的人力成本(为 40 万元/年)。得到"一拖双挂"和"一拖单挂"年运营费用,见表 5.6-3;各自静态投资回收期见表 5.6-4。

表 5.6-3　"一拖双挂"和"一拖单挂"年运营费　　　　　　　万元

项目	1台"一拖双挂"车辆	2台"一拖单挂"车辆
年收入	133	171
能耗费用	30.2316	58.6332
修理费用	2.512	7.152
轮胎费用	5.488	8.848
司机费用	40	80
毛利润	54.7684	16.3668

表 5.6-4　"一拖双挂"和"一拖单挂"车辆静态投资回收期

项目	1台"一拖双挂"车辆	2台"一拖单挂"车辆
投资额/万元	−74.751	−92.942
第一年累计现金净流量/万元	−13.5116	−63.6332
第二年累计现金净流量/万元	41.2568	−47.2664
第三年累计现金净流量/万元	96.0252	−30.8996
第四年累计现金净流量/万元	150.7936	−14.5328
第五年累计现金净流量/万元	205.562	1.834
静态投资回收期/年	1.2	4.9

由表 5.6-4 可知,"一拖双挂"整列车的投资回收期较短,约为 1.2 年;而"一拖单挂"拖挂车的投资回收期则要 4.9 年。

6. 社会效益

(1)"一拖双挂"在码头的成功应用,不但优化了集装箱水平运输作业工艺,而且大大提高了整个码头的作业效率。而水平运输作业效率的有效提升,又将减少作业司机的配工数量,达到优化人员配比的目的。

(2)"一拖双挂"具有先进的传动机构,保证了所有的挂车沿相同的轨迹(或以相同的转弯半径)行驶;挂车全轮轴可转动,体现出高度操作灵活性和较小的转弯半径,能更好地应对狭小区域;交互渐进的制动系统,控制最后一辆挂车先行制动,不产生冲击,高效、安全可靠;挂车故障少,易于维护。

(3)如若码头集装箱水平运输作业能引入大量的"一拖双挂"模式,相信国内的相关生产制造厂商就会立即引进"挂车转弯同轨迹"技术,并制造同类产品,届时企业购置成本也将会大幅下降。

5.6.6　"一拖双挂"投用初期问题

开始试运行过程中,"一拖双挂"出现了一些问题,如:

(1)在场桥(简称 RTG)箱区作业时,定位难度大,需 RTG 移动配合。

(2)在箱区两头作业时,后面一节挂车占用道路,影响其他车辆通行。

(3)在岸桥下作业时,影响相邻岸桥的装卸箱量,需要合理安排"一拖双挂"车辆的作业线路,因此在使用配比上受到了一定程度的限制和影响。

经统筹协调,与相关部门制定出相应的安全技术操作规程、装卸工艺规程,及时修正问题和不断完善,使原试验预案中较为担心的一些安全技术和操作工艺等难题迎刃而解。

5.6.7 小结

"一拖双挂"拖挂车广泛应用于集装箱码头水平运输中,有效降低了生产成本,提高了生产效率,且节能减排收效明显。

"一拖双挂"拖挂车具有"高效、节能、省人力"三大优势,有力地提升了集装箱码头装卸作业的竞争力,加快推进了交通系统绿色港口建设。鉴此,当前使用的"一拖双挂"集装箱水平运营模式具有良好的发展空间,值得积极推广应用,尤其是集装箱码头应率先垂范。

第 6 章

集装箱吊具

6.1 集装箱吊具的分类

6.1.1 引言

集装箱吊具是装卸集装箱的专用工具,通常与岸边集装箱起重机(简称岸桥)、轮胎式集装箱门式起重机(RTG)、轨道式集装箱门式起重机(RMG)、集装箱正面吊运起重机、集装箱跨运车和门座起重机等装卸设备配合使用。它具有与集装箱箱体相适应的结构,通过转锁与箱体的角配件连接进行快速起吊作业。

集装箱吊具的故障率占据了主机故障率的 70% 以上,其可靠性直接影响作业效率,所以,所有集装箱吊具的改进、升级都必须建立在高可靠性能的基础上,这就对集装箱吊具生产厂家提出了更高层次的要求。

6.1.2 集装箱吊具的分类

集装箱吊具主要按照以下几种方式进行分类。

1. 按集装箱标准划分

集装箱吊具按照集装箱标准划分,可分为以下 3 种:

(1) 国际标准集装箱吊具,用以起吊按照 ISO 标准制造的集装箱。

(2) 铁路标准集装箱吊具,用以起吊按照本国铁路标准制造的集装箱。

(3) 非标集装箱吊具,用以起吊按照特殊标准制造的集装箱。

2. 按动力源划分

集装箱吊具按有无动力源可以分为机械自动集装箱吊具和有动力集装箱吊具。

1) 机械自动集装箱吊具

机械自动集装箱吊具的所有动作均由机械动作实现,不依靠电动、液压等动力源,如

图 6.1-1 所示。

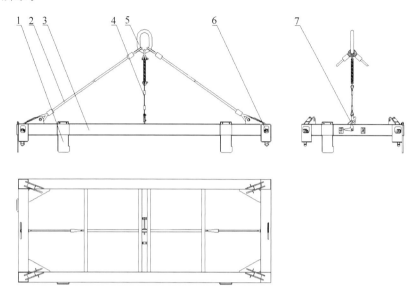

图 6.1-1 机械自动集装箱吊具

1—导板装置；2—吊索 1；3—主结构；4—吊索 2；5—吊环；6—转锁机构；7—连杆机构

2）有动力集装箱吊具

有动力集装箱吊具上的动作需要通过电气、液压等外部动力来实现。按其动力类型，又可分为电动集装箱吊具和液压集装箱吊具。

电动集装箱吊具上的伸缩、转锁开闭、导板动作均由电动动力源驱动。

液压集装箱吊具上的伸缩、转锁开闭、导板动作均由液压动力提供，吊具上一般装有集成的液压动力站。

近几年，电动集装箱吊具以其节能环保优势得以快速发展，已在堆场起重机上得到广泛应用。

3．按结构特点划分

集装箱吊具按其结构特点，主要分为固定式吊具和伸缩式吊具两种。

1）固定式吊具

固定式吊具也称整体式吊具，是针对特定规格尺寸的集装箱所设计的专用吊具。该种吊具的转锁间距是一个固定值，无法更改，仅适用于一种规格的集装箱。

按照其动力源形式，固定式吊具又分为机械自动固定式吊具和电动、液压固定式吊具。图 6.1-2 所示为液压固定式吊具。

2）伸缩式吊具

伸缩式吊具是指吊具长度方向或宽度方向上的转锁间距可以改变的吊具，目前市场上主要以长度方向伸缩的吊具为主，且伸缩式吊具是目前市场上的主流产品。

图 6.1-3 是单箱伸缩式吊具。该吊具通过动力装置驱动伸缩链条或液压缸，使吊具的伸缩梁伸缩，从而改变吊具长度方向上转锁的间距，以达到装卸不同规格的集装箱的目的。

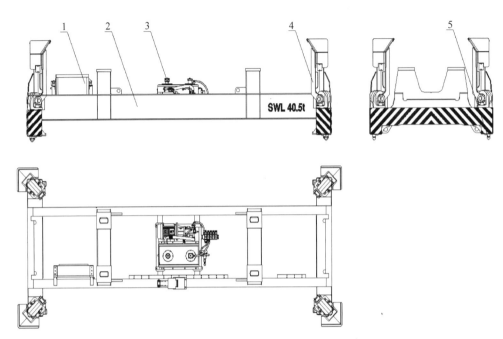

图 6.1-2 液压固定式吊具

1—电气系统；2—主结构；3—液压系统；4—导板机构；5—转锁机构

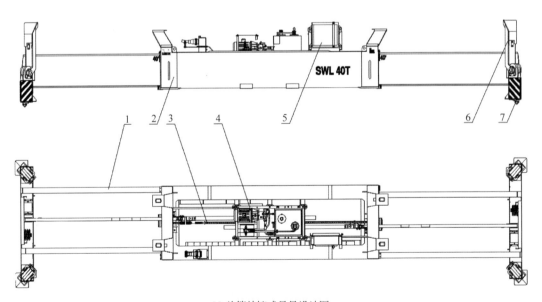

(a) 单箱伸缩式吊具设计图

图 6.1-3 单箱伸缩式吊具

1—伸缩梁结构；2—底梁主结构；3—伸缩驱动机构；4—液压系统；5—电气系统；6—导板机构；7—转锁机构

(b) 单箱伸缩式吊具实物图

图 6.1-3 （续）

伸缩式集装箱吊具主要在 20ft 和 40ft 之间伸缩，有的可以伸到 45ft。伸缩吊具虽然重量较大，但长度调节方便、操作灵活、通用性强、生产效率高，因此广泛应用于国内、国际集装箱装卸市场。

4. 按功能划分

伸缩式吊具按其功能划分又分为单箱吊具、固定双箱吊具、移动双箱吊具和旋转吊具。

1）单箱吊具

单箱吊具就是每次只能起吊一只集装箱的伸缩式吊具，集装箱可为 20ft、40ft 或 45ft 集装箱。吊具主要由钢结构、转锁机构、伸缩机构、导板机构、液压系统、电气系统等组成。

2）固定双箱吊具

双箱吊具单次可起吊两只 20ft 集装箱。按其中间吊点装置是否可以移动又分为固定式双箱吊具和可移动式双箱吊具。

图 6.1-4 是固定式双箱吊具，即一次能同时装卸两个 20ft 集装箱的、中间吊点装置不可移动的伸缩式吊具。与单箱吊具相比，大大提高了装卸效率。

固定式双箱吊具是在单箱吊具的基础上，在底梁主结构的中部增加 4 套独立的转锁机构及其相应的结构件，从而使该吊具既有单箱吊具的功能，又增加了同时装卸两个 20ft 集装箱的功能。

3）移动双箱吊具

图 6.1-5 是移动双箱吊具，其结构形式与固定双箱吊具基本相同，相当于在固定双箱吊具基础上增加了一套中间吊点装置的平移机构。该平移机构可以控制中间吊点装置的移动，其移动范围一般不超过 1600mm。可移动双箱吊具既能装卸单个集装箱，又能装卸两个长度方向间距不超过 1600mm 的 20ft 集装箱。

4）旋转吊具

可实现平面旋转运动的吊具称为旋转吊具。有些岸桥、RMG 和多用途门座起重机需用旋转吊具。旋转吊具根据其自身的结构形式分为整体式旋转吊具和分体式旋转吊具两大类。

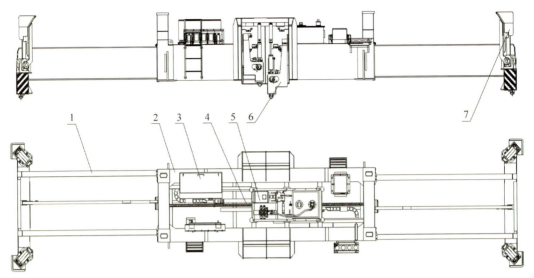

图 6.1-4 固定式双箱吊具

1—伸缩梁结构；2—底梁主结构；3—电气系统；4—伸缩驱动机构；5—液压系统；6—中间吊点装置；7—导板装置

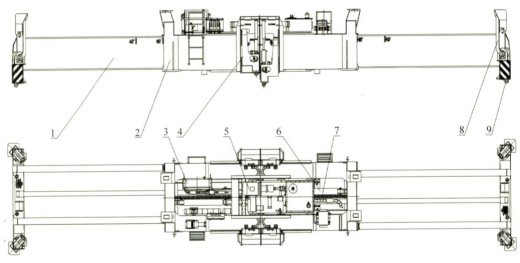

(a) 移动双箱吊具设计图

(b) 移动双箱吊具实物图

图 6.1-5 移动双箱吊具

1—伸缩梁结构；2—底梁主结构；3—电气系统；4—中间吊点装置；5—液压系统；
6—平移机构；7—伸缩驱动机构；8—导板机构；9—端部转锁机构

岸桥、RMG 多采用整体式旋转吊具(见图 6.1-6),即吊具自身为一个整体,不可拆分使用。而多用途门座起重机由于需要起吊散货,需要具备吊钩起吊功能,因此多采用分体式旋转吊具(见图 6.1-7),即吊具可以拆分为旋转吊钩和伸缩式吊具两部分。

旋转吊具主要由 3 部分组成,即回转装置、调心装置和吊具。

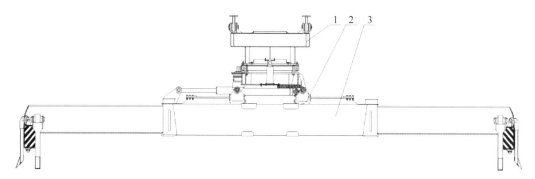

图 6.1-6 整体式旋转吊具

1—回转装置;2—调心装置;3—伸缩式吊具

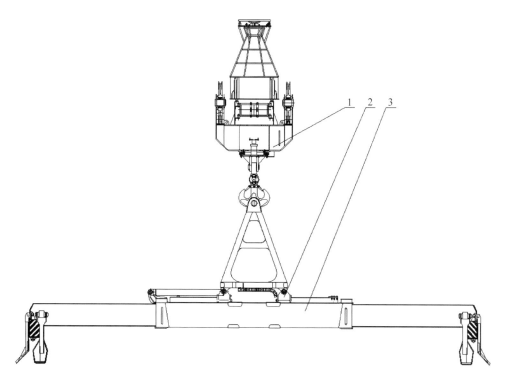

图 6.1-7 分体式旋转吊具

1—回转装置;2—调心装置;3—伸缩式吊具

5. 按信号传输方式划分

吊具按其与起重机之间通信信号传输方式不同又分为有缆吊具和无缆吊具。

1) 有缆吊具

吊具与起重机之间的通信信号通过电缆传输,起重机或者吊具上安装相应装置对电缆进行收、放以及存储。

2) 无缆吊具

吊具与起重机之间的通信信号通过无线传输的方式进行,吊具上安装信号发射装置,起重机上安装信号接收装置,无电缆介入,可以减少整套电缆收放系统,且无电缆的后期损耗问题。

6. 按控制方式划分

吊具按其与起重机之间程序控制方式划分又分为常规控制方式、变频控制方式和伺服控制方式 3 种。

1) 常规控制方式

吊具与起重机之间通过点对点、ASI 两线制、CAN OPEN 两线制等方式进行通信,从而控制吊具进行各类动作。

2) 变频控制方式

变频控制是通过改变供电频率,从而调节负载,起到降低功耗、减小损耗、延长设备使用寿命等作用。

3) 伺服控制方式

伺服系统是具有反馈的闭环自动控制系统,由控制器、功率驱动装置、反馈装置和电动机组成。利用伺服机构可以进行位置、速度、转矩的单项控制及组合控制。

6.2 节能型集装箱伸缩吊具的推广应用

6.2.1 集装箱吊具节能技术现状

港口节能措施可以从装卸工艺设计、设备选型及辅助生产设施、工作人员操作、节能理念和意识等方面着手。其中,港口装卸设备能耗是最大占比的重大控制因素。据统计,集装箱码头的生产用能占港口总能耗 80% 以上,而主要装卸设备,如岸桥、场桥等用能最大。可见,港口装卸设备的节能优化对于降低港口装卸作业的能源消耗是重大控制因素中的重要攻关焦点。

集装箱起重机作业中,吊具的势能变化产生的能耗及吊具自身动作产生的能耗在起重机总能耗中占较大比例,因此近年来集装箱码头对于起重机吊具减重、节能工作十分关注,且很多大型集装箱码头都利用各自的技术优势尝试了各种节能技术改进,专业集装箱吊具的生产厂家,对集装箱吊具的减重、节能工作的关注度也已提上日程。

近 10 年来,国内外集装箱吊具的主要生产厂家(例如振华重工、BROMMA、RAM、STINIS 等)针对自重降低、节能环保产品都不断地推陈出新,经过持续的技术改进,目前电动集装箱吊具已大有取代液压集装箱吊具的趋势。特别是新研制的堆场内作业的起重机,其电动吊具应用比例已经达到 90% 以上,且呈逐年上升趋势。

而对于岸边集装箱起重机来说,新采购设备多数采用双箱吊具,且其作业工况复杂、恶劣,所以虽然目前电动双箱吊具已在逐步推广,但尚未能达到液压双箱吊具的稳定性,故集装箱码头用户在吊具种类的选择上也是慎之又慎。但电动吊具系列产品作为未来主流方向已成定局,随着电动集装箱吊具质量逐步成熟、稳定,未来必将完全替代液压吊具产品。

以下对最具代表性的液压吊具、电动吊具的基本原理、技术特点、节能环保技术等进行分析,并对最新的更为节能的无缆集装箱吊具进行原理说明。

6.2.2 液压集装箱伸缩吊具

通用型液压集装箱伸缩吊具(如图 6.1-3 所示)是目前集装箱装卸机械应用仍很广泛的一种吊具。

1. 液压集装箱伸缩吊具简介

在集装箱吊具上装有液压动力单元、各种控制阀、阀组、动作驱动马达、液压缸等。所有吊具的动作均由控制元件给出指令,液压动力单元提供动力,各执行元件最终驱动实现。起重机司机给出指令后,通过电缆(或无线传输)方式将信号送抵集装箱吊具控制单元,控制单元对相应的电磁阀接通或断开从而控制动作实现。每个动作通过信号反馈或者时间控制等方式,使得主控接受确认吊具状态满足对应的工况条件,从而自动执行下一步的动作。

液压集装箱吊具采用液压系统传动,液压系统的维护成本较高,同时能耗高,对环境具有一定的污染性。此外,还存在以下缺点。

(1)需要定期更换液压动力单元油箱内的抗磨液压油。

(2)吊具整套系统均采用高压软管输送液压油,且伸缩机构、转锁机构的液压软管需要经过输缆链输送,输缆链动作中的摩擦、液压软管通压力后的胀缩、与结构之间的摩擦、外部环境烟雾腐蚀、光照老化等均会使得液压软管的损坏速度加快,需要根据综合情况进行更换。

(3)电磁阀在动作的控制中需要频繁通、断电,部分起重机控制电压为 220V,从而降低了电磁阀的寿命,其他环境因素也对电磁阀寿命有很大影响,故需要提供大量备件供用户更换。

(4)液压吊具采用液压系统传动,吊具内部液压管路较多、较长,长期使用后,容易产生液压回路漏油故障,例如开闭锁液压缸漏油、伸缩液压软管漏油、伸缩液压马达漏油等。开闭锁液压缸直接与吊具旋锁机构相连,吊具在使用过程中,开闭锁动作时冲击较大,这些都会造成环境污染、能源浪费、维护保养费用的增加。

2. 液压集装箱伸缩吊节能方式

经过分析和测试得知,吊具在做伸缩动作时需要较大的能量,而在做导板、转锁动作时仅需要较小的能量供应,且吊具伸缩动作频次低,导板、转锁动作频次高,所以对功率的需求变化较大。鉴于其工作特点,液压吊具常用的节能方式主要有变频控制、伺服控制两种。

1)变频控制

变频控制与普通控制相比较有如下特点:

(1)动态调整节能。迅速适应负载变动,供给最大效率电压,变频调速器始终保持电动机的输出高效率运行。在液压吊具中,变频控制可以使电动机速度可调,可以根据系统需要的压力进行实时控制,不需要频繁启停,电动机运行比普通电动机经济、效率高。

(2)通过变频自身的 V/F 功能节电。在保证电动机输出力矩的情况下,可自动调节

V/F曲线。减少电动机的输出力矩,降低输入电流,达到节能目的。

(3)变频自带软启动节能。在电动机全压启动时,由于电动机的启动力矩需要,要从电网吸收高倍数的电动机额定电流,而大的启动电流既浪费电力,对电网的电压波动损害也较大,增加了线损和变损。根据矢量控制原理,变频器可以控制电动机使其启动电流小,采用软启动,启动电流可从零至电动机额定电流,减少了启动电流对电网的冲击,节约了电能,也减少了启动惯性对设备的大惯量的转速冲击,延长了设备的使用寿命。

(4)提高功率因数节能。电动机由定子绕组和转子绕组通过电磁作用而产生力矩。绕组由于其感抗作用,对电网而言,阻抗特性呈感性,电动机在运行时吸收大量的无功功率,造成功率因数很低。

2)伺服控制

伺服控制除具有上述变频控制的所有优点外,还有如下特性:

(1)基于伺服系统集成液压动力站,根据吊具动作输出功率设定电动机工作状态,解决常规液压吊具起动后持续工作造成的能源浪费的缺点,达到节能环保的目的,一般可达到节能30%~50%,在一定的工作状况下可达到60%以上。在无工作状态下,伺服电动机低速运转(20r/min),待有工作指令时,可立即提升转速(1000~1500r/min),使液压泵有油压输出。油压的流量可以在驱动器上编程设定,也可以在驱动器外接信号上控制;压力也与流量一样,可以在驱动器上编程设定,也可以在驱动器外接信号上控制。与流量控制所不同的是,压力有一个压力传感器,当系统压力达到设定值时,驱动器会降低转速,保持压力,不让压力过高。先导式减压阀调节至系统最高允许压力(170bar),当超过该压力时,减压阀自动泄压,保护系统,不会发生因为系统压力过高导致管线漏油,损坏元器件等故障。

(2)伺服系统采用同步电动机,其性能比普通电动机、变频电动机更加优秀,具体体现在速度、转矩、位置的控制精度高,响应速度快,过载能力大等。

(3)根据不同应用可采用不同的算法控制,比起变频控制,更加适合于位置控制,定位准确,减少电动机辅助动作和总动作时间。

(4)液压泵因为不必长时间高速运转,能延长使用寿命。液压油也不会出现温度过高的现象,因此也能延长使用周期。

6.2.3 全电动集装箱吊具

与液压集装箱吊具相比,全电力驱动的集装箱吊具本身就是一种节能型产品。

图6.2-1是电动单箱伸缩吊具,图6.2-2是可伸缩式集装箱电动双箱吊具,它们是近年来发展比较迅速的节能型吊具,其采用电动机、减速机来驱动所有的机构动作,属于绿色节能型产品。

电动单箱吊具主要应用在集装箱堆场,电动双箱吊具一般应用在岸边集装箱起重机上。电动单箱吊具国内外产品均相对成熟,稳定性高,所以在堆场集装箱吊具中占比已经超过90%以上。电动双箱吊具由于电动导板等易损机构的稳定性限制,尚未得到大范围的推广,但随着制造厂家技术的不断改进,相信电动双箱吊具必将得到更广泛的应用,并逐步取代液压双箱吊具。

与传统液压型吊具比较,电动吊具主要具有以下优点:

(1)没有液压油和过滤器,不必像液压吊具那样经常检查和保养,保养的间隔延长,从

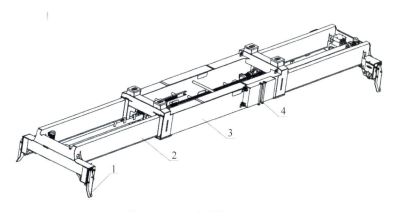

图 6.2-1 电动单箱伸缩吊具

1—导板机构；2—伸缩梁；3—底梁；4—控制系统

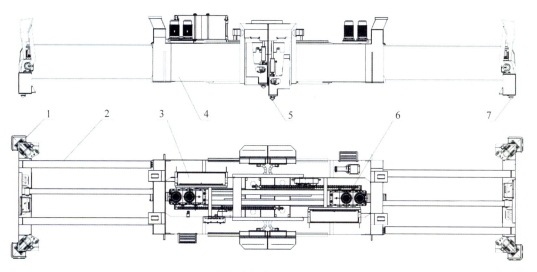

(a) 可伸缩式电动双箱吊具设计图

(b) 可伸缩式电动双箱吊具实物图

图 6.2-2 可伸缩式集装箱电动双箱吊具

1—电动导板机构；2—伸缩梁；3—控制系统；4—底梁；5—中间吊点装置；6—伸缩平移机构；7—转锁机构

而大大降低了电动吊具的维修保养工作量和使用成本，提高了可靠性。目前全电动吊具在市场上越来越普及，随着技术的不断提高，电动吊具必将成为整个集装箱起重机市场的主流产品。

（2）降低了吊具工作时的噪声。

（3）能耗只有传统液压吊具的 10%。在传统液压吊具上，由于液压动力站 7.5kW 的电动机一直处于工作状态,因此相当耗电。在电动吊具上,伸缩动作的驱动电动机为 4kW,转锁动作的驱动电动机总功率为 1.1kW,电动机只在需要动作时才通电。而伸缩动作频次低,即使动作一次,伸缩动作的时间仅在 20s 左右,一般只有转锁动作的驱动电动机工作,集装箱吊具按照每 2min 一个往复工作周期计算,一个周期内仅 1.1kW 的电动机需要动作两次,每次工作时间为 1s,所以吊具处于低能耗状态工作,降低了吊具的使用成本。

(4)结构紧凑、重量轻。这样在吊具起重量不变的情况下,可以降低对起重机起重量的要求,减少起升能耗。

(5)对使用环境的要求低于液压吊具,而且绿色环保。因为电动吊具没有液压系统,所以不存在液压油的泄漏问题,也无需进行加热。

6.2.4 无缆集装箱吊具

1. 无缆集装箱吊具工作原理

无缆集装箱吊具分为两种配置形式:第一种形式为集装箱吊具上集成整套能量吸收式系统;另一种形式为整套能量吸收式系统安装在上架上,上架下部连接传统的集装箱吊具。

无缆集装箱吊具采用能量吸收式系统设计,将起重机起升系统下降过程中的势能,通过产品自身所带的机械动力单元、蓄能系统、液压系统、发电装置等进行收集,再通过逆变系统进行转换后进行输出供给,来满足吊具所有动作的能量需求,起升系统上升动作过程中不收集能量,从而保证系统不增加任何附加阻力能耗。该系统可取代传统集装箱起重机通过吊具电缆对吊具提供能量和发送信号的方式,是起重机发展史上一次重要的变革。图 6.2-3 是无缆集装箱吊具布置图。

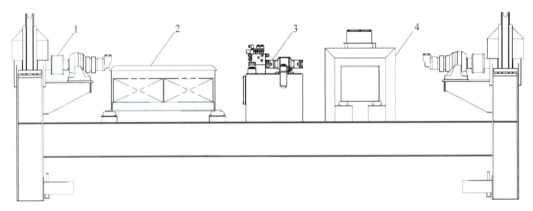

图 6.2-3　无缆集装箱吊具布置示意图
1—机械动力单元;2—蓄能系统;3—液压系统;4—逆变系统

2. 蓄能过程

图 6.2-4 是无缆集装箱吊具蓄能系统,当起重机起升系统下降过程中,吊具的滑轮因自重的作用而被动旋转,经机械动力单元的增速箱带动液压泵,由液压泵输出压力油向蓄能器充油储能。蓄能器和氮气罐用高压软管连接,一旦高压油进入蓄能器,就压缩氮气罐内的氮气,油压越高,储油也越多。如果液压系统需要液压油,可利用电磁阀将蓄能器回路打开释

放液压油。最高油压由安全溢流阀控制,实现超压溢流。

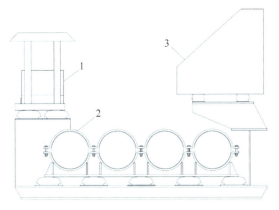

图 6.2-4　无缆集装箱吊具蓄能系统
1—电瓶;2—氮气瓶;3—电气系统

3. 发电过程

从图 6.2-5 中可见,机械动力单元带动发电机发电,同时对电瓶进行充电。发电机不断给电瓶充电的同时,电瓶输出的直流电经过图 6.2-6 中所示的逆变系统电源输出交流电,以满足交流能源供应,当起升和小车都不动作时可依靠电瓶来维持供电。

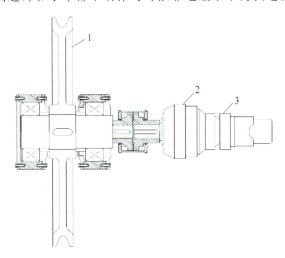

图 6.2-5　机械动力单元
1—滑轮;2—增速箱;3—液泵

4. 信号传输

无缆吊具通过安装在吊具上架上的无线遥控接收器和发射器与安装在起重机小车架上的发射器和接收器互传信号指令,从而实现系统控制。

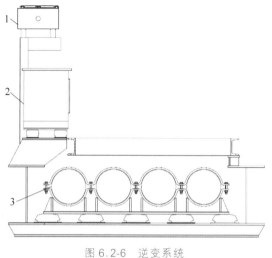

图 6.2-6 逆变系统

1—液压电源；2—逆变电源；3—蓄能器

6.2.5 结束语

伴随着节能减排工作的不断深入，节能型集装箱吊具产品必将成为集装箱码头起重设备的主流选择方向。目前新增的港口集装箱起重设备中，场桥使用的节能型吊具产品比例已达90%以上，岸桥节能吊具的使用比例也在逐年提高。各起重机整机制造商和集装箱吊具供应商都将安全专用节能吊具产品的研发和试验工作作为重点工作快速推进，这将促使岸桥节能型产品的应用比例快速提升。

6.3 岸边集装箱起重机单起升双吊具技术

6.3.1 引言

全球集装箱运输船舶的大型化对岸边集装箱起重机(简称岸桥)装卸作业效率提出了严苛挑战。为了避免由于船舶装卸环节的通过能力不足对港口发展造成资源瓶颈制约，双40ft岸桥应运而生，它能同时起吊2个40ft或4个20ft集装箱。

国内的双40ft岸桥通常采用2套起升机构各带1台吊具的结构型式，俗称为双起升双吊具岸桥，如图6.3-1所示。

2015年10月，振东公司与国内外集装箱吊具供应商广泛交流，共同研发成功了一台单起升双吊具岸桥(如图6.3-2所示)，这是在国内集装箱起重设备领域的首次开发应用，采用此结构型式主要是鉴于4点原因：

(1) 振东公司原26台岸桥设备皆为单起升结构，考虑到若对现有设备进行双吊具改造，单起升双吊具的结构仅需对吊架及司机室电控部分进行改造，在可行性和改造成本上都颇有优势。

图 6.3-1　岸桥的双起升双吊具

图 6.3-2　岸桥的单起升双吊具

（2）双起升双吊具可以实现的高低差、前后错位等复杂现场工况通过单起升双吊具亦完全可以实现。

（3）积极响应绿色港口的主旋律。单起升双吊具系统的桥吊相对双起升双吊具系统桥吊,减少了一套起升机构(包括电动机、减速箱、卷筒、钢丝绳、滑轮、上吊架等),且单起升双吊具的结构上架分为主辅上架,可拆卸,减少了单吊具作业重量,降低了作业平均能耗。

（4）提高作业效率,减少操作时间和劳动强度,探索新的装卸工艺,实现桥吊一次能吊装更多的集装箱。

6.3.2　单起升双吊具上架选型对比

振东公司现使用的岸桥吊具品牌为 ZPMC 和 BROMMA 两类,与司机室皆采用点对点通信方式。为使用单起升双吊具提高作业效率,根据表 6.3-1 对不同厂家设备的总体性能进行选型比对分析。

表 6.3-1   各厂家单起升双吊具上架优缺点对比

厂商品牌	优　　点	缺　　点
BROMMA	上架自重轻，结构简单	（1）单、双模式下吊具不一样，双吊具为专用吊具； （2）分离距离及八字角度小，不能实现高低差、错位功能
STINIS	功能性全、自动化程度高	需要配套专用吊具，改造成本高
RAM	（1）振东公司现有吊具可使用； （2）功能性全、自动化程度高	单双吊具转化时间较长

根据表 6.3-1 可知，若采购 BROMMA 或 STINIS 品牌吊架面临以下 3 个难点：

（1）需配备专用吊具，增加了设备采购专用零部件备件的成本。

（2）与公司现有其他吊具间无互换性，当出现吊具故障时，容易造成无吊具可使用的情况，对整个岸桥正常作业造成影响。

（3）吊具种类多样化对设备修理人员的技术水平提出了更高要求。

因此，从上架可实现的功能、与现有吊具可匹配情况、上架的外形尺寸及自重对于岸桥本身使用的影响等方面进行综合考量，采用 RAM 品牌上架。这种上架已在 DPW 伦敦 Gateway 码头等得到成功使用。

2012 年开始，单起升双吊具系统陆续开始替代双起升双吊具系统，逐渐成为双吊具系统的主流配置。表 6.3-2 是国外集装箱码头单起升双吊具推广应用情况。

表 6.3-2   国外集装箱码头单起升双吊具推广应用情况

项目名称	岸桥数量/台	双吊具系统提供商	双吊具系统数量/台
DPW 伦敦 Gataway 项目	9	RAM	9
APMT 鹿特丹 Maasvlakte Ⅱ 项目	8	BROMMA	9
DPW 鹿特丹 Gataway 项目	13	STINIS	1/其他预留
APMT 马来西亚 PTP 项目	8	RAM	9
DPW 迪拜 3 期 Jebel Ali 项目	19	RAM	19
APMT 墨西哥 Lazaro 项目	5	RAM	5
Evergreen 高雄/巴拿马项目	8	STINIS	8

6.3.3　特点和功能分析

1. RAM 单起升双吊具的功能

单起升双吊具共有两种作业模式。

（1）在单吊具作业时，使用海侧吊架（简称主吊架），陆侧吊架（简称副吊架）放置在摆放平台上，可实现 1 只 20ft、40ft、45ft 集装箱以及 2 只 20ft 集装箱的装卸作业，其工作模式与现有的单起升单吊具岸桥类似，如图 6.3-3 所示。

（2）在双吊具作业时，采用双吊架（如图 6.3-2 和图 6.3-4 所示），1 套起升机构带动 2 台吊具进行作业，可实现 2 只 20ft 集装箱、2 只 40ft 集装箱、4 只 20ft 集装箱以及 2 只 20ft 和 1 只 40ft 集装箱组合的装卸作业。

图 6.3-3 单起升双吊具岸桥的单吊具作业模式

(a) 2只20ft集装箱　　　　(b) 2只40ft集装箱

(c) 4只20ft集装箱　　　　(d) 2只20ft和1只40ft集装箱

图 6.3-4 双吊具模式作业组合

在双吊具作业模式下,通过上架自动分离和并拢功能(如图 6.3-5 所示),可实现主副吊架的分合、水平错位、水平八字和高低差调整等功能。

(a) 分合调整

(b) 水平错位调整

(c) 水平八字调整

(d) 高低差调整

图 6.3-5 双吊具模式调整功能

2. 各类控制功能

1) 高低偏差保护功能

高低偏差保护由主吊架上左右各一组(一组 3 只)角度控制传感器来检测。当主、副吊架偏差值大于 0.3m 时,Q11.2(高低差警示)使能,程序将起升速度限制为全速的 5%;当偏差大于 0.6m 时,Q11.3(高低差警告)使能,此时起升有动作,下降无动作,防止了如图 6.3-6 所示的障碍物使得主、副吊架高低偏差过大所造成的事故出现。

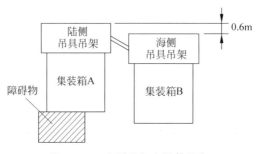

图 6.3-6　主副吊架高低差警告

2) "水平仪"功能

吊具倾转机构皆处于零位后,司机进行双吊具起吊时,主吊架和副吊架上的角度控制传感器共同检测角度偏差,如果箱子倾斜角度大于传感器设定值,则将现位置状态反馈给岸桥 PLC 控制对应倾转电机动作来调整吊架水平度,如图 6.3-7 所示。针对"水平仪"功能有自动、手动及关闭 3 个选择,可根据司机实际操作习惯来使用。

图 6.3-7　吊架水平调整过程

3) "起升高处位置保护"功能

双吊具模式工作时,当主、副吊架分合距离 d 处于最大位,为了避免吊具吊架电缆倾斜角 α 过大,造成收放时的受力不均,当起升高于 36m 时,吊架会自动合拢一定距离,如图 6.3-8 所示;当起升到 40m 时,吊架分合机构自动合至最小位置,以确保吊架上的冲顶块处于小车冲顶杆正下方。

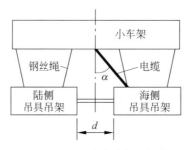

图 6.3-8　起升高处位置保护

4）单双模式切换中断功能

在司机室设有"单双模式切换中断"按钮，能手动中断转换流程，避免突发情况时手足无措。想要继续执行切换流程，只需解除中断即可。

3. 单双吊架(吊具)的转换

单起升双吊具设备通过上吊架分离和并拢实现单双吊具的切换。此过程无须人工干预，时间在 90 s 内。图 6.3-9 为"单吊架→双吊架"的转换动作流程图。

"双吊架→单吊架"流程需按下"上架分合液压缸标准位"按钮，待分合液压缸回到标准位置后，司机确认吊具、吊架都处于可进入平台状态，按下确认按钮，右前方"切换允许"灯亮，方可放下吊架，其切换过程为"单吊架→双吊架"的逆过程。

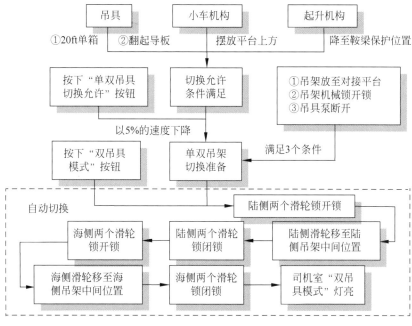

图 6.3-9　"单吊架→双吊架"转换动作流程图

4. 岸桥与吊具(吊架)的信息交换

图 6.3-10 为吊具(吊架)的通信网络结构图。液压马达三相电源、220V 控制电源和反馈信号通过多芯电缆线连接，其余输入输出点以 ASI 总线与西门子 S7-300 PLC 通信，通过 DP/DP 模块实现吊架与岸桥之间通信，进行数据交互。

在吊具电缆中，共有 6 根 ASI 总线，HBASI+、HBASI-实现与吊架通信，SSASI+、SSASI-实现与吊具通信。LSASI+、LSASI-为备用线。各上架接线箱间通过 ASI 总线通信，输入信号及输出命令亦通过数字量和模拟量模块与 ASI 总线直接连接，形成自动化底层控制系统；主、副吊架与吊具间采用点对点通信，并与通用吊具电缆芯号相互统一，确保吊具的互换性。

吊架与司机室采用两线制通信。吊架系统为西门子电控系统，岸桥为安川电控系统，通

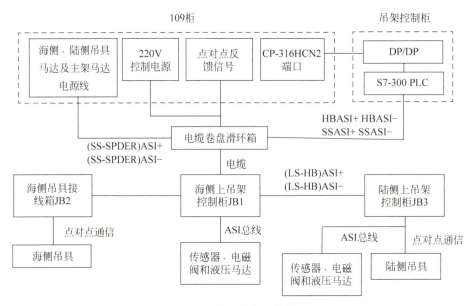

图 6.3-10　吊架通信网络结构图

过安川 261 模块与西门子 PLC 进行 DP/DP 通信，完成两种 PLC 的通信兼容。

6.3.4　使用情况分析

1. 作业效率情况

分别对单起升双吊具岸桥（编号为 W122）和相邻岸桥（编号为 W110）的装卸效率及故障情况进行数据对比考察，综合判断单起升双吊具系统的作用及效能。

（1）对单起升双吊具作业模式的装卸效率进行专项测试。以 5 个箱高（13.19m 高），18 个箱宽（43.88m 宽）的船舱舱面进行卸船作业，均为 40ft 标准箱，作业总箱量 88 个自然箱。期间无设备故障出现，总消耗时间为 97min，测试期间集装箱拖挂车等候及司机交接班累计耗时为 12.5min。

$$作业效率 = \frac{总箱量}{作业总时长 - 等候及交接班时间} \times 60\text{min/h}$$

$$= \frac{88\text{min/h} \times 60\text{min/h}}{97\text{min} - 12.5\text{min}} = 62.5 \text{ 个自然箱 /h}$$

（2）在相同作业条件下，单起升单吊具模式下的作业效率为 40 个自然箱/h。

由此得出，单起升双吊具模式可提高作业效率 56.25%。

2. 设备故障情况

振东公司使用的单起升双吊具岸桥，自 2015 年 11 月 9 日使用至今设备运行工作正常、故障率较低，共计发生 3 次故障，均为轻微故障。

3. 作业箱量情况

该岸桥投入运行至今,在双吊具模式下累计作业 2102 自然箱(见表 6.3-3),各项功能均正常,设备工作可靠、高效,各项技术指标都达到了设计要求。使用部门反映该岸桥操作方便、智能化程度高、双吊具模式下作业效率明显提升。

表 6.3-3　岸桥双吊具作业箱量统计表

月份	双吊具作业箱量/自然箱
2015.11	494
2015.12	360
2016.01	204
2016.02	50
2016.03	0
2016.04	246
2016.05	216
2016.06	532
合计	2102

目前振东公司仅有 1 台单起升双吊具岸桥,日常仍以单吊具作业为主,在试运行期间双吊具模式总作业箱量数不多,主要原因是:

(1) 由于单起升双吊具作业模式是振东公司首次使用,操作司机需要一定时间熟悉并掌握相关操作技能。

(2) 在单起升单吊具作业下,仅需 6～7 辆拖挂车配合;而在双吊具作业模式下,需要 15～16 辆拖挂车配合才能满足正常作业工况,这样就造成拖挂车不够用现象,且后场装卸压力较大。因此,在生产不是很繁忙的情况下,单吊具作业即能够满足装卸箱量的要求,故一般不会使用双吊具作业。

但随着管理、使用部门对单起升双吊具岸桥的认识加深,以及装卸生产高峰的到来,在需要进一步提高作业效率的场合,单起升双吊具参与作业使用无疑将会增多,我们坚信在今后生产中其必将起到引领和至关重要的作用。

6.3.5　结束语

岸桥单起升双吊具技术,为国内首次研发并投入生产实践应用的创新技术。而且,在实际生产中取得了较好的使用效果。随着集装箱船舶发展趋势大型化,在单船运输、装卸量不断增高,航运公司对码头装卸作业效率期望值不断提高的今天,在我国港口集装箱码头积极推广应用单起升双吊具技术的明天就将到来。

振东公司成功开发应用岸桥单起升双吊具新技术项目,属国内首创,达到了提升现有岸桥作业效率、降低设备购置成本、减轻操作司机劳动强度、降低码头公司能耗的目的,值得大力借鉴与推广。

目前,岸桥单起升双吊具技术已经在厦门远海、青岛前湾和上海洋山四期自动化集装箱码头项目中由振华重工研发的岸桥上得到了很好的推广应用。

第 7 章

发展趋势与建议

7.1 概　　述

2019 年 9 月中共中央、国务院印发《交通强国建设纲要》,2019 年 11 月交通运输部等 9 个部门联合印发《关于建设世界一流港口的指导意见》,同时国家和交通运输部等部门的一批科技中长期发展规划纲要、"十四五"规划等正在制定之中,谋划未来港口中长期发展方向,建设世界一流的"智慧、绿色、安全、标准"港口贯穿始终。

总结前面各章内容,目前港口工艺装备各种智能化、绿色化技术很多,港口智慧绿色发展目标:

(1) 提升港口自动化、智能化水平;

(2) 采用全电动或油电混合动力港口机械,降低化石类燃油消耗,降低能源能耗;

(3) 减少港口机械二氧化硫、氮氧化物、一氧化碳、硫化氢、氯、氟以及颗粒物等气态污染物排放和废水、油类等液态污染物排放;

(4) 降低港口机械噪声污染排放;

(5) 提高港口机械装卸作业效率;

(6) 降低物流成本。

提高作业效率、降低运营成本,是港口企业推广应用节能减排技术的根本动力,再好的节能减排技术与产品,如果影响了港口机械的装卸作业效率,"节油不节钱"或"节能不节钱",则港口企业很难有积极性、主动性去推广应用。所以,节能减排技术既要有良好的社会效益和环境效益,同时又要有良好的经济效益,否则仅靠国家政策强制推广,或短期财政补贴,也很难奏效。

7.2 港口机械向专业化、大型化、高效化发展

我国乃至全球港口集装箱码头的专业化、大型化、高效化发展趋势非常明显,我国作为全球最大的集装箱运输国,集装箱码头的专业化在 20 年前已基本实现,目前只有极少量可以装卸集装箱、散货和件杂货的内河多用途码头。近几年随着船舶大型化发展,集装箱装卸

设备大型化、高效化发展趋势明显。

7.2.1 集装箱船舶大型化

对于集装箱运输来说,船舶大型化是集装箱船舶发展的必然趋势。虽然只有短短几年的时间,但目前 3E 级 1.8 万 TEU 集装箱船舶已经在许多航线担任主力船型,2.0 万 TEU、2.1 万 TEU、2.2 万 TEU、2.3 万 TEU、2.4 万 TEU 集装箱船舶已陆续投入运营,2.56 万 TEU 的 LNG 双动力集装箱船也已获得 AIP 证书,相信不久会投入建造和运营,3 万 TEU 集装箱船舶投入使用的时间也不会太遥远。

另外,新巴拿马运河的开通运行,对船舶大型化也起到了积极的推动作用。在巴拿马运河扩建改造前,允许通过运河的船宽在 32 m 左右,按载重吨位计算全球仅有 45% 的运力可以通过巴拿马运河,而通过老巴拿马运河的船型最大一般不超过 7.5 万 t,约 4000TEU。而新巴拿马运河开通后,目前运行通过巴拿马运河的最大船宽增至 51.25m,使得全球可以通过巴拿马运河的船舶运力提升至 82%,15000TEU 以下的集装箱船都能够通过巴拿马运河,这进一步推动了船舶大型化发展。

但船舶大型化也不是无止境的,近几年质疑声越来越大。现有特大型集装箱船舶已足够多,而且只有全部装满集装箱后,其综合经济效益才能得以体现,而未来是否有更多的集装箱需要海上运输,已成为船舶大型化发展的重要支撑。

7.2.2 港口机械大型化、高效化

港口机械的大型化主要指码头前沿设备。随着集装箱船舶的大型化发展,相应的岸桥大型化、高效化水平得到很大提升,目前双 40ft 吊具 3E 岸桥已成为新建大型集装箱码头的首选,岸桥的无人化操作、单起升双吊具技术、吊具减摇技术、快速锁孔定位技术等将进一步提升岸桥的作业效率,降低能耗。甚至,也许在某一天岸桥的结构形式与码头布置方式将与现在完全不同,装卸效率大大提升。

目前,国内外仍有很多集装箱码头采用回转型的集装箱门座起重机和高塔柱起重机进行集装箱船舶装卸作业,尤其国外轮胎式高塔柱起重机可以实现与 3E 特大型岸桥相同或接近的工作幅度,满足特大型集装箱船舶的装卸作业要求,在非洲、南美和"一带一路"沿线国家获得了很好的市场份额,值得国内港机制造企业关注。提升这类臂架起重机的作业效率、自动化水平是其重点和难点,双吊具水平自平衡技术、定向回转自动跟踪高效装卸技术和集装箱防挂车扫描技术等,均可有效提高集装箱装卸船舶的作业安全性和作业效率。

而对于传统集装箱堆场来说,优先选用 RMG 代替 RTG,提高场桥的标准化程度,适当提高其运行速度,采用双 20ft 集装箱吊具,以及采用更好的吊具减摇和快速定位技术,均可有利于场桥作业效率的提升。

7.3 提升港口集装箱码头智能化技术水平

7.3.1 引言

自动化、智能化是集装箱码头未来发展的重要方向,同时也是国家刚刚颁布的《交通强国建设纲要》中港口建设的重要目标之一。

近几年,自动化、智能化、远程控制技术在全球港口得到广泛认可,并得到非常快的推广应用。国外自动化集装箱码头的建设和运营已有 30 年的历史。截至 2019 年底,我国已经建成和投产了厦门港远海、青岛港新前湾、上海港洋山四期 3 个全自动化集装箱码头,同时广州港南沙四期和天津港北疆港区 C 段等多个全自动化集装箱码头正在紧张建设中。上海外高桥、唐山港、日照港等多个半自动化集装箱码头已建成投产或正在建设,更多的港口在研究制定建设规划,希望尽快成为自动化集装箱码头大家庭的新成员。我国在自动化集装箱码头的研究、规划、设计、建设、运营和标准化等方面已经积累了较为丰富的经验。

自动化集装箱码头的建设和运营是近几年我国港口领域最具聚焦力的事件,至少已有 10 余项以自动化集装箱码头相关技术与装备为主的科研成果获得省部级的科技进步特等奖或一等奖。相信今后一个时期,随着新技术新产品的成熟与应用,以及建设成本的进一步降低,将有更多的港口开展自动化集装箱码头的规划和建设。

7.3.2　自动化集装箱码头装卸工艺简介

从码头工艺布置来讲,国外自动化集装箱码头大多采用垂直布置工艺,国内各港口结合其集装箱运输特点,垂直布置工艺和平行布置工艺均有较多应用,尤其部分自动化码头是在传统平行布置的 RTG 堆场码头的基础上改造建设的,为降低建设投资,沿用了 RTG 堆场平行布置的工艺特点。

图 7.3-1 为国内外非常典型的垂直布置自动化集装箱码头装卸工艺图,其中岸桥为双小车岸桥,红色线条为集装箱运行路线:岸桥上小车装卸船←→岸桥中转平台交换、拆装锁←→岸桥下小车装卸 AGV←→AGV 水平运输←→海侧交换集装箱←→海侧 ARMG 装卸堆码←→集装箱堆场←→陆侧 ARMG 装卸堆码←→陆侧交换集装箱←→外集卡。

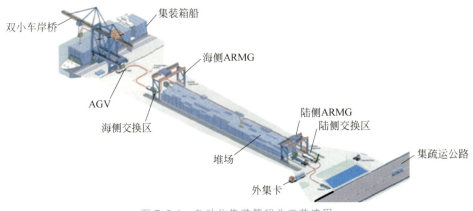

图 7.3-1　自动化集装箱码头工艺流程

从工艺流程自动化方面来讲,目前码头自动化技术已高度发达,已基本实现全流程自动化,从集装箱卸船—水平运输—海侧交换—堆场—陆侧交换出港全流程,一般只有岸桥卸船抓箱、集装箱拆锁和陆侧交换装外集卡 3 个短暂环节需要人工干预,其余绝大部分环节已全部实现自动化运行,工艺流程自动化率(集装箱自动化作业时间与全过程循环时间之比)达到 90％以上。反之亦然。

但目前建设全自动化码头动辄几十亿的投入,决定了其只能是第一梯队大型港口的专属,多数集装箱码头还只能"望洋兴叹",但是传统集装箱码头的自动化升级改造却是集装箱码头未来发展的重要方向,适合于每一个港口传统集装箱码头借鉴。

在传统集装箱码头自动化远程控制方面,积极探索岸边集装箱起重机、RMG 和 RTG 等集装箱起重机械的远程控制、半自动化、自动化等智能控制技术的升级改造与应用。研究无人驾驶集卡、无人驾驶集装箱跨运车在传统集装箱码头的推广应用技术,逐步实现集装箱码头从堆场自动化向全自动化、智能化发展。

7.3.3　自动化岸边集装箱起重机

提升集装箱码头的作业效率是船舶大型化的客观要求,而岸桥的装卸效率是整个码头作业效率提升的关键所在。

1. 单小车岸桥和双小车岸桥的选型问题

目前,应用于自动化集装箱码头的岸桥主要有两种,即单小车岸桥和双小车岸桥(如图 7.3-2 所示)。两种岸桥在工艺流程上有所不同,尤其与水平运输车辆的匹配耦合方式对提升码头作业效率具有较大影响。

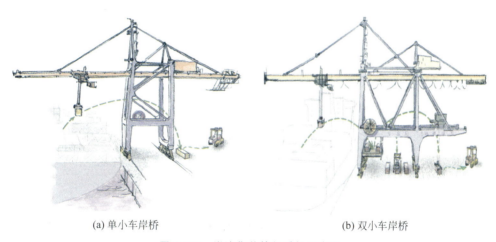

(a) 单小车岸桥　　　　　　　　　　　　　　　(b) 双小车岸桥

图 7.3-2　岸边集装箱起重机示意图

双小车岸桥与 AGV 和集卡可以非常好地耦合匹配,减少了岸桥和水平运输车辆的相互等待时间,提高了作业效率。另外,在双小车岸桥中转平台上,可以很好地解决集装箱拆装锁问题。但是双小车岸桥设备造价较单小车岸桥提高很多,设备自重大,码头基础承压要求高,水工造价也增加,这是码头工程造价不得不考虑的因素。

单小车岸桥与 AGV 和集卡在交接时,存在相互等待的问题,影响了作业效率,相反当采用集装箱跨运车担任水平运输任务时,相互等待的问题迎刃而解,这也是欧美国家广泛认可集装箱跨运车作为水平运输设备的重要原因。

单小车岸桥的价格等优势毋庸置疑,但是对于单小车岸桥,如何解决集装箱的拆装锁问题,一直是自动化码头工艺设计的一大难点。目前针对单小车岸桥,一般有 3 种解决思路:一是在岸桥海侧门腿设解锁中转平台;二是在岸桥陆侧门腿设解锁中转平台;三是岸桥不设解锁中转平台,在地面合适的安全位置(如靠近船首或船尾的岸边车道上)集中设置人工解锁区域。

因此,自动化码头岸桥的选型应与整个码头的工艺装备综合考虑。如果采用 AGV 或集卡进行水平运输,推荐优先选用双小车岸桥装卸船舶;如果采用集装箱跨运车进行水平运输,则优先采用单小车岸桥进行船舶装卸作业,以降低设备和码头造价。

2. 岸桥的集装箱锁孔无人智能对位技术

特大型集装箱船舶、3E 集装箱船舶、3E 岸桥的投入应用,致使岸桥的起升高度越来越大,总起升高度甚至超过 70m,加上船舶的纵横摇摆,吊具自上而下对箱难度越来越大,一般需要中控室内的操作人员进行远程干预、确认。要加强岸边集装箱起重机自动对锁孔技术研究与应用,突破岸桥装卸集装箱自动吊箱、落箱的“最后一米”,提高集装箱装卸船舶的作业效率。

3. 基于未来智能船舶自动靠离泊的岸桥对接与装卸技术

未来全球航运领域智能航运新业态的发展势不可挡,未来智能船舶自动航行、自动靠泊、自动系泊、自动离泊等将成为可能。应着手开展研究自动化岸桥与船舶的自动避让、自动对接和自动装卸技术。

7.3.4　自动化水平运输设备

目前,全世界半自动化集装箱码头的数量远多于全自动化码头,其原因就在于水平运输的自动化难度较大,同时投资也更大。但另一个事实也很值得期待,就是在 2018—2020 年间国内外水平运输无人化技术得到前所未有的重视,新的无人化水平运输设备样机不断涌现。

自动化集装箱码头水平运输设备主要有集装箱自动导引车(AGV)、无人驾驶集装箱跨运车(ASC)和无人集卡(IGV)3 种设备,如图 7.3-3 所示。

(a) AGV　　　　　　　　　　(b) ASC　　　　　　　　　　(c) IGV

图 7.3-3　自动化集装箱码头水平运输设备

1. 集装箱自动导引车(AGV)

AGV 是自动化码头的成熟设备,已有 30 年的制造和使用经验,并在自动化码头水平运输中应用最多。

早期的 AGV 采用内燃机作动力,采用液压传动方式,但由于采用不可持续的化石类燃料,能耗高,尾气和噪声污染严重,目前已普遍被锂电池-液压传动方式所替代。

　　AGV 的锂电池充电方式是其一大特色,目前国内 AGV 锂电池主要有 3 种充电方式。AGV 所配备锂电池的数量和重量与充电方式有密切关系。当采用充电站充电方式时,为确保一定的运行距离和运行时间,需要配备锂电池较多,增加了 AGV 的自重,也必然增加运行能耗。未来随着锂电池性能的提升,随充随放的循环机会充电方式得到应用,充电次数的增加将不会对电池寿命造成大的影响,因此采用机会充电方式可较大降低 AGV 锂电池的数量和重量,减低运行能耗,同时降低 AGV 设备价格。

　　一般 AGV 到堆场海侧交换区装卸集装箱的位置是在垂直堆场的海侧端部固定不变的,所以目前 AGV 与场桥的匹配耦合基本都是采用支架的方式解决。支架有活动支架和固定支架之分,分别与不带顶升的 AGV 和带顶升的 L-AGV 匹配。活动支架结构复杂,应用较少。

　　目前自动化集装箱码头 AGV 一般采用地面预埋磁钉方式进行精准定位和导航,对地面基础设施要求较高,同时磁钉需求量巨大,为提高装卸效率而采用的双小车岸桥设备昂贵,导致整个工程造价较高,制约了新建自动化码头的建设和现有集装箱码头的升级改造,这也成为目前用户尝试无人集卡的一个重要原因。因此研究 AGV 的新型卫星导航方式取消传统磁钉导航方式是降低码头建设成本的重要途径。

　　另外,AGV 的轻量化和去液压化,也一直为用户所关注。

2. 无人驾驶跨运车(ASC)

　　集装箱跨运车既可以用于集装箱堆场,也可以用于集装箱的水平运输。用于堆场时,跨运车同时承担了水平运输和堆场两大功能。

　　在各种水平运输设备中,跨运车的最大优势是可以非常好地解决与其相衔接的前沿岸桥和后方场桥之间的耦合问题,两端都不存在设备互相等待的问题,提升了作业效率;同时前沿岸桥只需采用单小车岸桥,场桥海侧交换区也不需要安装各种支架,可以大大降低设备投资。因此欧洲的很多半自动化集装箱码头,其水平运输都采用人工驾驶的集装箱跨运车。

　　随着近几年无人驾驶技术、节能环保技术的快速发展,跨运车也开始进入电动(或混合动力)智能化时代。目前跨运车的无人驾驶定位导航技术主要有两种:一是采用类似 AGV 的磁钉定位导航方式,但是由于要跨吊集装箱运行,所以其实现难度较大,这也是为什么跨运车具有很好的耦合特性,却在自动化码头上应用极少的原因;二是采用最新出现的类似无人集卡的卫星导航技术,但该技术尚在研发阶段,未完全成熟。

　　集装箱跨运车作为集装箱码头水平运输设备,在欧美集装箱码头被广泛应用,但我国应用极少。作为水平运输设备,用户难以承受其高昂的设备造价;而作为堆场设备,其极低的场地利用率,对于寸地寸金的港口来说也难以接受。而在港口进入自动化、智能化时代的今天,集装箱跨运车工艺方面良好的耦合性能,加上可期的基于北斗导航和 5G 技术的无人驾驶性能,非常值得研发机构和港口企业投入信心和精力去关注。

3. 无人集卡(IGV)

　　集卡是传统集装箱码头广泛应用的水平运输设备,承担了集装箱码头内部和出港的运输工作,根据其工作区域不同,分为内集卡和外集卡。

　　内集卡承担码头前沿至堆场之间的集装箱水平运输,目前全部采用人工驾驶的燃油集卡或 LNG 集卡。

随着人工智能技术、无人驾驶技术、5G 通信技术、节能环保技术的快速发展，以及基于降低码头建设投资的考虑，采用无人驾驶和锂电池驱动技术的无人电动集卡备受关注，目前国内外至少有 10 余个港口和研发机构正在研发和试用。并且正在建设的广州港南沙四期和天津港北疆港区 C 段等全自动化集装箱码头已经确定将采用无人集卡水平运输方案。

无人电动集卡采用北斗卫星和传感器定位导航技术，不需要昂贵的磁钉，无人集卡设备投资和地面基础投资均有较大降低。同时我国 5G 通信技术的快速发展与应用，在港口特定运行区域可进行物理封闭，提高其运行安全性，使无人集卡一经提出，即得到高度关注和响应。

目前，国内外研究无人集卡的机构较多，已发布 10 余项产品，大多在研发和示范应用阶段。但是，无人集卡尚没有任何标准，亟须规范，同时引领新技术发展。

4. AGV 与 IGV 的关系

最近两年，随着无人驾驶技术和 5G 通信技术的快速发展，无人集卡（IGV）大有替代 AGV 的趋势，而且自动化集装箱码头"去磁钉"的呼声越来越高。我国除最早投入使用的厦门远海、青岛新前湾、上海洋山四期 3 个全自动化集装箱码头采用磁钉导航的 AGV 水平运输外，其余自动化码头全部选用非磁钉导航的各种无人集卡作为水平运输设备。甚至上汽集团自主研发的"5G＋L4"智能重卡已实现 5 辆车（即"一拖五"）的队列行驶，并即将在上海港洋山港区-东海大桥启动准商业化运营，将大大提升东海大桥的通行能力，减少交通事故和堵车现象。

但是，目前港口行业内关于 IGV 的概念比较混乱，急需制定相关标准进行规范。

1）无人集卡名词术语及英文简称问题

目前各研发机构对无人集卡叫法很不统一，如无人集卡、无人驾驶集卡、无人驾驶集装箱拖挂车、自动驾驶集卡、智能集卡、智能引导车、智能导引车、无人驾驶集装箱运输车、无人驾驶智能引导车、港口集装箱智能运输车等，各种标新立异的"创新"叫法不胜枚举。英文简称也有多种，主要是 IGV、AIT 两种。

根据 2020 年 2 月 10 日由国家发展改革委、工业和信息化部、公安部、交通运输部等 11 部门联合印发的《智能汽车创新发展战略》的定义，"智能汽车是指通过搭载先进传感器等装置，运用人工智能等新技术，具有自动驾驶功能，逐步成为智能移动空间和应用终端的新一代汽车。智能汽车通常又称为智能网联汽车、自动驾驶汽车等。"

故建议统一规范为"智能集装箱拖挂车"，英文 Intelligent container trailer，简称"智能集卡"或"无人集卡"，这样与"集装箱拖挂车"和"集卡"的概念相呼应。英文简称也需要进一步规范，本书暂用 IGV 代替。

2）无人集卡的不同结构形式

目前被称作 IGV（或 AIT、ART）的无人集卡主要有 3 种结构形式：

一是在现在的有人集卡基础上升级改造为无人驾驶集卡，外形上同有人集卡完全一致，仍保留了驾驶室，一般可实现有人驾驶和无人驾驶之间的切换，图 7.3-4（a）所示；

二是在现在的有人集卡的基础上，取消驾驶室，但仍由牵引车和挂车两部分组成，如图 7.3-4（b）所示；

　　三是与现在的 AGV 外形类似,将牵引车和挂车合二为一,只是导航方式不采用磁钉,即采用卫星导航,如图 7.3-4(c)所示。

(a)　　　　　　　　　　　　　　(b)

(c)

图 7.3-4　无人集卡 3 种结构形式

　　3)AGV 和 IGV 界限划分

　　目前,港口行业基本上将采用"磁钉+传感器"方式导航的车辆定义为 AGV;而将采用非磁钉方式导航的车辆全部定义为无人集卡(IGV),IGV 一般采用"卫星+传感器"方式导航。

　　实际上,这种划分很不合理,建议将上述第三种外形类似 AGV(见图 7.3-4(c))、采用非磁钉方式定位导航的无人集卡也定义为 AGV,因为它具有同 AGV 相似的外形构造、工作原理和控制方式,只是定位导航方式不同而已;而将第一种和第二种由牵引车和挂车两部分组成的车辆,定义为无人集卡,这两种方式在外形构造上具有相似性,在牵引原理上完全一致。

7.3.5　自动化堆场设备

　　目前我国集装箱堆场设备主要包括 RMG 和 RTG,与其他堆场设备相比场地利用率很高,易于实现自动化运行,如图 7.3-5 所示。欧美部分码头采用的集装箱跨运车自动化堆场工艺在我国并不存在,所以这里不做介绍。

1. 自动化轨道式集装箱门式起重机(ARMG)

　　ARMG 沿地面固定轨道运行,不存在跑偏问题,易于实现自动化运行,定位精度高,而

(a) ARMG

(b) ARTG

图 7.3-5 自动化集装箱码头堆场设备

且 ARMG 运行速度很高,作业效率高。因此,国内外绝大部分自动化集装箱码头都选用 ARMG 作为堆场设备。

从起重机主梁结构形式上讲,起重机有无悬臂、单悬臂和双悬臂之分,可以满足不同的装卸工艺布置要求。

从定位方式上讲,ARMG 大车定位多采用磁钉和编码器方式,小车定位采用磁尺和编码器方式,起升机构采用编码器和激光扫描方式,吊具采用八绳防摇吊具,减摇效果好,定位准确度高。

2. 自动化轮胎式集装箱门式起重机(ARTG)

自动化集装箱码头中,以前 ARTG 应用极少,近几年稍多。目前国内港口主要针对传统集装箱码头堆场 RTG 进行升级改造,或老旧设备更新换代。

由于 RTG 没有固定的运行轨道,所以起重机的定位精度相对较低。另外大车、小车和起升机构运行速度都较低,作业效率相对 ARMG 有较大差距。

3. 堆场起重机的远程控制技术

目前 ARMG 在整个堆场作业过程中,只有在陆侧与外集卡交换作业时,由于外集卡人工停车不够规范、底盘车种类多、托架不标准,扫描识别技术尚待提升,此时才需要操作人员远程确认控制。而采用 ARTG 进行堆场时,ARTG 堆场也只有装卸集卡环节,才需要人工远程确认控制。目前 ARMG 和 ARTG 堆码基本都不需要人工远程干预,全部实现了自动化运行;甚至有的自动化码头外集卡收发箱环节也基本实现了自动化作业。

所以应进一步提升堆场起重机的自动扫描识别技术,实现堆场起重机全过程自动化操作,打破场桥对外集卡自动装卸箱的"最后一米"障碍,实现集装箱堆场 100% 自动化运行,进一步提升作业效率。

7.3.6 集装箱拆装锁自动化技术

在集装箱船舶运输过程中为防止船舶摇摆导致集装箱跌落,上下集装箱之间、集装箱与船体之间通过转锁进行连接固定。集装箱在港口装船前需要装锁,卸船后需要拆锁。集装箱拆装锁是港口集装箱装卸船工艺流程中一个非常重要的环节。目前集装箱的拆锁、装锁均采用人工方式,占用人工较多,工作效率较低,工作环境安全性差,但在港口装卸工艺与装备设计中又常常不被重视。

集装箱各种转锁有 100 余种,常用的几种转锁占比达到 80% 左右,其余种类繁多,占比很少! 锁具的标准化程度较低,外形复杂,导致拆装锁过程很难实现自动化运作,自动化码头的"无人化"实则很难,这也是自动化集装箱码头最后的技术瓶颈。

目前,随着自动化码头的增多,国内外研究集装箱拆装锁技术的机构越来越多,但大多基于工业机器手工艺方案,尚没有一种技术或产品具有较好的解决效果,而且目前的研究工作基本只局限于拆锁过程,装锁自动化技术难度更大。

积极推进集装箱自动化拆装锁技术发展,实现自动化集装箱码头全流程自动化、无人化运行,主要从以下两方面着手:

(1) 提升各种锁具的标准化水平。研究提高锁具标准化程度,减少锁具种类,淘汰少品种锁具,研究适合于自动化设备进行拆装锁操作的外形简洁、规则的标准锁具,这是解决自动化拆装锁的基础性、关键性工作。而且新研发的锁具必须同时满足自动化设备拆装锁和人工拆装锁的要求,毕竟目前自动化码头仍是极少数,自动化拆装锁设备几近为零。

(2) 研究合理可行的自动化拆装锁工艺。目前的单小车岸桥很多在岸桥下方地面上进行人工拆装锁,人车混杂,危险性高,占有人员多,效率较低。研发自动化程度高的自动拆装锁工艺与设备,并应适合于在单小车岸桥和双小车岸桥上安装,应可随岸桥一起移动,同时尽可能减少集装箱的起降次数,以降低能耗。

7.3.7　自动化集装箱码头装卸工艺建议

综合上述各部分,根据码头前沿作业区、水平运输作业区和堆场作业区所选用设备的不同,全自动化集装箱码头装卸工艺可以简化为下列不同流程,如图 7.3-6 所示。

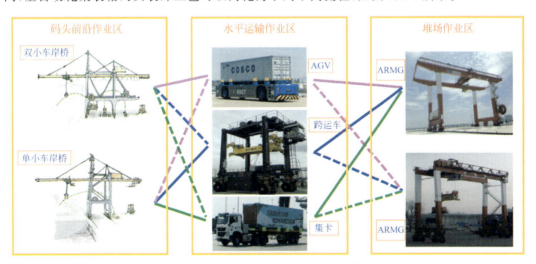

图 7.3-6　自动化集装箱码头装卸工艺流程排列组合图

根据图 7.3-6,可以形成 12 种全自动化集装箱码头工艺流程组合,各个流程的优缺点如表 7.3-1 所示。

表 7.3-1 全自动化集装箱码头装卸工艺流程型谱

编号	工艺设备组合	优点	缺点	建议	应用案例	推荐建议
1	双小车岸桥—AGV—ARMG	(1) 该流程是目前国内外最典型的全自动化集装箱码头工艺流程,工艺设备成熟,ARMG 定位精度高,自动化程度高,作业效率高; (2) AGV 与双小车岸桥和ARMG 耦合性好,一般不需要相互等待; (3) 双小车岸桥的中转平台上可设置集装箱拆装锁装置。	码头建设投资高	适合于新建自动化码头,目前全自动化集装箱码头应用最多,推荐使用	厦门港远海、青岛港新前湾、上海港洋山四期、德国汉堡 CTA、荷兰鹿特丹港 Euromax 等	★★★
2	双小车岸桥—AGV—ARTG	(1) 工艺设备较成熟,自动化程度较高,作业效率高; (2) AGV 与双小车岸桥和ARTG 耦合性好,一般不需要相互等待; (3) 双小车岸桥的中转平台上可设置集装箱拆装锁装置	(1) ARTG 定位精度较低; (2) 码头建设投资高	较适合于传统的 RTG 堆场老码头进行自动化升级改造		★★
3	双小车岸桥—ASC—ARMG	(1) 工艺设备较成熟,ARMG 定位精度高,自动化程度较高,作业效率高; (2) ASC 与双小车岸桥和ARMG 耦合性好,不需要相互等待; (3) 双小车岸桥的中转平台上可设置集装箱拆装锁装置	(1) ASC 技术有待提升; (2) 码头建设投资高	不推荐使用		★
4	双小车岸桥—ASC—ARTG	(1) 工艺设备较成熟,自动化程度较高,作业效率高; (2) ASC 与双小车岸桥和ARTG 耦合性好,不需要相互等待; (3) 双小车岸桥的中转平台上可设置集装箱拆装锁装置	(1) ASC 技术有待提升; (2) ARTG 定位精度较低; (3) 码头建设投资高	不推荐使用		★

续表

编号	工艺设备组合	优点	缺点	建议	应用案例	推荐建议
5	双小车岸桥—IGV—ARMG	(1) 目前尚没有这种流程,ARMG定位精度高,一旦IGV技术完全成熟,码头自动化程度高; (2) IGV与双小车岸桥耦合性好; (3) 双小车岸桥的中转平台上可设置集装箱拆装锁装置; (4) IGV设备价格和基础投资较AGV有较大降低,码头建设投资较低	(1) IGV技术有待提升; (2) IGV和ARMG耦合性差,需要相互等待,作业效率稍低	尽管IGV技术暂不成熟,但是研究机构很多,已有示范应用,可以期待。适合于新建码头,推荐使用		★★★
6	双小车岸桥—IGV—ARTG	(1) 目前尚没有这种流程,一旦IGV技术成熟,码头自动化程度较高; (2) IGV与双小车岸桥耦合性好; (3) 双小车岸桥的中转平台上可设置集装箱拆装锁装置; (4) IGV设备价格和基础投资较AGV有较大降低,码头建设投资较低	(1) IGV技术有待提升; (2) ARTG定位精度较低; (3) IGV和ARTG耦合性差,需要相互等待	传统RTG老码头基本没有采用双小车岸桥的,不推荐使用		★
7	单小车岸桥—AGV—ARMG	(1) 工艺设备成熟,ARMG定位精度高,自动化程度高; (2) AGV与ARMG耦合性好,不需要等待	(1) AGV和单小车岸桥耦合性差,需要相互等待,作业效率稍低; (2) 集装箱拆装锁不方便; (3) 码头建设投资较高	较适合于传统老码头进行自动化升级改造		★★
8	单小车岸桥—AGV—ARTG	(1) 工艺设备较成熟,自动化程度较高; (2) AGV与ARTG耦合性好,不需要等待	(1) AGV和单小车岸桥耦合性差,需要相互等待,作业效率稍低; (2) 集装箱拆装锁不方便; (3) ARTG定位精度较低; (4) 码头建设投资较高	不推荐使用	日本名古屋自动化码头	★

续表

编号	工艺设备组合	优点	缺点	建议	应用案例	推荐建议
9	单小车岸桥—ASC—ARMG	(1) 工艺设备较成熟，ARMG 定位精度高，自动化程度较高； (2) ASC 与单小车岸桥和 ARMG 的耦合性好，不需要相互等待，作业效率较高； (3) 码头建设投资较低	(1) 集装箱拆装锁不方便； (2) ASC 技术有待提升	适合于新建码头和传统老码头改造，推荐使用	伦敦 Gateway DP World 码头	★★★
10	单小车岸桥—ASC—ARTG	(1) 工艺设备较成熟，自动化程度较高； (2) ASC 与单小车岸桥和 ARTG 的耦合性好，不需要相互等待； (3) 码头建设投资较低	(1) 集装箱拆装锁不方便； (2) ASC 技术有待提升； (3) ARTG 定位精度较低； (4) 码头建设投资较高	适合于传统老码头的自动化升级改造		★★
11	单小车岸桥—IGV—ARMG	(1) 工艺设备较成熟，ARMG 定位精度高，自动化程度高； (2) 码头建设投资低； (3) 作业能耗低	(1) IGV 与单小车岸桥和 ARMG 耦合性差，作业效率较低； (2) 集装箱拆装锁不方便； (3) IGV 技术有待提升	适合于新建码头和传统老码头改造，推荐使用	广州港南沙四期、唐山港自动化码头、天津港自动化码头等	★★★
12	单小车岸桥—IGV—ARTG	(1) 工艺设备较成熟，自动化程度较高； (2) 码头建设投资低； (3) 作业能耗低	(1) 集装箱拆装锁暂不方便； (2) IGV 与单小车岸桥和 ARTG 耦合性差，作业效率较低； (3) IGV 技术有待提升； (4) ARTG 定位精度较低	尤其适合于大量传统老码头的自动化升级改造		★★

说明：

(1)"推荐建议"栏中，★★★为重点推荐，★★为一般推荐，★不推荐使用；

(2) 按照双小车岸桥中转平台上进行人工拆装锁，单小车岸桥无中转平台，在地面进行人工拆装锁考虑；

(3) 按照 AGV 采用磁钉定位导航方式、ASC 和 IGV 采用北斗卫星定位导航方式考虑。

综上,对于全自动化集装箱码头,推荐使用流程1、5、9、11工艺方案,并进一步开展相关研究,解决以下工艺装备技术问题:

(1)对于岸桥装卸船作业,进一步提升岸桥吊具在大起升高度时的全自动抓箱和放箱技术,逐步取消目前的远程人工监控。

(2)研究集装箱自动化拆装锁技术,进一步减少人工投入;对于采用单小车岸桥的全自动化集装箱码头,拆锁工艺及布置是难点,建议通过设置中转平台或其他方式,解决集装箱的安全拆装锁问题,并尽可能减少集装箱的多次起降,进一步降低作业能耗。

(3)在集装箱水平运输方面,积极研发和推广应用基于北斗定位导航技术的IGV和ASC的新技术、新产品,并尽快实现大规模商业化运营,加强自动化码头工艺与装备选型技术研究,进一步优化码头工艺流程。

(4)对于ARMG和ARTG装卸外集卡作业,进一步解决外集卡在司机停车位置不规范情况下的自动扫描识别技术,以及全自动抓箱和放箱技术,逐步取消目前的远程人工监控。

(5)在全自动化集装箱码头成熟技术的基础上,因地制宜,积极开展半自动化码头的建设或老码头升级改造,并预留将来水平运输改为IGV和ASC跨运车自动化运行的接口,便于未来进行全自动化升级改造。

(6)经过近30年的实践,国内外对于垂直工艺布置的自动化集装箱码头,在工艺流程设计、运营管理方面已积累了丰富的经验,在此基础上应加强平行布置自动化码头以及带悬臂ARMG的工艺流程设计与运营管理技术的研究和应用。

7.3.8 传统集装箱码头的升级改造

传统集装箱码头的升级改造主要是以提升自动化、智能化水平,减少人工投入,降低能耗为目标。改造方式主要包括以下几种。

1. 起重机远程控制技术

集装箱起重机械远程控制技术的研究与应用,是传统集装箱老码头升级改造的最主要方向,其前提是尽可能不改变现有码头的装卸工艺和设备,基础设施基本不变,只是对起重设备的电控系统进行升级改造。

1)传统堆场门式起重机的远程控制技术改造

目前,很多港口开展的远程改造示范或应用,其重点是将大量采用RTG和RMG进行堆场的门式起重机,由传统的机上人工操作方式,改造为中控室远程操控方式,大大改善了司机的工作环境条件,同时可以实现多台起重机由一人远程监控,或一台起重机可以在多个监控台控制,即"一对多""多对一"远程控制模式。一般堆场门式起重机只是在装卸集装箱的抓箱、放箱环节才需要人工远程监控,甚至只是装卸集卡的抓箱、放箱环节需要人工远程监控,其余环节全部实现了自动化运行,堆场自动化率达到70%以上,有的集装箱码头改造后自动化率甚至高达90%。

通过上述堆场门式起重机升级改进后,码头基本达到或接近半自动化集装箱码头的程度。

2）传统岸边集装箱起重机的远程控制技术改造

目前少量港口正在开展岸桥的远程控制技术改造，并已进行了示范应用。随着远控技术的成熟，相信可以有更多的岸桥实现远控操作，提升岸桥的自动化、智能化水平，提升码头运行安全性和作业效率，降低运行成本。

2. 传统 RTG 升级换代为 ARMG

对于采用 RTG 进行堆场的传统集装箱码头，在 RTG 达到报废年限后，通过升级换代为 ARMG，可以显著提升码头的自动化水平，但是需要增加 ARMG 的运行轨道，因此需要对堆场地面基础进行改造，最简单的办法是保持新安装的无悬臂 ARMG 与原 RTG 采用相等轨距（一般轨距为 23.47m），这样整个码头的装卸工艺基本保持不变。

3. 水平运输设备升级换代为无人集卡 IGV、无人跨运车 ASC

根据目前国内外研发和示范应用情况，可以预测在未来两三年之内，基于北斗和 5G 技术的 IGV 和 ASC 相关技术可以达到比较成熟，新产品完全可以达到商业化应用程度。因此，可以对目前广泛采用人工驾驶集卡进行水平运输的传统集装箱码头进行升级换代改造，将人工驾驶集卡更换为 IGV，或 ASC，同时对港区水平运输作业区进行物理封闭，实行无人化运行与管理，可以使港口集装箱码头水平运输区域较人车混杂的市政道路更早更好地推广应用无人驾驶汽车。

同时，IGV 和 ASC 可以采用锂电池或混合动力方式，以达到最佳的节能环保效果。

这种对传统集装箱码头水平运输作业区域进行的升级改造，基本不需要对地面基础设施进行大的改动，码头装卸工艺基本不变，投资少，效果显著，非常值得推广。

4. 传统集装箱码头进行全自动化升级改造

上述无论是对堆场门式起重机进行远程控制改造，或对岸桥进行远程控制改造，以及将原 RTG 升级为 ARMG，还是对水平运输设备进行的无人化更新换代，都是对码头局部的提升改造。将这些成熟技术或产品同时应用于码头前沿、水平运输或堆场作业区，则较为容易地实现整个码头的升级改造，使传统老码头以最低的投资升级改造为全自动化或半自动化集装箱码头。

我国最典型的传统老码头工艺为"单小车岸桥＋人工集卡＋RTG"或"单小车岸桥＋人工集卡＋RMG"，全国有数百个传统集装箱码头。升级改造后，码头平面布置保持不变，装卸工艺基本不变，地面基础设施变化不大，只是将前沿和堆场起重设备由机上人工操作，升级为自动化运行＋中控室远程控制的模式，装卸工艺及装备为：

（1）自动化单小车岸桥＋IGV＋ARTG；

（2）自动化单小车岸桥＋IGV＋ARMG；

（3）自动化单小车岸桥＋ASC＋ARTG；

（4）自动化单小车岸桥＋ASC＋ARMG。

其中 IGV 和 ASC 采用锂电池或混合动力方式，可达到最佳的节能环保效果，同时降低码头综合运行成本。

7.3.9 自动化集装箱码头颠覆性技术

1. 高架轨道交通式集装箱码头

近几年,针对现有的传统集装箱码头和自动化集装箱码头如何适应船舶大型化趋势,提高自动化、智能化水平,进一步提升作业效率,降低运输成本等问题,提出了很多大胆的设想,并取得一些初步研究成果。高架轨道交通式集装箱码头工艺系统是比较典型的一种方案。

集装箱码头有两种最基本的装卸活动,即装卸船和集疏运。在传统集装箱码头的装卸工艺里,这两种活动都在同一个平面内进行,存在交叉和干扰,影响了整个码头的运营效率。同时岸桥和RMG与水平运输设备的装卸交接节奏存在固有的内禀随机性,这种随机性是无法消除的,它是由集装箱在堆场或船上的放置位置不同、集装箱在装卸船时较严格的顺序、集疏运到港的不确定性、司机操作的技术水平等多种复杂因素造成的。

由于装卸活动的相互干扰和装卸节奏内禀随机性的存在,加上最近几年新研制的集装箱码头装卸工艺又没有有效克服或适应这两个固有特征,因此码头广泛应用的水平运输设备依然是集卡、跨运车或AGV。这些水平运输设备以其高度的机动灵活性和自身固有的缓冲性有效适应了码头生产过程中的不确定性干扰,满足了生产需要。

高架轨道交通式集装箱码头工艺系统由空中高架轨道交通式水平运输体系和地面交通体系构成,如图7.3-7所示。高架轨道水平运输主要进行装卸船活动,地面交通进行集疏运活动。这种工艺系统具有优良的机动性和缓冲性。

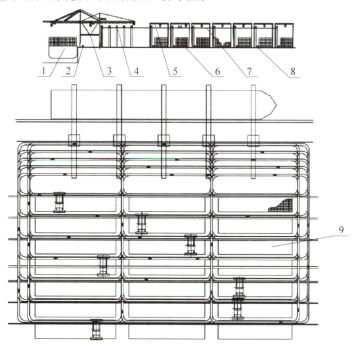

图 7.3-7　高架轨道交通式集装箱码头水平运输工艺系统

1—船舶;2—用于特殊集装箱水平运输的集卡;3—岸桥;4—水平自行运输小车;5—RMG;
6—集装箱;7—高架轨道;8—集疏运通道(包括汽车和火车两种通道);9—堆场

空中高架轨道交通式水平运输系统由高架轨道、集装箱自行运输小车(简称自行小车)、变道控制系统、生产运营控制中心等组成,具有如下特点:

(1) 高架轨道是集装箱自行小车的运行通道,建造在空中以避开与集疏运卡车在同一个平面作业。前沿部分轨道布置在岸桥陆侧后伸距下方,布置多条轨道作业线,有些轨道布置在岸桥后伸距下面成为装卸道,有些轨道属于公共通道。堆场部分轨道在地面堆场通道的正上方,与地面堆场通道相平行。高架轨道有多个分叉路口,交通式铺设,可变道,各条箱区轨道在多处相连,使得集装箱自行运输小车的路径选择有较大柔性。

(2) 自行小车为自动控制的自行式小车,定位精确,在高架轨道上运行,通过轨道平面布置,小车可开到任意箱区位置,作为集装箱的水平运输装置,可配置多台。

(3) 变道控制系统接受生产运营控制中心下达的指令后控制轨道的变轨,从而改变自行式运输小车的运行路径。变道岔口主要设置在每个箱区的两端和每个泊位的两端。

(4) 生产运营控制中心作为码头的控制中枢,制定各种作业计划,控制整个码头的运营,下达各种装卸设备的操作指令。控制岸桥、场桥的装卸,安排集装箱自行运输小车的目的地以及行驶路线等。

(5) 堆场平面布置。由于高架轨道交通式集装箱码头自行式小车需要变道,且集装箱岸桥会根据装卸贝位的需要沿大车轨道移动,装卸交接点在沿岸线方向不断发生变化;而负责水平运输的自行式小车变道、转弯需要活动空间,这样箱区平行岸线布置的码头更适用该工艺。

表 7.3-2 对比了不同的集装箱码头装卸工艺性能。

表 7.3-2　集装箱码头装卸工艺性能对比

序号	工艺类型	抓放次数	垂直移动次数	水平移动次数	缓冲区数量	柔性	集疏运特性	自动化实现性
1	理想工艺	2	2	1		优		
2	单小车岸桥—集卡—RTG	4	4	3	集卡数	优	良	差
3	单小车岸桥—集卡—RMG	4	4	3	集卡数	良	良	中
4	双小车岸桥—集卡—RMG	6	6	4	集卡数	良	良	中
5	单小车岸桥—平行高架牵引小车—RMG	6	8	5	2	中	中	优
6	单小车岸桥—AGV—RMG	4	4	4	AGV 数	中	中	良
7	单小车岸桥—跨运车—RMG	8	8	5	堆场头端的箱位数	中	中	良
8	岸桥—垂直高架牵引小车—RMG	6	6(4)	4	2	中	优	优
9	单小车岸桥—高架轨道交通—RMG	4	4(2)	3	自行小车数	优	优	优

注:括号内数字代表短距离垂直移动次数。

从表 7.3-2 中的各项指标对比可以看出,序号 9 的高架轨道交通式集装箱码头装卸工艺最好。其抓放次数少,上下垂直移动距离最短,自行小车配置数量可调、行驶目标位可灵活控制,具有优良的机动性、有可调的缓冲区数目、快捷的集疏运服务特性,为码头生产组织和调度提供了较大的发挥空间。同时解决了装卸船和集疏运两种装卸活动的干扰问题,整个系统柔性好,应对不确定性干扰能力强,全自动化可实现性好,有可能成为未来集装箱码头装卸工艺的发展方向。

2. 青岛港拟建全球首条智能空轨集疏运系统

2020年11月13日,山东港口青岛港与中车长江集团长江公司在青岛港全自动化集装箱码头举行前湾港区智能货运空轨项目签约仪式,标志着由武汉建造全球首创的首条智能空轨集疏运系统将落地山东港口青岛港。

该智能空轨项目将在青岛港全自动化集装箱码头进行建设(见图7.3-8),一期线路起于自动化码头前沿作业区,止于人工作业的传统集装箱码头堆场后方,计划于2021年6月投入运营;二期线路将延伸至前湾港北岸铁路场站。路线全长约9.5km,年运输能力达150万TEU。

图7.3-8 青岛港智能空轨集疏运系统效果图

该项目将采用智能空轨系统与AGV、IGV、无人集卡和有人集卡多种交互方式,精准对接港口业务形态,综合运用5G、人工智能、大数据等高科技,实现智慧港口建设新突破,将进一步提升青岛港集装箱集疏运能力,以立体的思维构建未来港口物流的集疏运网络,扩展港区发展空间,实现港口的智能、高效和无缝衔接,开创现代物流高质量发展新模式。

智能空轨集疏运系统具有智能化、无人化、绿色环保等特点,可实现港口、陆路、铁路联运"零换乘",打通物流瓶颈的"最后一公里",有效解决各枢纽场站之间"临而不接、连而不畅"的运输桎梏,同时还具有延展性强、兼容性好、适应能力强的特点,是一种安全、高效、环保、经济的新型立体运输方式,代表城市、港口、物流智慧交通未来发展新方向。

3. 迪拜 BoxBay 立体自动化集装箱码头

DP World 作为全球贸易的主要推动者,拥有 78 个沿海和内河码头,遍布六大洲 40 多个国家。集装箱装卸是该公司的核心业务,其收入超过 3/4。2017 年,DP World 完成集装箱吞吐量 7010 万 TEU。目前总产能为 8820 万 TEU,预计到 2020 年将达到 1 亿 TEU以上。

2020 年 7 月初,DP World 在 Jebel Ali 港完成了世界上第一个集装箱高架仓储系统(high bay storage,HBS)的组装工作,并将于 2020 年 9 月前投入试运营。Box World 是 DP World 与德国工业工程公司 SMS Group 的合资企业,其创新技术将颠覆性地改变传统集装箱码头的装卸作业方式,其独创的 HBS 是一种自动化的立体集装箱处理系统,可堆放高达11 层的集装箱,其堆放容量是传统堆场的 3 倍以上,且立体仓储系统中的任何集装箱都可以单独装卸而无须移动任何其他集装箱,不再需要传统集装箱堆场的倒箱作业,如图 7.3-9所示。

图 7.3-9 立体自动化集装箱码头 HBS 系统

在 Jebel Ali 4 号码头两个正在建设泊位的后方 HBS 堆场每年可处理 300 万 TEU。所有设备将自动化运行。BoxBay 旨在实现完全自动化运营,并将成为唯一可以通过屋顶太阳能电池板供电的集装箱堆场。HBS 系统在作业效率、能耗、安全性和运营成本等方面均有大幅改善。

7.3.10 自动化集装箱码头其他关键技术

尽管自动化集装箱码头已经非常成熟,但是随着近年来人工智能、大数据、区块链、云计算、物联网、5G 通信、自动控制等新技术的快速发展,仍有许多新技术、新产品、新装置、新工艺、新材料的推广应用空间。但自动化码头绝不是众多先进技术的简单叠加,更不是新名词的堆砌,而应从顶层设计出发,构建智慧、绿色、安全、高效、标准的自动化集装箱码头。

(1)加强 TOS 和 ECS 系统研发。码头操作系统(TOS)和设备控制系统(ECS)是自动化集装箱码头的"大脑"和"神经",尤其 TOS 系统对自动化集装箱码头是否正常运转起着决定作用。目前,我国已经投入运营的自动化集装箱码头,其 TOS 系统大多都采用了国外进口产品,只有上海港洋山四期自动化集装箱码头采用了上海港自主研发的 TOS 系统,这也使洋山四期自动化码头成为我国第一个也是唯一真正拥有"中国芯"的软硬件全部由中国制造的全自动化集装箱码头。但随着自动化集装箱码头的快速发展,我国应加强自动化码头运行算法和信息安全技术研究,研发拥有自主知识产权的 TOS 系统,并加强 TOS 系统和ECS 系统之间的接口技术研究,实现自动化码头软硬件的全部国产化。

(2)加强 5G 和北斗技术的推广应用。我国 5G 通信技术和北斗卫星技术发展迅速,尤其 5G 技术具有国际领先地位,应加强基于北斗和 5G 技术的全自动化、智能化集装箱码头工艺与装备新技术的研发和应用,尤其加强基于北斗卫星和 5G 技术的自动化码头 IGV 和ASC 等水平运输装备的研发,降低智慧港口进入门槛,推进智慧港口的建设与发展。

(3)研究集卡防吊起系统。利用人工智能、自动扫描识别技术,研究集装箱堆场外交换区集卡自动防吊起系统,提高场桥的作业效率,进一步减少集卡司机等待时间。

(4)深入研究 ARTG 起重机的纠偏和定位技术。随着新建 ARTG 堆场自动化码头,尤其传统集装箱码头的 RTG 自动化升级改造工程的增加,ARTG 的大车纠偏与定位技术系统显得尤为重要,是集装箱堆场作业效率提升的关键。

(5)通过导航技术、通信技术、扫描技术和控制技术水平的不断提升,弥补传统集装箱码头岸桥、RMG、RTG 设备机械方面的"先天"不足,提升定位精度,提高作业效率。

(6)冷藏集装箱电源插销的自动插拔技术。目前,除了集装箱拆装锁需要人工操作外,堆场的冷藏箱区电源插拔同样离不开人,成为自动化集装箱码头真正实现"无人化"的另一个"软肋"。在暂时无法解决冷藏箱电源插拔无人化的情况下,应确保电源插拔人员进出冷藏箱箱区通道的安全,同时不影响 ARMG 的自动运行。

(7)加强自动化码头的全局规划。从注重自动化码头"三位一体"的规划设计向"四位一体"全局转变。以往传统集装箱码头更多注重码头前沿装卸、水平运输和后方堆场三大区域的规划与设计,而忽视了集装箱收发与集疏运环节的规划与设计。集疏运环节因延伸到港区以外,涉及公路、铁路等众多港外机构,关系协调复杂,所以目前成为很多港口运营的"软肋"和"短板"。

(8)加强自动化码头辅助系统与设施设备的研究。自动化码头的辅助系统与设施设备,如闸口、理货系统、倒箱门装备、智能监管系统等,在设计时常常不被重视,但又对码头高效运行起着至关重要的作用。图 7.3-10 为青岛港自动化集装箱码头海关智能监管系统。

(9)加强自动化集装箱码头工艺流程的仿真技术研究,提升自动化码头工艺流程的协同化、柔性化水平。

(10)研究基于 5G 技术、大数据的自动化岸桥、自动化场桥和水平运输装备等的运行状态在线自动监测、分析和预警系统,以及集装箱起重机群安全监控管理系统等,建立自动化码头安全运行综合管理平台,实施计划性维护,减少设备故障率。

图 7.3-10 青岛港全自动化集装箱码头智能监管系统

（11）加强自动化码头可扩展、可复制、可推广技术的研发。自动化集装箱码头新技术发展突飞猛进，日新月异，但在我国追求"个性化"的第一批自动化集装箱码头建设并投产后，自动化码头大批"后来者"的规划和建设，以及大量传统集装箱码头的自动化升级改造等，应本着降低投资、可扩展、可复制、可推广的原则，而不是过分追求"个性"、追求"创新"。

（12）加强自动化集装箱码头的标准化研究，提升自动化码头工艺装备的标准化管理水平。

7.4 进一步挖掘和推广应用港口节能减排技术

我国集装箱码头工艺装备节能技术的推广应用得到各级政府、科研机构和港口企业的高度重视，一系列成熟的节能环保新技术、新产品、新工艺，得到很好的推广应用，如大型集装箱起重机能量回馈与谐波治理技术、RTG"油改电"技术等已成为大型港口起重机的标准配置。

还有一些节能减排技术，节能效果很好，但由于改造成本很高，"节能不节钱"，港口企业推广的主动性不高，推广效果不理想，因此开发研究节能环保效果好，经济、社会和环境综合效益良好的新技术、新产品是节能减排技术的发展方向。

7.4.1 能量回馈与谐波治理技术

位势负载类大型港口起重机械，如岸桥、RMG、桥式抓斗卸船机、门座起重机等，优先采用能量回馈和谐波治理技术，既能降低电能消耗，又可防止回馈电网时对电网造成谐波污染，这是最早被成功推广应用的节能减排技术，目前已得到广泛应用。

装机容量较高的大型港口机械，如岸桥、RMG、桥式抓斗卸船机、大吨位门座起重机等应优先采用高压上电，减少供电过程中的能源消耗损失。

7.4.2 港口设备"油改电"节能环保技术

由于化石类燃油资源越来越稀缺，价格长期居高不下，内燃机驱动尾气和噪声污染排放严重，因此以"油改电"技术为节能手段的节能减排技术应用最多，节能减排效果也最为理想。"油改电"节能减排技术可以广泛应用于各种燃油类港口机械,如 RTG、轮胎起重机、集卡、AGV、跨运车、正面吊、堆高机等。

供电方式分为市电供电、锂电池和超级电容供电或油电混合动力方式等。但无论采用市电驱动,还是采用锂电池驱动,其根本目的都是取消或尽可能减少燃油柴油机驱动,尽可能降低或减少不可再生的化石类燃料能源的消耗,减少尾气和噪声排放,达到节能环保的目的。

1. 运行轨迹相对固定的港口机械"油改电"技术

1)RTG"油改电"节能技术

港口集装箱码头堆场 RTG"油改电"节能技术是我国港口科技人员自主研发的最为成功的节能减排创新成果,节能效果高达 60%~70%。我国 RTG"油改电"工作进展情况总体很好,大部分主要集装箱码头堆场已基本完成了 RTG 的"油改电"工作,目前有低架滑触线、高架滑触线和电缆卷筒 3 种供电方式。

对于已有 RTG,原柴油发电机组可保持不变,新增加市电供电驱动方式。而对于转场作业较多的新制造 RTG,起重机上可固定安装小型柴油发电机组或锂电池驱动转场;对于转场不多的 RTG,则可采用"共享"小型柴油发电机组作为临时转场电源。

2)轮胎起重机"油改电"技术

港口件杂货码头堆场广泛应用的港口轮胎起重机,一般采用柴油机作动力,在港口一般作为"流机"管理,其流动性相对较大,但是在进行装卸作业时,其耗能巨大,而工作位置相对固定,因此在进行装卸工作时可以就近接入市电,改用市电驱动。目前轮胎起重机的"油改电"节能技术改造仍有很大的提升空间。

2. 运行轨迹不固定的港口机械"油改电"技术

运行轨迹不固定、随机性大的港口流动机械,包括集卡、跨运车、正面吊、堆高机、AGV、装载机等,可以采用锂电池或混合动力供电。

目前,锂电池用于水平运输设备是很成功的,如目前新研制的 AGV 全部采用了锂电池供电;电动集卡的示范应用也取得成功。但锂电池用于具有位势负载工况的流动机械还不是很多,如正面吊、跨运车和堆高机等,相关技术尚处于技术研发和试用阶段。

对于锂电池或超级电容的油电混合动力供电方式,国内外已开展了相关研究和示范应用,尤其在国外油电混合动力跨运车已得到很好的推广应用。

7.4.3　电动港机产品

1. 推广应用电动化港机产品

推广应用纯电动的港口机械产品,是相对于早期大量采用燃油驱动的港机产品而言的。

早期集装箱码头大多采用燃油 RTG 进行集装箱堆场作业,而现在新建集装箱码头则更多首选 RMG 作为堆场设备。RMG 采用市电驱动,沿固定的地面轨道行走,其作业效率、场地利用率更高,更易于实现自动化运行,节能环保效果最佳。

但是尽管目前 RMG 作为非常理想的节能环保产品得到广泛的推广应用,但是其结构形式的多样化,决定了标准化程度较低,还应进一步研究 RMG 的参数标准化,开展基于作业效率、场地利用率和降低能耗等的多目标综合优化、比选。

2．港机产品零部件去液压化

港口机械上液压系统广泛应用,其"跑冒滴漏"几乎是不可避免的,对环境造成了一定的污染,同时液压泵站的驱动电动机必须连续运转,增加了能耗,为此很多液压驱动的港机产品零部件开始探讨改为纯电驱动方式。

集装箱伸缩吊具是最早尝试去液压化的产品,并获得重大成功。早期集装箱伸缩吊具的伸缩、转锁和翻板等机构的动作全部采用液压驱动方式,液压泵站需要连续运转,改用电驱动方式后,吊具的各机构动作全部采用独立的电动机驱动,节能效果达到 90% 以上,同时减少了环境污染。目前电动集装箱吊具已经在堆场门式起重机上得到广泛应用。

同时,港口起重机的吊具减摇系统、夹轮器、顶轨器、夹轨器等零部件也在研究电动产品,部分已得到应用,甚至 AGV 的去液压化也得到专家的关注。

振华重工最新研发的永磁电机驱动的轮毂电机驱动机构已在 RTG、跨运车等轮胎支撑式大车运行机构上得到试用,技术成熟后完全可以应用于 AGV 运行机构,使 AGV 运行机构由传统液压驱动方式改为电力驱动方式,可进一步降低 AGV 的自重和能耗。

7.4.4　港口设备"油改气"节能环保技术

对于运行轨迹不固定的港口机械,尤其流动机械,将传统的燃油内燃机驱动改为 LNG 内燃机驱动,实现港口机械"油改气"节能减排技术的推广应用。

目前,集装箱拖挂车"油改气"节能环保技术已在我国港口得到非常普遍的推广应用,LNG 集卡已成为很多集装箱码头的主要水平运输设备,甚至在某些港口 LNG 集卡已经完全取代了传统的燃油集卡。

应进一步研究 LNG 清洁能源在其他以柴油发动机为动力的传统燃油港口机械上的应用,如集装箱堆高机、集装箱正面吊运起重机和 RTG 等也进行了"油改气"节能减排技术的改造尝试,并有少量应用。

但我国部分地区油气定价机制不同,导致港口企业"节能不节钱",以及基于 LNG 安全性的考虑,影响了"油改气"节能减排技术的推广应用。

另外,近几年港口机械纯电动或油电混合动力技术的推广,也会对 LNG 动力技术的推广造成较大冲击。

7.4.5　港口"散改集""集改散"工艺与装备技术

近几年,随着多式联运的快速发展,以及对环保和货物更高品质的要求,越来越多的散粮、煤炭、矿石等大宗散货装入了集装箱运输,不但实现了"门到港""港到门""门到门"的快捷运输,而且减少了货损,提升了货物品质,尤其重要的是满足了节能环保的要求。

但是应该看到的是,对未来货源及用户的不确定性,使许多港口及上游企业不敢投入大规模资金,提升工艺装备水平,所以总体来说目前"散改集""集改散"工艺装备比较落后,装卸效率普遍较低,与不断攀升的港口大宗散货装卸效率和吞吐量来比,还很落后,发展空间很大。

7.4.6　港口设备轻量化技术

以轻量化为手段的节能减排技术,通过降低设备局部或整机自重,从而降低港口机械驱动装置的能耗。目前轻量化技术在 RTG、RMG 和岸桥上均有较多应用,甚至 AGV 上也在开展相关"瘦身"研究与应用。

采用优化技术和模块化技术,对港口机械的结构、机构、零部件和电气装置等进行优化设计,优化和改进传统港口机械的结构形式,以进一步降低 RMG、RTG 和岸桥等大型港口机械的自重,降低轮压,进而降低码头基础投资和设备运行成本。

研究在港口集装箱起重机械上推广应用四卷筒驱动技术、无齿轮永磁电机驱动起升技术等轻量化节能技术。尤其近几年结构紧凑、重量轻、损耗小、效率高的永磁驱动技术在许多起重机、电梯上得到很好的推广应用,设备自重和能耗大大降低,应加大港口起重机起升机构采用永磁驱动技术的可行性研究和示范应用。

另外,在欧洲和"一带一路"沿线国家,轻量化的高塔柱起重机广泛应用于集装箱和其他散货、件杂货装卸船舶作业,而该机型在国内研发和应用单位极少,值得关注。

7.4.7　其他节能环保技术

1. 优化港口装卸工艺系统

目前港口节能减排技术的研究和推广应用主要还是局限于港口装备的节能减排技术,对装卸工艺节能减排技术的研究相对较少,究其原因是码头工艺与码头平面布置、设备选型等因素有密切关系,后期改造成本过高,得不偿失。所以应加强码头规划设计阶段装卸工艺的优化,设备选型优化配置,实现经济和社会效益综合最优。

2. 加强可再生新型能源利用技术

作为很好的节能环保技术,目前 LED 照明技术已在港口机械及集装箱码头上得到很好的推广使用;光伏发电技术近几年已在岸桥等大型港口机械上得到应用;氢能源作为未来非常好的、发展空间极大的能源方式,目前氢能集卡、氢动力 ARMG 等也已得到示范应用,但是加氢站建设成本较高,有可能限值氢能源大规模的推广应用,但也不排除像港口、物流园区等局部区域内的先行先试。

应进一步鼓励 LED 照明技术,以及氢能、太阳能、风能、地热能、海洋能等清洁、可再生能源在港口区域及港口机械上的推广应用。

7.4.8　加大港口节能减排政策扶持力度

建立健全节能减排监督管理体系和评价体系,完善港口节能减排计量方法,政府有关部门应鼓励各种节能减排新机制、新技术、新产品、新工艺、新装置、新材料的研究与开发,鼓励、支持和引导港口企业、港机制造企业推广应用节能减排技术,加大对企业节能减排工作的资金支持力度,使企业愿意和主动推广应用节能减排技术与产品。

7.5 推进船舶智慧绿色新技术发展

随着绿色智慧港航新技术的发展,船舶与港口的关系越来越密切,智慧、绿色成为未来船舶发展的重要方向,尤其随着船舶无人驾驶技术越来越受重视,船舶的自动化靠离泊、系泊等一系列关键技术需要突破。

7.5.1 智能航运与智能船舶

1. 智能航运

智能航运是传统航运要素与现代信息、通信、传感和人工智能等高新技术深度融合形成的现代航运新业态,主要包括智能船舶、智能港口、智能航保、智能航运服务和智能航运监管等5个方面的基本要素。智能航运是我国《交通强国建设纲要》的重要建设目标之一。

发展智能航运,有利于深化航运供给侧结构性改革,有利于培育新的技术优势和经济增长点,有利于重塑全球航运体系,构建全方位、多层次、复合型的互联互通网络。2018年5月18日,由交通运输部水运科学研究院和智慧航海(青岛)科技有限公司共同建设的位于青岛即墨鳌山湾畔的智能航运技术创新与综合实验基地(如图7.5-1所示)正式启动。智能船舶测试场位于青岛市即墨区女岛港周边海域,总面积约220平方海里。测试场水域分为航行锚泊、码头作业、无人艇实验等测试功能区,具备实时监测功能的海洋环境综合监测与预警系统的建设工作也在积极推进;陆域部分将配套建设智能船舶运控中心及相关监控、通信设备,为智能船舶实验测试活动提供基础与条件。

图 7.5-1 智能航运技术创新与综合实验基地

2019年5月9日,由交通运输部等7个部门共同制定的《智能航运发展指导意见》(简称《指导意见》)正式发布,明确了未来30年我国智能航运的发展远景、主要任务和保障措施。《指导意见》明确了我国智能航运发展的四阶段目标、十大任务。

按照《指导意见》的目标要求，到 2020 年底，基本完成我国智能航运发展顶层设计，理清发展思路与模式，组织开展基础共性技术攻关和公益性保障工程建设，建立智能船舶、智能航保、智能监管等智能航运试验、试点和示范环境条件。到 2025 年，突破一批制约智能航运发展的关键技术，成为全球智能航运发展创新中心，具备国际领先的成套技术集成能力，智能航运法规框架与技术标准体系初步构建，智能航运发展的基础环境基本形成，构建以高度自动化和部分智能化为特征的航运新业态，航运服务、安全、环保水平与经济性明显改善。到 2035 年，较为全面地掌握智能航运核心技术，智能航运技术标准体系比较完善，形成以充分智能化为特征的航运新业态，航运服务、安全、环保水平与经济性进一步提升。到 2050 年，形成高质量智能航运体系，为建设交通强国发挥关键作用。

《指导意见》还提出了"加强顶层设计和系统谋划""提升港口码头和航运基础设施的信息化智能化水平""推进智能船舶技术应用""加强智能航运技术创新""加快船舶智能航行保障体系建设""提升港口及其重大装备和智能航运仪器、设备、系统的设计与建（制）造能力""培育智能航运服务新业务、新模式""防范智能航运安全风险""加强智能航运法规标准与监管机制建设""加强智能航运人才培养"等 10 个方面的任务。

智能航运是一个涉及众多学科领域的全球航运业重塑的世界性大课题，不可能一蹴而就，应结合发展人工智能、建设数字中国和交通强国等国家战略的实施，充分利用国家政策和现有财政渠道，支持智能航运关键技术研发和创新平台、示范工程建设。加强智能航运发展过程中的航运新业态研究，支持鼓励航运服务模式创新。聚焦智能航运应用和管理难点，突出智能船舶、智能港口、智能航保等领域的技术特点，组织开展智能航运航线、项目、工程等试点示范，重点解决技术与方案验证、法规标准限制、体制机制不适应等方面的问题。

2. 智能船舶

近几年，随着《中国制造 2025》等一系列强国政策的印发和实施，我国智能船舶及相关技术得到高度重视。

国外智能船舶研究较早，美国、以色列等海洋强国开发了无人驾驶的水面舰艇，主要用于军事侦察和扫雷等。我国目前已开展船舶自主航行研究，最具代表性的有中国气象局与航天科工集团合作研发的"天象一号"、青岛北海船舶重工等合作研发的"水面无人智能测量平台工程样机"、珠海云洲智能科技公司研发的"领航者"、上海海事大学研发的"海腾 01"号等。

2015 年，中国船级社（CCS）发布了《智能船舶规范》（2015），明确了智能船舶在智能航行、智能船体、智能机舱、智能能效管理、智能货物管理、智能集成平台等方面的具体要求。2019 年 12 月 3 日，CCS 再次发布《智能船舶规范》（2020）。

根据《智能船舶规范》，智能船舶的定义为：智能船舶系指利用传感器、通信、物联网、互联网等技术手段，自动感知和获得船舶自身、海洋环境、物流、港口等方面的信息和数据，并基于计算机技术、自动控制技术和大数据处理分析技术，在船舶航行、管理、维护保养、货物运输等方面实现智能化运行的船舶，以使船舶更加安全、更加环保、更加经济和更加可靠。这里的"智能"可以理解为"会思考"，能够综合考虑具体任务和获取的各种信息，制定出一系列符合船舶航行安全、经济、环保要求的最优决策。

2018年12月27日,工业和信息化部、交通运输部、国防科工局联合发布《智能船舶发展行动计划(2019—2021年)》。

2019年5月16日,无人驾驶自主航行系统试验船"智腾"号在青岛智能航运技术创新与综合实验基地首次亮相(见图7.5-2)。"智腾"号智能航行系统由我国自主研发,具备人工驾驶、远程遥控驾驶、自主航行3种航行模式。在运控中心工作人员远程指挥下,"智腾"号在自主航行模式下完成了与"海巡0511"轮之间的对驶航行避碰和交叉会遇航行避碰演示。"智腾"号由智慧航海(青岛)科技有限公司投资建设,船长21m,宽5.4m,设计航速14kn。该智能船舶包含自主驾驶系统、态势感知系统、通导系统、动力控制系统、全船数据平台和船岸通信系统,具备自动避碰、自主航行水下避碰、自主靠离泊、自主循迹和自主航行控制等功能。

图7.5-2 无人驾驶自主航行系统试验船"智腾"号亮相

"智腾"号作为自主航行系统研发的测试平台,将给国家重点研发计划项目示范船舶300TEU智能航行集装箱船"智飞"号建造提供依据和支撑。2020年5月15日,由智慧航海(青岛)科技有限公司投资、青岛造船厂承建的我国首艘自主航行的300TEU集装箱商船"智飞"号(见图7.5-3)正式开工建造。"智飞"号由上海佳豪船舶设计院设计,总长约110m,型宽约15m,型深10m,设计航速为12kn。后续还将陆续建造500TEU、800TEU试验货船,并进行示范应用。

图7.5-3 300TEU无人自主航行集装箱试验船"智飞"号效果图

2019 年 12 月 15 日,由珠海云航智能技术有限公司研发的自主航行货船"筋斗云 0 号"货船首航仪式在广东珠海东澳岛举行(如图 7.5-4 所示),成功完成首次自主货船货物运载。"筋斗云 0 号"核定船长 13.2m,船宽 3.8m,吃水 1m,设计航速 8kn。此次成功实现载运货物的自主航行首航,正式开启了自主航行的探索和实践,以其推动智能航运发展进程,共同迎接智能航运时代的到来。

图 7.5-4 "筋斗云 0 号"自主航行货船首航仪式

2020 年 2 月 10 日,交通运输部公布最新认定的无人船舶系统及设备关键技术交通运输行业重点实验室。该重点实验室认定单位为大连海事大学,参加单位有中国船级社和交通运输部水运科学研究院。

全球范围智能船舶研发应用都处于探索起步阶段,我国智能航运发展与世界先进国家基本处于同一起跑线上。因此,应抓住发展机遇,加快推进智能船舶等智能航运技术创新与广泛应用,争做全球智能航运发展的排头兵。

7.5.2 船舶自动靠离泊系泊技术

1. 船舶靠离泊系泊技术现状

目前船舶靠离泊基本都是借助港作拖轮,通过人工操作方式进行。在船舶靠泊过程中,船岸人员需密切配合,控制船舶和缆绳,掌握靠离泊作业方法、拖轮配置、拖缆位置、天气和水文情况、系离泊作业时缆绳顺序和港内操作等,以实现船舶的安全靠泊和系泊,如图 7.5-5所示。

船舶靠离泊安全是码头安全生产的重要环节之一。首先,船舶操纵不当时,靠泊过程中极易发生与码头结构或岸边起重设备的碰撞;其次,船舶采用人工系泊时外载荷在缆绳上的分配很难均衡,需不断调整缆绳长度,以保证船舶顺利地靠离泊和进行装卸作业,这不仅增大了船员的劳动强度,而且增大了事故发生的概率和风险。据不完全统计,每年都有几十起船舶靠离泊过程的安全事故发生,导致码头水工基础被撞损坏或装卸机械被撞倒塌,以及上百起人身伤亡事故发生。图7.5-6为2020年5月初发生的某特大型集装箱船舶在靠泊过程中撞塌撞坏多台岸边集装箱起重机的重大安全事故现场。

(a) 船舶靠泊

(b) 人工系泊

图 7.5-5 传统的船舶靠离泊与系泊方式

图 7.5-6 某集装箱船舶靠泊过程中撞塌撞坏多台岸桥

为对接未来智能航运、无人船舶、自动化码头新技术,真正实现港口集装箱码头无人化运营,同时提高系泊的安全可靠性,应加强船舶自动靠离泊系泊技术及设备的研发,实现码头船舶靠离泊无人化、智能化,以及快速安全运行。

　　船舶自动靠离泊技术研究始于 20 世纪八九十年代初,最早的自动化船舶系泊设备是 20 世纪 80 年代中期的一种配备电子控制自动装置的绞车,标志着应用电子技术的自动系泊设备开始替代传统的人工系泊。到目前为止,该研究主要依靠人的经验和精确的控制算法。

　　自动靠离泊问题涉及船舶在浅水中的低速运动,风、浪、流干扰相对增大,系统信息量增多,操纵和控制更趋困难。近年来,随着船舶自动化的发展,自动靠离泊技术在国外引起了较大的关注,2018 年 8 月日本三井 E&S 造船、商船三井(MOL)、东京海洋大学(TUMS T)、三井造船昭岛实验室联合开展无人船自动靠离泊试验;2018 年 12 月芬兰瓦锡兰集团在"Folgefonn"号渡船上进行了自动靠泊系统试验。目前,国外 CAVOTEC、MAMPAEY、MacGregor 和 TRELLEBORG 等公司已开始研发自动释放缆绳设备和自动系泊设备,并已实现了 362m 特大型集装箱船舶的自动系泊工作。

　　目前,自动系泊大体分为两种方式:一是基于传统缆绳系泊方式的自动或远控系缆、解缆和收放缆;二是采用新型真空吸附、永磁吸盘和机械连接等方式实现系泊。但不管采用哪种方式,均应具备测力、自动脱钩与绞车功能,应能自动适应船舶摇摆以及码头水位、船舶吃水的变化,并可在紧急情况下自动断开系泊缆绳固定端,释放吸盘,消除对码头与环境的破坏。系泊钩能够安全处理 40~180t 的工作负载,如图 7.5-7~图 7.5-11 所示。

图 7.5-7　基于传统缆绳模式的船舶自动靠离泊系泊方式

图 7.5-8　MAMPAEY(蒙拜)公司的快速释放系泊钩

图 7.5-9 Trelleborg 自动系泊系统 Dynamoor

(a) Cavotec的MoorMaster真空吸附自动系泊装置

(b) MacGregor的机械式自动系泊装置

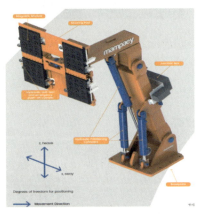

(c) MAMPAEY的Dock-Locking头磁铁吸附
自动系泊装置

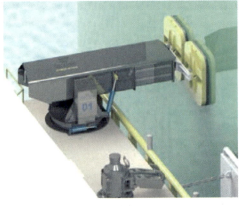

(d) Trelleborg的AUTOMOOR永磁盘吸附式
自动系泊装置

图 7.5-10 各种自动系泊装置

图 7.5-11 大型集装箱船舶自动系泊系统

2. 船舶自动靠离泊技术研究方向

随着智能航运的发展,智能船舶对靠离泊控制提出了新的要求和挑战,自动靠离泊是智能船舶自主航行过程中的起点和终点,是智能船舶关键技术研究及落地中的关键一环。2019 年发布的《智能船舶发展行动计划(2019—2021 年)》提出"突破航行态势智能感知、自动靠离泊等核心技术",《智能航运发展指导意见》也提出"提高港口、航道、船闸等基础设施与智能船舶自主航行、靠离码头、自动化装卸货的配套衔接水平"。

目前全球对船舶自动靠离泊的研发与应用工作尚处于起步阶段,我国在船舶自动靠离泊系泊方面的研究工作几乎为零,应瞄准世界前沿技术,制定发展计划,推进相关基础理论与应用技术的研究。

(1)分析船舶在狭窄浅水区域受外界干扰的低速运动特性,研究舵、桨及外界干扰引起各种流体动力导数改变的解决方法,提出模型优化和参数修正方法,建立靠离泊过程中船舶运动精确数学模型,并开展仿真试验研究。

(2)研究船舶自动靠泊和系泊作业模式及工艺方案,及其对船舶本身动力装置、控制系统、船舶结构等的配置及性能要求。

(3)研究基于永磁铁或真空吸附的自动系泊技术,分析船体吸附面外形、油漆、平整度等对吸附力的影响。

(4)研究船舶自动系泊荷载和位置的自适应技术。研究荷载条件下的液压缸随动技术,建立液压随动试验系统,研发满足船舶三维运动的荷载自适应性技术。

(5)研究船舶自动系泊远程控制及监控技术。研究其电气传动与控制、液压伺服控制技术,以及基于无线遥控的机电液一体化控制技术,实现自动系泊系统工作状态实时反馈、关键参数预警报警、作业全流程可视化的船舶自动系泊监控系统。

7.5.3　船舶岸电技术

作为"油改电"技术在船舶上的延伸应用,在各种节能环保新技术中,船舶靠港使用岸电技术最受政府、港口、船方和供电公司的重视,出台了多个相关政策,制定和发布了大量标准规范,已取得了很好的推广安装。但目前岸电使用涉及利益相关方众多,政策和技术接口复杂,投资较多,利用率却一直较低。

按照 2017 年 7 月印发的《港口岸电布局方案》,到 2020 年底我国要实现岸电覆盖率

50％的目标。对岸电需求较大、基础条件较好的港口,争取实现 100％的泊位岸电覆盖率,并加大靠港船舶使用力度。截至 2019 年底,全国已建成港口岸电设施 5400 多套,覆盖泊位 7000 多个(含水上服务区),总体完成率为 81％,超过 71％的序时进度要求。但岸电使用率依然整体偏低,"建设多、应用少"的局面长期存在。目前,建设如期推进,使用却不尽如人意,船舶使用不积极、设备常常"晒太阳",港口使用率尚不足 10％,成了"剃头担子一头热",港口岸电为何"难上船"?

究其原因,主要是具备受电设施的船舶数量很少,使用率总体仍然较低。以长三角区域某大型港口为例,有能力接受岸电的集装箱船舶仅占靠泊总艘次的 1.7％。相比之下,表现已算较好的南方某港口,去年使用岸电的船舶也只占到全港靠泊艘次的 6.2％。"岸电发展长期'一头热一头冷',岸电公司热、码头方冷,岸侧热、船侧冷。""重建设、轻运营"的情况普遍存在。

船舶公司作为经营单位,船舶改造加装受电设施价格昂贵,很难回收成本,"节能不节钱",缺乏经济性,船舶使用岸电的积极性自然不高。再者,使用岸电的方便性、安全性、可靠性也是船方考虑的重要因素。另外,部分地区主管部门对岸电工作不够重视,相关配套支持政策力度不足,监管部门协同推动船舶加装受电设施力度不够,监管执法需加强。

另外,作为岸电电缆上下船的辅助装置,岸电电缆提送系统尚需更多的关注和研发、应用投入,推广空间较大。

目前有关岸电的国家、行业、地方和团体标准与规范至少有 20 余项,内容交叉重复现象较为严重,标准的操作性较差,使用不便。应进一步研究岸电标准体系,梳理、整合现有的岸电标准与规范,提升标准的可操作性。

2019 年 12 月 9 日,交通运输部发布《港口和船舶岸电管理办法》,对岸电(受电)设施建设与使用、服务和安全等进行了全面、系统的规范,重点推进岸电使用常态化。

7.5.4 电动船舶技术

除燃油船舶靠岸使用岸电技术外,近年来,锂电池电动船舶的发展同样广受行业关注。电动船舶可以大幅降低船舶污染物气体排放,甚至可以实现零排放。随着船舶动力电池、混合动力技术的不断成熟,电动船舶市场认可度不断提升,成为未来船舶行业发展的重点。

国外电动船舶发展较早,其中挪威是全球大型电动船舶运营最多的国家。国外电动船舶主要应用于小型豪华邮轮、客船等对系统的稳定性和舒适度要求较高的船型,以及工程船、海岸救援船等。我国电动船发展略晚于国外,但发展速度快、应用船型广。内河已建各种电动船舶 20 余艘,应用船型包括客船、渡船、公务船、干散货船等,比较典型的有上海苏州河观光客船、浙江港航局公务艇、湖州 500 吨级散货船、广州 2000 吨级散货船、广州珠江游客船等。

2018 年 9 月,武汉长江船舶设计院承接了由中国长江电力股份有限公司和宜昌交运集团股份有限公司共同投资的纯电动旅游客船设计项目。该电动旅游客船总长 100m,型宽 16m,型深 4m,电池设计容量达到 7500kW·h,主要用于两坝一峡、宜昌长江夜游、过升船机等旅游航线,为旅客提供休闲娱乐、旅游观光等服务,是目前全球采用纯锂电池动力体积与容量最大的电动游览船舶。

2018 年 11 月 26 日,中船黄埔文冲船舶有限公司与深圳海事局签订海上危险品应急指挥船建造合同,该船总长 78m,型宽 12.8m,型深 5.5m,设计航速不小于 18kn,续航里程 1000 海里,具备较强的综合信息处理能力,是我国首艘电动公务船。

2019 年 1 月 9 日,广船国际有限公司为广州发展瑞华新能源电动船有限公司建造的 2000t 级新能源电动自卸船正式交付(见图 7.5-12)。这是全球首艘完工交付的千吨级纯电动船,该船的建造也填补了世界同吨位级内河双电驱动散货船的市场空白。该船总长 70.5m,型宽 13.9m,型深 4.5m,设计吃水 3.3m,是一艘以锂电池+超级电容为动力,采用两台电动机驱动直翼全向推进器作为其操纵和推进系统,载重为 2000t 的内河新能源电动自卸钢质货船,货舱为斗式结构,装载货品为电煤,主要航行于珠江内河水域等。船上安装有重达 26t 的超级电容+超大功率的锂电池组,整船电池容量约为 2400kW·h。该船理论充满电时间为 2h,续航能力可达 80km;而该船完成整船货物装卸时间大约也为 2h,所以它在停靠到码头进行货物装卸的同时,即可进行充电,充电过程丝毫不耽误船舶的航行。

图 7.5-12　广船国际建造的 2000t 内河电动散货船

未来 5 年,我国电动船舶将迎来快速发展期。但仍有许多尚未解决的技术和政策瓶颈,我国电动船舶的发展总体来看顶层设计不够。同电动汽车、AGV、电动装卸机械一样,电动船舶的电池成本高、电池寿命偏短、电池充电时间较长、续航里程偏短、供电设施建设成本偏高、船用配套设施及标准匮乏等,是制约电动船舶发展的主要"瓶颈",阻碍了电动船舶的推广应用。

7.5.5　船舶 LNG 动力技术

同船舶岸电类似,船舶 LNG 动力技术是港口"油改气"节能环保技术在船舶上的应用,一经试用,其优势即得到广泛关注和认可。目前,由沪东中华船厂为法国客商建造的世界最大级别的 23000TEU 即采用了液化天然气动力。

船舶燃油消耗很高,污染排放广受国内外关注,因此近几年船舶 LNG 动力技术得到高度关注,已有很多燃油船舶实现了 LNG 改造,新造船舶选用 LNG 动力的比例越来越高。

要加强港作船舶使用 LNG 清洁能源驱动技术的研究与应用,以及长江、西江、淮河和京杭运河等内河沿岸加气站配套设施的规划与建设。

7.6 开展以"门到门"为特色的集装箱多式联运服务

多式联运是一种高效绿色的货运组织方式。2016年12月,交通运输部等18个部门联合发布《交通运输部关于进一步鼓励开展多式联运工作的通知》。2017年2月,交通运输部、国家铁路局、中国铁路总公司联合印发《"十三五"港口集疏运系统建设方案》。2017年4月,国家发改委、交通运输部、中国铁路总公司联合印发《"十三五"铁路集装箱多式联运发展规划》。进入"十三五"以来,一系列跨部门政策文件的发布实施,统一了多式联运发展重要性的认识,指明了多式联运发展的方向,推动了多式联运的快速发展。

欧美国家经验表明,多式联运能够提高运输效率30%左右,减少货损货差10%左右,降低运输成本20%左右,减少公路交通拥堵50%以上。我国目前多式联运发展还处于起步阶段,总体发展水平不高。发达国家集装箱铁水联运比例通常都在20%~40%,而我国仅为2~3%;铁路集装箱运量占铁路货运的比例,发达国家为30%左右,我国目前仅10%,差距非常大。

1. 积极拓展集装箱运输业务

开展以"门到港""港到门""门到门"为特色的集装箱多式联运服务,可以减少中间转运环节,实现综合运输的无缝衔接,大幅提高运输速度、提高物流效率,减少货损货差,封闭运输较少环境污染,降低运输能耗和物流成本,已得到用户较广泛认可。

传统集装箱运输一般以物理性能稳定、价格较高的货物为主,如医药类、酒类、饮料、家用电器、照相机、手表、纺织品、袋装食品、电线电缆、五金建材、汽车零部件、家具等,液体产品也可采用集装袋运输。

近十几年来,随着环保要求和对货物品质要求的提升,一些价值较低、易造成环境污染、对货损要求高、怕暴晒雨淋的货物,如散粮、煤炭、矿石等大宗散货也开展了集装箱运输。近年来,伴随我国"散改集"集装箱的迅速发展,各种"散改集""集改散"装卸设备的研发,以及开顶集装箱(顶开门集装箱)、半高集装箱、框架集装箱、底盘集装箱、牲畜集装箱等特殊箱的发展,方便了集装箱装卸货物,使传统多以散杂货运输为主的集装箱,目前精品钢卷、型材、建筑材料,甚至汽车、工程机械、采用模块化设计制造的港口机械的钢结构分段、零部件等重大件也尝试装进了集装箱运输,大大拓展了集装箱运输货物种类,效果良好。

2. 加强港口集疏运系统建设

港口是综合交通运输枢纽。近年来,我国港口服务能力和水平突飞猛进,但铁路进港率较低,进港公路等级偏低,港口集疏运系统相对滞后于港口发展,港口集疏运系统已成为整个港口运输体系中的明显短板。以提升港口集疏运能力和服务水平为核心,完善布局、优化结构、强化衔接、提升服务,加快打通铁路、公路进港"最后一公里",加快推进港口集疏运系统建设,为促进港口转型升级、多式联运发展、物流业"降本增效",以及推进交通运输供给侧结构性改革提供支撑和保障。

尤其要做好规划,加快推进铁路进港专用线建设,有效解决铁路"最后一公里"不顺畅的瓶颈与难题,对加快推进"公转铁"实施进度,深化运输结构调整,构建国家绿色、低碳物流体系具有重要意义。

以加快港口多式联运发展为导向,加强港口集疏运系统建设,发挥综合交通整体效能,涉及铁路、公路、港口多个部门,既要加强基础设施的物理连接,又要强化运输服务的协同联动,完善顶层设计,强化部门协调,统筹推进基础设施、运输组织、信息交互等交通运输各环节的协同发展,构建综合高效协同的港口多式联运系统。

加强多式联运综合枢纽建设,优化集装箱场站布局,强化枢纽衔接配套;加快推进港口疏港铁路建设;推进内陆港建设,打造完整的国际联运和铁水联运系统,加强铁水联运衔接,优化铁水、公水、公铁联运模式,促进一体化通关。

港口企业要充分发挥港口枢纽衔接各种运输方式的优势,以港口集装箱为重点加快推进多式联运,积极发展铁水联运、海河联运、水水中转、甩挂运输。以集装箱铁水联运为例,港口是集装箱多式联运最重要的枢纽节点,而铁路是综合运输体系中大运量、长距离地面运输的主要手段之一,随着我国港口集装箱货源地向中西部地区延伸,更应充分发挥铁路的作用,加快发展集装箱铁水联运,优化港口集疏运结构,促进我国港口物流的可持续发展。

3. 推进"公转铁"运输发展

数据显示,铁路运输成本只有公路的 $1/4 \sim 1/3$。但 2016 年我国铁路货运比重仅为 7.6%,与美国、欧盟等国家 40% 左右的铁路货运比重差距明显。此外,国际上港口集装箱的海铁联运比例通常在 20% 左右,美国为 40%,印度也达 25%,而我国仅为 2.6%。

我国铁路多式联运发展滞后,铁路能力大、能耗小、成本低、组织强的比较优势还没有得到充分发挥;另一方面也说明,推进铁路多式联运,促进物流降本增效,潜力巨大,大有可为;大宗散货"公转铁"还可有效降低运输过程中的环境污染,对打赢蓝天保卫战具有重要意义,同时也是实施铁路多式联运发展规划的目标之一。

4. 加快技术装备升级

(1)更新升级铁路传统设施设备。提高铁路在运载单元、装备设施等方面的标准化程度,大力发展 20ft、40ft 国际标准集装箱,推荐冷藏、罐式、干散货等特种箱运用,以及可折叠集装箱、半高集装箱和货物进出箱装卸设备等的研发与应用,以与国际标准相配套的经济环保型接取送达车辆及装卸机械为主要机型,尽快淘汰陈旧落后、超期服役、技术不良的设施设备。研发应用适应市场需求的内陆集装箱,推广托盘、集装袋等多元化装载运输方式。重点发展集装箱专用车,实现箱车设备均衡发展。图 7.6-1 为集装箱专用底盘车和通用车装运集装箱。

图 7.6-1　集装箱专用底盘车和通用车装运集装箱

全球贸易的失衡导致不同国家和地区的海上集装箱运输有大量是空箱；同样，国内集装箱铁路、公路运输也存在大量空箱运输，极大浪费了稀缺的运输资源。运输企业每年要花费可观的资源来处理空箱问题，应进一步研究和试制坚固耐用的符合标准规范的可快速折叠集装箱（见图 7.6-2），可使回程船舶、火车、集卡载运空集装箱的成本至少降低约 75%。

图 7.6-2 可折叠集装箱

（2）尽快研发多式联运设施设备。发展集装箱和大宗散货专业化运输和多式联运等现代综合运输组织方式，加快铁路驮背运输专用平车、公铁两用挂车、公铁滚装运输设备以及多式联运快速换装专用设备的研发应用（见图 7.6-3）。规范公路货运车型，积极开展适应各种箱型的公路货运车型、自动化装卸箱等的研发工作。

图 7.6-3 铁路驮背运输专用车

5. 探索更高效的特需运输方式

2019 年 3 月，汉堡港最大的码头经营者 HHLA 与弗劳恩霍夫研究所（Fraunhofer Institut）合作，探索用无人机载运集装箱的可行性，并已完成 2t 空集装箱的无人机空中运输测试（如图 7.6-4 所示），为特种需求的空中快速运输提供了可能性。同时，HHLA 还在研究测试超级高铁和无人驾驶集卡运输集装箱。

从技术上讲，无人机、高铁和无人集卡运输集装箱都是可行的，后续要加强其经济可行性和安全性研究，探索一种经济实惠、安全可靠的运输方式。

图 7.6-4　无人机空中运输集装箱测试

6. 推动信息开放共享

构建信息共享的智慧服务平台,加强物联网、云计算、大数据等技术应用,建立多式联运信息共享机制,打造"互联网＋"服务模式,研究开发面向客户的多样化信息服务产品。

7.7　集装箱码头智慧绿色新技术型谱

总结智慧绿色集装箱码头各种新技术、新产品、新工艺,形成表 7.7-1 所示的港口集装箱码头智慧绿色新技术及应用型谱。

表 7.7-1　港口集装箱码头智慧绿色新技术及应用型谱

集装箱机械	智能化、立体自动化集装箱码头	大型化	高效化	"油改电"技术、电动技术	"油改气"技术	轻量化技术	其他技术
码头工艺布置	自动化集装箱码头		高架轨道交通式集装箱码头	全电动集装箱码头			LED 照明
岸边集装箱起重机	无人驾驶技术、远程控制技术	3E 岸桥,岸桥加高、加长	双小车、单起升双吊具			轻量化岸桥	能量回馈技术、LED 照明、光伏技术
臂架起重机(含门座起重机、高塔柱起重机等)	自动化、远程控制技术		双吊具,平行回转			轻量化的高塔柱起重机	
集装箱拖挂车	无人驾驶集卡		"一拖二"技术	纯电动集卡、混合动力集卡	LNG 集卡		氢动力技术
集装箱自动导引车	无人驾驶技术			纯电动 AGV、混合动力 AGV		轻量化 AGV	氢动力技术

续表

集装箱机械	智能化、立体自动化集装箱码头	大型化	高效化	"油改电"技术、电动技术	"油改气"技术	轻量化技术	其他技术
集装箱跨运车	无人驾驶跨运车			纯电动跨运车、混合动力跨运车	LNG跨运车		永磁电机轮边驱动技术、氢动力技术
轮胎式集装箱门式起重机	无人驾驶ARTG、远程控制技术			电动RTG；油改电RTG；锂电池、超级电容混合动力RTG，电动吊具	LNG驱动RTG	轻量化RTG	能量回馈技术、永磁电机轮边驱动技术、LED照明
轨道式集装箱门式起重机	无人驾驶ARMG、远程控制技术		双吊具	电动吊具		轻量化RMG	能量回馈技术、氢动力技术、LED照明、光伏技术
集装箱正面吊运起重机				纯电动或混合动力正面吊	LNG正面吊		氢动力技术
集装箱空箱堆高机				纯电动、超级电容或混合动力堆高机	LNG堆高机		氢动力技术
集装箱吊具			双吊具、三吊具	去液压化电动吊具			
集装箱船舶	无人船、智能船舶	大型化		岸电技术、锂电池电动船舶、太阳能船舶	LNG动力船舶	铝合金船舶	

7.8　推进智慧绿色集装箱码头标准化研究工作

　　智慧、绿色是推动我国港口快速发展的两大引擎,而标准化则是港口高质量发展的依据和保障,建设"智慧、绿色、安全、标准"的现代化港口,是我国港口发展的重要方向。近年来,国家和交通运输部对技术创新和节能减排方面的标准化工作非常重视,每年发布的标准化工作指南中均将港口自动化、智能化和节能环保列为标准化工作的重点支持领域。

　　目前,我国港口工艺与装备行业相关的国家标准、行业标准、地方标准、团体标准和重要企业标准等共有约160项,其中集装箱码头相关标准70余项,占比接近一半,但集装箱码头标准化工作仍有许多亟待提升的方面。

1. 定期梳理和修订集装箱码头标准体系

　　梳理和完善现有集装箱码头标准化体系,尤其是自动化集装箱码头标准体系,开展集装箱码头重要急需标准的制修订工作,形成港口集装箱码头工艺与装备的国家标准、行业标准、地方标准、团体标准和重要企业标准等的多层次、全覆盖的标准化体系,以满足不同制造企业和港口企业的贯标需求。

2. 推进自动化集装箱码头标准制修订工作

目前,《自动化集装箱码头设计规范》(JTS/T 174—2019)和《集装箱自动导引车》(JT/T ××××—2020)两项重要的自动化集装箱码头行业标准已陆续发布并实施。但总体来说,自动化集装箱码头相关标准缺口很大,很多重要产品和重要零部件尚没有任何标准,已有产品标准欠缺自动化相关内容,急需修订。

基于全电力驱动的自动化集装箱码头具有良好的节能环保和安全特性,但针对自动化集装箱码头工艺、前沿设备、水平运输设备、堆场设备、集疏运、起重机远程控制技术、无人驾驶技术、安全技术、节能环保技术等方面的国家标准和行业标准有待制定和完善。如集装箱跨运车、集卡等均没有相应标准;现有的岸桥、RMG、RTG等传统起重设备的标准均应该开展修订,补充自动化相关内容;自动化码头重要配套件、零部件(如磁钉、磁尺、编码器等)尚没有任何标准,以利于新工艺、新技术、新产品、新装备、新材料在港口和铁路集装箱货场等相关场站的推广应用,引领行业发展。

3. 推进节能环保技术与装备标准制修订工作

关于节能环保技术与装备标准化方面,加强集装箱码头节能减排新技术、新产品的标准化研究工作。目前船舶岸电相关标准已经逐步完善,但是港口机械"油改电""油改气"、船舶LNG动力、LNG供应站、锂电池、超级电容、混合动力技术、锂电池充电站、电动船舶等方面的标准规范缺口很大;另外也没有相关方面的安全操作规程,亟须制定和补充完善。

4. 完善现行能耗监测与评价标准

积极开展港口工艺与装备能耗检测与评价方法研究,形成统一的测评方法,并将研究成果纳入标准规范,为绿色港口评定提供技术支撑和标准依据。

5. 现行标准标龄普遍较长,亟待修订

目前,港口及相关领域新技术发展日新月异,而现行的港口机械专业标准大部分发布时间已超过10年,部分标准已超过20余项,难以反映最新技术发展,应及时修订、补充和完善,以真正发挥标准的指导和引领作用。

6. 推进团体标准制修订工作

按照现行的港口机械标准体系表和正在编制的自动化集装箱码头标准体系,目前港口机械及自动化集装箱码头标准缺口很大,某些重要机型和重要零部件甚至还没有任何技术标准。建议在没有国家标准和行业标准的情况下,积极研究和制定由行业学会、协会、企业联盟主导的团体标准,由市场选择使用。

7. 推进标准国际化工作

调研我国港口自动化集装箱码头、节能环保技术的国家标准和行业标准在国外尤其"一带一路"沿线国家的使用情况,争取主导制定或修订国际标准,推进重要的国家标准和行业标准英文版翻译工作,推动中国标准"走出去",提高中国在国际贸易中的"话语权",为我国起重机械、港口机械等产品以及中国港航工程建设走出国门创造条件。

参 考 文 献

[1] 陶德馨,严云福,董达善,张德文.工程机械手册·港口机械[M].北京:清华大学出版社,2017.

[2] 罗勋杰,樊铁成.集装箱码头操作管理[M].2版.大连:大连海事大学出版社,2018.

[3] 罗勋杰.集装箱码头经营管理[M].大连:大连海事大学出版社,2010.

[4] 包起帆,罗文斌.现代集装箱码头的建设与运营技术[M].上海:上海科学技术出版社,2006.

[5] 中交水运规划设计院.现代集装箱港区规划设计与研究[M].北京:人民交通出版社,2006.

[6] 中交第二航务工程勘察设计院有限公司.长江大水位差集装箱码头建设技术[M].北京:人民交通出版社股份有限公司,2015.

[7] 张质文,王金诺,程文明,等.起重机设计手册[M].2版.北京:中国铁道出版社,2013.

[8] 交通部水运司.港口起重机运输机械设计手册[M].北京:人民交通出版社,2001.

[9] 符敦鉴,严云福,陈刚,山建国,翟梁,周崎,汪怡,熊丁根.岸边集装箱起重机[M].2版.武汉:湖北长江出版集团湖北科学技术出版社,2007.

[10] 马克·莱文森.集装箱改变世界[M].姜文波,译.北京:机械工业出版社,2016.

[11] 上海港机重工有限公司.港口起重机设计规范[M].北京:人民交通出版社,2007.

[12] 蒋国仁.港口起重机械[M].大连:大连海事大学出版社,1995.

[13] 真虹.港口装卸工艺学[M].2版.北京:人民交通出版社,2015.

[14] 刘善平.港口装卸工艺[M].2版.北京:人民交通出版社,2014.

[15] 叶清贫,杨淑丽.铁路集装箱运输与多式联运[M].北京:人民交通出版社,2018.

[16] 贵州省交通运输厅.交通运输行业节能减排工作指导书[M].北京:人民交通出版社股份有限公司,2015.

[17] 马有江.现代节能减排技术与应用[M].哈尔滨:哈尔滨工业大学出版社,2013.

[18] 中国工程机械学会物流工程分会."数控一代"案例集:物流技术与装备卷[M].北京:中国科学技术出版社,2016.

[19] 杨小明,宓为建,陶其钧.自动化集装箱码头设计与仿真[M].上海:上海科学技术出版社,2016.

[20] 刘功臣,赵芳敏.低碳交通[M].北京:中国环境出版社,2015.

[21] 白思俊.系统工程[M].北京:电子工业出版社,2006.

[22] 郑大钟.离散事件动态系统[M].北京:清华大学出版社,2001.

[23] LARMINIE J,LOWRY J.Electric vehicle technology explained[M].Wiley,2012.

[24] JTS 165—2013.海港总体设计规范[S].

[25] JTS 166—2020.河港总体设计规范[S].

[26] JTS/T 174—2019 自动化集装箱码头设计规范[S].

[27] GB/T 3811—2008.起重机设计规范[S].

[28] 2018 年交通运输行业发展统计公报[R].交通运输部综合规划司,2019-04-12.

[29] 潘钟林,译.欧洲起重机设计规范(FEM1001)[S].上海振华港口机械公司译丛,1998.

[30] 张德文.我国港口机械标准化现状与展望[J].港口装卸,2018(5):1-5.

[31] 田洪,吴富生.自动化码头的发展现状及趋势[A].物流工程三十年技术创新发展之道[C].中国机械工程学会,2010:5.

[32] 方怀瑾,罗勋杰,周维峰.自动化集装箱码头环境保护分析与展望[J].水运工程,2016(9):9-13.

[33] 何继红,姜桥,张晓龙.自动化集装箱码头冷藏箱箱区布置[J].水运工程,2016,519(9):52-55.

[34] 包起帆,江霞,谢云.港口节能降耗新技术研究与实践[J].港口科技,2007(6):3-8.

[35] 金毅,黄婷,黄细霞.港口节能减排新技术研究实践及展望[J].港口科技,2015(3):34-38.

[36] 《港口科技》杂志记者.美国加州地区港口绿色发展概况[J].港口科技,2018(6):40-42.

[37] 杨宇华,张氢,聂飞龙.集装箱自动化码头发展趋势分析[J].中国工程机械学报,2015,13(6):571-576.

[38] 李勋,李强,赵德成.全球典型自动化集装箱码头对比[J].集装箱化,2014(12):11-14.

[39] 刘晔.谈自动化集装箱码头[J].港工技术,2014,51(2):8-12,25.

[40] 彭传圣.汉堡港的自动化集装箱码头[J].集装箱化,2005(2):21-23.

[41] 郑见粹,李海波,谢文宁,等.自动化集装箱码头装卸工艺系统比较研究[J].水运科学研究,2011(2):26-33.

[42] 杨瑞,谢文宁.自动化集装箱码头的装卸工艺及设备[J].集装箱化,2010(3):2-4.

[43] 周春华.自动化码头发展趋势探究[J].科技创新与应用,2017(16):64-65.

[44] 富茂华,张明海.岸边集装箱起重机综合节能技术的研究与应用[J].起重运输机械,2014(1):86-89.

[45] 任永祥.回顾中国第一台岸边集装箱起重机的诞生[J].港口装卸,2015(5):8-11.

[46] 张斌,吴福华,富茂华,等.双40′箱岸边集装箱起重机装卸技术[J].水运工程,2005(5):70-73.

[47] 车鉴,孙小明,陆志强.双40英尺箱起重机的操作模式研究[J].机械,2008(6):18-20.

[48] 陈超,李宗峰.集装箱码头生产运作模式选择优化模型[J].上海海事大学学报,2011(1):13-16.

[49] 周鹏飞,刘科.集装箱码头新型岸桥装卸系统仿真分析[J].港工技术,2017(5):16-19.

[50] 童民慧,王悦民,邱惠清.弹性体基础变形下的岸桥车梁耦合振动[J].振动测试与诊断,2017(6):1136-1140.

[51] 高爱辉.岸桥节能选型及其评估项目介绍[J].港口装卸,2012(2):18-19.

[52] 李丽.我国港口集装箱运输发展现状与趋势[J].现代商贸工业,2018,39(19):17-18.

[53] 陈羽.中国港口集装箱发展现状及趋势分析[J].中国港口,2015(6):1-6.

[54] 陈羽.2015年我国港口集装箱发展现状及趋势[J].中国港口,2016(4):5-10.

[55] 陈羽.2016年全球港口集装箱发展评点[J].中国港口,2017(4):1-8

[56] 张德文,郝焕启.集装箱堆场起重机的最新技术发展[J].起重运输机械,2007(11):1-4.

[57] 张华勤,饶京川,郑见粹,杨建中.提高内河斜坡式集装箱码头装卸效率的研究[J].港口装卸,2005(05):8-12.

[58] 郑见粹,杨建中.内河斜坡式码头集装箱装卸工艺——浮式桥式集装箱起重机[J].集装箱化,2007(09):1-4.

[59] 彭传圣.绿色港口等级评价的有关问题[J].港口科技,2014(9):1-6.

[60] 李艳阳,史悦.大连港内陆"散改集"的技术创新[J].港口科技,2012(10):46-49.

[61] 王卫昌.一种新型集装箱堆场起重机——堆场吊[J].港口装卸,2015(5):22-24.

[62] 耿卫宁.青岛港自动化集装箱码头全自动调箱门系统技术方案[J].集装箱化,2016,27(3):15-17.

[63] 林志树,纪天平.调箱门用龙门起重机节能技术改造[J].起重运输机械,2011(1):67-70.

[64] 赵永新,张建.单起升岸边集装箱起重机的锁销自动拆装工艺[J].港口科技,2019,160(6):5-7,11.

[65] 张攀攀,谢琛,费海波.集装箱码头集装箱扭锁解锁工艺研究[J].起重运输机械,2016(1):106-110.

[66] 田绪业,郭常委,郭磊.无动力式集装箱锁垫自动摘卸装置[J].港口科技,2018(7):40-43.

[67] 王吉升,耿卫宁,张连钢.自动化码头集装箱锁垫拆装作业模式创新[J].集装箱化,2016,27(1):17-18.

[68] 李刚,肖丽君.青岛港前湾港区集装箱堆场作业系统节能减排改造工程装卸工艺设计.水运工程,2011(9):109-112.

[69] 彭传圣.电动轮胎式集装箱门式起重机与节能减排[J].中国港口,2010(8):60-62.

[70] 梁浩,洪璇玲,等.专业化集装箱码头E-RTG供电方式比较[J].水运工程,2014(2):86-89.

[71] 刘洪波,汪锋,张志平.集装箱RTG"油改电"技术在港口节能减排中的应用[J].水运工程,2011(9):123-125.

[72] 傅其兆.集装箱码头RTG"油改电"的现状和动向[J].港口装卸,2009(2):7-10.

[73] 叶赛敏,陈继红,罗萍,等.中国港口RTG"油改电"工程实施效果分析与对策[J].大连海事大学学报 (社会科学版),2015(5):39-44.

[74] 邢小健,商伟军.轮胎式集装箱门式起重机"油改电"探讨[J],港口装卸,2008(1):14-15.

[75] 周家海,陈庆为,王军浩,等.轮胎式集装箱门式起重机的油改电技术[J].起重运输机械,2009(4)

[76] 陈志明,王旖旎,夏祯捷.轮胎式集装箱龙门起重机的"油改电"方案[J].城市公用事业,2013(6): 46-49.

[77] 姜舒曼,李勋.集装箱堆场现有"油改电"方案比较分析[J].商品储运与养护,2008(8):102-103.

[78] 许可,郑坤,施迪文.集装箱码头LNG加气站技术及装卸设备油改气的应用[J].港口科技,2015 (3):9-14.

[79] 马义平,曾向明,魏海军,等.国内外船用LNG动力发动机发展现状[J].中国航海,2016,39(3): 20-25.

[80] 张德文,朱从兵.多功能轨道式集装箱门式起重机[J].港口装卸,2003(4):38-40.

[81] 张德文,张庆财,李来运.青岛港40.5t-37m轨道式集装箱门式起重机的研制[J].2009海峡两岸机 械科技论坛论文集[C],2009.9:536-540.

[82] 张德文,谢琛,陈丽昕.轨道式集装箱门式起重机的技术分析[J].港口装卸,2005(5):43-47.

[83] 张德文.轨道式集装箱门式起重机门架结构形式的研究[J].水运科学研究所学报,2003(3):18-22.

[84] 丁敏,张德文.轨道式集装箱门式起重机参数标准化研究[J].港口装卸,2014(3),1-4.

[85] 丁敏,罗建平,张德文.轨道式集装箱门式起重机能耗试验研究[J].港口装卸,2014(1):8-10.

[86] 丁敏,张德文,张延宗.散货集装箱化运输工艺系统分析[J].水运科学研究,2006(4):73-76.

[87] 张连钢,杨杰敏,李波,等.自动化集装箱码头总平面布局设计[J].水运工程,2019,561(10):14-20.

[88] 张连钢,修方强,周兆君,等.自动化集装箱码头全自动堆垛机轨道系统研究[J].水运工程,2019, 558(7):17-22.

[89] 张连钢,邹子青,张卫,等."一键锚定"新型自动防风锚定系统在自动化码头堆场的应用[J].港口装 卸,2016,227(2):25-27.

[90] 林相刚,李浩杰,李宜铭,等.新型卸车平台系统的技术创新[J],港口装卸,2015(2):45-47.

[91] 史悦,李艳阳.散粮装集装箱工艺的现状与发展[J].港口科技,2010(5):34-38.

[92] 彭美春,李嘉如,胡红斐.营运货车道路运行油耗及碳排放因子研究[J].汽车技术,2015(4):37-40.

[93] 陈彤,张德文.国外集装箱跨运车的发展现状与技术分析[J].港口装卸,1995(2):4-7.

[94] 裴宝仁,朱昌彪.跨运车行走用轮边减速器设计.港口装卸,2020(2):21-24.

[95] 王贵明,王金懿.电动汽车及性能优化[M].北京:机械工业出版社,2010.

[96] 郭建龙,陈世元.电动汽车驱动用电机的选择[J].汽车电器,2007(1):9-12.

[97] 上官兵.汽车电子系统中的网络技术应用[J].公路与汽运,2005(5):10-12.

[98] 谢勇,周韶军,何祖光.液化天然气(LNG)拖头在盐田国际码头的应用[J].港口科技,2012(10): 11-14.

[99] 孙宏,李永昌.2020年我国公交车气化率将达60%[J].城市公共交通,2016(4):23,25.

[100] 李宁.LNG新能源汽车发展现状及相关问题分析[J].科技经济导刊,2018,26(17):113,127.

[101] 吴佩英,周春.LNG汽车加气站的撬装化[J].煤气与热力,2008,28(7):13-15.

[102] 殷劲松,邬品芳,等.撬装式LNG加气站安全设计[J].天然气技术,2010,4(2):62-64.

[103] 王旭辉.LNG车用燃料及在北京公交车的应用[J].天然气工业,2005,25(3):1-4.

[104] 高谋荣,孟凡生.LNG发动机与传统柴油发动机公交大巴道路排放对比研究[J].深圳职业技术学 院学报,2011(3):29-32.

[105] 李宗良.节能减排技术在港口RTG中的应用[J].中国水运,2016(7):97-98.

[106] 陈俊晟.液化天然气集卡在集装箱码头的应用[J].集装箱化,2013(2):18-21.

[107] 徐旭丽,刘文毓.一拖双挂集卡作业在集装箱码头的应用[J].集装箱化,2012(12):18-22.

[108] 朱琳杰,徐辉.集装箱码头"一拖双挂"集卡自动牵引系统优化[J].集装箱化,2014(9):20-24.

[109] 马成彬.集卡"一拖双挂"技术在码头的应用[J].港口科技,2014(10):25-26.

[110] 徐辉,朱琳杰.集装箱码头专用牵引车"一拖双挂"技术应用及推广[J].港口科技,2012(10):5-10.

[111] 李树伟,钟其光,王志甫.矿用电动机综合保护LED监控指示系统改造[J].煤矿机械,2007(6):143-144.

[112] 宣峰,朱清智,梁硕,等.激光扫描精密施肥定位机械装置研究[J].农机化研究,2016(6):21-25.

[113] 梅叶,罗勋杰,梅竹,等.进口重箱提箱翻箱率策略——以青岛前湾集装箱码头为例[J].集装箱化,2013(6):15-17.

[114] 何勤奋."油改电"eRTG技术比较和探讨[J].港口科技:2008(10):8-12.

[115] 郑小楠.RTG"油改电"技术方案探讨[J].港口装卸,2007(5):22-24.

[116] 凌强,王黎明.轮胎吊高架滑触线供电方式油改电在集装箱港区的应用[J].港口科技,2008(8):5-8.

[117] 李刚,肖丽君.青岛港前湾港区集装箱堆场作业系统节能减排改造工程装卸工艺设计[J].水运工程,2011(9):109-112.

[118] 王俊伟.RTG油改电技术的实施与实效分析[J].中国水运,2011(7):46-47.

[119] 李海波.集装箱门式起重机轻量化技术研究及应用[J].港口装卸,2014(5):1-3.

[120] 张钢.轨道式集装箱门式起重机在港口的应用[J].港口装卸,2004(1):6-8.

[121] 曹慧.LED照明技术在试验厂房中的应用[J].电气制造,2014(1):62-64.

[122] 程泽坤,刘广红,罗勋杰.国外自动化集装箱码头应用现状及建设借鉴[J].水运工程,2016(9):3-8.

[123] 陈建明,任松,陈维斗.自动化集装箱码头双小车岸桥主小车作业效率优化[J].集装箱化,2018(10):10-12.

[124] 罗勋杰.全自动化集装箱码头水平运输方式对比[J].水运工程,2018(6):76-82.

[125] 金祺,罗勋杰,韩保爽.自动化集装箱码头水平运输设备选型[J].水运工程,2018(6):87-90.

[126] 刘广红,程泽坤,林浩,等.自动化集装箱码头总体布局模式对比分析[J].水运工程,2016(9):14-18.

[127] 严新平.智能船舶的研究现状与发展趋势[J].交通与港航,2016,3(1):25-28.

[128] 高峰,胡克,赵铁石,等.港口船舶智能化系泊技术的研究现状与发展[J].中国水运(下半月),2019,19(05):86-87,90.

[129] 周强,黄倩,李建成,等.高架轨道交通式集装箱码头装卸新工艺与性能评价[J].水运工程,2014(10):67-70.

[130] 林浩,唐勤华.新型集装箱自动化码头装卸工艺方案探讨[J].水运工程,2011(1):158-163.

[131] 高玮.基于WITNESS的集装箱码头物流系统建模与仿真[D].武汉:武汉理工大学,2003:33-37.

[132] 王卫平.全液压空箱堆高机控制系统研究[D].西安:长安大学,2010:9.

[133] 管政霖.基于二流理论的自动化集装箱码头集疏运路网布置评价方法研究[J].武汉理工大学学报(交通科学与工程版),2018,42(5):847-851.

[134] 孙远韬,张氢,曾鹏,等.面向3E级18000 TEU集装箱船舶的大型岸边集装箱起重机改造方案研究[J].起重运输机械,2014(10):86-89.

[136] MEISSNER E,RICHTER G.Battery monitoring and electrical energy management:Precondition for future vehicle electric power systems[J].Journal of power sources,2003,116(1):79-98.

[137] 耿彦斌.运输结构调整战略下的港口集疏运铁路发展[J].港口科技,2019,166(12):2-5.

[138] 朱妍.港口岸电为啥"剃头担子一头热"[N].中国能源报,2020-05-13.

[139] 罗强.电动船舶何以破解发展瓶颈?[N].中国水运报,2020-06-14.

附录：港口装卸机械主要图样

MJ40.5-40 岸边装卸船用轨道式集装箱门式起重机

MJ40.5-40 铁路货场用轨道式集装箱门式起重机

资料来源：湖南中铁五新重工有限公司

MQ45-30 港口门座起重机

WXCRS45 集装箱正面吊运起重机

FQ32-32 浮式起重机

资料来源：湖南中铁五新重工有限公司

港口工艺与装备智能化解决方案

港口集装箱码头自动化堆场控制系统

集装箱堆场智能控制系统，利用先进的网络通信系统、软件技术、传感器及控制技术，对接港口的生产管理系统获取作业任务；利用智能设备管理平台对生产指令进行优化分配，并控制堆场内集装箱门式起重机半自动或全自动完成作业任务。

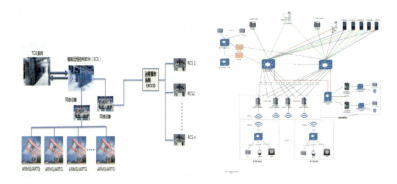

操作人员通过视频画面对作业过程进行监控，也可以通过远程操作终端实现决策修改和精确操作，以达到一人操作多台设备、优化人机配比的目标，提高堆场的智能化。

港口散货码头设备智能控制系统

港口散货码头自动化工程包括门座起重机、装船机、卸船机、斗轮堆取料机等自动化工程和堆场无人值守工程。

通过先进的检测和传感技术实现设备对外部环境和本机状态的感知和信息获取，从而保障系统的安全运行。利用先进的控制算法和策略实现安全、平稳、高效的单机自动化作业和多机协同作业，通过高速网络平台进行数据共享，实现远程的状态监视、业务统计分析以及自动化控制。

资料来源：武汉港迪智能技术有限公司

港口码头能源智能综合管理系统是通过先进的物联网和大数据技术，实现港口码头的智能化管理，提高能源效率，通过数据监测、云服务器平台和现代信息技术，将用户配电设备的运行数据实时采集、传输和存储，利用先进的软件处理技术进行分析处理，实现以下目标：对电能质量监控管理、能源运用效益管理、电气设备寿命管理和电气系统运行安全管理等；对电气火灾和安全用电预防报警；无人值班，现实远程控制。

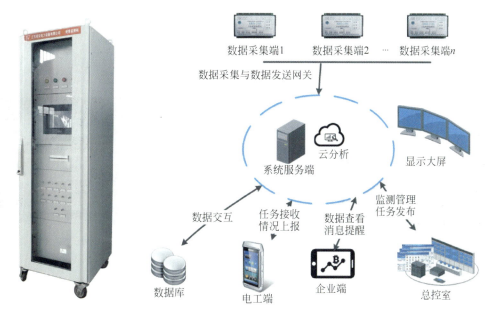

ITN 船舶岸电系统指的就是配出中性导体的 IT 配电系统，实现了对船电、岸电三相设备和单相设备同时供电，适用于对连续性和安全性供电要求更高的码头。绝缘监测装置是一种对系统接地故障进行监测的设备，可对故障线路进行选线、选相等。

电缆提升装置可将单独一根或多根电缆同时或分别由岸边输送至船舶岸电接口位置，并能够随着潮涨潮落、船舶晃动，进行电缆自收自放，实现恒张力控制，实现岸电电缆智能管理。

资料来源：江苏镇安电力设备有限公司

集装箱起重机智能电量安全保护及称重装置

集装箱起重机智能电量安全保护及称重装置的核心技术是通过对起升电动机的电流电压进行测试分析，并使用数学模型计算得出集装箱重量，具有 3 年以上免维护免校准的优点。其基本参数如下：

反应延时时间：1s 以内；

高速跟踪精度：±5%；

精密跟踪精度：±1%；

负荷数据存储：20MB。

可视化操作界面

主机

电量采集装置

集装箱起重机安全保护及称重装置具有以下功能：

（1）超负荷安全保护

（2）精密称重

（3）防止集卡吊起

（4）双称重系统

与传统测力传感器同时使用的称重系统称为双称重系统，可通过传统测力传感器检测到每根钢丝绳的重量信号。

（5）精密偏载称重系统

① 具有双重安全保护功能；

② 具有集装箱箱体不平衡检测功能；

③ 具有挂仓保护识别功能；

④ 具有传统测力传感器自动校准功能；

⑤ 满足海关要求的精密称重；

⑥ 在锁扣上装传感器实现双箱称重；

⑦ 满足铁道部门偏载计量要求；

⑧ 偏载数据识别及数据联网输出等。

（6）设备管理系统

该系统通过建立作业次数及重量的数学模型，预报更换锁扣和钢丝绳的时间。通过大数据分析，提供科学、可靠、安全的备件维修或更换时间节点数据。

资料来源：深圳市测力佳控制技术有限公司

SFZ4080型防风自锁防爬器

实测余料高度20~40mm

自适应柔性斗轮

GLPJ系列高架轨行式螺旋平料机

2538门机防风检测装置(拍摄地：防城港)

资料来源：武汉开锐海洋起重技术有限公司

上海洋山四期自动化集装箱码头

智能驾驶集装箱跨运车

青岛前湾自动化集装箱码头

中运海阿布扎比自动化集装箱码头

资料来源：上海振华重工（集团）股份有限公司

低姿态岸边集装箱起重机

上海洋山四期码头集装箱自动导引车（AGV）

3E PLUS超大型岸边集装箱起重机

环保型锂电池轮胎式集装箱门式起重机

资料来源：上海振华重工（集团）股份有限公司

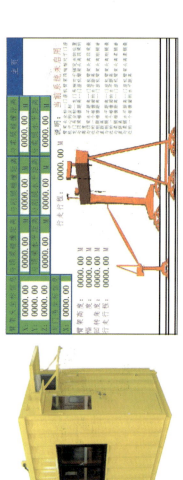

起重机机械安全监控管理系统（防碰撞控制系统）

起重机主令控制器

起重机控制台

资料来源：扬飞科技股份有限公司

起重机电气柜

起重机电气控制系统

起重机司机室

钢丝绳清洁润滑器（电动系列）

钢丝绳清洁润滑器（气动系列）

缓冲器系列产品

钢丝绳清洁润滑效果

钢丝绳清洁润滑过程（二）

钢丝绳清洁润滑过程（一）

资料来源：营口恒力机械科技有限公司

邮轮码头行李装卸车

水运工程大型钢结构

邮轮码头登船桥

港口散粮筒仓系统

邮轮码头登船桥

资料来源：交通运输部水运科学研究院

轨道式集装箱门式起重机

轻型轮胎式集装箱门式起重机

交通运输部水运科学研究院依托全国起重机械标委会臂架起重机分会、全国港口标委会、全国集装箱标委会等，承担了我国港口机械、臂架起重机、溢油装备和集装箱等领域的大量国家标准、行业标准、地方标准和团体标准的制订和修订工作。

资料来源：交通运输部水运科学研究院